이중표

전남대학교 철학과를 졸업한 뒤 동국대학교 대학원에서
불교학 석·박사 학위를 취득했다. 이후 전남대학교
철학과 교수로 재직했으며, 정년 후 동 대학교 철학과
명예교수로 위촉됐다. 호남불교문화연구소 소장,
범한철학회 회장, 불교학연구회 회장을 역임했으며,
현재 불교 신행 단체인 '붓다나라'를 설립하여
포교와 교육에 힘쓰고 있다. 저서로는 『정선 디가 니까야』,
『정선 쌍윳따 니까야』, 『니까야로 읽는 금강경』,
『니까야로 읽는 반야심경』, 『담마빠다』, 『붓다의 철학』,
『불교란 무엇인가』, 『붓다가 깨달은 연기법』, 『근본불교』
외 여러 책이 있으며, 역서로 『붓다의 연기법과 인공지능』,
『불교와 양자역학』 등이 있다.

精選 정선 맛지마 니까야

Majjhima-Nikāya

이중표 역해

精選
정선

맛지마 니까야

Majjhima-Nikāya

이중표 역해

불광출판사

머리말

부처님의 말씀을 누구나 쉽게 읽을 수 있도록 『니까야(Nikāya)』를 정선(精選)하여 번역하기로 마음먹고, 첫 작품으로 2014년 1월에 『정선 디가 니까야』를 출간하였다. 그리고 2016년 1월에 후속으로 『정선 맛지마 니까야』를 출간하였다. 당시 필자는 전남대학교 교수로 재직 중이었기 때문에, 두 책을 전남대학교출판부를 통해 출판하였는데, 정년 퇴임 이후에 불광출판사에서 출판을 희망하여 2019년 5월에 『정선 디가 니까야』를 재출간하였고, 그다음으로 『정선 맛지마 니까야』를 재출간하게 되었다. 원래 『정선 맛지마 니까야』는 분량이 많아서 상·하 두 권으로 냈었는데, 편의성 등 읽기에 불편하다는 독자들의 평이 있어서 이번에는 한 권으로 묶었다. 그 과정에서 반복되는 문장은 과감하게 생략하되 내용의 훼손이 없도록 주의를 기울였다. 각주도 꼭 필요한 것만 남기고 줄였으며, 번역도 많은 부분 수정, 보완하였다.

　『맛지마 니까야』는 중간 길이의 경을 모은 것으로, 152개의 경을

3편으로 나누어 수록하고 있다. 제1편 근본패엽(Mūlapaṇṇāsapāḷi)과 제2편 중간패엽(Majjhimapaṇṇāsapāḷi)에 각각 50개의 경이 들어있고, 제3편 최종패엽(Uparipaṇṇāsapāḷi)에 52개의 경이 들어있다. '근본', '중간', '최종'으로 이름을 붙인 각 편의 제목은 순서를 의미할 뿐 다른 의미가 없다. 152개의 경을 50개씩 셋으로 나누어 '근본', '중간', '최종'이라는 제목의 3편으로 편성하고, 남은 2개의 경은 제3편에 넣어서 제3편은 52개의 경을 수록하게 된 것이다. 각 편은 5개의 장(章)으로 구성되어 있고, 각 장은 10개의 경을 담고 있으며, 제3편 마지막 장은 12개의 경으로 되어있다.

이 책 『정선 맛지마 니까야』는 이 가운데 70개의 경을 가려 뽑았으며, 편과 장의 구분 없이 순서대로 배열하고, 각 경의 서두에 '해제'를 붙여서 이해에 도움을 주었다. 선정된 경은 중복되는 내용을 생략하여 번역하였으며, 이전의 경에 나오는 동일한 내용은 간략하게 줄이고, 각 주를 통해 그 경을 참고하도록 하였다. 이렇게 함으로써 분량을 줄였지만 내용은 빠짐이 없게 하였다.

『정선 맛지마 니까야』에 선정된 경은 아래와 같다.

순번	경 번호	경 이름	우리말 번역
1	(1)	Mūlapariyāya-sutta	근본법문(根本法門) 경
2	(2)	Sabbāsava-sutta	일체의 번뇌[漏] 경
3	(6)	Ākaṅkheyya-sutta	원한다면 경
4	(7)	Vatthūpama-sutta	옷의 비유 경

29	(55)	Jīvaka-sutta	지와까에게 설하신 경
30	(56)	Upāli-sutta	우빨리에게 설하신 경
31	(59)	Bahuvedaniya-sutta	많은 느낌 경
32	(62)	Mahā-Rāulovāda-sutta	라훌라에게 설하신 큰 경
33	(63)	Cūḷa-Māluṅkya-sutta	말룽꺄에게 설하신 작은 경
34	(64)	Mahā-Māluṅkya-sutta	말룽꺄에게 설하신 큰 경
35	(68)	Naḷakapāna-sutta	나라까빠나에서 설하신 경
36	(70)	Kīṭāgiri-sutta	끼따기리에서 설하신 경
37	(72)	Aggivacchagotta-sutta	악기왓차곳따에게 설하신 경
38	(74)	Dīghanakha-sutta	디가나카에게 설하신 경
39	(75)	Māgandiya-sutta	마간디야에게 설하신 경
40	(77)	Mahāsakuludāyi-sutta	싸꿀우다인에게 설하신 큰 경
41	(78)	Samaṇamaṇḍikā-sutta	싸마나만디까에게 설하신 경
42	(80)	Vekhanassa-sutta	웨카낫싸에게 설하신 경
43	(82)	Raṭṭhapāla-sutta	랏타빨라에게 설하신 경
44	(84)	Madhurā-sutta	마두라에서 설하신 경
45	(85)	Bodhirājakumāra-sutta	보디 왕자에게 설하신 경
46	(86)	Aṅgulimāla-sutta	앙굴리말라에게 설하신 경
47	(89)	Dhammacetiya-sutta	가르침의 탑(塔) 경
48	(95)	Caṅkī-sutta	짱끼에게 설하신 경
49	(101)	Devadaha-sutta	데와다하에서 설하신 경
50	(106)	Āṇañjasappāya-sutta	부동(不動)의 경지에 유익한 경
51	(107)	Gaṇākamoggallāna-sutta	가나까 목갈라나에게 설하신 경
52	(108)	Gopakamoggallāna-sutta	고빠까 목갈라나에게 설하신 경

53	(109)	Mahāpuṇṇama-sutta	보름날에 설하신 큰 경
54	(111)	Anupada-sutta	차제(次第) 경
55	(112)	Chabbisodhana-sutta	여섯 가지 검증(檢證) 경
56	(115)	Bahudhātuka-sutta	많은 계(界) 경
57	(117)	Mahācattārīsaka-sutta	40개의 큰 법문 경
58	(118)	Ānāpānasati-sutta	들숨날숨[出入息] 주의집중 경
59	(119)	Kāyagatā-sutta	몸[身] 주의집중 경
60	(121)	Cūḷasuññata-sutta	공성(空性)을 설하신 작은 경
61	(131)	Bhaddekaratta-sutta	행복에 전념하는 사람 경
62	(135)	Cūḷakammavibhaṅga-sutta	업(業)을 분별하신 작은 경
63	(138)	Uddesavibhaṅga-sutta	개요(概要)를 분별하신 경
64	(139)	Araṇavibhaṅga-sutta	무쟁(無諍)을 분별하신 경
65	(140)	Dhātuvibhaṅga-sutta	계(界)를 분별하신 경
66	(144)	Channovāda-sutta	찬나에게 설하신 경
67	(145)	Puṇṇovāda-sutta	뿐나에게 설하신 경
68	(148)	Chachaka-sutta	육육(六六) 경
69	(149)	Mahāsaḷāyatanika-sutta	6입처(六入處)에 속하는 큰 경
70	(152)	Indriyabhāvā-sutta	지각수행(知覺修行) 경

「10. Satipaṭṭhāna-sutta(念處經)」는 4념처(四念處) 수행법을 설명하는 매우 중요한 경이지만 역자가 이미 번역하여 출간한 『정선 디가 니까야』의 「8. 대념처경(大念處經; Mahā-Satipaṭṭhāna Suttanta)」과 같은 내용이기 때문에 생략했다.

이 책은 정선된 70개의 경에 1에서 70까지 순서대로 번호를 붙였으며, 원래의 번호는 각 경의 빨리어 이름 앞에 표기했다.

한자 용어에 익숙한 독자들을 위하여 '느낌[受], 분별하는 마음[識]'과 같이 한역(漢譯)의 번역어를 [ ] 안에 넣어 표기하였다.

2020년 4월
붓다나라 장주선실(壯宙禪室)에서
이중표 합장

목차

해제

『디가 니까야』는 외도 사상을 비판하고, 모순 대립하는 개념적 사유의 틀을 벗어나 체험적으로 진실에 접근하는 불교의 철학적 입장인 중도(中道)를 드러낸다. 이와 비교해 『맛지마 니까야』는 열반이라는 목표를 구체적으로 제시하고, 열반에 이르는 중도 수행법을 자세하게 보여준다.

불교 수행의 목적은 열반이다. 그렇다면 열반이란 무엇이며, 열반을 얻기 위해서는 어떻게 해야 하는가? 이 물음에 대한 답이 『맛지마 니까야』의 첫 번째 경인 「근본법문(根本法門) 경(1. Mūlapariyāya-sutta)」이다.

'근본법문'이라는 이름을 가진 이 경에서 부처님께서는 모든 가르침의 근본이 되는 법문을 이야기하겠다고 선언한다. 그렇다면 부처님 가르침의 근본은 무엇인가? 부처님께서는 이 경에서 두 가지 앎을 이야기한다. 무지한 범부들은 'sañjānāti' 하고, 열반을 추구하는 수행자와 열반을 성취한 아라한과 정각(正覺)을 성취한 여래(如來)는 'abhijānāti' 한다. 무지한 범부들은 'sañjānāti' 하기 때문에 인식의 대상에 대하여, 그것을 외부의 대상으로 사량(思量)하고, 개념으로 사량하고, 그것을 개념에 상응하는 존재라고 사량하고, '그 존재에 대하여 나의 소유다'라고 사량하고, 그 존재를 애락(愛樂)한다. 그렇지만 열반을 추구하는 수행자와 열반을 성취한 아라한은 'abhijānāti' 하기 때문에 인식의 대상에 대하여 대상으로 사량하지 않고, 개념으로 사량하지 않고, 그것을 개념에 상응하는 존재라고 사량하지 않고, '그 존재에 대하여 나의 소유(所有)다'라고 사량하지 않고, 그 존재를 애락하지 않는다. 이러한 'abhijānāti'에 의해서 우리는 우리가 인식하는 대상에 대하여 정확하고 바른 인식을 할 수 있으며, 그 결과 열반을 성취하게 된다는 것이 이 경의 요지다. 이 경에서 이야기하는 부처님의 모든 가르침의 근본은 'sañjānāti' 하지 않고, 'abhijānāti' 함으로써 열반을 성취하는 것이다.

그렇다면 'sañjānāti'는 무엇이고, 'abhijānāti'는 무엇인가? 이 물음에 대한 답을 이야기한 것이 『맛지마 니까야』라고 할 수 있다. 'sañjānāti'와 'abhijānāti'를 깊이 있게 이해하기 위해서는 『맛지마 니까야』를 읽어야 하겠지만, 독자들이 『맛지마 니까야』를 읽는 데 도움을 주기 위해 여기에서 간단하게 그 의미를 살펴보기로 한다.

빨리어 사전(The Pali Text Society's Pali-English Dictionary)에 의하면 'sañjānāti'는 'to recognize (인지하다), perceive (지각하다), know (알다), to be aware of (알아차리다)'를 의미하고, 'abhijānāti'는 'to know by experience (경험에 의해서 알다), to know fully or thoroughly (철저하게 알다)'를 의미한다. 그러나 이와 같은 사전적 의미로는 부처님께서 말씀하신 'sañjānāti'와 'abhijānāti'를 이해하기 어려우므로 『맛지마 니까야』

에서 그 의미를 찾아보기로 하자. 「25. 교리문답 큰 경(43. Mahāvedalla-sutta)」에 다음과 같은 문답이 있다.

"존자여, '분별하는 마음[識; viññāṇa]'이라고들 합니다. 존자여, 어찌하여 '분별하는 마음'이라고 합니까?"

"존자여, 분별합니다(vijānāti). 분별하면, 그로 인해서 '분별하는 마음[識; viññāṇa]'이라고 합니다. 무엇을 분별하는가? '즐거움'이라고 분별하고, '괴로움'이라고 분별하고, '즐겁지도 괴롭지도 않음'이라고 분별합니다."

"존자여, '느낌[受; vedanā]'이라고들 합니다. 존자여, 어찌하여 '느낌'이라고 합니까?"

"존자여, 느낍니다(vedeti). 느끼면, 그로 인해서 '느낌[受; vedanā]'이라고 합니다. 무엇을 느끼는가? 즐거움을 느끼고, 괴로움을 느끼고, 즐겁지도 괴롭지도 않음을 느낍니다."

"존자여, '생각[想; saññā]'이라고들 합니다. 존자여, 어찌하여 '생각'이라고 합니까?"

"존자여, 개념적으로 인식합니다(sañjānāti). 개념적으로 인식하면, 그로 인해서 '생각[想; saññā]'이라고 합니다. 무엇을 개념적으로 인식하는가? 청색(靑色)을 개념적으로 인식하고, 황색(黃色)을 개념적으로 인식하고, 적색(赤色)을 개념적으로 인식하고, 백색(白色)을 개념적으로 인식합니다."

"존자여, 느낌[受]과 생각[想]과 분별하는 마음[識], 이들 법(法)은 서로 관계가 있습니까, 그렇지 않으면, 관계가 없기 때문에 이들 법을 각각 분리하여 언명(言明)할 수 있습니까?"

"존자여, 느낌과 생각, 분별하는 마음, 이들 법은 서로 관계가 있고 무관하지 않기 때문에, 이들 법을 각각 분리하여 언명할 수 없습니다. 존자여, 느낀 것, 그것을 개념적으로 인식하고, 개념적으로 인식한 것, 그것을 분별합니다. 그러므로 이들 법은 서로 관계가 있고, 무관하지 않기 때문에, 이들 법을 각각 분리하여 언명할 수 없습니다."

우리는 어떤 대상을 '좋은 것', '싫은 것', '좋지도 싫지도 않은 것'으로 분별한다. 왜 이런 분별심이 일어나는 것일까? 우리는 대상을 지각할 때 고락의 감정을 느낀다. 이렇게 고락의 감정을 느끼면, 그 대상을 개념으로 파악한다. 그리고 그 개념으로 대상을 '좋은 것', '싫은 것', '좋지도 싫지도 않은 것'으로 분별한다. 위에 인용한 경은 이것을 이야기하고 있다. 예를 들어, 붉은 사과와 푸른 사과를 보면, 우리는 붉은 사과는 맛있고, 푸른 사과는 맛없으리라 생각한다. 이때 붉은색과 푸른색은 시각적인 색이 아니라, 우리가 개념화한 색이다. 우리는 맛을 보지 않아도 붉은 사과를 보면 '맛있는 사과'라고 생각하고, 푸른 사과를 보면 '맛없는 사과'라고 생각한다. 이렇게 개념으로 인식하는 것이 'sañjānāti'이다.

우리의 감정[受]과 사유[想]와 인식[識]은 개별적으로 분리된 심적 기능의 작용이 아니라 상호관계 속에서 일어나는 심리적 과정이다. 그런데 범부들은 이 모든 것을 개념적으로 인식하기 때문에 느낌[受]이 발생하면 느낌이라는 개념에 상응하는 존재가 느낀다고 생각하고, 생각[想]이 발생하면, 생각이라는 개념에 상응하는 존재가 생각한다고 생각하고, 분별하는 마음[識]이 발생하면 분별하는 마음이라는 개념에 상응하는 존재가 분별한다고 생각한다. 그리하여 느끼고, 생각하고, 분별하는 마음을 자아라고 집착한다. 이렇게 무지한 범부들이 자아로 집착하여 취하고 있는 것들이 5취온(五取蘊), 즉 색(色), 수(受), 상(想), 행(行), 식(識)이다.

이와 같이 'sañjānāti'는 지각된 대상을 개념으로 인식하는 범부들의 인식을 의미하고, 'abhijānāti'는 'sañjānāti'의 인식 태도에서 벗어나 주의집중(sati) 수행을 통해 대상에 대한 인식을 통찰지[般若; paññā]로 통찰하여 체험적으로 자각(自覺)하는 것을 의미한다. 이러한 'abhijānāti'는 「69. 6입처(六入處)에 속하는 큰 경(149. Mahāsaḷāyatanika-sutta)」에 잘 드러난다. 이 경에서는 'sañjānāti'와 'abhijānāti'가 다음과 같이 대비된다.

> "비구들이여, 보는 주관[眼]을 있는 그대로 알지 못하고 보지 못하고, 보이는 형색[色]들을 있는 그대로 알지 못하고 보지 못하고, 시각분별[眼識]을 있는 그대로 알지 못하고 보지 못하고, 시각접촉[眼觸]을 있는 그대로 알지 못하고 보지 못하고, 이 시각접촉[眼觸]을 의지하여 생기는 즐겁거나, 괴롭거나, 괴롭지도 즐겁지도 않은 느낌[受]을 있는 그대로 알지 못하고, 보지 못한 사람은 보는 주관[眼]에 대하여 탐착(貪着)하고, 보이는 형색[色]들에 대하여 탐착하고, 시각분별[眼識]에 대하여 탐착하고, 시각접촉[觸, 眼觸]에 대하여 탐착하고, 이 시각접촉[觸]을 의지하여 생기는 즐겁거나, 괴롭거나, 괴롭지도 즐겁지도 않은 느낌[受]에 대

하여 탐착한다오. 그것에 탐착하고, 속박되고, 정신을 빼앗겨, 재미[味]라고 여기고 살아가면, 미래에 5취온이 쌓여간다오. 그리고 여기저기에서 애락(愛樂)하며, 다시 존재하기를 바라는, 기쁨과 탐욕을 수반하는 갈애[愛]가 늘어난다오. 그러면 몸에 따르는 걱정이 늘어나고, 마음에 따르는 걱정이 늘어나고, 몸에 따르는 고통이 늘어나고, 마음에 따르는 고통이 늘어나고, 몸에 따르는 고뇌가 늘어나고, 마음에 따르는 고뇌가 늘어난다오. 그는 몸도 괴롭고, 마음도 괴롭다오. 듣는 주관[耳], 냄새 맡는 주관[鼻], 맛보는 주관[舌], 만지는 주관[身], 마음[意]도 이와 같다오.

비구들이여, 보는 주관[眼]을 있는 그대로 알고 보고, 보이는 형색[色]들을 있는 그대로 알고 보고, 시각분별[眼識]을 있는 그대로 알고 보고, 시각접촉[眼觸]을 있는 그대로 알고 보고, 이 시각접촉을 의지하여 생기는 즐겁거나, 괴롭거나, 괴롭지도 즐겁지도 않은 느낌[受]을 있는 그대로 알고 보면, 보는 주관[眼]에 대하여 탐착하지 않고, 보이는 형색[色]들에 대하여 탐착하지 않고, 시각분별[眼識]에 대하여 탐착하지 않고, 시각접촉[眼觸]에 대하여 탐착하지 않고, 이 시각접촉을 의지하여 생기는 즐겁거나, 괴롭거나, 괴롭지도 즐겁지도 않은 느낌[受]에 대하여 탐착하지 않는다오. 그것에 탐착하지 않고, 속박되지 않고, 정신을 빼앗기지 않고, 재앙[患]이라고 여기고 살아가면, 미래에 5취온이 소멸해간다오. 그리고 여기저기에서 애락하며, 다시 존재하기를 바라는, 기쁨과 탐욕을 수반하는 갈애[愛]가 소멸한다오. 그러면 몸에 따르는 걱정이 소멸하고, 마음에 따르는 걱정이 소멸하고, 몸

에 따르는 고통이 소멸하고, 마음에 따르는 고통이 소멸하고, 몸
에 따르는 고뇌가 소멸하고, 마음에 따르는 고뇌가 소멸한다오.
그는 몸도 즐겁고, 마음도 즐겁다오."

우리는 '내부에는 보는 주관[眼入處]이 있고, 외부에는 보이는 형색[色
入處]이 있다'라고 생각한다. 이러한 생각으로 사물을 지각하고, 그 대
상을 외부의 개별적인 사물이라고 인식[眼識]한다. 이것은 사물을 있는
그대로 보지 못한 것이다. 우리가 '보는 주관[眼]'이라고 알고 있는 것
은 개념일 뿐 실재하는 사물이 아니다. '보이는 형색[色]'도 마찬가지다.
'보는 주관'은 '보이는 형색' 없이 존재할 수 없고, '보이는 형색'은 '보
는 주관' 없이 존재할 수 없다. '보는 주관'이라는 관념과 '보이는 형색'
은 우리가 사물을 볼 때 생긴 관념이다. 이렇게 '보는 주관'과 '보이는
형색'은 지각활동에서 생긴 관념이다. 그런데 이것을 알지 못하고, 내
부의 '보는 주관'이 외부의 '보이는 형색'을 보고 있다고 알고 있는 것이
범부이며, 이렇게 관념으로 형성된 개념을 실재시(實在視)하여 인식하
는 것이 'sañjānāti'이다.

　　그러나 지각활동을 직접적인 체험 속에서 있는 그대로 보면 '보는
주관[眼]'과 '보이는 형색[色]'은 우리가 지각활동을 함으로써 생긴 관
념일 뿐, 그 개념에 상응하는 존재가 실재하지 않는다는 것을 알게 된
다. 이것이 'abhijānāti'이다.

　　불교 수행은 자신과 세계를 체험을 통해 있는 그대로 알고 보는
'abhijānāti'를 실천하는 것이다. 「69. 6입처(六入處)에 속하는 큰 경(149.
Mahāsaḷāyatanika-sutta)」에서는 이것을 다음과 같이 이야기한다.

있는 그대로에 대한 견해, 그것이 정견(正見)이라오. 있는 그대로에 대한 의도, 그것이 정사유(正思惟)라오. 있는 그대로에 대한 정진, 그것이 정정진(正精進)이라오. 있는 그대로에 대한 주의집중, 그것이 정념(正念)이라오. 있는 그대로에 대한 삼매(三昧), 그것이 정정(正定)이라오. 이전에 이미 신업(身業)과 구업(口業)과 생업(生業)은 청정해진다오. 이와 같이 성자의 8정도(八正道) 수행이 완성된다오.

성자의 8정도를 수행하면, 4념처(四念處) 수행도 완성되고, 4정근(四正勤) 수행도 완성되고, 4여의족(四如意足) 수행도 완성되고, 5근(五根) 수행도 완성되고, 5력(五力) 수행도 완성되고, 7각지(七覺支) 수행도 완성된다오. 그에게 싸마타(止)와 위빠싸나(觀)라는 두 개의 멍에가 생긴다오.

그는 체험적 지혜[勝智; abhiññā]로 체험적으로 알아야 할 법(法)들은 체험적 지혜를 통해 체험적으로 알고, 체험적 지혜로 버려야 할 법들은 체험적 지혜로 버리고, 체험적 지혜로 수행해야 할 법들은 체험적 지혜로 수행하고, 체험적 지혜로 체득해야 할 법들은 체험적 지혜로 체득한다오. 비구들이여, 어떤 것들이 체험적 지혜로 체험적으로 알아야 할 법들인가? 그것은 '5취온(五取蘊)'이라고 불리는 것, 즉 색취온(色取蘊), 수취온(受取蘊), 상취온(想取蘊), 행취온(行取蘊), 식취온(識取蘊)이오. 이 법들이 체험적 지혜로 체험적으로 알아야 할 법들이오. 비구들이여, 어떤 법들을 체험적 지혜로 버려야 하는가? 무명(無明)과 유애(有愛), 이 법들을 체험적 지혜로 버려야 한다오. 비구들이여, 어떤 법들을 체

험적 지혜로 수행해야 하는가? 싸마타[止]와 위빠싸나[觀], 이 법
들을 체험적 지혜로 수행해야 한다오. 비구들이여, 어떤 법들을
체험적 지혜로 체득해야 하는가? 명지(明智)와 해탈(解脫), 이 법
들을 체험적 지혜로 체득해야 한다오.

여기에서 역자가 '체험적 지혜[勝智]'로 번역한 것은 'abhiññā'이다.
'saññā; 개념적으로 인식하는 마음'이 'sañjānāti'의 명사형이듯이
'abhiññā'는 'abhijānāti'의 명사형으로서 '체험을 통해 있는 그대로 아
는 마음'을 의미한다. 불교에서 수행이란 있는 그대로 아는 것이다. 8정
도는 있는 그대로 보며 살아가는 것이고, 이러한 삶 속에서 수행이 완
성된다는 것이 「6입처(六入處)에 속하는 큰 경」의 요지이다.

　첫 번째 경인 「근본법문(根本法門) 경」에서 모든 가르침의 근본이
라고 선언한 'abhijānāti'는 이렇게 「6입처(六入處)에 속하는 큰 경」에
서 전모(全貌)가 드러나며, 마지막 경인 「70. 지각수행(知覺修行) 경(152.
Indriyabhāvā-sutta)」에서 6근(六根)을 수호(守護)하는 지각수행(知覺修行)
으로 귀결된다. 이와 같이 불교의 모든 수행은 'abhijānāti'의 과정이며,
『맛지마 니까야』는 이러한 수행의 과정을 체계적으로 잘 보여주고 있다.

1

근본법문(根本法門) 경

1. Mūlapariyāya-sutta

【 해제 】

이 경은 한역(漢譯) 『중아함경(中阿含經)』 「106. 상경(想經)」에 상응하는 경이며, 별행경(別行經)으로는 축법호(竺法護)가 번역한 『낙상경(樂想經)』이 있다.

　　근본법문(Mūlapariyāya)이라는 이름의 이 경을 『맛지마 니까야』의 편집자가 첫 경으로 선정한 것은 『맛지마 니까야』의 편집 의도를 보여주기 위한 것으로 생각된다. 부처님께서는 우리에게 무엇을 가르쳤는가? 『맛지마 니까야』의 편집자는 이 경을 서두에 배치함으로써 이 물음에 대한 답을 이야기하고 있다.

　　이 경의 주제는 '부처님께서 가르친 모든 가르침의 근본'이다. 그렇다면 부처님 가르침의 근본은 무엇인가? 부처님께서는 이 경에서 "무지한 범부들은 'sañjānāti' 하고, 열반을 추구하는 수행자와 열반을 성취한 아라한과 정각을 성취한 여래는 'abhijānāti' 한다"라고 말씀하신다. 'sañjānāti' 하지 말고 'abhijānāti' 하라는 것이 '부처님께서 가르친 모든 가르침의 근본'이라는 것이다.

그렇다면 'sañjānāti'는 무엇이고, 'abhijānāti'는 무엇인가?

'sañjānāti'는 '하나의, 함께, 같은'의 의미를 지닌 접두어 'saṃ'과 '알다'라는 의미의 동사 'jānāti'의 합성어이다. 따라서 문자 그대로의 의미는 '함께 알다, 같은 것으로 알다, 하나로 알다'이다. '함께 알고, 같은 것으로 알고, 하나로 안다'는 것은 무엇을 의미하는 것일까? 이것은 대상을 개념으로 인식한다는 말이다. '책상'이라는 개념은 세상의 모든 책상을 '하나의' 대상으로, '같은' 대상으로 삼고 있다. 세상에는 똑같은 책상이 하나도 없지만, 우리는 모든 책상을 함께 싸잡아서, '책상'이라는 하나의 개념을 사용하여 같은 것으로 인식한다. 이와 같이 어떤 대상을 '개념'을 가지고 인식하는 것이 'sañjānāti'이다. 이 책에서는 이것을 '개념적으로 인식하다'로 번역했다. 5온(五蘊)의 상(想), 즉 'saññā'는 'sañjānāti'의 명사형으로서 '개념적으로 인식하는 마음'을 의미한다. 현대적인 의미로는 논리적으로 사유하는 '이성(理性)'이다. 이 경에서 부처님께서는 우리의 이성적이고 개념적인 인식을 중생의 잘못된 인식이라고 비판하고 있다.

'abhijānāti'는 '~에 대하여, 향하여, 두루'의 의미를 지닌 접두어 'abhi'와 '알다'라는 의미의 동사 'jānāti'의 합성어이다. 따라서 문자 그대로의 의미는 '~에 대하여 알다, 두루 알다'이다. '~에 대하여 안다'는 것은 '대상을 직접 몸으로 상대하여 체험적으로 안다'는 것을 의미한다.

예를 들어서 '컴퓨터를 안다'라고 할 때, 컴퓨터를 개념적으로 아는 것과 체험적으로 아는 것은 앎의 내용이 다르다. 눈앞에 있는 컴퓨터를 보고, 그것이 책상이 아니라 컴퓨터라는 것을 아는 것은 컴퓨터를 컴퓨터라는 이름, 즉 개념을 가지고 인식한 것이다. 이것이 'sañjānāti'이다. 우리가 컴퓨터를 개념적으로 안다고 해서 컴퓨터에 대하여 진정으로 아는 것은 아니다. 컴퓨터를 사용할 줄 아는 것이 컴퓨터에 대한 진정한 앎이다. 컴퓨터를 사용할 줄 알기 위해서는 직접 손으로 만져보고 실습을 해야 한다. 우리는 직접 컴퓨터를 손으로 만져보고, 사용법에 따라 실습을 함으로써 컴퓨터가 어떤 것인 줄을 정확하게 알 수 있다. 이것이 'abhijānāti'이다. 직접 몸으로 대상을 상대하여 체험을 통해 그 대상에 대하여 아는 것이 'abhijānāti'인 것이다. 이 책에서는 이것을 '체험적으로 인식하다'로 번역했다. '신통(神通), 승지(勝智)'로 한역된 'abhiññā'는 'abhijānāti'의 명사형으로서 '체험적으로 인식하는 지혜'를 의미한다.

범부든, 수행자나 아라한이든, 인식의 대상은 다르지 않다. 부처님 당시의 인도인들은 이 세계가 물질적으로는 4대(四大), 즉 흙[地], 물[水], 불[火], 바람[風]이라는 존재로 이루어졌고, 그곳에 생명을 지닌 유정(有情)들과 여러 천신(天神)들이 살고 있으며, 하늘 위에는 범천(梵天)을 비롯하여 수많은 천상의 세계가 존재한다고 생각했다. 부처님께서는 이런 존재들에 대하여, 개념적으로 인식하지 말고, 체험적으로 인식할 것을 가르쳤다. 부처님께서 가르친 것은 이 세계를 초월한 그 어떤 것이 아니다. 부처님께서는 우리가 살고 있는 현실의 존재들에 대하여 바르게 인식할 것을 가르쳤다. 이것이 부처님의 모든 가르침의 근본이라는 것을 이 경은 이야기하고 있다.

이와 같이 나는 들었습니다.

한때 세존께서는 욱깟타(Ukkaṭṭha)의 쑤바가(Subhaga) 숲속에서 가장
큰 쌀라(sāla)나무 아래에 머무셨습니다. 그곳에서 세존께서 "비구들이
여!"라고 비구들을 불렀습니다. 비구들은 "존경하는 스승님!" 하고 대
답했습니다.

세존께서 말씀하셨습니다.

"비구들이여, 그대들에게 모든 가르침의 근본이 되는 법문을 설하
겠소. 잘 듣고, 깊이 생각하도록 하시오. 내가 이야기하겠소."

비구들은 "그렇게 하겠습니다. 세존이시여!"라고 대답했습니다.

세존께서는 다음과 같이 말씀하셨습니다.

"비구들이여, 성인(聖人)을 무시하고, 성인의 가르침을 이해하지
못하고, 성인의 가르침에서 배우지 못하고, 참사람[正士]01을 무시하고,
참사람의 가르침을 이해하지 못하고, 참사람의 가르침에서 배우지 못
한 무지한 범부는 흙[地] (물[水], 불[火], 바람[風])을 흙 (물, 불, 바람)으로
개념적으로 인식한다오.02 흙 (물, 불, 바람)을 흙 (물, 불, 바람)으로 개념적
으로 인식하고 나서, 흙 (물, 불, 바람)을 사량(思量)하고,03 흙 (물, 불, 바람)

---

01 'sappurisa'의 번역.
02 'paṭhaviṃ paṭhavito sañjānāti'의 번역. 여기에서 '흙'은 4대(四大)의 '지(地; paṭhavī)'를 의
     미함. 이 경에서는 4대에 대하여 각각 같은 내용을 기술하고 있는데, 이를 종합하여 흙
     [地], 물[水], 불[火], 바람[風]으로 번역함.
03 'maññati'의 번역. 'maññati'는 개념을 가지고 헤아리고, 판단하는 것을 의미한다.

에 대하여 사량하고, 흙 (물, 불, 바람)이라고 사량하고, '흙 (물, 불, 바람)은 나의 소유(所有)다'라고 사량하고, 흙 (물, 불, 바람)을 애락(愛樂)한다오. 그 까닭은 무엇인가? '그는 이해하지 못하기 때문이다'라고 나는 말한다오.

비구들이여, 마음의 평온을 성취하지 못한 유학(有學) 비구는 누구나 더할 나위 없는 행복[瑜伽安穩]을04 희구하며 살아간다오. 그는 흙 (물, 불, 바람)을 흙 (물, 불, 바람)으로 체험적으로 인식한다오.05 흙 (물, 불, 바람)을 흙 (물, 불, 바람)으로 체험적으로 인식하고 나서, 흙 (물, 불, 바람)을 사량하지 않고, 흙 (물, 불, 바람)에 대하여 사량하지 않고, 흙 (물, 불, 바람)이라고 사량하지 않고, '흙 (물, 불, 바람)은 나의 소유다'라고 사량하지 않고, 흙 (물, 불, 바람)을 애락하지 않는다오. 그 까닭은 무엇인가? '그는 이해하려고 하기 때문이다'라고 나는 말한다오.

비구들이여, 비구로서 번뇌[漏]를 멸진(滅盡)하고, 수행을 완성하고, 해야 할 일을 마치고, 짐을 내려놓고, 자신의 목적에 도달하여, 존재의 결박[有結]06을 끊고, 바른 지혜를 갖추어 해탈한 아라한도 누구나 흙 등의 4대(四大)07를 체험적으로 인식하고, … '4대는 나의 소유다'라고 사량하지 않고, 4대를 애락하지 않는다오. 그 까닭은 무엇인가? '그는 이해하고 있기 때문이다'라고 나는 말한다오.

비구들이여, 비구로서 번뇌를 멸진하고, 수행을 완성하고, 해야 할 일을 마치고, 짐을 내려놓고, 자신의 목적에 도달하여, 존재의 결박[有

---

04 'anuttara yogakkhema'의 번역. 열반(涅槃)을 의미함.
05 'paṭhaviṃ paṭhavito abhijānāti'의 번역.
06 'bhava-saṃyojana'의 번역.
07 이 경에서는 각각의 4대에 대하여 동일한 설명을 하고 있는데, 이를 종합하여 4대로 번역함.

結]을 끊고, 바른 지혜를 갖추어 해탈한 아라한은 누구나 흙 등의 4대를 체험적으로 인식하고, … '4대는 나의 소유다'라고 사량하지 않고, 4대를 애락하지 않는다오. 그 까닭은 무엇인가? 그는 탐욕[貪]이 지멸(止滅)하여 탐욕에서 벗어났고, 분노[瞋]가 지멸하여 분노에서 벗어났고, 어리석음[癡]이 지멸하여 어리석음에서 벗어났기 때문이라오.

비구들이여, 아라한이며, 등정각(等正覺)인 여래(如來)도 흙 등의 4대를 체험적으로 인식하고, … '4대는 나의 소유다'라고 사량하지 않고, 4대를 애락하지 않는다오. 그 까닭은 무엇인가? '여래는 이해하고 있기 때문이다'라고 나는 말한다오.

비구들이여, 아라한이며, 등정각인 여래는 흙 등의 4대를 체험적으로 인식하고, … '4대는 나의 소유다'라고 사량하지 않고, 4대를 애락하지 않는다오. 그 까닭은 무엇인가? 여래는 기쁨이 괴로움의 뿌리라는 것을 알고 있으며, 유(有)로부터 생(生)이 있고, 유정(有情)의 노사(老死)가 있다는 것을 알기 때문이라오. 비구들이여, 그래서 '여래는 어떤 경우에도 갈망[愛]을 지멸하고 소멸하고 단념하고 포기하여 무상(無上)의 등정각을 몸소 깨달은 등정각이다'라고 나는 말한다오."

유정(有情; bhūta)들, 천신(天神; deva)들, 생주신(生主神; pajāpati), 범천(梵天; brahmā:色界初禪), 광음천(光音天; ābhassara: 色界二禪), 변정천(遍淨天; subhakiṇṇa:色界三禪), 광과천(廣果天; vehapphala: 色界四禪), 승자천(勝者天; abhibhū: 色界四禪), 공무변처(空無邊處; ākāsañcāyatana), 식무변처(識無邊處; viññāṇañcāyatana), 무소유처(無所有處; ākiñcaññāyatana), 비유상비무상처(非有想非無想處; nevasaññānāsaññāyatana), 보인 것(diṭṭha), 들린 것(suta), 사량(思量)된 것(muta), 인식된 것(viññāta), 단일성(單一性; ekatta), 다양성(多

樣性; nānatta), 일체(一切; sabba), 열반(涅槃; nibbāna)에 대해서도 이와 같이 말씀하셨습니다.[08]

이것이 세존께서 하신 말씀입니다.
그 비구들은 세존의 말씀에 만족하고 기뻐했습니다.

---

08 이 경에서는 이들에 대하여 각각 동일한 내용으로 기술하고 있다.

2

일체의 번뇌[漏] 경

2. Sabbāsava-sutta

【 해제 】

이 경은 한역『중아함경(中阿含經)』「10. 누진경(漏盡經)」에 상응하는 경
이며,『증일아함경(增一阿含經)』40. 6에도 같은 내용이 있다. 별행경(別
行經)으로는 안세고(安世高)의『일체류섭수인경(一切流攝守因經)』이 있다.
이 경의 주제는 일체의 번뇌[漏]를 막는 법이다. 번뇌로 번역한 'āsava'를
한역에서는 '누(漏)'로 번역했다.

　　'āsava'는 '흐르다'는 의미의 동사 'āsavati'의 명사형으로서 '흐름'
을 의미한다. 'āsava'는 원래 고행주의(苦行主義)의 용어로서 자이나교에
서는 고통을 일으키는 원인의 의미로 사용된다. 자이나교의 교리에 의
하면, 우리의 영혼인 지와(Jīva: 命)는 불생불멸(不生不滅)하는 존재로서
전지전능(全知全能)하며, 지고한 행복의 상태에 있다. 그런데 악행(惡行)

을 하면 카르마(karma: 業)라는 물질이 흘러들어와서 고통을 일으킨다. 이렇게 외부에서 카르마(karma)가 지와(Jīva)의 내부로 흘러들어오는 것을 자이나교에서는 카르마의 유입(流入)이라는 의미에서 'āsava'라고 한다. 자이나교에서는 이와 같이 고통을 주는 카르마가 외부에서 유입된다고 보기 때문에 불살생(不殺生), 불투도(不偸盜), 불사음(不邪淫), 불망어(不妄語), 무소유(無所有)라는 5가지 계행(戒行)을 통해 카르마의 유입을 막아야 한다고 가르치며, 이미 유입된 카르마는 고행을 통해 소멸해야 한다고 가르친다.

부처님께서도 'āsava'를 괴로움을 일으키는 요인을 가리키는 말로 사용했지만, 그 의미는 자이나교와 다르다. 부처님께서는 우리의 괴로움이 무명(無明)에서 비롯된 것으로 본다. 그리고 무명의 상태에서 지각활동을 하면 지각의 대상에 대하여 탐욕이 생긴다. 이렇게 무지한 지각활동에서 탐욕이 생기는 것을 은유적으로 표현한 것이 누(漏), 즉 'āsava'이다. 불교 수행은 이러한 누가 흘러들지 않도록 하는 것이다. 누가 흘러들지 않게 하려면 누가 흘러드는 문을 잘 지켜야 한다. 누는 우리가 지각활동을 할 때 흘러든다. 그러므로 지각활동을 잘 지켜봐야 한다. 6근(六根)을 문(門)이라고 부르고, 이것을 수호하라고 하는 의미가 여기에 있다. 이 경에서는 이러한 누가 흘러들지 않도록 하는 방법을 이야기하고 있다.

이 경에서 주목할 만한 내용은 범부들이 이치에 맞지 않는 생각을 함으로써 갖게 되는 '자아(自我)'에 대한 사견(邪見)들이다. 이 경에서는 '자아'에 대한 사견 6가지를 이야기한다.

① 나의 자아는 존재한다. (atthi me attā)

② 나의 자아는 존재하지 않는다. (natthi me attā)

③ 나는 자아를 가지고 자아를 개념적으로 인식한다. (attanā va attāṃ
saṅjānāmi)

④ 나는 자아를 가지고 비아(非我)를 개념적으로 인식한다. (attanā va
anattāṃ saṅjānāmi)

⑤ 나는 비아를 가지고 자아를 개념적으로 인식한다. (anattanā va attāṃ
saṅjānāmi)

⑥ 말하고, 느끼고, 여기저기에서 선악업(善惡業)의 과보(果報)를 받는
나의 이 자아는 … 영원히 그대로 머물 것이다. (yo me ayaṃ attā vado
vedeyyo tatra tatra kalyāṇpāpakānaṃ kammānaṃ vipākaṃ paṭisaṃvedeti, so kho
pana me ayaṃ attā … sassatisamaṃ tath'eva ṭhassati.)

이 6가지 사견은 「1. 근본법문(根本法門) 경」에서 범부들의 인식 방법이
라고 했던 'saṅjānāti', 즉 개념적인 인식에서 비롯된 견해들이다. 여기에
서 자아(自我)로 번역한 'attā'는 우파니샤드에서 모든 존재의 본질로 이
야기하는 아트만(Ātman)의 빨리어(Pāli) 표기이다. 우파니샤드에서 우리
의 진정한 자아라고 이야기하는 아트만은 불변의 영속적인 실체이며,
여기저기 여러 세상을 윤회하면서 선악업(善惡業)의 과보(果報)를 받는
행위와 인식의 주체이다. 이것이 사견(邪見) ⑥의 내용이다. 브라만교가
지배하던 부처님 당시에 대부분의 사람들은 이러한 아트만이 자신의 내
부에 존재하는 참된 자아라고 믿었다. 그러나 브라만교를 부정하고 새
롭게 출현한 사상가들은 대부분 그러한 아트만의 존재를 부정했다. 사
견 ①과 ②는 이와 같은 당시의 사상적 대립을 보여준다.

아트만의 존재를 부정하는 ②의 입장에서는 영원히 변치 않고 존재하면서 윤회하는 아트만의 존재를 입증할 필요가 없다. 그러나 아트만이 존재한다고 주장하는 ①의 입장에서는 아트만의 존재를 입증해야 한다. ③, ④, ⑤는 ①의 입장에서 아트만의 존재를 입증하는 방법이다. 이 경에서는 아트만의 존재를 진실이라고 주장하는 사람들이 아트만의 존재를 인식하는 방법이 'sañjānāti'라고 이야기하고 있다. 지금까지 모든 번역에서 'sañjānāti'를 '지각하다, 인식하다'의 의미로 번역했다. 그러나 이렇게 'sañjānāti'를 '지각하다, 인식하다'의 의미로 해석하면 ③, ④, ⑤의 의미는 모호해진다. ③은 빨리어로 'attanā va attāṃ sañjānāmi'인데, 'attanā'는 'attā'의 구격(具格)이고, 'attāṃ'은 대격(對格)이다. 따라서 'sañjānāti'를 '지각하다, 인식하다'의 의미로 번역하면 '나는 아트만을 가지고 아트만을 지각한다'가 된다. ④와 ⑤도 같은 형식의 문장이다. 이런 의미로 이 경을 읽은 독자들은 ③, ④, ⑤의 의미를 명확하게 이해할 수 없을 것이다. ③, ④, ⑤의 의미를 명확하게 이해하기 위해서는 'sañjānāti'의 의미를 정확하게 이해해야 한다. 그리고 역으로 'sañjānāti'의 의미를 정확하게 이해하기 위해서는 ③, ④, ⑤의 논리구조를 이해해야 한다.

아트만이 경험을 통해 지각될 수 있다면, 우리는 아트만의 존재에 대하여 논쟁할 필요가 없다. 당시의 새로운 사상가들은 정당한 인식의 근거는 경험[現量]뿐이라고 주장하면서 아트만의 존재를 부정했다. 아트만은 우리가 경험할 수 없다는 것이다. 그러나 우파니샤드 철학자들은 논리적인 추론[比量]으로 아트만은 인식될 수 있다고 주장했다. ③, ④, ⑤는 이러한 논리적인 추론의 구조를 보여준다.

논리적인 추론을 다루는 논리학의 기본법칙은 동일률(同一律), 모순율(矛盾律), 배중률(排中律)이다. ③ '나는 아트만을 가지고 아트만을 인식한다'는 것은 '아트만은 아트만이다'라는 논리로 아트만을 인식한다는 의미이다. 우파니샤드에서는 아트만에 대하여 '그것은 바로 너다(tad tvaṃ asi)'라는 표현을 한다. 이와 같이 ③은 'A=A'의 형식을 갖는 동일률을 보여준다. ④ '나는 아트만을 가지고 아트만이 아닌 것을 인식한다'는 뜻은 아트만과 아트만이 아닌 것은 모순 관계라는 것을 이야기한 것이다. 따라서 ④는 'A≠-A'의 형식을 갖는 모순율을 보여준다. ⑤ '나는 아트만이 아닌 것을 가지고 아트만을 인식한다'는 것은 ④의 모순율에 의해 확정된 '-A'를 통해서 'A'를 인식하는 것으로서 'A'와 '-A' 가운데 하나는 반드시 참이라는 배중률에 의한 귀류법(歸謬法)을 보여준다.

이와 같이 ③, ④, ⑤는 논리적인 추론을 이야기한 것이며, 이러한 논리적인 추론을 'sañjānāti'라는 동사로 표현하고 있다. 따라서 'sañjānāti'는 '논리적인 추론', 또는 '논리적인 추론에 의한 인식'을 의미한다고 할 수 있다. 우리는 논리적인 추론이나 사유를 합리적이고 이치에 맞는 사유라고 알고 있다. 그런데 이 경에서는 이러한 논리적인 추론을 이치에 맞지 않는 사견이라고 이야기한다. 그뿐만이 아니다. 이 경에서는 ② '나의 자아는 존재하지 않는다'라는 견해도 사견이라고 이야기한다.

부처님께서는 무아를 가르쳤는데, 이 경에서는 왜 '나의 자아는 존재하지 않는다'라는 견해를 사견이라고 하는 것일까? 여기에서 우리는 불교의 무아설(無我說)이 '나'를 부정하는 이론이 아니라는 것을 알아야 한다. 아트만과 같은 영원한 자아를 부정한 당시의 새로운 사상가들은 '우리의 자아는 죽음을 통해서 단멸(斷滅)한다'라는 단견(斷見)을 취했다. 한편 아트만과 같은 영원한 자아(自我)의 존재를 인정한 브라만교는

'우리의 자아는 상주(常住)하기 때문에 신체는 죽어도 죽지 않고 윤회한다'는 상견(常見)을 취했다. 이런 모순된 사상적 대립은 왜 나타나는가? 이 경에서는 그 까닭을 다음과 같이 이야기한다.

> "무지한 범부는 다음과 같이 이치에 맞지 않는 생각을 한다오.
> '나는 진실로 과거세에 존재했을까, 존재하지 않았을까? 진실로 과거세에는 무엇이었을까? 진실로 과거세에는 어떻게 지냈을까? 나는 진실로 과거세에 무엇이 되어, 무엇으로 존재했을까? 나는 진실로 미래세에 존재하게 될까, 존재하지 않게 될까? 진실로 미래세에는 무엇이 될까? 진실로 미래세에는 어떻게 지내게 될까? 나는 진실로 미래세에 무엇이 되어, 무엇으로 존재하게 될까?'
> 현실에서는 현세(現世)의 자신을 의심한다오.
> '나는 진실로 존재하는가, 존재하지 않는가? 나는 진실로 무엇인가? 나는 진실로 (현세에) 어떻게 지낼까? 이 중생은 어디에서 와서 어디로 가게 될까?'"

우리는 ① 'atthi me attā (나의 자아는 존재한다)'와 ② 'natthi me attā (나의 자아는 존재하지 않는다)'에서 'me(나의)'라는 속격(屬格)을 주목할 필요가 있다. ①과 ②는 '나'의 존재를 전제로 하고 있다. ②가 부정하는 것은 '나'가 아니라 '나의 아트만'이다. ①과 ②는 다같이 '나'의 존재가 살아있는 동안 존속된다는 것을 인정한다. 다만 육신이 죽은 후에도 존속하는 '아트만'의 유무(有無)에 대한 견해가 다를 뿐이다. 따라서 '아트만'의 존재를 인정하면 상견이 되고, 부정하면 단견이 된다. 이와 같이 상견과 단견의 대립은 '나는 무엇인가?'라는 의문에서 비롯된 것임을 이 경은 이야기하고 있다.

우리는 일상적으로 '나'라는 말을 사용한다. 우리는 이 개념에 상응하는 '나'라는 존재가 태어나서 죽을 때까지 동일한 존재로 실재한다고 믿고 있다. 만약에 '나'라는 존재가 누구에게나 확실하게 인식된다면, 우리는 '나'에 대하여 의심하지 않을 것이다. 그러나 태어나서 죽을 때까지 동일한 존재로 실재하는 '나'라는 존재를 인식한 사람은 아무도 없다. 그래서 우리는 '나'에 대하여 갖가지 서로 다른 견해를 갖게 된다. 그 결과 '나'는 육신이 죽어도 다음 세상에 가서 존재할 것이라고 생각하는 상견을 취하거나, '나'는 육신이 죽으면 사라질 것이라고 생각하는 단견을 취하게 된다. 이와 같이 상견과 단견의 대립은 '나'라는 개념에 대한 모순된 견해의 대립이다. 따라서 당시의 새로운 사상가들이 경험론에 의지하여 아트만의 존재를 부정하고 단견을 취했지만, 이들도 개념적 인식, 즉 'sañjānāti'를 벗어나지 못했다.

이 경에서는 이와 같은 'sañjānāti'에 의한 사견에서 모든 번뇌, 즉 욕루(欲漏), 유루(有漏), 무명루(無明漏)가 흘러나온다고 이야기하고 있다. 그리고 우리가 일상적으로 사용하는 '나'라는 언어가 지시하는 대상을 'abhijānāti'를 통해 있는 그대로 파악하여, '나'라는 언어가 지시하는 것은 끊임없이 변화하고 있는 무상한 5취온이며, 이것을 '나'의 존재로 취하고 있을 때 괴로움이 나타난다는 사실, 즉 고성제(苦聖諦)를 바르게 알고, 이 5취온을 '나'라고 생각하는 망상(妄想)은 어리석은 삶 속에서 쌓여 나타나고 있다는 사실, 즉 고집성제(苦集聖諦)를 바르게 알고, 5취온을 '나'라고 생각하는 망상을 없애면 괴로움이 소멸한다는 사실, 즉 고멸성제(苦滅聖諦)를 바르게 알고, 5취온을 '나'라고 생각하는 망상을 없애는 길, 즉 고멸도성제(苦滅道聖諦)를 바르게 알아서 있는 그대로 보고 실천하면 번뇌가 사라진다고 가르치고 있다. 이와 같이 불교의 무아는 '나'의 존재를 개념적으로 부정하는 형이상학적인 이론이 아니라, 우리의 삶 속에서 고통을 일으키고 있는, 우리가 '나'의 존재로 취하고 있는 '5취온'이라는 망상 덩어리를 'abhijānāti'를 통해 있는 그대로 보고 제거해야 한다는 실천적인 가르침이다.

이와 같이 나는 들었습니다.

한때 세존께서는 싸왓티(Sāvatthī)의 제따와나(Jetavana) 아나타삔디까
(Anāthapiṇḍika) 승원(僧園)에 머무셨습니다.

　그곳에서 세존께서 "비구들이여!"라고 비구들을 불렀습니다.

　비구들은 "존경하는 스승님!" 하고 대답했습니다.

　세존께서 말씀하셨습니다.

　"비구들이여, 그대들에게 일체의 번뇌[漏]를 막는 방법을 알려주
겠소. 듣고 깊이 생각하도록 하시오. 내가 이야기하겠소."

　비구들은 "그렇게 하겠습니다. 세존이시여!"라고 대답했습니다.

　세존께서는 다음과 같이 말씀하셨습니다.

　"비구들이여, 나는 알고 보아야 번뇌들이 사라진다고 이야기한다
오. 알지 못하고 보지 못하면 번뇌들은 사라지지 않는다오. 비구들이
여, 그러면 무엇을 알고, 무엇을 보아야 번뇌들이 사라지는가?

　이치에 맞는 생각[如理作意][01]과 이치에 맞지 않는 생각이 있다오.
비구들이여, 이치에 맞지 않는 생각을 하면, 생기지 않은 번뇌들이 생
기고 생긴 번뇌들이 커진다오. 비구들이여, 이치에 맞는 생각을 하면,
생기지 않은 번뇌들은 생기지 않고 생긴 번뇌들은 사라진다오.

---

[01]　'yoniso manasikāra'의 번역.

비구들이여, 보면[02] 사라지는 번뇌들이 있고, 수호(守護)하면[03] 사라지는 번뇌들이 있고, 지족(知足)하면[04] 사라지는 번뇌들이 있고, 인내(忍耐)하면[05] 사라지는 번뇌들이 있고, 멀리하면[06] 사라지는 번뇌들이 있고, 몰아내면[07] 사라지는 번뇌들이 있고, 수습(修習)하면[08] 사라지는 번뇌들이 있다오."

보면 사라지는 번뇌[漏]

"비구들이여, 보면 사라지는 번뇌들은 어떤 것들인가? 비구들이여, 성인(聖人)을 무시하고, 성인의 가르침을 이해하지 못하고, 성인의 가르침에서 배우지 못하고, 참사람[正士]을 무시하고, 참사람의 가르침을 이해하지 못하고, 참사람의 가르침에서 배우지 못한 무지한 범부는 생각해야 할 법(法)들을 알지 못하고, 생각해서는 안 될 법들을 알지 못한다오. 그는 생각해야 할 법들을 알지 못하고, 생각해서는 안 될 법들을 알지 못하기 때문에, 생각해서는 안 될 법들을 생각하고, 생각해야 할 법들을 생각하지 않는다오.

비구들이여, 생각해서는 안 될 법들이지만 그가 생각하는 법들은 어떤 것들인가? 비구들이여, 그 법들을 생각하면 그에게 아직 생기지

---

02 'dassanā'의 번역.
03 'saṃvarā'의 번역.
04 'paṭisevanā'의 번역.
05 'adhivāsanā'의 번역.
06 'parivajjanā'의 번역.
07 'vinodanā'의 번역.
08 'bhāvanā'의 번역.

않은 욕루(欲漏)가 생기고 이미 생긴 욕루가 커지거나, 아직 생기지 않은 유루(有漏)가 생기고 이미 생긴 유루가 커지거나, 아직 생기지 않은 무명루(無明漏)가 생기고 이미 생긴 무명루가 커지나니, 이것들이 생각해서는 안 될 법들이지만 그가 생각하는 법들이라오.

비구들이여, 생각해야 하는 법들이지만 그가 생각하지 않는 법들은 어떤 것들인가? 비구들이여, 그 법들을 생각하면 아직 생기지 않은 욕루는 생기지 않고 이미 생긴 욕루는 소멸하거나, 아직 생기지 않은 유루는 생기지 않고 이미 생긴 유루는 소멸하거나, 아직 생기지 않은 무명루는 생기지 않고 이미 생긴 무명루는 소멸하나니, 이것들이 생각해야 하는 법들이지만 그가 생각하지 않는 법들이라오. 무지한 범부는 생각해서는 안 될 법들을 생각하고, 생각해야 할 법들을 생각하지 않기 때문에, 생기지 않은 번뇌가 생기고, 생긴 번뇌가 커진다오.

무지한 범부는 다음과 같이 이치에 맞지 않는 생각을 한다오.

'나는 진실로 과거세에 존재했을까, 존재하지 않았을까? 진실로 과거세에는 무엇이었을까? 진실로 과거세에는 어떻게 지냈을까? 나는 진실로 과거세에 무엇이 되어, 무엇으로 존재했을까? 나는 진실로 미래세에 존재하게 될까, 존재하지 않게 될까? 진실로 미래세에는 무엇이 될까? 진실로 미래세에는 어떻게 지내게 될까? 나는 진실로 미래세에 무엇이 되어, 무엇으로 존재하게 될까?'

현실에서는 현세(現世)의 자신을 의심한다오.

'나는 진실로 존재하는가, 존재하지 않는가? 나는 진실로 무엇인가? 나는 진실로 (현세에) 어떻게 지낼까? 이 중생은 어디에서 와서 어디로 가게 될까?'

이와 같이 이치에 맞지 않는 생각을 하기 때문에, 그에게 여섯 가지 사견들 가운데 하나의 견해가 생긴다오. '나의 자아가 존재한다는 것은 진실이며 사실이다'라는 견해가 생기거나, '나의 자아는 존재하지 않는다는 것은 진실이며 사실이다'라는 견해가 생기거나, '내가 자아를 가지고 자아를 개념적으로 인식하는 것은[09] 진실이며 사실이다'라는 견해가 생기거나, '내가 자아를 가지고 비아(非我)를 개념적으로 인식하는 것은'[10] 진실이며 사실이다'라는 견해가 생기거나, '내가 비아를 가지고 자아를 개념적으로 인식하는 것은'[11] 진실이며 사실이다'라는

---

[09] 'attanā va attānaṃ sañjānāmîti'의 번역. 축어적으로는 '나는 자아로써(attanā,具格) 자아를 (attānaṃ; 目的格) 개념적으로 추론한다(sañjānāmi)'이다. 중생이 갖는 견해는 모두가 개념적으로 추론한(sañjānāti) 결과이다. '자아'에 대한 견해도 마찬가지다. 우리는 '자아'라는 개념을 가지고 그 개념에 상응하는 어떤 것을 '자아'라고 생각한다. 그리고 자신의 생각이 진실이고 확실한 것이라고 주장한다. 여기에서는 이것을 이야기하고 있다.

[10] 'attanā va anattānaṃ sañjānāmîti'의 번역. 앞에서는 '자아'라는 개념으로 '자아'를 인식한 것에 대하여 이야기했는데, 여기에서는 '자아가 아닌 것'을 인식한 것에 대하여 이야기하고 있다. 우리는 하나의 개념으로 그 개념이 지시하는 것과 그렇지 않은 것을 인식한다. 예를 들어서, '책상'이라는 개념으로 인식하면, 우리에게는 '책상'과 '책상 아닌 것'이 인식된다. 이것은 모든 개념이 모순 관계에 있기 때문이다. 우리가 '자아'라는 개념으로 인식할 때 '自我'와 그것과 모순 관계에 있는 '자아 아닌 것[非我]'이 인식되는데, 여기에서는 이러한 모순 관계를 통한 인식이 모두 진실이라고 생각하는 견해를 이야기하고 있다.

[11] 'anattanā va attānaṃ sañjānāmîti'의 번역. 모든 개념은 모순 관계에 있다. 따라서 논리적으로 어떤 개념을 규정할 때, 세 가지 방식이 있게 된다. 하나는 A=A, 즉 동일률(同一律)에 의한 것이고, 다른 하나는 A≠-A, 즉 모순율(矛盾律)에 의한 것이며 마지막으로 'A와 -A 가운데 하나는 반드시 참이어야 한다는 배중률(排中律)에 의한 것이다. 이전의 두 견해는 동일률에 의하여 규정된 '자아'에 대한 견해와 모순율에 의해 규정된 '자아'에 대한 견해를 이야기했고, 여기에서는 배중률에 의해 규정된 '자아'에 대한 견해들을 이야기하고 있다. 이 방법은 우파니샤드 철학자들이 즐겨 사용한 방법이다. 우파니샤드에 의하면 '아트만', 즉 '자아'는 직접적으로 인식되지 않는다. 따라서 '아트만'이 아닌 것을 통해서 '아트만'을 이야기할 수밖에 없다고 주장한다. 이와 같이 모순 관계를 통해서 어느 하나를 부정함으로써 그와 모순되는 다른 것을 긍정할 수 있는 논리가 배중률이다. 모순 관계의 두 명제 가운데, 어느 하나는 반드시 참이라는 논리가 배중률이기 때문에 비아(非我)로 자아를 인식하는 것은 이러한 배중률에 의한 것이라고 할 수 있다.

견해가 생긴다오. 그뿐만 아니라, '말하고, 느끼고, 여기저기에서 선악업(善惡業)의 과보(果報)를 받는 나의 이 자아는 지속적이며(持續的),[12] 일정(一定)하며,[13] 영속적(永續的)이며,[14] 불변(不變)하는 법(法)이며,[15] 영원히 그대로 머물 것이다'라는 견해가 있게 된다오.

비구들이여, 이것을 사견[16]에 빠짐, 사견을 붙잡음, 사견의 황무지, 사견의 동요, 사견의 몸부림, 사견의 결박이라고 한다오. 비구들이여, 나는 '사견의 결박에 묶인 무지한 범부는 생(生), 노사(老死), 근심(憂), 슬픔(悲), 고통, 우울(憂鬱), 불안(不安)이 있는 삶에서 벗어나지 못하며, 괴로움에서 벗어나지 못한다'라고 말한다오.

비구들이여, 성인을 알고, 성인의 가르침을 이해하고, 성인의 가르침에서 배우고, 참사람[正士]을 알고, 참사람의 가르침을 이해하고, 참사람의 가르침에서 배운, 학식 있는 거룩한 제자는 생각해야 할 법(法)들을 알고, 생각해서는 안 될 법들을 안다오. 그는 생각해야 할 법들을 알고, 생각해서는 안 될 법들을 알기 때문에, 생각해서는 안 될 법들에 대하여 생각하지 않고, 생각해야 할 법들에 대하여 생각한다오. (…중략…) 거룩한 제자는 생각해서는 안 될 법들은 생각하지 않고, 생각해야

---

12 'nicca'의 번역. '영속적(永續的)'으로 번역한 'sassata'와 구별을 요한다. 'sassata'가 시간적으로 무한하게 존재하는 것을 의미한다면, 'nicca'는 시간의 길이와 상관없이 '동일한 상태의 지속(持續)'을 의미한다. 불교의 무상(無常), 즉 'anicca'는 비로 이러한 지속성을 부정하는 개념이다.

13 'dhuva'의 번역.

14 'sassata'의 번역.

15 'aviparināma dhamma'의 번역.

16 'diṭṭhi'의 번역. 문자 그대로는 '견해'를 의미하지만, 이것은 개념으로 사유하여 얻은 견해로서, 체험을 통해 얻게 되는 '정견(正見)'에서 벗어난 '사견(邪見)'을 의미한다.

할 법들을 생각하기 때문에, 아직 생기지 않은 번뇌들은 생기지 않고, 이미 생긴 번뇌들은 소멸한다오.

거룩한 제자는 '이것은 괴로움이다[苦]'라고 이치에 맞는 생각을 하고, '이것은 괴로움의 쌓임이다[苦集]'라고 이치에 맞는 생각을 하고, '이것은 괴로움의 소멸이다[苦滅]'라고 이치에 맞는 생각을 하고, '이것은 괴로움의 소멸에 이르는 길이다[苦滅道]'라고 이치에 맞는 생각을 한다오. 이와 같이 생각하면 그에게 세 가지 결박, 즉 자기 자신이 있다고 보는 견해[有身見][17]와 의심[疑][18] 그리고 계율이나 의례에 대한 집착[戒禁取][19]이 소멸한다오.

비구들이여, 이것들을 '보면 사라지는 번뇌'라고 한다오."

수호(守護)하면 사라지는 번뇌[漏]

"비구들이여, 수호하면 사라지는 번뇌들은 어떤 것들인가? 비구들이여, 비구는 이치에 맞게 성찰(省察)하여, 수호해야 할 시각활동[眼根][20]을 수호하며 지내야 한다오. 비구들이여, 수호해야 할 시각활동을 수

---

17 'sakkāyadiṭṭhi'의 번역.

18 'vicikicchā'의 번역.

19 'sīlabbataparāmāsa'의 번역.

20 'cakkhundriya'의 번역. '근(根)'으로 한역(漢譯)되는 'indriya'는 신체의 감각기관을 의미하는 것이 아니라 지각활동을 의미한다. 따라서 'cakkhundriya'는 시각활동을 의미한다. 다른 근(根)도 마찬가지다. 근을 의미하는 'cakkhu[眼], sota[耳], ghāna[鼻]' 등은 신체를 구성하는 눈, 귀, 코가 아니다. 신체를 구성하는 눈, 귀, 코를 의미하는 명사는 'nayana(눈), kaṇṇa(귀), nāsā(코)'이다. 이들과 구별하기 위해서 근을 시각활동, 청각활동, 후각활동 등으로 번역했다.

호하지 않고 지내면, 그에게 고뇌가 뜨겁게 타오르는 번뇌들이 생기겠지만, 이와 같이 수호해야 할 시각활동을 수호하며 지내면, 고뇌가 뜨겁게 타오르는 번뇌들이 존재하지 않을 것이오. 청각활동[耳根], 후각활동[鼻根], 미각활동[舌根], 촉각활동[身根], 마음활동[意根]에 대해서도 마찬가지라오.

비구들이여, 이것들을 '수호하면 사라지는 번뇌'라고 한다오."

지족(知足)하면 사라지는 번뇌[漏]

"비구들이여, 지족하면 사라지는 번뇌들은 어떤 것들인가? 비구들이여, 비구는 이치에 맞게 성찰하여 옷에 지족해야 한다오. 추위와 더위를 막을 정도의 옷, 등에, 모기, 바람, 햇빛, 뱀 등의 접촉을 막을 정도의 옷, 치부를 가리는 정도의 옷에 지족해야 한다오.

비구는 이치에 맞게 성찰하여 탁발 음식에 지족해야 한다오. 오락(娛樂)하지 말고, 교만(驕慢)하지 말고, 장식(裝飾)하지 말고, 장엄(莊嚴)하지 말고, 이 몸을 유지하고 부양하고 피해를 막고 청정한 수행[梵行]에 도움을 주는 정도로 음식에 지족하고, '나는 이전의 느낌은 없애고, 새로운 느낌은 생기지 않게 하겠다. 그러면 나에게 허물없는 삶과 평안(平安)이 있을 것이다'라고 생각해야 한다오.

비구는 이치에 맞게 성찰하여 처소(處所)에 지족해야 한다오. 추위와 더위를 막을 정도의 처소, 등에, 모기, 바람, 햇빛, 뱀 등의 접촉을 막을 정도의 처소, 계절에 따른 위험을 막아주고 홀로 좌선(坐禪)을 즐길수 있을 정도의 처소에 지족해야 한다오.

비구는 이치에 맞게 성찰하여 환자를 치료할 의약자구(醫藥資具)에 지족해야 한다오. 이미 생긴 고통을 없애주고, 고통 없는 최상의 상태에 이르게 하는 정도의 의약자구에 지족해야 한다오. 비구들이여, 지족하지 않으면 그에게 고뇌가 뜨겁게 타오르는 번뇌들이 생기겠지만, 이와 같이 지족하면 고뇌가 뜨겁게 타오르는 번뇌들이 존재하지 않을 것이오.

비구들이여, 이것들을 '지족하면 사라지는 번뇌'라고 한다오."

인내(忍耐)하면 사라지는 번뇌[漏]

"비구들이여, 인내하면 사라지는 번뇌들은 어떤 것들인가? 비구들이여, 비구는 이치에 맞게 성찰하여 추위, 더위, 배고픔, 굶주림, 등에, 모기, 바람, 햇빛, 뱀 등의 접촉을 참아야 한다오. 대화하는 가운데 비난받고 비방을 받을 때, 날카롭고 거칠고 가혹하고 불쾌하고 즐겁지 않은 죽을 지경의 고통이 몸에 생길 때, 참을성이 있어야 한다오. 비구들이여, 인내하지 않으면 그에게 고뇌가 뜨겁게 타오르는 번뇌들이 생기겠지만, 이와 같이 인내하면 고뇌가 뜨겁게 타오르는 번뇌들이 존재하지 않을 것이오.

비구들이여, 이것들을 '인내하면 사라지는 번뇌'라고 한다오."

멀리하면[遠離] 사라지는 번뇌[漏]

"비구들이여, 멀리하면 사라지는 번뇌들은 어떤 것들인가? 비구들이여, 비구는 이치에 맞게 성찰하여 사나운 코끼리, 사나운 말, 사나운 황소, 사나운 개를 멀리해야 한다오.[21] 뱀, 그루터기, 가시덤불, 구덩이, 절벽, 오물 웅덩이, 구정물 웅덩이를 멀리해야 한다오.[22] 이와 같은 앉을 자리가 아닌 곳에 앉거나, 이와 같은 다닐 곳이 아닌 곳을 다니거나, 이와 같은 사악한 친구를 사귀면, 현명한 도반(道伴)은 그를 타락한 상태에 있다고 판단할 것이니, 비구는 앉을 자리가 아닌 곳, 다닐 곳이 아닌 곳, 사악한 친구를 이치에 맞게 성찰하여 멀리해야 한다오. 비구들이여, 멀리하지 않으면, 그에게 고뇌가 뜨겁게 타오르는 번뇌들이 생기겠지만, 이와 같이 멀리하면, 고뇌가 뜨겁게 타오르는 번뇌들이 존재하지 않을 것이오.

비구들이여, 이것들을 '멀리하면 사라지는 번뇌'라고 한다오."

몰아내면 사라지는 번뇌[漏]

"비구들이여, 몰아내면 사라지는 번뇌들은 어떤 것들인가? 비구들이여, 비구는 이치에 맞게 성찰하여, 이미 생긴 감각적 욕망을 추구하려는 생각[23]과 화를 내려는 생각[24]과 남을 해치려는 생각[25]을 용납하지 않고 단념하고 몰아내고 제거하고 비워야 한다오. 이미 생긴 사악하고 좋지 못한 법(法)들을 용납하지 않고 단념하고 몰아내고 제거하고 비

---

21 이것은 못된 친구를 멀리하라는 비유의 말씀이다.
22 이것은 술집이나 유흥가 같은 수행자가 가서는 안 되는 장소를 멀리하라는 비유의 말씀이다.
23 'kāma-vitakka'의 번역
24 'byāpāda-vitakka'의 번역.
25 'vihiṃsā-vitakka'의 번역.

위야 한다오. 비구들이여, 멀리하지 않으면 그에게 고뇌가 뜨겁게 타오르는 번뇌들이 생기겠지만, 이와 같이 멀리하면 고뇌가 뜨겁게 타오르는 번뇌들이 존재하지 않을 것이오.

비구들이여, 이것들을 '몰아내면 사라지는 번뇌'라고 한다오."

수습(修習)하면 사라지는 번뇌[漏]

"비구들이여, 수습하면 사라지는 번뇌들은 어떤 것들인가? 비구들이여, 비구는 이치에 맞게 성찰하여, 원리(遠離)에 의지하고,[26] 이욕(離欲)에 의지하고,[27] 지멸(止滅)에 의지하고,[28] 마침내 포기[捨離]하는[29] 염각지(念覺支), 택법각지(擇法覺支), 정진각지(精進覺支), 희각지(喜覺支), 경안각지(輕安覺支), 정각지(定覺支), 사각지(捨覺支)를 수습해야 한다오. 비구들이여, 수습하지 않으면, 그에게 고뇌가 뜨겁게 타오르는 번뇌들이 생기겠지만, 이와 같이 수습하면, 고뇌가 뜨겁게 타오르는 번뇌들이 존재하지 않을 것이오.

비구들이여, 이것들을 수습하면 사라지는 번뇌'라고 한다오.

비구들이여, 비구가 보면 사라지는 번뇌들을 보아서 끊고, 수호하면 사라지는 번뇌들을 수호하여 끊고, 지족하면 사라지는 번뇌들을 지족하여 끊고, 인내하면 사라지는 번뇌들을 인내하여 끊고, 멀리하면 사

---

26 'vivekanissitaṃ'의 번역.
27 'virāganissitaṃ'의 번역.
28 'nirodhanissitaṃ'의 번역.
29 'vossaggapariṇāmiṃ'의 번역.

라지는 번뇌들을 멀리하여 끊고, 몰아내면 사라지는 번뇌들을 몰아내서 끊고, 수습하면 사라지는 번뇌들을 닦아 익혀서 끊으면, '이 비구는 일체의 번뇌를 막고, 제어하고 지내며, 갈애[愛]를 끊었으며, 결박을 풀었으며, 교만을 없앴으며, 괴로움을 끝냈다'라고 한다오."

이것이 세존께서 하신 말씀입니다.
그 비구들은 세존의 말씀에 만족하고 기뻐했습니다.

3

원한다면 경

6. Ākaṅkheyya-sutta

【 해제 】

|

이 경은 한역 『중아함경(中阿含經)』「105. 원경(願經)」에 상응하는 경이다.

이 경의 주제는 계율(戒律)의 실천이다. 수행자가 계율을 실천하지 않으면 원하는 어떤 결과도 얻을 수 없음을 이 경은 강조하고 있다. 계율의 실천보다는 좌선이나 명상을 중요시하는 사람들에게 주신 소중한 법문이다.

이와 같이 나는 들었습니다.

한때 세존께서는 싸왓티의 제따와나 아나타삔디까 승원(僧園)에 머무셨습니다. 그곳에서 세존께서 "비구들이여!"라고 비구들을 불렀습니다.

비구들은 "존경하는 스승님!" 하고 대답했습니다.

세존께서는 다음과 같이 말씀하셨습니다.

"비구들이여, 그대들은 계행(戒行)⁰¹을 갖추어 살아가도록 하시오. 별해탈율의(別解脫律儀)⁰²를 지키며 살아가도록 하시오. 행동규범⁰³을 갖추어 작은 죄도 두렵게 보고 학계(學戒)⁰⁴를 익히도록 하시오.

비구들이여, 만약 어떤 비구가 도반(道伴)들의 마음에 들고 사랑을 받고 존중을 받고 존경을 받기를 원한다면, 그는 계행(戒行)을 완성하고, 안으로 마음을 싸마타[止]⁰⁵에 전념하여 선정(禪定) 가운데서 방해받지 않고, 위빠싸나[觀]를⁰⁶ 구족(具足)하여 텅 빈 한가한 마음[空閒處]⁰⁷을 키워야 한다오.

비구들이여, 만약 어떤 비구가 옷, 처소, 탁발 음식, 환자를 치료할

---

01 'sīla'의 번역.
02 'pātimakkhasaṃvara'의 번역.
03 'ācāragocara'의 번역.
04 'sikkhāpada'의 번역.
05 'cetosamatha'의 번역.
06 'vipassana'의 번역.
07 'suññāgāra'의 번역. '空閒處'로 한역된 'suññāgāra'는 '빈집'을 의미하는데, 이것은 마음에 잡념이 없는 것에 대한 은유이다.

의약자구(醫藥資具)를 받기를 원한다면, … 그가 사용하는 옷, 처소, 탁발 음식, 환자를 치료할 의약자구를 보시한 사람들에게 큰 과보와 큰 공덕이 이루어지기를 원한다면, … 그를 기억하는 맑고 밝은 마음을 간직한 죽은 일가친척들의 영혼들에게 큰 과보와 큰 공덕이 있기를 원한다면, … 사랑과 미움을 극복하여 미움이 자신을 지배하지 못하고, 이미 생긴 미움을 극복하고 살아가기를 원한다면, … 불안과 공포를 극복하여 불안과 공포가 자신을 지배하지 못하고, 이미 생긴 불안과 공포를 극복하고 살아가기를 원한다면, … 지금 여기에서[08] 행복한 삶을 주는 수승(殊勝)한 마음의 4선정(四禪定)을 어렵지 않고 쉽게 만족스럽게 얻기를 원한다면, … 색계(色界)를 극복하고, 무색계(無色界)의 고요한 해탈을 몸으로 체득하여 살아가기를 원한다면, … 세 가지 결박[三結]이 감소한 수다원(預流)[09]이 되어 물러서지 않고 결국은 정각(正覺)을 성취하도록 결정되기를 원한다면, … 세 가지 결박이 감소하여 탐냄[貪]과 성냄[瞋]과 어리석음[癡]을 소멸한 사다함[一來][10]이 되어 이 세계에 돌아와서 괴로움을 끝내기를 원한다면, … 다섯 가지 낮은 단계의 결박[五下分結]이 감소하여 화생(化生)한 아나함(不還)[11]이 되어 그 세계에서 바로 반열반(般涅槃)하기를 원한다면, … 여러 종류의 신통(神通)을 체험하기를 원한다면, … 인간을 초월한 청정한 천이통(天耳通)으로 멀고 가까운 천신과 인간의 두 소리를 듣기를 원한다면, … 자신의 마음으로

---

08 'diṭṭhidhamma'의 번역.
09 'sotâpanna'의 번역.
10 'sakadāgāmin'의 번역.
11 'anāvatti-dhamma'의 번역.

다른 중생이나 다른 사람들의 마음을 통찰하여 체험적으로 알기를 원한다면, … 여러 가지 전생의 거처(居處)를 기억하기를 원한다면, … 인간을 초월한 청정한 천안(天眼)으로 중생을 보고, 중생이 업에 따라 죽고 태어나고 못나고 훌륭하고 잘생기고 못생기고 행복하고 불행한 것을 체험적으로 알기를 원한다면, … 여러 번뇌들이 지멸함으로써, 지금 여기에서 무루(無漏)의 심해탈과 혜해탈을 몸소 체험하고 작증(作證)하고 성취하여 살아가기를 원한다면, 계행을 완성하고, 안으로 마음을 싸마타에 전념하여 선정(禪定) 가운데서 방해받지 않고, 위빠싸나를 구족하여 텅 빈 한가한 마음[空閑處]을 키워야 한다오.[12]

비구들이여, 그대들은 계행을 갖추어 살아가도록 하시오. 별해탈율의(別解脫律儀)를 지키며 살아가도록 하시오. 행동규범을 갖추어 작은 죄도 두렵게 보고, 학계(學戒)를 익히도록 하시오."

이것이 세존께서 하신 말씀입니다.
그 비구들은 세존의 말씀에 만족하고 기뻐했습니다.

---

12 동일한 내용이 중복되는 부분을 생략하여 번역함.

4

옷의 비유 경

7. Vatthūpama-sutta

【 해제 】

|

이 경은 한역 『중아함경(中阿含經)』 「93. 수정범지경(水淨梵志經)」에 상응하는 경이며, 『증일아함경(增一阿含經)』 13. 5에도 같은 내용이 있다. 별행경(別行經)으로는 역자(譯者)를 알 수 없는 『범지계수정경(梵志計水淨經)』이 있다.

이 경은 '더러운 옷은 염색할 수 없다'는 비유를 통해 마음의 때를 벗겨내지 않으면 부처님의 가르침을 받아들여도 그 가르침을 온전하게 체득할 수 없다는 것을 이야기한다. 그리고 성스러운 강에서 목욕하면 업을 정화할 수 있다고 믿는 바라문에게 업은 마음의 때를 버리는 수행을 통해서만 정화된다는 것을 가르치고 있다.

이와 같이 나는 들었습니다.

한때 세존께서는 싸왓티의 제따와나 아나타삔디까 승원(僧園)에 머무셨습니다. 그곳에서 세존께서 "비구들이여!"라고 비구들을 불렀습니다.

비구들은 "존경하는 스승님!" 하고 대답했습니다.

세존께서는 다음과 같이 말씀하셨습니다.

"비구들이여, 예를 들어, 때가 묻은 더러운 옷을 염색공이 청색, 황색, 적색, 진홍색, 분홍색으로 염색하면, 더러운 염색이 될 것이오. 왜냐하면, 비구들이여, 옷이 더럽기 때문이오. 비구들이여, 이와 같이 마음이 더러울 때는 당연히 불행이 있다오.

비구들이여, 예를 들어, 청정하고 깨끗한 옷을 염색공이 청색, 황색, 적색, 진홍색, 분홍색으로 염색하면, 깨끗한 염색이 될 것이오. 왜냐하면, 비구들이여, 옷이 깨끗하기 때문이오. 비구들이여, 이와 같이 마음이 청정할 때는 당연히 행복이 있다오.

비구들이여, 그렇다면 어떤 것들이 마음의 때[01]인가?

삿된 탐욕(貪欲)[02]이 마음의 때라오. 악의(惡意)[03]가 마음의 때라오. 분노,[04] 원한(怨恨), 위선(僞善), 앙심(怏心), 질투(嫉妬), 인색(吝嗇), 거짓,

---

01 'cittassa upakkilesa'의 번역.
02 'abhijjhāvisamalobha'의 번역
03 'byāpāda'의 번역.
04 'kodha'의 번역.

배신(背信), 고집(固執), 충동(衝動), 교만(驕慢), 자만(自慢), 중독(中毒), 게으름이 마음의 때라오.

비구들이여, 비구는 '삿된 탐욕은 마음의 때다'라고 알고 나서, 삿된 탐욕이라는 마음의 때를 버려야 한다오."

(악의, 분노, 원한, 위선, 앙심, 질투, 인색, 거짓, 배신, 고집, 충동, 교만, 자만, 중독, 게으름에 대해서도 마찬가지로 말씀하셨습니다.)

"비구들이여, 비구가 '삿된 탐욕 내지 게으름은 마음의 때다'라고 알고 나서, 삿된 탐욕 내지 게으름이라는 마음의 때를 버리면, 그로 인해서 그는 깨달은 분[05]에 대하여, '세존은 아라한[應供]이시며, 평등하고 바른 깨달음을 이루신 분[正遍智]이시며, 앎과 실천을 구족하신 분[明行足]이시며, 열반에 잘 가신 분[善逝]이시며, 세간을 아시는 분[世間解]이시며, 위없는 분[無上士]이시며, 사람을 길들이는 분[調御丈夫]이시며, 천신과 인간들의 스승[天人師]이시며, 깨달은 분[佛]이시며, 세존(世尊)이시다'라는 확고하고 청정한 믿음을 성취한다오. 그는 가르침[法]에 대하여 '세존께서 잘 가르치신 진리[法]는 지금 여기에서, 즉시, '와서 보라!'고 할 수 있으며, 현자들이 몸소 체험하는 데 도움이 되는 것이다'라는 확고하고 청정한 믿음을 성취한다오. 그는 승가(僧伽)에 대하여, '세존의 성문승가(聲聞僧伽)는 좋은 수행을 하고, 올바른 수행을 하고, 이치에 맞는 수행을 하고, 화합(和合)한다. 사쌍(四雙) 팔배(八輩)는 세존의 성문승가로서 존경받고 환대받고 공양받아 마땅하며, 합장 공경해야 하는 위없는 세간(世間)의 복전(福田)이다'라는 확고하고 청

---

05 'Buddha'의 번역.

정한 믿음을 성취한다오.

(마음의 때를) 버리고, 포기하고, 벗어나고, 없애고, 단념할 때 비로소, '나는 부처님[佛]과 가르침[法]과 승가[僧]에 대하여 확고하고 청정한 믿음을 성취했다'라는 말의 의미를 알게 되고, 청정한 믿음을 성취했다는 사실을 알게 되고, 청정한 믿음의 성취에 따르는 행복감을 성취한다오. 행복감에서 기쁨이 생기며, 기쁘기 때문에 몸이 편안해지고, 몸이 편안하기 때문에 행복을 느끼며, 행복이 깃든 마음이 삼매에 든다오.[06]

그때 비로소, '나는 버리고, 포기하고, 벗어나고, 없애고, 단념했다' 라는 말의 의미를 알게 되고, 그 사실을 알게 되고, 그에 따르는 행복감을 성취한다오. 행복감에서 기쁨이 생기며, 기쁘기 때문에 몸이 편안해지고, 몸이 편안하기 때문에 행복을 느끼며, 행복이 깃든 마음이 삼매에 든다오.

비구들이여, 이와 같은 계행(戒行)과 이와 같은 가르침[法]과 이와 같은 통찰지[般若]를 갖춘 비구는 설령 잡곡이 섞이지 않은 쌀밥에 갖가지 반찬과 갖가지 음식을 탁발하여 먹는다고 할지라도 그것이 장애가 되지 않는다오. 비구들이여, 비유하면, 더러운 때가 묻은 옷을 맑은 물에 넣으면 깨끗하게 세탁되는 것과 같고, 금을 용광로에 넣으면 순수하게 제련되는 것과 같다오.

비구들이여, 비구는 자애로운 마음[慈]으로 한쪽을 가득 채우고 살아간다오. 그와 같이 두 번째, 세 번째, 네 번째 방향을 가득 채우고 살아간다오. 이와 같이 위로, 아래로, 사방으로, 모든 곳에 빠짐없이, 온

---

06 가르침과 승가에 대하여 동일하게 중복되는 내용을 생략하여 번역함.

세상을 편재(遍在)하고 광대하고 무한하게 원한 없고 폭력 없는 자애로운 마음으로 가득 채우고 살아간다오. 비구는 연민하는 마음[悲]으로 …, 기뻐하는 마음[喜]으로 …, 평정한 마음[捨]으로 한쪽을 가득 채우고 살아간다오. 그와 같이 두 번째, 세 번째, 네 번째 방향을 가득 채우고 살아간다오. 이와 같이 위로, 아래로, 사방으로, 모든 곳에 빠짐없이, 온 세상을 편재(遍在)하고 광대하고 무한하게 원한 없고 폭력 없는 자애로운 마음으로 가득 채우고 살아간다오.

그는 '이것은 있다. 이것은 천박한 것이다. 이것은 훌륭한 것이다. 이것은 개념적 사유를 뛰어넘어 벗어난 것이다'라고 분명하게 안다오. 그가 이렇게 알고 이렇게 보았을 때, 마음이 욕루(欲漏)에서 해탈하고, 유루(有漏), 무명루(無明漏)에서 해탈한다오. 해탈했을 때 '나는 해탈했다'라고 알게 된다오. 그는 '태어남은 끝났고, 청정한 수행[梵行]을 마쳤으며, 해야 할 일을 끝마쳤다. 다시는 이런 상태로 되지 않는다'라고 분명하게 안다오. 비구들이여, 이런 사람을 '안으로 목욕한 비구'라고 한다오."

그런데 그때 쑨다리까바라드와자(Sundarikabhāradvāja) 바라문이 세존으로부터 멀지 않은 곳에 앉아있었습니다. 그래서 쑨다리까바라드와자 바라문이 세존께 말씀드렸습니다.

"고따마 존자께서는 목욕을 하기 위해 바후까(Bāhukā)강으로 가십니까?"

"바라문이여, 바후까강에 가면 무엇하며, 바후까강이 무엇을 할 수 있단 말이오?"

"고따마 존자여, 많은 사람들은 바후까강이 해탈을 가져다준다고 생각합니다. 고따마 존자여, 많은 사람들은 바후까강이 공덕을 가져다준다고 생각합니다. 그래서 많은 사람들은 바후까강에서 자신이 지은 악업을 씻어냅니다."

그러자 세존께서 쑨다리까바라드와자 바라문에게 게송(偈頌)으로 말씀하셨습니다.

> 바후까강의 아디깍까(Adhikakka)와
> 쑨다리까(Sundarikā)강의 가야(Gayā),
> 싸라싸띠(Sarassatī)강의 빠야가(Payāga), 그리고
> 바후마띠(Bāhumatī)강에 항상 어리석은 사람이 들어가지만
> 흑업(黑業)은 깨끗해지지 않나니,
> 쑨다리까가 무엇을 할 수 있으며, 빠야가가
> 무엇을 할 수 있으며, 바후까강이 무엇을 할 수 있겠소?
> 원한을 품고 악행을 행한 사람을, 그가 지은 악업을,
> 그 강들은 결코 씻어내지 못할 것이오.
> 언제나 청정한 단식(斷食) 수행을 하고, 언제나
> 청정한 포살(布薩)을 하고,
> 언제나 청정한 정업(淨業)을 짓는 것이 덕행(德行)이 되나니,
> 바라문이여, 여기에서 목욕을 하시오.
> 모든 생명을 안온하게 하시오.
> 만약 그대가 거짓말을 하지 않고, 남을 해치지 않고,
> 주지 않은 것을 취하지 않고, 신뢰가 있고, 인색하지 않으면,
> 가야에 가서 그대가 할 일이 무엇이겠소? 그대에게 가야는
> 우물일 뿐이오.

이와 같이 말씀하시자, 쑨다리까바라드와자 바라문이 세존께 말씀드렸습니다.

　"훌륭합니다. 고따마 존자여! 훌륭합니다. 고따마 존자여! 마치 뒤집힌 것을 바로 세우는 것 같고, 감추어진 것을 드러내는 것 같고, 길 잃은 자에게 길을 알려주는 것 같고, '눈 있는 자들은 보라'고 어둠 속에 등불을 비춰주는 것 같습니다. 이와 같이 고따마 존자께서는 여러 가지 방법으로 진리를 알려주셨습니다. 그래서 저는 고따마 존자께 귀의합니다. 가르침과 비구 승가에 귀의합니다. 저는 고따마 존자 앞으로 출가하여 구족계를 받고 싶습니다."

　쑨다리까바라드와자 바라문은 세존 앞으로 출가하여 구족계를 받았습니다. 새로 구족계를 받은 바라드와자 존자는 홀로 외딴곳에서 열심히 노력하고, 정진하며 지냈습니다. 그리고 오래지 않아 선남자(善男子)들이 출가하는 목적인 위없는 청정한 수행[梵行]의 완성을 지금 여기에서 스스로 체험하고 성취하여 살아갔습니다. 그는 '태어남은 끝났고, 청정한 수행[梵行]을 마쳤으며, 해야 할 일을 끝마쳐 다시는 이런 상태로 되지 않는다는 것'을 체득했습니다. 바라드와자 존자는 아라한 가운데 한 분이 되었습니다.

5

버리는 삶 경

8. Sallekha-sutta

【 해제 】

이 경은 한역 『중아함경(中阿含經)』「91. 주나문견경(周那問見經)」에 상응하는 경이다.

이 경에서는 '현재의 즐거운 삶', '고요한 삶', '버리는 삶'에 대하여 이야기한다. 색계(色界)의 4선정(四禪定)을 성취하여 사는 것은 현재의 행복한 삶이고, 무색계(無色界)의 4처(四處)를 성취하여 사는 것은 고요한 삶이며, 악업(惡業)을 버리고 선업(善業)을 지으며 살아가는 것이 버리는 삶이다.

수행자는 색계의 4선정을 성취함으로써 외부의 대상에 대한 감각적 욕망을 버리고 안으로 마음이 선정에 들어 선정의 즐거움을 누리고, 무색계의 4처를 성취함으로써 망상에서 벗어나 마음이 고요해진다. 이 경에서는 이러한 선정수행이 수행의 궁극적인 목적이 아니라 버리는 삶이 수행의 목적이 되어야 하며, 버리는 삶이란 악행을 버리고 선행을 행하는 삶이라고 이야기한다. 다시 말해서 불교 수행의 목적은 선정의 성취가 아니라 정견(正見)을 가지고 선업을 지으며 바르게 살아가는 8정도의 실천을 통해 바른 앎[正知]과 바른 해탈[正解脫]을 얻는 데 있다는 것이다.

이러한 말씀은 우리의 상식과 다르다. 많은 사람들은 선업을 짓는 것보다는 선정을 통해 삼매(三昧)에 드는 것이 더 높은 수행이라고 생각하고 있다. 혹자는 아무리 좋은 선업이라 할지라도 업을 지으면 윤회하므로, 윤회에서 벗어나려면 업을 짓지 않고 선정 수행을 해야 한다고 생각한다. 그러나 이 경은 이러한 우리의 상식적인 생각이 크게 잘못된 것임을 보여주고 있다. 불교의 열반은 높은 단계의 선정을 통해 성취되는 것이 아니라 불선법(不善法)을 버리고, 착하고 바르게 삶으로써 성취된다는 것이 부처님께서 우리에게 주신 가르침이다. 다시 말하면, 색계와 무색계를 초월한 해탈의 경지인 멸진정(滅盡定)은 있는 그대로 보고, 허위와 망상을 버리고, 바르게 살아가는 우리의 일상적인 삶이라는 것이다. 일상에서의 착하고 바른 삶을 가볍게 여기고 선정과 삼매에 집착하는 수행자들이 명심해야 할 매우 소중한 법문이다.

◈

이와 같이 나는 들었습니다.

한때 세존께서는 싸왓티의 제따와나 아나타삔디까 승원(僧園)에 머무
셨습니다. 그때 마하쭌다(Mahācunda) 존자는 저녁에 좌선에서 일어나
세존을 찾아가서 예배하고 한쪽에 앉았습니다. 마하쭌다 존자는 한쪽
에 앉아 세존께 말씀드렸습니다.

　"세존이시여, 자아론(自我論)이나 세계론(世界論)에 관한 다양한 견
해들이 세간에서 생깁니다. 세존이시여, 처음부터 비구들이 심사숙고
할 때 이런 견해들이 없어지고 버려집니까?"

　"쭌다여, 실로 자아론이나 세계론에 대한 다양한 견해들이 세간에
서 생긴다. 이런 견해들이 생기고, 되풀이되고, 통용될 때, 그것에 대하
여 '이것은 나의 것이 아니다. 이것은 내가 아니다. 이것은 나의 자아가
아니다'라고, 이와 같이 바른 통찰지(通察智; 般若)로 있는 그대로 통찰
할 때[01] 이와 같은 견해들은 없어지고 버려진다.

　쭌다여, 어떤 비구가 감각적 욕망을 멀리하고, 불선법(不善法)을
멀리하고, 사유(思惟)가 있고 숙고(熟考)가 있고, 멀리함에서 생긴 기쁨
과 행복감이 있는 초선(初禪)을 성취하여 살아가면서, '나는 버리는 삶

01　'yathābhūtaṃ sammapaññāya passato'의 번역. 'sammapaññā'를 '바른 통찰지(通察智)'로 번
　　역함. 선정(禪定)에 들어서 내면을 통찰하는 지혜가 'paññā; 般若; 通察智'이고, 바른
　　'paññā; 般若'가 'sammapaññā'이다. 통찰하는 지혜로 본다는 것이므로 'passato'를 '통찰'
　　의 의미로 해석함.

⁰²을 산다'라고 생각하는 경우가 있다. 쭌다여, 그러나 성인(聖人)의 율(律)에서는 이것을 버리는 삶이라고 하지 않는다. 성인의 율에서는 이것을 현재의 즐거운 삶⁰³이라고 한다.

쭌다여, 어떤 비구가 사유와 숙고를 억제하고, 내적으로 평온하게 마음이 집중되고, 사유가 없고 숙고가 없고, 삼매에서 생긴 기쁨과 행복감이 있는 제2선(第二禪)을 성취하여 살아가면서, '나는 버리는 삶을 산다'라고 생각하는 경우가 있다. 쭌다여, 그러나 성인의 율에서는 이것을 버리는 삶이라고 하지 않는다. 성인의 율에서는 이것을 현재의 즐거운 삶이라고 한다.

쭌다여, 어떤 비구가 희열(喜悅)이 사라지고 평정한 마음으로 주의집중과 알아차림을 하며 지내는 가운데 몸으로 행복을 느끼면서, 성인들이 '평정한 마음[捨]⁰⁴으로 주의집중을 하는 행복한 상태'라고 이야기한 제3선(第三禪)을 성취하여 살아가면서, '나는 버리는 삶을 산다'라고 생각하는 경우가 있다. 쭌다여, 그러나 성인의 율에서는 이것을 버리는 삶이라고 하지 않는다. 성인의 율에서는 이것을 현재의 즐거운 삶이라고 한다.

쭌다여, 어떤 비구가 행복감을 포기하고 괴로움을 버림으로써 이전의 만족과 불만이 소멸하여 괴롭지도 않고 즐겁지도 않은 평정한 주의집중이 청정한 제4선(第四禪)을 성취하여 살아가면서 '나는 버리는 삶을 산다'라고 생각하는 경우가 있다. 쭌다여, 그러나 성인의 율에서

---

02 'sallekha'의 번역.
03 'diṭṭhadhammasukhavihāra'의 번역.
04 'upekhaka'의 번역.

는 이것을 버리는 삶이라고 하지 않는다. 성인의 율에서는 이것을 현재의 즐거운 삶이라고 한다.

쭌다여, 어떤 비구가 일체의 형색에 대한 관념[色想][05]을 초월하고, 지각의 대상에 대한 관념[有對想][06]을 소멸하고, 차별적인 모습에 대한 관념[07]에 마음을 쓰지 않음[08]으로써 '허공은 무한하다'라고 생각하는 공무변처(空無邊處)를 성취하여 살아가면서, '나는 버리는 삶을 산다'라고 생각하는 경우가 있다. 쭌다여, 그러나 성인의 율에서는 이것을 버리는 삶이라고 하지 않는다. 성인의 율에서는 이것을 고요한 삶[09]이라고 한다.

쭌다여, 어떤 비구가 일체의 공무변처를 초월하여, '의식은 무한하다'라고 생각하는 식무변처(識無邊處)를 성취하여 살아가면서, '나는 버리는 삶을 산다'라고 생각하는 경우가 있다. 쭌다여, 그러나 성인의 율에서는 이것을 버리는 삶이라고 하지 않는다. 성인의 율에서는 이것을 고요한 삶이라고 한다.

쭌다여, 어떤 비구가 일체의 식무변처를 초월하여, '아무것도 없다'라고 생각하는 무소유처(無所有處)를 성취하여 살아가면서, '나는 버리는 삶을 산다'라고 생각할지 모른다. 쭌다여, 그러나 성인의 율에서는 이것을 버리는 삶이라고 하지 않는다. 성인의 율에서는 이것을 고요한 삶이라고 한다.

쭌다여, 어떤 비구가 일체의 무소유처를 초월하여, 비유상비무상

---

05 'rūpa-saññā'의 번역.
06 'paṭigha-saññā'의 번역.
07 'nānatta-saññā'의 번역.
08 'amanasikāra'의 번역.
09 'santa-vihāra'의 번역.

처(非有想非無想處)를 성취하여 살아가면서, '나는 버리는 삶을 산다'라고 생각하는 경우가 있다. 쭌다여, 그러나 성인의 율에서는 이것을 버리는 삶이라고 하지 않는다. 성인의 율에서는 이것을 고요한 삶이라고 한다.

쭌다여, 이제 그대들은 마땅히 버려야 한다.

'다른 사람들은 폭력을 행할지라도, 우리는 이제 폭력을 행하지 않겠다'라고 (폭력을) 버려야 한다. '다른 사람들은 살생할지라도, 우리는 이제 살생하지 않겠다'라고 (살생을) 버려야 한다. '다른 사람들은 주지 않은 것을 취할지라도, 우리는 이제 주지 않은 것을 취하지 않겠다'라고 (도둑질을) 버려야 한다. '다른 사람들은 음행(淫行)을 할지라도, 우리는 이제 음행을 버리고 청정한 수행[梵行]을 하겠다'라고 (음행을) 버려야 한다. '다른 사람들은 거짓말을 할지라도, 우리는 이제 거짓말을 하지 않겠다'라고 (거짓말을) 버려야 한다. '다른 사람들은 이간질을 할지라도, 우리는 이제 이간질을 하지 않겠다'라고 (이간질을) 버려야 한다. '다른 사람들은 욕설을 할지라도, 우리는 이제 욕설을 하지 않겠다'라고 (욕설을) 버려야 한다. '다른 사람들은 잡담을 할지라도, 우리는 이제 잡담을 하지 않겠다'라고 (잡담을) 버려야 한다. '다른 사람들은 탐낼지라도, 우리는 이제 탐내지 않겠다'라고 (탐심을) 버려야 한다. '다른 사람들은 악심(惡心)[10]을 품을지라도, 우리는 이제 악심을 품지 않겠다'라고 (악심을) 버려야 한다.

'다른 사람들은 사견(邪見)[11]을 가질지라도, 우리는 이제 정견(正

---

10 'abyāpannacitta'의 번역.
11 'micca-diṭṭhi'의 번역.

見)[12]을 갖겠다'라고 (사견을) 버려야 한다. '다른 사람들은 삿된 의도[13]를 가질지라도, 우리는 이제 바른 의도[正思惟][14]를 갖겠다'라고 (삿된 의도를) 버려야 한다. '다른 사람들은 삿된 말을 할지라도, 우리는 이제 바른 말[正語]을 하겠다'라고 (삿된 말을) 버려야 한다. '다른 사람들은 삿된 행위를 할지라도, 우리는 이제 바른 행위[正業]를 하겠다'라고 (삿된 행위를) 버려야 한다. '다른 사람들은 삿된 생활을 할지라도, 우리는 이제 바른 생활[正命]을 하겠다'라고 (삿된 생활을) 버려야 한다. '다른 사람들은 삿된 정진을 할지라도, 우리는 이제 바른 정진[正精進]을 하겠다'라고 (삿된 정진을) 버려야 한다. '다른 사람들은 삿된 주의집중을 할지라도, 우리는 이제 바른 주의집중[正念]을 하겠다'라고 (삿된 주의집중을) 버려야 한다. '다른 사람들은 삿된 선정을 닦을지라도, 우리는 이제 바른 선정[正定]을 닦겠다'라고 (삿된 선정을) 버려야 한다.

'다른 사람들은 삿된 앎을 가질지라도, 우리는 이제 바른 앎[正知][15]을 갖겠다'라고 (삿된 앎을) 버려야 한다. '다른 사람들은 삿된 해탈을 할지라도, 우리는 이제 바른 해탈[正解脫]을 하겠다'라고 (삿된 해탈을) 버려야 한다.

'다른 사람들은 타성[昏沈][16]과 나태(懈怠)[17]에 빠진다고 할지라도, 우리는 이제 타성과 나태에서 벗어나겠다'라고 (타성과 나태를) 버려야

---

12 'sammā-diṭṭhi'의 번역.
13 'micca-saṅkappa'의 번역.
14 'sammā-saṅkappa'의 번역.
15 'sammā-ñāṇin'의 번역.
16 'thīna'의 번역. 한역에서는 '昏沈'으로 번역함.
17 'middha'의 번역.

한다. '다른 사람들은 들뜰지라도,[18] 우리는 이제 들뜨지 않겠다'라고 (들뜬 마음을) 버려야 한다. '다른 사람들은 의심할지라도, 우리는 이제 의심하지 않겠다'라고 (의심을) 버려야 한다. '다른 사람들은 격분할지라도, 우리는 이제 격분하지 않겠다'라고 (성내는 마음을) 버려야 한다. '다른 사람들은 원한을 품을지라도, 우리는 이제 원한을 품지 않겠다'라고 (원한을) 버려야 한다. '다른 사람들은 포악(暴惡)할지라도, 우리는 이제 포악하지 않겠다'라고 (포악한 마음을) 버려야 한다. '다른 사람들은 악의를 품을지라도, 우리는 이제 악의를 품지 않겠다'라고 (악의를) 버려야 한다. '다른 사람들은 질투할지라도, 우리는 이제 질투하지 않겠다'라고 (질투심을) 버려야 한다. '다른 사람들은 인색할지라도, 우리는 이제 인색하지 않겠다'라고 (인색한 마음을) 버려야 한다. '다른 사람들은 교활할지라도, 우리는 이제 교활하지 않겠다'라고 (교활한 마음을) 버려야 한다. '다른 사람들은 속일지라도, 우리는 이제 속이지 않겠다'라고 (거짓을) 버려야 한다. '다른 사람들은 고집을 부릴지라도, 우리는 이제 고집하지 않겠다'라고 (고집을) 버려야 한다. '다른 사람들은 오만할지라도, 우리는 이제 오만하지 않겠다'라고 (오만을) 버려야 한다. '다른 사람들은 사나운 말을 할지라도, 우리는 이제 유순한 말을 하겠다'라고 (사나운 말을) 버려야 한다. '다른 사람들은 나쁜 친구가 될지라도, 우리는 이제 좋은 친구가 되겠다'라고 (나쁜 친구를) 버려야 한다. '다른 사람들은 게으를지라도, 우리는 이제 게으르지 않겠다'라고 (게으름을) 버려야 한다. '다른 사람들은 불신(不信)할지라도, 우리는 이제 믿겠다'라고 (불신을)

---

18 'uddhata'의 번역. 한역에서는 '도거(掉擧)'로 번역함.

버려야 한다. '다른 사람들은 부끄러움을 모를지라도, 우리는 이제 부끄러움을 알겠다'라고 (부끄러움을 모르는 마음을) 버려야 한다. '다른 사람들은 두려움을 모를지라도, 우리는 이제 두려움을 알겠다'라고 (두려움을 모르는 마음을) 버려야 한다. '다른 사람들은 배움이 적을지라도, 우리는 이제 많이 배우겠다'라고 (무지를) 버려야 한다. '다른 사람들은 게으를지라도, 우리는 이제 부지런하겠다'라고 (게으름을) 버려야 한다.

'다른 사람들은 주의집중을 망각(忘却)할지라도, 우리는 이제 매 순간 주의집중을 하겠다'라고 (부주의를) 버려야 한다. '다른 사람들은 어리석을지라도, 우리는 이제 지혜를 갖추겠다'라고 (어리석음을) 버려야 한다. '다른 사람들은 세속에 물들고, 완고하여 벗어나기 어렵다고 할지라도, 우리는 이제 세속에 물들지 않고 고집하지 않고 기꺼이 벗어나겠다'라고 (집착을) 버려야 한다.

쭌다여, 나는 발심(發心)이[19] 선법(善法)에 많은 도움을 준다고 이야기한다. 그렇다면 몸과 말로 준수해야 할 발심의 말은 어떤 것인가? 쭌다여, 이제 '다른 사람들은 폭력을 행할지라도, 우리는 이제 폭력을 행하지 않겠다'라고 발심해야 한다. (…중략…) '다른 사람들은 세속에 물들고 완고하여 벗어나기 어렵다고 할지라도, 우리는 이제 세속에 물들지 않고 고집하지 않고 기꺼이 벗어나겠다'라고 발심해야 한다.[20]

쭌다여, 잘못된 길이 있으면, 그와는 다른 가야 할 바른길이 있듯이, 쭌다여, 잘못된 나루가 있으면, 그와는 다른 건너야 할 바른 나루가

---

19 'cittuppādaṃ'의 번역.
20 발심(發心)의 내용은 이전에 이야기한 '버리는 삶'을 살겠다는 것이다. 버리는 삶의 처음과 끝만 번역하고 중간은 생략하였다.

있듯이, 쭌다여, 이와 같이 폭력적인 사람에게는 비폭력(非暴力)이 그가 가야 할 길이다. (…중략…) 세속에 물들고 완고하여 벗어나기 어려운 사람에게는 세속에 물들지 않고 고집하지 않고 기꺼이 벗어나는 것이 그가 가야 할 길이다.

쭌다여, 불선법은 어떤 것이든 모두가 낮은 존재로 이끌고, 선법은 어떤 것이든 모두가 높은 존재로 이끌듯이, 쭌다여, 이와 같이 폭력적인 사람에게는 비폭력이 높은 존재로 이끄는 선법이다. (…중략…) 세속에 물들고, 완고하여, 벗어나기 어려운 사람에게는 세속에 물들지 않고, 고집하지 않고, 기꺼이 벗어나는 것이 높은 존재로 이끄는 선법이다.

쭌다여, 실로 자신이 진흙탕 속에 빠진 사람은 다른 사람을 진흙탕에서 건져 줄 수는 없다. 쭌다여, 실로 자신은 진흙탕 속에 빠지지 않은 사람이 다른 사람을 진흙탕에서 건져 줄 수 있다. 쭌다여, 실로 자신이 길들지 않고 교육받지 않고 열반에 들지 않은 사람이 다른 사람을 길들이고 교육하고 열반에 들게 할 수는 없다. 쭌다여, 실로 자신이 길들고 교육받고 열반에 든 사람이 다른 사람을 길들이고 교육하고 열반에 들게 할 수 있다. 쭌다여, 이와 같이 폭력적인 사람이 열반에 들기 위해서는 폭력을 행하지 않아야 하며, (…중략…) 세속에 물들고, 완고하여, 벗어나기 어려운 사람이 열반에 들기 위해서는 세속에 물들지 않고, 고집하지 않고, 기꺼이 벗어나야 한다.

쭌다여, 이와 같이 나는 버리는 삶에 대한 법문을 설했고, 발심에 대한 법문을 설했고, 가야 할 길에 대한 법문을 설했고, 높은 존재에 대한 법문을 설했고, 반열반(般涅槃)에 대한 법문을 설했다. 쭌다여, 스승이 제자를 위하여 연민을 가지고 해야 할 일을 나는 너를 위하여 연민

을 가지고 한 것이다. 쭌다여, 이 가르침들이 나무 아래이며, 텅 빈 한가
한 곳[空閒處]들이다.[21] 쭌다여, 나중에 후회하지 않도록 방일(放逸)하지
말고 선정을 닦아라! 이것이 그대들에게 주는 우리의 가르침이다."

이것이 세존께서 하신 말씀입니다.
마하쭌다 존자는 세존의 말씀에 만족하고 기뻐했습니다.

---

21 'etāni, Cunda, rukkhamūlāni, etāni suññāgārāni'의 번역. 나무 아래와 텅 빈 한가한 곳은 비
구들이 선정(禪定)을 수행하는 장소이다. 어느 곳에서 선정 수행을 하든, 버리는 삶을 살
면 그곳이 바로 선정 수행을 하는 나무 아래, 텅 빈 한가한 곳이라는 의미이다.

6

정견(正見) 경

9. Sammādiṭṭhi-sutta

【 해제 】

|

이 경은 정견(正見)에 대한 싸리뿟따(Sāriputta) 존자의 설법을 담고 있다. 이 경에서 이야기하는 정견은 선(善)과 불선(不善), 4성제(四聖諦), 12연기(十二緣起)에 대하여 바르게 아는 것이다. 이 경은 4가지 음식[食; āhāra]과 음식의 쌓임[食集; āhāra-samudaya], 음식의 소멸[食滅; āhāra-nirodha], 음식의 소멸에 이르는 길[食滅道; āhāra-nirodha-gāminī-paṭipada]을 설하고 있다. 여기에서 이야기하는 4가지 음식[四食]은 은유이다. 음식을 먹고 생물들이 생장(生長)하듯이, 우리의 허망한 자아의식(自我意識)을 키우는 4가지를 은유적으로 음식이라고 부른 것이다.

『쌍윳따 니까야』에 의하면 중생이 중생의 상태에서 벗어나지 못하고 중생의 상태에 머물면서 중생이 되도록 돕는 4가지 음식,

즉 단식(團食; kabaḷiṃkāra āhāra), 촉식(觸食; phassa āhāra), 의사식(意思食; manosañcetanā āhāra), 식식(識食; viññāṇa āhāra)이 있다고 한다. 그리고 이 4가지 음식에 욕탐을 일으켜 그것을 좋아하고 갈망하면 식(識)이 4가지 음식에 머물면서 증장(增長)하며, 식이 증장할 때 명색(名色)으로 빠져들어 행(行)이 증장함으로써 유(有), 생(生), 노사(老死)가 나타난다고 한다. 다시 말하면, 4가지 음식에 의해서 식이 자라나고, 식이 자라남으로써 명색으로 인식된 세계, 즉 개념적으로 인식된 세계에 빠져서 자아가 있다는 망상을 형성하는 삶을 살게 되며, 자아가 있다는 망상[有]으로 인하여 생, 노사가 나타난다는 것이다. 이와 같이 4가지 음식은 12연기와 밀접한 관계가 있기 때문에, 이 경에서 4성제, 12연기와 더불어 바르게 알아야 할 대상으로 이야기하고 있다.

또 하나 주목할 것은 12연기의 각 지(支)가 4성제의 구조로 설명되고 있는 점이다. 이것은 12연기와 4성제가 독립적인 교리가 아님을 보여준다. 따라서 4가지 음식, 4성제, 12연기의 상호관계에 대한 깊은 성찰이 필요하다.

마지막으로 주목해야 할 것은 무명(無明)과 번뇌[漏]의 상호관계이다. 이 경에서 무명은 번뇌로 인해서 나타나고, 번뇌는 무명으로 인해서 나타난다고 이야기한다. 이것은 무명이 12연기의 첫 번째 지(支)라고 해서 그것을 최초의 원인으로 생각해서는 안 된다는 것을 보여준다. 즉 12연기는 무명이라는 최초의 원인에서 마지막에 노사(老死)라는 결과가 나타나는 선형적(線形的) 인과관계가 아니라 무명과 무명에서 발생한 번뇌가 상호적으로 작용하는 상호적 인과관계라는 것을 보여준다.

이와 같이 나는 들었습니다.

한때 세존께서는 싸왓티의 제따와나 아나타삔디까 승원(僧園)에 머무셨습니다. 그곳에서 싸리뿟따(Sāriputta) 존자께서 "비구들이여!"라고 비구들을 불렀습니다.

　비구들은 "존자님!" 하고 싸리뿟따 존자에게 대답했습니다.

　싸리뿟따 존자께서 말씀하셨습니다.

　"존자들이여, 정견(正見)이라고들 하는데, 어떤 점에서 '거룩한 제자는 정견이 있으며, 견해가 바르기 때문에 가르침[法]에 대하여 흔들리지 않는 믿음으로 그 바른 가르침[正法]을 성취한다'라고 할까요?"

　"존자님이여, 우리는 멀리서 그 말의 의미를 알기 위하여 싸리뿟따 존자님 앞에 오려고 했던 것입니다. 싸리뿟따 존자님께서 그 말의 의미를 밝혀주시면 고맙겠습니다. 저희 비구들은 싸리뿟따 존자님의 말씀을 받아 지니겠습니다."

　"그렇다면, 존자들이여, 듣고 잘 생각하도록 하십시오. 내가 이야기하겠습니다."

　그 비구들은 "존자님이여, 그렇게 하겠습니다"라고 싸리뿟따 존자에게 대답했습니다.

　싸리뿟따 존자께서는 다음과 같이 말씀하셨습니다.

　"존자들이여, 거룩한 제자는 불선(不善)을 알고, 불선의 뿌리를 알고, 선(善)을 알고, 선의 뿌리를 알기 때문에, 이런 점에서 거룩한 제자는 정견이 있으며, 견해가 바르기 때문에 가르침[法]에 대하여 흔들리지 않는 믿음으로 그 바른 가르침[正法]을 성취하는 것입니다. 존자들이여, 어떤 것이 불선이고 어떤 것이 불선의 뿌리이며, 어떤 것이 선이고 어떤 것이 선의 뿌리인가? 존자들이여, 살생, 도둑질, 삿된 음행[邪淫], 거짓말, 이간질, 욕설, 잡담, 간탐(慳貪), 분노(忿怒), 사견(邪見)이 불선입니다. 존자들이여, 이것을 불선이라고 합니다. 존자들이여, 어떤 것이 불선의 뿌리인가? 탐심(貪心), 진심(瞋心), 치심(癡心)이 불선의 뿌리입니다. 존자들이여, 이것을 불선의 뿌리라고 합니다. 존자들이여, 어떤 것이 선인가? 살생하지 않는 것이 선이고, 도둑질하지 않고, 삿된 음행[邪淫]을 하지 않고, 거짓말하지 않고, 이간질하지 않고, 욕설하지 않고, 잡담하지 않고, 간탐(慳貪)하지 않고, 분노(忿怒)하지 않는 것이 선이며, 정견(正見)이 선입니다. 존자들이여, 이것을 선이라고 합니다. 존자들이여, 어떤 것이 선의 뿌리인가? 탐욕이 없는 마음[無貪]이 선의 뿌리이고, 성내지 않는 마음[無瞋]이 선의 뿌리이고, 어리석지 않은 마음[無癡]이 선의 뿌리입니다. 존자들이여, 이것을 선의 뿌리라고 합니다.

　　존자들이여, 거룩한 제자는 이와 같이 불선을 알고, 불선의 뿌리를 알고, 선을 알고, 선의 뿌리를 알기 때문에, 어떤 경우에도 탐(貪)하는 성향[貪睡眠]01을 버리고 화내는 성향[瞋睡眠]02을 없앤 후에 '내가 있다'라는 무의식적인 아견(我見)과 아만(我慢)03을 제거한 다음, 무명(無

01　'rāgānusaya'의 번역.
02　'paṭighānusaya'의 번역.
03　'diṭṭhimānānusaya'의 번역.

明)을 버리고 명지(明智)⁰⁴를 드러내어 지금 여기에서 괴로움을 끝냅니다. 존자들이여, 이런 점에서 '거룩한 제자는 정견(正見)이 있으며, 견해가 바르기 때문에 가르침에 대하여 흔들리지 않는 믿음으로 그 바른 가르침을 성취한다'라고 하는 것입니다."

그 비구들은 "감사합니다. 존자님!"이라고 싸리뿟따 존자의 말씀에 기뻐하고 감사하면서, 싸리뿟따 존자에게 그 위에 덧붙여서 물었습니다.

"존자님이여, 그렇게 말하는 또 다른 이유가 있습니까?"

"존자들이여, 있습니다. 존자들이여, 거룩한 제자는 음식[食]⁰⁵을 알고, 음식의 쌓임[食集]을 알고, 음식의 소멸[食滅]을 알고, 음식의 소멸에 이르는 길[食滅道]을 알기 때문에, 이런 점에서 '거룩한 제자는 정견이 있으며, 견해가 바르기 때문에 가르침에 대하여 흔들리지 않는 믿음으로 그 바른 가르침을 성취한다'라고 하는 것입니다. 존자들이여, 어떤 것이 음식[食]이고, 어떤 것이 음식의 쌓임[食集]이며, 어떤 것이 음식의 소멸[食滅]이고, 어떤 것이 음식의 소멸에 이르는 길[食滅道]인가? 존자들이여, 이미 존재하는 중생을 (중생의 상태에) 머물게 하고, 생겨나는 중생을 (생겨나도록) 돕는 네 가지 음식이 있습니다. 네 가지는 어떤 것들인가? 거칠거나 부드러운 단식(團食),⁰⁶ 둘째는 촉식(觸食),⁰⁷ 셋째

---

04 'vijja'의 번역.
05 'āhāra'의 번역.
06 'kabaḷiṃkāra āhāra'의 번역.
07 'phassa āhāra'의 번역.

는 의사식(意思食),[08] 넷째는 식식(識食)[09]입니다. 갈애[愛]가 쌓이면[愛集] 음식이 쌓이고[食集], 갈애[愛]가 소멸하면[愛滅] 음식이 소멸[食滅]합니다. 거룩한 8정도, 즉 정견, 정사유, 정어, 정업, 정명, 정정진, 정념, 정정이 음식의 소멸에 이르는 길[食滅道]입니다.

존자들이여, 거룩한 제자는 이와 같이 음식[食]을 알고, 음식의 쌓임[食集]를 알고, 음식의 소멸[食滅]을 알고, 음식의 소멸에 이르는 길[食滅道]을 알기 때문에, 어떤 경우에도 탐하는 성향[貪睡眠]을 버리고 화내는 성향[瞋睡眠]을 없앤 후에 '내가 있다'라는 무의식적인 아견(我見)과 아만(我慢)을 제거한 다음, 무명을 버리고 명지(明智)를 드러내어 지금 여기에서 괴로움을 끝냅니다. 존자들이여, 이런 점에서 '거룩한 제자는 정견이 있으며, 견해가 바르기 때문에 가르침에 대하여 흔들리지 않는 믿음으로 그 바른 가르침을 성취한다'라고 하는 것입니다."

그 비구들은 "감사합니다. 존자님!"이라고 싸리뿟따 존자의 말씀에 기뻐하고 감사하면서, 싸리뿟따 존자에게 그 위에 덧붙여서 물었습니다.

"존자님이여, 그렇게 말하는 또 다른 이유가 있습니까?"

"존자들이여, 있습니다. 존자들이여, 거룩한 제자는 괴로움[苦]을 알고, 괴로움의 쌓임[苦集]을 알고, 괴로움의 소멸[苦滅]을 알고, 괴로움의 소멸에 이르는 길[苦滅道]을 알기 때문에, 이런 점에서 '거룩한 제자는 정견이 있으며, 견해가 바르기 때문에 가르침에 대하여 흔들리지 않는 믿음으로 그 바른 가르침을 성취한다'라고 하는 것입니다. 존자들이여, 그러면 어떤 것이 괴로움이고, 어떤 것이 괴로움의 쌓임이며, 어떤

---

08 'manosañcetanā āhāra'의 번역.
09 'viññāṇa āhāra'의 번역.

것이 괴로움의 소멸이고, 어떤 것이 괴로움의 소멸에 이르는 길인가? 존자들이여, 태어남[生]이 괴로움이고, 늙음[老]이 괴로움이고, 질병[病]이 괴로움이고, 죽음[死]이 괴로움이고, 근심[憂], 슬픔[悲], 고통[苦], 우울[惱], 불안(不安)이 괴로움이고, 원하는 것을 얻지 못하는 것이 괴로움[求不得苦]입니다. 요컨대 5취온이 괴로움[苦]입니다.[10] 존자들이여, 이것을 괴로움이라고 합니다. 존자들이여, 어떤 것이 괴로움의 쌓임[苦集]인가? 다시 존재하기를 바라면서, 기쁨과 탐욕을 수반하여 여기저기에서 애락(愛樂)하는 갈애[愛],[11] 즉 욕애(欲愛),[12] 유애(有愛),[13] 무유애(無有愛),[14] 이것을 괴로움의 쌓임[苦集]이라고 합니다. 존자들이여, 어떤 것이 괴로움의 소멸[苦滅]인가? 그 갈애[愛]가 남김없이 사라지고 버려지고 완전히 포기되어 갈애에서 해탈하여 집착이 없으면, 이것을 괴로움의 소멸이라고 합니다. 존자들이여, 어떤 것이 괴로움의 소멸에 이르는 길인가? 거룩한 8정도, 즉 정견, 정사유, 정어, 정업, 정명, 정정진, 정념, 정정이 괴로움의 소멸에 이르는 길[苦滅道]입니다.

존자들이여, 거룩한 제자는 이와 같이 괴로움[苦]을 알고, 괴로움의 쌓임[苦集]을 알고, 괴로움의 소멸[苦滅]을 알고, 괴로움의 소멸에 이르는 길[苦滅道]을 알기 때문에, 어떤 경우에도 탐(貪)하는 성향[貪睡眠]을 버리고 화내는 성향[瞋睡眠]을 없앤 후에 '내가 있다'라는 무의식적인

---

10 'saṅkhitena pañc' upādānakkhandhā dukkhā'의 번역.

11 'yā 'yaṃ taṇhā ponobhavikā nandirāgasahagatā tatratatrābhinandinī'의 번역.

12 'kāma-taṇhā'의 번역. 감각적 욕망의 대상을 갈망하는 마음이 욕애(欲愛)이다.

13 'bhava-taṇhā'의 번역. 좋아하는 것이 다시 존재하기를 갈망하는 마음이 유애(有愛)이다.

14 'vibhava-taṇhā'의 번역. 싫어하는 것이 다시는 존재하지 않기를 갈망하는 마음이 무유애(無有愛)이다.

아견(我見)과 아만(我慢)을 제거한 다음, 무명을 버리고 명지(明智)를 드러내어 지금 여기에서 괴로움을 끝냅니다. 존자들이여, 이런 점에서 '거룩한 제자는 정견이 있으며, 견해가 바르기 때문에 가르침에 대하여 흔들리지 않는 믿음으로 그 바른 가르침을 성취한다'라고 하는 것입니다."

그 비구들은 "감사합니다. 존자님!"이라고 싸리뿟따 존자의 말씀에 기뻐하고 감사하면서, 싸리뿟따 존자에게 그 위에 덧붙여서 물었습니다.

"존자님이여, 그렇게 말하는 또 다른 이유가 있습니까?"

"존자들이여, 있습니다. 존자들이여, 거룩한 제자는 노사(老死)를 알고, 노사의 쌓임[老死集]를 알고, 노사의 소멸[老死滅]을 알고, 노사의 소멸에 이르는 길[老死滅道]을 알기 때문에, 이런 점에서 '거룩한 제자는 정견이 있으며, 견해가 바르기 때문에 가르침에 대하여 흔들리지 않는 믿음으로 그 바른 가르침을 성취한다'라고 하는 것입니다. 존자들이여, 어떤 것이 노사이고, 어떤 것이 노사의 쌓임이며, 어떤 것이 노사의 소멸이고, 어떤 것이 노사의 소멸에 이르는 길인가? 존자들이여, 이런 저런 중생의 이런저런 중생의 몸[衆生身]에[15] 노쇠가 나타나고, 이가 빠지고, 주름살이 지고, 수명이 줄고, 지각활동이 쇠퇴하면, 이것을 늙음[老]이라고 하고, 이런저런 중생의 이런저런 중생의 몸[衆生身]의 죽음, 소멸, 파멸, 소실, 사망, 운명(殞命), 온(蘊)들의 파괴, 사체의 매장(埋葬),

---

15 'sattanikāye'의 번역. '중생의 몸[衆生身]'은 'sattanikāya'의 번역이다. 'sattanikāya'란 중생이 취하고 있는 몸을 의미한다. 예를 들면, 사람은 사람의 몸을 취하고 있고, 개는 개의 몸을 취하고 있다. 이렇게 각각의 중생이 취하고 있는 몸이 'sattanikāya'이다. 중생의 늙음은 이러한 몸에 나타난다. 따라서 '늙음[老]'을 설명하는 이 부분에서 'sattanikāya'는 처격(處格)으로 표현되고 있으며, 역자는 이것을 '중생의 몸[衆生身]'에'로 번역했다.

이것을 죽음[死]이라고 합니다. 존자들이여, 이것이 늙음이고, 이것이 죽음이며, 이것을 노사라고 합니다. 생(生)의 쌓임[生集]으로 인해서 노사의 쌓임이 있으며, 생의 소멸[生滅]로 인해서 노사의 소멸이 있습니다. 거룩한 8정도, 즉 정견, 정사유, 정어, 정업, 정명, 정정진, 정념, 정정이 노사의 소멸에 이르는 길입니다.

존자들이여, 거룩한 제자는 생(生)을 알고, 생의 쌓임을 알고, 생의 소멸을 알고, 생의 소멸에 이르는 길을 알기 때문에, 이런 점에서 '거룩한 제자는 정견이 있으며, 견해가 바르기 때문에 가르침에 대하여 흔들리지 않는 믿음으로 그 바른 가르침을 성취한다'라고 하는 것입니다. 존자들이여, 어떤 것이 생이고, 어떤 것이 생의 쌓임이며, 어떤 것이 생의 소멸이고, 어떤 것이 생의 소멸에 이르는 길인가? 존자들이여, 이런저런 중생이 이런저런 중생의 몸[衆生身] 가운데 태어남[生], 탄생(誕生), 출현(出現), 출생, 온(蘊)들의 현현(顯現), 입처(入處)들의 획득(獲得), 이것을 생이라고 합니다. 유(有)의 쌓임[有集]으로 인해서 생(生)의 쌓임[生集]이 있으며, 유의 소멸로 인해서 생의 소멸이 있습니다. 거룩한 8정도, 즉 정견, 정사유, 정어, 정업, 정명, 정정진, 정념, 정정이 생의 소멸에 이르는 길[生滅道]입니다.

존자들이여, 거룩한 제자는 유(有)를 알고, 유의 쌓임을 알고, 유의 소멸[有滅]을 알고, 유의 소멸에 이르는 길[有滅道]을 알기 때문에, 이런 점에서 거룩한 제자는 정견이 있으며, 견해가 바르기 때문에 가르침에 대하여 흔들리지 않는 믿음으로 그 바른 가르침을 성취한다'라고 하는 것입니다. 존자들이여, 어떤 것이 유이고, 어떤 것이 유의 쌓임이며, 어떤 것이 유의 소멸이고, 어떤 것이 유의 소멸에 이르는 길인가? 존자들이여, 유는 욕유(欲有),[16] 색유(色有),[17] 무색유(無色有),[18] 세 가지입니다. 취(取)의 쌓임[取集]으로 인해서 유의 쌓임이 있으며, 취의 소멸[取滅]로 인해서 유의 소멸이 있습니다. 거룩한 8정도, 즉 정견, 정사유, 정어, 정업, 정명, 정정진, 정념, 정정이 유의 소멸에 이르는 길입니다.

존자들이여, 거룩한 제자는 취(取)를 알고, 취의 쌓임[取集]을 알고, 취의 소멸[取滅]을 알고, 취의 소멸에 이르는 길[取滅道]을 알기 때문에, 이런 점에서 '거룩한 제자는 정견이 있으며, 견해가 바르기 때문에 가르침[法]에 대하여 흔들리지 않는 믿음으로 그 바른 가르침[正法]을 성취한다'라고 하는 것입니다. 존자들이여, 어떤 것이 취이고, 어떤 것이 취의 쌓임이며, 어떤 것이 취의 소멸이고, 어떤 것이 취의 소멸에 이르는 길인가? 존자들이여, 취는 욕취(欲取),[19] 견취(見取),[20] 계금취(戒禁取),[21] 아어취(我語取),[22] 네 가지입니다. 갈애[愛]의 쌓임으로 인해서 취의 쌓임이 있으며, 갈애의 소멸로 인해서 취의 소멸이 있습니다. 거룩한 8정도, 즉 정견, 정사유, 정어, 정업, 정명, 정정진, 정념, 정정이 취의 소멸에 이르는 길입니다.

존자들이여, 거룩한 제자는 갈애를 알고, 갈애의 쌓임[愛集]을 알고, 갈애의 소멸[愛滅]을 알고, 갈애의 소멸에 이르는 길[愛滅道]을 알기 때문에, 이런 점에서 '거룩한 제자는 정견이 있으며, 견해가 바르기 때

---

16 'kāma-bhava'의 번역.
17 'rūpa-bhava'의 번역.
18 'arūpa-bhava'의 번역.
19 'kāmupādāna'의 번역.
20 'diṭṭhupādāna'의 번역.
21 'sīlabbatupādāna'의 번역.
22 'attavādupādāna'의 번역.

문에 가르침에 대하여 흔들리지 않는 믿음으로 그 바른 가르침을 성취한다'라고 하는 것입니다. 존자들이여, 어떤 것이 갈애이고, 어떤 것이 갈애의 쌓임이며, 어떤 것이 갈애의 소멸이고, 어떤 것이 갈애의 소멸에 이르는 길인가? 존자들이여, 갈애의 구조[愛身][23]는 형색에 대한 갈애[色愛], 소리에 대한 갈애[聲愛], 냄새에 대한 갈애[香愛], 맛에 대한 갈애[味愛], 촉감에 대한 갈애[觸愛], 지각대상에 대한 갈애[法愛], 여섯 가지입니다. 느낌의 쌓임[受集]으로 인해서 갈애의 쌓임[愛集]이 있으며, 느낌의 소멸[受滅]로 인해서 갈애의 소멸[愛滅]이 있습니다. 거룩한 8정도, 즉 정견, 정사유, 정어, 정업, 정명, 정정진, 정념, 정정이 갈애의 소멸에 이르는 길입니다.

존자들이여, 거룩한 제자는 느낌[受]을 알고, 느낌의 쌓임[受集]을 알고, 느낌의 소멸[受滅]을 알고, 느낌의 소멸에 이르는 길[受滅道]을 알기 때문에, 이런 점에서 '거룩한 제자는 정견이 있으며, 견해가 바르기 때문에 가르침에 대하여 흔들리지 않는 믿음으로 그 바른 가르침을 성취한다'라고 하는 것입니다. 존자들이여, 어떤 것이 느낌이고, 어떤 것이 느낌의 쌓임이며, 어떤 것이 느낌의 소멸이고, 어떤 것이 느낌의 소멸에 이르는 길인가? 존자들이여, 느낌[受]의 구조는[24] 여섯 가지, 즉 시각접촉[眼觸]에서 생긴 느낌,[25] 청각접촉[耳觸]에서 생긴 느낌, 후각접촉[鼻觸]에서 생긴 느낌, 미각접촉[舌觸]에서 생긴 느낌, 신체접촉[身觸]에서 생긴 느낌, 의식접촉[意觸]에서 생긴 느낌입니다. 접촉[觸]의 쌓임

23 'taṇhākāyā'의 번역. 'taṇhā'를 '갈애[愛]'로, 'kāya'를 '구조'로 번역함.
24 'vedanākāyā'의 번역. 'vedanā'를 '느낌[受]'으로, 'kāya'를 '구조'로 번역함.
25 'cakkhusamphassajā vedanā'의 번역.

으로 인해서 느낌의 쌓임이 있으며, 접촉의 소멸로 인해서 느낌의 소멸이 있습니다. 거룩한 8정도, 즉 정견, 정사유, 정어, 정업, 정명, 정정진, 정념, 정정이 느낌의 소멸에 이르는 길입니다.

존자들이여, 거룩한 제자는 접촉[觸]을 알고, 접촉의 쌓임[觸集]을 알고, 접촉의 소멸[觸滅]을 알고, 접촉의 소멸에 이르는 길[觸滅道]을 알기 때문에, 이런 점에서 거룩한 제자는 정견이 있으며, 견해가 바르기 때문에 가르침에 대하여 흔들리지 않는 믿음으로 그 바른 가르침을 성취하는 것입니다. 존자들이여, 어떤 것이 접촉이고, 어떤 것이 접촉의 쌓임이며, 어떤 것이 접촉의 소멸이고, 어떤 것이 접촉의 소멸에 이르는 길인가? 존자들이여, 접촉의 구조는[26] 시각접촉[眼觸], 청각접촉[耳觸], 후각접촉[鼻觸], 미각접촉[舌觸], 신체접촉[身觸], 의식접촉[意觸], 여섯 가지입니다. 6입처의 쌓임[六入處集]으로 인해서 접촉의 쌓임이 있으며, 6입처의 소멸[六入處滅]로 인해서 접촉의 소멸[觸滅]이 있습니다. 거룩한 8정도, 즉 정견, 정사유, 정어, 정업, 정명, 정정진, 정념, 정정이 접촉의 소멸에 이르는 길입니다.

존자들이여, 거룩한 제자는 6입처를 알고, 6입처의 쌓임을 알고, 6입처의 소멸을 알고, 6입처의 소멸에 이르는 길[六入處滅道]을 알기 때문에, 이런 점에서 '거룩한 제자는 정견이 있으며, 견해가 바르기 때문에 가르침에 대하여 흔들리지 않는 믿음으로 그 바른 가르침을 성취한다'라고 하는 것입니다. 존자들이여, 어떤 것이 6입처이고, 어떤 것이 6입처의 쌓임이며, 어떤 것이 6입처의 소멸이고, 어떤 것이 6입처의 소

---

26 'phassakāyā'의 번역. 'phassa'를 '접촉[觸, 愛]'으로, 'kāya'를 '구조'로 번역함.

멸에 이르는 길인가? 존자들이여, 입처(入處)는[27] 안입처(眼入處), 이입
처(耳入處), 비입처(鼻入處), 설입처(舌入處), 신입처(身入處), 의입처(意入
處), 여섯 가지입니다. 이름과 형색[名色]의 쌓임[集]으로 인해서 6입처
의 쌓임이 있으며, 이름과 형색[名色]의 소멸[滅]로 인해서 6입처의 소
멸이 있습니다. 거룩한 8정도, 즉 정견, 정사유, 정어, 정업, 정명, 정정
진, 정념, 정정이 6입처의 소멸에 이르는 길입니다.

　　존자들이여, 거룩한 제자는 이름과 형색[名色]을 알고, 이름과 형색
의 쌓임[名色集]을 알고, 이름과 형색의 소멸[名色滅]을 알고, 이름과 형
색의 소멸에 이르는 길[名色滅道]을 알기 때문에, 이런 점에서 '거룩한 제
자는 정견이 있으며, 견해가 바르기 때문에 가르침에 대하여 흔들리지
않는 믿음으로 그 바른 가르침을 성취한다'라고 하는 것입니다. 존자들
이여, 어떤 것이 이름과 형색[名色]이고, 어떤 것이 이름과 형색의 쌓임
이며, 어떤 것이 이름과 형색의 소멸이고, 어떤 것이 이름과 형색의 소
멸에 이르는 길인가? 느낌[受], 생각[想], 의도[思], 접촉[觸], 숙고[作意],
이것을 이름[名]이라고 합니다.[28] 4대와 4대를 취하고 있는 형색[色], 이
것을 형색이라고 합니다.[29] 이와 같이 이 이름과 이 형색, 이것을 이름과

27　'āyatana'의 번역.

28　'vedanā saññā cetanā phasso manasikāro, idaṃ vuccat' āvuso nāmaṃ'의 번역. 일반적으로 'nāma'
　　를 '정신'으로 이해하고 있는데, 이것은 옳지 않다. 여기에서 'vedanā saññā cetanā phasso
　　manasikāro'를 단순한 정신작용으로 해석해서는 안 된다. 이것은 느끼고, 생각하고, 의
　　도하고 경험하고, 숙고하는 것을 의미한다. 우리는 인식의 대상을 개념, 즉 이름(nāma)
　　으로 분별하는데, 이 이름은 인식의 대상이 본래부터 가지고 있는 이름이 아니라 느끼
　　고, 생각하고, 의도하고 경험하고, 숙고하여 만들어진 것이라는 의미이다.

29　'cattāri ca mahābhūtāni catunnañ ca mahābhūtānaṃ upādāya rūpaṃ, idaṃ vuccat' āvuso rūpaṃ'
　　의 번역. 기존의 해석에 의하면 'rūpa'를 '물질'로 이해하고, 이 부분을 4대(四大)와 4대로
　　만들어진 물질이라고 번역했다. 그러나 'rūpa'는 본래 '형색, 형태'를 의미하며, 4대는 당

형색이라고 합니다. 분별의 쌓임[識集]으로 인해서 이름과 형색의 쌓임[名色集]이 있으며, 분별의 소멸[識滅]로 인해서 이름과 형색의 소멸[名色滅]이 있습니다. 거룩한 8정도, 즉 정견, 정사유, 정어, 정업, 정명, 정정진, 정념, 정정이 이름과 형색의 소멸에 이르는 길[名色滅道]입니다.

존자들이여, 거룩한 제자는 분별하는 마음[識]을 알고, 분별의 쌓임[識集]을 알고, 분별의 소멸[識滅]을 알고, 분별의 소멸에 이르는 길[識滅道]을 알기 때문에, 이런 점에서 '거룩한 제자는 정견이 있으며, 견해가 바르기 때문에 가르침에 대하여 흔들리지 않는 믿음으로 그 바른 가르침을 성취한다'라고 하는 것입니다. 존자들이여, 어떤 것이 분별하는 마음이고, 어떤 것이 분별의 쌓임이며, 어떤 것이 분별의 소멸이고, 어떤 것이 분별의 소멸에 이르는 길인가? 존자들이여, 분별하는 마음의 구조는[30] 시각분별[眼識], 청각분별[耳識], 후각분별[鼻識], 미각분별[舌識], 촉각분별[身識], 의식분별[意識], 여섯 가지입니다. 행위의 쌓임[行集]으로 인해서[31] 분별의 쌓임[識集]이 있으며, 행위의 소멸[行滅]로 인해서 분별의 소멸[識滅]이 있습니다. 거룩한 8정도, 즉 정견, 정사유, 정어, 정

시의 인도인들이 물질세계를 구성하는 네 가지 불변의 요소라고 생각했던 것들이다. 우리는 인식의 대상을 형색[色]으로 분별하는데, 이 형색은 인식의 대상이 본래부터 가지고 있는 것이 아니라 4대와 4대를 취하고 있는 형색이라는 것을 이 경에서 이야기하고 있다.

30 'viññāṇakāyā'의 번역. 'viññāṇa'를 '분별[識]'으로, 'kāya'를 '구조'로 번역함.

31 'saṅkhārasamudayā'의 번역. 'saṅkhāra'는 한역(漢譯)에서 '행(行)'으로 번역하는데, '모아서 만든다는 의미의 동사 'saṅkharoti'의 명사형으로서 '조작(造作)'의 의미가 있다. 이러한 사전적인 의미만으로는 'saṅkhāra'의 의미를 이해할 수 없다. S.N. 22. 79. Khajjani에 의하면 'saṅkhāra; 行'은 "유위(有爲; saṅkhata)를 조작하는(abhisaṅkharoti) 행위를 의미한다. 그리고 'saṅkhāra; 行'에 의해 조작된 유위(有爲; saṅkhata)가 5온(五蘊)이다. 그리고 이렇게 조작된 5온을 분별하여 인식하는(vijānāti) 것이 식(識; viññāṇa)이다. 여기에서는 이러한 행(行)과 식(識)의 관계를 이야기하고 있다.

업, 정명, 정정진, 정념, 정정이 분별의 소멸에 이르는 길[識滅道]입니다.

　　존자들이여, 거룩한 제자는 행위[行]를 알고, 행위의 쌓임[行集]을 알고, 행위의 소멸[行滅]을 알고, 행위의 소멸에 이르는 길[行滅道]을 알기 때문에, 이런 점에서 '거룩한 제자는 정견이 있으며, 견해가 바르기 때문에 가르침에 대하여 흔들리지 않는 믿음으로 그 바른 가르침을 성취한다'라고 하는 것입니다. 존자들이여, 어떤 것이 행위이고, 어떤 것이 행위의 쌓임이며, 어떤 것이 행위의 소멸이고, 어떤 것이 행위의 소멸에 이르는 길인가? 존자들이여, 행위는 몸으로 하는 행위[身行],[32] 언어로 하는 행위[口行],[33] 마음으로 조작하는 의행[意行],[34] 세 가지입니다. 무명의 쌓임[無明集]으로 인해서 행위의 쌓임[行集]이 있으며, 무명의 소멸[無明滅]로 인해서 행위의 소멸[行滅]이 있습니다. 거룩한 8정도, 즉 정견, 정사유, 정어, 정업, 정명, 정정진, 정념, 정정이 행위의 소멸에 이르는 길[行滅道]입니다.

　　존자들이여, 거룩한 제자는 무명(無明)을 알고, 무명의 쌓임을 알고, 무명의 소멸을 알고, 무명의 소멸에 이르는 길을 알기 때문에, 이런 점에서 거룩한 제자는 정견이 있으며, 견해가 바르기 때문에 가르침에 대하여 흔들리지 않는 믿음으로 그 바른 가르침을 성취하는 것입니다. 존자들이여, 어떤 것이 무명이고, 어떤 것이 무명의 쌓임이며, 어떤 것이 무명의 소멸이고, 어떤 것이 무명의 소멸에 이르는 길인가? 존자들이여, 괴로움[苦]에 대하여 알지 못하고, 괴로움의 쌓임[苦集]에 대하여

32　'kāyasaṅkhāra'의 번역.

33　'vacīsaṅkhāra'의 번역.

34　'cittasaṅkhāra'의 번역.

알지 못하고, 괴로움의 소멸[苦滅]에 대하여 알지 못하고, 괴로움의 소멸에 이르는 길[苦滅道]에 대하여 알지 못하면, 이것을 무명이라고 부릅니다. 번뇌[漏]의 쌓임으로 인해서[35] 무명의 쌓임이 있으며, 번뇌의 소멸로 인해서 무명의 소멸이 있습니다. 거룩한 8정도, 즉 정견, 정사유, 정어, 정업, 정명, 정정진, 정념, 정정이 무명의 소멸에 이르는 길입니다.

존자들이여, 거룩한 제자는 이와 같이 노사(老死), 생(生), 유(有), 취(取), 갈애[愛], 느낌[受], 접촉[觸], 6입처(六入處), 이름과 형색[名色], 분별하는 마음[識], 행위[行], 무명(無明)을 알고, 이들의 쌓임[集]과 소멸[滅]과 소멸에 이르는 길[滅道]을 알기 때문에, 어떤 경우에도 탐(貪)하는 성향[貪睡眠]을 버리고 화내는 성향[瞋睡眠]을 없앤 후에 '내가 있다'라는 무의식적인 아견(我見)과 아만(我慢)을 제거한 다음, 무명을 버리고 명지를 드러내어 지금 여기에서 괴로움을 끝냅니다. 존자들이여, 이런 점에서 '거룩한 제자는 정견이 있으며, 견해가 바르기 때문에 가르침에 대하여 흔들리지 않는 믿음으로 그 바른 가르침을 성취한다'라고 하는 것입니다."

그 비구들은 "감사합니다. 존자님"이라고 싸리뿟따 존자의 말씀에 기뻐하고 감사하면서, 싸리뿟따 존자에게 그 위에 덧붙여서 물었습니다.

"존자님이여, 그렇게 말하는 또 다른 이유가 있습니까?"

"존자들이여, 있습니다. 존자들이여, 거룩한 제자는 번뇌를 알고, 번뇌의 쌓임을 알고, 번뇌의 소멸을 알고, 번뇌의 소멸에 이르는 길을 알

---

35 'āsavasamudayā'의 번역.

기 때문에, 이런 점에서 거룩한 제자는 정견이 있으며, 견해가 바르기 때문에 가르침에 대하여 흔들리지 않는 믿음으로 그 바른 가르침을 성취하는 것입니다. 존자들이여, 어떤 것이 번뇌이고, 어떤 것이 번뇌의 쌓임이며, 어떤 것이 번뇌의 소멸이고, 어떤 것이 번뇌의 소멸에 이르는 길인가? 존자들이여, 번뇌는 욕루(欲漏), 유루(有漏), 무명루(無明漏), 세 가지입니다. 무명의 쌓임으로 인해서 번뇌의 쌓임이 있으며, 무명의 소멸로 인해서 번뇌의 소멸이 있습니다. 거룩한 8정도, 즉 정견, 정사유, 정어, 정업, 정명, 정정진, 정념, 정정이 번뇌의 소멸에 이르는 길입니다.

존자들이여, 거룩한 제자는 이와 같이 번뇌를 알고, 번뇌의 쌓임을 알고, 번뇌의 소멸을 알고, 번뇌의 소멸에 이르는 길을 알기 때문에, 어떤 경우에도 탐하는 성향을 버리고 화내는 성향을 없앤 후에 '내가 있다'라는 무의식적인 아견과 아만을 제거한 다음, 무명을 버리고 명지(明智)를 드러내어 지금 여기에서 괴로움을 끝냅니다. 존자들이여, 이런 점에서 '거룩한 제자는 정견이 있다. 견해가 바르기 때문에 가르침에 대하여 흔들리지 않는 믿음으로 그 바른 가르침을 성취한다'라고 하는 것입니다."

이것이 싸리뿟따 존자께서 하신 말씀입니다.
그 비구들은 싸리뿟따 존자의 말씀에 만족하고 기뻐했습니다.

7

사자후(獅子吼) 작은 경

11. Cūḷasīhanāda-sutta

【 해제 】

이 경은 한역 『중아함경(中阿含經)』 「103. 사자후경(師子吼經)」에 상응하는 경이다.

　　사자후(獅子吼)는 사자의 울부짖음이다. 사자가 울부짖으면 모든 동물이 소리를 죽이고 침묵한다. 부처님 당시의 인도 사회는 백가쟁명(百家爭鳴)의 시대로 많은 사상가가 출현하여 자신이 진리를 깨달았다고 주장했다. 이 모든 사상가의 주장을 잠재운 것이 부처님이다. 그래서 부처님의 가르침은 사자후에 비유된다.

　　이 경에서는 오직 불교에만 수행자가 있고 수행의 결과가 있으며, 다른 사상이나 종교에는 수행자도, 수행의 결과도 기대할 수 없기 때문이라고 이야기한다. 왜 그러한가? 외형적으로는 외도(外道)들에게도 신뢰하는 스승이 있고, 믿는 교리가 있고, 실천하는 계행(戒行)이 있고, 가르침을 따르는 신도들이 있지만, 그들의 교리에는 정견(正見)이 없기 때문이다. 그 결과 그들은 유견(有見)과 무견(無見)이라는 모순된 견해를 취하여 허상[戱論]으로 논쟁을 일삼기 때문에 결코 바른 수행을 할 수도 없고, 수행의 결과를 기대할 수도 없다. 불교는 유견과 무견의 모순을 버린 중도(中道)에서 연기(緣起)의 실상(實相)을 통찰할 것을 가르친다. 그래서 불교를 배우고 실천하면, 무명에서 벗어나 밝은 지혜를 성취하게 된다. 이 점에서 불교를 모든 외도의 허상을 잠재우는 사자후라고 한다.

이와 같이 나는 들었습니다.

한때 세존께서는 싸왓티의 제따와나 아나타삔디까 승원(僧園)에 머무셨습니다. 그곳에서 세존께서 "비구들이여!"라고 비구들을 불렀습니다. 비구들은 "세존이시여!" 하고 세존께 대답했습니다.

　세존께서는 다음과 같이 말씀하셨습니다.

　"비구들이여, '실로 여기에는 사문(沙門)[01]이 있다. 여기에는 두 번째 사문이 있다. 여기에는 세 번째 사문이 있다. 여기에는 네 번째 사문이 있다. 여타의 다른 교단에는 사문이 없다'라고 정정당당하게 사자후(獅子吼)를 하시오.

　비구들이여, 그러면 외도(外道) 수행자들은 '존자들이여, 그대들은 어떤 확신과 어떤 근거로 '실로 여기에는 사문이 있다. 여기에는 두 번째 사문이 있다. 여기에는 세 번째 사문이 있다. 여기에는 네 번째 사문이 있다. 여타의 다른 교단에는 사문이 없다'라고 말하는가?'라고 말할 것이오.

　비구들이여, 이렇게 말하는 외도 수행자들에게는 '존자들이여, 우리에게는 아라한이시며, 바르고 평등한 깨달음을 성취하신[等正覺] 세존께서 알고, 보고, 가르친 네 가지 법이 있다. 우리는 스스로 그것들을

01　'samaṇa'의 번역. 한역(漢譯)에서 '사문(沙門)'으로 번역되는 'samaṇa'는 부처님 당시에 브라만교를 부정하고 새롭게 출현한 새로운 사상가들을 가리킨다. 이들은 대부분 집을 떠나 출가하여 집단을 이루어 걸식하며 수행했다. 부처님과 부처님의 제자도 이러한 사문(沙門)에 속한다.

잘 통찰하고 있기 때문에 그렇게 말하는 것이다. 네 가지 법은 어떤 것인가? 존자들이여, 우리에게는 스승님에 대한 믿음이 있고, 가르침[法]에 대한 믿음이 있고, 계행의 완성이 있다. 그뿐만 아니라 우리에게는 같은 가르침을 따르는 사랑스럽고 매력 있는 재가자와 출가자가 있다. 이것이 아라한이시며, 바르고 평등한 깨달음을 성취하신(等正覺) 세존께서 알고, 보고, 가르친 네 가지 법이다. 우리는 스스로 그것들을 잘 통찰하고 있기 때문에 그렇게 말하는 것이다'라고 말해야 한다오.

비구들이여, 그러면 외도 수행자들은 '존자들이여, 우리에게도 스승이 있고, 스승에 대한 믿음이 있다. 우리의 스승은 이런 분이다. 우리에게도 가르침에 대한 믿음이 있다. 우리의 가르침은 이런 것이다. 우리도 계행을 완성한다. 그것은 우리의 계행이다. 우리에게도 같은 가르침을 따르는 사랑스럽고 매력 있는 재가자와 출가자가 있다. 존자들이여, 여기에서 우리와 다른 것은 무엇이고, 구별되는 것은 무엇이며, 그대들과 우리의 차이는 무엇인가?'라고 말할 것이오.

비구들이여, 이렇게 말하는 외도 수행자들에게는 '존자들이여, 목적은 하나인가, 그렇지 않으면 여럿인가?'라고 물어야 한다오. 비구들이여, 올바른 대답을 하는 외도 수행자들이라면 '존자들이여, 목적은 하나다. 목적은 여럿이 아니다'라고 대답할 것이오.

'존자들이여, 그것은 탐심(貪心)이 있는 사람들의 목적인가, 탐심이 없는 사람들의 목적인가?'라고 물으면, 올바른 대답을 하는 외도 수행자들이라면 '존자들이여, 그것은 탐심이 없는 사람들의 목적이다. 탐심이 있는 사람들의 목적이 아니다'라고 대답할 것이오.

'존자들이여, 그것은 진심(瞋心)이 있는 사람들의 목적인가, 진심이 없는 사람들의 목적인가?'라고 물으면, 올바른 대답을 하는 외도 수행자들이라면 '존자들이여, 그것은 진심이 없는 사람들의 목적이다. 진심이 있는 사람들의 목적이 아니다'라고 대답할 것이오.

'존자들이여, 그것은 치심(癡心)이 있는 사람들의 목적인가, 치심이 없는 사람들의 목적인가?'라고 물으면, 올바른 대답을 하는 외도 수행자들이라면 '존자들이여, 그것은 치심이 없는 사람들의 목적이다. 치심이 있는 사람들의 목적이 아니다'라고 대답할 것이오.

'존자들이여, 그것은 갈애[愛]가 있는 사람들의 목적인가, 갈애가 없는 사람들의 목적인가?'라고 물으면, 올바른 대답을 하는 외도 수행자들이라면 '존자들이여, 그것은 갈애가 없는 사람들의 목적이다. 갈애가 있는 사람들의 목적이 아니다'라고 대답할 것이오.

'존자들이여, 그것은 취(取)가 있는 사람들의 목적인가, 취가 없는 사람들의 목적인가?'라고 물으면, 올바른 대답을 하는 외도 수행자들이라면 '존자들이여, 그것은 취가 없는 사람들의 목적이다. 취가 있는 사람들의 목적이 아니다'라고 대답할 것이오.

'존자들이여, 그것은 현명한 사람들의 목적인가, 어리석은 사람들의 목적인가?'라고 물으면, 올바른 대답을 하는 외도 수행자들이라면 '존자들이여, 그것은 현명한 사람들의 목적이다. 어리석은 사람들의 목적이 아니다'라고 대답할 것이오.

'존자들이여, 그것은 투쟁을 좋아하는 사람들의 목적인가, 화합을 좋아하는 사람들의 목적인가?'라고 물으면, 올바른 대답을 하는 외도 수행자들이라면 '존자들이여, 그것은 화합을 좋아하는 사람들의 목적이다. 투쟁을 좋아하는 사람들의 목적이 아니다'라고 대답할 것이오.

'존자들이여, 그것은 허상[戲論]을 좋아하고, 즐기는 사람들[02]의 목적인가, 허상을 좋아하지 않고, 즐기지 않는 사람들의 목적인가?'라고 물으면, 올바른 대답을 하는 외도 수행자들이라면 '존자들이여, 그것은 허상을 좋아하지 않고, 즐기지 않는 사람들의 목적이다. 허상을 좋아하고 즐기는 사람들의 목적이 아니다'라고 대답할 것이오.

비구들이여, 유견(有見)[03]과 무견(無見)[04]이라는 두 가지 견해가 있다오. 비구들이여, 유견을 집착하고 가까이하고 고집하는 사문이나 바라문들은 누구나 무견에 반대한다오. 비구들이여, 무견을 집착하고 가까이하고 고집하는 사문이나 바라문들은 누구나 유견에 반대한다오.

비구들이여, 이들 두 가지 견해[見]의 쌓임[集]과 소멸[滅], 그것이 주는 맛[味][05]과 재난[患],[06] 그것에서 벗어남[出離][07]을 있는 그대로 통찰하지 못하는 사문이나 바라문들은 누구나 탐심(貪心)이 있고, 진심(瞋心)이 있고, 치심(癡心)이 있고, 갈애[愛]가 있고, 취(取)가 있고, 어리석고, 투쟁을 좋아하고, 허상을 좋아하고 즐기는 사람들로서, 그들은 생(生), 노(老), 사(死), 우(憂), 비(悲), 고(苦), 뇌(惱), 절망(絶望)에서 벗어나지 못하고, 불행에서 벗어나지 못한다고 나는 이야기한다오.

비구들이여, 이들 두 가지 견해의 쌓임과 소멸, 그것이 주는 맛과 재난, 그것에서 벗어남을 있는 그대로 통찰하는 사문이나 바라문들은

---

02 'papañcārāma papañcaratin'의 번역.
03 'bhava-diṭṭhi'의 번역.
04 'vibhava-diṭṭhi'의 번역.
05 'assāda'의 번역.
06 'ādīnava'의 번역.
07 'nissaraṇa'의 번역.

누구나 탐심(貪心)이 없고, 진심(瞋心)이 없고, 치심(癡心)이 없고, 갈애
[愛]가 없고, 취(取)가 없고, 현명하고, 화합을 좋아하고, 허상[戱論]을 좋
아하지 않고 즐기지 않는 사람들로서, 그들은 생(生), 노(老), 사(死), 우
(憂), 비(悲), 고(苦), 뇌(惱), 절망(絶望)에서 벗어나고, 불행에서 벗어난다
고 나는 이야기한다오.

비구들이여, 네 가지 취(取)가 있나니, 그것은 욕취(欲取), 견취(見
取), 계금취(戒禁取), 아어취(我語取)라오. 비구들이여, 일체의 취를 이해
한 교리[08]라고 주장하면서도 취에 대한 이해를 보여주지 못하는 사문
과 바라문들이 있다오. 비구들이여, 어떤 사문과 바라문들은 욕취(欲
取)에 대한 이해는 보여주지만 견취(見取), 계금취(戒禁取), 아어취(我語
取)에 대한 이해는 보여주지 못한다오. 왜냐하면, 그 사문과 바라문 존
자들은 욕취(欲取) 이외의 세 가지 상태는 있는 그대로 통찰하지 못하
기 때문이오. 그래서 그 사문과 바라문 존자들은 일체의 취를 이해한
교리라고 주장하면서도 일체의 취에 대한 이해를 보여주지 못한다오.

비구들이여, 어떤 사문과 바라문들은 욕취와 견취에 대한 이해는
보여주지만 계금취, 아어취에 대한 이해는 보여주지 못한다오. 왜냐하
면, 그 사문과 바라문 존자들은 욕취와 견취 이외의 두 가지 상태는 있
는 그대로 통찰하지 못하기 때문이오. 그래서 그 사문과 바라문 존자들
은 일체의 취를 이해한 교리라고 주장하면서도 일체의 취에 대한 이해
를 보여주지 못하는 것이오.

비구들이여, 어떤 사문과 바라문들은 욕취, 견취, 계금취에 대한

---

08 'sabbupādānapariññāvādā'의 번역.

이해는 보여주지만, 아어취에 대한 이해는 보여주지 못한다오. 왜냐하면, 그 사문과 바라문 존자들은 아어취 한 가지 상태는 있는 그대로 통찰하지 못하기 때문이오. 그래서 그 사문과 바라문 존자들은 일체의 취를 이해한 교리라고 주장하면서도 일체의 취에 대한 이해를 보여주지 못하는 것이오.

비구들이여, 이러한 가르침[法]과 율(律)에서는 스승에 대한 믿음이 바르게 살아갈 길을 알려주지 못하고, 가르침에 대한 믿음이 바르게 살아갈 길을 알려주지 못하고, 계행의 완성이 바르게 살아갈 길을 알려주지 못하고, 같은 가르침을 따르는 사랑스러운 사람이 바르게 살아갈 길을 알려주지 못한다오. 왜냐하면, 비구들이여, 그것은 잘못 가르쳐진 가르침과 율로서, 잘못 설명된 것이고, 해탈에 도움이 되지 않고, 평온으로 이끌지 못하고, 바르고 평등한 깨달음을 성취한 분이 가르친 것이 아니기 때문이오.

비구들이여, 그러나 아라한으로서 바르고 평등한 깨달음을 성취한 여래는 일체의 취(取)를 이해한 교리라고 주장하면서, 일체의 취에 대한 이해를 보여준다오. 여래는 욕취에 대한 이해를 보여주고, 견취에 대한 이해를 보여주고, 계금취에 대한 이해를 보여주고, 아어취에 대한 이해를 보여준다오. 비구들이여, 이러한 가르침과 율에서는 스승에 대한 믿음이 바르게 살아갈 길을 알려주고, 가르침에 대한 믿음이 바르게 살아갈 길을 알려주고, 계행의 완성이 바르게 살아갈 길을 알려주고, 같은 가르침을 따르는 사랑스러운 사람들이 바르게 살아갈 길을 알려준다오. 왜냐하면, 비구들이여, 그것은 잘 가르쳐진 가르침과 율로서, 잘 설명되고, 해탈에 도움이 되고, 평온으로 이끌고, 바르고 평등한 깨달음을 이룬 사람이 가르친 것이기 때문이오.

비구들이여, 이 네 가지 취는 어떤 인연(因緣)으로, 어떤 것이 쌓여서, 어떤 것의 발생으로 인해서, 어떤 것을 근거로 하여 존재하는가? 이 네 가지 취는 갈애[愛]를 인연으로, 갈애가 쌓여서, 갈애의 발생으로 인해서, 갈애를 근거로 하여 존재한다오.

비구들이여, 이 갈애는 어떤 인연(因緣)으로, 어떤 것이 쌓여서, 어떤 것의 발생으로 인해서, 어떤 것을 근거로 하여 존재하는가? 이 갈애는 느낌[受]을 인연으로, 느낌이 쌓여서, 느낌의 발생으로 인해서, 느낌을 근거로 하여 존재한다오.

비구들이여, 이 느낌은 어떤 인연으로, 어떤 것이 쌓여서, 어떤 것의 발생으로 인해서, 어떤 것을 근거로 하여 존재하는가? 이 느낌은 접촉[觸]을 인연으로, 접촉이 쌓여서, 접촉의 발생으로 인해서, 접촉을 근거로 하여 존재한다오.

비구들이여, 이 접촉은 어떤 인연으로, 어떤 것이 쌓여서, 어떤 것의 발생으로 인해서, 어떤 것을 근거로 하여 존재하는가? 이 접촉은 6입처를 인연으로, 6입처가 쌓여서, 6입처의 발생으로 인해서, 6입처를 근거로 하여 존재한다오.

비구들이여, 그렇다면, 이 6입처는 어떤 인연으로, 어떤 것이 쌓여서, 어떤 것의 발생으로 인해서, 어떤 것을 근거로 하여 존재하는가? 이 6입처는 이름과 형색[名色]09을 인연으로, 이름과 형색이 쌓여서, 이름과 형색의 발생으로 인해서, 이름과 형색을 근거로 하여 존재한다오.

비구들이여, 그렇다면, 이 이름과 형색은 어떤 인연으로, 어떤 것

---

09 'nāmarūpa'의 번역.

이 쌓여서, 어떤 것의 발생으로 인해서, 어떤 것을 근거로 하여 존재하는가? 이 이름과 형색은 분별하는 마음[識]을 인연으로, 분별하는 마음이 쌓여서, 분별하는 마음의 발생으로 인해서, 분별하는 마음을 근거로 하여 존재한다오.

　비구들이여, 이 분별하는 마음은 어떤 인연으로, 어떤 것이 쌓여서, 어떤 것의 발생으로 인해서, 어떤 것을 근거로 하여 존재하는가? 이 분별하는 마음은 행위[行]를 인연으로, 행위가 쌓여서, 행위의 발생으로 인해서, 행위를 근거로 하여 존재한다오.

　비구들이여, 이 행위는 어떤 인연으로, 어떤 것이 쌓여서, 어떤 것의 발생으로 인해서, 어떤 것을 근거로 하여 존재하는가? 이 행위는 무명(無明)을 인연으로, 무명이 쌓여서, 무명의 발생으로 인해서, 무명을 근거로 하여 존재한다오.

　비구들이여, 무명이 소멸한 비구에게는 명지(明智)가 생기기 때문에, 그는 무명이 사라지고 명지가 생김으로써 결코 욕취를 취하지 않고, 견취를 취하지 않고, 계금취를 취하지 않고, 아어취를 취하지 않는다오. 그는 취하지 않음으로써 두려워하지 않고, 두려워하지 않음으로써 자기 스스로 반열반(般涅槃)에 든다오. 그는 '태어남은 끝났고, 청정한 수행[梵行]을 마쳤으며, 해야 할 일을 끝마쳤다. 다시는 이런 상태로 되지 않는다'라고 분명하게 안다오."

이것이 세존께서 하신 말씀입니다.
그 비구들은 세존의 말씀에 만족하고 기뻐했습니다.

8

괴로움 덩어리[苦蘊] 큰 경

13. Mahādukkhakkhandha-sutta

【 해제 】

이 경은 한역『중아함경(中阿含經)』「99. 고음경(苦陰經)」에 상응하는 경이며,『증일아함경(增一阿含經)』21. 5에도 같은 내용이 있다. 별행경(別行經)으로는 역자(譯者)를 알 수 없는『고음경(苦陰經)』이 있다.

이 경은 감각적 욕망이 모든 괴로움의 원인임을 이야기하고 있다. 그리고 우리의 몸의 형색[色]과 그 몸으로 느끼는 느낌[受]이 우리에게 감각적 욕망을 일으키고, 일시적으로 쾌락을 주지만, 결국은 고통으로 귀결되므로 이를 재난으로 알아서 욕탐에서 벗어날 것을 강조하고 있다. 여기에서 형색으로 번역한 'rūpa'를 여타의 번역에서는 '물질'로 번역하는데, 'rūpa'는 결코 물질을 의미하지 않는다. 문맥에 따라 여러 가지 의미로 번역되지만, 여기에서는 우리 몸의 형색을 의미한다.

이와 같이 나는 들었습니다.

한때 세존께서는 싸왓티의 제따와나 아나타삔디까 승원(僧園)에 머무셨습니다. 그때 많은 비구들은 오전에 옷을 입고, 발우와 법의(法衣)를 지니고 탁발하러 싸왓티에 들어갔습니다. 그런데 그 비구들에게 이런 생각이 들었습니다.

'지금 바로 싸왓티에서 탁발을 하기는 너무 이르다. 우리는 외도(外道) 편력수행자들의 승원을 방문하는 것이 어떨까?'

그래서 그 비구들은 외도 편력수행자들의 승원을 방문했습니다. 그리고 외도 편력수행자들과 정중하게 인사를 하고, 공손한 인사말을 나눈 후에 한쪽에 앉았습니다. 한쪽에 앉은 비구들에게 외도 편력수행자들이 말했습니다.

"존자들이여, 고따마 사문은 감각적 욕망[01]에 대한 이해를[02] 언명합니다.[03] 우리도 감각적 욕망에 대한 이해를 언명합니다. 존자들이여, 고따마 사문은 형색[色][04]에 대한 이해를 언명합니다. 우리도 형색에

---

01 'kāma'의 번역.

02 'pariññaṃ'의 번역.

03 'paññāpeti'의 번역.

04 'rūpa'의 번역. 기존의 번역들에서 'rūpa'를 '물질'로 번역하는데, 'rūpa'는 결코 물질을 의미하지 않는다. 'rūpa'는 '형색, 형태'를 의미하며, 경우에 따라 '형색을 지닌 우리의 몸'을 의미하기도 하고, 시각(視覺)활동에 의해 지각되는 '형색, 형태'를 의미하기도 하고, 소리나 맛과 같이 지각(知覺)활동에 의해 '지각되는 내용'을 의미하기도 한다. 여기에서는 '몸'을 의미한다.

대한 이해를 언명합니다. 존자들이여, 고따마 사문은 느낌[受]⁰⁵에 대한 이해를 언명합니다. 우리도 느낌에 대한 이해를 언명합니다. 존자여, 여기에서 차이는 무엇입니까? 고따마 사문과 우리의 가르침⁰⁶에는 어떤 의미의 차이가 있고, 훈계⁰⁷에는 어떤 의미의 차이가 있습니까?"

그러자, 비구들은 외도 편력수행자들의 말에 기뻐하지도 않고, 비난하지도 않고, "우리는 세존으로부터 직접 이 말의 의미를 배우기로 하자"라고 이야기하면서 자리에서 일어나 그 자리를 떠났습니다.

그래서 그 비구들은 싸왓티에서 탁발을 마친 후에, 탁발한 음식을 먹고 나서 세존을 찾아갔습니다. 그 비구들은 세존께 예배하고 한쪽에 앉아서 세존께 오전에 있었던 일을 말씀드렸습니다.⁰⁸

세존께서는 다음과 같이 말씀하셨습니다.

"비구들이여, 그와 같이 이야기하는 외도 편력수행자들에게는 이렇게 말해야 한다오.

'존자들이여, 어떤 것이 감각적 욕망의 맛[味]이며, 재난[患]이며, 벗어남[出離]인가? 어떤 것이 형색[色]의 맛이며, 재난이며, 벗어남인가? 어떤 것이 느낌[受]의 맛이며, 재난이며, 벗어남인가?' 비구들이여, 그 외도 편력수행자들에게 이와 같이 물으면, 그들은 설명하지 못하고 곤혹해 할 것이오. 왜냐하면, 비구들이여, 이 물음은 그들의 인식의 한계를 벗어난 것⁰⁹이기 때문이오. 비구들이여, 나는 천신(天神)과 마라

---

05 'vedanā'의 번역.
06 'dhammadesanā'의 번역.
07 'anusāsanī'의 번역.
08 중복되는 내용을 생략하여 번역함.
09 'avisaya'의 번역.

(Māra)와 브라만(Brahman; 梵天)을 포함하는 세간(世間)과 사문과 바라문과 왕과 사람들을 포함하는 인간 가운데서, 여래나. 여래의 제자나, 그들에게서 들은 자를 제외한 다른 자들이 그 물음에 대답하는 것을 보지 못했다오.

비구들이여, 무엇이 감각적 욕망의 맛[味]인가? 비구들이여, 다섯 종류의 감각적 욕망이 있다오. 마음에 들고, 호감이 가고, 매력 있고, 사랑스럽고, 열망하고, 유혹적인, 보는 주관[眼]에 의해서 분별되는[10] 형색[色]들, 듣는 주관[耳]에 의해서 분별되는 소리[聲]들, 냄새 맡는 주관[鼻]에 의해서 분별되는 향기[香]들, 맛보는 주관[舌]에 의해서 분별되는 맛[味]들, 만지는 주관[身]에 의해서 분별되는 촉감[觸]들, 비구들이여, 이들이 다섯 종류의 감각적 욕망이라오. 비구들이여, 이들 다섯 종류의 감각적 욕망을 의지하여 즐거움과 만족이 생긴다오. 이것이 감각적 욕망의 맛이라오.

비구들이여, 무엇이 감각적 욕망의 재난[患]인가? 비구들이여, 이 세상에서 선남자는 회계, 계산, 산수, 농사, 장사, 목축, 궁술, 관리 등의 기술이나 여타의 기술로 생계를 영위하면서, 추위나 더위를 무릅쓰고, 등에, 모기, 열풍, 뱀 등을 만나 해를 입고, 굶주림과 목마름으로 죽어간다오. 비구들이여, 이것이 감각적 욕망의 재난이며, 지금 여기에 있는 괴로움 덩어리[苦蘊][11]는 감각적 욕망이 원인이며, 감각적 욕망이 인연이며, 감각적 욕망과 연관되어 있나니, 참으로 감각적 욕망이 그 원인이라오.

---

10 'cakkhuviññeya'의 번역.
11 'dukkhakkhanda'의 번역.

비구들이여, 만약에 그 선남자가 열심히 노력하고 정진하고도 그에게 재산이 생기지 않는다면, 그는 '실로 나의 노력이 허사로다. 실로 나는 힘만 들였지 결과가 없다'라고 슬퍼하고, 아쉬워하고, 가슴을 치며 통탄하고, 혼란에 빠진다오. 비구들이여, 이것이 감각적 욕망의 재난이며, 지금 여기에 있는 괴로움 덩어리는 감각적 욕망이 원인이며, 감각적 욕망이 인연이며, 감각적 욕망과 연관되어 있나니, 참으로 감각적 욕망이 그 원인이라오.

　　비구들이여, 만약에 그 선남자가 열심히 노력하고 정진하여 그에게 재산이 생기면, 그는 재산을 지키고자 하기 때문에 '나의 재산을 왕에게 빼앗기지나 않을까, 도적에게 빼앗기지나 않을까, 불이 태우지나 않을까, 물이 휩쓸어가지나 않을까, 사랑하지 않는 상속인들이 가져가지나 않을까?'라고 괴로움과 근심을 느낀다오. 이렇게 보호하고 지켰건만, 그의 재산을 왕이 빼앗아가고, 도적이 빼앗아가고, 불이 태우고, 물이 휩쓸어가고, 사랑하지 않는 상속인들이 가져가면, 그는 '실로 나의 노력이 허사로다. 실로 나는 힘만 들였지 결과가 없다'라고 슬퍼하고, 아쉬워하고, 가슴을 치며 통탄하고, 혼란에 빠진다오. 비구들이여, 이것이 감각적 욕망의 재난이며, 지금 여기에 있는 괴로움 덩어리는 감각적 욕망이 원인이며, 감각적 욕망이 인연이며, 감각적 욕망과 연관되어 있나니, 참으로 감각적 욕망이 그 원인이라오.

　　비구들이여, 그뿐만이 아니라오. 감각적 욕망을 원인으로, 감각적 욕망을 인연으로, 감각적 욕망과 연관되어, 참으로 감각적 욕망들이 그 원인이 되어 왕들이 왕들과 다투고, 크샤트리아들이 크샤트리아들과 다투고, 바라문들이 바라문들과 다투고, 거사들이 거사들과 다투고, 어머니가 아들과 다투고, 아들이 어머니와 다투고, 아버지가 아들과 다투고, 아들이 아버지와 다투고, 형제가 형제와 다투고, 형제가 자매와 다투고, 자매가 형제와 다투고, 동료가 동료와 다툰다오. 그리하여 그들은 불화하고 싸우고 논쟁하면서 서로서로 손으로 때리고, 흙덩이로 공격하고, 막대기로 때리고, 칼로 공격한다오. 그리하여 그들은 죽음과 죽을 지경의 괴로움에 이른다오. 비구들이여, 이것이 감각적 욕망의 재난이며, 지금 여기에 있는 괴로움 덩어리는 감각적 욕망이 원인이며, 감각적 욕망이 인연이며, 감각적 욕망과 연관되어 있나니, 참으로 감각적 욕망이 그 원인이라오.

비구들이여, 그뿐만이 아니라오. 감각적 욕망을 원인으로, 감각적 욕망을 인연으로, 감각적 욕망과 연관되어, 참으로 감각적 욕망들이 그 원인이 되어 칼을 들고 갑옷을 입고 활과 화살통으로 무장하고서, 화살이 빗발치고 창이 날아다니고 칼이 번뜩이는 가운데, 양쪽으로 진을 치고 있는 전쟁터로 돌진한다오. 그리하여 그들은 화살에 맞고 창에 찔리고 칼에 머리를 잘린다오. 그리하여 그들은 죽음과 죽을 지경의 괴로움에 이른다오. 비구들이여, 이것이 감각적 욕망의 재난이며, 지금 여기에 있는 괴로움 덩어리는 감각적 욕망이 원인이며, 감각적 욕망이 인연이며, 감각적 욕망과 연관되어 있나니, 참으로 감각적 욕망이 그 원인이라오.

비구들이여, 그뿐만이 아니라오. 감각적 욕망을 원인으로, 감각적 욕망을 인연으로, 감각적 욕망과 연관되어, 참으로 감각적 욕망들이 그 원인이 되어 칼을 들고 갑옷을 입고 활과 화살통으로 무장하고서, 화살이 빗발치고 창이 날아다니고 칼이 번뜩이는 가운데, 휘황찬란한 궁성

(宮城)으로 돌진한다오. 그리하여 그들은 화살에 맞고 창에 찔리고 끓는 물을 뒤집어쓰고 수많은 군사들에게 짓밟히고 칼에 머리를 잘린다오. 그리하여 그들은 죽음과 죽을 지경의 괴로움에 이른다오. 비구들이여, 이것이 감각적 욕망의 재난이며, 지금 여기에 있는 괴로움 덩어리는 감각적 욕망이 원인이며, 감각적 욕망이 인연이며, 감각적 욕망과 연관되어 있나니, 참으로 감각적 욕망이 그 원인이라오.

비구들이여, 그뿐만이 아니라오. 감각적 욕망을 원인으로, 감각적 욕망을 인연으로, 감각적 욕망과 연관되어, 참으로 감각적 욕망들이 그 원인이 되어 강탈하고 약탈하고 도둑질하고 노상 강도질을 하고 남의 부인에게 간다오. 이런 사람을 왕들이 붙잡아 매로 때리고, 팔다리를 자르고, 삶아 죽이고, 태워 죽이고, 구워 죽이고, 찢어 죽이고, 껍질을 벗겨 죽이고, 기름에 튀겨 죽이고, 개에게 먹여 죽이고, 꼬챙이로 찔러 죽이고, 칼로 목을 자르는 등 갖가지 형벌을 가한다오. 그리하여 그들은 죽음과 죽을 지경의 괴로움에 이른다오. 비구들이여, 이것이 감각적 욕망의 재난이며, 지금 여기에 있는 괴로움 덩어리는 감각적 욕망이 원인이며, 감각적 욕망이 인연이며, 감각적 욕망과 연관되어 있나니, 참으로 감각적 욕망이 그 원인이라오.

비구들이여, 그뿐만이 아니라오. 감각적 욕망을 원인으로, 감각적 욕망을 인연으로, 감각적 욕망과 연관되어, 참으로 감각적 욕망들이 그 원인이 되어, 몸으로 악행을 저지르고, 말로 악행을 저지르고, 마음으로 악행을 저지른다오. 그리하여 그들은 몸이 무너져 죽은 후에 험난하고, 고통스러운, 지옥과 같은 악취(惡趣)에 태어난다오. 비구들이여, 이 것이 감각적 욕망의 재난[患]이며, 지금 여기에 있는 괴로움 덩어리는 감각적 욕망이 원인이며, 감각적 욕망이 인연이며, 감각적 욕망과 연관되어 있나니, 참으로 감각적 욕망이 그 원인이라오.

비구들이여, 어떤 것이 감각적 욕망에서 벗어남인가? 비구들이여, 감각적 욕망에 대하여 욕탐(欲貪)을 제어(制御)하고, 욕탐을 버리는 것이 감각적 욕망에서 벗어남이라오.

비구들이여, 그 어떤 사문이든 바라문이든, 이와 같이 감각적 욕망의 맛[味]을 맛으로, 재앙을 재앙으로, 벗어남을 벗어남으로, 있는 그대로 통찰하지 못하는 사람들이 스스로 감각적 욕망에 대하여 알게 되고, 여실하게 실천하도록 타인들을 격려하여 그들이 감각적 욕망에 대하여 알도록 하는 일은 있을 수 없다오. 비구들이여, 하지만 그 어떤 사문이든 바라문이든, 이와 같이 감각적 욕망의 맛을 맛으로, 재앙을 재앙으로, 벗어남을 벗어남으로, 있는 그대로 통찰하는 사람들은 스스로 감각적 욕망에 대하여 알게 되고, 여실하게 실천하도록 타인들을 격려하여 그들이 감각적 욕망에 대하여 알도록 할 수 있다오.

비구들이여, 어떤 것이 형색[色]의 맛[味]인가? 비구들이여, 예를 들면, 십 오륙 세 무렵의 너무 크지도 않고 작지도 않으며, 너무 마르지도 않고 뚱뚱하지도 않으며, 너무 검지도 않고 희지도 않은 크샤트리아 소녀나 바라문 처녀나 거사 처녀는 그 시기에 용모가 가장 아름답지 아니한가?"

"그렇습니다. 세존이시여."

"비구들이여, 이와 같은 아름다운 용모로 인하여 즐거움과 기쁨이 생기나니, 이것이 형색[色]의 맛이라오.

비구들이여, 어떤 것이 형색의 재난[患]인가? 비구들이여, 이후에 여든이나 아흔이나 백 살이 된, 늙어서 허리가 활처럼 구부러지고 지팡이에 의지하여 비틀거리며 걷는, 치아는 빠지고 머리카락은 빠져 대머리가 되고 사지에는 검버섯이 생긴, 비참한 노년의 그 자매(姉妹)를 본다면, 비구들이여, 어떻게 생각하는가? 이전의 아름다운 용모는 사라지고 재난이 나타난 것이 아닌가?"

"그렇습니다. 세존이시여."

"비구들이여, 이것이 형색[色]의 재난이라오. 비구들이여, 그뿐만이 아니오. 병이 들어 극심한 고통을 느끼면서 자신의 대소변을 묻히고 드러누워, 다른 사람이 일으키고 눕히는 그 자매를 본다면, 비구들이여, 어떻게 생각하는가? 이전의 아름다운 용모는 사라지고 재난이 나타난 것이 아닌가?"

"그렇습니다. 세존이시여."

"비구들이여, 이것이 형색의 재난이라오. 비구들이여, 그뿐만이 아니오. 시신이 묘지에 버려져, 하루나, 이틀이나, 사흘이 지나, 부풀어 오르고, 푸르게 변색하고, 곪아 터진 그 자매를 본다면, 비구들이여, 어떻게 생각하는가? 이전의 아름다운 용모는 사라지고 재난이 나타난 것이 아닌가?"

"그렇습니다. 세존이시여."

"비구들이여, 이것이 형색의 재난이라오. 비구들이여, 그뿐만이 아니오. 시신이 묘지에 버려져 까마귀나 매나 독수리가 파먹고, 개나 늑대가 뜯어 먹고, 갖가지 벌레가 생겨 파먹은 그 자매를 본다면, 비구들이여, 어떻게 생각하는가? 이전의 아름다운 용모는 사라지고 재난이 나타난 것이 아닌가?"

"그렇습니다. 세존이시여."

"비구들이여, 이것이 형색의 재난이라오. 비구들이여, 그뿐만이 아니오. 시신이 묘지에 버려져 붉은 살점이 붙어있는 해골을 힘줄이 결합하고 있는 그 자매를 본다면, 붉은 살점으로 더럽혀진 해골을 힘줄이 결합하고 있는 그 자매를 본다면, 붉은 살점이 사라진 해골을 힘줄이 결합하고 있는 그 자매를 본다면, 결합하고 있는 힘줄이 사라져서 손뼈는 손뼈대로, 다리뼈는 다리뼈대로, 경골(脛骨)은 경골대로, 대퇴골(大腿骨)은 대퇴골대로, 허리뼈는 허리뼈대로 척추(脊椎)는 척추대로, 두개골(頭蓋骨)은 두개골대로, 뼈가 사방팔방으로 흩어진 그 자매를 본다면, 비구들이여, 어떻게 생각하는가? 이전의 아름다운 용모는 사라지고 재난이 나타난 것이 아닌가?"

"그렇습니다. 세존이시여."

"비구들이여, 이것이 형색[色]의 재난이라오. 비구들이여, 그뿐만이 아니오. 시신이 묘지에 버려져, 뼛조각들이 하얗게 조개껍데기 색처럼 된 그 자매를 본다면, 뼛조각들이 말라서 수북하게 쌓인 그 자매를 본다면, 뼛조각들이 썩어서 가루가 된 그 자매를 본다면, 비구들이여, 어떻게 생각하는가? 이전의 아름다운 용모는 사라지고 재난이 나타난 것이 아닌가?"

"그렇습니다. 세존이시여."

"비구들이여, 이것이 형색의 재난이라오.

비구들이여, 어떤 것이 형색에서 벗어남인가? 비구들이여, 형색에 대하여 욕탐을 제어하고 욕탐을 버리는 것이 형색에서 벗어남이라오.

비구들이여, 그 어떤 사문이든 바라문이든, 이와 같이 형색[色]의 맛[味]을 맛으로, 재앙을 재앙으로, 벗어남을 벗어남으로, 있는 그대로 통찰하지 못하는 사람들이 스스로 형색에 대하여 알게 되고, 남들이 여실하게 실천하도록 격려하여 그들이 형색에 대하여 알도록 하는 일은 있을 수 없다오. 비구들이여, 하지만 그 어떤 사문이든 바라문이든, 이와 같이 형색의 맛을 맛으로, 재앙을 재앙으로, 벗어남을 벗어남으로, 있는 그대로 통찰하는 사람들은 스스로 형색에 대하여 알게 되고, 남들이 여실하게 실천하도록 격려하여 그들이 형색에 대하여 알도록 할 수 있다오.

비구들이여, 어떤 것이 느낌[受]의 맛[味]인가? 비구들이여, 비구는 감각적 욕망을 멀리하고 불선법(不善法)을 멀리함으로써 (지각의 대상에 대한) 사유가 있고 숙고가 있는, 멀리함에서 생긴 기쁨과 즐거움이 있는 초선(初禪)을 성취하여 살아간다오. 비구들이여, 비구가 초선을 성취하여 살아갈 때, 그는 자신에 대한 증오심을 일으키지 않고, 타인에 대한 증오심을 일으키지 않고, 자신과 타인에 대한 증오심을 일으키지 않으며, 그때 그는 증오심 없는 평온한 느낌을 느낀다오. 비구들이여, 나는 증오심 없는 최상의 평온한 마음을 느낌의 맛이라고 말한다오.

비구들이여, 그뿐만이 아니오. 비구는 사유와 숙고를 억제하여, 내적으로 조용해진, 마음이 집중된, 사유와 숙고가 없는, 삼매에서 생긴 즐거움과 행복이 있는 제2선(第二禪), 제3선(第三禪), 제4선(第四禪)을 성취하여 살아간다오.[12] 비구들이여, 비구가 행복감을 포기하고, 괴로움을 버림으로써, 이전의 만족과 불만이 소멸하여, 괴롭지도 않고 즐겁지

12 4선정(四禪定)의 내용은 동일한 내용이 여러 경에서 반복되므로 생략하여 번역함.

도 않은, 평정한 주의집중이 청정한 제4선을 성취하여 살아갈 때, 그는 자신에 대한 증오심을 일으키지 않고, 타인에 대한 증오심을 일으키지 않고, 자신과 타인에 대한 증오심을 일으키지 않으며, 그때 그는 증오심 없는 평온한 느낌을 느낀다오. 비구들이여, 나는 증오심 없는 최상의 평온한 마음을 느낌의 맛이라고 말한다오.

비구들이여, 어떤 것이 느낌의 재난[患]인가? 비구들이여, 느낌은 지속하지 않고[無常], 괴로운[苦], 변천하는 법[變易法]이니, 이것이 느낌의 재난이라오.

비구들이여, 어떤 것이 느낌에서 벗어남인가? 비구들이여, 느낌에 대하여 욕탐을 제어하고, 욕탐을 버리는 것이 느낌에서 벗어남이라오.

비구들이여, 그 어떤 사문이든 바라문이든, 이와 같이 느낌의 맛을 맛으로, 재앙을 재앙으로, 벗어남을 벗어남으로, 있는 그대로 통찰하지 못하는 사람들이 스스로 느낌에 대하여 알게 되고, 여실하게 실천하도록 타인들을 격려하여 그들이 느낌에 대하여 알도록 하는 일은 있을 수 없다오. 비구들이여, 하지만 그 어떤 사문이든 바라문이든, 이와 같이 느낌의 맛을 맛으로, 재앙을 재앙으로, 벗어남을 벗어남으로, 있는 그대로 통찰하는 사람들은 스스로 느낌에 대하여 알게 되고, 여실하게 실천하도록 타인들을 격려하여 그들이 느낌에 대하여 알도록 할 수 있다오."

이것이 세존께서 하신 말씀입니다.
그 비구들은 세존의 말씀에 만족하고 기뻐했습니다.

9

괴로움 덩어리[苦蘊] 작은 경

14. Cūḷadukkhakkhandha-sutta

【 해제 】

이 경은 한역 『중아함경(中阿含經)』 「100. 고음경(苦陰經)」에 상응하는 경이며, 별행경(別行經)으로는 법거(法炬)의 『고음인사경(苦陰因事經)』과 지겸(支謙)의 『석마남본사자경(釋摩南本四子經)』이 있다. 이 경은 앞의 「8. 괴로움 덩어리[苦蘊] 큰 경」과 같은 주제의 법문이다. 전반부는 내용이 동일하기 때문에 생략하여 번역하였다.

이 경에 등장하는 마하나마(Mahānāma)는 부처님의 조카이며, 아누룻다(Anuruddha) 존자의 형으로 알려진 인물이다. 그는 부처님에게 '탐(貪), 진(瞋), 치(癡)를 버려야 한다는 것을 알아도 수시로 탐, 진, 치가 우리를 지배하는 것은 무엇 때문인가?'를 묻고 있다. 부처님께서는 '탐, 진, 치를 버렸을 때 더 큰 행복이 있다는 것을 체험하지 못하기 때문'이라고 대답하신다.

불교 수행은 괴로움을 참아가면서 먼 훗날의 열반이나 해탈을 구하는 것이 아니다. 탐, 진, 치를 버리는 것은 결코 괴로움을 참는 일이 아니다. 탐, 진, 치를 버리는 것은 그렇게 하면 더 큰 행복을 느낄 수 있기 때문이다. 버리는 것과 참는 것은 다르다. 욕심이 나지만 부처님께서 욕심을 내면 안 된다고 하셨으니 참는다면 뒤에 억압된 욕망이 분출한다. 화를 참으면 억압된 화가 병을 일으킨다. 이것은 참된 수행이 아니다. 욕심이나 화가 일어날 때, '욕심이나 화가 일어난다'는 사실을 알아차리고, 이것은 버려야 한다고 생각하고 버리면, 마음이 시원해짐을 느낄 수 있다. 이것이 욕심이나 화에서 벗어남이다. 이런 벗어남이 주는 행복은 욕심을 추구하거나 화를 냈을 때 얻는 즐거움보다 더 크다. 부처님은 이 경에서 탐, 진, 치가 우리에게 주는 즐거움과 재난에 대하여 말씀하시고, 이를 버림으로써 얻게 되는 행복을 체험할 것을 강조하고 있다.

이 경에서 주목되는 것은 니간타 나타뿟따(Nigaṇṭha Nāthaputta)의 가르침, 즉 자이나교의 교리이다. 자이나교에서는 전생의 업이 현생의 괴로움을 가져오므로 현생에서 고행을 통해 전생의 업을 소멸해야 해탈할 수 있다고 가르친다. 부처님은 이러한 자이나교의 교리에 대하여, 극심한 고행을 하면서도 해탈을 얻지 못하고 기약 없이 고행을 하는 자이나교의 수행자들은, 그들의 교리에 따르면, 전생에 극악한 악업을 짓고 현생에 태어난 사람들이라고 비판한다.

부처님은 우리에게 행복한 수행을 해야 행복한 열반에 도달할 수 있다고 가르친다. 이점에 대하여, 고행을 통해 행복한 해탈을 얻을 수 있다고 믿고 있는 자이나교도들, 즉 니간타(nigaṇṭha)들은 '즐거움을 통해서 즐거움을 얻는다면 세속에서 부처님보다 더 큰 즐거움을 누리고 있는 국왕이 부처님보다 더 큰 행복을 얻게 되지 않겠는가?'라고 반문한다. 이에 대하여 부처님은 국왕이 누리는 행복이 결코 부처님보다 크지 않다는 것을 말씀하시면서, 수행자가 수행하면서 느끼는 행복이 세속의 어떤 행복보다 더 큰 행복이며, 이렇게 행복을 느끼면서 수행할 때 열반을 성취할 수 있다는 것을 우리에게 가르치고 있다.

이와 같이 나는 들었습니다.

한때 세존께서는 싹까(釋迦; Sakka)의 까삘라왓투(Kapilavatthu)에 있는 니그로다(Nigrodha) 원림(園林)에 머무셨습니다. 그곳에 싹까족의 마하나마(Mahānāma)가 찾아와서 세존께 예배하고 한쪽에 앉았습니다. 한쪽에 앉은 마하나마가 세존께 말씀드렸습니다.

"세존이시여, 저는 오랫동안 세존께서 가르치신 다음과 같은 가르침을 배웠습니다. '탐심(貪心)[01]은 마음의 때다. 진심(瞋心)[02]은 마음의 때다. 치심(癡心)[03]은 마음의 때다.' 세존이시여, 그래서 저는 세존께서 가르치신 그와 같은 가르침을 알고 있습니다. 그렇지만 어떨 때는 탐심들이 나의 마음을 사로잡고, 진심들과 치심들이 나의 마음을 사로잡습니다. 세존이시여, 그래서 저는 '내가 나 스스로 어떤 법을 버리지 않았기 때문에 어떨 때는 탐심들이 나의 마음을 사로잡고, 진심들과 치심들이 나의 마음을 사로잡는 것일까?'라고 생각했습니다."

세존께서 답하셨습니다.

"마하나마여, 그대는 그대 스스로 버리지 못한 법이 있다. 그것 때문에 어떨 때는 탐심들이 그대의 마음을 사로잡고, 진심들과 치심들이 그대의 마음을 사로잡는 것이다. 마하나마여, 그대가 그대 스스로 그

---

01 'lobhadhamma'의 번역. 문자 그대로의 의미는 '탐법(貪法)'인데, 이것은 탐심을 의미한다.
02 'dosadhamma'의 번역.
03 'mohadhamma'의 번역.

법을 버린다면, 그대는 속가(俗家)에서 살지 않고, 감각적 욕망을 누리지 않을 것이다. 그런데 그대는 그대 스스로 그 법을 버리지 못하기 때문에 속가에 살면서 감각적 욕망을 누리는 것이다.

마하나마여, 거룩한 제자가 '감각적 욕망은 맛없고, 괴로움이 많고, 고난이 많다. 여기에는 재난이 많다'라고, 바른 통찰지(通察智)로 있는 그대로 잘 통찰한다고 할지라도, 감각적 욕망과 불선법(不善法)에서 벗어난 기쁨과 즐거움이나 그보다 더 평온한 다른 기쁨과 즐거움을 성취하지 못하는 한, 그는 결코 감각적 욕망의 유혹에서 벗어나지 못한다.

마하나마여, 거룩한 제자는 '감각적 욕망은 맛없고, 괴로움이 많고, 고난이 많다. 여기에는 재난이 많다'라고 바른 통찰지로 있는 그대로 잘 통찰하고, 감각적 욕망과 불선법에서 벗어난 기쁨과 즐거움이나 그보다 더 평온한 다른 기쁨과 즐거움을 성취함으로써, 그는 참으로 감각적 욕망의 유혹에서 벗어난다.

마하나마여, 내가 이전에 바른 깨달음을 얻지 못한 보살이었을 때 '감각적 욕망은 맛없고, 괴로움이 많고, 고난이 많다. 여기에는 재난이 많다'라고 바른 통찰지로 있는 그대로 잘 통찰했지만, 감각적 욕망과 불선법에서 벗어난 기쁨과 즐거움이나 그보다 더 평온한 다른 기쁨과 즐거움을 성취하지 못했기 때문에, 나는 결코 감각적 욕망의 유혹에서 벗어나지 못했다는 것을 알았다. 마하나마여, '감각적 욕망은 맛없고, 괴로움이 많고, 고난이 많다. 여기에는 재난이 많다'라고 바른 통찰지로 있는 그대로 잘 통찰했고, 감각적 욕망과 불선법에서 벗어난 기쁨과 즐거움이나 그보다 더 평온한 다른 기쁨과 즐거움을 성취함으로써, 나는 참으로 감각적 욕망의 유혹에서 벗어났다는 것을 알았다.

마하나마여, 무엇이 감각적 욕망의 맛[味]인가? 마하나마여, 다섯 종류의 감각적 욕망이 있다. 마음에 들고, 호감이 가고, 매력 있고, 사랑스럽고, 열망하고, 유혹적인, 시각(視覺)으로 분별하는 형색[色]들, 청각(聽覺)으로 분별하는 소리[聲]들, 후각(嗅覺)으로 분별하는 향기[香]들, 미각(味覺)으로 분별하는 맛[味]들, 촉각(觸覺)으로 분별하는 촉감[觸]들, 이들이 다섯 종류의 감각적 욕망이다. 마하나마여, 이들 다섯 종류의 감각적 욕망을 의지하여 즐거움과 만족이 생긴다. 이것이 감각적 욕망의 맛이다.

마하나마여, 무엇이 감각적 욕망의 재난[患]인가? 마하나마여, 이 세상에서 선남자(善男子)는 회계, 계산, 산수, 농사, 장사, 목축, 궁술, 관리 등의 기술이나 여타의 기술로 생계를 영위하면서 추위나 더위를 무릅쓰고, 등에, 모기, 열풍, 뱀 등을 만나 해를 입고, 굶주림과 목마름으로 죽어간다. 마하나마여, 이것이 감각적 욕망의 재난이며, 지금 여기에 있는 괴로움 덩어리는 감각적 욕망이 원인이고, 감각적 욕망이 근원이고, 감각적 욕망의 결과이며, 참으로 감각적 욕망들의 원인이다.

세존께서는 「괴로움 덩어리[苦蘊] 큰 경」에서 말씀하신 것과 같은 내용으로 감각적 욕망의 여러 가지 재난에 대하여 말씀하셨습니다. 즉 감각적 욕망으로 인해서 몸이 무너져 죽은 후에 험난하고 고통스러운, 지옥과 같은 악취(惡趣)에 태어난다는 말씀까지 하셨습니다.[04]

마하나마여, 이것이 감각적 욕망의 재난[患]이며, 지금 여기에 있는 괴로움 덩어리는 감각적 욕망을 원인으로, 감각적 욕망을 인연으로, 감각적 욕망과 연관되어 있나니, 참으로 감각적 욕망들이 그 원인이다.

---

04 「8. 괴로움 덩어리[苦蘊] 큰 경」에 같은 내용이 설해지고 있으므로 생략함.

마하나마여, 나는 한때 라자가하의 깃자꾸따(Gijjhakūṭa)[05]에 머물렀다. 그때 이씨길리빠싸 깔라씰라(Isigilipassa Kāḷasilā)에 수많은 상립행자(常立行者)[06] 니간타(nigaṇṭha)들이 있었는데, 그들은 결코 앉지 않고 고행에서 비롯된 신랄하고 격렬한 고통을 느끼고 있었다. 마하나마여, 나는 저녁에 좌선(坐禪)에서 일어나 이씨길리빠싸 깔라씰라로 니간타들을 찾아가서 그 니간타들에게 이렇게 말했다. '상립행자 니간타 존자들이여, 여러분은 무엇 때문에 앉지 않고 고행에서 비롯된 신랄하고 격렬한 고통을 느끼고 있습니까?'

마하나마여, 이렇게 말하자, 그 니간타들은 나에게 이렇게 말했다. '존자여, 니간타 나타뿟따(Nigaṇṭha Nāthaputta)께서는 모든 것을 아시고, 모든 것을 보시는 분으로서, 완전한 지견(知見)[07]을 갖추었다고 다음과 같이 선언하셨습니다. '나는 갈 때나, 서 있을 때나, 잘 때나, 깨어있을 때나, 항상 끊임없이 지견이 나타난다.' 그분은 이렇게 말씀하셨습니다. '니간타들이여, 그대들에게는 전생에 지은 악업이 있다. 그대들은 그 악업을 이 극심한 고행으로 소멸하도록 하라! 지금 여기에서는 몸을 제어하고, 말을 제어하고, 마음을 제어하고, 미래에는 악업을 짓지 말라! 이와 같이 과거의 업은 고행으로 없애고 새로운 업을 짓지 않으면 미래에 (업이) 흘러들지 않는다.[08] 미래에 (업이) 흘러들지 않기 때문에 업이 소멸하고, 업이 소멸하기 때문에 괴로움이 소멸하고,

05 한역(漢譯)의 '靈鷲山'이다.
06 'āsanapṭikkhitta'의 번역. 앉거나 눕지 않고 항상 서서 생활을 하는 고행수행자.
07 'aparisesa ñāṇa-dassana'의 번역.
08 'anavassava'의 번역.

괴로움이 소멸하기 때문에 느낌[受]이 소멸하고, 느낌이 소멸하기 때문에 모든 괴로움이 멸진(滅盡)하게 된다. 그것은 우리에게 기쁜 것이고 즐거운 것이다. 그로 인해서 우리에게 즐거움이 있다.'

마하나마여, 이렇게 말하자, 나는 그 니간타들에게 이렇게 말했다. "니간타 존자들이여, 그대들은 전생에 우리가 있었는지 없었는지를 아나요?"

"존자여, 결코 그렇지 않습니다."

"니간타 존자들이여, 그대들은 전생에 우리가 악업을 지었는지 짓지 않았는지를 아나요?"

"존자여, 결코 그렇지 않습니다."

"니간타 존자들이여, 그대들은 이만큼의 괴로움은 없앴고, 이만큼의 괴로움은 없애야 하고, 이만큼의 괴로움을 없애면 모든 괴로움을 없앤다는 것을 아나요?"

"존자여, 결코 그렇지 않습니다."

"니간타 존자들이여, 그대들은 현세에서 불선법(不善法)이 소멸하고 선법(善法)을 획득한 것을 아나요?"

"존자여, 결코 그렇지 않습니다."

"니간타 존자들이여, 그렇다면 그대들은 전생에 우리가 있었는지 없었는지도 모르고, 전생에 우리가 악업을 지었는지 짓지 않았는지도 모르고, 이만큼의 괴로움은 없앴고, 이만큼의 괴로움은 없애야 하고, 이만큼의 괴로움을 없애면 모든 괴로움을 없애게 된다는 것도 모르고, 현세에서 불선법이 소멸하고 선법을 획득한 것도 모른다는 말이지 않습니까! 니간타 존자들이여, 그렇다면, 세간에서 피를 묻히는 잔인한 일을 하며 살아가는 사나운 사냥꾼들이 인간 가운데 다시 태어나서 니간타에 출가하는 것인가요?"[09]

"고따마 존자여, 즐거움으로는 즐거움을 얻을 수 없고, 괴로움으로 즐거움을 얻을 수 있습니다. 고따마 존자여, 만약에 즐거움으로 즐거움을 얻게 된다면, 마가다의 왕 쎄니야 빔비싸라(Seniya Bimbisāra)가 즐거움을 얻게 될 것입니다. 왜냐하면, 마가다의 왕 쎄니야 빔비싸라는 고따마 존자보다 더 많은 즐거움을 누리는 사람이기 때문입니다."

분명히 이 말은 니간타 존자들이 별생각 없이 급히 한 말이다. 그래서 나는 그때 '이들 중에서 더 많은 즐거움을 누리는 사람은 누구일까요? 마가다의 왕 쎄니야 빔비싸라일까요, 고따마일까요?'라고 반문하지 않을 수 없었다.

"고따마 존자여, 분명히 그 말은 우리가 별생각 없이 급히 한 말입니다. 그러니 그 점은 차치(且置)하고, 이제 우리가 고따마 존자에게 묻겠습니다. 이들 중에서 더 많은 즐거움을 누리는 사람은 누구인가요? 마가다의 왕 쎄니야 빔비싸라인가요, 고따마인가요?"

"니간타 존자들이여, 그렇다면, 내가 이제 그대들에게 반문하겠습니다. 그대들 좋을 대로 대답하도록 하십시오. 니간타 존자들이여, 어떻게 생각하나요? 마가다의 왕 쎄니야 빔비싸라는 칠일 밤낮을 몸을 움직이지 않고, 아무 말도 하지 않고, 여일(如一)한 즐거움을 느끼며 지낼 수 있을까요?"

"존자여, 결코 그럴 수 없습니다."

---

09 "니간타가 극심한 고통을 받으며 수행하는 것은 전생에 못된 악행을 저지른 과보가 아닌가?"라고 묻고 있다.

"니간타 존자들이여, 어떻게 생각하나요? 마가다의 왕 쎄니야 빔비싸라는 엿새, 아니면 닷새, 아니면 나흘, 아니면 사흘, 아니면 이틀, 아니면 하루 밤낮을 몸을 움직이지 않고, 아무 말도 하지 않고, 여일한 즐거움을 느끼며 지낼 수 있을까요?"

"존자여, 결코 그럴 수 없습니다."

"니간타 존자들이여, 나는 하루 밤낮을 몸을 움직이지 않고, 아무 말도 하지 않고, 여일한 즐거움을 느끼며 지낼 수 있습니다. 나는 이틀, 사흘, 나흘, 닷새, 엿새, 또는 칠일 밤낮을 몸을 움직이지 않고, 아무 말도 하지 않고, 여일한 즐거움을 느끼며 지낼 수 있습니다. 니간타 존자들이여, 어떻게 생각하나요? 이와 같다면, 더 많은 즐거움을 누리는 사람은 마가다의 왕 쎄니야 빔비싸라인가요, 나인가요?"

"존자여, 이와 같다면, 고따마가 마가다의 왕 쎄니야 빔비싸라보다 많은 즐거움을 누리는 사람입니다."

이것이 세존께서 하신 말씀입니다.
싹까족의 마하나마는 세존의 말씀에 만족하고 기뻐했습니다.

10

황무지 경

16. Cetokhila-sutta

【 해제 】

|

이 경은 한역 『중아함경(中阿含經)』 「206. 심예경(心穢經)」에 상응하는 경
이며, 『증일아함경(增一阿含經)』 51. 4에도 같은 내용이 있다.

   불교의 목적은 어두운 무명(無明)의 껍질 속에서 그 껍질을 깨트
리고 밝은 세상으로 나와서 행복하게 사는 것이다. 이 경에서는 우리가
이러한 삶을 살기 위해서는 황무지와 같은 무익한 마음을 버리고 마음
의 속박을 끊어야 한다고 가르친다. 암탉이 알을 품듯이 지속적으로 황
무지를 버리고 마음의 속박을 끊기 위해서 용맹정진하면 걱정하지 않아
도 열반은 저절로 성취된다는 것이 이 경의 가르침이다.

이와 같이 나는 들었습니다.

한때 세존께서는 싸왓티의 제따와나 아나타삔디까 승원(僧園)에 머무셨습니다. 그때 세존께서 "비구들이여!" 하고 비구들을 불렀습니다. 그 비구들은 세존께 "세존이시여!"라고 대답했습니다.

세존께서는 다음과 같이 말씀하셨습니다.

"비구들이여, 어떤 비구라 할지라도 다섯 가지 황무지를 버리지 않고 다섯 가지 마음의 속박을 끊지 않으면, 그는 실로 이 가르침[法]과 율(律)에서 번영하고 성장하고 발전할 수가 없다오. 어떤 것이 다섯 가지 황무지를 버리지 않는 것인가?

비구들이여, 비구가 스승에 대하여 의심하고, 미심쩍어하고, 확신하지 못하고, 청정한 믿음을 갖지 못하면, 그의 마음은 인내하면서 전념하여 끊임없이 정진하려고 하지 않는다오. 이것이 첫 번째 황무지를 버리지 않는 것이라오.

비구들이여, 비구가 가르침[法]에 대하여 의심하고, 미심쩍어하고, 확신하지 못하고, 청정한 믿음을 갖지 못하면, 그의 마음은 인내하면서 전념하여 끊임없이 정진하려고 하지 않는다오. 이것이 두 번째 황무지를 버리지 않는 것이라오.

비구들이여, 비구가 승가(僧伽)에 대하여 의심하고, 미심쩍어하고, 확신하지 못하고, 청정한 믿음을 갖지 못하면, 그의 마음은 인내하면서 전념하여 끊임없이 정진하려고 하지 않는다오. 이것이 세 번째 황무지를 버리지 않는 것이라오.

비구들이여, 비구가 학계(學戒)에 대하여 의심하고, 미심쩍어하고, 확신하지 못하고, 청정한 믿음을 갖지 못하면, 그의 마음은 인내하면서 전념하여 끊임없이 정진하려고 하지 않는다오. 이것이 네 번째 황무지를 버리지 않는 것이라오.

비구들이여, 비구가 도반(道伴)에 대하여 화를 내고, 싫어하고, 괴로워하고, 무관심하면, 그의 마음은 인내하면서 전념하여 끊임없이 정진하려고 하지 않는다오. 이것이 다섯 번째 황무지를 버리지 않는 것이라오.

이것이 다섯 가지 황무지를 버리지 않는 것이라오.

어떤 것이 다섯 가지 마음의 속박을 끊지 않는 것인가?

비구들이여, 비구가 감각적 욕망에 대한 탐심[01]을 버리지 않고, 욕심[02]을 버리지 않고, 애정[03]을 버리지 않고, 갈망[04]을 버리지 않고, 갈애[愛]를 버리지 않으면, 그의 마음은 인내하면서 전념하여 끊임없이 정진하려고 하지 않는다오. 이것이 첫 번째 마음의 속박을 끊지 않는 것이라오.

비구들이여, 비구가 자신(自身)에 대한[05] 탐심을 버리지 않고, 욕심을 버리지 않고, 애정을 버리지 않고, 갈망을 버리지 않고, 갈애를 버리지 않으면, 그의 마음은 인내하면서 전념하여 끊임없이 정진하려고 하

---

01 'rāga'의 번역.
02 'chanda'의 번역.
03 'pema'의 번역.
04 'pipāsa'의 번역.
05 'kāye'의 번역. 'kāya'는 일반적으로 '몸'을 의미하지만, '자기가 있다는 견해'를 의미하는 'sakkāya diṭṭhi'의 경우처럼, '자기 존재'를 의미한다. 따라서 '타자와 대립적인 자기'라는 의미에서 '자신(自身)'으로 번역했다.

지 않는다오. 이것이 두 번째 마음의 속박을 끊지 않는 것이라오.

비구들이여, 비구가 형색[色]에 대한 탐심을 버리지 않고, 욕심을 버리지 않고, 애정을 버리지 않고, 갈망을 버리지 않고, 갈애를 버리지 않으면, 그의 마음은 인내하면서 전념하여 끊임없이 정진하려고 하지 않는다오. 이것이 세 번째 마음의 속박을 끊지 않는 것이라오.

비구들이여, 비구가 마음대로 배불리 먹고, 안락한 침상에서 편하게 눕고, 편히 자는 데 열중하며 지내면, 그의 마음은 인내하면서 전념하여 끊임없이 정진하려고 하지 않는다오. 이것이 네 번째 마음의 속박을 끊지 않는 것이라오.

비구들이여, 비구가 '나는 이 계율(戒律)이나, 덕행(德行)이나, 고행이나, 청정한 수행[梵行]으로 천신(天神)이나 천중(天衆)이 되어야겠다'라고 생각하고, 어떤 천신이 되기 위하여 청정한 수행을 실천하면, 그의 마음은 인내하면서 전념하여 끊임없이 정진하려고 하지 않는다오. 이것이 다섯 번째 마음의 속박을 끊지 않는 것이라오.

이렇게 하는 것이 다섯 가지 마음의 속박을 끊지 않는 것이라오.

비구들이여, 어떤 비구라 할지라도, 다섯 가지 황무지를 버리지 않고, 다섯 가지 마음의 속박을 끊지 않으면, 그는 이 가르침[法]과 율(律)에서 번영하고 성장하고 발전할 수가 없다오.

비구들이여, 어떤 비구라 할지라도, 다섯 가지 황무지를 버리고, 다섯 가지 마음의 속박을 끊으면, 그는 실로 이 가르침과 율에서 번영하고 성장하고 발전할 수 있다오. [06]

---

06 원문에는 이전의 다섯 가지 황무지와 다섯 가지 마음의 속박에 대하여 낱낱이 언급하고 있는데, 번잡하므로 구체적인 말씀은 생략함.

그는 욕삼매근행성취신족(欲三昧勤行成就神足)[07]을 닦아 익히고, 정진삼매근행성취(精進三昧勤行成就)[08] 신족(神足)을 닦아 익히고, 심삼매근행성취(心三昧勤行成就)[09] 신족을 닦아 익히고, 사유삼매근행성취(思惟三昧勤行成就)[10] 신족을 닦아 익히고, 다섯 번째로 용맹정진(勇猛精進)[11]을 닦아 익힌다오.

비구들이여, 이와 같이 용맹정진을 포함한 열다섯 가지를 성취한 비구는 (어두운 무명의) 껍질을 깨트리고 나올 수 있고, 정각(正覺)을 성취할 수 있고, 더할 나위 없는 행복[瑜伽安穩]에 도달할 수 있다오.

비구들이여, 비유하면, 암탉이 여덟 개나 열 개나 열두 개의 달걀을 낳아 적절하게 품고 앉아서 적절하게 온기를 주고 적절하게 굴려주면, 그 암탉이 '아! 내 병아리가 발톱이나 부리로 알껍데기를 깨부수고 안전하게 부화해야 할 텐데'라고 걱정하지 않아도, 그 병아리는 발톱이나 부리로 알껍데기를 깨부수고 안전하게 부화하는 것과 같다오.

비구들이여, 이와 같이 용맹정진을 포함한 열다섯 가지를 성취한 비구는 (어두운 무명의) 껍질을 깨트리고 나올 수 있고, 정각을 성취할 수 있고, 더할 나위 없는 행복에 도달할 수 있다오."

이것이 세존께서 하신 말씀입니다.
그 비구들은 세존의 말씀에 만족하고 기뻐했습니다.

---

07 'chanda-samādhipadhānasaṅkhārasamannāgata iddhipāda'의 번역.
08 'viriya-samādhipadhānasaṅkhārasamannāgata'의 번역.
09 'citta-samādhipadhānasaṅkhārasamannāgata'의 번역.
10 'vīmaṃsa-samādhipadhānasaṅkhārasamannāgata'의 번역.
11 'ussoḷhi'의 번역.

11

꿀 덩어리 경

18. Madhupiṇḍika-sutta

【 해제 】

이 경은 한역 『중아함경(中阿含經)』 「115. 밀환유경(蜜丸喩經)」에 상응하는 경이며, 『증일아함경(增一阿含經)』 40.10에도 같은 내용이 있다.

이 경에서 부처님은 '어떤 교리를 가지고, 무엇을 가르치는가?'라는 질문에 '누구와도 다투지 않는 교리를 가지고, 감각적 욕망에서 벗어나 살아가면 그 사람은 개념에 사로잡히지 않는다고 가르친다'라고 대답한다. 그렇다면 '누구와도 다투지 않는 교리'는 어떤 것일까? 이 물음에 답하기 전에 먼저 '우리는 왜 다른 사람들과 다투는가?'를 살펴보자. 이 경에서는 다음과 같이 이야기한다.

"보는 주관[眼]과 보이는 형색[色]들을 의지하여 시각분별[眼識] 이 생기고, … 마음[意]과 지각대상[法]들을 의지하여 마음의 분별[意識]이 생긴다. 셋의 만남이 접촉[觸]이다. 접촉을 의지하여 느낌[受]이 생기며, 느낀 것을 개념적으로 인식하고(yaṃ vedeti taṃ sañjānāti), 개념적으로 인식한 것을 논리적으로 추리(推理)하고, 논리적으로 추리한 것을 허상화(虛像化)하고, 허상화하기 때문에 과거, 미래, 현재의 마음으로 분별하는 법(法)들에 대한 허상[戲論]과 개념[想]과 정의(定意)가 사람을 괴롭힌다."

우리는 지각활동을 통해 느낀 것을 개념적으로 인식하여(sañjānāti) 논리적으로 사유함으로써 허상[戲論]을 만든다는 것이다. 우리의 경험은 각자의 욕구에서 비롯된 것이기 때문에 개별적이고 차별적이다. 그런데 이것을 개념적으로 인식하여 논리적으로 추리함으로써 명칭과 개념을 만든다. 그리고 이것으로 허상을 만든다. 이와 같이 허상을 만들어 허상에 사로잡힌 사람들은 동일한 개념을 사용하지만, 그 개념이 품고 있는 내용은 각자의 욕구에 따른 허상이기 때문에 동일하지 않다. 여기에서 논쟁이 발생한다. 이와 같이 모든 논쟁은 허상이 일으킨다. 이런 의미에서 역자는 한역에서 희론(戲論)으로 번역하는 'papañca'를 '허상'으로 번역했다.

부처님께서는 'sañjānāti'를 통해 인식된 것은 허상이라는 것을 깨달아서 우리의 경험을 있는 그대로 보고, 다투지 않고 살아가는 법, 즉 'abhijānāti' 하며 사는 법을 가르쳤다. 부처님께서 깨달아 가르친 연기(緣起)는 'abhijānāti' 하여 깨달은 진리로서, 다른 사상과 논쟁하는 관념적 이론이 아니라, 모든 논쟁을 종식하고 참된 삶을 살도록 하는 실천적 가르침이다. 용수(龍樹)가 『중론(中論)』의 귀경게(歸敬偈)에서 '부처님은 생멸(生滅), 거래(去來), 일이(一異), 단상(斷常) 등 모든 모순 대립을 떠난 연기를 설하여 희론을 적멸(寂滅)했다'라고 한 것은 이것을 이야기한 것이다.

　　이 경의 이름을 '꿀 덩어리'라고 한 것은 이 법문이 진리에 굶주린 중생에게 꿀맛 같은 만족과 행복을 준다는 의미이다.

이와 같이 나는 들었습니다.

한때 세존께서는 싹까(Sakka)의 까삘라왓투(Kapilavatthu)에 있는 니그로다(Nigrodha) 승원(僧園)에 머무셨습니다. 그때 세존께서는 오전에 옷을 입고 발우와 법의(法衣)를 지니고 탁발하러 까삘라왓투에 들어가셨습니다. 탁발하여 식사를 마치신 다음, 오후의 휴식을 위해 마하와나(Mahāvana)에 가셨습니다. 마하와나에 깊숙이 들어가서 오후의 휴식을 하려고 어린 벨루와(beluva)나무 아래에 앉으셨습니다.

그때 단다빠니 싹까(Daṇḍapāṇi Sakka)[01]가 이리저리 산책하다가 세존의 뒤를 따라 마하와나에 갔습니다. 그는 마하와나에 깊숙이 들어가서 어린 벨루와나무로 세존을 찾아갔습니다. 단다빠니 싹까는 세존과 정중하게 인사를 하고 공손한 인사말을 나눈 후에 지팡이를 짚고 한쪽에 서서 세존께 말씀드렸습니다.

"사문(沙門)은 어떤 교리를 가지고, 무엇을 가르치는 사람입니까?"[02]

"존자여, 나는 천신(天神)과 마라(Māra)[03]와 브라만(Brahman; 梵天)을 포함하는 세간(世間) 가운데서, 그리고 사문과 바라문과 왕과 사람

---

01 '지팡이를 든 싹까'라는 의미이다. 이름을 알 수 없는 석가족(釋迦族) 사람이 지팡이를 들고 산책하다가 부처님을 만났기 때문에 '지팡이를 든 싹까'라고 한 것이다.

02 'kiṃvādī samaṇo kimakkhāyī'의 번역.

03 죽음의 신.

들을 포함하는 인간 가운데서 누구와도 다투지 않고 세간에 머무는 교
리를 가지고, '감각적 욕망에서 벗어나 살아가는 의혹이 없고, 회한이
없고, 유(有)[04]와 무(無)[05]에 대한 갈애[愛]가 없는 바라문은 개념[想][06]에
사로잡히지 않는다'라고 가르치는 사람이오. 존자여, 나는 이와 같은
사상을 가지고, 이와 같이 가르치는 사람이오."

이렇게 말씀하시자, 단다빠니 싹까는 머리를 가로젓고 혀를 차면
서, 이맛살을 찌푸리고 눈을 찡그리며 지팡이를 짚고 떠났습니다.

세존께서는 저녁에 좌선(坐禪)에서 일어나 니그로다 승원(僧園)으
로 가서 마련된 자리에 앉으셨습니다. 자리에 앉으신 후에 세존께서 비
구들에게 단다빠니 싹까를 만난 이야기를 하셨습니다. 그러자 어떤 비
구가 세존께 말씀드렸습니다.

"세존이시여, 세존께서 천신(天神)과 마라와 브라만을 포함하는
세간(世間) 가운데서, 그리고 사문과 바라문과 왕과 사람들을 포함하는
인간 가운데서 누구와도 다투지 않고 세간에 머문다고 하신 교리는 어
떤 것입니까? 세존이시여, 그리고 어찌하여 감각적 욕망에서 벗어나
살아가는 의혹이 없고, 회한이 없고, 유(有)와 무(無)에 대한 갈애[愛]가
없는 바라문은 개념[想]에 사로잡히지 않습니까?"

"비구여, 왜냐하면, 허상(虛像, 戱論)과 개념[想]과 정의(定意)가 사

---

04 'bhava'의 번역.
05 'abhava'의 번역.
06 'saññā'의 번역. 범부들은 대상을 'sañjānāti', 즉 개념으로 인식하는데, 이렇게 'sañjānāti'
    할 때 생기는 개념이 한역(漢譯)에서 '상(想)'으로 번역하는 'saññā'이다. 따라서 'saññā'
    는 실상(實相)을 벗어난 개념[想]이라고 할 수 있다. 개념에 사로잡히지 않는다는 것은
    'sañjānāti' 하지 않고, 'abhijānāti' 한다는 말이다.

람을 공격하기 때문이라오.[07] 이 경우에 만약 즐기려 하지 않고, 단언(斷言)하려 하지 않고, 집착하려 하지 않으면,[08] 이것이 탐(貪)하는 성향[貪睡眠]의 끝이며, 화내는 성향[瞋睡眠]의 끝이며, 사견(邪見)을 일으키는 성향[見睡眠]의 끝이며, 의심하는 성향[疑睡眠]의 끝이며, 자만(自慢)하는 성향[慢睡眠]의 끝이며, 존재를 탐(貪)하는 성향[有貪睡眠]의 끝이며, 무명에 이끌리는 성향[無明睡眠]의 끝이며, 몽둥이를 들고, 칼을 들고, 싸우고, 다투고, 논쟁하고, 언쟁하고, 험담하고, 거짓말하는 일의 끝이라오. 여기에서 이들 사악(邪惡)하고 불선(不善)한 법들은 남김없이 사라진다오."

세존께서는 이렇게 말씀하셨습니다. 선서(善逝)께서는 이렇게 말씀하시고 자리에서 일어나 거처(居處)로 들어가셨습니다. 세존께서 떠나시자 곧바로 비구들은 이런 이야기를 했습니다.

"존자들이여, 세존께서는 간략하게 가르침을 주시고, 자세하게 의미를 설명해주지 않고 자리에서 일어나 거처로 들어가셨습니다. 누가 세존께서 간략하게 말씀하신 이 가르침의 자세한 의미를 설명해줄 수 있을까요?"

그때 비구들은 이런 이야기를 했습니다.

"마하깟짜나(Mahākaccāna) 존자는 스승님의 칭찬을 받고, 현명한 도반(道伴)들의 존경을 받습니다. 마하깟짜나 존자는 세존께서 간략하게 말씀하신 이 가르침의 자세한 의미를 설명해줄 수 있을 것입니다. 우리는 마하깟짜나 존자를 찾아가서 마하깟짜나 존자에게 그 의미를

---

07 'yatonidānaṃ bhikkhu purisaṃ papañcasaññāsaṅkhā samudācaranti'의 번역.
08 'ettha ce na-tthi abhinanditabbaṃ abhivaditabbaṃ ajjhositabbaṃ'의 번역.

묻는 것이 좋겠습니다."

그 비구들은 마하깟짜나 존자를 찾아가서 마하깟짜나 존자와 정중하게 인사를 하고, 공손한 인사말을 나눈 후에 한쪽에 앉았습니다. 한쪽에 앉은 그 비구들은 마하깟짜나 존자에게 찾아온 사연을 이야기하고, 자세한 의미를 설명해주기를 청했습니다.

"존자들이여, 비유하면, 단단한 목재를 구하는 어떤 사람이 목재를 찾아 큰 나무에 가서 단단하고 견실한 줄기를 내버리고, 뿌리를 내버리고, 가지와 잎에서 목재를 구하려 하는 것과 같이, 여러분은 스승님 면전(面前)에서 세존을 버려두고 나에게 그 의미를 물으려고 하고 있군요. 존자들이여, 세존께서는 알아야 할 것을 아시고, 보아야 할 것을 보시나니, 눈을 성취한 분이시며, 앎을 성취한 분이시며, 법(法)을 성취한 분이시며, 브라만[梵天]을 성취한 분이시며, 알려주는 분이시며, 가르치는 분이시며, 목표로 인도(引導)하는 분이시며, 불사(不死)의 감로(甘露)를 베푸는 분이시며,[09] 진리의 주인이시며,[10] 여래(如來)이십니다. 여러분은 세존께 그 의미를 물어볼 기회가 있었습니다. 그때 세존께서 설명하셨다면, 여러분은 그대로 그것을 받아 지니면 되었을 것입니다."

"마하깟짜나 존자여, 참으로 그렇습니다. 우리는 세존께 그 의미를 물어볼 기회가 있었습니다. 그때 세존께서 설명하셨다면, 우리는 그대로 그것을 받아 지니면 되었을 것입니다. 그런데 마하깟짜나 존자께서는 스승님의 칭찬을 받고 존중을 받는 현명한 도반이십니다. 마하깟

---

09 'amatassa dātar'의 번역.
10 'dhammassāmin'의 번역.

짜나 존자께서는 세존께서 간략하게 말씀하신 이 가르침의 자세한 의미를 설명해줄 수 있을 것입니다. 마하깟짜나 존자께서는 어려워하지 말고 설명해주십시오."

"그렇다면, 존자들이여, 잘 듣고 깊이 생각해보십시오. 제가 이야기하겠습니다."

그 비구들은 "존자여, 그렇게 하겠습니다"라고 마하깟짜나 존자에게 대답했습니다.

마하깟짜나 존자께서는 다음과 같이 말씀하셨습니다.

"존자들이여, 세존께서 간단하게 하신 말씀의 의미를 나는 이와 같이 자세하게 이해하고 있습니다. 존자들이여, 보는 주관[眼]과 보이는 형색[色]들을 의지하여 시각분별[眼識]이 생깁니다. 셋의 만남이 접촉[觸]입니다. 접촉[觸]을 의지하여 느낌[受]이 있으며, 느낀 것을 개념적으로 인식하고,[11] 개념적으로 인식한 것을 추론(推論)하고,[12] 추론한 것을 허상화(虛像化)하며,[13] 허상화하기 때문에, 과거, 미래, 현재의 보는 주관[眼]에 의해서 지각되는 형색[色]들에 대한 허상[戲論]과 개념[想]과 정의(定意)가 사람을 공격합니다.[14]

---

11 'yaṃ vedeti taṃ sañjānāti'의 번역. 지각경험을 통해 인지한 것을 개념화한다는 의미이다. 이 책에서는 대체로 'sañjānāti'를 '개념적으로 인식하다'로 번역하는데, '개념화하는 일'과 '개념으로 인식하는 일'은 본질적으로 동일한 것이기 때문에 여기에서는 '개념화하다'로 번역했다.

12 'yaṃ sañjānāti taṃ vitakketi'의 번역. 'sañjānāti'를 통해서 형성된 개념을 가지고 논리적으로 사유(思惟)한다는 의미이다.

13 'yaṃ vitakketi taṃ papañceti'의 번역.

14 'yaṃ papañceti tatonidānaṃ purisaṃ papañcasaññāsaṅkhā samudācaranti atītānāgatapaccuppannesu cakkhuviññeyyesu rūpesu'의 번역.

듣는 주관[耳]과 소리[聲]들을 의지하여 청각분별(耳識)이 생깁니다. (…중략…)

냄새 맡는 주관[鼻]과 향기[香]들을 의지하여 후각분별[鼻識]이 생깁니다. (…중략…)

맛보는 주관[舌]과 맛[味]들을 의지하여 미각분별[舌識]이 생깁니다. (…중략…)

만지는 주관[身]과 촉감[觸]들을 의지하여 촉각분별[身識]이 생깁니다. (…중략…)

마음[意]과 지각대상[法]들을 의지하여 마음의 분별[意識]이 생깁니다. 셋의 만남이 접촉[觸]입니다. 접촉[觸]을 의지하여 느낌[受]이 있으며, 느낀 것을 개념적으로 인식하고, 개념적으로 인식한 것을 논리적으로 사유(思惟)하고, 논리적으로 사유한 것을 허상화하고, 허상화하기 때문에 과거, 미래, 현재의 마음으로 분별하는 법(法)들에 대한 허상[戱論]과 개념[想]과 정의(定意)가 사람을 공격합니다.

존자들이여, 실로 보는 주관[眼]이 있을 때, 보이는 형색[色]들이 있을 때, 시각분별[眼識]이 있을 때, 접촉이라는 명사(名詞, 觸假名)를[15] 사용할 수 있습니다.[16] 접촉이라는 명사가 있을 때, 느낌이라는 명사[受假名]를[17] 사용할 수 있고, 느낌이라는 명사가 있을 때, 개념이라는 명사[想假名]를[18] 사용할 수 있고, 개념이라는 명사가 있을 때, 추론(推論)이

---

15 'phassapaññatti paññapessati'의 번역.

16 'paññapessati'의 번역.

17 'vedanāpaññatti'의 번역.

18 'saññāpaññatti'의 번역.

라는 명사[尋假名][19]를 사용할 수 있고, 추론이라는 명사[尋假名]가 있을 때, 허상[戱論]과 개념[想]과 정의(定意)와 공격(攻擊)이라는 명사를[20] 사용할 수 있습니다. 듣는 주관[耳], 냄새 맡는 주관[鼻], 맛보는 주관[舌], 만지는 주관[身], 마음[意]도 마찬가지입니다.

존자들이여, 실로 보는 주관[眼]이 없을 때는, 보이는 형색[色]들이 없을 때는, 시각분별[眼識][21]이 없을 때는, 접촉[觸]이라는 명사를 사용할 수 없습니다. 접촉이라는 명사가 없을 때는 느낌[受]이라는 명사를 사용할 수 없고, 느낌이라는 명사가 없을 때는 개념[想]이라는 명사를 사용할 수 없고, 개념이라는 명사가 없을 때는 추론이라는 명사를 사용할 수 없고, 추론이라는 명사가 없을 때는 허상[戱論]과 개념[想]과 정의(定意)와 공격(攻擊)이라는 명사를 사용할 수 없습니다. 듣는 주관[耳], 냄새 맡는 주관[鼻], 맛보는 주관[舌], 만지는 주관[身], 마음[意]도 마찬가지입니다.

존자들이여, 세존께서 간단하게 하신 말씀의 의미를 나는 이와 같이 자세하게 이해하고 있습니다. 이제 존자 여러분께서는 세존을 찾아가서 그 의미를 물어보시고, 세존께서 설명하시는 것을 받아 지니시기 바랍니다."

그 비구들은 마하깟짜나 존자의 말씀에 기뻐하고, 만족하고서, 자리에서 일어나 세존을 찾아갔습니다. 그 비구들은 세존을 찾아가서 예

---

19 'vitakkapaññatti'의 번역. 'vitakka'를 한역(漢譯)에서는 '심(尋)'으로 번역하는데, 이는 논리적으로 추론하여 하나의 결론을 찾는 일이다. 따라서 여기에서는 '논리(論理)'로 번역함.
20 'papañcasaññāsaṅkhāsamudācaraṇapaññattiṁ'의 번역.
21 'cakkhuviññāṇa'의 번역.

배한 후에, 한쪽에 앉아 세존께 마하깟짜나 존자와 나눈 이야기를 말씀 드렸습니다.

세존께서는 다음과 같이 말씀하셨습니다.

"비구들이여, 마하깟짜나는 현명하다오. 비구들이여, 마하깟짜나는 큰 지혜가 있소. 비구들이여, 만약 그대들이 나에게 그 의미를 물었다면, 나도 마하깟짜나가 설명한 그대로 설명했을 것이오. 그러니 그것을 받아 지니도록 하시오."

이와 같이 말씀하시자, 아난다 존자가 세존께 말씀드렸습니다.

"세존이시여, 비유하면, 기아에 허덕이는 사람이 꿀 덩어리를 얻은 것과 같습니다. 그것을 조금씩 맛본다면, 그는 순수한 단맛을 맛보게 될 것입니다. 세존이시여, 이와 같이 심성이 훌륭한 비구가 차근차근 이 법문(法門)에 대하여 지혜로 의미를 탐구한다면, 실로 기쁨을 얻고, 마음에 만족을 얻을 것입니다. 세존이시여, 이 법문을 어떤 이름으로 부를까요?"

"아난다여, 그대는 이 법문을 '꿀 덩어리 법문'이라는 이름으로 받아 지니도록 하여라!"

이것이 세존께서 하신 말씀입니다.
아난다 존자는 세존의 말씀에 만족하고 기뻐했습니다.

12

사유의 바탕 경

20. Vitakkasanthāna-sutta

【 해제 】

이 경은 한역『중아함경(中阿含經)』「101. 증상심경(增上心經)」에 상응하는 경이다.

　이 경의 주제는, 경의 이름이 시사하듯이, '사유의 바탕 (vitakkasanthāna)'이다. 우리의 사유는 존재를 지시하는 개념들로 이루어진다. 개념은 존재를 지시하는데, 개념이 지시하는 존재에는 여러 가지가 있다. 부처님은 이를 욕유(欲有), 색유(色有), 무색유(無色有)로 분류했다. 욕유는 감각적 욕망으로 조작된 개념이 지시하는 존재다. 색유는 지각활동을 통해 지각된 내용으로 조작된 개념이 지시하는 존재다. 무색유는 추론을 통해서 조작된 개념이 지시하는 존재다. 이 경은 중생이 실재한다고 생각하는 세 가지 존재[三有]는 사유와 개념을 조작하는 행위

[行]에 바탕을 둔 허망한 유위(有爲)임을 밝히고 있다.

이 경은 9차제정(九次第定)이 사유의 바탕을 통찰하는 수행이라는 것을 보여준다. 지각에 의해 형성된 개념이 지시하는 모든 존재[色有]는 공간(空間) 속에 존재한다. 따라서 공간은 지각에 의해 형성된 개념적 사유의 바탕이 된다. 이것이 공무변처(空無邊處)다.

공간은 의식(意識)에 의해 지각되지 않는 것, 즉 색(色)의 무(無)로 인식된 것일 뿐 실재하는 존재가 아니다. 따라서 식(識)은 공간을 사유하는 바탕이 된다. 이것이 식무변처(識無邊處)다.

식은 대상을 의식할 때 존재한다. 그런데 공간도 존재가 아니라면 식의 대상은 실재하지 않게 된다. 이러한 사유의 결과 존재하는 것은 아무것도 없다는 생각에 도달한다. 즉 의식을 포함하여, 모든 존재의 바탕은 무(無)라는 생각에 도달한다. 이것이 무소유처(無所有處)다.

모든 존재를 부정하는 무(無)가 유(有)의 바탕이라는 것은 모순이다. 따라서 유와 무의 근거가 되는 유도 아니고, 무도 아닌 어떤 것이 유와 무의 바탕으로 설정되지 않으면 안 된다. 이것이 비유상비무상처(非有想非無想處)다. 이와 같이 비유상비무상처는 '사유를 조작하는 행위의 바탕'이다.

상수멸정(想受滅定)은 이러한 무색계(無色界)의 4선정(四禪定)이 유위를 조작하는 행위[行]에 의해 조작된 망상(妄想)이라는 것을 깨닫고 모든 개념적 사유에서 벗어나는 것을 의미한다.

◈

이와 같이 나는 들었습니다.

한때 세존께서는 싸왓티의 제따와나 아나타삔디까 승원(僧園)에 머무셨습니다. 그때 세존께서 "비구들이여!" 하고 비구들을 불렀습니다. 그 비구들은 세존께 "세존이시여!"라고 대답했습니다.

세존께서 비구들에게 다음과 같이 말씀하셨습니다.

"비구들이여, 향상하는 마음[增上心]을 실천하는 비구는 수시로 다섯 가지 모습[相]을 심사숙고해야 한다오.[01] 그 다섯 가지란 어떤 것인가?

비구들이여, 비구에게 어떤 모습[相] 때문에, 어떤 모습을 생각할 때, 탐욕을 수반하고, 분노를 수반하고, 어리석음을 수반하는 사악(邪惡)하고 불선(不善)한 사유(思惟)들이[02] 일어나면, 비구들이여, 그 비구는 그 모습과는 다른, 선(善)을 수반하는 모습에 마음을 써야 한다오. 그가 그 모습[相]과는 다른, 선을 수반하는 모습에 마음을 쓰면, 탐욕을 수반하고, 분노를 수반하고, 어리석음을 수반하는 사악하고 불선한 사유들이 소멸하고 사라진다오. 그것들이 소멸하면, 안으로 마음이 고요하게 멈추고, 안정되고, 통일되고, 집중된다오. 비구들이여, 비유하면, 숙

---

01 'adhicittam anuyuttena bhikkhave bhikkhunā pañca nimittāni kālena kālaṃ manasikātabbāni'의 번역. 'adhicittam'은 한역(漢譯)에서 '증상심(增上心)'으로 번역되는 말인데, 범부의 마음이 점차로 더 높은 단계의 선정(禪定), 즉 9차제정(九次第定)에 드는 것을 의미한다.

02 'vitakkā'의 번역.

련된 석공(石工)이나 석공의 제자가 작은 쐐기로 큰 쐐기를 밀쳐내고, 뽑아내고, 제거하는 것과 같다오.[03]

비구들이여, 만약에 그 모습과는 다른, 선을 수반하는 모습에 마음을 쓸 때, 그 비구에게 탐욕을 수반하고, 분노를 수반하고, 어리석음을 수반하는 사악하고 불선한 사유들이 일어나면, 비구들이여, 그 비구는 '이 사유들은 불선이다. 이 사유들은 결함이 있다. 이 사유들은 괴로운 과보[苦報]가 있다'라고 그 사유들의 재난을 확인해야 한다오. 그가 그 사유들의 재난을 확인하면, 탐욕을 수반하고, 분노를 수반하고, 어리석음을 수반하는 사악하고 불선한 사유들이 소멸하고 사라진다오. 그것들이 소멸하면, 안으로 마음이 고요하게 멈추고, 안정되고, 통일되고, 집중된다오. 비구들이여, 비유하면, 치장하기를 좋아하는 젊은 처녀나 총각이 죽은 뱀이나, 죽은 개나, 죽은 사람을 목에 걸쳐 주면 곤혹스러워하고, 부끄러워하고, 싫어하는 것과 같다오.[04]

비구들이여, 만약에 그 사유들의 재난을 확인할 때, 그 비구에게 탐욕을 수반하고, 분노를 수반하고, 어리석음을 수반하는 사악하고 불선한 사유들이 일어나면, 비구들이여, 그 비구는 그 사유들에 대하여 주의집중하지 않고,[05] 마음을 쓰지 않도록[06] 해야 한다오. 그가 그 사유들에 대하여 주의집중하지 않고, 마음을 쓰지 않으면, 탐욕을 수반하고, 분노를 수반하고, 어리석음을 수반하는 사악하고 불선한 사유들이

---

03 이것은 초선(初禪)을 성취하는 과정에 관한 이야기로 생각된다.
04 이것은 제2선(第二禪)을 성취하는 과정에 관한 이야기로 생각된다.
05 'asati'의 번역.
06 'amanasikāra'의 번역.

소멸하고, 사라진다오. 그것들이 소멸하면, 안으로 마음이 고요하게 멈추고, 안정되고, 통일되고, 집중된다오. 비구들이여, 비유하면, 눈 있는 사람이 시야에 들어오는 형색[色]들을 보고 싶지 않으면 눈을 감거나 다른 것을 쳐다보는 것과 같다오.[07]

비구들이여, 만약에 그 사유들에 대하여 주의집중하지 않고, 마음을 쓰지 않을 때, 그 비구에게 탐욕을 수반하고, 분노를 수반하고, 어리석음을 수반하는 사악하고 불선한 사유들이 일어나면, 비구들이여, 그 비구는 그 사유들에 대하여, 사유를 조작하는 행위[行]의 바탕[08]에 마음을 쓰도록 해야 한다오. 그가 그 사유들에 대하여 사유를 조작하는 행위의 바탕에 마음을 쓰면, 탐욕을 수반하고, 분노를 수반하고, 어리석음을 수반하는 사악하고 불선한 사유들이 소멸하고, 사라진다오. 그것들이 소멸하면, 안으로 마음이 고요하게 멈추고, 안정되고, 통일되고, 집중된다오. 비구들이여, 비유하면, 어떤 사람이 빨리 간다면, '내가 왜 빨리 가고 있지? 천천히 가는 것이 더 낫겠다'라고 생각하고, 천천히 간다면, '내가 왜 천천히 가고 있지? 오히려 서 있는 것이 더 낫겠다'라고 생각하고, 서 있다면, '내가 왜 서 있지? 오히려 앉아있는 것이 더 낫겠다'라고 생각하고, 앉아있다면, '내가 왜 앉아있지? 오히려 눕는 것이 더 낫겠다'라고 생각하고, 그는 눕게 될 것이오. 비구들이여, 이와 같이 그 사람이

07 이것은 제3선(第三禪)과 제4선(第四禪)을 성취하는 과정에 관한 이야기로 생각된다.
08 'vitakkasaṅkhārasanthāna'의 번역. 'vitakkasaṅkhārasanthāna'는 '추론(推論)', '사유(思惟)'를 의미하는 'vitakka'와 '조작하는 행위'를 의미하는 'saṅkhāra; 행(行)', 그리고 '바탕'을 의미하는 'santhāna'의 합성어이다. 이것은 무색계(無色界) 4처(四處), 즉 공무변처(空無邊處), 식무변처(識無邊處), 무소유처(無所有處), 비유상비무상처(非有想非無想處)를 의미하는 것으로 생각된다.

힘든 자세를 차례로 버리고 보다 쉬운 자세를 취하는 것과 같다오.[09]

비구들이여, 만약에 그 사유들에 대하여, 사유를 조작하는 행위 [行]의 바탕에 마음을 쓸 때 그 비구에게 탐욕을 수반하고, 분노를 수반하고, 어리석음을 수반하는 사악하고 불선한 사유들이 생기면, 비구들이여, 그 비구는 이를 다물고, 혀를 입천장에 붙이고, 마음을 다잡아 제지하고, 억제하고, 괴롭혀야 한다오. 그가 이를 다물고, 혀를 입천장에 붙이고, 마음을 다잡아 제지하고,[10] 억제하고, 괴롭히면, 탐욕을 수반하고, 분노를 수반하고, 어리석음을 수반하는 사악하고 불선한 사유들이 소멸하고, 사라진다오. 그것들이 소멸하면, 안으로 마음이 고요하게 멈추고, 안정되고, 통일되고, 집중된다오. 비구들이여, 비유하면, 힘센 사람이 더 약한 사람의 머리를 붙잡고, 어깨를 붙잡아 제지하고, 억제하고, 괴롭히는 것과 같다오.[11]

비구들이여, 이와 같이 수행한 비구를 사유의 방법과 과정에 통달한 사람이라고 하나니, 그는 원하는 것은 무엇이나 사유하고, 원하지 않는 것은 어떤 것도 사유하지 않을 것이오. 그는 갈애[愛]를 끊고, 결박을 제거했으며, 철저하게 교만을 이해하고,[12] 괴로움을 끝냈다오."

이것이 세존께서 하신 말씀입니다.

그 비구들은 세존의 말씀에 만족하고 기뻐했습니다.

---

09 이것은 무색계(無色界) 4처(四處)에서의 사유(思惟)에 대한 이야기로 생각된다.
10 'cetasā cittaṃ abhiniggaṇhato'의 번역.
11 비유상비무상처(非有想非無想處)를 벗어나 상수멸정(想受滅定)을 성취하는 것에 대한 말씀으로 생각된다.
12 'mānābhisamayā'의 번역.

13
톱의 비유 경
21. Kakacūpama-sutta

【 해제 】

이 경은 한역 『중아함경(中阿含經)』 「193. 모리파군나경(牟犁破群那經)」에 상응하는 경이며, 『증일아함경(增一阿含經)』 50.8에도 같은 내용이 있다.

부처님의 제자들은 어떻게 살아야 하는가?

누구나 평상시에는 온화하고, 겸손하고, 자애로울 수 있다. 그러나 자신을 비난하고, 자신에게 폭력을 가하고, 자신의 뜻을 거스르는 사람에게 온화하고, 겸손하고, 자애롭기는 어렵다. 이 경에서는 상대방이 자신의 사지(四肢)를 톱으로 잘라낸다고 할지라도 변함없이 그에 대하여 사악한 말을 하지 않고, 성내지 않고, 자애로운 마음으로 연민하며 살아갈 것을 가르친다. 그리고 그 일을 계기로 온 세상을 광대하고, 무량하고, 평화롭고, 비폭력적이고, 자애로운 마음으로 가득 채워 살아가야 한다고 가르친다.

"원수를 사랑하라!"

　이것은 부처님의 가르침이 아니다.

"그 누구도 원수로 생각하지 말라!"
"가해하는 사람을 자애로운 삶을 완성하도록 돕는 은인으로 생각하라!"

　이것이 부처님의 가르침이다.

이와 같이 나는 들었습니다.

한때 세존께서는 싸왓티의 제따와나 아나타삔디까 승원(僧園)에 머무셨습니다. 그때 몰리야팍구나(Moliyaphagguna) 존자는 비구니들과 적절하지 않게 함께 어울려 지냈습니다. 만약 어떤 비구가 몰리야팍구나 존자의 면전(面前)에서 그 비구니들의 허물을 이야기하면, 몰리야팍구나 존자는 화를 내고 불쾌해하며 그 비구와 언쟁을 벌였고, 어떤 비구가 그 비구니들의 면전에서 몰리야팍구나 존자의 허물을 이야기하면, 그 비구니들은 화를 내고 불쾌해하며 그 비구와 언쟁을 벌였습니다. 몰리야팍구나 존자는 이와 같이 비구니들과 함께 어울려 지냈습니다.

그래서 어떤 비구가 세존을 찾아가서 세존께 예배하고 한쪽에 앉은 후에 세존께 이 사실을 말씀드렸습니다. 그러자 세존께서 어떤 비구를 불렀습니다.

"이리 오라! 비구여, 그대는 '팍구나 존자여, 스승님께서 그대를 부르십니다'라고 나의 말을 전하여 몰리야팍구나 비구를 불러라!"

그 비구는 "그렇게 하겠습니다. 세존이시여!"라고 세존께 승낙하고, 몰리야팍구나 존자를 찾아가서 말했습니다.

"존자여, 스승님께서 그대 팍구나를 부르십니다."

몰리야팍구나 존자는 그 비구에게 "그렇게 하겠습니다. 존자여!"라고 승낙하고서, 세존을 찾아갔습니다. 그는 세존을 찾아가서 예배하고 한쪽에 앉았습니다. 한쪽에 앉은 몰리야팍구나 존자에게 세존께서 말씀하셨습니다.

"팍구나여, 그대는 비구니들과 적절하지 않게 함께 어울려 지낸다는데, 사실인가? 만약 어떤 비구가 그대의 면전에서 그 비구니들의 허물을 이야기하면, 그대는 화를 내고 불쾌해하며 그 비구와 언쟁을 벌이고, 어떤 비구가 그 비구니들의 면전에서 그대의 허물을 이야기하면, 그 비구니들은 화를 내고 불쾌해하며 그 비구와 언쟁을 벌인다고 하는데, 실제로 그대는 이와 같이 비구니들과 함께 어울려 지내고 있는가?"

"그렇습니다. 세존이시여!"

"팍구나여, 그대는 신념을 가지고 집을 버리고 출가한 선남자(善男子)가 아닌가?"

"그렇습니다. 세존이시여!"

"팍구나여, 그대가 비구니들과 적절하지 않게 함께 어울려 지내는 것은 신념을 가지고 집을 버리고 출가한 선남자인 그대에게 적합하지 않다. 팍구나여, 그러므로 어떤 사람이 그대의 면전에서 그 비구니들의 허물을 이야기하더라도, 팍구나여, 거기에서 그대는 세속적인 욕망이나 세속적인 생각을 버려야 한다. 팍구나여, 거기에서 그대는 '결코 나의 마음이 변하지 않도록 하리라! 나는 사악한 말을 하지 않으리라! 나는 성내지 않고, 자애로운 마음으로 연민하며 살아가리라!'라고 공부해야 한다. 팍구나여, 그대는 이와 같이 공부해야 한다.

팍구나여, 그러므로 어떤 사람이 그대의 면전에서 그 비구니들을 손바닥으로 때리고, 흙덩어리로 때리고, 막대기로 때리고, 칼로 때리더라도, 팍구나여, 거기에서 그대는 세속적인 욕망이나 세속적인 생각을 버려야 한다. 팍구나여, 거기에서 그대는 '내 마음은 변하지 않을 것이다. 나는 사악한 말을 내뱉지 않고, 자애로운 마음으로, 분노를 품지 않고, 연민하며 살아가겠다'라고 공부해야 한다. 꽉구나여, 그대는 이와 같이 공부해야 한다."

이제 세존께서 비구들에게 말씀하셨습니다.

"비구들이여, 비구들은 실로 한때 나의 마음에 들었다오. 그때 나는 비구들에게 다음과 같이 말했다오.

'비구들이여, 나는 하루에 한 끼를 먹는다. 나는 하루에 한 끼를 먹으면서 병 없이 건강하고, 경쾌하고, 힘 있고, 평안하다고 느끼고 있다. 비구들이여, 이리 와서 그대들도 하루에 한 끼를 먹어라! 비구들이여, 그대들도 하루에 한 끼를 먹으면 병 없이 건강하고 경쾌하고 힘 있고 평안하다고 느낄 것이다.'

비구들이여, 그 비구들에게는 내가 훈계할 일이 없었다오. 내가 할 일은 단지 그 비구들에게 주의집중[01]을 일으키는 일이었다오. 비구들이여, 비유하면, 평탄한 큰길 사거리에 세워진 마구를 갖춘 훌륭한 말이 끄는 마차를 숙련된 마부나 조련사가 올라타서 왼손으로는 고삐를 잡고, 오른손으로는 채찍을 쥐고, 가고 싶은 곳으로 마음대로 몰고 가고 몰고 오는 것과 같이, 비구들이여, 이와 같이 그 비구들에게는 내가 훈계할 일이 없었다오. 내가 할 일은 단지 그 비구들에게 주의집중을 일으키는 일이었다오.

비구들이여, 그러므로 그대들은 불선법(不善法)을 버리고, 선법(善法)에 전념하도록 하시오. 그러면 그대들도 이 가르침[法]과 율(律)에서

---

01 'sati'의 번역. 'sati'를 '마음챙김'으로 번역하기도 하는데, 어떤 대상에 주의를 집중하는 것이 'sati'이므로 '주의집중'으로 번역함.

번영하고 성장하고 발전할 것이오. 비구들이여, 예를 들어 마을이나 촌락 근처에 덩굴나무에 덮여 있는 커다란 쌀라(Sāla) 나무숲이 있다면, 그 숲이 번성하기를 바라고, 평안하기를 바라는 사람은 누구든지 구부러지고 말라비틀어진 어린 쌀라나무는 베어서 밖으로 내버리고 숲속을 깨끗이 정리할 것이오. 그리고 똑바로 잘 자란 어린 쌀라나무는 적절하게 보살필 것이오. 비구들이여, 그렇게 하면 나중에 그 쌀라 나무숲은 번영하고 성장하고 발전할 것이오. 실로 이와 같나니, 비구들이여, 그대들은 불선법을 버리고 선법에 전념하도록 하시오. 그러면 그대들도 이 가르침과 율에서 번영하고 성장하고 발전할 것이오.

비구들이여, 옛날에 이 싸왓티에 웨데히까(Vedehikā)라는 부인이 있었다오. 비구들이여, 웨데히까 부인에 대하여 온화하고 겸손하고 정숙(靜肅)하다는 훌륭한 명성이 자자했다오. 비구들이여, 그런데 웨데히까 부인에게는 깔리(Kālī)라는 유능하고 부지런하고 일을 잘하는 하녀가 있었다오. 비구들이여, 그런데 하녀 깔리에게 이런 생각이 들었다오.

'나의 주인은 온화하고 겸손하고 정숙하다는 훌륭한 명성이 자자하다. 진실로 나의 주인은 정숙한 분일까, 그렇지 않으면, 사실은 속으로는 화를 내면서도 불편한 심사를 드러내지 않는 것일까, 그렇지 않으면, 나의 주인이 정숙한 것은 내가 일을 잘하기 때문이고, 사실은 속으로는 화를 내면서도 불편한 심사를 드러내지 않는 것일까? 내가 주인을 시험해보면 어떨까?'

비구들이여, 그래서 하녀 깔리는 일부러 늦잠을 잤다오. 비구들이여, 그러자 웨데히까 부인은 하녀 깔리에게 말했다오.

'이봐라! 깔리야!'

'왜 그러십니까? 주인님.'

'너는 어째서 늦게 일어났느냐?'

'그게 어때서요? 주인님.'

'감히 종 주제에 대낮에 일어나서는 그게 어떠냐고?'

그녀는 격분하고 불쾌해하며 화를 냈다오. 비구들이여, 그러자 하녀 깔리에게 이런 생각이 들었다오.

'나의 주인이 정숙한 것은 사실은 속으로는 화를 내면서도 불편한 심사를 드러내지 않았기 때문이구나. 나의 주인이 정숙한 것은 내가 일을 잘하기 때문이고, 사실은 속으로는 화를 내면서도 불편한 심사를 드러내지 않았구나. 내가 다시 더 심하게 주인을 시험해보면 어떨까?'

비구들이여, 그래서 하녀 깔리는 낮에 더 늦게 잠자리에서 일어났다오. 비구들이여, 그러자 웨데히까 부인은 그녀는 격분하고 불쾌해하며 문빗장을 집어서 머리를 때렸다오. 하녀 깔리는 피가 흐르는 깨진 머리를 하고 이웃들에게 하소연했다오.

'주인님의 온화한 행동을 보세요! 주인님의 겸손한 행동을 보세요! 주인님의 정숙한 행동을 보세요! 어쩌면 하나뿐인 하녀에게 늦잠을 잤다고 해서 격분하고 불쾌해하며 문빗장을 집어서 머리를 때릴 수 있단 말입니까?'

비구들이여, 그러자 그 후에는 웨데히까 부인에 대하여 포악하고 겸손하지 않고 정숙하지 못하다는 악명(惡名)이 자자했다오.

비구들이여, 실로 이와 같이 어떤 비구는 불쾌한 말을 듣지 않을 때는 매우 온화하고 겸손하고 정숙하다오. 비구들이여, 그렇지만 불쾌한 말을 들어도, 비구는 온화하고 겸손하고 정숙하다는 말을 들어야 한다오. 비구들이여, 나는 옷과 발우(鉢盂)와 좌구(坐具)와 의약자구(醫藥資具)로 인해서 유순하고, 유순해지는 비구를 유순한 비구라고 말하지 않는다오. 왜냐하면, 그 비구는 옷과 발우(鉢盂)와 좌구(坐具)와 의약자구(醫藥資具)를 얻지 못하면 유순하지 않고, 유순해지지 않기 때문이오. 비구들이여, 나는 가르침을 존경하고, 가르침을 존중하고, 가르침을 공경하면서 유순하고, 유순해지는 비구를 유순한 비구라고 말한다오. 비구들이여, 그러므로 '우리는 가르침을 존경하고, 가르침을 존중하고, 가르침을 공경함으로써 유순하고, 유순해지도록 하자'라고 생각해야 한다오. 비구들이여, 그대들은 이와 같이 공부해야 한다오.

비구들이여 다른 사람들이 그대들에게 이야기할 때, 말하는 방식에 다섯 가지 경우가 있을 것이오. 즉 시의(時宜)가 적절하거나 부적절한 경우, 진실에 부합하거나 부합하지 않은 경우, 말투가 온화하거나 난폭한 경우, 내용이 유익하거나 무익한 경우, 마음이 자애롭거나 성내는 경우가 있을 것이오. 비구들이여, 다른 사람들이 그대들에게 어떤 방식으로 이야기하든, 그대들은 이와 같이 공부해야 한다오.

'결코 마음이 변하지 않도록 하리라! 나는 사악한 말을 하지 않으리라! 나는 성내지 않고 자애로운 마음으로 애민(哀愍)하며 살아가리라! 나는 그 사람에 대하여 자애로운 마음을 가득 채워 살아가리라! 그리고 이 일을 계기로 하여 일체의 세계를 풍부하고 광대하고 무량하고 평화롭고 비폭력적이고 자애로운 마음으로 가득 채워 살아가리라!'

비구들이여 이와 같이 공부해야 한다오.

비구들이여, 예를 들어, 어떤 사람이 호미와 바구니를 가지고 와서, '나는 이 대지(大地)를 땅 아닌 것으로 만들겠다'라고 말하고, 여기저기에서 흙을 파내어, 여기저기에 흩뿌리고, 여기저기에 침을 뱉고, 여기저기에 방뇨하면서, '땅 아닌 것이 되어라! 땅 아닌 것이 되어라!'라고 말한다면, 비구들이여 그대들은 어떻게 생각하는가? 그 사람이 대지를 땅 아닌 것으로 만들 수 있겠는가?"

"아닙니다. 세존이시여. 왜냐하면, 세존이시여, 이 대지는 측량할 수 없이 깊어서, 땅 아닌 것으로 만들 수 없기 때문입니다. 그 사람은 힘만 들고, 괴롭게 될 뿐입니다."

"비구들이여, 바로 그와 같다오. 비구들이여, 예를 들어, 어떤 사람이 검은색 물감, 황색 물감, 청색 물감, 진홍색 물감을 가지고 와서 '나는 이 허공에 갖가지 그림을 그리고 뚜렷한 형색을 만들겠다'라고 말한다면, 비구들이여, 그대들은 어떻게 생각하는가? 그 사람이 이 허공에 갖가지 그림을 그리고 뚜렷한 형색을 만들 수 있겠는가?"

"아닙니다. 세존이시여. 왜냐하면, 세존이시여, 이 허공은 형색이 없고 볼 수 없어서 그림을 그리거나 뚜렷한 형색을 만들 수 없기 때문입니다. 그 사람은 힘만 들고, 괴롭게 될 뿐입니다."

"비구들이여, 바로 그와 같다오. 비구들이여, 어떤 사람이 타오르는 횃불을 가지고 와서 '나는 이 횃불로 갠지스(Gaṅga)강을 데워서 뜨겁게 하겠다'라고 말한다면, 비구들이여, 그대들은 어떻게 생각하는가? 그 사람이 횃불로 갠지스강을 데워서 뜨겁게 할 수 있겠는가?"

"아닙니다. 세존이시여. 왜냐하면, 세존이시여, 갠지스강은 측량할 수 없이 깊어서 그 강을 데워서 뜨겁게 할 수 없기 때문입니다. 그 사람은 힘만 들고 괴롭게 될 뿐입니다."

"비구들이여, 바로 그와 같다오. 비구들이여, 예를 들어, 솜처럼 부드럽게 잘 무두질하여 사각거리지 않고, 바스락거리지 않는 고양이 가죽 주머니가 있는데, 어떤 사람이 나무 조각이나 자갈을 들고 와서 '나는 나무 조각이나 자갈로 이 고양이 가죽 주머니를 사각거리게 하고 바스락거리게 하겠다'라고 말한다면, 비구들이여, 그대들은 어떻게 생각하는가? 그 사람이 나무 조각이나 자갈로 그 고양이 가죽 주머니를 사각거리게 하고 바스락거리게 할 수 있겠는가?"

"아닙니다. 세존이시여. 왜냐하면, 세존이시여, 그 고양이 가죽 주머니는 솜처럼 부드럽게 잘 무두질하여 사각거리지 않고 바스락거리지 않아서 조각이나 자갈로 이 고양이 가죽 주머니를 사각거리게 할 수 없고, 바스락거리게 할 수 없기 때문입니다. 그 사람은 힘만 들고 괴롭게 될 뿐입니다."

"비구들이여, 바로 그와 같다오. 비구들이여, 다른 사람들이 그대들에게 다섯 가지 방식으로 말할 때, 그대들은 이와 같이 공부해야 한다오.

'결코 마음이 변하지 않도록 하리라! 나는 사악한 말을 하지 않으리라! 나는 성내지 않고 자애로운 마음으로 연민하며 살아가리라! 나는 그 사람에 대하여 자애로운 마음을 가득 채워 살아가리라! 그리고 이 일을 계기로 하여 일체의 세계를 풍부하고 광대하고 무량한 평화롭고 비폭력적이고 자애로운 마음으로 가득 채워 살아가리라!'

비구들이여, 그대들은 이와 같이 공부해야 한다오.

비구들이여, 양쪽에 손잡이가 있는 톱으로 비열한 도적들이 사지를 차례로 잘라낸다고 할지라도, 거기에서 마음이 타락한다면 그는 나의 가르침을 따르는 사람이 아니오. 비구들이여, 거기에서 이렇게 공부해야 한다오.

'결코 마음이 변하지 않도록 하리라! 나는 사악한 말을 하지 않으리라! 나는 성내지 않고 자애로운 마음으로 연민하며 살아가리라! 나는 그 사람에 대하여 자애로운 마음을 가득 채워 살아가리라! 그리고 이 일을 계기로 하여 일체의 세계를 풍부하고 광대하고 무량한 평화롭고 비폭력적인 자애로운 마음으로 가득 채워 살아가리라!'

비구들이여, 그대들은 이와 같이 공부해야 한다오.

비구들이여, 그대들은 이 '톱의 비유 가르침'을 끊임없이 반복해서 생각하시오. 비구들이여, 그대들은 이 말하는 방식에서 작든 크든, 그대들이 동의할 수 없는 것을 보았는가?

"아닙니다. 세존이시여."

비구들이여, 그러므로 그대들은 이 '톱의 비유 가르침'을 끊임없이 반복해서 생각하시오. 그것은 그대들에게 오래도록 이익이 되고 행복이 될 것이오.

이것이 세존께서 하신 말씀입니다.

그 비구들은 세존의 말씀에 만족하고 기뻐했습니다.

14

독사의 비유 경

22. Alagaddūpama-sutta

【 해제 】

이 경은 한역 『중아함경(中阿含經)』 「200. 아리타경(阿黎吒經)」에 상응하는 경이며, 『증일아함경(增一阿含經)』 43.5에도 같은 내용이 있다.

'독사의 비유'라는 이름의 이 경은 『벌유경(筏喩經)』으로 널리 알려진 경으로서 독사의 비유와 뗏목의 비유를 설하고 있다. 이 두 비유는 공(空)과 무아(無我)를 핵심으로 하는 불교의 특징을 잘 표현한 것이다. 부처님은 무아를 가르쳤다. 그런데 이 무아의 가르침을 잘못 이해하면 허무주의(虛無主義)가 된다. 죽어서 다음 세상으로 가는 자아(自我)가 없다면, 우리는 아무렇게나 살다 죽으면 되는 것이 아닌가? 이 경에 등장하는 아릿타(Ariṭṭha) 비구가 이렇게 불교를 이해한 사람이다. 그는 '세존께서 말씀하신 장애법(障礙法)을 추구(追求)해도 문제 될 것이 없다'라고 생각한다. '세존께서 말씀하신 장애법'은 감각적 욕망이다. 「11. 꿀 덩어리 경」에서 살펴보았듯이, 부처님께서는 감각적 욕망을 벗어나 살아가는 법을 가르친다고 말씀하셨다. 그런데 아릿타는 부처님의 어떤 가르침 때문에 감각적 욕망을 추구해도 문제 될 것이 없다고 생각했을까?

　　이 경에 직접적인 언급은 없지만, 아릿타가 감각적 욕망을 추구해도 문제 될 것이 없다고 이해한 가르침은 무아와 공의 가르침이다. 독사를 잘못 잡으면 독사에 물리듯이, 무아를 잘못 이해하면 큰 해를 입는다는 것이 이 경의 요지이다. 용수(龍樹)가 『중론(中論)』의 「관사제품(觀四諦品)」에서 "잘못 이해된 공성(空性)은 이해가 부족한 사람을 괴롭힌다. 잘못 잡은 뱀이나 잘못 외운 주문처럼"이라고 이야기하듯이, 무아를 잘못 이해하면 무아의 가르침은 모든 윤리와 도덕을 파괴한다. 무아가 자기 존재의 부정이라면, 살인을 해도 죽인 사람이 없고, 누가 나를 죽여도 죽을 내가 없을 것이다.

　　감각적 욕망을 축으로 형성된 자아의식이 우리의 삶을 지배하면서 온갖 괴로움을 일으키기 때문에, 부처님께서는 무아를 말씀하셨다. 무아의 가르침에 따라 자신의 삶에서 '자아(自我)'라는 생각을 버리고 살면, 우리는 누구나 행복을 느끼게 된다. 이렇게 자신이 무아의 가르침을 통해 행복을 느끼며 사는 사람에게는 '자아가 있는가, 없는가?'는 무의미한 말장난이다. 자신의 삶에서 자아라는 망상(妄想)이 사라진 뒤에 무아는 아무런 의미가 없다. 이것이 뗏목의 비유이다. 무아의 가르침은 강을 건넌 후에는 버려야 할 뗏목과 같은 것이다.

　　무아가 종국에는 버려야 할 방편(方便)이라고 해서 부처님께서 무아가 아닌 어떤 진아(眞我)를 숨겨두고 있는 것은 아니다. 부처님께서

는 이것을 우려하여 "그대들은 뗏목의 비유를 이해하여 마땅히 가르침
[法]들도 버려야 하거늘, 하물며 가르침이 아닌 것[非法]들은 말해 무엇
하겠는가?"라고 말씀하신다. 여기에서 이야기하는 가르침이 아닌 것은
유아론(有我論)이다. 무아를 버린다고 유아(有我)를 취해서는 안 된다는
것이다.

　　범부들은 무아가 아니면 유아라는 모순된 생각을 한다. 이 모순
된 생각을 벗어나는 것이 중도(中道)이다. 이 법문은 중도를 벗어나서는
바르게 이해될 수 없다. 중도에서 연기(緣起)의 실상(實相), 즉 공을 보아
야 무아의 참뜻을 알 수 있다. 이런 의미에서 이 경은 반야(般若) 사상의
모태(母胎)라고 할 수 있다.

이와 같이 나는 들었습니다.

한때 세존께서는 싸왓티의 제따와나 아나타삔디까 승원(僧園)에 머무셨습니다. 그때 출가 이전에 매 조련사였던 아릿타(Ariṭṭha) 비구에게 이런 사악한 견해가 생겼습니다.

"나는 세존께서 가르치신 가르침을 '세존께서 말씀하신 장애법(障碍法)을 추구(追求)해도 문제가 될 것이 없다'[01]라고 알고 있다."

많은 비구가 출가 이전에 매 조련사였던 아릿타 비구에게 이런 사악한 견해가 생겼다는 말을 들었습니다. 그 비구들은 아릿타 비구를 찾아가서 그것이 사실인지를 물었습니다.

아릿타 비구는 사실이라고 대답했습니다.

그 비구들은 이러한 사악한 견해를 버리도록 아릿타 비구를 엄하게 추궁하고, 이유를 따지고, 충고했습니다.

"아릿타 존자여, 그런 말을 하지 마시오! 세존을 중상(中傷)하지 마시오! 세존을 중상하는 일은 좋은 일이 아니오. 세존께서는 그렇게 말씀하시지 않았을 것이오. 왜냐하면, 아릿타 존자여, 세존께서는 여러 가지 방법으로 세존께서 말씀하신 장애법을 추구하면 많은 장애가 있다고 말씀하셨기 때문이오. 세존께서는 '감각적 욕망은 맛없고, 많은 괴로움이 있고, 많은 어려움이 있고, 거기에는 재난이 훨씬 더 많다'라

---

01 'ye 'me antarāyikā dhammā vuttā Bhagavatā te paṭisevato nâlaṃ antarāyāyâti'의 번역.

고 말씀하셨소. 세존께서는 해골의 비유, 살덩어리의 비유, 횃불의 비유, 불구덩이의 비유, 꿈의 비유, 빛의 비유, 과실(果實)의 비유, 도살장의 비유, 칼과 창의 비유, 뱀 대가리의 비유를 들어 '감각적 욕망은 맛없고, 많은 괴로움이 있고, 많은 어려움이 있고, 거기에는 재난이 훨씬 많다'라고 말씀하셨소."

이와 같이 그 비구들은 아릿타 비구를 엄하게 추궁하고, 이유를 따지고, 충고했지만, 그는 그 사악한 견해를 강하게 붙잡고 집착하면서 단언했습니다.

"확실히 나는 세존께서 가르치신 가르침을 '세존께서 말씀하신 장애법을 추구해도 문제 될 것이 없다'라고 알고 있소."

그 비구들은 아릿타 비구로 하여금 이러한 사악한 견해를 버리도록 할 수 없었기 때문에 세존을 찾아갔습니다. 세존을 찾아가서 세존께 예배하고 한쪽에 앉은 후에, 그 비구들은 세존께 이 일을 자세히 말씀드렸습니다.

그러자 세존께서 어떤 비구를 불렀습니다.

"이리 오라! 비구여, 그대는 '아릿타 존자여, 스승님께서 그대를 부르십니다'라고 나의 말을 전하여 아릿타 비구를 불러라!"

그 비구는 "그렇게 하겠습니다. 세존이시여!"라고 세존께 승낙하고, 아릿타 존자를 찾아가서 말했습니다.

"존자여, 스승님께서 그대 아릿타를 부르십니다."

아릿타 존자는 그 비구에게 "그렇게 하겠습니다. 존자여!"라고 승낙하고서, 세존을 찾아갔습니다. 그는 세존을 찾아가서 예배하고 한쪽에 앉았습니다. 한쪽에 앉은 아릿타 존자에게 세존께서 말씀하셨습니다.

"아릿타여, 그대는 사악한 견해를 일으켜, '세존께서 말씀하신 장애법을 추구해도 문제 될 것이 없다고 가르쳤다'라고 했다는데, 사실인가?"

"사실입니다. 세존이시여! 저는 확실히 세존께서 '세존께서 말씀하신 장애법을 수용(受用)해도 문제 될 것이 없다'라고 가르쳤다고 알고 있습니다."

"어리석은 사람아, 누구에게 내가 그런 가르침을 가르쳤다고 그대는 알고 있는가? 어리석은 사람아, 내가 여러 가지 방법으로, 갖가지 비유를 들어서, '장애법을 추구하면 많은 장애가 있다'라고 이야기하지 않았던가? 어리석은 사람아, 그런데 그대는 자신이 잘못 파악한 견해로 우리를 중상하고, 자신을 해치고, 많은 죄를 짓는구나. 어리석은 사람아, 그것은 그대에게 오랜 세월 동안 무익한 괴로움이 될 것이다."

세존께서 비구들에게 말씀하셨습니다.

"비구들이여, 그대들은 어떻게 생각하는가? 이 아릿타 비구는 이 가르침과 율에서 수행에 열중하는가?"

"어떻게 그럴 수 있겠습니까? 세존이시여! 열중하지 않나이다. 세존이시여!"

이와 같이 이야기하자, 아릿타 비구는 말없이 부끄러워하면서, 시든 잎처럼 어깨를 떨어뜨리고, 고개를 숙이고, 생각에 잠긴 채 아무 대꾸도 하지 못하고 앉아있었습니다. 세존께서는 그런 모습을 보시고, 아릿타 비구에게 말씀하셨습니다.

"어리석은 사람아, 그대는 자신의 견해가 사악한 것임을 알게 될 것이다. 내가 이제 비구들에게 물어보겠다."

세존께서 비구들에게 말씀하셨습니다.

"비구들이여, 그대들도 내가 가르친 가르침을, 아릿타 비구가 자신이 잘못 파악한 견해로 우리를 중상하고, 자신을 해치고, 많은 죄를 짓고 있는 것처럼, 그렇게 이해하는가?"

"그렇지 않습니다. 세존이시여! 세존께서는 분명히 여러 가지 방법으로 '장애법을 수용하면 많은 장애가 있다'라고 말씀하셨습니다. 세존께서는 '감각적 욕망은 맛없고, 많은 괴로움이 있고, 많은 어려움이 있고, 거기에는 재난이 훨씬 더 많다'라고 말씀하셨습니다. 세존께서는 해골의 비유, 살덩어리의 비유, 횃불의 비유, 불구덩이의 비유, 꿈의 비유, 빚의 비유, 과실(果實)의 비유, 도살장의 비유, 칼과 창의 비유, 뱀 대가리의 비유를 들어 '감각적 욕망은 맛없고, 많은 괴로움이 있고, 많은 어려움이 있고, 거기에는 재난이 훨씬 많다'라고 말씀하셨습니다."

"훌륭하오. 비구들이여! 비구들이여, 그대들은 내가 가르친 가르침을 훌륭하게 이해하고 있군요. 그런데 이 아릿타 비구는 자신이 잘못 파악한 견해로 우리를 중상하고, 자신을 해치고, 많은 죄를 짓고 있군요. 그것은 이 어리석은 사람에게 오랜 세월 동안 무익한 괴로움이 될 것이오. 실로 감각적 욕망이 없다면,[02] 감각적 욕망에 대한 개념[想]이 없다면,[03] 감각적 욕망에 대한 사유(思惟)가 없다면,[04] 감각적 욕망을 추구하는 일은 있을 수 없을 것이오.

비구들이여, 어떤 어리석은 사람들은 경(經; sutta), 응송(應頌; geyya),

---

02 'aññatra eva kāmehi'의 번역.

03 'aññatra kāmasaññāya'의 번역.

04 'aññatra kāmavitakkehi'의 번역.

기별(記別; veyyākaraṇa), 게송(偈頌; gāthā), 감흥어(感興語; udāna), 여시어(如是語; itivuttaka), 본생(本生; jātaka), 미증유법(未曾有法; abbhutadhamma), 문답(問答; vedalla) 등의 가르침을 배우지만, 그들은 그 가르침을 배운 후에 지혜로 그 가르침의 의미를 탐구하지 않으며, 지혜로 그 가르침의 의미를 탐구하지 않기 때문에 이해하지 못한다오. 그들은 비난하기 위하여 가르침을 배우고, 잡담하기 위하여 가르침을 배우기 때문에 그 의미를 체득하지 못한다오. 그들이 잘못 파악한 가르침은 그들을 오랜 세월 동안 무익한 괴로움으로 이끌 것이오. 비구들이여, 그 원인은 무엇인가? 그것은 그들이 가르침을 잘못 파악했기 때문이오.

비구들이여, 비유하면, 어떤 사람이 독사가 필요해서 독사를 찾아, 독사를 탐색하고 다니다가 커다란 독사를 발견하고 곧바로 그 독사의 똬리 튼 몸통이나 꼬리를 잡는 것과 같다오. 그 뱀은 돌아서서 손이나, 팔이나, 다른 손발을 물게 될 것이오. 그리고 그는 그로 인해서 죽음에 이르거나, 죽을 지경의 괴로움에 이르게 될 것이오. 비구들이여, 그 원인은 무엇인가? 그것은 그가 뱀을 잘못 잡았기 때문이오.

비구들이여, 어떤 선남자(善男子)들은 경, 응송, 기별, 게송, 감흥어, 여시어, 본생, 미증유법, 문답 등의 가르침을 배우면, 그들은 그 가르침을 배운 후에 지혜로 그 가르침의 의미를 탐구하고, 지혜로 그 가르침의 의미를 탐구하기 때문에 이해한다오. 그들은 비난하기 위하여 가르침을 배우는 것이 아니고, 잡담하기 위하여 가르침을 배우는 것이 아니기 때문에 그 의미를 체득한다오. 그들이 이해한 가르침은 그들을 오랜 세월 동안 유익한 즐거움으로 이끌 것이오. 비구들이여, 그 원인은 무엇인가? 그것은 그들이 가르침을 잘 파악했기 때문이오.

비구들이여, 비유하면, 어떤 사람이 독사가 필요해서 독사를 찾아, 독사를 탐색하고 다니다가 커다란 독사를 발견하고, 곧바로 끝이 갈라진 막대기로 눌러서 제압한 후에 목을 잘 붙잡는 것과 같다오. 비구들이여, 그러면 그 어떤 독사가 그 사람의 손이나, 팔이나, 다른 손발을 똬리 틀어 칭칭 감아도, 결코 그로 인해서 죽음에 이르거나, 죽을 지경의 괴로움에 이르지는 않을 것이오. 비구들이여, 그 원인은 무엇인가? 그것은 그가 뱀을 잘 잡았기 때문이오.

비구들이여, 그러므로 그대들은 내 말의 의미를 이해했으면, 내 말을 그대로 받아 지니도록 하시오. 그러나 내 말의 의미를 이해하지 못했으면, 그때는 나에게 그대들이 잘 이해했는지 반문해야 한다오.

비구들이여, 내가 그대들에게 뗏목은 강을 건너기 위한 것이지, 붙잡기 위한 것이 아니라는 뗏목의 비유를 이야기하겠소. 잘 듣고, 깊이 생각하도록 하시오. 내가 이야기하겠소.”

그 비구들은 “그렇게 하겠습니다. 세존이시여!”라고 세존께 응답했습니다.

세존께서는 다음과 같이 말씀하셨습니다.

“비구들이여, 비유하면, 길을 가던 어떤 나그네가 이쪽 언덕은 무섭고 위험하고, 저쪽 언덕은 안전하고 위험이 없는 범람하는 큰 강을 만났는데, 이 언덕[此岸]에서 저 언덕[彼岸]으로 갈 수 있도록 강을 건네줄 배가 없었다오. 그는 이렇게 생각했다오.

‘이 큰 강은 이쪽 언덕은 무섭고 위험하고, 저쪽 언덕은 안전하고 위험이 없다. 그런데 이 언덕에서 저 언덕으로 갈 수 있도록 강을 건네줄 배가 없구나. 나는 풀, 나무토막, 나뭇가지, 나뭇잎을 모아 뗏목을 엮

은 다음, 그 뗏목에 의지하여 손과 발을 힘껏 저어서 안전한 저 언덕으로 올라가야겠다.'

비구들이여, 그 사람은 풀, 나무토막, 나뭇가지, 나뭇잎을 모아 뗏목을 엮은 다음, 그 뗏목에 의지하여 손과 발을 힘껏 저어서 안전한 저 언덕으로 올라갔다오. 그런데 강을 건너 저 언덕에 올라간 사람이 이런 생각을 했다오.

'이 뗏목은 나에게 많은 도움이 되었다. 나는 이 뗏목에 의지하여 안전한 언덕으로 올라왔다. 그러니 나는 이 뗏목을 머리에 이거나, 어깨에 지고 갈 길을 가야겠다.'

비구들이여, 어떻게 생각하는가? 그 사람이 그 뗏목에 대하여 이렇게 하는 것이 마땅한 일인가?"

"아닙니다. 세존이시여!"

"비구들이여, 그렇다면 그 사람이 그 뗏목에 대하여 어떻게 하는 것이 마땅한 일인가? 비구들이여, 이제 강을 건너 저 언덕에 올라간 사람이 이런 생각을 했다오.

'이 뗏목은 나에게 많은 도움이 되었다. 나는 이 뗏목에 의지하여 안전한 언덕으로 올라왔다. 나는 이 뗏목을 땅 위에 올려놓거나, 물에 띄워놓고 갈 길을 가야겠다.'

비구들이여, 그 사람이 뗏목에 대하여 이렇게 하는 것이 마땅한 일이 아니겠는가? 비구들이여, 나는 이와 같이 뗏목은 강을 건너기 위한 것이지, 붙잡기 위한 것이 아니라는 뗏목의 비유를 이야기하였소. 비구들이여, 그대들은 뗏목의 비유를 이해하여, 마땅히 가르침[法]들도 버려야 하거늘, 하물며 가르침이 아닌 것[非法]들은 말해 무엇하겠는가?

비구들이여, 여섯 가지 관점[觀點, 見處]이 있다오.[05] 여섯 가지는 어떤 것인가? 비구들이여, 성인(聖人)을 무시하고, 성인의 가르침을 이해하지 못하고, 성인의 가르침에서 배우지 못하고, 참사람[正士]을 무시하고, 참사람의 가르침을 이해하지 못하고, 참사람의 가르침에서 배우지 못한 무지한 범부는 (몸의) 형색[色]에 대하여, '이 형색은 나의 소유다. 이 형색이 나다. 이 형색은 나의 자아(自我)다'라고 보고, 느낌[受]에 대하여, '이 느낌은 나의 소유다. 이 느낌이 나다. 이 느낌은 나의 자아다'라고 보고, 생각[想]에 대하여, '이 생각은 나의 소유다. 이 생각이 나다. 이 생각은 나의 자아다'라고 보고, 행위[行]들[06]에 대하여, '이 행위들은 나의 소유다. 이 행위들이 나다. 이 행위들은 나의 자아다'라고 보고, 분별하는 마음[識]에 대하여, '이 분별하는 마음은 나의 소유다. 이 분별하는 마음이 나다. 이 분별하는 마음은 나의 자아다'라고 본다오. 심지어는 마음에 의해서[07] 보이고, 들리고, 지각되고, 인식되고, 파악되고, 소망되고, 성찰된 것에 대하여, '이것은 나의 소유다. 이것이 나다. 이것은 나의 자아다'라고 본다오.

그뿐만 아니라, 이 관점[見處]에 의지하여, '이것이 자아다. 이것이 세계다. 나는 사후(死後)에 지속하고, 일정하고, 영원하고, 변하지 않을 것이다. 나는 그대로 언제까지나 머물게 될 것이다'라고 생각하고, 그

---

05 'chay-imāni bhikkhave diṭṭhiṭṭhānāni'의 번역.

06 'saṅkhāre'의 번역. 'saṅkhāre'는 '行'으로 한역(漢譯)되는 'saṅkhāra'의 복수 대격(對格)이다. 'saṅkhāra'가 복수형을 취한 것은 'saṅkhāra'에는 신행(身行), 구행(口行), 의행(意行) 3가지가 있기 때문이다. 업(業)에도 신업(身業), 구업(口業), 의업(意業) 3가지가 있는데, 행(行)에도 같은 내용의 3가지가 있다는 것은 우리의 삶[業]이 무명(無明)에서 벗어나지 못할 때 유위를 조작하는 삶[行]이 된다는 것을 의미한다.

07 'manasā'의 번역.

것에 대하여, '이것은 나의 소유다. 이것이 나다. 이것은 나의 자아다'라고 본다오.

비구들이여, 그렇지만 성인(聖人)을 알아보고, 성인의 가르침을 이해하고, 성인의 가르침에서 잘 배우고, 참사람[正士]을 알아보고, 참사람의 가르침을 이해하고, 참사람의 가르침에서 잘 배운, 학식 있는 거룩한 제자는 형색[色]과 느낌[受]과 생각[想]과 행위[行]들과 분별하는 마음[識]에 대하여 '이것은 나의 소유가 아니다. 이것은 내가 아니다. 이것은 나의 자아가 아니다'라고 보고, 마음에 의해서 보이고, 들리고, 지각되고, 인식되고, 파악되고, 소망되고, 성찰된 것에 대해서도, '이것은 나의 소유가 아니다. 이것은 내가 아니다. 이것은 나의 자아가 아니다'라고 본다오.[08]

그뿐만 아니라, 이 관점[見處]에 근거하여, '이것이 자아다. 이것이 세계다. 나는 사후에 지속하고, 일정하고, 영원하고, 변하지 않을 것이다. 나는 그대로 언제까지나 머물게 될 것이다'라고 생각하지 않고, 그것에 대하여, '이것은 나의 소유가 아니다. 이것은 내가 아니다. 이것은 나의 자아가 아니다'라고 본다오. 그는 이와 같이 (나의 자아가) 아니라고 보기 때문에 걱정하지 않는다오."

이와 같이 말씀하시자, 어떤 비구가 세존께 말씀드렸습니다.

"세존이시여, 밖에 (나의 소유가) 없으면 걱정하는 경우가 있습니까?"[09]

"있다오. 비구여, 어떤 사람은 '전에는 내 것이었는데, 그것이 지금

---

08 각각의 관점[見處]에 대한 중복되는 내용을 생략하여 번역함.

09 'so evaṃ samanupassanto asati na paritassati'의 번역.

은 내 것이 아니다. 내 것이면 좋겠는데, 나는 지금 그것을 얻지 못했다'
라고 생각한다오. 그리하여 그는 슬퍼하고, 아쉬워하고, 가슴을 치며
통탄하고, 혼란에 빠진다오. 비구여, 이와 같이 밖에 (자신의 소유가) 없으
면 걱정하는 경우가 있다오."

"세존이시여, 밖에 (자신의 소유가) 없어도 걱정하지 않는 경우가 있
습니까?"

"있다오. 비구여, 어떤 사람은 '전에는 내 것이었는데, 그것이 지금
은 내 것이 아니다. 내 것이면 좋겠는데, 나는 지금 그것을 얻지 못했다'
라고 생각하지 않는다오. 그래서 그는 슬퍼하지 않고, 아쉬워하지 않
고, 가슴을 치며 통탄하지 않고, 혼란에 빠지지 않는다오. 비구여, 이와
같이 밖에 (자신의 소유가) 없어도 걱정하지 않는 경우가 있다오."

"세존이시여, 안에 (자아가) 없으면 걱정하는 경우가 있습니까?"

"있다오. 비구여, 어떤 사람에게는 '이것이 자아다. 이것이 세계다.
나는 사후에 지속하고, 일정하고, 영원하고, 변하지 않을 것이다. 나는
그대로 언제까지나 머물게 될 것이다'라는 견해가 있다오. 그래서 그는
여래나 여래의 제자가 일체의 관점[見處]에 대한 근거(根據)와 편견(偏
見)과 경향(傾向)과 성향[睡眠]을 제거하기 위하여,[10] 일체의 행위[行]들
을 그치기 위하여,[11] 일체의 집착을 버리기 위하여,[12] 갈애[愛]를 지멸(止
滅)하기 위하여,[13] 이욕(離欲)을 위하여, 소멸(消滅)을 위하여, 열반을 위

---

10 'diṭṭhiṭṭāna –adhiṭṭhāna –pariyuṭṭhāna –abhinivesa –anusayānaṃ samugghātāya'의 번역.
11 'sabba –saṅkhāra –samathāya'의 번역.
12 'sabba –upadhipaṭinissaggāya'의 번역.
13 'taṇhakkhāya'의 번역.

하여 가르친 가르침을 듣고, '나는 정말로 단멸(斷滅)하게 되는구나. 나는 정말로 사라지게 되는구나. 나는 정말로 존재하지 않게 되는구나'라고 생각한다오. 그는 슬퍼하고, 아쉬워하고, 가슴을 치며 통탄하고, 혼란에 빠진다오. 비구여, 이와 같이 안에 (자아가) 없으면 걱정하는 경우가 있다오."

"세존이시여, 안에 (자아가) 없어도 걱정하지 않는 경우가 있습니까?"

"그렇다오. 비구여, 어떤 사람에게는 '이것이 자아다. 이것이 세계다. 나는 사후(死後)에 지속하고, 일정하고, 영원하고, 변하지 않을 것이다. 나는 그대로 언제까지나 머물게 될 것이다'라는 견해가 없다오. 그래서 그는 여래나 여래의 제자가 일체의 관점[見處]에 대한 근거와 편견과 경향과 성향[睡眠]을 제거하기 위하여, 일체의 행위[行]들을 그치기 위하여, 일체의 집착을 버리기 위하여, 갈애[愛]를 지멸하기 위하여, 이욕(離欲)을 위하여, 소멸을 위하여, 열반을 위하여 가르친 가르침을 듣고, '나는 정말로 단멸(斷滅)하게 되는구나. 나는 정말로 사라지게 되는구나. 나는 정말로 존재하지 않게 되는구나'라고 생각하지 않는다오. 그는 슬퍼하지 않고, 아쉬워하지 않고, 가슴을 치며 통탄하지 않고, 혼란에 빠지지 않는다오. 비구여, 이와 같이 안에 (자아가) 없어도 걱정하지 않는 경우가 있다오.

비구들이여, 지속하고, 일정하고, 영원하고, 변하지 않는 법으로서, 그대로 언제까지나 머물 수 있는 재물(財物)이 있다면, 그대들은 그 재물을 소유해도 좋을 것이오. 비구들이여, 그대들은 지속하고, 일정하고, 영원하고, 변하지 않는 법으로서, 그대로 언제까지나 머물 수 있는 재물을 보았는가?"

"보지 못했습니다. 세존이시여!"

"그렇다오, 비구들이여! 비구들이여, 나도 역시 지속하고, 일정하고, 영원하고, 변하지 않는 법으로서, 그대로 언제까지나 머물 수 있는 재물을 보지 못했다오.

비구들이여, 그것을 (자아로) 취했을 때 근심, 걱정, 슬픔과 같은 고뇌[憂悲苦惱]가 생기지 않는 아어취(我語取)[14]가 있다면, 그대들은 그 아어취를 취해도 좋을 것이오. 비구들이여, 그대들은 그것을 (자아로) 취했을 때 근심, 걱정, 슬픔과 같은 고뇌가 생기지 않는 아어취를 보았는가?"

"보지 못했습니다. 세존이시여!"

"그렇다오, 비구들이여! 비구들이여, 나도 역시 그것을 (자아로) 취했을 때 근심, 걱정, 슬픔과 같은 고뇌가 생기지 않는 아어취를 보지 못했다오.

비구들이여, 그것에 의지했을 때 근심, 걱정, 슬픔과 같은 고뇌가 생기지 않는 견(見)의 근거[見依][15]가 있다면, 그대들은 그 견의 근거를 의지해도 좋을 것이오. 비구들이여, 그대들은 그것에 의지했을 때 근심, 걱정, 슬픔과 같은 고뇌가 생기지 않는 견의 근거를 보았는가?"

"보지 못했습니다. 세존이시여!"

"그렇다오, 비구들이여! 비구들이여, 나도 역시 그것을 의지했을 때 근심, 걱정, 슬픔과 같은 고뇌가 생기지 않는 견(見)의 근거를 보지 못했다오.

---

14 'attavādupadāna'의 번역. 어떤 것을 자아라는 언어에 상응하는 것으로 취한 것. 5취온(五取蘊)이 곧 아어취(我語取)이다.

15 'diṭṭhinissaya'의 번역.

비구들이여, 자아[我]가 있을 때, '나의 자아에 속하는 것[我所]¹⁶이 있다'라고 말할 수 있지 않겠는가?"

"그렇습니다. 세존이시여!"

"비구들이여, 자아에 속하는 것이 있을 때, '나의 자아가 있다'라고 말할 수 있지 않겠는가?"

"그렇습니다. 세존이시여!"

"비구들이여, 자아와 자아에 속하는 것이 진실로, 실제로 발견되지 않았다면, '이것이 자아다. 이것이 세계다. 나는 사후에 지속하고, 일정하고, 영원하고, 변하지 않을 것이다. 나는 그대로 언제까지나 머물게 될 것이다'라는 관점[見處]은 전적으로 완전한 어리석음¹⁷이 아니겠는가?"

"세존이시여, 어찌하여 그것이 전적으로 완전한 어리석음입니까?"

"비구들이여, 어떻게 생각하는가? (몸의) 형색[色]은 지속하는가[常], 지속하지 않는가[無常]?

"지속하지 않습니다. 세존이시여!"

"지속하지 않는 것은 괴로움인가, 즐거움인가?"

"괴로움입니다. 세존이시여!"

"지속하지 않고, 괴롭고, 변해버리는 법(法)¹⁸에 대하여, '이것은 나의 소유다. 이것이 나다. 이것이 나의 자아다'라고 보는 것이 과연 현명한가?"

---

16   'attaniya'의 번역.
17   'bāladhamma'의 번역.
18   'vipariṇāmadhamma'의 번역.

"그렇지 않습니다. 세존이시여!"

"비구들이여, 어떻게 생각하는가? 느낌[受], 생각[想], 행위[行]들, 분별하는 마음[識]은 지속하는가, 지속하지 않는가?"

"지속하지 않습니다. 세존이시여!"

"그러면, 지속하지 않는 것은 괴로움인가, 즐거움인가?"

"괴로움입니다. 세존이시여!"

"그러면, 지속하지 않고, 괴롭고, 변해버리는 법(法)에 대하여, '이것은 나의 소유다. 이것이 나다. 이것이 나의 자아다'라고 보는 것이 과연 현명한가?"

"그렇지 않습니다. 세존이시여!"

"비구들이여, 그러므로 과거의 것이든, 미래의 것이든, 현재의 것이든, 내부의 것이든 외부의 것이든, 크든, 작든, 저열하든, 훌륭하든, 멀리 있든, 가까이 있든, 일체의 (몸의) 형색[色]에 대하여, '이것은 나의 소유가 아니다. 이것은 내가 아니다. 이것은 나의 자아가 아니다'라고 그것을 바른 통찰지(通察智)로 있는 그대로 통찰해야 한다오. 느낌, 생각, 행위들, 분별하는 마음[識]도 마찬가지라오.

비구들이여, 이와 같이 본 학식 있는 거룩한 제자는 (몸의) 형색[色]을 염리(厭離)하고, 느낌, 생각, 행위들, 분별하는 마음[識]을 염리한다오. 그는 염리하는 가운데 탐욕에서 벗어나고, 탐욕에서 벗어남으로써 해탈하게 되고, 해탈했을 때 '해탈했다'라고 안다오. 그는 '태어남은 끝났고, 청정한 수행[梵行]을 마쳤으며, 해야 할 일을 끝마쳤다. 다시는 이런 상태로 되지 않는다'라고 안다오. 비구들이여, 이런 비구를 장애(障礙)를 제거한 사람, 해자(垓字)를 채운 사람, 욕망의 화살을 뽑은 사람,

빗장을 연 사람, 깃발을 거두고, 짐을 내려놓고, 속박에서 벗어난 성자라고 부른다오.

비구들이여, 어떤 비구가 장애를 제거한 사람인가? 비구들이여, 뿌리를 자르고 야자수의 밑둥치를 베어내어 미래에는 생기지 않도록 절멸(絶滅)하듯이, 무명을 없앤 비구가 있다오. 이런 비구가 장애를 제거한 사람이라오.

비구들이여, 어떤 비구가 해자를 채운 사람인가? 비구들이여, 뿌리를 자르고 야자수의 밑둥치를 베어내어 미래에는 생기지 않도록 절멸하듯이, 거듭되는 생(生)의 소용돌이[生死流轉][19]를 없앤 비구가 있다오. 이런 비구가 해자를 채운 사람이라오.

비구들이여, 어떤 비구가 욕망의 화살을 뽑은 사람인가? 비구들이여, 뿌리를 자르고 야자수의 밑둥치를 베어내어 미래에는 생기지 않도록 절멸하듯이, 갈애[愛]를 없앤 비구가 있다오. 이런 비구가 욕망의 화살을 뽑은 사람이라오.

비구들이여, 어떤 비구가 빗장을 연 사람인가? 비구들이여, 뿌리를 자르고 야자수의 밑둥치를 베어내어 미래에는 생기지 않도록 절멸하듯이, 5하분결(五下分結)을 없앤 비구가 있다오. 이런 비구가 빗장을 연 사람이라오.

비구들이여, 어떤 비구가 깃발을 거두고, 짐을 내려놓고, 속박에서 벗어난 성자인가? 비구들이여, 뿌리를 자르고 야자수의 밑둥치를 베어내어 미래에는 생기지 않도록 절멸하듯이, '내가 있다'라는 생각[20]을

---

19 'ponobhavika jātisaṃsāra'의 번역.
20 'asmimāna'의 번역.

없앤 비구가 있다오. 이런 비구가 깃발을 거두고, 짐을 내려놓고, 속박에서 벗어난 성자라오.

비구들이여, 인드라천에 속하고, 브라만천에 속하고, 쁘라자빠띠천에 속하는 모든 신들이 이와 같은 비구의 해탈한 마음을 찾을 때, '이것이 여래가 의지하는 분별하는 마음[識]이다'[21]라는 이해에 도달할 수가 없다오. 그 까닭은 무엇인가? 비구들이여, 나는 '나도 지금 여기에서 여래를 발견할 수 없다'라고 이야기하기 때문이오.

비구들이여, 나의 이와 같은 말에 대하여 어떤 사문과 바라문들은 이렇게 이야기하는 것은 옳지 않고, 공허하고, 허망하고, 진실이 아니라고 하면서 '사문 고따마(Gotama)는 진실한 중생의 단멸과 소멸과 허무를 가르치는 허무주의자다'라고 비난한다오. 비구들이여, 나는 그 사문과 바라문들이 나를 비난하는 것과 같은 그런 허무주의자가 아니며, 나는 그런 말을 하지도 않는다오. 비구들이여, 이전에도, 지금도, 나는 괴로움과 괴로움의 소멸에 대하여 가르친다오.

비구들이여, 다른 사람들이 여래를 비난하고 비방하고 괴롭힌다고 할지라도, 비구들이여, 거기에서 여래는 미워하지 않고, 낙담하지 않고, 마음에 불만을 품지 않는다오. 비구들이여, 다른 사람들이 여래를 찬탄하고 존중하고 공경하고 공양한다고 할지라도, 비구들이여, 거기에서 여래는 즐거워하지 않고, 기뻐하지 않고, 의기양양(意氣揚揚)하지 않는다오. 비구들이여, 다른 사람들이 여래를 찬탄하고 존중하고 공경하고 공양하면, 비구들이여, 그때 여래는 '나는 이전에 이것을 완전

---

21 'idaṃ nissitaṃ tathāgatassa viññāṇaṃ'의 번역.

히 이해했고, 그곳에서 나는 이에 상응하는 행위를 했을 뿐이다'라고 생각한다오.

비구들이여, 그러므로 다른 사람들이 그대들을 비난하고 비방하고 괴롭힌다고 할지라도, 비구들이여, 거기에서 그대들은 미워하지 않고, 낙담하지 않고, 마음에 불만을 품지 않아야 한다오. 비구들이여, 다른 사람들이 그대들을 찬탄하고 존중하고 공경하고 공양한다고 할지라도, 비구들이여, 거기에서 그대들은 즐거워하지 않고, 기뻐하지 않고, 의기양양하지 않아야 한다오. 비구들이여, 다른 사람들이 그대들을 찬탄하고 존중하고 공경하고 공양하면, 비구들이여, 그때 그대들은 '우리는 이전에 이것을 완전히 이해했고, 그곳에서 우리는 이에 상응하는 행위를 했을 뿐이다'라고 생각해야 한다오.

비구들이여, 그러므로 그대들은 그대들의 소유가 아닌 것을 버리도록 하시오. 그것을 버리면, 그것은 그대들에게 오래도록 이익과 행복이 될 것이오. 비구들이여, 무엇이 그대들의 소유가 아닌가? 비구들이여, (몸의) 형색[色]은 그대들의 소유가 아니오. 그것을 버리도록 하시오. 그것을 버리면, 그것은 그대들에게 오래도록 이익과 행복이 될 것이오. 비구들이여, 느낌[受], 생각[想], 행위[行]들, 분별하는 마음[識]은 그대들의 소유가 아니오. 그것을 버리도록 하시오. 그것을 버리면, 그것은 그대들에게 오래도록 이익과 행복이 될 것이오.

비구들이여, 어떻게 생각하는가? 사람들이 이 제따와나 숲에 있는 풀과 나무토막, 나뭇가지, 나뭇잎을 집어가거나, 태우거나, 제멋대로 한다면, 그대들은 '사람들이 나의 소유를 집어가거나, 태우거나, 제멋대로 한다'라고 생각하겠는가?"

"아닙니다. 세존이시여! 왜냐하면, 그것은 자아[我]도 아니고, 자아에 속하는 것[我所]도 아니기 때문입니다."

"비구들이여, 바로 이와 같이, 그대들은 그대들의 소유가 아닌 것을 버리도록 하시오. 그것을 버리면, 그것은 그대들에게 오래도록 이익과 행복이 될 것이오.

비구들이여, 이와 같이 나는 감춘 것 없이 잘 드러내고, 장막을 제거한 명료한 가르침[法]을 잘 이야기했소. 비구들이여, 이와 같이 내가 잘 이야기한 명료한 가르침 가운데서 비구로서 수행을 완성하고, 해야 할 일을 마치고, 짐을 내려놓고, 자신의 목적을 성취하고, 존재의 결박[有結]22이 소멸하고, 완전한 지혜에 의해 해탈하고, 번뇌[漏]가 멸진한 아라한들에게는 윤회(輪廻)23가 언명(言明)되지 않는다오.

비구들이여, 이와 같이 나는 감춘 것 없이 잘 드러내고, 장막을 제거한 명료한 가르침[法]을 잘 이야기했소. 비구들이여, 이와 같이 내가 잘 이야기한 명료한 가르침 가운데서 5하분결을 없앤 비구들은 모두 화생(化生)하여,24 그곳에서 돌아오지 않는 아나함(阿那含)들로서 그 세상에서 반열반(般涅槃)한다오.

비구들이여, 이와 같이 나는 감춘 것 없이 잘 드러내고, 장막을 제거한 명료한 가르침을 잘 이야기했소. 비구들이여, 이와 같이 내가 잘 이야기한 명료한 가르침 가운데서 삼결(三結)을 없애어 탐진치(貪瞋癡)가 줄어든 비구들은 모두 사다함(斯多含)들로서 이 세상에 한 번 와서

---

22 'bhavasaṃyojana'의 번역.
23 'vaṭṭa'의 번역.
24 'opapātika'의 번역.

괴로움을 끝낸다오.

　비구들이여, 이와 같이 나는 감춘 것 없이 잘 드러내고, 장막을 제거한 명료한 가르침을 잘 이야기했소. 비구들이여, 이와 같이 내가 잘 이야기한 명료한 가르침 가운데서 삼결을 없앤 비구들은 모두 수다원(須陀洹)들로서 물러서지 않고 반드시 정각(正覺)을 이루도록 결정된다오.

　비구들이여, 이와 같이 나는 감춘 것 없이 잘 드러내고, 장막을 제거한 명료한 가르침을 잘 이야기했소. 비구들이여, 이와 같이 내가 잘 이야기한 명료한 가르침 가운데서 가르침을 이해하고 실천하는 비구와 믿음으로 실천하는 비구들은 모두 반드시 정각(正覺)을 이룬다오.

　비구들이여, 이와 같이 나는 감춘 것 없이 잘 드러내고, 장막을 제거한 명료한 가르침을 잘 이야기했소. 비구들이여, 이와 같이 내가 잘 이야기한 명료한 가르침 가운데서 나를 믿고, 나를 사랑하는 사람들은 모두 반드시 천상에 이르게 된다오."

이것이 세존께서 하신 말씀입니다.
그 비구들은 세존의 말씀에 만족하고 기뻐했습니다.

15

거룩한 소원(所願) 경

26. Ariyapariyesanā-sutta

【 해제 】

이 경은 한역 『중아함경(中阿含經)』 「204. 라마경(羅摩經)」에 상응하는 경으로서 세존께서 제자들에게 자신의 출가(出家)에서 성도(成道)에 이르는 과정을 말씀하신 경이다. 이 과정에 웃다까 라마뿟따(Uddaka Rāmaputta)를 찾아가 공부한 이야기가 있기 때문에 『중아함경』에서는 「라마경」으로 불린다. 『맛지마 니까야』의 편집자는 세존의 출가와 성도가 거룩한 소원(所願)에서 이루어진 것임을 드러내기 위하여 이 경의 이름을 '거룩한 소원(Ariyapariyesanā)'이라고 부르고 있다.

인간의 삶은 소원이 결정한다. 부처님께서는 이 경에서 우리가 선택할 수 있는 소원에 거룩한 소원과 천박한 소원이 있다고 말씀하신다. 그리고 자신은 거룩한 소원을 선택하여 그 소원을 이루었다고 말씀하신다.

'어떻게 살 것인가?' 죽어가는 것들 속에서 온갖 번뇌에 시달리는 삶을 살 것인가, 죽음을 초월하여 번뇌가 없는 행복한 삶을 살 것인가? 이 경은 우리의 인생이 이러한 선택의 갈림길에 있음을 보여주면서 시작된다. 이 경에서 이야기하는 죽어가는 삶이란 죽어가는 자기 자신과 가족, 그리고 재산에 집착하며 그것을 위해서 사는 삶이다. 부처님께서는 이러한 삶의 결과는 죽음으로 귀착한다고 이야기한다. 나의 죽음과 함께 가족도, 소유도, 재물도, 나에게서 죽어 사라지는 것이다. 이것이 부처님께서 이야기하는 천박한 소원을 추구하는 삶이며, 태어나서 늙고 병들어 죽어가는 삶, 즉 생사(生死)다.

　　이 경은 이러한 천박한 삶 속에서 재난을 발견하고, 태어나서 늙고 병들어 죽어가는 삶에서 벗어나 더할 나위 없이 행복한 열반(涅槃)을 소원하고 성취해야 한다고 가르친다. 그렇다면 이러한 소원의 성취가 과연 가능한가? 이 경은 세존의 삶, 즉 부처님의 출가와 성도, 그리고 전법(傳法)이 이러한 소원이 성취된 사례라고 우리에게 이야기하고 있다.

이와 같이 나는 들었습니다.

한때 세존께서는 싸왓티의 제따와나 아나타삔디까 승원(僧園)에 머무셨습니다. 어느 날 세존께서 오전에 옷을 입고, 발우와 법의(法衣)를 지니고 탁발하러 싸왓티에 들어가셨습니다. 그러자 여러 비구들이 아난다 존자를 찾아와서 말했습니다.

"아난다 존자여, 우리가 세존으로부터 직접 설법을 들은 지가 오래되었습니다. 아난다 존자여, 부디 우리가 세존으로부터 직접 설법을 들을 수 있게 해 주십시오."

"존자들이여, 람마까(Rammaka) 바라문의 수도원으로 오십시오. 분명히 세존으로부터 직접 설법을 들을 수 있을 것입니다."

그 비구들은 "존자여, 그렇게 하겠습니다"라고 아난다 존자에게 대답했습니다.

세존께서는 탁발하러 싸왓티에 들어갔다가 탁발을 마치고 돌아와서 식사를 마치신 후에 아난다 존자에게 분부했습니다.

"아난다여, 이제 오후의 휴식을 위하여 뿝바라마(Pubbārāma) 미가라마뚜(Migāramātu) 누각(樓閣)으로 가자."

아난다 존자는 "네. 세존이시여!"라고 대답했습니다.

세존께서는 아난다 존자와 함께 오후의 휴식을 위하여 뿝바라마 미가라마뚜 누각으로 갔습니다. 세존께서는 저녁에 좌선(坐禪)에서 일어나 아난다 존자에게 분부했습니다.

"아난다여, 이제 목욕하러 뿝바꼿타까(Pubbakoṭṭhaka)로 가자."

아난다 존자는 "네. 세존이시여!"라고 대답했습니다.

세존께서는 아난다 존자와 함께 목욕하러 뿝바꼿타까로 가서 몸을 씻으신 후에, 물에서 나와 옷 한 벌을 걸치고 몸을 말리며 서 계셨습니다.

그때 아난다 존자가 세존께 말씀드렸습니다.

"세존이시여, 이곳에서 멀지 않은 곳에 람마까 바라문의 수도원이 있습니다. 세존이시여, 람마까 바라문의 수도원은 아름답습니다. 세존이시여, 람마까 바라문의 수도원은 편안합니다. 세존이시여, 부디 연민을 가지고 람마까 바라문의 수도원으로 가시기 바랍니다."

세존께서는 침묵으로 허락하시고 람마까 바라문의 수도원으로 갔습니다.

그때 많은 비구가 람마까 바라문의 수도원에 모여앉아 법담(法談)을 하고 있었습니다. 세존께서는 이야기가 끝나기를 기다리면서 문밖에 서 계셨습니다. 세존께서는 이야기가 끝난 것을 아시고, 헛기침하신 후에 문빗장을 두드렸습니다. 그 비구들은 세존께 문을 열어드렸습니다. 세존께서는 람마까 바라문의 수도원에 들어가서 마련된 자리에 앉으신 후에 비구들에게 말씀하셨습니다.

"비구들이여, 그대들은 지금 모여앉아 어떤 이야기를 하고 있는가? 그대들이 도중에 중단한 이야기는 어떤 것인가?"

"세존이시여, 저희는 세존에 대한 법담을 하다가 세존께서 도착하여 중단했습니다."

"비구들이여, 믿음을 가지고 집을 떠나 출가한 그대들과 같은 선남자(善男子)들이 모여앉아 법담을 하는 것은 훌륭한 일이요. 비구들이여, 그대들이 함께 모였을 때 해야 할 일은 두 가지이니, 법담을 하거나, 거룩한 침묵을 하는 것이오.

비구들이여, 두 가지 소원(所願)이 있나니, 그것은 거룩한 소원과 천박한 소원이오. 비구들이여, 어떤 것이 천박한 소원인가? 비구들이여, 어떤 사람은 자기 스스로 태어나는 존재로서 태어나는 존재를 소원하고,[01] 자기 스스로 늙는 존재로서 늙는 존재를 소원하고, 자기 스스로 병드는 존재로서 병드는 존재를 소원하고, 자기 스스로 죽는 존재로서 죽는 존재를 소원하고, 자기 스스로 걱정스러운 존재[02]로서 걱정스러운 존재를 소원하고, 자기 스스로 번뇌에 물든 존재[03]로서 번뇌에 물든 존재를 소원한다오.

비구들이여, 무엇이 그대들이 말하는 태어나는 존재인가? 비구들이여, 자식과 아내가 태어나는 존재이고, 하녀와 하인이 태어나는 존재이고, 염소와 양이 태어나는 존재이고, 닭과 돼지가 태어나는 존재이고, 코끼리와 소와 말이 태어나는 존재이고, 금은보화가 태어나는 존재라오. 비구들이여, 이들 집착의 대상이[04] 태어나는 존재들이며, 지금 자기 스스로 집착하고, 얼빠지고, 탐착하는 태어나는 존재로서 태어나는 존재를 소원한다오.

---

01 'ekacco attanā jātidhammo samāno jātidhammañ-ñeva pariyesati'의 번역. 'jātidhammo'를 '태어나는 존재'로 번역함. 'jātidhammo'는 '태어남'을 의미하는 명사 'jāti'와 'dhamma'의 합성어인데, 부처님께서는 우리가 '존재'라고 부르는 것을 'dhamma'라고 부르시기 때문에 엄밀한 의미에서는 '존재'로 번역할 수 없지만, 여기에서는 '존재'라고 번역하는 것이 이 경을 이해하는 데 좋다고 생각되어 '존재'로 번역한다.

02 'sokadhamma'의 번역.

03 'saṅkilesadhamma'의 번역.

04 'upadhi'의 번역.

비구들이여, 무엇이 그대들이 말하는 늙는 존재, 병드는 존재, 죽는 존재, 걱정스러운 존재, 번뇌에 물든 존재인가? 비구들이여, 자식과 아내, 하녀와 하인, 염소와 양, 닭과 돼지, 코끼리와 소와 말, 금은보화가 늙는 존재, 병드는 존재, 죽는 존재, 걱정스러운 존재, 번뇌에 물든 존재라오. 비구들이여, 이들 집착의 대상들이 늙는 존재, 병드는 존재, 죽는 존재, 걱정스러운 존재, 번뇌에 물든 존재들이라오. 지금 자기 스스로 집착하고, 얼빠지고, 탐착하는 늙는 존재, 병드는 존재, 죽는 존재, 걱정스러운 존재, 번뇌에 물든 존재로서 늙는 존재, 병드는 존재, 죽는 존재, 걱정스러운 존재, 번뇌에 물든 존재를 소원한다오.

비구들이여, 이것이 천박한 소원이라오.

비구들이여, 어떤 것이 거룩한 소원인가?

비구들이여, 어떤 사람은 자기 스스로 태어나는 존재로서 태어나는 존재에서 재난을 발견하고,[05] 태어남이 없는 더할 나위 없이 행복한 열반(涅槃)을 소원한다오. 자기 스스로 늙는 존재로서 늙는 존재에서 재난을 발견하고, 늙음이 없는 더할 나위 없이 행복한 열반을 소원하고, 자기 스스로 병드는 존재로서 병드는 존재에서 재난을 발견하고, 병이 없는 더할 나위 없이 행복한 열반을 소원하고, 자기 스스로 죽는 존재로서 죽는 존재에서 재난을 발견하고, 죽음이 없는 더할 나위 없이 행복한 열반을 소원하고, 자기 스스로 걱정스러운 존재로서 걱정스러운 존재에서 재난을 발견하고, 걱정이 없는 더할 나위 없이 행복한 열반을 소원하고, 자기 스스로 번뇌에 물든 존재로서 번뇌에 물든 존재에

---

05 'jātidhamme ādīnavaṃ viditvā'의 번역.

서 재난을 발견하고, 번뇌에 물든 존재가 없는 더할 나위 없이 행복한 열반을 소원한다오. 비구들이여, 이것이 거룩한 소원이라오.

비구들이여, 나도 예전에 정각(正覺)을 성취하지 못한 보살이었을 때는 나 스스로 태어나는 존재로서 태어나는 존재를 소원하고, 나 스스로 늙는 존재로서 늙는 존재를 소원하고, 나 스스로 병드는 존재로서 병드는 존재를 소원하고, 나 스스로 죽는 존재로서 죽는 존재를 소원하고, 나 스스로 걱정스러운 존재로서 걱정스러운 존재를 소원하고, 나 스스로 번뇌에 물든 존재로서 번뇌에 물든 존재를 소원했다오.

비구들이여, 그런데 나는 이렇게 생각했다오.

'나는 왜 나 스스로 태어나는 존재로서 태어나는 존재를 소원하고, 나 스스로 늙는 존재로서 늙는 존재를 소원하고, 나 스스로 병드는 존재로서 병드는 존재를 소원하고, 나 스스로 죽는 존재로서 죽는 존재를 소원하고, 나 스스로 걱정스러운 존재로서 걱정스러운 존재를 소원하고, 나 스스로 번뇌에 물든 존재로서 번뇌에 물든 존재를 소원하고 있는가? 나는 오히려 나 스스로 태어나는 존재로서 태어나는 것에서 재난을 발견하고, 태어남이 없는 더할 나위 없이 행복한 열반을 소원하고, 나 스스로 늙는 존재로서 늙는 것에서 재난을 발견하고, 늙음이 없는 더할 나위 없이 행복한 열반을 소원하고, 나 스스로 병드는 존재로서 병드는 것에서 재난을 발견하고, 병이 없는 더할 나위 없이 행복한 열반을 소원하고, 나 스스로 죽는 존재로서 죽는 것에서 재난을 발견하고, 죽음이 없는 더할 나위 없이 행복한 열반을 소원하고, 나 스스로 걱정스러운 존재로서 걱정스러운 것에서 재난을 발견하고, 걱정이 없는 더할 나위 없이 행복한 열반을 소원하고, 나 스스로 번뇌에 물든 존재로서 번뇌에 물든 존재에서 재난을 발견하고, 번뇌에 물든 존재가 없는 더할 나위 없이 행복한 열반을 소원하는 것이 어떨까?'

비구들이여, 나는 그 후에, 청년 시절에, 검은 머리에 찬란한 젊음을 지닌 가장 좋은 나이에, 원치 않은 부모님은 눈물 젖은 얼굴로 울부짖었지만, 머리와 수염을 깎고, 가사(袈裟)와 옷을 걸치고, 집을 떠나 출가했다오. 이렇게 출가하여 좋은 것이라면 무엇이든 찾던[06] 나는 더할 나위 없는 평화와 행복[07]을 구하여 알라라 깔라마(Āḷāra Kālāma)를 찾아갔다오. 나는 알라라 깔라마에게 가서 이렇게 말했다오.

'깔라마 존자여, 저는 당신이 체득한 법(法)과 율(律)에서 범행(梵行)을 실천하고 싶습니다.'

비구들이여, 이와 같이 이야기하자, 알라라 깔라마는 나에게 이렇게 말했다오.

'존자여, 머물도록 하시오. 이 법은 현명한 사람이면 오래지 않아 자신이 배운 것을 몸소 체험적 지혜[勝智]로 체득하고[08] 성취하여 머물 수 있을 것이오.'

비구들이여, 나는 오래 걸리지 않고, 빠르게 그 법을 이해했다오. 비구들이여, 나는 입술을 똑같이 맞출 정도로, 중얼거린 말을 그대로 따라서 할 정도로 지식론(知識論)과 상좌론(上座論; theravāda)을 말했으며,[09]

---

06 'kiṃkusalagavesī'의 번역.

07 'santivarapada'의 번역.

08 'sayaṃ abhiññā sacchikatvā'의 번역. 한역(漢譯)에서 '승지(勝智)'로 번역되는 'abhiññā'는 '체험을 통하여 알다'라는 의미의 동사 'abhijānāti'의 명사형이다. 이 책에서는 'abhijānāti'의 의미를 살려서 '체험적 지혜'로 번역했다.

09 'tāvataken' eva oṭṭhapahatamattena lapitalāpanamattena ñāṇavādañ ca vadāmi theravādañ ca'의 번역. 알라라 깔라마의 인식론과 수행론을 배워 정확하게 그대로 말한다는 뜻이다.

'나는 알고, 나는 본다'라는 것을 내가 인정했고, 다른 사람들도 인정했다오.

비구들이여, 그때 나에게 이런 생각이 들었다오.

'알라라 깔라마는 순전히 신념으로 이 법을 말한 것이 아니다. 그는 '몸소 체험적 지혜로 체득하고 성취하여 머문다'라고 가르쳤다. 알라라 까라마는 진실로 이 법을 알고, 보고, 머물고 있을 것이다.'

비구들이여, 그래서 나는 알라라 깔라마에게 가서 이렇게 말했다오.

'깔라마 존자여, 당신은 어느 정도로 이 법을 몸소 체험적 지혜로 체득하고 성취하여 가르칩니까?'

비구들이여, 이와 같이 이야기하자, 알라라 깔라마는 나에게 무소유처(無所有處)[10]를 알려주었다오. 비구들이여, 그러자 나에게 이런 생각이 들었다오.

'알라라 깔라마에게만 신념(信念)이 있는 것이 아니다. 나에게도 신념이 있다. 알라라 깔라마만 정진(精進)을 할 수 있는 것이 아니다. 나도 정진을 할 수 있다. 알라라 깔라마만 주의집중을 할 수 있는 것이 아니다. 나도 주의집중을 할 수 있다. 알라라 깔라마만 삼매(三昧)에 들 수 있는 것이 아니다. 나도 삼매에 들 수 있다. 알라라 깔라마만 통찰지[般若][11]가 있는 것이 아니다. 나에게도 통찰지가 있다. 그러므로 나는 이제 알라라 깔라마가 '나는 몸소 체험적 지혜로 체득하고 성취하여 머문다'라고 알려준 그 법을 체득하기 위하여 힘쓰는 것이 좋지 않을까?'

---

10 'ākiñcaññāyatana'의
11 'paññā'의 번역. 반야(般若)는 선정(禪定) 속에서 통찰하는 지혜(智慧)를 의미하기 때문에 일반적으로 말하는 지혜와 차별하기 위해서 '통찰지[般若]'로 번역했다.

비구들이여, 나는 오래 걸리지 않고 빠르게 그 법을 몸소 체험적 지혜[勝智]로 체득하고 성취하여 머물렀다오. 비구들이여, 그래서 나는 알라라 깔라마에게 가서 말했다오.

'알라라 깔라마 존자여, 당신은 이 정도로 이 법을 몸소 체험적 지혜로 체득하고 성취하여 가르칩니까?'

'존자여, 나는 이 정도로 이 법을 몸소 체험적 지혜로 체득하고 성취하여 가르칩니다.'

'존자여, 나도 이 정도로 이 법을 몸소 체험적 지혜로 체득하고 성취하여 머뭅니다.'

'존자여, 참으로 유익한 일입니다. 존자여, 참으로 큰 축복입니다. 우리가 존자와 같은 도반(道伴)을 보게 되다니! 내가 몸소 체험적 지혜로 체득하고 성취하여 가르친 법이 바로 그대가 몸소 체험적 지혜로 체득하고, 성취하여 머물고 있는 법이고, 그대가 몸소 체험적 지혜로 체득하고 성취하여 머물고 있는 법이 바로 내가 몸소 체험적 지혜로 체득하고 성취하여 가르치는 법입니다. 내가 알고 있는 법이 곧 그대가 알고 있는 법이고, 그대가 알고 있는 법이 곧 내가 알고 있는 법입니다. 내가 한 것과 같이 그대가 그렇게 했고, 그대가 한 것과 같이 내가 그렇게 했습니다. 어서 오시오. 존자여! 우리 둘이 함께 이 대중을 돌봅시다.'

비구들이여, 이렇게 나의 스승인 알라라 깔라마는 제자인 나를 자신과 동등한 위치에 세우고, 나를 극진하게 존중했다오.

비구들이여, 그때 나에게 이런 생각이 들었다오.

'이 법(法)은 염리(厭離),[12] 이욕(離欲),[13] 지멸(止滅),[14] 평온,[15] 체험적 지혜[勝智], 정각(正覺),[16] 열반(涅槃)으로 이끄는 것이 아니라, 단지 무소유처(無所有處)에 도달하게 할 뿐이다.'

비구들이여, 그래서 나는 그 법에 만족하지 못하고, 그 법에 실망하여 그곳을 떠났다오.

비구들이여, 그리하여 좋은 것이라면 무엇이든 찾던 나는 더할 나위 없는 평화와 행복을 구하여 웃다까 라마뿟따(Uddaka Rāmaputta)를 찾아갔다오. 나는 웃다까 라마뿟따에게 가서 이렇게 말했다오.

'존자여, 저는 이 법과 율에서 범행(梵行)을 실천하고 싶습니다.'

비구들이여, 이와 같이 이야기하자, 웃다까 라마뿟따는 나에게 이렇게 말했다오.

'존자여, 머물도록 하시오. 이 법은 현명한 사람이면 오래지 않아 자신이 배운 것을 몸소 체험적 지혜로 체득하고 성취하여 머물 수 있을 것이오.'

비구들이여, 나는 오래 걸리지 않고 빠르게 그 법을 터득했다오. 비구들이여, 나는 입술을 똑같이 맞출 정도로, 중얼거린 말을 그대로 따라서 할 정도로, 지식론(知識論)과 상좌론(上座論; theravāda)을 말했으며, '나는 알고, 나는 본다'라는 것을 내가 인정했고, 다른 사람들도 인정했다오.

비구들이여, 그때 나에게 이런 생각이 들었다오.

'라마(Rāma)는 이 법을 순전히 신념으로 말한 것이 아니다. 그는

---

12 'nibbidā'의 번역.
13 'virāga'의 번역.
14 'nirodha'의 번역.
15 'upasama'의 번역.
16 'sambodha'의 번역.

'나는 몸소 체험적 지혜로 체득하고 성취하여 머문다'라고 가르쳤다. 라마는 진실로 이 법을 알고, 보고, 머물 것이다.'

비구들이여, 그래서 나는 웃다까 라마뿟따에게 가서 이렇게 말했다오.

'존자여, 라마는 어느 정도로 이 법을 몸소 체험적 지혜로 체득하고 성취하여 가르쳤습니까?'

비구들이여, 이와 같이 이야기하자, 웃다까 라마뿟따는 나에게 비유상비무상처(非有想非無想處)[17]를 알려주었다오.

비구들이여, 그러자 나에게 이런 생각이 들었다오.

'라마에게만 신념(信念)이 있는 것이 아니다. 나에게도 신념이 있다. 라마만 정진(精進)을 할 수 있는 것이 아니다. 나도 정진을 할 수 있다. 라마만 주의집중을 할 수 있는 것이 아니다. 나도 주의집중을 할 수 있다. 라마만 삼매(三昧)에 들 수 있는 것이 아니다. 나도 삼매에 들 수 있다. 라마에게만 통찰지[般若]가 있는 것이 아니다. 나에게도 통찰지가 있다. 그러므로 나는 이제 라마가 '나는 몸소 체험적 지혜로 체득하고 성취하여 머문다'라고 알려준 그 법을 체득하기 위하여 힘쓰는 것이 좋지 않겠는가?'

비구들이여, 나는 오래 걸리지 않고 빠르게 그 법을 몸소 체험적 지혜로 체득하고 성취하여 머물렀다오. 비구들이여, 그래서 나는 웃다까 라마뿟따에게 가서 말했다오.

'존자여, 라마는 이 정도로 이 법을 몸소 체험적 지혜로 체득하고

---

17 'nevasaññānāsaññāyatana'의 번역.

성취하여 가르쳤습니까?'

'존자여, 라마께서는 이 정도로 이 법을 몸소 체험적 지혜로 체득하고 성취하여 가르쳤습니다.'

'존자여, 나도 이 정도로 이 법을 몸소 체험적 지혜로 체득하고 성취하여 머뭅니다.'

'존자여, 참으로 유익한 일입니다. 존자여, 참으로 큰 축복입니다. 우리가 존자와 같은 도반을 보게 되다니! 라마께서 몸소 체험적 지혜로 체득하고 성취하여 가르친 법이 바로 그대가 몸소 체험적 지혜로 체득하고 성취하여 머물고 있는 법입니다. 그대가 몸소 체험적 지혜로 체득하고 성취하여 머물고 있는 법이 바로 라마께서 몸소 체험적 지혜로 체득하고 성취하여 가르친 법입니다. 라마께서 알고 있는 법이 곧 그대가 알고 있는 법이고, 그대가 알고 있는 법이 곧 라마께서 알고 있는 법입니다. 라마께서 한 것과 같이 그대가 그렇게 했고, 그대가 한 것과 같이 라마께서 그렇게 했습니다. 어서 오시오, 존자여! 그대가 이 대중을 돌보도록 하시오.'

비구들이여, 이와 같이 나의 도반인 웃다까 라마뿟따는 나를 스승의 자리에 세우고, 나를 극진하게 존중했다오.

비구들이여, 그때 나에게 이런 생각이 들었다오.

'이 법은 염리, 이욕, 지멸, 평온, 체험적 지혜[勝智], 정각, 열반으로 이끄는 것이 아니라, 단지 비유상비무상처(非有想非無想處)에 도달하게 할 뿐이다.'

비구들이여, 그래서 나는 그 법에 만족하지 못하고, 그 법에 실망하여 그곳을 떠났다오.

비구들이여, 그리하여 좋은 것이라면 무엇이든 찾던 나는 더할 나위 없는 평화와 행복을 구하여 마가다국을 차례로 유행하다가 우루웰라(Uruvela)의 쎄나니가마(Senānigama)에 도착했다오. 그곳에서 나는 편안한 숲이 있고, 아름다운 강변을 끼고 깨끗한 물이 흐르는 강이 있고, 어디에나 음식을 구할 수 있는 마을이 있는 아름다운 장소를 발견했다오. 그때 나에게 이런 생각이 들었다오.

'참으로 아름다운 장소로다. 편안한 숲이 있고, 아름다운 강변을 끼고 깨끗한 물이 흐르는 강이 있고, 어디에나 음식을 구할 수 있는 마을이 있구나. 이곳이면 정진하는 선남자가 정진하기에 충분하다.'

비구들이여, 그래서 나는 '이곳이면 정진하기에 충분하다'라고 생각하면서 그곳에 정착했다오.

비구들이여, 나는 나 스스로 태어나는 존재로서 태어나는 존재에서 재난을 발견하고, 태어남이 없는 더할 나위 없이 행복한 열반을 소원하여 태어남이 없는 더할 나위 없이 행복한 열반을 성취했다오. 나 스스로 늙는 존재로서 늙는 존재에서 재난을 발견하고, 늙음이 없는 더할 나위 없이 행복한 열반을 소원하여 늙음이 없는 더할 나위 없이 행복한 열반을 성취했고, 나 스스로 병드는 존재로서 병드는 존재에서 재난을 발견하고, 병이 없는 더할 나위 없이 행복한 열반을 소원하여 병이 없는 더할 나위 없이 행복한 열반을 성취했고, 나 스스로 죽는 존재로서 죽는 존재에서 재난을 발견하고, 죽음이 없는 더할 나위 없이 행복한 열반을 소원하여 죽음이 없는 더할 나위 없이 행복한 열반을 성취했고, 나 스스로 걱정스러운 존재로서 걱정스러운 존재에서 재난을 발견하고, 걱정이 없는 더할 나위 없이 행복한 열반을 소원하여 걱정이 없는 더할 나위 없이 행복한 열반을 성취했고, 나 스스로 번뇌에 물든 존재로서 번뇌에 물든 존재에서 재난을 발견하고, 번뇌에 물든 존재가 없는 더할 나위 없이 행복한 열반을 소원하여 번뇌에 물든 존재가 없는 더할 나위 없이 행복한 열반을 성취했다오.

나에게 다음과 같은 이해와 통찰이 생겼다오.

'나의 해탈은 흔들리지 않는다. 이것이 마지막 태어남이다. 이제 이후의 존재[後有]는 없다.'

그때 나에게 이런 생각이 들었다오.

'내가 성취한 이 법은 이해하기 어렵고, 깨닫기 어렵고, 평안하고, 승묘(勝妙)하고, 추론의 영역을 벗어난 미묘(微妙)한 것으로서, 현자만이 알 수 있는 심오한 것이다. 그런데 이 사람들은 애착을 즐기고, 애착에 빠져있고, 애착을 좋아한다. 애착을 즐기고, 애착에 빠져있고, 애착을 좋아하는 사람들은 이 도리, 즉 이 의존하는 성질[18]의 연기(緣起)[19]를 보기 어렵고, 또한 일체의 행위[行]를 그치고, 일체의 집착을 버리고, 갈애[愛]가 소멸한, 이욕(離欲), 멸진(滅盡), 열반(涅槃)의 도리를 보기 어렵다. 내가 법을 가르쳐도 다른 사람들이 나를 이해하지 못한다면, 그것은 나에게 피곤하고 고달픈 일이 될 것이다. 더욱이 이전에 들은 적이 없는 다음과 같은 게송이 불현듯이 생각났다오.'

내가 힘들게 성취한 진리를
지금 알려줄 필요가 있을까?
탐욕과 분노의 지배를 받는 자들은

---

18 'idapaccayatā'의 번역.
19 'paṭiccasamuppāda'의 번역.

이 진리를 이해하기 어려운 것을.

흐름을 거스르는 미묘하고, 심오하고,
보기 어렵고, 미세한 진리를
탐욕에 물들고 어둠에 뒤덮인 자들은
알아보기 어려울 것이다.

비구들이여, 그리하여 나는 관심을 기울이지 않고, 설법하지 않으려고 했다오. 비구들이여, 그런데 싸함빠띠(Sahampati) 범천(梵天)이 내가 마음속으로 생각한 것을 알아차리고, 이렇게 생각했다오.

'아! 세상은 끝났다. 아! 세상은 망했다. 아라한이시며, 등정각(等正覺)이신 여래(如來)께서 관심을 기울이지 않고, 설법하지 않으려 하신다.'

비구들이여, 그래서 싸함빠띠 범천은 마치 건장한 사람이 굽힌 팔을 펴거나, 편 팔을 굽히듯이 순식간에 범천 세계에서 사라져 내 앞에 모습을 드러냈다오. 비구들이여, 싸함빠띠 범천은 상의(上衣)를 한쪽 어깨로 걸어 올리고, 나에게 합장한 후에 이렇게 말했다오.

'세존이시여, 세존께서는 진리를 설하십시오! 여래께서는 진리를 설하십시오! 천성이 티 없이 맑은 중생이 있습니다. 그들은 진리를 듣지 못하면 타락할 것이고, 진리를 들으면 어떤 사람은 이해할 것입니다.'

비구들이여, 싸함빠띠 범천은 이렇게 말한 후에, 다시 다음과 같이 말했다오.

이전에 마가다에

홍진(紅塵)에 물든 자들이 생각해 낸

 부정(不淨)한 법(法)이 출현했습니다.

불사(不死)의 문(門)을 열어서

청정하게 깨달은 분의 법을 들을 수 있게 하소서.

마치 산마루 바위에 서서,

사람들을 빠짐없이 살펴보듯이,

현자여, 두루 보는 눈[普眼]을 지닌 분이시여!

법으로 이루어진 진여(眞如)의 누각에 올라 굽어살피소서.

슬픔에서 벗어난 분이시여!

태어남과 늙음의 지배를 받는 슬픔에 빠진 사람들을.

일어나소서. 영웅이여! 승리자여!

빚 없는 대상(隊商)의 지도자여, 세상에 유행(遊行)하소서.

법을 가르치소서. 세존이시여!

구경의 지혜를 얻는 사람들이 있을 것입니다.

비구들이여, 나는 범천의 권청(勸請)을 듣고서 중생에 대한 연민(憐愍)에서 세상을 살펴보았다오. 비구들이여, 내가 불안(佛眼)으로 세상을 살펴보니, 비유하면, 수련지(睡蓮池)나, 홍련지(紅蓮池)나, 백련지(白蓮池)에 어떤 수련이나 홍련이나 백련들은 물속에서 생겨서 물속에서 성장하여 물에 잠겨서 자라고, 어떤 수련이나 홍련이나 백련들은 물속에서 생겨서 물속에서 성장하여 수면에 머물고, 어떤 수련이나 홍련이나 백련들은 물속에서 생겨서 물속에서 성장하여 물 위로 솟아올라 물에 젖지 않고 머무는 것처럼, 더러움이 적은 중생도 있고 더러움이 많은 중생도 있으며, 영리한 중생도 있고 아둔한 중생도 있으며, 행실이 착한 중생도 있고 행실이 악한 중생도 있으며, 가르치기 쉬운 중생도 있고 가르치기 어려운 중생도 있으며, 어떤 중생은 내세에 받을 죄의 공포를 실감하며 살고 있었다오. 비구들이여, 그래서 나는 싸함빠띠 범천에게 게송으로 대답했다오.

> 범천이여,
> 귀 있는 자에게 불사(不死)의 문이 열렸노라.
> 그릇된 신념을 버릴지니라!
> 범천이여,
> 공연히 성가실 뿐이니,
> 인간들에게 훌륭한 법(法)을 설하지 않는 것이
> 현명하다고 나는 생각했다네.

비구들이여, 그러자 싸함빠띠 범천은 '세존께서 나에게 설법을 약속하셨다'라고 생각하고, 나를 오른쪽으로 세 번 돌고 예배한 후에 그곳에서 사라졌다오.

비구들이여, 그때 나에게 이런 생각이 들었다오.

'맨 처음 누구에게 법을 가르쳐야 할까? 누가 이 법을 빨리 이해할 수 있을까?'

비구들이여, 그때 나에게 이런 생각이 들었다오.

'알라라 깔라마는 현명하고 학식이 있고 총명하며, 오래도록 천성이 티 없이 맑은 사람이다. 알라라 깔라마에게 맨 처음 법을 가르치는 것이 좋겠다. 그는 이 법을 빨리 이해할 것이다.'

비구들이여, 그러자 천신들이 나를 찾아와서 이렇게 말했다오.

'세존이시여, 알라라 깔라마는 7일 전에 죽었습니다.'

나는 그래서 알라라 깔라마가 7일 전에 죽었다는 것을 알게 되었다오. 비구들이여, 그때 나에게 이런 생각이 들었다오.

'알라라 깔라마는 손해가 크구나. 그가 이 법을 들었다면 빨리 이해했을 텐데.'

비구들이여, 그때 나에게 이런 생각이 들었다오.

'맨 처음 누구에게 법을 가르쳐야 할까? 누가 이 법을 빨리 이해할 수 있을까?'

비구들이여, 그때 나에게 이런 생각이 들었다오.

'웃다까 라마뿟따는 현명하고 학식이 있고 총명하며, 오래도록 천성이 티 없이 맑은 사람이다. 웃다까 라마뿟따에게 맨 처음 법을 가르치는 것이 좋겠다. 그는 이 법을 빨리 이해할 것이다.'

비구들이여, 그러자 천신들이 나를 찾아와서 이렇게 말했다오.

'세존이시여, 웃다까 라마뿟따는 지난밤에 죽었습니다.'

나는 그래서 웃다까 라마뿟따가 지난밤에 죽었다는 것을 알게 되었다오. 비구들이여, 그때 나에게 이런 생각이 들었다오.

'웃다까 라마뿟따는 손해가 크구나. 그가 이 법을 들었다면, 빨리 이해했을 텐데.'

비구들이여, 그때 나에게 이런 생각이 들었다오.

'맨 처음 누구에게 진리를 가르쳐야 할까? 누가 이 진리를 빨리 이해할 수 있을까?'

비구들이여, 그때 나에게 이런 생각이 들었다오.

'정진할 때 나를 시중들었던, 나에게 많은 도움을 준 다섯 비구가 있다. 다섯 비구에게 맨 처음 진리를 가르치는 것이 좋겠다.'

비구들이여, 그때 나에게 이런 생각이 들었다오.

'지금 다섯 비구는 어디에 머물고 있을까?'

나는 인간을 초월하는 청정한 천안(天眼)으로 다섯 비구가 바라나씨(Bārāṇasī)의 선인(仙人)이 내려왔던 녹야원(鹿野苑)에 머물고 있는 것을 보았다오. 비구들이여, 그래서 나는 우루웰라에서 적절하게 머문 후에 바라나씨로 여행을 떠났다오.

내가 보리수(菩提樹)에서 가야(Gaya)로 여행하는 도중에 사명외도(邪命外道) 우빠까(Upaka)가 나를 보고 이렇게 말했다오.

'존자여, 그대의 6근(六根)은 청정하고, 용모는 맑고 아름답군요. 존자여, 그대는 누구에게 출가했습니까? 그대의 스승은 누구이고, 그대는 누구의 가르침을 따릅니까?'

비구들이여, 이렇게 말하자, 나는 게송으로 우빠까에게 말했다오.

나는 일체를 극복했고, 일체를 안다네.
일체의 법(法)에 오염되지 않았다네.
일체를 버렸으며, 갈애[愛]를 끊고 해탈했다네.
스스로 깨달았으니, 누구를 따르겠는가?

나에게 스승은 없다네. 나와 동등한 자도 없다네.

천신들을 포함하여 이 세상에 나의 상대는 없다네.

나는 세상의 아라한이며, 나는 위없는 스승이라네.

나는 유일한 등정각(等正覺)이며,

나는 번뇌의 불이 꺼져 청량(淸凉)하다네.

법륜(法輪)을 굴리기 위해 나는 까씨(Kāsi)로 간다네,

어두운 세상에 불사(不死)의 북을 두드리면서.

'존자여, 그대가 선언한 바와 같이 그대는 무적(無敵)의 승리자[20]라 할 수 있습니까?'

번뇌[漏]의 멸진(滅盡)을 성취한 나와 같은 사람이

진정한 승리자라네.

나는 사악(邪惡)한 법들을 정복했다네.

그러므로 우빠까여, 나는 승리자라네.

비구들이여, 이렇게 말하자, 사명외도 우빠까는 '존자여, 그럴 수도 있 겠군요'라고 말하고 나서, 머리를 끄덕이고 옆길로 떠나갔다오.

비구들이여, 나는 곧바로 바라나씨의 선인(仙人)이 내려왔던 녹야

---

20 'anantajina'의 번역.

원(鹿野苑)으로 여행을 하여 다섯 비구를 찾아갔다오. 비구들이여, 다섯 비구는 저만치에서 내가 오는 것을 보고서 서로서로 이렇게 다짐했다오.

'존자들이여, 정진하다가 타락하여 윤택한 생활로 전락한 사치스러운 사문 고따마가 오고 있소. 그가 원하면 옆에 앉게는 하되, 인사도 하지 말고, 일어나 맞이하지도 말고, 발우와 옷을 받아주지도 말고, 자리를 내주지도 맙시다.'

비구들이여, 내가 다가가자 다섯 비구는 자신들의 언약을 지킬 수가 없었다오. 어떤 사람은 나를 맞이하면서 발우와 옷을 받아주고, 어떤 사람은 자리를 마련해주고, 어떤 사람은 발 씻을 물을 떠다 주면서, 나를 '존자'라는 호칭으로 불렀다오.

비구들이여, 나는 다섯 비구에게 이렇게 말했다오.

'비구들이여, 여래를 '존자'라는 호칭으로 부르지 마시오. 비구들이여, 여래는 아라한이며, 등정각(等正覺)이요. 비구들이여, 귀를 기울이시오. 불사(不死)는 성취되었소. 내가 가르쳐주겠소. 내가 법을 설하리니, 가르침대로 실천하면 그대들은 오래지 않아 선남자가 집을 버리고 출가한 목적에 합당한 위없는 범행(梵行)의 완성을 지금 여기에서 몸소 체험적 지혜[勝智]로 체득하고 성취하여 살아가게 될 것이오.'

비구들이여, 이와 같이 말하자, 다섯 비구는 나에게 이렇게 말했다오.

'고따마 존자여, 그런 위의(威儀), 그런 행실(行實), 그런 고행으로도 그대는 인간의 법을 넘어선 원만한 성자의 지견(知見)을 성취하지 못했소. 그런데 지금 정진하다가 타락하여 윤택한 생활로 전락한 사치스러운 그대가 어떻게 인간의 법을 넘어선 원만한 성자의 지견을 성취할 수 있었겠소?'

비구들이여, 이와 같이 말하자, 나는 다섯 비구에게 이렇게 말했다오.

'비구들이여, 여래는 사치스럽지 않고, 정진하다가 타락하지 않았으며, 윤택한 생활로 전락하지 않았소. 비구들이여, 여래는 아라한이며, 등정각이요. 비구들이여, 귀를 기울이시오. 불사는 성취되었소. 내가 가르쳐주겠소. 내가 법을 설하리니, 가르침대로 실천하면 그대들은 오래지 않아 선남자가 집을 버리고 출가한 목적에 합당한 위없는 범행(梵行)의 완성을 지금 여기에서 몸소 체험적 지혜로 체득하고 성취하여 살아가게 될 것이오.'

비구들이여, 다섯 비구는 두 번, 세 번을 거듭하여 나에게 그렇게 말했다오.

비구들이여, 나는 다섯 비구에게 이렇게 말했다오.

'비구들이여, 그대들은 이전에 나에게 이와 같은 말을 들은 적이 있나요?'

'없습니다. 존자여!'

'비구들이여, 여래는 아라한이며, 등정각이요. 비구들이여, 귀를 기울이시오. 불사는 성취되었소. 내가 가르쳐주겠소. 내가 법을 설하리니, 가르침대로 실천하면 그대들은 오래지 않아 선남자가 집을 버리고 출가한 목적에 합당한 위없는 범행(梵行)의 완성을 지금 여기에서 몸소 체험적 지혜로 체득하고 성취하여 살아가게 될 것이오.'

비구들이여, 나는 다섯 비구를 설득할 수 있었다오. 비구들이여, 내가 두 비구를 가르치면 세 비구는 탁발(托鉢)하러 갔으며, 세 비구가 탁발하여 가져온 음식으로 여섯 사람을 부양했다오. 비구들이여, 내가 세 비구를 가르치면 두 비구는 탁발하러 갔으며, 두 비구가 탁발하여 가져온 음식으로 여섯 사람을 부양했다오.

비구들이여, 다섯 비구는 나에게 이렇게 가르침을 받고, 이렇게 지도를 받으면서, 자기 스스로 태어나는 존재로서 태어나는 존재에서 재난을 발견하고, 태어남이 없는 더할 나위 없이 행복한 열반을 소원하여 태어남이 없는 더할 나위 없이 행복한 열반을 성취했고, (…중략…) 자기 스스로 번뇌에 물든 존재로서 번뇌에 물든 존재에서 재난을 발견하고, 번뇌에 물든 존재가 없는 더할 나위 없이 행복한 열반을 소원하여 번뇌에 물든 존재가 없는 더할 나위 없이 행복한 열반을 성취했다오. 그리고 그들에게 '실로 이 해탈은 확고하다. 이것이 최후의 태어남이다. 이제 이후의 존재[後有]는 없다'라는 지견(知見)이 생겼다오.

비구들이여, 다섯 종류의 감각적 욕망이 있다오. 마음에 들고, 호감이 가고, 매력 있고, 사랑스럽고, 열망하고, 유혹적인, 보는 주관[眼]에 의해서 분별되는 형색[色]들, 듣는 주관[耳]에 의해서 분별되는 소리[聲]들, 냄새 맡는 주관[鼻]에 의해서 분별되는 향기[香]들, 맛보는 주관[舌]에 의해서 분별되는 맛[味]들, 만지는 주관[身]에 의해서 분별되는 촉감[觸]들, 비구들이여, 이들이 다섯 종류의 감각적 욕망이라오.

비구들이여, 어떤 사문이건 바라문이건, 이들 다섯 종류의 감각적 욕망에 묶이고, 홀리고, 빠지고, 재난을 보지 못하고, 벗어날 줄 모르고 즐기는 사람은 누구나 화를 자초하고, 재앙을 초래하고, 악마의 뜻대로 행했음을 느끼게 될 것이오. 비구들이여, 비유하면, 숲에 사는 사슴이 덫에 걸려 누워있는 것과 같다오. 그 사슴은 화를 자초하고, 재앙을 초래하고, 사냥꾼의 뜻대로 행했음을 느끼게 될 것이고, 사냥꾼이 왔을 때 원하는 곳으로 도망갈 수 없다는 것을 알게 될 것이오.

비구들이여, 어떤 사문이건 바라문이건, 이들 다섯 종류의 감각적 욕망에 묶이지 않고, 홀리지 않고, 빠지지 않고, 재난을 보고, 벗어날 줄 알아서 즐기지 않는 사람은 누구나 화를 자초하지 않고, 재앙을 초래하지 않고, 악마의 뜻대로 행하지 않았음을 느끼게 될 것이오. 비구들이여, 비유하면, 숲에 사는 사슴이 덫에 걸리지 않고 누워있는 것과 같다오. 그 사슴은 화를 자초하지 않고, 재앙을 초래하지 않고, 사냥꾼의 뜻대로 행하지 않았음을 느끼게 될 것이고, 사냥꾼이 왔을 때 원하는 곳으로 도망갈 수 있다는 것을 알게 될 것이오.

비구들이여, 예를 들어 숲에 사는 어떤 사슴이 숲속을 다니면서, 자신 있게 가고, 자신 있게 멈추고, 자신 있게 앉고, 자신 있게 눕는다면, 그 까닭은 무엇인가? 비구들이여, 그 사슴은 사냥꾼의 손아귀에서 벗어나 있기 때문이라오.

비구들이여, 이와 같이 어떤 비구는 감각적 욕망을 멀리하고 불선법(不善法)을 멀리하여, 사유가 있고 숙고가 있는, 멀리함에서 생긴 즐거움과 행복이 있는 초선(初禪)을 성취하여 살아간다오. 비구들이여, 이런 비구를 '악마를 눈멀게 한 사람, 악마의 눈을 부수어 악마를 볼 수 없게 만든 사람'이라고 부른다오.

비구들이여, 그다음으로, 어떤 비구는 사유와 숙고를 억제하여 내적으로 조용해진, 마음이 집중된, 사유와 숙고가 없는, 삼매에서 생긴 즐거움과 행복이 있는 제2선(第二禪)을 성취하여 살아간다오. 비구들이여, 이런 비구를 '악마를 눈멀게 한 사람, 악마의 눈을 부수어 악마를 볼 수 없게 만든 사람'이라고 부른다오.

비구들이여, 그다음으로, 어떤 비구는 희열(喜悅)이 사라지고 평정한 마음으로 주의집중과 알아차림을 하며 지내는 가운데 몸으로 행복을 느끼면서, 성인들이 '평정한 마음[捨]²¹으로 주의집중을 하는 행복한 상태'라고 이야기한 제3선(第三禪)을 성취하여 살아간다오. 비구들이여, 이런 비구를 '악마를 눈멀게 한 사람, 악마의 눈을 부수어 악마를 볼수 없게 만든 사람'이라고 부른다오.

비구들이여, 그다음으로, 어떤 비구는 행복감을 포기하고 괴로움을 버림으로써, 이전의 만족과 불만이 소멸하여, 괴롭지도 않고 즐겁지도 않은, 평정한 주의집중이 청정한 제4선(第四禪)을 성취하여 살아간다오. 비구들이여, 이런 비구를 '악마를 눈멀게 한 사람, 악마의 눈을 부수어 악마를 볼 수 없게 만든 사람'이라고 부른다오.

비구들이여, 나아가서 어떤 비구는 형색에 대한 관념[色想]을²² 완전히 초월하고, 지각의 대상에 대한 관념[有對想]²³을 소멸하여, 차별적인 관념에²⁴ 마음을 쓰지 않음으로써 '허공은 무한하다'라고 생각하는 공무변처(空無邊處)를 성취하여 살아간다오. 비구들이여, 이런 비구를 '악마를 눈멀게 한 사람, 악마의 눈을 부수어 악마를 볼 수 없게 만든 사람'이라고 부른다오.

비구들이여, 그다음으로, 어떤 비구는 공무변처를 완전히 초월하여, '식(識)은 무한하다'라고 생각하는 식무변처(識無邊處)를 성취하여

---

21 'upekhaka'의 번역.
22 'rūpa-saññāṇaṃ'의 번역.
23 'paṭigha-saññāṇaṃ'의 번역.
24 'nānatta-saññāṇaṃ'의 번역.

살아간다오. 비구들이여, 이런 비구를 '악마를 눈멀게 한 사람, 악마의 눈을 부수어 악마를 볼 수 없게 만든 사람'이라고 부른다오.

비구들이여, 그다음으로, 어떤 비구는 일체의 식무변처를 초월하여, '아무것도 없다'라고 생각하는 무소유처(無所有處)를 성취하여 살아간다오. 비구들이여, 이런 비구를 '악마를 눈멀게 한 사람, 악마의 눈을 부수어 악마를 볼 수 없게 만든 사람'이라고 부른다오.

비구들이여, 그다음으로, 어떤 비구는 일체의 무소유처를 초월하여, 비유상비무상처(非有想非無想處)를 성취하여 살아간다오. 비구들이여, 이런 비구를 '악마를 눈멀게 한 사람, 악마의 눈을 부수어 악마를 볼 수 없게 만든 사람'이라고 부른다오.

비구들이여, 그다음으로, 어떤 비구는 일체의 비유상비무상처를 초월하여, 관념과 느껴진 것의 멸진[想受滅]을[25] 성취하여 살아간다오. 그는 통찰지[般若]로써 번뇌[漏]가 멸진했음을 보게 된다오. 비구들이여, 이런 비구를 '악마를 눈멀게 한 사람, 악마의 눈을 부수어 악마를 볼 수 없게 만든 사람, 세간에 대한 집착을 극복한 사람'이라고 부른다오. 그는 자신 있게 가고, 자신 있게 멈추고, 자신 있게 앉고, 자신 있게 눕는다오. 그 까닭은 무엇인가? 비구들이여, 그는 악마의 손아귀에서 벗어나 있기 때문이라오."

이것이 세존께서 하신 말씀입니다.
그 비구들은 세존의 말씀에 만족하고 기뻐했습니다.

---

25 'saññā-vedayita-nirodhaṃ'의 번역.

16

코끼리 발자국의 비유 큰 경

28. Mahāhatthipadopama-sutta

【 해제 】

이 경은 한역 『중아함경(中阿含經)』 「30. 상적유경(象跡喩經)」에 상응하는
경이다.

싸리뿟따 존자의 설법으로 이루어진 이 경은 왜 부처님께서 싸리
뿟따 존자를 지혜(智慧)가 제일(第一)이라고 칭찬하셨는지 보여준다. 싸
리뿟따 존자는 4성제(四聖諦)를 설명하면서, 코끼리 발자국 속에 모든 동
물의 발자국이 들어가듯이, 불교의 모든 교리가 4성제 속에 포섭된다고
이야기한다. 이것은 불교의 모든 교리는 개별적인 것이 아니라 상호 긴
밀한 관계 속에서 4성제를 구성하고 있음을 이야기한 것이다. 이러한 싸
리뿟따 존자의 말씀은, 불교를 분별설(分別說)로 규정하고, 일체법(一切
法)을 온(蘊), 처(處), 계(界)라는 범주로 분류하여 분석적으로 이해한, 아

비달마불교의 이해가 잘못된 것임을 시사한다.

이 경은 욕계(欲界)에서 색계(色界), 무색계(無色界)를 거쳐서 연기(緣起)와 4성제의 통찰에 이르는 사유의 과정을 보여준다. 특히 공처(空處)와 식처(識處)에 대한 통찰의 내용을 구체적으로 이야기하기 때문에 불교 수행의 과정을 이해하는 데 많은 도움을 준다.

이 경에서 주목할 것은 당시의 유물론자들이 세계를 구성하는 불멸의 실체라고 주장한 4대(四大)를 무상(無常)하고 소멸하는 4계(四界)라고 하는 점이다. 일반적으로 불교에서도 4대를 물질을 구성하는 실체로 인정하는 것으로 알고 있지만, 이러한 이해는 아비달마불교에서 비롯된 것이다.

이와 같이 이 경은 아비달마불교의 불교 이해가 근본적으로 잘못된 것임을 보여준다. 그리고 길고 체계적인 내용의 교리를 담고 있는 경은 아비달마불교의 영향을 받아 성립된 것으로서 성립 시기가 늦고, 소박한 교훈을 담은 『숫따니빠따』와 같은 짧은 경이 성립 시기가 빠르다고 보는 현대 학자들의 견해가 옳지 않다는 것을 보여준다.

이와 같이 나는 들었습니다.

한때 세존께서는 싸왓티의 제따와나 아나타삔디까 승원(僧園)에 머무셨습니다.

　　그때 싸리뿟따 존자가 "비구들이여!" 하고 비구들을 불렀습니다.

　　그 비구들은 "예, 존자님!" 하고 싸리뿟따 존자에게 대답했습니다.

　　싸리뿟따 존자께서는 다음과 같이 말씀하셨습니다.

　　"존자들이여, 예를 들면 동물의 발자국은 어떤 것이든 모두 코끼리 발자국에 들어가듯이, 그래서 코끼리 발자국이 동물들 가운데서 가장 크다고 말하듯이, 존자들이여, 이와 같이 선법(善法)은 어떤 것이든 모두가 4성제(四聖諦) 속에 들어간다오. 4성제(四聖諦)는 어떤 것인가? 고성제(苦聖諦), 고집성제(苦集聖諦), 고멸성제(苦滅聖諦), 고멸도성제(苦滅道聖諦)라오.

　　존자들이여, 고성제란 어떤 것인가? 태어남[生]이 괴로움[苦]이고, 늙음[老]이 괴로움이고, 죽음[死]이 괴로움이고, 슬픔, 비탄, 고통, 근심, 불안이 괴로움이고, 원하는 것을 얻지 못하는 것이 괴로움이라오. 요컨대 5취온(五取蘊)이 괴로움이라오.

　　존자들이여, 5취온은 어떤 것인가? 그것은 색취온(色取蘊), 수취온(受取蘊), 상취온(想取蘊), 행취온(行取蘊), 식취온(識取蘊)이라오.

　　존자들이여, 색취온은 어떤 것인가? 그것은 4대(四大)와 4대를 취

하고 있는 (몸의) 형색[色]이라오.[01]

존자들이여, 4대란 어떤 것인가? 그것은 지계(地界), 수계(水界), 화계(火界), 풍계(風界)라오.[02]

존자들이여, 지계란 어떤 것인가? 지계는 안에도 있고, 밖에도 있다오. 존자들이여, 어떤 것이 안에 있는 지계인가? 그것은 각자의 안에 있는 단단한 상태를 취한 것이라오.[03] 예를 들면, 머리카락, 털, 손톱, 치아, 피부, 살, 힘줄, 뼈, 골수, 콩팥, 염통, 간, 가슴막, 비장, 허파, 창자, 내장, 위, 똥이나 그 밖의 어떤 것이든, 각자의 안에 있는 단단한 상태를 취한 것이라오. 존자들이여, 이것이 안에 있는 지계라고 불리는 것이라오.

안에 있는 지계와 밖에 있는 지계, 이들 지계에 대하여, '이것은 나의 소유가 아니고, 이것은 내가 아니고, 이것은 나의 자아가 아니다'라고, 이와 같이 이것을 있는 그대로 바른 통찰지(通察智)로 통찰해야 한다오. 이와 같이 이것을 있는 그대로 바른 통찰지로 통찰하고서, 지계

---

01 'cattāri ca mahābhūtāni catunnañ ca mahābhūtānaṃ upādāya rūpaṃ'의 번역. 이 문장의 번역에 유의할 필요가 있다. 대부분 이 문장을 '4대(四大)와 4대로 만들어진 물질'이라고 번역한다. 그리고 이러한 번역은 색(色), 즉 'rūpa'를 '물질'로 해석하는 근거가 된다. 그러나 '만들어진'으로 번역된 'upādāya'에는 '만들어진'이라는 뜻이 없다. 'upādāya'는 '잡다, 취하다, 집착하다'의 의미를 지닌 동사 'upādiyati'의 속격(屬格)을 지배하는 절대사로서 '~에 의해', '~을 취하여'라는 의미가 있다. 그리고 물질로 번역된 'rūpa'는 '형색, 형태'를 의미한다. 따라서 이 문장은 '4대와 4대에 의한 형색', 또는 '4대와 4대를 취하고 있는 형색'으로 번역하는 것이 옳다. 4대는 유물론자들이 주장한 세계를 구성하는 불멸의 실체다. 그런데 이 경에서는 유물론자의 4대를 불교의 개념인 4계(四界)로 환치(換置)하여 우리의 살아있는 몸을 구성하는 신체, 장기, 혈액, 활력, 소화기능 등을 의미하는 개념으로 사용하고 있다. 따라서 'catunnañ ca mahābhūtānaṃ upādāya rūpaṃ'은 '4대를 취하고 있는 몸'을 의미한다.

02 'paṭhavī-dhātu āpo-dhātu tejo-dhātu vāyo-dhātu'의 번역. 4대(四大)를 4계(四界)로 설명함으로써 불교에서 이야기하는 4대가 유물론자의 4대와 다른 의미라는 것을 보여준다.

03 'ajjhataṃ paccattaṃ kakkhalaṃ kharigataṃ upādiṇṇaṃ'의 번역.

를 염리(厭離)하고, 지계에 마음을 두지 말아야 한다오.

　존자들이여, 밖에 있는 지계가 요동칠 때가 있다오. 그때 밖에 있는 지계는 소실된다오. 존자들이여, 그래서 밖에 있는 지계는 노파(老婆)만큼이나 무상한 성질[無常性]과 소멸법의 성질[消滅法性]과 쇠멸법의 성질[衰滅法性]과 변역법의 성질[變易法性]이 있다는 것을 알 수 있다오. 그런데 갈애[愛]에 의해 취해진 초로(草露) 같은 몸을 가지고, '나'라거나, '내 것'이라거나, '내가 있다'라고 할 수 있을까요? 이 점에 관해서는 '아니다'라고 해야 할 것이오.

　존자들이여, 수계(水界)란 어떤 것인가? 수계는 안에도 있고, 밖에도 있다오.

　존자들이여, 어떤 것이 안에 있는 수계인가? 그것은 각자의 안에 있는 물과 물의 상태를 취한 것이라오. 예를 들면, 담즙, 가래, 고름, 피, 땀, 기름, 눈물, 비계, 침, 콧물, 활액(滑液), 오줌이나, 그 밖의 어떤 것이든 각자의 안에 있는 물과 물의 상태를 취한 것이라오. 존자들이여, 이것이 안에 있는 수계라고 불리는 것이라오.

　안에 있는 수계와 밖에 있는 수계, 이들 수계에 대하여, '이것은 나의 소유가 아니고, 이것은 내가 아니고, 이것은 나의 자아가 아니다'라고, 이와 같이 이것을 바른 통찰지로 있는 그대로 통찰해야 한다오. 이와 같이 이것을 있는 그대로 바른 통찰지로 통찰하고서, 수계를 염리(厭離)하고, 수계에 마음을 두지 말아야 한다오.

　존자들이여, 밖에 있는 수계가 요동칠 때가 있다오. 그때 그 수계는 마을을 휩쓸어가고, 촌락을 휩쓸어가고, 성읍을 휩쓸어가고, 나라를 휩쓸어가고, 국토를 휩쓸어간다오. 그런가 하면, 존자들이여, 큰 바다에 물이 100요자나[由旬][04] 내려갈 때도 있고, 200요자나 내려갈 때도 있고, 300요자나 내려갈 때도 있고, 400요자나 내려갈 때도 있고, 500 요자나 내려갈 때도 있고, 600요자나 내려갈 때도 있고, 700요자나 내려갈 때도 있다오. 존자들이여, 큰 바다에 물이 7딸라[05] 찰 때도 있고, 6 딸라 찰 때도 있고, 5딸라 찰 때도 있고, 4딸라 찰 때도 있고, 3딸라 찰 때도 있고, 2딸라 찰 때도 있고, 딸라만큼 찰 때도 있다오. 존자들이여, 큰 바다에 물이 일곱 길[06] 찰 때도 있고, 여섯 길 찰 때도 있고, 다섯 길 찰 때도 있고, 네 길 찰 때도 있고, 세 길 찰 때도 있고, 두 길 찰 때도 있고, 사람의 키만큼 찰 때도 있다오. 존자들이여, 큰 바다에 물이 반길 찰 때도 있고, 허리만큼 찰 때도 있고, 무릎만큼 찰 때도 있고, 발목만큼 찰 때도 있다오. 존자들이여, 큰 바다에 물이 손가락을 적실만큼도 없는 때도 있다오.

존자들이여, 그래서 밖에 있는 수계는 노파(老婆)만큼이나 무상한 성질[無常性]과 소멸법의 성질[消滅法性]과 쇠멸법의 성질[衰滅法性]과 변역법의 성질[變易法性]이 있다는 것을 알 수 있다오. 그런데 갈애[愛] 에 의해 취해진 초로(草露) 같은 몸을 가지고, '나'라거나, '내 것'이라거나, '내가 있다'라고 할 수 있을까요? 이 점에 관해서는 '아니다'라고 해야 할 것이오.

존자들이여, 화계(火界)란 어떤 것인가? 화계는 안에도 있고, 밖에

---

04 길이의 단위. 1요자나(yojana)는 14km 정도라고 함.
05 딸라(tāla)는 야자수이다. 여기에서는 길이의 단위로서 야자수 높이를 의미한다.
06 'porisa'의 번역. 'porisa'는 길이의 단위로서 일반 성인의 키 정도이다. 우리말의 길이의 단위인 '길'과 같은 의미이므로 '길'로 번역했다.

도 있다오.

존자들이여, 어떤 것이 안에 있는 화계인가? 그것은 각자의 안에 있는 열(熱)과 열의 상태를 취한 것이라오. 예를 들면, 활력을 주는 것, 노쇠하게 하는 것, 화를 일으키는 것, 먹은 음식을 소화시키는 것, 그 밖의 어떤 것이든 각자의 안에 있는 불과 불의 상태를 취한 것이라오. 존자들이여, 이것이 안에 있는 화계라고 불리는 것이라오.

안에 있는 화계와 밖에 있는 화계, 이들 화계에 대하여, '이것은 나의 소유가 아니고, 이것은 내가 아니고, 이것은 나의 자아가 아니다'라고, 이와 같이 이것을 바른 통찰지로 있는 그대로 통찰해야 한다오. 이와 같이 이것을 바른 통찰지로 있는 그대로 통찰하고서, 화계를 염리(厭離)하고, 화계에 마음을 두지 말아야 한다오.

존자들이여, 밖에 있는 화계가 요동칠 때가 있다오. 그때 그 화계는 마을을 태우고, 촌락을 태우고, 성읍을 태우고, 나라를 태우고, 국토를 태운다오. 존자들이여, 그 화계는 초원 가나, 도로 가나, 바위 가나, 물가나, 탁 트인 평지에 이르러 연료가 다하면 꺼진다오. 존자들이여, 그런가 하면 사람들이 닭의 깃털과 가죽 조각으로 불씨를 구하기 위해 애쓰는 때가 있다오.

존자들이여, 그래서 밖에 있는 화계는 노파만큼이나 무상한 성질[無常性]과 소멸법의 성질[消滅法性]과 쇠멸법의 성질[衰滅法性]과 변역법의 성질[變易法性]이 있다는 것을 알 수 있다오. 그런데 갈애[愛]에 의해 취해진 초로(草露) 같은 몸을 가지고, '나'라거나, '내 것'이라거나, '내가 있다'라고 할 수 있을까요? 이 점에 관해서는 '아니다'라고 해야 할 것이오.

존자들이여, 풍계(風界)란 어떤 것인가? 풍계는 안에도 있고, 밖에도 있다오.

　존자들이여, 어떤 것이 안에 있는 풍계인가? 그것은 각자의 안에 있는 바람과 바람의 상태를 취한 것이라오. 예를 들면, 위로 올라가는 바람, 아래로 내려가는 바람, 자궁 안에 있는 바람, 배 안에 있는 바람, 사지(四肢)를 돌아다니는 바람, 들숨과 날숨, 그 밖의 어떤 것이든 각자의 안에 있는 바람과 바람의 상태를 취한 것이라오. 존자들이여, 이것이 안에 있는 풍계라고 불리는 것이라오.

　안에 있는 풍계와 밖에 있는 풍계, 이들 풍계에 대하여, '이것은 나의 소유가 아니고, 이것은 내가 아니고, 이것은 나의 자아가 아니다'라고, 이와 같이 이것을 바른 통찰지로 있는 그대로 통찰해야 한다오. 이와 같이 이것을 바른 통찰지로 있는 그대로 통찰하고서, 풍계를 염리(厭離)하고, 풍계에 마음을 두지 말아야 한다오.

　존자들이여, 밖에 있는 풍계가 요동칠 때가 있다오. 그때 그 풍계는 마을을 휩쓸어버리고, 촌락을 휩쓸어버리고, 성읍을 휩쓸어버리고, 나라를 휩쓸어버리고, 국토를 휩쓸어버린다오. 존자들이여, 그런가 하면, 사람들이 야자수 잎과 부채로 바람을 구하는 여름의 마지막 달에는 흐르는 물가의 풀잎들도 흔들리지 않는 때가 있다오.

　존자들이여, 그래서 밖에 있는 풍계는 노파(老婆)만큼이나 무상한 성질[無常性]과 소멸법의 성질[消滅法性]과 쇠멸법의 성질[衰滅法性]과 변역법의 성질[變易法性]이 있다는 것을 알 수 있다오. 그런데 갈애[愛]에 의해 취해진 초로(草露) 같은 몸을 가지고, '나'라거나, '내 것'이라거나, '내가 있다'라고 할 수 있을까요? 이 점에 관해서는 '아니다'라고 해야 할 것이오.

존자들이여, 만약 어떤 비구를 다른 사람들이 욕하고, 비난하고, 괴롭히고, 모욕한다면, 그는 다음과 같이 통찰한다오.

'나에게 발생한 청각접촉[耳觸]에서 생긴 이 괴로운 느낌[受]은 분명히 의지하고 있지, 독립적으로 있지 않구나.[07] 무엇을 의지하고 있는가? 접촉[觸]을 의지하고 있구나.'

그는 접촉은 무상(無常)하다는 것을 알고, 느낌은 무상하다는 것을 알고, 생각[想]은 무상하다는 것을 알고, 행위[行]들은 무상하다는 것을 알고, 분별하는 마음[識]은 무상하다는 것을 안다오. 그래서 마음이 그 통찰의 대상이 되는 계(界)[08]에 도약하여, 확신을 가지고 확고하게 머물면서 몰입한다오.[09]

비구들이여, 만약에 다른 사람들이 불쾌하고, 기분 나쁘고, 마음에 들지 않게 그 비구에게 손찌검, 흙덩어리 팔매질, 몽둥이질, 칼질을 하

---

07 'uppannā kho me ayaṃ sotasamphassajā dukkhā vedanā, sā ca kho paṭicca no appaṭicca'의 번역. 'paṭicca'는 '의지하다'는 의미의 동사 'pacceti'의 절대사로서 '의지하고서, 조건으로 하여'의 의미이다. 이 개념은 연기(緣起), 즉 'paṭiccasamuppāda'의 핵심이다. 여기에서는 촉(觸)에서 수(受)가 연기하는 것을 통찰하는 것에 대하여 이야기하고 있다. 따라서 'paṭicca'를 '의지하고 있다'는 의미로, 'appaṭicca'를 '독립적으로 있다'는 의미로 번역했다. 여기에서 'vedanā; 受'를 '느낌[受]'으로 번역하였다.

08 'dhātārammaṇa'의 번역. 여기에서는 4계(界)를 통찰의 대상으로 하기 때문에 '통찰의 대상이 되는 계(界); dhātārammaṇa'는 지수화풍(地水火風) 4계이며, 이것은 우리의 형색[色]을 의미하므로 색계(色界)를 의미한다고 할 수 있다. 그런데, 이후의 내용을 보면, 허공(虛空)과 식(識) 그리고 연기(緣起)와 4성제(四聖諦)를 대상으로 통찰하는 이야기가 전개되고 있다. 따라서 '마음이 통찰의 대상이 되는 계(界)로 도약한다는 것은 욕계(欲界)의 마음이 색계를 대상으로 도약하고, 색계의 마음이 무색계(無色界)를 대상으로 도약하고, 무색계의 마음이 연기를 대상으로 도약하고 마침내 4성제를 대상으로 통찰하여 열반을 성취하게 되는 것을 의미한다.

09 'tassa dhātārammaṇaṃ – eva cittaṃ pakkhandati pasīdati santiṭṭhati adhimuccati'의 번역. 4계(界)를 통찰함으로써 마음이 색계(色界)의 선정(禪定)으로 도약하여 머물면서 몰입하는 것을 이야기한 것 같다.

면, 그는 다음과 같이 통찰한다오.

'지금 이 몸은 손찌검을 당하고, 흙덩어리 팔매질을 당하고, 몽둥이질을 당하고, 칼질을 당하고 있구나. 그런데 세존께서는 「톱의 비유 경」[10]에서 '비구들이여, 양쪽에 손잡이가 있는 톱으로 비열한 도적들이 사지(四肢)를 차례로 잘라낸다고 할지라도, 거기에서 마음이 타락한다면, 그는 나의 가르침을 따르는 사람이 아니다'라고 말씀하셨다. 그러므로 나는 물러서지 않고 힘써 정진하겠다. 정신을 똑바로 차리고 주의집중에 전념하겠다. 몸은 가볍고 편안하게 하고, 마음은 집중하여 삼매에 들겠다. 이제 마음 내키는 대로 이 몸에 손찌검하고, 흙덩어리를 던지고, 몽둥이질하고, 칼질하도록 내버려 두자. 이것이 부처님들의 가르침이다.'

존자들이여, 만약 그 비구가 이와 같이 부처님[佛]을 생각하고, 가르침[法]을 생각하고, 승가(僧伽)를 생각해도, 좋은 의지처가 되는 평정한 마음[捨]이 확립되지 않으면, 그는 그로 인해서 동요하고, 두려움이 생긴다오. 그래서 다음과 같이 생각한다오.

'나에게 무익하구나. 나에게 이익이 없구나. 내가 성취하기는 어렵구나. 나는 잘 성취하지 못했구나. 내가 이와 같이 부처님을 생각하고, 가르침을 생각하고, 승가를 생각해도 나에게 좋은 의지처가 되는 평정한 마음이 확립되지 않는구나.'

존자들이여, 마치 며느리가 시아버지를 보고서 동요하고 두려움을 느끼는 것과 같이, 존자들이여, 만약 그 비구가 이와 같이 부처님을 생각

---

10 「13. 톱의 비유 경」을 의미함.

하고, 가르침을 생각하고, 승가를 생각해도 좋은 의지처가 되는 평정한 마음이 확립되지 않으면, 그로 인해서 동요하고 두려움을 느낀다오.

존자들이여, 만약 그 비구가 부처님을 생각하고, 가르침을 생각하고, 승가를 생각하여 좋은 의지처가 되는 평정한 마음이 확립되면, 그로 인해서 기쁨이 있다오. 존자들이여, 비구가 이 정도가 되려면 많은 수행이 필요하다오.

존자들이여, 비유하면, 나뭇조각을 의지하고, 칡넝쿨을 의지하고, 풀을 의지하고, 진흙을 의지하여 둘러싸인 허공이 '집'이라는 명칭으로 불리듯이, 존자들이여, 이와 같이 해골을 의지하고, 근육을 의지하고, 살을 의지하고, 가죽을 의지하여 둘러싸인 허공이 형색[色]이라는 명칭으로 불린다오.

존자들이여, 안에 손상을 입지 않은 시각[眼]이 있어도, 밖에 형색들이 시야(視野)에 들어오지 않고, 적절하게 집중하지 않으면, 그 결과 적절한 분별하는 마음[識]의 영역은 결코 나타나지 않는다오. 존자들이여, 안에 손상을 입지 않은 시각이 있고, 밖에 형색들이 시야에 들어와도, 적절하게 집중하지 않으면, 그 결과 적절한 분별하는 마음의 영역은 결코 나타나지 않는다오. 존자들이여, 몸 안에 손상을 입지 않은 시각이 있고, 밖에 형색들이 시야에 들어오고, 적절하게 집중하기 때문에, 이와 같이 적절한 분별하는 마음의 영역이 나타난다오.

그렇게 형성된 형색은 색취온(色取蘊)에 모이고,[11] 그렇게 형성된 느낌은 수취온(受取蘊)에 모이고, 그렇게 형성된 생각은 상취온(想取蘊)

---

11   'yaṃ tathābhūtassa rūpaṃ taṃ rūpupādānakkhandhe saṅgahaṃ gacchati'의 번역.

에 모이고, 그렇게 형성된 행위들은 행취온(行取蘊)에 모이고, 그렇게 형성된 분별하는 마음은 식취온(識取蘊)에 모인다오. 그는 '참으로 이들 5취온은 이와 같이 모이고, 집합되고, 결합된다'라고 통찰한다오.

세존께서는 '연기(緣起)를 보는 자는 법(法)을 보고, 법을 보는 자는 연기를 본다'[12]라고 말씀하셨소. 그런데 이들 5취온은 연기한 것이라오. 이들 5취온에 대하여 욕망, 애착, 호의, 탐닉이 있는 것이 고집(苦集)이며, 이들 5취온에 대하여 욕탐(欲貪)을 억제하고, 욕탐을 제거하는 것이 고멸(苦滅)이라오. 존자들이여, 비구가 이 정도가 되려면 많은 수행이 필요하다오.

존자들이여, 청각[耳], 후각[鼻], 미각[舌], 촉각[身], 마음[意]도 마찬가지라오.

존자들이여, 안에 손상을 입지 않은 마음[意]이 있어도, 밖에 법(法)들이 시야(視野)에 들어오지 않고, 적절하게 집중하지 않으면, 그 결과 적절한 분별하는 마음[識]의 영역은 결코 나타나지 않는다오. 존자들이여, 안에 손상을 입지 않은 마음[意]이 있고, 밖에 법들이 시야에 들어와도, 적절하게 집중하지 않으면, 그 결과 적절한 분별하는 마음[識]의 영역은 나타나지 않는다오. 존자들이여, 안에 손상을 입지 않은 사유기능이 있고, 밖에 법들이 시야에 들어오고, 적절하게 집중하기 때문에, 이와 같이 적절한 분별하는 마음[識]의 영역이 나타나는 것이라오.

그렇게 형성된 형색[色]은 색취온(色取蘊)에 모이고, 그렇게 형성된 느낌[受]은 수취온(受取蘊)에 수집되고, 그렇게 형성된 생각[想]은 상

---

12 'yo paṭiccasamuppādaṃ passati so dhammaṃ passati, yo dhammaṃ passati so paṭiccasamuppādaṃ passati,'의 번역.

취온(想取蘊)에 모이고, 그렇게 형성된 행위[行]들은 행취온(行取蘊)에 모이고, 그렇게 형성된 분별하는 마음[識]은 식취온(識取蘊)에 모인다오. 그는 '참으로 이들 5취온(五取蘊)은 이와 같이 모이고, 집합되고, 결합된다'라고 통찰한다오.

세존께서는 '연기를 보는 자는 법을 보고, 법을 보는 자는 연기를 본다'라고 말씀하셨다오. 그런데 이들 5취온은 연기한 것이라오. 이들 5취온에 대하여 욕망, 애착, 호의, 탐닉이 있는 것이 고집(苦集)이며, 이들 5취온에 대하여 욕탐(欲貪)을 억제하고, 욕탐을 제거하는 것이 고멸(苦滅)이라오. 존자들이여, 비구가 이 정도가 되려면 많은 수행이 필요하다오."

이것이 싸리뿟따 존자께서 하신 말씀입니다.
그 비구들은 싸리뿟따 존자의 말씀에 만족하고 기뻐했습니다.

17

고씽가에서 설하신 작은 경

31. Cūḷagosiṅga-sutta

【 해제 】

|

이 경은 한역 『중아함경(中阿含經)』 「185. 우각바라림경(牛角婆羅林經)」에 상응하는 경이다.

이 경은 수행자들이 어떻게 화합하면서 수행해야 하는가를 보여 준다. 수행자들이 더러운 세간의 이익과 명예를 다투는 오늘의 현실을 돌아보게 하는 가르침이 이 경 속에 있다.

이 경의 마지막에 세존께서는 다음과 같이 말씀하신다.

"보라! 이들 세 선남자가 많은 사람의 이익을 위하여, 많은 사람 의 행복을 위하여, 세간을 연민하여, 왕과 사람들의 행복과 이익 과 즐거움을 위하여 어떻게 실천했는가를!"

우리 불자들은 자신에게 물어야 한다.

"우리는 많은 사람의 이익을 위하여, 많은 사람의 행복을 위하여, 세간을 연민하여, 사람들의 행복과 이익과 즐거움을 위하여 무엇을 실천했는가?"

이와 같이 나는 들었습니다.

한때 세존께서는 나디까(Nādika)의 긴자까와싸타(Giñjakāvasatha) 승원에 머무셨습니다. 그때 아누룻다(Anuruddha) 존자와 난디야(Nandiya) 존자와 낌빌라(Kimbila) 존자는 고씽가쌀라와나(Gosiṅgasālavana) 동산에 머물고 있었습니다.

그때 세존께서는 좌선(坐禪)에서 일어나 고씽가쌀라와나 동산으로 가셨습니다. 동산지기가 세존께서 오시는 것을 저만치에서 보고 세존께 말씀드렸습니다.

"사문이여, 이 동산에 들어오지 마시오. 이곳에는 영혼이 자유로운[01] 세 분의 훌륭한 분이 머물고 있습니다. 그분들을 불편하게 하지 마시오."

때마침 아누룻다 존자가 동산지기가 세존과 함께 나누는 이야기를 듣고, 동산지기에게 말했습니다.

"여보시오, 동산지기여! 세존을 막지 마시오. 스승님께서, 세존께서 오셨습니다."

그런 다음, 아누룻다 존자는 난디야 존자와 낌빌라 존자에게 가서 말했습니다.

"존자들이여, 나와 보시오! 존자들이여, 나와 보시오! 스승님께서, 세존께서 오셨습니다."

---

01 'attakāmarūpa'의 번역.

아누룻다 존자와 난디야 존자와 낌빌라 존자는 나와서 세존을 맞이한 후에 한 사람은 옷과 발우를 받아들었고, 한 사람은 자리를 마련해 드렸고, 한 사람은 발 씻을 물을 떠 왔습니다. 그 존자들은 세존께 예배한 후에 한쪽에 앉았습니다. 한쪽에 앉은 아누룻다 존자에게 세존께서 말씀하셨습니다.

"아누룻다여, 그대들은 견딜 만한가? 살아갈 만한가? 탁발 음식은 부족하지 않은가?"

"세존이시여, 저희는 견딜 만합니다. 세존이시여, 살아갈 만합니다. 탁발 음식은 부족하지 않습니다."

"아누룻다여, 그대들은 우유와 물처럼 화합하고 화목하며, 다투지 않고 상호 간에 애정 어린 눈길을 주고받으며 지내는가?"

"세존이시여, 저희는 참으로 우유와 물처럼 화합하고 화목하며, 다투지 않고 상호 간에 애정 어린 눈길을 주고받으며 지내고 있습니다."

"아누룻다여, 그대들은 어떻게 지내기에, 우유와 물처럼 화합하고 화목하며, 다투지 않고 상호 간에 애정 어린 눈길을 주고받으며 지낸다고 말하는가?"

"세존이시여, 저는 '내가 이런 도반(道伴)들과 함께 지내는 것은 실로 나에게 이익이고, 축복이다'라고 생각합니다. 세존이시여, 그래서 저는, 볼 때나 보지 않을 때나, 이 존자들에게 몸과 말과 마음으로 항상 자애로운 행동을 합니다. 저는, '나는 내 생각을 내려놓고 이 존자들의 생각에 따라야겠다'라고 생각합니다. 세존이시여, 그래서 저는 제 생각을 내려놓고 이 존자들의 생각에 따르고 있습니다. 세존이시여, 생각건대, 저희는 몸은 다르지만, 마음은 하나입니다."

난디야 존자와 낌빌라 존자도 마찬가지로 이야기했습니다.

"세존이시여, 저희는 이렇게 우유와 물처럼 화합하고 화목하며, 다투지 않고 상호 간에 애정 어린 눈길을 주고받으며 지내고 있습니다."

"아누룻다여, 훌륭하구나! 참으로 훌륭하구나! 아누룻다여, 그대들은 게으름피우지 않고 열심히 정진하면서 지내는가?"

"세존이시여, 저희는 참으로 게으름피우지 않고 열심히 정진하면서 지내고 있습니다."

"아누룻다여, 그대들은 어떻게 지내기에 게으름피우지 않고 열심히 정진하면서 지낸다고 말하는가?"

"세존이시여, 저희 가운데서 맨 먼저 마을에서 탁발을 마치고 돌아온 사람은 자리를 깔고, 마실 물과 씻을 물을 마련하고, 개수통을 준비합니다. 누구든 마지막에 마을에서 탁발을 마치고 돌아온 사람은 남은 음식이 있으면, 원하면 그것을 먹고, 원치 않으면 풀이 없는 곳에 버리거나 아무것도 살지 않는 물에 가라앉힙니다. 그는 자리를 정리하고, 마실 물과 씻을 물을 치우고, 개수통을 정리하고, 식당을 청소합니다. 비워야 할 식수통이나 세숫대야나 개수통이나 배설물 통은 누구든지 본 사람이 비웁니다. 만약에 힘에 부치면, 손짓으로 두 사람을 불러서 손으로 신호하면서 함께 비웁니다. 세존이시여, 그렇지만 저희는 그 일을 하기 위해 말을 하지는 않습니다. 세존이시여, 그리고 저희는 닷새마다 밤을 지새우며 함께 앉아 법담을 나눕니다. 세존이시여, 저희는 이렇게 게으름피우지 않고, 열심히 정진하면서 살고 있습니다."

"아누룻다여, 훌륭하구나! 참으로 훌륭하구나! 아누룻다여, 그대들은 이와 같이 게으름피우지 않고, 열심히 정진하는 삶을 통해서 인간법(人間法)[02]을 초월한, 성자에게 합당한 지견(知見)을 성취하여 체험한 안주처(安住處)[03]가 있는가?"

"세존이시여, 어찌 없겠습니까? 세존이시여, 저희는 저희 마음대로,[04] 감각적 욕망을 멀리하고 불선법(不善法)을 멀리하여, 사유가 있고 숙고가 있는, 멀리함에서 생긴 즐거움과 행복이 있는 초선(初禪)을 성취하여 살고 있습니다. 세존이시여, 이것이 게으름피우지 않고, 열심히 정진하는 삶을 통해서 인간법을 초월한, 성자에게 합당한 지견을 성취하여 체험한 안주처입니다."

"아누룻다여, 훌륭하구나! 참으로 훌륭하구나! 아누룻다여, 그대들에게 그것을 극복하고, 그것을 그치고 쉬는[止息] 삶을 통해서 인간법을 초월한, 성자에게 합당한 지견을 성취하여 체험한 또 다른 안주처가 있는가?"

"세존이시여, 어찌 없겠습니까? 세존이시여, 저희는 저희 마음대로, 사유와 숙고를 억제하여 내적으로 조용해진, 마음이 집중된, 사유와 숙고가 없는, 삼매에서 생긴 즐거움과 행복이 있는 제2선(第二禪)을 성취하여 살고 있습니다. 세존이시여, 이것이 그것을 극복하고, 그것을 그치고 쉬는 삶을 통해서 인간법을 초월한, 성자에게 합당한 지견을 성취하여 체험한 또 다른 안주처입니다."

"아누룻다여, 훌륭하구나! 참으로 훌륭하구나! 아누룻다여, 그대들에게 그것을 극복하고, 그것을 그치고 쉬는 삶을 통해서 인간법을 초월한, 성자에게 합당한 지견을 성취하여 체험한 또 다른 안주처가 있는가?"

---

02 'manussadhamma'의 번역.

03 'viseso adhigato phāsuvihāro'의 번역.

04 'yāvad-e ākaṅkhāma'의 번역.

"세존이시여, 어찌 없겠습니까? 세존이시여, 저희는 저희 마음대로, 희열(喜悅)이 사라지고 평정한 마음으로 주의집중과 알아차림[05]을 하며 지내는 가운데 몸으로 행복을 느끼면서, 성인들이 '평정한 마음[捨]으로 주의집중을 하는 행복한 상태'라고 이야기한 제3선(第三禪)을 성취하여 살고 있습니다. 세존이시여, 이것이 그것을 극복하고, 그것을 그치고 쉬는 삶을 통해서 인간법을 초월한, 성자에게 합당한 지견을 성취하여 체험한 또 다른 안주처입니다."

"아누룻다여, 훌륭하구나! 참으로 훌륭하구나! 아누룻다여, 그대들에게 그것을 극복하고, 그것을 그치고 쉬는 삶을 통해서 인간법을 초월한, 성자에게 합당한 지견을 성취하여 체험한 또 다른 안주처가 있는가?"

"세존이시여, 어찌 없겠습니까? 세존이시여, 저희는 저희 마음대로, 행복감을 포기하고, 괴로움을 버림으로써, 이전의 만족과 불만이 소멸하여, 괴롭지도 않고 즐겁지도 않은, 평정한 주의집중이 청정한 제4선(第四禪)을 성취하여 살고 있습니다. 세존이시여, 이것이 그것을 극복하고, 그것을 그치고 쉬는 삶을 통해서 인간법을 초월한, 성자에게 합당한 지견을 성취하여 체험한 또 다른 안주처입니다."

"아누룻다여, 훌륭하구나! 참으로 훌륭하구나! 아누룻다여, 그대들에게 그것을 극복하고, 그것을 그치고 쉬는 삶을 통해서 인간법을 초월한, 성자에게 합당한 지견을 성취하여 체험한 또 다른 안주처가 있는가?"

"세존이시여, 어찌 없겠습니까? 세존이시여, 저희는 저희 마음대로, 형색에 대한 관념[色想][06]을 완전히 초월하고, 지각의 대상에 대한

---

05 'satā ca sampajānā'의 번역.

06 'rūpa-saññāṇa'의 번역.

관념[有對想][07]을 소멸하여, 차별적인 관념에 마음을 쓰지 않음으로써 '허공은 무한하다'라고 생각하는 공무변처(空無邊處)를 성취하여 살고 있습니다. 세존이시여, 이것이 그것을 극복하고, 그것을 그치고 쉬는 삶을 통해서 인간법을 초월한, 성자에게 합당한 지견을 성취하여 체험한 또 다른 안주처입니다."

"아누룻다여, 훌륭하구나! 참으로 훌륭하구나! 아누룻다여, 그대들에게 그것을 극복하고, 그것을 그치고 쉬는 삶을 통해서 인간법을 초월한, 성자에게 합당한 지견을 성취하여 체험한 또 다른 안주처가 있는가?"

"세존이시여, 어찌 없겠습니까? 세존이시여, 저희는 저희 마음대로, 공무변처(空無邊處)를 완전히 초월하여, '의식(意識)은 무한하다'라고 생각하는 식무변처(識無邊處)를 성취하여 살고 있습니다. 세존이시여, 이것이 그것을 극복하고, 그것을 그치고 쉬는 삶을 통해서 인간법을 초월한, 성자에게 합당한 지견을 성취하여 체험한 또 다른 안주처입니다."

"아누룻다여, 훌륭하구나! 참으로 훌륭하구나! 아누룻다여, 그대들에게 그것을 극복하고, 그것을 그치고 쉬는 삶을 통해서 인간법을 초월한, 성자에게 합당한 지견을 성취하여 체험한 또 다른 안주처가 있는가?"

"세존이시여, 어찌 없겠습니까? 세존이시여, 저희는 저희 마음대로, 일체의 식무변처를 초월하여, '아무것도 없다'라고 생각하는 무소유처(無所有處)를 성취하여 살고 있습니다. 세존이시여, 이것이 그것을 극복하고, 그것을 그치고 쉬는 삶을 통해서 인간법을 초월한, 성자에게 합당한 지견을 성취하여 체험한 또 다른 안주처입니다."

---

07 'paṭigha-saññāṇa'의 번역.

"아누룻다여, 훌륭하구나! 참으로 훌륭하구나! 아누룻다여, 그대들에게 그것을 극복하고, 그것을 그치고 쉬는 삶을 통해서 인간법을 초월한, 성자에게 합당한 지견을 성취하여 체험한 또 다른 안주처가 있는가?"

"세존이시여, 어찌 없겠습니까? 세존이시여, 저희는 저희 마음대로, 일체의 무소유처를 초월하여, 비유상비무상처(非有想非無想處)를 성취하여 살고 있습니다. 세존이시여, 이것이 그것을 극복하고, 그것을 그치고 쉬는 삶을 통해서 인간법을 초월한, 성자에게 합당한 지견을 성취하여 체험한 또 다른 안주처입니다."

"아누룻다여, 훌륭하구나! 참으로 훌륭하구나! 아누룻다여, 그대들에게 그것을 극복하고, 그것을 그치고 쉬는 삶을 통해서 인간법을 초월한, 성자에게 합당한 지견을 성취하여 체험한 또 다른 안주처가 있는가?"

"세존이시여, 어찌 없겠습니까? 세존이시여, 저희는 저희 마음대로, 일체의 비유상비무상처를 초월하여, 관념과 느껴진 것의 멸진[想受滅][08]을 성취하여 살고 있습니다. 저희는 통찰지[般若]로써 번뇌[漏]가 멸진했다는 것을 알고 있습니다. 세존이시여, 이것이 그것을 극복하고, 그것을 그치고 쉬는 삶을 통해서 인간법을 초월한, 성자에게 합당한 지견을 성취하여 체험한 또 다른 안주처입니다. 세존이시여, 저희는 이 안주처보다 다른 안주처가 더 높거나 더 훌륭하다고 여기지 않습니다."

"아누룻다여, 훌륭하구나! 참으로 훌륭하구나! 아누룻다여, 이 안주처보다 더 높거나 더 훌륭한 다른 안주처는 없다."

그러고 나서 세존께서는 아누룻다 존자와 난디야 존자와 낌빌라

---

08 'saññā-vedayita-nirodha'의 번역.

존자를 진리의 말씀으로 가르치고, 격려하고, 고무하고, 칭찬하신 후에 자리에서 일어나 그곳을 떠났습니다. 아누룻다 존자와 난디야 존자와 낌빌라 존자는 세존을 배웅했습니다. 그리고 돌아와서 난디야 존자와 낌빌라 존자가 아누룻다 존자에게 말했습니다.

"아누룻다 존자는 세존의 면전에서 우리가 번뇌를 멸진한 경지까지 성취했다고 이야기했는데, 우리가 아누룻다 존자에게 '우리는 이러이러한 경지를 성취한 사람이다'라고 알려준 적이 있나요?"

"존자들이 나에게 알려준 적은 없소. 그렇지만 나는 이심전심(以心傳心)으로[09] '이 존자들은 이러이러한 경지를 성취한 사람이다'라는 것을 알았소. 그리고 천신(天神)들도 나에게 '이 존자들은 이러이러한 경지를 성취한 사람들이다'라고 알려주었소. 그래서 세존의 질문에 그렇게 대답했던 것이오."

그때 디가 빠라자나(Dīgha parajana) 야차(夜叉)[10]가 세존을 찾아가서, 세존께 예배하고 한쪽에 섰습니다. 한쪽에 선 디가 빠라자나 야차가 세존께 말씀드렸습니다.

"세존이시여, 왓지(Vajji)족에게 이익이 있고, 왓지 사람들에게 축복이 있을 것입니다. 그것은 이곳에 아라한이시며 등정각(等正覺)이신 여래와 세 분의 선남자, 아누룻다 존자, 난디야 존자, 낌빌라 존자가 머물고 있기 때문입니다."

디가 빠라자나 야차의 말을 듣고, 대지(大地)의 신들이 소리 내어

---

09 'cetassā ceto paricca'의 번역.
10 'yakkha'의 번역. 사람을 괴롭히는 사나운 귀신. 불법에 귀의하여 불법을 수호하는 신이 되었다고 함. 금강역사(金剛力士)가 대표적인 야차(夜叉)이다.

말했습니다.

"세존이시여, 왓지족에게 이익이 있고, 왓지 사람들에게 축복이 있을 것입니다. 그것은 이곳에 아라한이시며 등정각(等正覺)이신 여래와 세 분의 선남자, 아누룻다 존자, 난디야 존자, 낌빌라 존자가 머물고 있기 때문입니다."

지상(地上)의 신들의 소리를 듣고, 4대왕천(四大王天) 천신들이, 4대왕천 천신들의 소리를 듣고, 삼십삼천(三十三天) 천신들이, 삼십삼천 천신들의 소리를 듣고, 야마천 천신들이, 야마천 천신들의 소리를 듣고, 도솔천 천신들이, 도솔천 천신들의 소리를 듣고, 화락천(化樂天) 천신들이, 화락천 천신들의 소리를 듣고 타화자재천(他化自在天) 천신들이, 타화자재천 천신들의 소리를 듣고, 범신천(梵身天) 천신들이 소리 내어 말했습니다.

"세존이시여, 왓지족에게 이익이 있고, 왓지 사람들에게 축복이 있을 것입니다. 그것은 이곳에 아라한이시며 등정각이신 여래와 세 분의 선남자, 아누룻다 존자, 난디야 존자, 낌빌라 존자가 머물고 있기 때문입니다."

이리하여 아누룻다 존자와 난디야 존자와 낌빌라 존자는 그 찰나에, 그 순간에 범천의 세계에까지 알려졌다고 합니다.

"그렇다. 디가여! 그렇다. 디가여! 디가여, 이들 세 선남자는 가정을 위해서 집을 떠나 출가했기 때문에, 그 가정이 이들 세 선남자를 청정한 신심으로 기억한다면, 그 가정에는 오래도록 이익이 있고, 행복이 있을 것이다. 디가여, 이들 세 선남자는 가문을 위해서 집을 떠나 출가했기 때문에, 그 가문이 이들 세 선남자를 청정한 신심으로 기억한다면, 그 가문에는 오래도록 이익이 있고, 행복이 있을 것이다. 디가여, 이들 세 선남자는 마을, 촌락, 성읍, 나라를 위해서 집을 떠나 출가했기 때문에, 그 마을, 촌락, 성읍, 나라가 이들 세 선남자를 청정한 신심으로 기억한다면, 그 마을, 촌락, 성읍, 나라에는 오래도록 이익이 있고, 행복이 있을 것이다. 디가여, 모든 크샤트리아나, 바라문이나, 바이샤나 수드라가 이들 세 선남자를 청정한 신심으로 기억한다면, 모든 크샤트리아나, 바라문이나, 바이샤나, 수드라에게 오래도록 이익이 있고, 행복이 있을 것이다. 디가여, 천신과 마라(Māra)와 브라만(Brahman; 梵天)을 포함하는 세간(世間)과 사문과 바라문과 왕과 사람들을 포함하는 인간이 이들 세 선남자를 청정한 신심으로 기억한다면, 천신과 마라와 브라만을 포함하는 세간과 사문과 바라문과 왕과 사람들을 포함하는 인간에게 오래도록 이익이 있고, 행복이 있을 것이다. 보라! 디가여, 이들 세 선남자가 많은 사람의 이익을 위하여, 많은 사람의 행복을 위하여, 세간을 연민하여, 왕과 사람들의 행복과 이익과 즐거움을 위하여 어떻게 실천했는가를!"

이것이 세존께서 하신 말씀입니다.
디가 빠라자나 야차는 세존의 말씀에 만족하고 기뻐했습니다.

18

소 치 는 사 람 의 비 유 큰 경

33. Mahāgopālaka-sutta

【 해제 】

|

이 경은 한역 『중아함경(中阿含經)』에는 상응하는 경이 없으며, 『잡아함경(雜阿含經)』 47.9와 『증일아함경(增一阿含經)』 49.1에 같은 내용이 있다. 별행경(別行經)으로는 구마라집(鳩摩羅什)의 『방우경(放牛經)』이 있다.

이 경에서는 수행자가 알고 실천해야 할 11가지 일을 소 치는 일에 비유하고 있다. 이 경으로 인해서 불교에서 수행을 목우(牧牛)에 비유하게 된 것으로 생각된다.

이와 같이 나는 들었습니다.

한때 세존께서는 싸왓티의 제따와나 아나타삔디까 승원(僧園)에 머무셨습니다. 그때 세존께서 "비구들이여!" 하고 비구들을 불렀습니다. 그 비구들은 "세존이시여!" 하고 세존께 대답했습니다.

　세존께서 말씀하셨습니다.

　"비구들이여, 열한 가지 부류에 속하는 소 치는 사람은 소 떼를 돌볼 수 없고, 늘릴 수 없다오. 그 열한 가지는 어떤 것인가? 비구들이여, 소 치는 사람으로서 소의 형색[色]을 알지 못하는 사람, 소의 관상을 볼 줄 모르는 사람, 파리의 알을 제거하지 않는 사람, 상처를 보호하지 않는 사람, 연기로 소독을 하지 않는 사람, 나루를 알지 못하는 사람, 마실 것을 알지 못하는 사람, 통로를 알지 못하는 사람, 방목지를 알지 못하는 사람, 우유를 남김없이 짜는 사람, 소 떼를 지키는 우두머리 황소를 특별하게 대우하지 않는 사람이 있다오. 비구들이여, 이 열한 가지 부류에 속하는 소 치는 사람은 소 떼를 돌볼 수 없고, 늘릴 수 없다오.

　비구들이여, 이와 마찬가지로 열한 가지 법에 속하는 비구는 이 가르침과 율(律)에서 번영하고, 성장하고, 발전할 수 없다오. 그 열한 가지는 어떤 것인가? 비구들이여, 형색을 알지 못하고, 관상을 볼 줄 모르고, 파리의 알을 제거하지 않고, 상처를 보호하지 않고, 연기로 소독을 하지 않고, 나루를 알지 못하고, 마실 것을 알지 못하고, 통로를 알지 못하고, 방목지를 알지 못하고, 남김없이 짜고, 출가한 지 오래되어 경험이 많은, 승가(僧伽)를 지키고 승가의 우두머리가 되는 장로(長老)들을 특별하게 공경하지 않는 비구가 있다오. 비구들이여, 이 열한 가지 법에 속하는 비구는 이 가르침과 율에서 번영하고, 성장하고, 발전할 수 없다오.

비구들이여, 어떤 비구가 형색을 알지 못하는 비구인가? 비구들이여, 어떤 비구는 '모든 형색은, 그것이 어떤 형색이든, 4대(四大)와 4대를 취하고 있는 형색이다'라고 있는 그대로 통찰하지 못한다오. 비구들이여, 이런 비구가 형색을 알지 못하는 비구라오.

비구들이여, 어떤 비구가 관상을 볼 줄 모르는 비구인가? 비구들이여, 어떤 비구는 어리석은 자의 행위의 특징과 현명한 사람의 행위의 특징을 있는 그대로 통찰하지 못한다오. 비구들이여, 이런 비구가 관상을 볼 줄 모르는 비구라오.

비구들이여, 어떤 비구가 파리의 알을 제거하지 않는 비구인가? 비구들이여, 어떤 비구는 이미 일어난 감각적 욕망에 대한 생각에 내맡기고, 몰아내지 않고, 제거하지 않고, 없애지 않으며, 이미 일어난 분노의 생각, 이미 일어난 폭력적인 생각, 거듭해서 일어나는 사악한 불선법(不善法)들에 내맡기고, 몰아내지 않고, 제거하지 않고, 없애지 않는다오. 비구들이여, 이런 비구가 파리의 알을 제거하지 않는 자라오.

비구들이여, 어떤 비구가 상처를 보호하지 않는 자인가? 비구들이여, 어떤 비구는 눈으로 형색을 보고서, 모습[相][01]에 이끌리고, 부분의 모습[02]에 이끌린다오. 그는 시각활동[眼根]을[03] 통제하지 않고 지내

---

01 'nimitta'의 번역.
02 'anuvyañjana'의 번역.
03 'cakkhundriyaṃ'의 번역.

기 때문에, 탐욕과 근심, 사악한 불선법(不善法)들이 흘러들어와도 시각활동을 통제하지 않고, 시각활동을 보호하지 않고, 시각활동을 할 때 자제하지 않는다오. 어떤 비구는 귀로 소리를 듣고, 코로 냄새를 맡고, 혀로 맛을 보고, 몸으로 촉감을 느끼고, 마음으로 법을 인식하고서 모습[相]에 이끌리고, 부분의 모습에 이끌린다오. 그는 청각활동[耳根], 후각활동[鼻根], 미각활동[舌根], 촉각활동[身根], 마음활동[意根]을 통제하지 않고 지내기 때문에, 탐욕과 근심, 사악한 불선법(不善法)들이 흘러들어와도, 청각활동, 후각활동, 미각활동, 촉각활동, 마음활동을 통제하지 않고 보호하지 않으며, 청각활동, 후각활동, 미각활동, 촉각활동, 마음활동을 하면서 자제하지 않는다오. 비구들이여, 이런 비구가 상처를 보호하지 않는 비구라오.

비구들이여, 어떤 비구가 연기로 소독하지 않는 비구인가? 비구들이여, 어떤 비구는 가르침을 배운 그대로, 이해한 그대로 다른 사람들에게 자세하게 가르쳐주지 않는다오. 비구들이여, 이런 비구가 연기로 소독하지 않는 비구라오.

비구들이여, 어떤 비구가 나루를 알지 못하는 비구인가? 비구들이여, 어떤 비구는 많이 배우고 아함(阿含)04에 정통하여, 가르침을 지니고, 율(律)을 지니고, 논모(論母)05를 지닌 비구들을 수시로 찾아가서 '이것은 어떤 것입니까? 이것의 의미는 무엇입니까?'라고 묻지 않고, 질문하지 않는다오. 그에게 그 존자들은 막힌 것을 터주지 못하고, 불분명한 것을 분명하게 해주지 못하고, 가르침에 대하여 갖가지 의심이

---

04 'āgama'의 번역.
05 'mātikā'의 번역.

있을 때 의심을 제거해주지 못한다오. 비구들이여, 이런 비구가 나루를 알지 못하는 비구라오.

비구들이여, 어떤 비구가 마실 것을 알지 못하는 비구인가? 비구들이여, 어떤 비구는 여래가 가르치는 가르침과 율을 배우면서도, 의미를 알지 못하고, 가르침에 공감하지 못하고, 가르침에 따르는 행복을 얻지 못한다오. 비구들이여, 이런 비구가 마실 것을 알지 못하는 비구라오.

비구들이여, 어떤 비구가 통로를 알지 못하는 비구인가? 비구들이여, 어떤 비구는 거룩한 8정도(八正道)를 있는 그대로 통찰하지 못한다오. 비구들이여, 이런 비구가 통로를 알지 못하는 비구라오.

비구들이여, 어떤 비구가 방목지를 알지 못하는 비구인가? 비구들이여, 어떤 비구는 4념처(四念處)를 있는 그대로 통찰하지 못한다오. 비구들이여, 이런 비구가 방목지를 알지 못하는 비구라오.

비구들이여, 어떤 비구가 남김없이 짜는 비구인가? 비구들이여, 어떤 비구는 신심 있는 거사들이 옷과 음식과 와구(臥具)와 의약자구(醫藥資具)를 공양하기 위하여 비구를 초대했을 때 받아야 할 적당한 양(量)을 알지 못한다오. 비구들이여, 이런 비구가 남김없이 짜는 비구라오.

비구들이여, 어떤 비구가 출가한 지 오래되어 경험이 많은, 승가(僧伽)를 지키고 승가의 우두머리가 되는 장로(長老)들을 특별하게 공경하지 않는 비구인가? 비구들이여, 어떤 비구는 출가한 지 오래되어 경험이 많은, 승가를 지키고, 승가의 우두머리가 되는 장로들에게, 볼 때나 보지 않을 때나, 자애로운 행동을 보이지 않고, 자애로운 언행(言行)을 보이지 않고, 자애로운 마음을 보이지 않는다오. 비구들이여, 이런 비구가 출가한 지 오래되어 경험이 많은, 승가를 지키고, 승가의 우두머리가 되는 장로들을 특별하게 공경하지 않는 비구라오.

비구들이여, 이 열한 가지 부류에 속하는 비구는 이 가르침과 율에서 번영하고, 성장하고, 발전할 수 없다오.

비구들이여, 열한 가지 부류에 속하는 소 치는 사람은 소 떼를 돌볼 수 있고, 늘릴 수 있다오. 그 열한 가지는 어떤 것인가? 비구들이여, 소 치는 사람으로서 소의 형색을 아는 자, 소의 관상을 볼 줄 아는 자, 파리의 알을 제거하는 자, 상처를 보호하는 자, 연기로 소독을 하는 자, 나루를 아는 자, 마실 것을 아는 자, 통로를 아는 자, 방목지를 아는 자, 우유를 남기고 짜는 자, 소 떼를 지키는 우두머리 황소를 특별하게 대우하는 자가 있다오. 비구들이여, 이 열한 가지 부류에 속하는 소 치는 사람은 소 떼를 돌볼 수 있고, 늘릴 수 있다오.

비구들이여, 이와 마찬가지로 열한 가지 법에 속하는 비구는 이 가르침과 율(律)에서 번영하고, 성장하고, 발전할 수 있다오. 그 열한 가지는 어떤 것인가? 비구들이여, 비구로서 형색[色]을 아는 자, 관상을 볼 줄 아는 자, 파리의 알을 제거하는 자, 상처를 보호하는 자, 연기로 소독을 하는 자, 나루를 아는 자, 마실 것을 아는 자, 통로를 아는 자, 방목지를 아는 자, 남기고 짜는 자, 출가한 지 오래되어 경험이 많은, 승가를 지키고 승가의 우두머리가 되는 장로들을 특별하게 공경하는 자가 있다오. 비구들이여, 이 열한 가지 법에 속하는 비구는 이 가르침과 율에서 번영하고, 성장하고, 발전할 수 있다오.

비구들이여, 어떤 비구가 형색을 아는 비구인가? 비구들이여, 어떤 비구는 모든 형색은 그것이 어떤 형색이든, 4대(四大)와 4대를 취하고 있는 형색이라고 있는 그대로 통찰한다오. 비구들이여, 이런 비구가 형색을 아는 비구라오.

비구들이여, 어떤 비구가 관상을 볼 줄 아는 비구인가? 비구들이여, 어떤 비구는 어리석은 자의 행위의 특징과 현명한 사람의 행위의 특징을 있는 그대로 통찰한다오. 비구들이여, 이런 비구가 관상을 볼 줄 아는 비구라오.

비구들이여, 어떤 비구가 파리의 알을 제거하는 비구인가? 비구들이여, 어떤 비구는 이미 일어난 감각적 욕망에 대한 생각에 내맡기지 않고, 몰아내고, 제거하고, 없애며, 이미 일어난 분노의 생각, 이미 일어난 폭력적인 생각, 거듭해서 일어나는 사악하고 좋지 않은 법들에 내맡기지 않고, 몰아내고, 제거하고, 없앤다오. 비구들이여, 이런 비구가 파리의 알을 제거하는 비구라오.

비구들이여, 어떤 비구가 상처를 보호하는 비구인가? 비구들이여, 어떤 비구는 눈으로 형색을 보고서, 모습[相]에 이끌리지 않고, 부분의 모습에 이끌리지 않는다오. 그는 시각활동[眼根]을 통제하며 지내기 때문에 탐욕과 근심, 사악하고 좋지 않은 법(法)들이 흘러들어오면, 시각활동을 통제하고, 시각활동을 보호하며, 시각활동을 할 때 자제한다오. 어떤 비구는 귀로 소리를 듣고, 코로 냄새를 맡고, 혀로 맛을 보고, 몸으로 촉감을 느끼고, 마음으로 법을 인식하고서, 모습에 이끌리지 않고, 부분의 모습에 이끌리지 않는다오. 그는 청각활동[耳根], 후각활동[鼻根], 미각활동[舌根], 촉각활동[身根], 마음활동[意根]을 통제하며 지내기 때문에 탐욕과 근심, 사악하고 좋지 않은 법(法)들이 흘러 들어오면, 청각활동, 후각활동, 미각활동, 촉각활동, 마음활동을 통제하고, 보호하며, 청각활동, 후각활동, 미각활동, 촉각활동, 마음활동을 할 때 자제한다오. 비구들이여, 이런 비구가 상처를 보호하는 비구라오.

비구들이여, 어떤 비구가 연기로 소독하는 비구인가? 비구들이여, 어떤 비구는 가르침을 배운 그대로, 이해한 그대로 다른 사람들에게 자세하게 가르쳐준다오. 비구들이여, 이런 비구가 연기로 소독하는 비구라오.

비구들이여, 어떤 비구가 나루를 아는 비구인가? 비구들이여, 어떤 비구는 많이 배우고 아함(阿含)에 정통하여, 가르침을 지니고, 율을 지니고, 논모(論母)를 지닌 비구들을 수시로 찾아가서 '이것은 어떤 것입니까? 이것의 의미는 무엇입니까?'라고 묻고, 질문한다오. 그에게 그 존자들은 막힌 것을 터주고, 불분명한 것을 분명하게 해주고, 가르침에 대하여 갖가지 의심이 있을 때 의심을 제거해준다오. 비구들이여, 이런 비구가 나루를 아는 비구라오.

비구들이여, 어떤 비구가 마실 것을 아는 비구인가? 비구들이여, 어떤 비구는 여래가 가르치는 가르침과 율을 배우면서, 의미를 알고, 가르침에 공감하고, 가르침에 따르는 행복을 얻는다오. 비구들이여, 이런 비구가 마실 것을 아는 비구라오.

비구들이여, 어떤 비구가 통로를 아는 비구인가? 비구들이여, 어떤 비구는 거룩한 8정도를 있는 그대로 통찰한다오. 비구들이여, 이런 비구가 통로를 아는 비구라오.

비구들이여, 어떤 비구가 방목지를 아는 비구인가? 비구들이여, 어떤 비구는 4념처를 있는 그대로 통찰한다오. 비구들이여, 이런 비구가 방목지를 아는 비구라오.

비구들이여, 어떤 비구가 남김없이 짜지 않는 비구인가? 비구들이여, 어떤 비구는 신심 있는 거사들이 옷과 음식과 와구(臥具)와 의약자구(醫藥資具)를 공양하기 위하여 비구를 초대했을 때, 받아야 할 적당한 양(量)을 안다오. 비구들이여, 이런 비구가 남김없이 짜지 않는 비구라오.

비구들이여, 어떤 비구가 출가한 지 오래되어 경험이 많은, 승가를 지키고, 승가의 우두머리가 되는 장로들을 특별하게 공경하는 비구인가? 비구들이여, 어떤 비구는 출가한 지 오래되어 경험이 많은, 승가를 지키고, 승가의 우두머리가 되는 장로들에게, 볼 때나 보지 않을 때나, 자애로운 행동을 보이고, 자애로운 언행을 보이고, 자애로운 마음을 보인다오. 비구들이여, 이런 비구가 출가한 지 오래되어 경험이 많은, 승가를 지키고, 승가의 우두머리가 되는 장로들을 특별하게 공경하는 비구라오.

비구들이여, 이 열한 가지 법에 속하는 비구는 이 가르침과 율에서 번영하고, 성장하고, 발전할 수 있다오."

이것이 세존께서 하신 말씀입니다.
그 비구들은 세존의 말씀에 만족하고 기뻐했습니다.

19

싯짜까에게 설하신 작은 경

35. Cūḷasaccaka-sutta

【 해제 】

이 경은 한역 『중아함경(中阿含經)』에는 상응하는 경이 없으며, 『잡아함경(雜阿含經)』5.8과 『증일아함경(增一阿含經)』37.10에 같은 내용이 있다.

이 경은 부처님과 자이나(Jaina) 교도(教徒) 사이의 토론을 담고 있다. 토론의 주제는 제행무상(諸行無常)과 제법무아(諸法無我)이다. 자이나교의 교리에 의하면, 인간의 진정한 자아인 지와(Jīva)는 영속하는 정신적 실체로서 감각과 지각과 인식과 행위의 주체이다. 그런데 불교에서는 모든 육체적, 정신적 행위는 무상하게 연기(緣起)하는 현상일 뿐[諸行無常], 그 안에 지속하는 자아라고 할 수 있는 것은 없다[諸法無我]고 가르친다. 독자들은 이 논쟁을 통해서 제행무상과 제법무아의 의미를 보다 확실하게 이해할 수 있을 것이다.

이와 같이 나는 들었습니다.

한때 세존께서는 웨쌀리(Vesāli)에 있는 마하와나(Mahāvana)의 중각강당(重閣講堂)[01]에 머무셨습니다. 그때 웨쌀리에는 쌋짜까(Saccaka) 니간타뿟따(Nigaṇṭhaputta)가 살고 있었는데, 그는 토론을 좋아하고, 박학다식(博學多識)하여 많은 사람의 큰 존경을 받았습니다. 그는 웨쌀리의 대중들에게 이렇게 말했습니다.

"교단을 이끌고, 대중을 이끄는 대중의 스승이라고 공언하고, 아라한, 등정각(等正覺)이라고 공언하는 사문이나 바라문으로서 나와 논쟁하여 흔들리지 않고, 동요하지 않고, 전율하지 않고, 겨드랑이에 땀을 흘리지 않은 자를 나는 보지 못했다. 내가 만약 의식이 없는 기둥과 논쟁을 한다면, 나와 논쟁을 한 기둥들도 흔들리고, 동요하고, 전율할 것인데, 하물며 인간존재는 말해 무엇하겠는가?"

어느 날 앗싸지(Assaji) 존자는 오전에 옷을 입고, 발우와 법의(法衣)를 지니고 탁발하러 웨쌀리에 들어갔습니다. 쌋짜까 니간타뿟따는 웨쌀리에서 이리저리 돌아다니며 산책하다가 저만치에서 앗싸지 존자가 오는 것을 보았습니다. 그는 앗싸지 존자에게 다가가서 앗싸지 존자와 정중하게 인사를 하고, 공손한 인사말을 나눈 후에 한쪽에 섰습니

---

01 'Kūṭāgārasālā'의 번역. 'Kūṭa'는 첨탑을 의미하고, 'āgāra'는 건물을 의미하며, 'sālā'는 공회당이나 강당을 의미한다. 첨탑형식의 지붕을 한 공회당으로 쓰이는 큰 건물을 의미하는데, 한역에서 '중각강당(重閣講堂)'으로 번역하므로 이를 따른다.

다. 쌋짜까 니간타뿟따는 한쪽에 서서 앗싸지 존자에게 말했습니다.

"앗싸지 존자여, 고따마(Gotama) 사문(沙門)은 제자들을 어떻게 가르칩니까? 고따마 사문은 제자들에게 주로 어떤 내용을 가르칩니까?"

"악기웨싸나(Aggivessana)여, 세존께서는 다음과 같이 제자들을 가르치십니다. 세존께서는 제자들에게 주로 다음과 같은 내용을 가르치십니다.

'비구들이여, (몸의) 형색[色]은 무상(無常)하다.[02] 느낌[受]은 무상하다. 생각[想]은 무상하다. 행위[行]들은[03] 무상하다. 분별하는 마음[識]은 무상하다. 비구들이여, 형색은 자아가 아니다.[04] 느낌은 자아가 아니다. 생각은 자아가 아니다. 행위들은 자아가 아니다. 분별하는 마음은 자아가 아니다. 일체의 행위들은 무상하다[諸行無常].[05] 일체의 법(法)은 자아가 아니다[諸法無我].'[06]

악기웨싸나(Aggivessana)여, 세존께서는 이와 같이 제자들을 가르치십니다. 세존께서는 주로 이와 같은 내용을 제자들에게 가르치십니다."

"앗싸지 존자여, 고따마 사문에게 그런 말을 듣고, 사실 우리는 실망했습니다. 만약 우리가 언젠가 고따마 사문과 만나서 토론을 하게 된

---

02 'rūpaṃ aniccaṃ'의 번역. 기존의 번역은 'rūpa'를 '물질'로 해석하는데, 그것은 잘못된 것이다. 5온(五蘊)의 색(色), 즉 'rūpa'는 형색을 지닌 우리의 '몸'을 의미한다.

03 'saṅkhārā'의 번역. 복수형에 주의할 것. 5온의 무상(無常)과 무아(無我)를 이야기할 때 행(行), 즉 'saṅkhārā'만 복수형을 취하고 있는데, 이것은 행이 삼행(三行), 즉 신행(身行), 구행(口行), 의행(意行)을 의미하기 때문이다.

04 'rūpaṃ anattā'의 번역.

05 'sabbe saṅkhārā aniccā'의 번역.

06 'sabbe dhammā anattā'의 번역.

다면, 우리는 그런 터무니없는 견해[07]들을 비판할 것입니다."

그때 오백여 명의 릿차위(Licchavi) 사람들은 어떤 용무가 있어서 공회당에 모였습니다. 쌋짜까 니간타뿟따는 그 릿차위 사람들을 찾아가서 말했습니다.

"릿차위 여러분, 나와 보시오! 릿차위 여러분, 나와 보시오! 오늘 나는 고따마 사문과 토론을 할 것입니다. 만약에 고따마 사문이, 유명한 제자 가운데 한 사람인 앗싸지 비구가 나에게 주장한 바와 같이 나에게 주장한다면, 나는 힘센 사람이 털이 긴 염소의 털을 붙잡아서 끌어당기고, 밀고, 이리저리 흔들듯이, 주장할 때마다[08] 고따마 사문을 끌어당기고, 밀고, 이리저리 흔들어버릴 것이오. 나는, 힘센 술 빚는 사람이 큰 술통을 깊은 호수에 집어넣고서 귀퉁이를 붙잡고 끌어당기고, 밀고, 이리저리 흔들듯이, 주장할 때마다 고따마 사문을 끌어당기고, 밀고, 이리저리 흔들어버릴 것이오. 나는, 힘센 술주정뱅이가 맹수를 귀를 잡고 들어 올리고, 흔들고, 내던지듯이, 주장할 때마다 고따마 사문을 들어 올리고, 흔들고, 내던져버릴 것이오. 나는, 60년 된 코끼리가 깊은 연못에 뛰어 들어가 싸나도위까(saṇadhovika)라는 물놀이를 즐기듯이, 고따마 사문을 싸나도위까 놀이하듯이 가지고 놀 것이오. 릿차위 여러분, 나와 보시오! 릿차위 여러분, 나와 보시오! 오늘 나는 고따마 사문과 토론을 할 것입니다."

그러자 어떤 릿차위들은 "어떻게 고따마 사문이 쌋짜까 니간타뿟따를 논파하겠는가? 쌋짜까 니간타뿟따가 고따마 사문를 논파할 것이

---

07 'diṭṭhigata'의 번역.
08 'vādena vādaṃ'의 번역. '말을 할 때마다 매번'의 의미.

다"라고 말했고, 어떤 릿차위들은 "어떻게 쌋짜까 니간타뿟따 따위가 세존을 논파하겠는가? 세존이 쌋짜까 니간타뿟따를 논파할 것이다"라고 말했습니다.

쌋짜까 니간타뿟따는 오백여 명의 릿차위들에게 에워싸여 마하와나의 중각강당(重閣講堂)으로 갔습니다. 그때 많은 비구가 야외에서 산책하고 있었습니다. 쌋짜까 니간타뿟따는 그 비구들에게 가서 말했습니다.

"존자들이여, 지금 고따마 존자는 도대체 어디에 있습니까? 우리는 고따마 존자를 보고 싶습니다."

"악기웨싸나여, 세존께서는 마하와나에 들어가시어, 어떤 나무 아래에서 오후의 휴식을 취하며 앉아계십니다."

쌋짜까 니간타뿟따는 많은 릿차위 무리들과 함께 마하와나에 들어가서 세존을 찾아갔습니다. 그는 세존과 정중하게 인사를 하고, 공손한 인사말을 나눈 후에 한쪽에 앉았습니다. 릿차위들은, 어떤 사람들은 세존께 예배하고 한쪽에 앉았고, 어떤 사람들은 세존과 정중하게 인사를 하고 공손한 인사말을 나눈 후에 한쪽에 앉았고, 어떤 사람들은 세존께 합장하고 한쪽에 앉았고, 어떤 사람들은 세존 앞에서 자기 가문을 알리고 한쪽에 앉았고, 어떤 사람들은 말없이 한쪽에 앉았습니다.

한쪽에 앉은 쌋짜까 니간타뿟따가 세존께 말씀드렸습니다.

"만약에 고따마 존자께서 나의 질문에 대답해 주신다면, 고따마 존자에게 어떤 점에 대하여 묻고 싶습니다."

"악기웨싸나여, 주저하지 말고 묻도록 하시오."

"고따마 존자께서는 제자들을 어떻게 가르치며, 제자들에게 주로 어떤 내용을 가르칩니까?"

"악기웨싸나여, 나는 다음과 같이 제자들을 가르치고, 제자들에게 주로 다음과 같은 내용을 가르치오.

'비구들이여, 형색[色]은 무상(無常)하다. 느낌[受]은 무상하다. 생각[想]은 무상하다. 행위[行]들은 무상하다. 분별하는 마음[識]은 무상하다. 비구들이여, 형색은 자아가 아니다. 느낌은 자아가 아니다. 생각은 자아가 아니다. 행위들은 자아가 아니다. 분별하는 마음은 자아가 아니다. 일체의 행위들은 무상(無常)하다. 일체의 법(法)은 자아가 아니다.'

악기웨싸나여, 나는 이와 같이 제자들을 가르치고, 주로 이와 같은 내용을 제자들에게 가르치오."

"고따마 존자여, 나에게 비유가 생각납니다."

세존께서 말씀하셨습니다.

"악기웨싸나여, 그 비유를 말해보시오."

"고따마 존자여, 예를 들면, 종자와 생명은 모두 땅을 토대로, 땅에 의지하여 성장하고, 증가하고, 번영합니다. 고따마 존자여, 예를 들면, 힘을 쓰고 작업하는 일은 모두 땅을 토대로, 땅에 의지합니다. 고따마 존자여, 이와 같이 형색[色]을 본성으로 하는 이 인간은[09] 형색에 의지하여 공덕(功德)이나 악덕(惡德)을 낳습니다.[10] 느낌[受]을 본성으로 하는 이 인간은 느낌에 의지하여 공덕이나 악덕을 낳습니다. 생각[想]을 본성으로 하는 이 인간은 생각에 의지하여 공덕이나 악덕을 낳습니다. 행위[行]를 본성으로 하는 이 인간은 행위에 의지하여 공덕이나 악덕

---

09 'rūpattā 'yaṃ purisapuggalo'의 번역.

10 'rūpe patiṭṭhāya puññaṃ vā apuññaṃ vā pasavati'의 번역.

을 낳습니다. 분별하는 마음[識]을 본성으로 하는 이 인간은 분별하는 마음에 의지하여 공덕이나 악덕을 낳습니다."

"악기웨싸나여, 그대는 '형색[色]은 나의 자아다. 느낌[受]은 나의 자아다. 생각[想]은 나의 자아다. 행위[行]는 나의 자아다. 분별하는 마음[識]은 나의 자아다'라고 말하고 있는 것이 아닌가요?"

"고따마 존자여, 그렇습니다. 저는 바로 '형색[色]은 나의 자아다. 느낌[受]은 나의 자아다. 생각[想]은 나의 자아다. 행위[行]들은 나의 자아다. 분별하는 마음[識]은 나의 자아다'라고 말하고 있습니다. 그리고 이것은 많은 사람의 생각입니다."

"악기웨싸나여, 많은 사람의 생각이 무슨 소용이 있겠소? 악기웨싸나여, 어서 그대 자신의 말을 해보시오."

"고따마 존자여, 저는 '형색[色]은 나의 자아다. 느낌[受]은 나의 자아다. 생각[想]은 나의 자아다. 행위[行]들은 나의 자아다. 분별하는 마음[識]은 나의 자아다'라고 이야기합니다."

"악기웨싸나여, 그렇다면 이제 내가 그대에게 묻겠소. 그대 좋을 대로 대답하시오. 악기웨싸나여, 어떻게 생각하나요? 예를 들면, 꼬쌀라(Kosala)의 빠쎄나디(Pasenadi)왕이나 마가다(Māgadha)의 아자따쌋뚜 웨데히뿟따(Ajātasattu Vedehiputta) 왕처럼 관정(灌頂)을 마친 크샤트리아 왕에게는 자신의 영토에서 죽여야 할 사람은 죽이고, 재산을 빼앗아야 할 사람은 재산을 빼앗고, 내쫓아야 할 사람은 내쫓을 힘이 있지 않나요?"

"고따마 존자여, 꼬쌀라의 빠쎄나디왕이나 마가다의 아자따쌋뚜 웨데히뿟따왕처럼 관정을 마친 크샤트리아 왕에게는 그렇게 할 힘이 있을 것입니다. 고따마 존자여, 왓지(Vajji)나 말라(Malla)와 같은 공동체나 대중에게도 그렇게 할 힘이 있는데, 하물며 꼬쌀라의 빠쎄나디왕이나 마가다의 아자따쌋뚜 웨데히뿟따왕처럼 관정을 마친 크샤트리아 왕에게 그럴 힘이 어찌 없겠습니까? 고따마 존자여, 그에게는 그렇게 할 힘이 있을 것입니다."

"악기웻싸나여, 어떻게 생각하나요? 그대는 '형색[色]은 나의 자아다'라고 말했는데, 그 형색에 대하여 '내 형색은 이렇게 되어라! 내 형색은 이렇게 되지 마라!'라고 할 수 있는 힘이 그대에게 있나요?"

이렇게 말씀하시자, 쌋짜까 니간타뿟따는 침묵했습니다. 다시 물었지만, 쌋짜까 니간타뿟따는 침묵했습니다. 그러자 세존께서 쌋짜까 니간타뿟따에게 말씀하셨습니다.

"악기웻싸나여, 어서 대답하시오! 지금 그대에게는 침묵하고 있을 시간이 없소. 악기웻싸나여, 누구든 여래가 세 번을 물어도 대답하지 않는 사람은 머리가 일곱 조각으로 쪼개질 것이오."

그때 금강저(金剛杵)를 손에 든 야차(夜叉)가 붉은 화염에 휩싸인 작열하는 무쇠 금강저를 들고 쌋짜까 니간타뿟따 머리 위의 공중에 서서, '만약에 쌋짜까 니간타뿟따가 세존께서 세 번 물어도 대답하지 않으면 내가 머리를 일곱 조각으로 쪼개버리겠다'라고 생각하고 있었습니다. 그 금강저를 손에 든 야차를 세존도 보고, 쌋짜까 니간타뿟따도 보았습니다. 쌋짜까 니간타뿟따는 무서워서 온몸의 털이 곤두서는 두려움을 느끼고, 세존께 피난처를 구하고, 세존께 도피처를 구하고, 세존께 의지처를 구하여, 세존께 말씀드렸습니다.

"고따마 존자께서는 저에게 물으십시오. 제가 대답하겠습니다."

"악기웻싸나여, 어떻게 생각하나요? 그대는 '형색[色]은 나의 자아다'라고 말했는데, 그 형색에 대하여 '나의 형색은 이렇게 되어라! 나의 형색은 이렇게 되지 마라!'라고 할 수 있는 힘이 그대에게 있나요?"[11]

"고따마 존자여, 그렇지 않습니다."

"악기웨싸나여, 잘 생각하시오. 악기웨싸나여, 잘 생각하고 대답하시오. 그대의 말은 앞뒤가 맞지를 않소. 악기웨싸나여, 어떻게 생각하나요? 그대는 '느낌[受], 생각[想], 행위[行]들, 분별하는 마음[識]은 나의 자아다'라고 말했는데, 그 느낌, 생각, 행위들, 분별하는 마음에 대하여 '나의 느낌, 생각, 행위들, 분별하는 마음은 이렇게 되어라! 나의 느낌, 생각, 행위들, 분별하는 마음은 이렇게 되지 마라!'라고 할 수 있는 힘이 그대에게 있나요?"

"고따마 존자여, 그렇지 않습니다."

"악기웨싸나여, 잘 생각하시오. 악기웨싸나여, 잘 생각하고 대답하시오. 그대의 말은 앞뒤가 맞지를 않소. 악기웨싸나여, 어떻게 생각하나요? 형색[色]은 지속하나요, 지속하지 않고 무상(無常)한가요?"[12]

"고따마 존자여, 무상합니다."

"그렇다면, 무상한 것은 괴로운 것인가요, 즐거운 것인가요?"

"고따마 존자여, 괴로운 것입니다."

"그렇다면, 무상하고, 괴롭고, 변해가는 법(法)에 대하여 '이것은 나의 것이다. 이것이 나다. 이것은 나의 자아다'라고 생각하는 것이 과연 올바른가요?"

"고따마 존자여, 그렇지 않습니다."

---

11   중복되는 내용은 생략함.

12   'rūpaṃ niccaṃ vā aniccaṃ vā'의 번역.

"악기웻싸나여, 어떻게 생각하나요? 느낌[受], 생각[想], 행위[行], 분별하는 마음[識]은 지속하나요, 지속하지 않고 무상한가요?"[13]

"고따마 존자여, 무상합니다."

"그렇다면, 무상한 것은 괴로운 것인가요, 즐거운 것인가요?"

"고따마 존자여, 괴로운 것입니다."

"그렇다면, 무상하고, 괴롭고, 변해가는 법에 대하여 '이것은 나의 것이다. 이것이 나다. 이것은 나의 자아다'라고 생각하는 것이 과연 올바른가요?"

"고따마 존자여, 그렇지 않습니다."

"악기웻싸나여, 어떻게 생각하나요? 괴로움에 오염되고, 괴로움을 겪고, 괴로움을 탐닉하는 사람이, 괴로운 것에 대하여, '이것은 나의 것이다. 이것이 나다. 이것은 나의 자아다'라고 생각한다면, 그 사람이 과연 스스로 괴로움을 이해하거나 괴로움을 소멸하고 살아갈 수 있을까요?"

"고따마 존자여, 어찌 그럴 수 있겠습니까? 고따마 존자여, 그럴 수 없습니다."

"악기웻싸나여, 예를 들면, 목재가 필요하여, 목재를 구하기 위해, 목재를 찾아다니는 사람이 날카로운 도끼를 들고 숲속으로 들어가서, 그곳에서 곧고, 깨끗하고, 크게 자란 커다란 파초(芭蕉) 줄기를 보았다고 합시다. 그리고 그 파초의 뿌리를 자르고, 뿌리를 자른 다음에 가지를 자르고, 가지를 자른 다음에 잎사귀를 베어냈다고 합시다. 잎사귀를

---

13 중복되는 내용은 생략함.

베어낸 그는 거기에서 나뭇가지조차 얻지 못할 것인데, 어떻게 목재를 얻을 수 있겠소? 악기웨싸나여, 이와 같이 내가 추궁하고, 따지고, 묻자, 그대 자신의 말은 공허하고, 텅 빈, 잘못된 말이라는 것이 드러났소. 악기웨싸나여, 그대는 웨쌀리 사람들에게 이렇게 말하지 않았나요?

'교단을 이끌고 대중을 이끄는 대중의 스승이라고 공언하고, 아라한, 등정각(等正覺)이라고 공언하는 사문이나 바라문으로서, 나와 논쟁을 하여 흔들리지 않고, 동요하지 않고, 전율하지 않고, 겨드랑이에 땀을 흘리지 않은 자를 나는 보지 못했다. 내가 만약 의식 없는 기둥과 논쟁을 한다면 나와 논쟁을 한 기둥들도 흔들리고, 동요하고, 전율할 것이다. 그런데 인간존재는 말해 무엇하겠는가?'

악기웨싸나여, 그대의 이마에서 떨어진 땀방울들이 상의를 타고 흘러내려 땅바닥에 떨어지는군요. 악기웨싸나여, 그런데 내 몸에는 땀이 나지 않는군요."

이와 같이 세존께서는 그 대중들에게 황금처럼 빛나는 몸을 보여주셨습니다. 이와 같이 말씀하시자, 쌋짜까 니간타뿟따는 말없이 부끄러워하며 어깨를 떨어뜨리고, 고개를 숙인 채 생각에 잠겨 응답하지 못하고 앉아있었습니다. 말없이 부끄러워하며 어깨를 떨어뜨리고, 고개를 숙인 채 생각에 잠겨 응답하지 못하고 있는 쌋짜까 니간타뿟따를 보고서, 둠무카 릿차위뿟따(Dummukha Licchaviputta)가 세존께 말씀드렸습니다.

"세존이시여, 저에게 비유가 생각납니다."

세존께서 말씀하셨습니다.

"둠무카여, 그것을 말해보시오"

둠무카가 세존께 말씀드렸습니다.

"세존이시여, 예를 들어, 마을이나 동네 근처의 연못에 게가 있다
고 합시다. 세존이시여, 그런데 많은 소년이나 소녀들이 마을이나 동네
에서 나와 그 연못으로 가서, 연못에 뛰어 들어가 게를 잡아 물 밖으로
들어 올려 땅에 내려놓았다고 합시다. 세존이시여, 그런데 만약에 그
게가 집게발을 들어 공격하면, 그 소년이나 소녀들은 막대기나 돌멩이
로 집게발을 자르고, 쪼개고, 부술 것입니다. 세존이시여, 이와 같이 그
게는 모든 집게발이 잘리고, 쪼개지고, 부수어져서, 이전처럼 다시 그
연못에 들어갈 수 없을 것입니다."

이와 같이 말하자 쌋짜까 니간타뿟따가 둠무카 릿차위뿟따에게
말했습니다.

"둠무카여, 그대는 끼어들지 마시오. 둠무카여, 그대는 끼어들지
마시오. 우리는 그대와 논의하는 것이 아니오. 우리는 지금 고따마 존
자와 논의하고 있소.

고따마 존자여, 우리와 여타의 갖가지 사문과 바라문들의 말은 실
없는 소리라고 생각되니 내버려 두십시오. 고따마 존자의 제자는 어떻
게 가르침에 따르고, 교계(敎誡)에 복종하고, 의심 없이, 망설임 없이 무
외(無畏)를 성취하여, 남에게 의존하지 않고 스승의 가르침 속에서 살
아갑니까?"

"악기웨싸나여, 나의 제자는 과거, 미래, 현재의 형색[色]에 대하
여, 그것이 어떤 것이든, 안의 것이든 밖의 것이든, 거친 것이든 미세한
것이든, 못난 것이든 훌륭한 것이든, 멀리 있든 가까이 있든, 모든 형색
에 대하여, '이것은 나의 소유가 아니다. 이것은 내가 아니다. 이것은 나
의 자아가 아니다'라고, 이와 같이 이것을 바른 통찰지(通察智)로 있는

그대로 통찰한다오. 느낌[受], 생각[想], 행위[行]들, 분별하는 마음[識]에 대해서도 마찬가지라오.[14] 악기웻싸나여, 나의 제자는 이렇게 가르침에 따르고, 교계에 복종하고, 의심 없이, 망설임 없이, 무외를 성취하여, 남에게 의존하지 않고, 스승의 가르침 속에서 살아간다오."

"고따마 존자여, 어떤 비구가 번뇌를 멸진하고, 수행을 완성하고, 해야 할 일을 마치고, 짐을 내려놓고, 자신의 목적에 도달하여 존재의 결박[有結]을 끊고, 바른 지혜를 갖추어 해탈한 아라한입니까?"

"악기웻싸나여, 어떤 비구는 과거, 미래, 현재의 형색[色]에 대하여, 그것이 어떤 것이든, 안의 것이든 밖의 것이든, 거친 것이든 미세한 것이든, 못난 것이든 훌륭한 것이든, 멀리 있든 가까이 있든, 모든 형색에 대하여, '이것은 나의 소유가 아니다. 이것은 내가 아니다. 이것은 나의 자아가 아니다'라고 이것을 있는 그대로 바른 통찰지로 통찰하고서, 집착하지 않고 해탈한다오. 느낌[受], 생각[想], 행위[行]들, 분별하는 마음[識]에 대해서도 마찬가지라오.[15] 악기웻싸나여, 이런 비구가 번뇌를 멸진하고, 수행을 완성하고, 해야 할 일을 마치고, 짐을 내려놓고, 자신의 목적에 도달하여, 존재의 결박[有結]을 끊고, 바른 지혜를 갖추어 해탈한 아라한이라오. 악기웻싸나여, 이와 같이 마음이 해탈한[心解脫] 비구는 세 가지 무상(無上)을 구족하나니, 무상의 통찰력[見無上][16]과, 무상의 실천[行道無上][17]과 무상의 해탈[解脫無上][18]을 구족한다오. 악기웻싸

14 중복되는 내용을 생략함.
15 중복되는 내용을 생략함.
16 'dassanānuttariya'의 번역.
17 'paṭipadānuttariya'의 번역.
18 'vimuttānuttariya'의 번역.

나여, 이와 같이 해탈한 비구는 '세존은 깨달은 분으로서 깨달음을 위한 법을 가르친다. 세존은 길들여진 분으로서 길들이기 위하여 법을 가르친다. 세존은 평온한 분으로서 평온을 위한 법을 가르친다. 세존은 건너간 분으로서 건너기 위한 법을 가르친다. 여래는 완전한 열반을 성취한 분으로서 완전한 열반을 위한 법을 가르친다'라는 것을 알기 때문에 여래를 공경하고, 존중하고, 존경하고, 공양한다오."

이와 같이 말씀하시자, 쌋짜까 니간타뿟따가 세존께 말씀드렸습니다.

"고따마 존자여, 고따마 존자의 말씀을 논박하려고 생각한 우리가 무례했습니다. 우리가 무모했습니다. 고따마 존자여, 미친 코끼리를 공격한 사람은 무사할 수 있어도 고따마 존자를 공격한 사람은 결코 무사할 수 없을 것입니다. 고따마 존자여, 타오르는 불덩어리를 공격한 사람은 무사할 수 있어도 고따마 존자를 공격한 사람은 결코 무사할 수 없을 것입니다. 고따마 존자여, 맹독을 지닌 독사를 공격한 사람은 무사할 수 있어도 고따마 존자를 공격한 사람은 결코 무사할 수 없을 것입니다. 고따마 존자여, 고따마 존자의 말씀을 논박하려고 생각한 우리가 무례했습니다. 우리가 무모했습니다. 고따마 존자께서는 비구 승가와 함께 내일의 식사를 저에게 허락해 주십시오."

세존께서는 침묵으로 허락하셨습니다.

쌋짜까 니간타뿟따는 세존께서 허락하신 것을 알고서 릿차위 사람들에게 말했습니다.

"릿차위 여러분, 내 말을 들어보시오! 고따마 사문께서 비구 승가와 함께 내일 식사 초대를 승낙하셨습니다. 여러분은 적당하다고 생각하는 음식을 나에게 가져오시오."

그래서 릿차위 사람들은 그날 밤새 쌋짜까 니간타뿟따에게 오백 솥 분량의 유미(乳麋)죽을 공양 음식으로 가져갔습니다. 쌋짜까 니간타뿟따는 자신의 원림(園林)에 단단하고 부드러운 갖가지 훌륭한 음식을 차리게 한 다음, 세존께 '고따마 존자여, 때가 되었습니다. 공양이 준비되었습니다'라고 때를 알리게 했습니다.

세존께서는 오전에 옷을 입고, 발우와 법의(法衣)를 지니고, 쌋짜까 니간타뿟따의 원림으로 가서 비구 승가와 함께 마련된 자리에 앉으셨습니다. 쌋짜까 니간타뿟따는 부처님을 비롯한 비구 승가를 단단하고 부드러운 훌륭한 음식으로 손수 시중을 들어 만족시켰습니다. 쌋짜까 니간타뿟따는 세존께서 공양을 마치고 발우에서 손을 떼시자, 아래에 있는 다른 자리로 가서 한쪽에 앉았습니다.

한쪽에 앉은 쌋짜까 니간타뿟따가 세존께 말씀드렸습니다.

"고따마 존자여, 이 보시(布施)에 깃든 공덕과 큰 복이 보시한 사람들의 행복이 되기를 바랍니다."

"악기웨싸나여, 그대와 같이 탐욕을 버리지 못하고, 분노를 버리지 못하고, 어리석음을 버리지 못한 사람에게 보시한 공덕은 보시한 사람의 것이 될 것이오. 악기웨싸나여, 나와 같이 탐욕을 버리고, 분노를 버리고, 어리석음을 버린 사람에게 보시한 공덕은 그대의 것이 될 것이오."

20

쌋짜까에게 설하신 큰 경

36. Mahāsaccaka-sutta

【 해제 】

|

이 경은 「19. 쌋짜까에게 설하신 작은 경」에 등장하는 자이나교도 쌋짜까에게 설한 법문이다. 같은 사람에게 설한 법문이기 때문에 경의 이름도 같은데, 길이의 차이를 가지고 큰(Mahā) 경과 작은(Cūla) 경으로 구분하였다.

「쌋짜까에게 설하신 작은 경」의 주제는 '자아(自我)란 어떤 것인가?'라는 형이상학적인 교리에 관한 것인데, 이 경의 주제는 '참된 수행(修行)이란 어떤 것인가?'라는 실천에 관한 것이다. 이 경에서 부처님은 자신의 고행 체험을 통해 고행은 참된 수행이 아니라고 말씀하신다. 이 경에서는 몸 수련과 마음 수련이 거론되는데, 수행자가 몸 수련이 되지 않으면 그 마음이 즐거운 느낌에 사로잡히고, 마음 수련이 되지 않으면 그 마음이 괴로운 느낌에 사로잡힌다고 이야기한다. 이것은 몸으로 느끼는 감각적 쾌락에 빠지지 않는 것이 몸 수련이고, 괴로운 경험에 사로잡혀 걱정하고 불안해하지 않는 것이 마음 수련이라는 것을 말한 것이다. 부처님께서는 이 경에서 자신이 성취하여 가르친 9차제정(九次第定) 수행이 몸과 마음을 수련하는 진정한 수행임을 밝히고 있다.

이와 같이 나는 들었습니다.

한때 세존께서는 웨쌀리에 있는 마하와나의 중각강당(重閣講堂)에 머무셨습니다. 그때 세존께서는 오전에 옷을 입고, 발우와 법의를 지니고 탁발하러 웨쌀리에 들어가시려고 했습니다. 쌋짜까 니간타뿟따는 이리저리 돌아다니며 산책하다가 마하와나의 중각강당으로 왔습니다. 아난다 존자는 저만치에서 쌋짜까 니간타뿟따가 오는 것을 보고 세존께 말씀드렸습니다.

"세존이시여, 토론을 좋아하고, 박학다식(博學多識)하여 많은 사람으로부터 큰 존경을 받는 쌋짜까 니간타뿟따가 오고 있습니다. 세존이시여, 이 사람은 부처님을 비난하고, 가르침을 비난하고, 승가를 비난하고 싶어 하는 사람입니다. 세존이시여, 부디 세존께는 연민을 가지고 잠시만 앉아주십시오."

세존께서는 마련된 자리에 앉으셨습니다. 그러자 쌋짜까 니간타뿟따가 세존께 와서 세존과 정중하게 인사를 하고, 공손한 인사말을 나눈 후에 한쪽에 앉았습니다. 한쪽에 앉은 쌋짜까 니간타뿟따가 세존께 말씀드렸습니다.

"고따마 존자여, 어떤 사문과 바라문은, 몸 수련은 열심히 하며 살아가지만, 마음 수련은 하지 않습니다.[01] 고따마 존자여, 그들은 신체적

---

01   'santi bho Gotama eke samaṇabrāhmaṇā kāyabhāvanānuyogam -anuyuttā viharanti no cittabhāvanaṃ'의 번역.

인 괴로운 느낌을 경험합니다. 고따마 존자여, 만약에 이전에 허벅지가 마비되고, 심장이 터지고, 입으로 뜨거운 피를 토하고, 번민과 심적 혼란에 빠지는 신체적인 괴로운 느낌을 경험한 사람이라면, 고따마 존자여, 그의 마음은 몸에 지배되어 몸에 순응합니다. 왜냐하면, 마음 수련을 하지 않았기 때문입니다. 고따마 존자여, 어떤 사문과 바라문은, 마음 수련은 열심히 하며 살아가지만, 몸 수련은 하지 않습니다. 고따마 존자여, 그들은 심적인 괴로운 느낌을 경험합니다. 고따마 존자여, 만약에 이전에 허벅지가 마비되고, 심장이 터지고, 입으로 뜨거운 피를 토하고, 번민과 심적 혼란에 빠지게 되는 심적인 괴로운 느낌을 경험한 사람이라면, 고따마 존자여, 그의 몸은 마음에 지배되어 마음에 순응합니다. 왜냐하면, 몸 수련을 하지 않았기 때문입니다. 고따마 존자여, 저는 '분명히 고따마 존자의 제자들은, 마음 수련은 열심히 하며 살아가지만, 몸 수련은 하지 않는다'라고 생각합니다."

"악기웨싸나여, 그대가 아는 몸 수련은 어떤 것인가요?"

"고따마 존자여, 예를 들면, 난다 왓차(Nanda Vaccha)나, 끼싸 쌍낏짜(Kisa Saṅkicca)나, 막칼리 고쌀라(Makkhali Gosāla) 같은 이들은 벌거벗고, 예의범절(禮儀凡節)을 무시하고,[02] 손을 핥고, 오라는 초대를 거부하고, 머물라는 초대를 거부하고, 제공된 음식은 받지 않고, 할당된 음식은 받지 않고, 초청에 응하지 않습니다. 솥에서 퍼낸 음식은 받지 않

고,⁰³ 냄비에서 퍼낸 음식은 받지 않고,⁰⁴ 염소 사이에서는 받지 않고, ⁰⁵ 지팡이 사이에서는 받지 않고,⁰⁶ 절구질하는 동안에는 받지 않고, 둘이 식사하는 도중에는 받지 않고,⁰⁷ 임산부에게는 받지 않고, 젖을 먹일 때는 받지 않고, 남자와 관계한 여인에게는 받지 않고, 배급하는 곳에서는 받지 않고, 개가 있는 곳에서는 받지 않고, 파리 떼가 득실대는 곳에서는 받지 않고, 생선을 받지 않고, 고기를 받지 않습니다. 그들은 술을 마시지 않고, 과일주를 마시지 않고, 묽은 죽을 마시지 않습니다. 그들은 한 재가 신도의 집에서 얻은 한 덩어리의 음식으로 살기도 하고,⁰⁸ 두 재가 신도의 집에서 얻은 두 덩어리의 음식으로 살기도 하고, 일곱 재가 신도의 집에서 얻은 일곱 덩어리의 음식으로 살기도 합니다. 그들은 한 덩어리의 보시받은 음식으로 살아가기도 하고, 두 덩어리의 보시받은 음식으로 살아가기도 하고, 일곱 덩어리의 보시받은 음식으로 살아가기도 합니다. 그들은 하루에 한 끼를 먹기도 하고, 이틀에 한 끼를 먹기도 하고, 이레에 한 끼를 먹기도 합니다. 이렇게 보름 동안 정해진 식사를 열심히 실천하며 살아갑니다."

"악기웨싸나여, 그들은 그것만으로 살아가던가요?"

---

03 'na kumbhīmukhā patigaṇhanti'의 번역. 'kumbhīmukhā'는 '솥 주둥이'를 의미한다. '솥 주둥이를 받지 않는다는 것은 '솥에서 방금 요리한 음식을 받지 않는다는 의미인 것 같다.

04 'na kaḷopimukhā patigaṇhanti'의 번역. 'kaḷopimukhā'는 '냄비 주둥이'를 의미한다.

05 'na eḷakamantaraṃ'의 번역. '염소 사이'는 '목축을 하는 장소나 때'를 의미하는 것 같다.

06 'na daṇḍamantaraṃ'의 번역. '지팡이 사이'는 '지팡이로 소를 몰며 농사일을 하는 장소나 때'를 의미하는 것 같다.

07 'na dvinnaṃ bhuñjamānānaṃ'의 번역. '둘'은 부부(夫婦)를 의미하는 것 같다.

08 'te ekāgārikā vā honti ekālopikā'의 번역. 그 당시 고행수행자들은 신도를 하나나 둘, 또는 일곱까지 정해놓고 그 집에서 걸식했던 것 같다. 부처님은 성도하신 후에 일정한 집을 정하지 않고, 매일 다른 일곱 집을 찾아가서 걸식했다.

"그렇지 않습니다. 고따마 존자여! 고따마 존자여, 어떨 때는 매우 풍성한 음식을 먹고, 매우 부드러운 음식을 먹고, 매우 맛있는 음식을 먹고, 매우 훌륭한 음료를 마십니다. 그들은 이 음식들로 몸의 힘을 돋우고, 몸을 키우고, 살이 찐 것이 분명합니다."

"악기웻싸나여, 그들은 전에 버린 것을 뒤에 모을 뿐이오. 이렇게 그들은 이 몸을 늘리고 줄일 뿐이오. 악기웻싸나여, 그대가 아는 마음 수련은 어떤 것인가요?"

쌋짜까 니간타뿟따는 세존의 질문에 대답하지 못했습니다. 그러자 세존께서 쌋짜까 니간타뿟따에게 말씀하셨습니다.

"악기웻싸나여, 그대가 이야기한 몸 수련은 성자의 율(律)에서는 여법(如法)한 몸 수련이 아니라오. 악기웻싸나여, 몸 수련도 알지 못하는 그대가 어떻게 마음 수련을 알 수 있겠소? 악기웻싸나여, 수련되지 않은 몸이 있듯이 수련되지 않은 마음도 있고, 수련된 몸과 수련된 마음도 있다오. 그것을 듣고 잘 생각해보시오. 내가 이야기하겠소."

쌋짜까 니간타뿟따는 "그렇게 하겠습니다"라고 세존께 대답했습니다.

세존께서 말씀하셨습니다.

"악기웻싸나여, 수련되지 않은 몸과 수련되지 않은 마음은 어떠한가? 악기웻싸나여, 배우지 못한 범부에게 즐거운 느낌이 발생하면, 그는 즐거운 느낌을 느끼면서 즐거움을 탐착하고, 즐거움에 빠져든다오. 그에게 그 즐거운 느낌이 소멸하고, 즐거운 느낌의 소멸로 인해 괴로운 느낌이 발생하면, 그는 괴로운 느낌을 느끼면서 슬퍼하고, 아쉬워하고, 가슴을 치며 통탄하고, 혼란에 빠진다오. 악기웻싸나여, 그에게 발생한 즐거운 느낌은, 수련되지 않은 몸으로 인하여, 마음을 사로잡고 머물고, 그에게 발생한 괴로운 느낌은, 수련되지 않은 마음으로 인하여, 마음을 사로잡고 머문다오. 악기웨싸나여, 누구에게나 이와 같은 두 가지 느낌이 발생하면, 그에게 발생한 기쁜 느낌은, 수련되지 않은 몸으로 인하여, 마음을 사로잡고 머물고, 괴로운 느낌은, 수련되지 않은 마음으로 인하여, 마음을 사로잡고 머문다오. 악기웨싸나여, 수련되지 않은 몸과 수련되지 않은 마음은 이와 같다오.

악기웨싸나여, 어떤 것이 수련된 몸과 수련된 마음인가? 악기웨싸나여, 많이 배운 거룩한 제자에게 즐거운 느낌이 발생하면, 그는 즐거운 느낌을 느끼면서 즐거움을 탐착하지 않고, 즐거움에 빠져들지 않는다오. 그에게 그 즐거운 느낌이 소멸하고, 즐거운 느낌의 소멸로 인해 괴로운 느낌이 발생하면, 그는 괴로운 느낌을 느끼면서 슬퍼하지 않고, 아쉬워하지 않고, 가슴을 치며 통탄하지 않고, 혼란에 빠지지 않는다오. 악기웨싸나여, 그에게 발생한 즐거운 느낌은, 수련된 몸으로 인하여, 마음을 사로잡고 머물지 않고, 괴로운 느낌은, 수련된 마음으로 인하여, 마음을 사로잡고 머물지 않는다오. 악기웨싸나여, 누구에게나 이와 같은 두 가지 느낌이 발생하면, 그에게 발생한 기쁜 느낌은, 수련된 몸으로 인하여, 마음을 사로잡고 머물지 않고, 괴로운 느낌은, 수련된 마음으로 인하여, 마음을 사로잡고 머물지 않는다오. 악기웨싸나여, 수련된 몸과 수련된 마음은 이와 같다오."

"제가 고따마 존자에 대하여, '고따마 존자는 분명히 몸 수련과 마음 수련을 하신 분이다'라고 믿어도 될까요?"

"악기웨싸나여, 참으로 그대가 한 이 말은 모욕적이고 무례한 것이오. 그렇지만 내가 그대에게 대답하겠소. 악기웻싸나여, 나는 머리와 수염을 깎고 가사(袈裟)와 옷을 걸치고, 집을 떠나 출가한 이후, 실로 나에게 발생한 즐거운 느낌이 마음을 사로잡고 머물거나, 나에게 생긴 괴로운 느낌이 마음을 붙잡고 머무는 일은 있을 수가 없었다오."

"고따마 존자에게는 마음을 사로잡고 머무는, 그와 같은 즐거운 느낌이 발생하지 않고, 마음을 사로잡고 머무는, 그와 같은 괴로운 느낌이 발생하지 않는다는 것인가요?"

"악기웻싸나여, 어찌 그러하지 않겠소? 나는 과거에 정각(正覺)을 원만하게 깨닫지 못한 보살이었을 때 이렇게 생각했다오.

'속세의 삶은 번거로운 홍진(紅塵)의 세계요, 출가는 걸림 없는 노지(露地)와 같다. 속가(俗家)에 살면서 완전하고 청정하고 밝은 범행(梵行)을 수행하기는 쉽지 않다. 나는 오히려 머리와 수염을 깎고, 가사와 발우를 지니고, 집을 떠나 출가하는 것이 좋겠다.'

악기웻싸나여, 나는 그 후에, 청년 시절에, 검은 머리에 찬란한 젊음을 지닌 가장 좋은 나이에, 원치 않은 부모님은 눈물 젖은 얼굴로 울부짖었지만, 머리와 수염을 깎고, 가사와 옷을 걸치고, 집을 떠나 출가했다오. 이와 같이 출가하여, 좋은 것이라면 무엇이든 찾던 나는 더할 나위 없는 평화와 행복을 구하여 알라라 깔라마와 웃다까 라마뿟따를 찾아갔다오. 그들로부터 무소유처(無所有處)와 비유상비무상처(非有想非無想處)를 배워서 성취했지만, 나는 만족하지 못하고 실망하여 그곳을 떠났다오.[09]

---

09 출가하여 알라라 깔라마와 웃다까 라마뿟따를 찾아가서 배운 후에 실망하여 떠난 내용은 「15. 거룩한 소원(所願) 경」과 동일한 내용이므로 생략함. 「15. 거룩한 소원(所願) 경」

악기웻싸나여, 그리하여 좋은 것이라면 무엇이든 찾던 나는 더할 나위 없는 평화와 행복을 구하여 마가다국을 차례로 유행하다가 우루웰라의 쎄나니가마에 도착했다오. 그곳에서 나는 편안한 숲이 있고, 아름다운 강변을 끼고 깨끗한 물이 흐르는 강이 있고, 어디에나 음식을 구할 수 있는 마을이 있는 아름다운 장소를 발견했다오. 그때 나에게 이런 생각이 들었다오.

'참으로 아름다운 장소로다. 편안한 숲이 있고, 아름다운 강변을 끼고 깨끗한 물이 흐르는 강이 있고, 어디에나 음식을 구할 수 있는 마을이 있구나. 이곳이면 정진(精進)하는 선남자(善男子)가 정진하기에 충분하다.' 그래서 나는 '이곳이면 정진하기에 충분하다'라고 생각하면서 그곳에 정착했다오.

악기웻싸나여, 일찍이 없었던, 전에 들어본 적이 없는 세 가지 비유가 나에게 생각났다오. 악기웻싸나여, 비유하면, 어떤 사람이 습기에 젖어있는 물에 잠긴 장작으로 찬목(鑽木)을 가지고 와서, '나는 불을 피워야겠다. 나는 불빛을 밝혀야겠다'라고 하는 것과 같다오. 악기웻싸나여, 그대는 어떻게 생각하나요? 그 사람은 습기에 젖어있는 물에 잠긴 장작을 찬목으로 마찰하여 불을 피우고, 불빛을 밝힐 수 있을까요?"

"아닙니다. 고따마 존자여! 왜냐하면, 고따마 존자여, 장작이 젖어 있을 뿐만 아니라 물에 잠겨있기 때문입니다. 그 사람은 그렇게 하는 동안 피곤해지고 곤혹스러워질 것입니다."

"악기웻싸나여, 이와 같이 어떤 사문이건 바라문이건, 육체적 욕

에는 우루웰라의 쎄나니가마에 정착하여 고행한 이야기가 나오지만, 구체적인 내용은 없다. 이 경에는 부처님께서 행한 고행이 구체적으로 나온다.

망을 가까이하고 살아가면서, 그 욕망에 대한 욕구, 애착, 심취, 갈망, 고뇌가 자신의 내면에서 버려지지 않고 지멸(止滅)하지 않으면, 고행으로 인한 격렬하고 신랄한 괴로운 느낌을 느끼더라도 그 사문과 바라문 존자들은 알 수 없고, 볼 수 없고, 위없는 바른 깨달음을 이룰 수 없으며, 고행으로 인한 격렬하고 신랄한 괴로운 느낌을 느끼지 않더라도 그 사문과 바라문 존자들은 알 수 없고, 볼 수 없고, 위없는 바른 깨달음을 이룰 수 없다오. 악기웨싸나여, 이것이 내가 생각한, 일찍이 없었던, 전에 들어본 적이 없는 첫 번째 비유라오.

악기웨싸나여, 그다음에 일찍이 없었던, 전에 들어본 적이 없는 두 번째 비유가 나에게 생각났다오. 악기웨싸나여, 비유하면, 어떤 사람이 습기에 젖어있는, 물에서 멀리 떨어진 땅에 놓인 장작으로 찬목을 가지고 와서, '나는 불을 피워야겠다. 나는 불빛을 밝혀야겠다'라고 하는 것과 같다오. 악기웨싸나여, 그대는 어떻게 생각하나요? 그 사람은 습기에 젖어있는, 물에서 멀리 떨어진 땅에 놓인 장작을 찬목으로 마찰하여 불을 피우고, 불빛을 밝힐 수 있을까요?"

"아닙니다. 고따마 존자여! 왜냐하면, 고따마 존자여, 장작이 물에서 멀리 떨어진 땅에 놓여있다고 할지라도 습기에 젖어있기 때문입니다. 그 사람은 그렇게 하는 동안 피곤해지고 곤혹스러워질 것입니다."

"악기웨싸나여, 이와 같이 어떤 사문이건 바라문이건, 육체적 욕망을 가까이하고 살아가지 않더라도,[10] 그 욕망에 대한 욕구, 애착, 심

---

10 PTS본에는 첫 번째 비유에서와 마찬가지로 'avūpakaṭṭhā viharati'로 되어있으나, 이 비유에서 물에 빠진 상태는 육체적 욕망을 가까이하는 삶이고, 젖은 나무는 자신의 내부에서 그 욕망을 버리지 못한 것을 의미하기 때문에 물에 빠져있지 않은 나무를 비유로 두

취, 갈망, 고뇌가 자신의 내면에서 버려지지 않고 지멸하지 않으면, 고행으로 인한 격렬하고 신랄한 괴로운 느낌을 느끼더라도 그 사문과 바라문 존자들은 알 수도 없고, 볼 수도 없고, 위없는 바른 깨달음을 이룰 수도 없으며, 고행으로 인한 격렬하고 신랄한 괴로운 느낌을 느끼지 않더라도 그 사문과 바라문 존자들은 알 수 없고, 볼 수 없고, 위없는 바른 깨달음을 이룰 수 없다오. 악기웨싸나여, 이것이 내가 생각한, 일찍이 없었던, 전에 들어본 적이 없는 두 번째 비유라오.

악기웨싸나여, 그다음에 일찍이 없었던, 전에 들어본 적이 없는 세 번째 비유가 나에게 생각났다오. 악기웨싸나여, 비유하면, 어떤 사람이 잘 마른, 물에서 멀리 떨어진 땅에 놓인 장작으로 찬목을 가지고 와서, '나는 불을 피워야겠다. 나는 불빛을 밝혀야겠다'라고 하는 것과 같다오. 악기웨싸나여, 그대는 어떻게 생각하나요? 그 사람은 잘 마른, 물에서 멀리 떨어진 땅에 놓인 장작을 찬목으로 마찰하여 불을 피우고, 불빛을 밝힐 수 있을까요?"

"그렇습니다. 고따마 존자여! 왜냐하면, 고따마 존자여, 장작이 잘 말랐을 뿐만 아니라 물에서 멀리 떨어진 땅에 놓여있기 때문입니다."

"악기웨싸나여, 이와 같이 어떤 사문이건 바라문이건, 육체적 욕망을 멀리하고 살아가면서 그 욕망에 대한 욕구, 애착, 심취, 갈망, 고뇌가 자신의 내면에서 잘 버려지고 잘 지멸하면, 고행으로 인한 격렬하고 신랄한 괴로운 느낌을 느끼더라도 그 사문과 바라문 존자들은 알 수 있고, 볼 수 있고, 위없는 바른 깨달음을 이룰 수 있으며, 고행으로 인한

번째 비유에서 이 부분은 'vūpakaṭṭhā viharati'로 보아야 한다.

격렬하고 신랄한 괴로운 느낌을 느끼지 않더라도 그 사문과 바라문 존자들은 알 수 있고, 볼 수 있고, 위없는 바른 깨달음을 이룰 수 있다오. 악기웨싸나여, 이것이 내가 생각한, 일찍이 없었던, 전에 들어본 적이 없는 세 번째 비유라오.

악기웨싸나여, 이들이 내가 생각한, 일찍이 없었던, 전에 들어본 적이 없는 세 가지 비유라오.

악기웨싸나여, 나는 '이를 다물고, 혀를 입천장에 붙이고, 마음을 다잡아 제지하고, 억제하고, 괴롭히는 것이 좋겠다'라고 생각했다오. 악기웨싸나여, 내가 이를 다물고, 혀를 입천장에 붙이고, 마음을 다잡아 제지하고 억제하고 괴롭히자, 겨드랑이에 땀이 났다오. 악기웨싸나여, 마치 힘센 사람이 힘없는 사람의 머리나 어깨를 잡고 제지하고, 억제하고 괴롭히듯이, 내가 이를 다물고, 혀를 입천장에 붙이고, 마음을 다잡아 제지하고 억제하고 괴롭히자, 겨드랑이에 땀이 났다오. 악기웨싸나여, 나의 정진은 물러섬이 없었고, 흐트러짐 없는 주의집중이 현전(現前)했지만, 힘든 고행에 시달렸기 때문에 나의 몸은 평안하지 않고 고달팠다오. 악기웨싸나여, 그렇지만 나에게 발생한 그 괴로운 느낌은 마음을 사로잡고 머물지 않았다오.

악기웨싸나여, 그래서 나는 '숨을 멈추는 선정(禪定) 수행을 하는 것이 좋겠다'라고 생각했다오. 악기웨싸나여, 나는 입과 코에서 호흡을 억제했다오. 악기웨싸나여, 내가 입과 코에서 호흡을 억제했을 때 귓구멍으로 바람이 빠져나오면서 엄청난 소리가 났다오. 악기웨싸나여, 마치 대장장이가 풀무로 풀무질할 때 엄청난 소리가 나듯이, 악기웨싸나여, 내가 입과 코에서 호흡을 억제했을 때 귓구멍으로 바람이 빠져나오면서 엄청난 소리가 났다오. 악기웻싸나여, 나의 정진은 물러섬이 없었고, 흐트러짐 없는 주의집중이 현전했지만, 힘든 고행에 시달렸기 때문에, 나의 몸은 평안하지 않고 고달팠다오. 악기웻싸나여, 그렇지만 나에게 발생한 그 괴로운 느낌은 마음을 사로잡고 머물지 않았다오.

악기웻싸나여, 그래서 나는 '계속해서 숨을 멈추는 선정 수행을 하는 것이 좋겠다'라고 생각했다오. 악기웻싸나여, 나는 (계속해서) 입과 코에서 호흡을 억제했다오. 악기웻싸나여, 내가 (계속해서) 입과 코에서 호흡을 억제했을 때 엄청난 바람이 머릿골을 때렸다오. 악기웻싸나여, 마치 힘센 사람이 날카로운 칼날로 머릿골을 쪼개듯이, 악기웻싸나여, 내가 (계속해서) 입과 코에서 호흡을 억제했을 때 엄청난 바람이 머릿골을 때렸다오. 악기웻싸나여, 나의 정진은 물러섬이 없었고, 흐트러짐 없는 주의집중이 현전했지만, 힘든 고행에 시달렸기 때문에, 나의 몸은 평안하지 않고 고달팠다오. 악기웻싸나여, 그렇지만 나에게 발생한 그 괴로운 느낌은 마음을 사로잡고 머물지 않았다오.

악기웻싸나여, 그래서 나는 '계속해서 숨을 멈추는 선정 수행을 하는 것이 좋겠다'라고 생각했다오. 악기웻싸나여, 나는 (계속해서) 입과 코에서 호흡을 억제했다오. 악기웻싸나여, 내가 (계속해서) 입과 코에서 호흡을 억제했을 때 머리에 엄청난 두통이 생겼다오. 악기웻싸나여, 마치 힘센 사람이 가죽끈으로 머리를 감아 조이듯이, 악기웻싸나여, 내가 (계속해서) 입과 코에서 호흡을 억제했을 때 머리에 엄청난 두통이 생겼다오. 악기웻싸나여, 나의 정진은 물러섬이 없었고, 흐트러짐 없는 주의집중이 현전했지만, 힘든 고행에 시달렸기 때문에, 나의 몸은 평안하지 않고 고달팠다오. 악기웻싸나여, 그렇지만 나에게 발생한 그 괴로운 느낌은 마음을 사로잡고 머물지 않았다오.

악기웨싸나여, 그래서 나는 '계속해서 숨을 멈추는 선정 수행을 하는 것이 좋겠다'라고 생각했다오. 악기웨싸나여, 나는 (계속해서) 입과 코에서 호흡을 억제했다오. 악기웨싸나여, 내가 (계속해서) 입과 코에서 호흡을 억제했을 때 엄청난 바람이 배를 찔렀다오. 악기웨싸나여, 마치 솜씨 좋은 소백정이나 소백정의 제자가 날카로운 소 잡는 칼로 배를 찌르듯이, 악기웨싸나여, 내가 (계속해서) 입과 코에서 호흡을 억제했을 때 엄청난 바람이 배를 찔렀다오. 악기웨싸나여, 나의 정진은 물러섬이 없었고, 흐트러짐 없는 주의집중이 현전했지만, 힘든 고행에 시달렸기 때문에, 나의 몸은 평안하지 않고 고달팠다오. 악기웨싸나여, 그렇지만 나에게 발생한 그 괴로운 느낌은 마음을 사로잡고 머물지 않았다오.

악기웨싸나여, 그래서 나는 '계속해서 숨을 멈추는 선정 수행을 하는 것이 좋겠다'라고 생각했다오. 악기웨싸나여, 나는 (계속해서) 입과 코에서 호흡을 억제했다오. 악기웨싸나여, 내가 (계속해서) 입과 코에서 호흡을 억제했을 때 몸에 엄청난 뜨거운 통증이 생겼다오. 악기웨싸나여, 마치 힘센 사람이 힘없는 사람의 두 팔을 붙잡고 불구덩이에 굽고 태우듯이, 악기웨싸나여, 내가 (계속해서) 입과 코에서 호흡을 억제했을 때 몸에 엄청난 뜨거운 통증이 생겼다오. 악기웨싸나여, 나의 정진은 물러섬이 없었고, 흐트러짐 없는 주의집중이 현전했지만, 힘든 고행에 시달렸기 때문에, 나의 몸은 평안하지 않고 고달팠다오. 악기웨싸나여, 그렇지만 나에게 발생한 그 괴로운 느낌은 마음을 사로잡고 머물지 않았다오. 악기웨싸나여, 천신(天神)들은 나를 보고, '고따마 사문은 죽었다'라고 말했다오. 어떤 천신들은 '고따마 사문은 죽지 않았다. 그렇지만 그는 죽는다'라고 말했다오. 어떤 천신들은 '고따마 사문은 죽지 않았다. 그는 죽지 않는다. 고따마 사문은 아라한이다. 아라한은 이렇게 산다'라고 말했다오.

　악기웻싸나여, 그래서 나는 '모든 음식을 끊고 단식(斷食)을 실행하는 것이 좋겠다'라고 생각했다오.[11] 악기웻싸나여, 그러자 천신들이 나에게 와서 '벗이여, 그대는 모든 음식을 끊고 단식을 실행하지 마시오. 만약에 그대가 모든 음식을 끊고 단식을 실행한다면, 우리는 천상(天上)의 음식을 털구멍으로 넣어서 그것으로 그대가 연명(延命)하도록 하겠소'라고 말했다오. 나는 '내가 모든 음식을 끊고 단식을 실행해도 이 천신들이 천상의 음식을 털구멍으로 넣어서 그것으로 내가 연명한다면, 그것은 내가 속이는 것이다'라고 생각했다오. 악기웻싸나여, 그래서 나는 그 신들에게 거절하면서, '그럴 필요가 없다'라고 말했다오.

　악기웻싸나여, 그래서 나는 '콩죽이든, 팥죽이든, 녹두죽이든, 완두콩죽이든, 한 움큼씩 조금씩 음식을 먹는 것이 좋겠다'라고 생각했다오. 악기웻싸나여, 나는 콩죽이든, 팥죽이든, 녹두죽이든, 완두콩죽이든, 한 움큼씩 조금씩 음식을 먹었다오. 악기웻싸나여, 내가 콩죽이든, 팥죽이든, 녹두죽이든, 완두콩죽이든, 한 움큼씩 조금씩 음식을 먹으니까 몸이 바싹 여위었다오. 그렇게 적게 먹었기 때문에 나의 팔과 다리는 담쟁이나 낙엽의 마디처럼 되었고, 나의 엉덩이는 낙타의 발처럼 되었고, 나의 등뼈는 쇠 구슬 줄처럼 울퉁불퉁하게 불거졌고, 나의 갈비뼈는 낡은 집의 삐져나온 서까래처럼 삐져나왔고, 나의 눈구멍 속의 눈

11　당시의 고행 수행자들은 고행이 완성되면 단식을 하여 스스로 목숨을 끊음으로써 영혼이 몸을 벗어나 해탈한다고 생각했다.

동자는 깊은 우물 속의 물방울이 깊숙이 아득하게 보이듯이 깊숙이 아득하게 보였고, 나의 두피(頭皮)는 덜 익어서 딴 조롱박이 바람과 햇빛에 쪼그라들고 오그라들듯이 쪼그라들고 오그라들었다오. 악기웨싸나여, 내가 뱃가죽을 만지려고 하면 등뼈가 잡히고, 등뼈를 만지려고 하면 뱃가죽이 잡혔다오. 악기웨싸나여, 그렇게 적게 먹었기 때문에 나의 뱃가죽은 등뼈에 들러붙을 정도가 되었다오. 악기웨싸나여, 나는 대변이나 소변을 보려고 하면 주저앉아 쓰러졌다오. 악기웨싸나여, 나는 몸을 다독이며 손으로 팔다리를 문질렀다오. 악기웨싸나여, 내 손으로 팔다리를 문지르자 뿌리가 썩은 털들이 빠졌다오. 악기웨싸나여, 사람들은 나를 보고, '고따마 사문은 시커멓다'라고 말했다오. 어떤 사람들은 '고따마 사문은 시커멓지 않다. 고따마 사문은 누렇다'라고 말했다오. 어떤 사람들은 '고따마 사문은 시커멓지도 않고, 누렇지도 않다. 고따마 사문은 금빛 피부다'라고 말했다오.[12] 악기웨싸나여, 그렇게 적게 먹었기 때문에 나의 맑고 고운 피부는 썩어 문드러졌다오.

악기웨싸나여, 나는 이렇게 생각했다오.

'지난 과거의 어떤 사문이나 바라문이 고행으로 인하여 신랄하고 격렬한 고통을 느꼈다고 할지라도, 이것이 최고이며, 이보다 더하지는 않았을 것이다. 미래의 어떤 사문이나 바라문이 고행으로 인하여 신랄하고 격렬한 고통을 느끼게 될지라도, 이것이 최고이며, 이보다 더하지는 않을 것이다. 현재의 어떤 사문이나 바라문이 고행으로 인하여 신랄하고 격렬한 고통을 느낀다고 할지라도, 이것이 최고이며, 이보다 더하

---

12 고행으로 누렇게 뜬 부처님을 보고, 시커멓게 죽어간다고 말하는 사람도 있고, 누렇게 황달이 들었다고 말하는 사람도 있고, 본래 피부가 금빛이라고 말하는 사람도 있었다는 의미인 것 같다.

지는 않을 것이다. 하지만 나는 이러한 극심한 고행으로 인간존재에 대한 만족할 만한 거룩한 지견(知見)의 성취에 도달하지 못했다. 깨달음으로 가는 길은 다른 길이 아닐까?'

악기웨싸나여, 그러자 나에게 이런 생각이 들었다오.

'나는 아버지의 종족 싹까족의 일터에서, 논두렁의 잠부나무 그늘에 앉아 감각적 욕망을 멀리하고 불선법(不善法)을 멀리하여, 사유가 있고 숙고가 있는, 멀리함에서 생긴 즐거움과 행복이 있는 초선(初禪)을 성취하여 머무는 것을 체험하여 알고 있다. 이 길이 깨달음으로 가는 길이 아닐까?'

악기웨싸나여, 그러자 주의집중의 결과 나에게 '이 길이 깨달음으로 가는 길이다'라는 인식이 생겼다오. 악기웨싸나여, 나에게 이런 생각이 들었다오.

'무엇 때문에 내가 감각적 쾌락을 떠나고 불선법을 떠난 그 즐거움을 두려워해야 하는가?'

악기웨싸나여, 나는 이렇게 생각했다오.

'나는 감각적 쾌락을 떠나고 불선법을 떠난 그 즐거움을 두려워하지 않겠다.'

악기웨싸나여, 나는 이렇게 생각했다오.

'이와 같은 극단적으로 여윈 마른 몸으로는 그 즐거움을 쉽게 얻을 수 없다. 나는 영양가 있는 음식인 유미(乳糜)죽을 먹어야겠다.'

악기웨싸나여, 나는 영양가가 많은[13] 유미죽을 먹었다오. 그때 다

---

13 'oḷārikaṃ āhāraṃ'의 번역. 'oḷārika'에는 '큰, 많은, 중요한, 단단한, 거친' 등의 다양한 의미가 있고, 'āhāra'는 '음식, 영양분'을 의미한다. 여기에서는 'oḷārika'에서 '많은'의 의미를 취하여 '영양가가 많은'으로 번역했다.

섯 비구가 함께 있었다오. 그들은 '고따마 사문이 진리를 성취하면 그 진리를 우리에게 알려줄 것이다'라고 생각했다오. 악기웨싸나여, 그런데 내가 영양가가 많은 유미죽을 먹자, '고따마 사문은 정진을 포기하고 타락하여 사치에 빠졌다'라고 생각하고, 실망하여 내 곁을 떠났다오.

악기웨싸나여, 나는 영양가가 많은 유미죽을 먹고 힘을 얻어 감각적 욕망을 멀리하고 불선법을 멀리하여, 사유가 있고 숙고가 있는, 멀리함에서 생긴 즐거움과 행복이 있는 초선(初禪)을 성취하여 머물렀다오. 악기웨싸나여, 그렇지만 나에게 발생한 이와 같은 즐거운 느낌은 마음을 사로잡고 머물지 않았다오. 나는 사유와 숙고를 억제하여 내적으로 조용해진, 마음이 집중된, 사유와 숙고가 없는, 삼매에서 생긴 즐거움과 행복이 있는 제2선(第二禪)을 성취하여 머물렀다오. 그렇지만 나에게 발생한 이와 같은 즐거운 느낌은 마음을 사로잡고 머물지 않았다오. 나는 희열(喜悅)이 사라지고 평정한 마음으로 주의집중과 알아차림을 하며 지내는 가운데 몸으로 행복을 느끼면서, 성인들이 '평정한 마음[捨]으로 주의집중을 하는 행복한 상태'라고 이야기한 제3선(第三禪)을 성취하여 머물렀다오. 그렇지만 나에게 발생한 이와 같은 즐거운 느낌은 마음을 사로잡고 머물지 않았다오. 나는 행복감을 포기하고 괴로움을 버림으로써 이전의 만족과 불만이 소멸하여 괴롭지도 않고 즐겁지도 않은, 평정한 주의집중이 청정한 제4선(第四禪)을 성취하여 머물렀다오. 그렇지만 나에게 발생한 이와 같은 즐거운 느낌은 마음을 사로잡고 머물지 않았다오.

이와 같이 청정하게 정화되고, 죄악의 먼지가 없고[無塵], 번뇌의 때가 없으며[無垢], 유연하여 적응력이 있고 견고하여 움직이지 않는,

삼매에 든 마음에서, 나는 전생에 대한 앎[宿命通]에 주의를 기울였다오.[14] 나는 여러 가지 전생의 삶을 기억했다오. (…중략…)[15] 악기웨싸나여, 이것이 내가 그날 밤 초야(初夜)에 성취한 첫 번째 명지(明智)[16]라오. 게으름피우지 않고 열심히 정진하며 살아가면 으레 그러하듯이, 무명이 사라지고 명지가 나타났다오. 어둠이 사라지고 광명이 나타났다오. 그렇지만 나에게 발생한 이와 같은 즐거운 느낌은 마음을 사로잡고 머물지 않았다오.

이와 같이 청정하게 정화되고, 죄악의 먼지가 없고, 번뇌의 때가 없으며, 유연하여 적응력이 있고, 견고하여 움직이지 않는, 삼매에 든 마음에서, 나는 중생의 죽고 태어남에 대한 앎[天眼通]에 주의를 기울였다오.[17] 나는 인간을 초월한 청정한 천안(天眼)으로 중생을 보고, 중생이 업에 따라 죽고, 태어나고, 못나고, 훌륭하고, 잘생기고, 못생기고, 행복하고, 불행한 것을 체험적으로 알았다오. (…중략…)[18] 악기웨싸나여, 이것이 내가 그날 밤 중야(中夜)에 성취한 두 번째 명지라오. 게으름을 피우지 않고 열심히 정진하며 살아가면 으레 그러하듯이, 무명이 사라지고 명지가 나타났다오. 어둠이 사라지고 광명이 나타났다오. 그렇지만 나에게 발생한 이와 같은 즐거운 느낌은 마음을 사로잡고 머물지 않았다오.

이와 같이 청정하게 정화되고, 죄악의 먼지가 없고, 번뇌의 때가

---

14 'pubbenivāsānussatiñāṇāya cittaṃ abhininnāmesiṃ'의 번역.
15 숙명통(宿命通)은 「40. 싸꿀우다인에게 설하신 큰 경」 참조.
16 'vijjā'의 번역.
17 'sattānaṃ cutūpapātañāṇāya cittaṃ abhininnāmesiṃ'의 번역.
18 천안통(天眼通)은 「40. 싸꿀우다인에게 설하신 큰 경」 참조.

없으며, 유연하여 적응력이 있고, 견고하여 움직이지 않는, 삼매에 든 마음에서, 나는 번뇌의 멸진에 대한 앎[漏盡通]에 주의를 기울였다오.[19] 나는 '이것은 괴로움[苦]이다'라고 여실(如實)하게 체험했다오.[20] 나는 '이것은 괴로움의 쌓임[苦集]이다'라고 여실하게 체험했다오. 나는 '이것은 괴로움의 소멸(苦滅)이다'라고 여실하게 체험했다오. 나는 '이것은 괴로움의 소멸에 이르는 길[苦滅道]이다'라고 여실하게 체험했다오. 나는 '이것들은 번뇌[漏]다'라고 여실하게 체험했다오. 나는 '이것은 번뇌의 쌓임[漏集]이다'라고 여실하게 체험했다오. 나는 '이것은 번뇌의 소멸[漏滅]이다'라고 여실하게 체험했다오. 나는 '이것은 번뇌의 소멸에 이르는 길[漏滅道]이다'라고 여실하게 체험했다오. 내가 이렇게 알고 이렇게 보았을 때, 마음이 욕루(欲漏)에서 해탈하고, 유루(有漏), 무명루(無明漏)에서 해탈했다오. 해탈했을 때 '나는 해탈했다'라고 알게 되었다오. 나는 '태어남은 끝났고, 청정한 수행[梵行]을 마쳤으며, 해야 할 일을 끝마쳤다. 다시는 이런 상태로 되지 않는다'라고 체험적으로 알았다오. 악기웻싸나여, 이것이 내가 그날 밤 후야(後夜)에 성취한 세 번째 명지라오. 게으름피우지 않고 열심히 정진하며 살아가면 으레 그러하듯이, 무명이 사라지고 명지가 나타났다오. 어둠이 사라지고 광명이 나타났다오. 그렇지만 나에게 발생한 이와 같은 즐거운 느낌은 마음을 사로잡고 머물지 않았다오.

---

19 'āsavānaṃ khayañāṇāya cittaṃ abhininnāmesiṃ'의 번역.

20 'yathābhūtaṃ abbhaññāsiṃ'의 번역. 'abbhaññāsiṃ'은 'abhijānāti'의 과거형(aorist)이다. 'yathābhūtaṃ'은 항상 체험적인 인식을 의미하는 'abhijānāti'와 연결되어 있음에 주목해야 한다.

악기웨싸나여, 나는 많은 대중을 위하여 법을 설했다고 알고 있는데, 제각기 '고따마 사문은 나에 대하여 법(法)을 설했다'라고 생각할 수도 있다오.[21] 악기웨싸나여, 그렇지만 여래는 알려주기 위해서 다른 사람들에게 법을 설하므로, 그렇게 보아서는 안 되오. 악기웨싸나여, 나는 설법이 끝나면 이전의 삼매의 상태에서 안으로 마음을 멈추고, 가라앉히고, 통일시키고, 집중시켜서 실로 거기에 영겁(永劫)을 머문다오."[22]

"고따마 존자는 틀림없는 아라한이시며, 등정각(等正覺)이라는 것을 믿을 수 있게 되었습니다. 그런데 고따마 존자께서는 낮잠을 주무신 적이 있습니까?"

"악기웨싸나여, 나는 무더운 지난달 오후에 탁발을 마치고 돌아와서 가사(袈裟)를 네 겹으로 접어서 깔고 오른쪽으로 누워서, 주의집중과 알아차림을 하면서 잠든 적이 있다오."

"고따마 존자여, 어떤 사문과 바라문들은 그것을 미혹(迷惑)한 삶[23]이라고 이야기합니다."

"악기웨싸나여, 그것은 미혹하거나 미혹하지 않은 것과 아무런 관계가 없다오. 악기웨싸나여, 참으로 미혹한 것과 미혹하지 않은 것이 있다오. 그것을 듣고 잘 생각해보시오. 내가 이야기하겠소."

쌋짜까 니간타뿟따는 세존께 "그렇게 하겠습니다"라고 대답했습니다.

---

21 부처님의 설법은 어떤 특정한 개인에 한정되는 것이 아니라 자신의 깨달음을 우리 모두에게 전하기 위한 것이라는 말씀이다.

22 'yena sudaṃ niccakappaṃ niccakappaṃ viharāmi'의 번역.

23 'sammohavihārasmiṃ'의 번역.

세존께서 말씀하셨습니다.

"악기웨싸나여, 누구든지 미래에 태어나서 늙어 죽는 비참한 괴로운 과보를 가져오는, 다시 존재하게 하는 더러움에 물들게 하는 번뇌[漏]들을 버리지 못한 사람을 나는 '미혹하다'라고 이야기한다오. 악기웨싸나여, 번뇌들이 버려지지 않은 것이 미혹한 것이라오. 악기웨싸나여, 누구든지 미래에 태어나서 늙어 죽는 비참한 괴로운 과보를 가져오는, 다시 존재하게 하는, 더러움에 물들게 하는 번뇌들을 버리면 나는 그를 '미혹하지 않다'라고 이야기한다오. 악기웨싸나여, 번뇌들이 버려진 것이 미혹하지 않은 것이라오. 악기웨싸나여, 여래에게는, 미래에 태어나서 늙어 죽는 비참한 괴로운 과보를 가져오는, 다시 존재하게 하는, 더러움에 물들게 하는 번뇌들은 제거되고, 근절되고, 단절되고, 없어진, 미래에는 발생하지 않는 법(法)들이라오.[24] 악기웨싸나여, 비유하면 꼭대기가 잘린 야자수는 다시 자라날 수 없는 것과 같다오. 악기웨싸나여, 이와 같이 여래에게는, 미래에 태어나서 늙어 죽는 비참한 괴로운 과보를 가져오는, 다시 존재하게 하는, 더러움에 물들게 하는 번뇌들은 제거되고, 근절되고, 단절되고, 없어진, 미래에는 발생하지 않는 법(法)들이라오."

이와 같이 말씀하시자, 쌋짜까 니간타뿟따가 세존께 말씀드렸습니다.

"놀랍습니다. 고따마 존자여! 희유합니다. 고따마 존자여! 고따마 존자에게 이와 같이 비방하는 말을 하고 모욕적인 어투로 말을 걸어

---

24 'āyatiṃ anuppādadhammā'의 번역. 여래에게는 미래에 번뇌가 일어나지 않는다는 의미이다.

도, 아라한이시며 바르게 깨달으신 분답게, 표정이 밝고, 얼굴빛이 명랑하시군요. 고따마 존자여, 저는 뿌라나 깟싸빠(Puraṇa Kassapa)와 토론을 한 적이 있습니다. 그는 나와 토론하면서 동문서답을 하고, 화제를 다른 곳으로 돌리고, 화를 내고 성을 내고 불만을 드러냈습니다. 그런데 고따마 존자에게 이와 같이 비방하는 말을 하고, 모욕적인 어투로 말을 걸어도, 아라한이시며 바르게 깨달으신 분답게, 표정이 밝고 얼굴빛이 명랑하시군요. 고따마 존자여, 저는 막칼리 고쌀라(Makkhali Gosāla), 아지따 께싸깜발라(Ajita Kesakambala), 빠꾸다 깟짜야나(Pakudha Kaccāyana), 싼자야 벨랏띠뿟따(Sañjaya Belaṭṭiputta), 니간타 나따뿟따(Nigaṇṭha Nātaputta)와 토론을 한 적이 있습니다.[25] 그들은 나와 토론하면서 동문서답을 하고, 화제를 다른 곳으로 돌리고, 화를 내고, 성을 내고, 불만을 드러냈습니다. 그런데 고따마 존자에게 이와 같이 비방하는 말을 하고 모욕적인 어투로 말을 걸어도, 아라한이시며 바르게 깨달으신 분답게, 표정이 밝고, 얼굴빛이 명랑하시군요. 고따마 존자여, 해야 할 일이 많아서 우리는 이제 가야겠습니다."

"악기웨싸나여, 그렇다면 이제 그렇게 하십시오."

쌋짜까 니간타뿟따는 세존의 말씀에 만족하고 기뻐하며 자리에서 일어나 떠나갔습니다.

---

25 중복되는 내용 생략.

21

갈애[愛]의 소멸 큰 경

38. Mahātaṇhāsaṅkhaya-sutta

【 해제 】

이 경은 한역 『중아함경(中阿含經)』 「201. 차제경(嗏帝經)」에 상응하는 경
이다. 부처님은 우리에게 윤회설을 가르쳤을까? 이 경은 이러한 물음에
대한 답을 주고 있다.

　싸띠(Sāti) 비구는 '부처님은 분별하여 인식하는 마음[識]이 윤회
의 주체가 되어 윤회한다고 가르쳤다'라고 주장한다. 부처님은 이러한
주장을 하는 싸띠 비구를 잘못 파악한 견해로 부처님을 중상하고, 스스
로 해치는 많은 죄를 짓고 있다고 엄하게 꾸짖는다. 부처님은 이 경에서
다음과 같이 묻는다.

"비구들이여, 그대들은 이와 같이 알고, 이와 같이 보면서도, 과거로 돌아가서, '우리는 과거세(過去世)에 존재했을까, 존재하지 않았을까? 우리는 과거세에 무엇이었을까? 우리는 과거세에 어떻게 지냈을까? 우리는 과거세에 무엇이었다가, 그다음에는 무엇이었을까?'라고 하겠는가?

비구들이여, 그대들은 이와 같이 알고, 이와 같이 보면서도, 미래로 앞질러 가서, '우리는 미래세(未來世)에 존재하게 될까, 존재하지 않게 될까? 우리는 미래세에 무엇이 될까? 우리는 미래세에 어떻게 될까? 우리는 미래세에 무엇이 되었다가, 그다음에는 무엇이 될까?'라고 하겠는가?

비구들이여, 그대들은 이와 같이 알고, 이와 같이 보면서도, '나는 존재하는가, 존재하지 않는가? 나는 무엇인가? 나는 어떻게 지내는가? 이 중생(衆生)은 어디에서 왔다가 어디로 가는 것일까?'라고 현재세(現在世)에 자신에 대하여 의혹이 있는가?"

윤회는 무지한 자들의 망상일 뿐이다. 이러한 망상에서 벗어나는 것이 불교의 해탈이라는 것을 이 경은 분명하게 보여주고 있다.

이와 같이 나는 들었습니다.

한때 세존께서는 싸왓티의 제따와나 아나타삔디까 승원(僧園)에 머무셨습니다.

그때 어부의 아들인 싸띠(Sāti) 비구에게 이러한 사악한 견해가 생겼습니다.

"나는 세존께서 '다른 것이 아니라, 이 분별하는 마음[識]이 유전(流轉)하고, 윤회(輪廻)한다'라고[01] 설법하신 것으로 알고 있다."

많은 비구가 이 사실에 대하여 들었습니다. 그래서 그 비구들은 어부의 아들 싸띠 비구를 찾아가서 그에게 말했습니다.

"싸띠 존자여, 그대는 진실로 '세존께서 다른 것이 아니라, 이 분별하는 마음이 유전하고, 윤회한다고 설법하신 것으로 알고 있다'라는 사악한 견해를 일으켰는가?"

"그렇습니다. 존자들이여, 진정으로 나는 그렇게 알고 있습니다."

그러자 그 비구들은 이와 같은 사악한 견해를 버리게 하려는 의도에서 어부의 아들 싸띠 비구를 꾸짖고, 따지고, 충고했습니다.

"싸띠 존자여, 그렇게 말하지 마시오. 세존을 중상(中傷)하지 마시오. 제발 세존을 욕보이지 마시오. 세존께서는 분명히 그렇게 말씀하시지 않았을 것이오. 싸띠 존자여, 세존께서는 여러 법문을 통하여 조건

---

01 'idaṃ viññāṇaṃ sandhāvati saṃsarati, anaññan ti'의 번역.

에 의지하여 함께 발생한 분별하는 마음[識]02에 대하여 말씀하시면서, '조건[緣]이 없으면 분별하는 마음은 생기지 않는다'라고 하셨소."

이와 같이 그 비구들이 꾸짖고, 따지고, 충고했지만, 어부의 아들 싸띠 비구는 사악한 견해를 굳게 붙들고 집착하면서, "나는 분명히 세존께서 '다른 것이 아니라, 이 분별하는 마음이 유전하고, 윤회한다'라고 설법하신 것으로 알고 있다"라고 주장했습니다.

그 비구들은 어부의 아들 싸띠 비구로 하여금 이러한 사악한 견해를 버리게 할 수 없었기 때문에 세존을 찾아갔습니다. 그 비구들은 세존을 찾아가서 예배한 후에, 한쪽에 앉아 세존께 이 사실을 알렸습니다.03

그러자 세존께서 어떤 비구를 불렀습니다.

"이리 오라! 비구여, 그대는 '싸띠 존자여, 스승님께서 그대를 부르십니다'라고 나의 말을 전하여 어부의 아들 싸띠 비구를 불러라!"

그 비구는 "그렇게 하겠습니다. 세존이시여!"라고 세존께 승낙하고, 싸띠 비구를 찾아가서 말했습니다.

"존자여, 스승님께서 그대 싸띠를 부르십니다."

어부의 아들 싸띠 비구는 그 비구에게 "그렇게 하겠습니다. 존자여!"라고 승낙하고서, 세존을 찾아갔습니다. 그는 세존을 찾아가서 예배하고 한쪽에 앉았습니다. 한쪽에 앉은 싸띠 비구에게 세존께서 말씀하셨습니다.

"싸띠여, 그대는 사악한 사견을 일으켜, '나는 세존께서 다른 것이

---

02 'paṭiccasamuppannaṃ viññāṇaṃ'의 번역. 여기에서 'viññāṇaṃ'은 연기한 법(法)으로서의 'viññāṇaṃ'이기 때문에 '분별하는 마음[識]'으로 번역함.

03 중복된 내용 생략.

아니라, 이 분별하는 마음이 유전하고, 윤회한다고 설법한 것으로 알고 있다'라고 했다는데, 사실인가?"

"사실입니다. 세존이시여! 저는 확실히 세존께서 '다른 것이 아니라, 이 분별하는 마음이 유전하고, 윤회한다'라고 가르쳤다고 알고 있습니다."

"싸띠여, 그 분별하는 마음은 어떤 것인가?"

"세존이시여, 이것은 말하고, 경험하는 것으로서, 여기저기에서 선하고 악한 업의 과보(果報)를 받습니다."

"어리석은 사람아, 누구에게 내가 그런 가르침을 가르쳤다고 그대는 알고 있는가? 어리석은 사람아, 내가 여러 가지 방법으로, 갖가지 비유를 들어서 조건에 의지하여 함께 발생한(연기(緣起)한) 분별하는 마음에 대하여 말하면서, '조건[緣]이 없으면 분별하는 마음[識]은 생기지 않는다'라고 하지 않았던가? 어리석은 사람아, 그런데 그대는 자신이 잘못 파악한 견해로 우리를 중상하고, 자신을 해치고, 많은 죄를 짓는구나. 어리석은 사람아, 그것은 그대에게 오랜 세월 동안 무익한 괴로움이 될 것이다."

이제 세존께서 비구들에게 말씀하셨습니다.

"비구들이여, 그대들은 어떻게 생각하는가? 이 싸띠 비구는 이 가르침과 율(律)에서 열심히 수행하는가?"

"어떻게 그러겠습니까? 세존이시여! 열심히 하지 않나이다. 세존이시여!"

이와 같이 말하자, 어부의 아들 싸띠 비구는 말없이 부끄러워하면서, 시든 잎처럼 어깨를 떨어뜨리고, 고개를 숙이고 생각에 잠긴 채 아무 대꾸도 하지 못하고 앉아있었습니다. 세존께서는 그런 모습을 보시고 싸띠 비구에게 말씀하셨습니다.

"어리석은 사람아, 그대는 자신의 견해가 사악한 것임을 알게 될 것이다. 내가 이제 비구들에게 물어보겠다."

세존께서 비구들에게 말씀하셨습니다.

"비구들이여, 그대들도 내가 가르친 가르침을, 이 어부의 아들 싸띠 비구가 자신이 잘못 파악한 견해로 우리를 중상하고, 자신을 해치고, 많은 죄를 짓고 있는 것처럼, 그렇게 이해하는가?"

"그렇지 않습니다. 세존이시여! 세존께서는 분명히 여러 법문을 통하여 조건에 의지하여 함께 발생한(연기(緣起)한) 분별하는 마음에 대하여 말씀하시면서, '조건이 없으면 분별하는 마음은 생기지 않는다'라고 하셨습니다."

"훌륭하오, 비구들이여! 비구들이여, 그대들은 내가 가르친 가르침을 훌륭하게 이해하고 있군요. 그런데 이 어부의 아들 싸띠 비구는 자신이 잘못 파악한 견해로 우리를 중상하고, 자신을 해치고, 많은 죄를 짓고 있소. 그것은 이 어리석은 사람에게 오랜 세월 동안 무익한 괴로움이 될 것이오.

비구들이여, 어떤 조건[緣]에 의지하여 분별하는 마음[識]이 생기면, 그것에 의하여 그것으로 명칭을 붙인다오.04 보는 주관[眼]과 보이는 형색[色]들에 의지하여 분별하는 마음[識]이 생기면, 시각분별[眼識]05이라는 명칭을 붙이고, 듣는 주관[耳]과 들리는 소리[聲]들에 의지

04　'yañ-ñad-eva paccayaṃ paṭicca uppjjati viññāṇaṃ tena ten'eva saṅkhaṃ gacchati'의 번역.

05　'cakkhuviññāṇa'의 번역.

하여 분별하는 마음[識]이 생기면, 청각분별[耳識]⁰⁶이라는 명칭을 붙이
고, 냄새 맡는 주관[鼻]과 향기[香]들에 의지하여 분별하는 마음[識]이
생기면, 후각분별[鼻識]⁰⁷이라는 명칭을 붙이고, 맛보는 주관[舌]과 맛
[味]들에 의지하여 분별하는 마음[識]이 생기면, 미각분별[舌識]⁰⁸이라
는 명칭을 붙이고, 만지는 주관[身]과 촉감[觸]들에 의지하여 분별하는
마음[識]이 생기면, 촉각분별[身識]⁰⁹이라는 명칭을 붙이고, 마음[意]과
법(法)들에 의지하여 분별하는 마음[識]이 생기면, 마음분별[意識]¹⁰이
라는 명칭을 붙인다오, 비구들이여, 비유하면, 어떤 조건[緣]에 의지하
여 불이 타면, 그것에 의하여 그것으로 명칭을 붙이는 것과 같다오. 장
작에 의지하여 불이 타면 장작불이라는 명칭을 붙이고, 장작개비에 의
지하여 불이 타면 장작개비 불이라는 명칭을 붙이고, 건초에 의지하여
불이 타면 건초 불이라는 명칭을 붙이고, 쇠똥에 의지하여 불이 타면
쇠똥 불이라는 명칭을 붙이고, 왕겨에 의지하여 불이 타면 왕겨 불이라
는 명칭을 붙이고, 쓰레기에 의지하여 불이 타면 쓰레기 불이라는 명칭
을 붙이는 것과 같다오. 비구들이여, 이와 같이 어떤 조건[緣]에 의지하
여 분별하는 마음[識]이 생기면, 그 조건에 의하여 그것으로 명칭을 붙
인다오.

비구들이여, 그대들은 '이것은 생긴 것이다'라고 보는가?"¹¹

---

06 'sotaviññāṇa'의 번역.
07 'ghānaviññāṇa'의 번역.
08 'jivhaviññāṇa'의 번역.
09 'kāyaviññāṇa'의 번역.
10 'manoviññāṇa'의 번역.
11 'bhūtam idan ti bhikkhave, passatha'의 번역.

"그렇습니다. 세존이시여!"

"비구들이여, 그대들은 '그것은 음식[食]에서 생긴 것이다'라고 보는가?"[12]

"그렇습니다. 세존이시여!"

"비구들이여, 그대들은 '그것의 음식은 소멸하므로, 그 생긴 것은 소멸하는 법(法)이다'라고 보는가?"[13]

"그렇습니다. 세존이시여!"

"비구들이여, '이것은 생긴 것인가, 아닌가?'라는 의심이 일어나는 것은 불확실성 때문인가?"[14]

"그렇습니다. 세존이시여!"

"비구들이여, '그것은 음식에서 생긴 것인가, 아닌가?'라는 의심이 일어나는 것은 불확실성 때문인가?"

"그렇습니다. 세존이시여!"

"비구들이여, '그것의 음식은 소멸하므로, 그 생긴 것은 소멸하는 법(法)인가, 아닌가?'라는 의심이 일어나는 것은 불확실성 때문인가?"

"그렇습니다. 세존이시여!"

"비구들이여, '이것은 생긴 것이다'라고 있는 그대로 바른 통찰지(通察智)로 통찰하면, 불확실성은 사라지는가?"[15]

"그렇습니다. 세존이시여!"

---

12 'tadāhārasambhvan ti bhikkhave, passatha'의 번역.

13 'tadāhāranirodhā yaṃ bhūtaṃ taṃ nirodhadhamman ti bhikkhave, passatha'의 번역.

14 'bhūtam idaṃ no -ssūti bhikkhave, kaṅkhāto uppajjati vicikicchā'의 번역.

15 'bhūtam idan ti bhikkhave, yathābhūtaṃ sammappaññāya passato ya vicikicchā sā pahīyati'의 번역.

"비구들이여, '그것은 음식에서 생긴 것이다'라고 있는 그대로 바른 통찰지로 통찰하면, 불확실성은 사라지는가?"

"그렇습니다. 세존이시여!"

"비구들이여, '그것의 음식은 소멸하므로, 그 생긴 것은 소멸하는 법(法)이다'라고 있는 그대로 바른 통찰지로 관찰하면, 불확실성은 사라지는가?"

"그렇습니다. 세존이시여!"

"비구들이여, '이것은 생긴 것이다'라는 점에 대하여 그대들에게 의심이 없는가?"[16]

"그렇습니다. 세존이시여!"

"비구들이여, '그것은 음식에서 생긴 것이다'라는 점에 대하여 그대들에게 의심이 없는가?"

"그렇습니다. 세존이시여!"

"비구들이여, '그것의 음식은 소멸하므로, 그 생긴 것은 소멸하는 법(法)이다'라는 점에 대하여 그대들에게 의심이 없는가?"

"그렇습니다. 세존이시여!"

"비구들이여, '이것은 생긴 것이다'라는 것은 있는 그대로 바른 통찰지로 잘 본 것인가?"[17]

"그렇습니다. 세존이시여!"

"비구들이여, '그것은 음식에서 생긴 것이다'라는 것은 있는 그대로 바른 통찰지로 잘 본 것인가?"

---

16   'bhūtam idan ti bhikkhave, iti pi vo ettha nivicikicchā'의 번역.
17   'bhūtam idan ti bhikkhave, yathābhūtaṃ sammappaññāya sudiṭṭhaṃ'의 번역.

"그렇습니다. 세존이시여!"

"비구들이여, '그것의 음식은 소멸하므로, 그 생긴 것은 소멸하는 법(法)이다'라는 것은 있는 그대로 바른 통찰지로 잘 본 것인가?"

"그렇습니다. 세존이시여!"

"비구들이여, 만약 그대들이 이와 같이 결점이 없고, 이와 같이 흠이 없는 이 견해를 집착하고, 소중히 하고, 바라고, 애착한다면, 비구들이여, 그대들은 건너기 위한 것이지 붙잡기 위한 것이 아니라고 뗏목의 비유로 가르친 가르침을 이해한 것인가?"

"아닙니다. 세존이시여!"

"비구들이여, 만약 그대들이 이와 같이 결점이 없고, 이와 같이 흠이 없는 이 견해를 집착하지 않고, 소중히 하지 않고, 바라지 않고, 애착하지 않는다면, 비구들이여, 그대들은 건너기 위한 것이지 붙잡기 위한 것이 아니라고 뗏목의 비유로 가르친 가르침을 이해한 것인가?"

"그렇습니다. 세존이시여!"

"비구들이여, 이미 생긴 중생(衆生)이 머물거나 다시 태어나기를 바라는 중생에게 도움을 주는 네 가지 음식[四食]이 있다오. 그 네 가지는 어떤 것인가? 입으로 먹는 거칠거나 부드러운 단식(團食), 둘째는 촉식(觸食), 셋째는 의사식(意思食), 넷째는 식식(識食)이라오. 비구들이여, 이 네 가지 음식은 무엇이 바탕이고, 무엇이 쌓인 것이고, 무엇에서 생긴 것이고, 무엇이 기원인가? 비구들이여, 이 네 가지 음식은 갈애[愛]가 바탕이고, 갈애가 쌓인 것이고, 갈애에서 생긴 것이고, 갈애가 기원이라오.

비구들이여, 이 갈애는 무엇이 바탕이고, 무엇이 쌓인 것이고, 무엇에서 생긴 것이고, 무엇이 기원인가? 비구들이여, 갈애는 느낌[受]이 바탕이고, 느낌이 쌓인 것이고, 느낌에서 생긴 것이고, 느낌이 기원이라오.

비구들이여, 이 느낌은 무엇이 바탕이고, 무엇이 쌓인 것이고, 무엇에서 생긴 것이고, 무엇이 기원인가? 비구들이여, 느낌은 접촉[觸]이 바탕이고, 접촉이 쌓인 것이고, 접촉에서 생긴 것이고, 접촉이 기원이라오.

비구들이여, 이 접촉은 무엇이 바탕이고, 무엇이 쌓인 것이고, 무엇에서 생긴 것이고, 무엇이 기원인가? 비구들이여, 접촉은 6입처(六入處)가 바탕이고, 6입처가 쌓인 것이고, 6입처에서 생긴 것이고, 6입처가 기원이라오.

비구들이여, 이 6입처는 무엇이 바탕이고, 무엇이 쌓인 것이고, 무엇에서 생긴 것이고, 무엇이 기원인가? 비구들이여, 6입처는 이름과 형색[名色]이 바탕이고, 이름과 형색이 쌓인 것이고, 이름과 형색에서 생긴 것이고, 이름과 형색이 기원이라오.

비구들이여, 이 이름과 형색은 무엇이 바탕이고, 무엇이 쌓인 것이고, 무엇에서 생긴 것이고, 무엇이 기원인가? 비구들이여, 이름과 형색은 분별하는 마음[識]이 바탕이고, 분별하는 마음이 쌓인 것이고, 분별하는 마음에서 생긴 것이고, 분별하는 마음이 기원이라오.

비구들이여, 이 분별하는 마음은 무엇이 바탕이고, 무엇이 쌓인 것이고, 무엇에서 생긴 것이고, 무엇이 기원인가? 비구들이여, 분별하는 마음은 행위[行]들이 바탕이고, 행위들이 쌓인 것이고, 행위들에서 생긴 것이고, 행위들이 기원이라오.

비구들이여, 이 행위들은 무엇이 바탕이고, 무엇이 쌓인 것이고, 무엇에서 생긴 것이고, 무엇이 기원인가? 비구들이여, 행위들은 무명

(無明)이 바탕이고, 무명이 쌓인 것이고, 무명에서 생긴 것이고, 무명이 기원이라오.

비구들이여, 이와 같이 무명에 의지하여 행위[行]들이, 행위들에 의지하여 분별하는 마음[識]이, 분별하는 마음에 의지하여 이름과 형색 [名色]이, 이름과 형색에 의지하여 6입처(六入處)가, 6입처에 의지하여 접촉[觸]이, 접촉에 의지하여 느낌[受]이, 느낌에 의지하여 갈애[愛]가, 갈애에 의지하여 취(取)가, 취에 의지하여 유(有)가, 유에 의지하여 생 (生)이, 생에 의지하여 노사(老死)와 근심, 걱정, 고통, 슬픔, 좌절이 생겨 난다오. 이와 같이 완전한 괴로움 덩어리[苦蘊]의 쌓임[集]이 있다오.

'생(生)에 의지하여 노사(老死)가 있다'라고 말했는데, 비구들이여, 과연 생에 의지하여 우리에게 노사가 있는 것인지, 이 점에 대하여 어 떻게 생각하는가?"

"세존이시여, 생에 의지하여 노사가 있습니다. 우리는 '생에 의지 하여 노사가 있다'라고 생각합니다."

"'유(有)에 의지하여 생(生)이 있다'라고 말했는데, 비구들이여, 과 연 유에 의지하여 우리에게 생이 있는 것인지, 이 점에 대하여 어떻게 생각하는가?"

"세존이시여, 유에 의지하여 생이 있습니다. 우리는 '유에 의지하 여 생이 있다'라고 생각합니다."

"'취(取)에 의지하여 유(有)가 있다'라고 말했는데, 비구들이여, 과 연 취에 의지하여 우리에게 유가 있는 것인지, 이 점에 대하여 어떻게 생각하는가?"

"세존이시여, 취에 의지하여 유가 있습니다. 우리는 '취에 의지하여 유가 있다'라고 생각합니다."

"'갈애[愛]에 의지하여 취(取)가 있다'라고 말했는데, 비구들이여, 과연 갈애에 의지하여 우리에게 취가 있는 것인지, 이 점에 대하여 어떻게 생각하는가?"

"세존이시여, 갈애에 의지하여 취가 있습니다. 우리는 '갈애에 의지하여 취가 있다'라고 생각합니다."

"'느낌[受]에 의지하여 갈애[愛]가 있다'라고 말했는데, 비구들이여, 과연 느낌에 의지하여 우리에게 갈애가 있는 것인지, 이 점에 대하여 어떻게 생각하는가?"

"세존이시여, 느낌에 의지하여 갈애가 있습니다. 우리는 '느낌에 의지하여 갈애가 있다'라고 생각합니다."

"'접촉[觸]에 의지하여 느낌[受]이 있다'라고 말했는데, 비구들이여, 과연 접촉에 의지하여 우리에게 느낌이 있는 것인지, 이 점에 대하여 어떻게 생각하는가?"

"세존이시여, 접촉에 의지하여 느낌이 있습니다. 우리는 '접촉에 의지하여 느낌이 있다'라고 생각합니다."

"'6입처(六入處)에 의지하여 접촉[觸]이 있다'라고 말했는데, 비구들이여, 과연 6입처에 의지하여 우리에게 접촉이 있는 것인지, 이 점에 대하여 어떻게 생각하는가?"

"세존이시여, 6입처에 의지하여 접촉이 있습니다. 우리는 '6입처에 의지하여 접촉이 있다'라고 생각합니다."

"'이름과 형색[名色]에 의지하여 6입처(六入處)가 있다'라고 말했는데, 비구들이여, 과연 이름과 형색에 의지하여 우리에게 6입처가 있는 것인지, 이 점에 대하여 어떻게 생각하는가?"

"세존이시여, 이름과 형색에 의지하여 6입처가 있습니다. 우리는 '이름과 형색에 의지하여 6입처가 있다'라고 생각합니다."

"분별하는 마음[識]에 의지하여 이름과 형색[名色]이 있다'라고 말했는데, 비구들이여, 과연 분별하는 마음에 의지하여 우리에게 이름과 형색이 있는 것인지, 이 점에 대하여 어떻게 생각하는가?"

"세존이시여, 분별하는 마음에 의지하여 이름과 형색이 있습니다. 우리는 '분별하는 마음[識]에 의지하여 이름과 형색[名色]이 있다'라고 생각합니다."

"행위[行]들에 의지하여 분별하는 마음[識]이 있다'라고 말했는데, 비구들이여, 과연 행위들에 의지하여 우리에게 분별하는 마음이 있는 것인지, 이 점에 대하여 어떻게 생각하는가?"

"세존이시여, 행위들에 의지하여 분별하는 마음이 있습니다. 우리는 '행위들에 의지하여 분별하는 마음이 있다'라고 생각합니다."

"무명(無明)에 의지하여 행위[行]들이 있다'라고 말했는데, 비구들이여, 과연 무명에 의지하여 우리에게 행위들이 있는 것인지, 이 점에 대하여 어떻게 생각하는가?"

"세존이시여, 무명에 의지하여 행위들이 있습니다. 우리는 '무명에 의지하여 행위들이 있다'라고 생각합니다."

"비구들이여, 훌륭하오. 비구들이여, 그대들도 이와 같이 말하고, 나도 또한 이와 같이 말한다오.

'이것이 있는 곳에 이것이 있고, 이것이 나타나면 이것이 나타난다.[18] 이와 같이 무명에 의지하여 행위[行]들이, 행위들에 의지하여 분별하는 마음[識]이, 분별하는 마음에 의지하여 이름과 형색[名色]이, 이름과 형색에 의지하여 6입처(六入處)가, 6입처에 의지하여 접촉[觸]이, 접촉에 의지하여 느낌[受]이, 느낌에 의지하여 갈애[愛]가, 갈애에 의지하여 취(取)가, 취에 의지하여 유(有)가, 유에 의지하여 생(生)이, 생에 의지하여 노사(老死)와 근심, 걱정, 고통, 슬픔, 좌절이 생겨난다. 이와 같이 완전한 괴로움 덩어리[苦蘊]의 쌓임[集]이 있다.

그렇지만 무명이 남김없이 완전히 소멸하면 행위[行]들이 소멸하고, 행위들이 소멸하면 분별하는 마음[識]이 소멸하고, 분별하는 마음이 소멸하면 이름과 형색[名色]이 소멸하고, 이름과 형색이 소멸하면 6입처(六入處)가 소멸하고, 6입처가 소멸하면 접촉[觸]이 소멸하고, 접촉이 소멸하면 느낌[受]이 소멸하고, 느낌이 소멸하면 갈애[愛]가 소멸하고, 갈애가 소멸하면 취(取)가 소멸하고, 취가 소멸하면 유(有)가 소멸하

---

18 'imasmiṃ sati idaṃ hoti imass' uppādā idaṃ uppajjati'의 번역. '此有故彼有 此起故彼起'로 한역되는 이 문장은 연기(緣起)의 의미를 설명한 것이다. 이 문장을 일반적으로 '이것이 있기 때문에 저것이 있고, 이것이 생기기 때문에 저것이 생긴다'라고 번역하는데, 필자는 '이것이 있는 곳에 이것이 있고, 이것이 나타나면 이것이 나타난다'로 번역했다. '이 것'과 '저것'을 구별하지 않고, 모두 '이것'으로 번역한 것은 원문에 충실한 것이다. 원문에서 구별 없이 'idaṃ'으로 표현한 것은 이 문장이 관념적인 사유가 아니라 관찰(觀察)의 내용이기 때문이다. 'idaṃ', 즉 '이것'은 관찰자 가까이 있는 관찰의 대상이다. 관찰자는 두 대상을 관찰하고 있다. 관찰자가 볼 때 두 대상은 모두 '이것'이다. 예를 들어서 한 책상 위의 책과 연필을 관찰할 때, '이것은 책이다. 이것은 연필이다'라고 관찰하는 경우와 같다. 어느 하나를 '저것'이라고 할 경우에는 책과 연필이 멀리 떨어져 있을 때이다. 연기는 동일한 장소에서 일어나는 현상을 관찰하여 얻은 내용이다. 예를 들어, 무명(無明)과 행위[行]는 시간적으로나 공간적으로 떨어져 있지 않다. 무명이 있는 곳에서 행위가 일어난다. 따라서 관찰자가 보면, 무명도 '이것'이고, 행위도 '이것'이다. 이 둘의 차이는 격(格)을 통해서 드러난다. 무명을 지시하는 '이것'은 'imasmiṃ', 즉 '처격(處格)'을 취하고, 행위를 지시하는 '이것'은 'idaṃ', 즉 '주격(主格)'을 취한다. 격을 통해서 두 '이것'의 관계를 보여주고 있는 것이다. 그리고 이러한 관계가 연기이다.

고, 유가 소멸하면 생(生)이 소멸하고, 생이 소멸하면 노사(老死)와 근심, 걱정, 고통, 슬픔, 좌절이 소멸한다. 이와 같이 완전한 괴로움 덩어리[苦蘊]의 소멸[滅]이 있다.'

'생(生)이 소멸하면 노사(老死)가 소멸한다'라고 말했는데, 비구들이여, 과연 생이 소멸하면 우리에게 노사가 소멸하는 것인지, 이 점에 대하여 어떻게 생각하는가?"

"세존이시여, 생이 소멸하면 노사가 소멸합니다. 우리는 '생이 소멸하면 노사가 소멸한다'라고 생각합니다."

"유(有)가 소멸하면 생(生)이 소멸한다'라고 말했는데, 비구들이여, 과연 유가 소멸하면 우리에게 생이 소멸하는 것인지, 이 점에 대하여 어떻게 생각하는가?"

"세존이시여, 유가 소멸하면 생이 소멸합니다. 우리는 '유가 소멸하면 생이 소멸한다'라고 생각합니다."

"취(取)가 소멸하면 유(有)가 소멸한다'라고 말했는데, 비구들이여, 과연 취가 소멸하면 우리에게 유가 소멸하는 것인지, 이 점에 대하여 어떻게 생각하는가?"

"세존이시여, 취가 소멸하면 유가 소멸합니다. 우리는 '취가 소멸하면 유가 소멸한다'라고 생각합니다."

"갈애[愛]가 소멸하면 취(取)가 소멸한다'라고 말했는데, 비구들이여, 과연 갈애가 소멸하면 우리에게 취가 소멸하는 것인지, 이 점에 대하여 어떻게 생각하는가?"

"세존이시여, 갈애가 소멸하면 취가 소멸합니다. 우리는 '갈애가 소멸하면 취가 소멸한다'라고 생각합니다."

"느낌[受]이 소멸하면 갈애[愛]가 소멸한다'라고 말했는데, 비구들이여, 과연 느낌이 소멸하면 우리에게 갈애가 소멸하는 것인지, 이 점에 대하여 어떻게 생각하는가?"

"세존이시여, 느낌이 소멸하면 갈애가 소멸합니다. 우리는 '느낌이 소멸하면 갈애가 소멸한다'라고 생각합니다."

"접촉[觸]이 소멸하면 느낌[受]이 소멸한다'라고 말했는데, 비구들이여, 과연 접촉이 소멸하면 우리에게 느낌이 소멸하는 것인지, 이 점에 대하여 어떻게 생각하는가?"

"세존이시여, 접촉이 소멸하면 느낌이 소멸합니다. 우리는 '접촉이 소멸하면 느낌이 소멸한다'라고 생각합니다."

"6입처(六入處)가 소멸하면 접촉[觸]이 소멸한다'라고 말했는데, 비구들이여, 과연 6입처가 소멸하면 우리에게 접촉이 소멸하는 것인지, 이 점에 대하여 어떻게 생각하는가?"

"세존이시여, 6입처가 소멸하면 접촉이 소멸합니다. 우리는 '6입처가 소멸하면 접촉이 소멸한다'라고 생각합니다."

"이름과 형색[名色]이 소멸하면 6입처(六入處)가 소멸한다'라고 말했는데, 비구들이여, 과연 이름과 형색이 소멸하면 우리에게 6입처가 소멸하는 것인지, 이 점에 대하여 어떻게 생각하는가?"

"세존이시여, 이름과 형색이 소멸하면 6입처가 소멸합니다. 우리는 '이름과 형색이 소멸하면 6입처가 소멸한다'라고 생각합니다."

"분별하는 마음[識]이 소멸하면 이름과 형색[名色]이 소멸한다'라고 말했는데, 비구들이여, 과연 분별하는 마음이 소멸하면 우리에게 이름과 형색이 소멸하는 것인지, 이 점에 대하여 어떻게 생각하는가?"

"세존이시여, 분별하는 마음이 소멸하면 이름과 형색이 소멸합니다. 우리는 '분별하는 마음이 소멸하면 이름과 형색이 소멸한다'라고 생각합니다."

"'행위[行]들이 소멸하면 분별하는 마음[識]이 소멸한다'라고 말했는데, 비구들이여, 과연 행위들이 소멸하면 우리에게 분별하는 마음이 소멸하는 것인지, 이 점에 대하여 어떻게 생각하는가?"

"세존이시여, 행위들이 소멸하면 분별하는 마음이 소멸합니다. 우리는 '행위들이 소멸하면 분별하는 마음이 소멸한다'라고 생각합니다."

"'무명(無明)이 소멸하면 행위[行]들이 소멸한다'라고 말했는데, 비구들이여, 과연 무명이 소멸하면 우리에게 행위들이 소멸하는 것인지, 이 점에 대하여 어떻게 생각하는가?"

"세존이시여, 무명이 소멸하면 행위들이 소멸합니다. 우리는 '무명이 소멸하면 행위들이 소멸한다'라고 생각합니다."

"비구들이여, 훌륭하오. 비구들이여, 그대들도 이와 같이 말하고, 나도 이와 같이 말한다오.

'이것이 없는 곳에 이것이 없고, 이것이 소멸하면 이것이 소멸한다. 이와 같이 무명(無明)이 소멸하면 조작하는 행위[行]들이 소멸하고, 조작하는 행위들이 소멸하면 분별하는 마음[識]이 소멸하고, 분별하는 마음이 소멸하면 이름과 형색[名色]이 소멸하고, 이름과 형색이 소멸하면 6입처(六入處)가 소멸하고, 6입처가 소멸하면 접촉[觸]이 소멸하고, 접촉이 소멸하면 느낌[受]이 소멸하고, 느낌이 소멸하면 갈애[愛]가 소멸하고, 갈애가 소멸하면 취(取)가 소멸하고, 취가 소멸하면 유(有)가 소멸하고, 유가 소멸하면 생(生)이 소멸하고, 생이 소멸하면 노사(老死)와

근심, 걱정, 고통, 슬픔, 좌절이 소멸한다. 이와 같이 완전한 괴로움 덩어리[苦蘊]가 소멸한다.'

비구들이여, 그대들은 이와 같이 알고, 이와 같이 보면서도 과거로 돌아가서,[19] '우리는 과거세(過去世)에[20] 존재했을까, 존재하지 않았을까? 우리는 과거세에 무엇이었을까? 우리는 과거세에 어떻게 지냈을까? 우리는 과거세에 무엇이었다가 그다음에는 무엇이었을까?'라고 하겠는가?"

"그렇지 않습니다. 세존이시여!"

"비구들이여, 그대들은 이와 같이 알고, 이와 같이 보면서도, 미래로 앞질러 가서,[21] '우리는 미래세(未來世)에[22] 존재하게 될까, 존재하지 않게 될까? 우리는 미래세에 무엇이 될까? 우리는 미래세에 어떻게 될까? 우리는 미래세에 무엇이 되었다가, 그다음에는 무엇이 될까?'라고 하겠는가?"

"그렇지 않습니다. 세존이시여!"

"비구들이여, 그대들은 이와 같이 알고, 이와 같이 보면서도, '나는 존재하는가, 존재하지 않는가? 나는 무엇인가? 나는 어떻게 지내는가? 이 중생(衆生)은 어디에서 왔다가 어디로 가는 것일까?'라고 현재세(現在世)에[23] 자신에 대하여 의혹이 있는가?"

---

19 'pubbantaṃ vā paṭidhāveyyātha'의 번역.
20 'atītam -addhānaṃ'의 번역. 원래의 뜻은 '지난 시간 동안'인데, '과거세(過去世)'로 한역(漢譯) 되었기 때문에 '과거세' 번역함.
21 'aparantaṃ vā ādhāveyyātha'의 번역.
22 'anāgatam -addhānaṃ'의 번역. '원래의 뜻은 '아직 오지 않은 시간 동안'인데, '미래세(未來世)'로 한역(漢譯) 되었기 때문에 '미래세'로 번역함.
23 'paccuppannam -addhānaṃ'의 번역. '원래의 뜻은 '지금 시간'인데, '현재세(現在世)'로 한역

"그렇지 않습니다. 세존이시여!"

"비구들이여, 그대들은 이와 같이 알고, 이와 같이 보면서도, '스승은 존경스럽다. 존경하는 스승이 한 말이기 때문에 우리는 그렇게 말한다'라고 이야기하겠는가?"

"그렇지 않습니다. 세존이시여!"

"비구들이여, 그대들은 이와 같이 알고, 이와 같이 보면서도, '어떤 사문(沙門)이 이렇게 말했다. 다른 사문이 한 말이기 때문에 우리는 그렇게 말하지 않는다'라고 이야기하겠는가?"

"그렇지 않습니다. 세존이시여!"

"비구들이여, 그대들은 이와 같이 알고, 이와 같이 보면서도, 다른 사람을 스승으로 받들겠는가?"

"그렇지 않습니다. 세존이시여!"

"비구들이여, 그대들은 이와 같이 알고, 이와 같이 보면서도, 여러 사문과 바라문들의 복점(卜占)이나 축제나 제사에, 그것들이 진실이라고 생각하여, 돌아가겠는가?"

"그렇지 않습니다. 세존이시여!"

"비구들이여, 그대들은 그대들이 스스로 알고, 스스로 보고, 스스로 경험한 것을 이야기하는가?"

"그렇습니다. 세존이시여!"

"훌륭하오, 비구들이여! 비구들이여, 나는 그대들에게 지금 여기에서 즉시 '와서 보라!'고 할 수 있는, 현명한 사람들이 저마다 경험하는 데

(漢譯) 되었기 때문에 '현재세(現在世)'로 번역함.

도움이 되는 가르침을 주었소. 비구들이여, '이 가르침은 지금 여기에서 즉시 '와서 보라!'고 할 수 있는, 현명한 사람들이 저마다 경험하는 데 도움이 되는 가르침이다'라고 하는 것은 이것을 두고 이야기한 것이라오.

비구들이여, 세 가지가 결합해야 탁태(托胎)가 된다오. 부모가 결합해도, 어머니가 수태기의 여인이 아니고, 간답바(gandhabba)[24]가 나타나지 않으면 탁태가 되지 않는다오. 부모가 결합하고, 어머니가 수태기의 여인이라고 할지라도, 간답바가 나타나지 않으면, 탁태가 되지 않는다오. 비구들이여, 부모가 결합하고, 어머니가 수태기의 여인이고, 간답바가 나타남으로써, 이렇게 셋이 결합함으로써 탁태가 된다오. 비구들이여, 어머니는 자궁 속에 아홉 달이나 열 달 동안 그 소중한 태(胎)를 크게 염려하면서 보호한다오. 비구들이여, 어머니는 아홉 달이나 열 달이 지난 후에 그 소중한 아이를 크게 염려하면서 출산한다오. 어머니는 태어난 그 아이를 자신의 피로 키운다오. 비구들이여, 성자의 율(律)에서 피는 곧 모유(母乳)라오. 비구들이여, 그 아이는 성장하면서, 6근(六根)이 성숙하는 가운데, 장난감 농기구, 막대기, 팔랑개비, 소꿉, 장난감 수레, 장난감 활과 같은 장난감을 가지고 논다오. 비구들이여, 그 아이는 성장하면서, 6근이 성숙하는 가운데, 5욕락(五欲樂)을 즐기나니, 눈에 보이고, 귀에 들리고, 코에 맡아지고, 혀에 맛보아지고, 몸에 느껴지는 즐겁고, 사랑스럽고, 유쾌하고, 귀엽고, 매혹적이고, 유혹적인 형색

---

24 건달바(乾達婆; gandharva)의 빨리어 표기. 인도의 주악신(奏樂神)인데, 인도인들은 이 신이 관여해야 탁태(托胎)가 된다고 믿었다. 이 경에서는 이와 같은 당시 인도인의 생각을 이야기하고 있다. 그런데 건달바가 나타나야 탁태가 된다는 아비달마불교에서는 이 경의 말씀을 오해하여 건달바를 다음 생을 받는 존재로 생각하고, 연기설(緣起說)을 윤회설(輪迴說)로 해석했다.

[色]과 소리[聲]와 향기[香]와 맛[味]과 촉감[觸]을 즐긴다오.

비구들이여, 그는 눈[眼]으로 형색[色]을 보고서, 사랑스러운 형색들은 즐기고, 사랑스럽지 않은 형색들은 꺼리면서, 몸에 대한 주의집중[身念處]25을 확립하지 않고 옹졸한 마음26으로 지낸다오. 그는 사악한 불선법(不善法)들이 남김없이 소멸하는 심해탈(心解脫)과 혜해탈(慧解脫)을 여실(如實)하게 체험하지 못한다오. 그는 이와 같이 만족하거나 혐오할 때, 그가 느낀 느낌이 어떤 것이든, 즐거운 것이든, 괴로운 것이든, 괴롭지도 즐겁지도 않은 것이든, 그 느낌을 즐기고, 환영하고, 집착한다오. 그 느낌을 즐기고, 환영하고, 집착할 때 그에게 쾌락27이 생긴다오. 느낌[受] 가운데 있는 쾌락이 취(取)라오. 그에게 취에 의지하여 유(有)가, 유에 의지하여 생(生)이, 생에 의지하여 노사(老死)와 근심, 걱정, 고통, 슬픔, 좌절이 생겨난다오. 이와 같이 완전한 괴로움 덩어리의 쌓임이 있다오. 귀로 소리를 듣고, 코로 냄새를 맡고, 혀로 맛을 보고, 몸으로 촉감을 느끼고, 마음[意]으로 법(法)을 지각하는 것도 마찬가지라오.

비구들이여, 여래(如來)가 세상에 출현하나니, 그는 아라한[應供], 원만하고 바르게 깨달으신 분[正遍知], 앎과 실천을 구족하신 분[明行足], 열반에 잘 가신 분[善逝], 세상을 잘 아시는 분[世間解], 위없는 분[無上士], 사람을 길들여 바른길로 이끄시는 분[調御丈夫], 천신과 인간의 스승[天人師], 진리를 깨달으신 분[佛], 세존(世尊)이라오.28 그는 천계(天

---

25 'kāyasati'의 번역.

26 'parittacetaso'의 번역.

27 'nandī'의 번역.

28 여래십호(如來十號) : Arahant, Sammā-sambuddha, Vijjācaraṇasampanna, Sugata, Lokavidū, Anuttara, Purisa-damma-sārathi, Satthā deva-manussānaṃ, Buddha, Bhagavant.

界), 마라, 범천(梵天)을 포함한 이 세상을, 사문과 바라문, 왕과 백성을 포함한 인간계를 체험적 지혜[勝智]로 몸소 체득하여 알려준다오. 그는 처음도 좋고 중간도 좋고 마지막도 좋은, 의미 있고 명쾌하고 완벽한 진리[法]를 가르치며, 청정한 수행[梵行]을 알려준다오. 그 진리[法]를 장자(長者)나 장자의 아들이나 다른 가문에 태어난 사람이 듣는다오. 그는 그 진리를 듣고 여래에 대한 믿음을 성취한다오. 믿음을 성취하면, 그는 이렇게 생각한다오. '속세의 삶은 번거로운 홍진(紅塵)의 세계요, 출가는 걸림 없는 노지(露地)와 같다. 속가에 살면서 완전하고 청정하고 밝은 수행을 실천하기는 쉽지 않다. 나는 오히려 머리와 수염을 깎고, 가사와 발우를 지니고, 집을 떠나 출가하는 것이 좋겠다. 그는 그 후에 많고 적은 재산을 버리고, 가깝고 먼 친족을 버리고, 머리와 수염을 깎고, 가사와 발우를 지니고, 집을 떠나 출가한다오.

그는 이와 같이 출가하여, 비구가 배워야 할 규범과 학계(學戒)를 성취하고, 살생을 하지 않으며, 살생을 삼가며, 몽둥이나 칼을 잡지 않으며, 부끄러움을 알며, 모든 생명을 보살피고 사랑하며 지낸다오. 도둑질하지 않으며, 도둑질을 삼가며, 보시받은 것만을 취하고, 보시만을 기대하며, 청정한 마음으로 지낸다오. 범행(梵行)이 아닌 행을 하지 않고, 범행을 행하며, 세속의 법인 음행을 삼가고 멀리한다오. 거짓말을 하지 않으며, 거짓말을 삼가며, 진실을 말하며, 정직하며, 참되며, 믿을 만하며, 세상을 속이지 않는다오. 험담하지 않으며, 험담을 삼가며, 이들에게 들은 것을 저들에게 알려 반목하게 하지 않으며, 저들에게 들은 것을 이들에게 알려 반목하게 하지 않는다오. 이와 같이 언제나 불화를 화해하고, 집착함이 없는 화합의 기쁨, 화합의 즐거움, 화합의 환희, 화합의 필요를 이야기한다오. 추악한 말을 하지 않으며, 추악한 말을 삼가며, 부드럽고, 듣기 좋고, 사랑이 넘치고, 유쾌하고, 정중하며, 누구나 좋아하고, 누구나 즐거워하는 그런 이야기를 한다오. 쓸데없는 말을 하지 않으며, 쓸데없는 말을 삼가며, 때에 맞는 말[時語], 진실한 말[實語], 의미 있는 말[義語], 법에 대한 말[法語], 율에 대한 말[律語]을 시의적절하게, 분명한 의도를 가지고, 의미를 갖추어, 새겨듣게 말한다오.

그는 농사를 짓지 않는다오. 한 끼만 먹되, 밤에는 먹지 않고, 때가 아니면 먹지 않는다오. 춤과 노래와 음악과 연극을 구경하지 않는다오. 꽃이나 향으로 치장하지 않는다오. 높고 큰 침대를 쓰지 않는다오. 금이나 은을 받지 않는다오. 익히지 않은 곡식은 받지 않는다오. 익히지 않은 고기는 받지 않는다오. 부인이나 처녀를 받지 않는다오. 노비(奴婢)를 받지 않는다오. 염소나 양을 받지 않는다오. 닭이나 돼지를 받지 않는다오. 코끼리나 소나 말을 받지 않는다오. 논밭을 받지 않는다오. 하인을 받지 않는다오. 물건을 사고팔지 않는다오. 저울이나 양을 속이지 않는다오. 거짓으로 속이지 않는다오. 때리거나, 죽이거나, 결박하거나, 강탈하거나, 약탈하거나, 폭력을 행하지 않는다오.

그는 몸을 보호하는 법복과 배를 채우는 음식을 담는 발우로 만족하며, 어디를 가더라도 법복과 발우를 지니고 간다오. 비유하면, 비구들이여, 날개 달린 새가 어디를 날아가더라도 깃털을 달고 날아가듯이, 이와 같이, 비구들이여, 그는 몸을 보호하는 법복과 배를 채우는 음식을 담는 발우로 만족하며, 어디를 가더라도 법복과 발우를 지니고 간다오. 그는 이들 성스러운 계온(戒蘊)²⁹을 구족하여 내적으로 완전한 행복을 느낀다오.

그는 눈[眼]으로 형색[色]을 보고서, 모습[相]에 집착하지 않고, 부분의 모습에 집착하지 않는다오. 시각활동[眼根]을 통제하지 않고 지내면, 탐욕과 근심, 사악한 불선법(不善法)들이 흘러들어오기 때문에, 그것을 막기 위해 나아가서, 시각활동을 지켜보다가, 시각활동을 할 때 막는다오. 귀[耳], 코[鼻], 혀[舌], 몸[身], 마음[意]으로 법(法)을 지각하고서, 모습[相]에 집착하지 않고, 부분의 모습에 집착하지 않는다오. 마음활동[意根]을 통제하지 않고 지내면, 탐욕과 근심, 사악한 불선법(不善法)들이 흘러들어오기 때문에, 그것을 막기 위해 나아가서, 마음활동을 지켜보다가, 마음활동을 할 때 막는다오. 그는 이러한 성스러운 지각활동의 수호[根守護]³⁰를 구족하여 내적으로 완전한 행복을 느낀다오.

그는 가고 올 때 알아차리고, 바라보고 돌아볼 때 알아차리고, 구부리고 펼 때 알아차리고, 가사와 발우와 승복을 지닐 때 알아차리고, 먹고 마시고 씹고 맛볼 때 알아차리고, 대소변을 볼 때 알아차리고, 가고 서고 앉고 잠들고 깨어나고 말하고 침묵할 때 알아차린다오.

그는 이러한 성스러운 계온(戒蘊)을 구족하고, 이러한 성스러운 지각활동의 수호를 구족하고, 이러한 성스러운 주의집중과 알아차림을 구족하고,³¹ 숲이나, 나무 아래나, 바위나, 동굴이나, 산속이나, 무덤이나, 삼림이나, 노지(露地)나, 짚더미 같은, 홀로 지내기 좋은 처소를 좋아

---

29 'sīlakkhandha'의 번역.
30 'indriyasaṃvara'의 번역.
31 'iminā ca ariyena satisampajaññena samannāgato'의 번역.

한다오. 그는 발우에 음식을 얻어 돌아와 음식을 먹은 후에, 앉아서 가부좌를 하고, 몸을 똑바로 세우고, 정신을 바짝 차려 주의집중을 한다오.

그는 세간에 대한 탐애(貪愛)를[32] 버리고 탐애가 없는 마음으로 지내면서 탐애로부터 마음을 정화하고, 악의와 분노를[33] 버리고 악의와 분노가 없는 마음으로 지내면서 살아있는 모든 것을 연민하는 벗이 되어 악의와 분노로부터 마음을 정화하고, 타성[昏沈]과 나태(懶怠)를 버리고 타성과 나태 없이 지내면서 밝은 생각으로 알아차려 타성과 나태로부터 마음을 정화하고, 불안[掉擧]과 후회[惡作]를 버리고 차분하게 지내면서 내적으로 고요해진 마음으로 불안과 후회로부터 마음을 정화하고, 의혹(疑惑)을 버리고 의혹에서 벗어나 선법(善法)에 대하여 의혹 없이 지내면서 의혹으로부터 마음을 정화한다오.

그는 통찰지[般若]를 약화시키는 이들 다섯 가지 장애[五蓋]를 제거하고, 감각적 욕망을 멀리하고 불선법(不善法)을 멀리하여, 사유가 있고 숙고가 있는, 멀리함에서 생긴 즐거움과 행복이 있는 초선(初禪)을 성취하여 살아간다오. 비구들이여, 나아가서 비구는 제2선(第二禪), 제3선(第三禪), 제4선(第四禪)을 차례로 성취하여 살아간다오.[34]

그는 눈[眼]으로 형색[色]을 보고서, 사랑스러운 형색들을 즐기지 않고, 사랑스럽지 않은 형색들을 꺼리지 않으면서, 몸에 대한 주의집중[身念處]을 확립하여 무량한 마음[無量心]으로[35] 지낸다오. 그는 사악한

---

32 'abhijjhaṃ'의 번역.
33 'byāpādapadosaṃ'의 번역.
34 제2선에서 제4선의 내용은 생략함.
35 'appamāṇaacetaso'의 번역.

불선법들이 남김없이 소멸한 심해탈(心解脫)과 혜해탈(慧解脫)을 있는 그대로 통찰한다오. 그는 이와 같이 만족과 혐오를 버릴 때, 그가 느낀 느낌[受]이 어떤 것이든, 즐거운 것이든, 괴로운 것이든, 즐겁지도 괴롭지도 않은 것이든, 그 모든 느낌을 즐기지 않고, 환영하지 않고, 집착하지 않는다오. 그 느낌을 즐기지 않고, 환영하지 않고, 집착하지 않을 때, 그에게 느낌 가운데 있는 쾌락이 사라진다오. 그에게 쾌락이 소멸하기 때문에 취(取)가 소멸하고, 취가 소멸하기 때문에 유(有)가 소멸하고, 유가 소멸하기 때문에 생(生)이 소멸하고, 생이 소멸하기 때문에 노사(老死)와 근심, 걱정, 고통, 슬픔, 좌절이 사라진다오. 이와 같이 완전한 괴로움 덩어리[苦蘊]가 소멸한다오. 귀로 소리를 듣고, 코로 냄새를 맡고, 혀로 맛을 보고, 몸으로 촉감을 느끼고, 마음으로 법(法)을 지각하는 것도 마찬가지라오.

비구들이여, 그대들은, 커다란 갈애[愛]의 그물과 갈애 덩어리에 속박된 어부의 아들 싸띠 비구를 보고서, 내가 간략하게 이야기한 갈애가 소멸한 해탈[愛滅解脫]³⁶을 명심하도록 하시오."

이것이 세존께서 하신 말씀입니다.
그 비구들은 세존의 말씀에 만족하고 기뻐했습니다.

---

36 'taṇhāsaṅkhayavimmuttiṃ'의 번역.

22

앗싸뿌라에서 설하신 큰 경

39. Mahā-assapura-sutta

【 해제 】

이 경은 한역 『중아함경(中阿含經)』 「182. 마읍경(馬邑經)」에 상응하는 경이며, 『증일아함경(增一阿含經)』 49.8에도 같은 내용이 있다.

　　이 경에서는 수행자가 갖추어야 할 바른 행실(行實)을 이야기하고 있다. 이 경에서 수행자가 맨 먼저 갖추어야 할 것으로 이야기한 것은 '부끄러움과 뉘우침'이다. 출가수행자가 아니더라도 바르게 살아가려는 사람에게 가장 우선하는 것은 항상 자신의 삶에 부끄러움이 없는지를 살피고 반성하는 일이라고 생각된다.

　　이 경에서 부처님은 "어떤 비구가 사문(沙門)인가? 사악(邪惡)하고 불선(不善)한 더러운 행실들이 그쳤다면, 이런 비구가 사문이다. 어떤 비구가 바라문인가? 사악하고 불선한 더러운 행실들을 멀리 버렸다면,

이런 비구가 바라문이다"라고 말씀하신다. '사문'의 원어는 'samaṇa(싸마나)'이고 '그쳤다'의 원어는 'samitā(싸미따)'이다. 그리고 바라문(婆羅門)의 원어는 'brāhmaṇa'이고 '버렸다'의 원어는 'bāhitā'이다. 따라서 이 말씀을 원음의 의미를 살려 번역하면 "그쳐야(samitā) 그친 사람(samaṇa)이고, 버려야(bāhitā) 버린 사람(brāhmaṇa)이다"가 된다. '자칭 사문이라고 해서 사문이 아니고, 자칭 바라문이라고 해서 바라문이 아니라, 사문의 행실을 갖추어야 사문이고, 바라문의 행실을 갖추어야 바라문이라는 말씀이다.

이와 같이 나는 들었습니다.

한때 세존께서는 앙가(Aṅga)에서 앙가족의 마을 앗싸뿌라(Assapura)에 머무셨습니다. 그때 세존께서 "비구들이여!" 하고 비구들을 불렀습니다.

그 비구들은 "세존이시여!" 하고 세존께 대답했습니다.

세존께서는 다음과 같이 말씀하셨습니다.

"비구들이여, 사람들은 그대들을 '사문이여! 사문이여!'라고 부른다오. 그리고 '그대들은 누구인가?'라고 물으면, 그대들은 '우리는 사문이다'라고 자칭한다오. 비구들이여, 그대들이 이와 같이 불리고, 이와 같이 자칭한다면, 비구들이여, 그대들은 이와 같이 공부해야 한다오.

'우리는 사문이 되고, 바라문이 되는 법을 지니고 살아가겠다. 이와 같이 우리에게 주어진 사문이라는 이름이 진실이 되고, 우리가 스스로 칭하는 사문이라는 이름이 사실이 되게 하겠다. 그러면 우리가 사용하는 의복, 음식, 좌구, 의약자구(醫藥資具)를 우리에게 제공한 사람들에게 큰 과보와 큰 공덕이 될 것이다. 실로 이것이 우리에게 헛되지 않고, 결실이 있고, 이익이 있는 출가가 될 것이다.'

비구들이여, 사문이 되고, 바라문이 되는 법은 어떤 것인가? 비구들이여, 그대들은 '우리는 부끄러움과 뉘우침을 갖추겠다'라고 공부해야 한다오. 비구들이여, 그대들은 '우리는 부끄러움과 뉘우침을 갖추었다. 이 정도 했으면 충분하다. 사문의 목표를 성취했으니 더 이상 할 일이 없다'라고 생각할 수도 있을 것이오. 그리고 그 정도로 만족할 수도 있을 것이오. 비구들이여, 내가 그대들에게 말하겠소. 비구들이여, 내가 그대들에게 선언하겠소. 그대들이 사문이 되기를 목표로 한다면, 이후에 해야 할 일이 더 있는데, 사문의 목표를 버려서는 안 되오.

비구들이여, 이후에 해야 할 일은 어떤 것인가? 비구들이여, 그대들은 '우리는 떳떳하고, 명백하고, 허물이 없고, 절제된, 청정한 바른 신체적 행위와 청정한 바른 언어적 행위와 청정한 바른 의도적 행위를 하겠다. 하지만 청정한 바른 신체적 행위와 청정한 바른 언어적 행위와 청정한 바른 의도적 행위를 한다고 해서 결코 자신을 칭찬하지 않고, 남을 비난하지 않겠다'라고 공부해야 한다오. 비구들이여, 그대들은 '우리는 부끄러움과 뉘우침을 갖추었고, 청정한 바른 신체적 행위와 청정한 바른 언어적 행위와 청정한 바른 의도적 행위를 갖추었다. 이 정도 했으면 충분하다. 사문의 목표를 성취했으니 더 이상 할 일이 없다'라고 생각할 수도 있을 것이오. 그리고 그 정도로 만족할 수도 있을 것이오. 비구들이여, 내가 그대들에게 말하겠소. 비구들이여, 내가 그대들에게 선언하겠소. 그대들이 사문이 되기를 목표로 한다면, 이후에 더 해야 할 일이 있는데, 사문의 목표를 버려서는 안 되오.

비구들이여, 이후에 더 해야 할 일은 어떤 것인가? 비구들이여, 그대들은 '우리는 떳떳하고, 명백하고, 허물이 없고, 절제된, 청정한 생활을 하겠다. 그러한 청정한 생활을 하면서 자신을 칭찬하지 않고, 남을 욕하지 않겠다'라고 공부해야 한다오. 비구들이여, 그대들은 '우리는 부끄러움과 뉘우침을 갖추었고, 청정한 바른 신체적 행위와 청정한 바른 언어적 행위와 청정한 바른 의도적 행위를 갖추었으며, 청정한 생활을 갖추었다. 이 정도 했으면 충분하다. 사문의 목표를 성취했으니 더 이상 할 일이 없다'라고 생각할 수도 있을 것이오. 그리고 그 정도로 만족할 수도 있을 것이오. 비구들이여, 내가 그대들에게 말하겠소. 비구들이여, 내가 그대들에게 선언하겠소. '그대들이 사문이 되기를 목표로 한다면, 이후에 해야 할 일이 더 있는데, 사문의 목표를 버려서는 안 되오.'

비구들이여, 이후에 해야 할 일은 어떤 것인가? 비구들이여, 그대들은 '우리는 지각활동을 할 때 문을 지키겠다.[01] 눈[眼]으로 형색[色]을 볼 때, 모습에 집착하지 않고, 부분의 모습에 집착하지 않겠다. 시각활동[眼根]을 통제하지 않고 지내면, 탐욕과 근심, 사악한 불선법(不善法)들이 흘러들어올 것이다. 그것을 통제하는 수행을 하면서 시각활동(眼根)을 지켜보고, 시각활동(眼根)을 통제하겠다. 귀[耳]로 소리를 들을 때, 코[鼻]로 냄새를 맡을 때, 혀[舌]로 맛을 볼 때, 몸[身]으로 촉감을 느낄 때, 마음[意]으로 법(法)을 지각할 때, 모습에 집착하지 않고, 부분의 모습에 집착하지 않겠다. 마음활동[意根]을 통제하지 않고 지내면, 탐욕과 근심, 사악한 불선법(不善法)들이 흘러들어올 것이다. 그것을 통제하는 수행을 하면서, 마음활동[意根]을 지켜보고, 마음활동[意根]을 통제하겠다'라고 공부해야 한다오. 비구들이여, 그대들은 '이 정도 했으면 충분하다. 사문의 목표를 성취했으니 더 이상 할 일이 없다'라고 생각할 수도 있을 것이오. 그리고 그 정도로 만족할 수도 있을 것이오. 비구들이여, 내가 그대들에게 말하겠소. 비구들이여, 내가 그대들에게 선언하겠소. 그대들이 사문이 되기를 목표로 한다면, 이후에 해야 할 일이 더 있는데, 사문의 목표를 버려서는 안 되오.

---

01 'indriyesu guttadvārā bhavissāma'의 번역. 6근(六根) 의 수호(守護)를 의미한다.

비구들이여, 이후에 해야 할 일은 어떤 것인가? 비구들이여, 그대들은 '우리는 식사할 때 적당한 양을 알아야겠다. 잘 판단하여 적절하게 음식을 먹어야겠다. 유흥(遊興)을 위해서가 아니라, 현혹되어서가 아니라, 장엄하기 위해서가 아니라, 남에게 내보이기 위해서가 아니라, 오직 이 몸을 유지하고, 부양하고, 배고픔을 없애고, 청정한 수행[梵行]을 돕기 위하여 먹어야겠다. 나는 지난 과거의 느낌[受]은 없애고, 새로운 느낌은 생기지 않게 하여, 나의 생계가 허물이 없고, 평온하게 유지되게 하겠다'라고 공부해야 한다오. 비구들이여, 그대들은 '이 정도 했으면 충분하다. 사문의 목표를 성취했으니 더 이상 할 일이 없다'라고 생각할 수도 있을 것이오. 그리고 그 정도로 만족할 수도 있을 것이오. 비구들이여, 내가 그대들에게 말하겠소. 비구들이여, 내가 그대들에게 선언하겠소. 그대들이 사문이 되기를 목표로 한다면, 이후에 해야 할 일이 더 있는데, 사문의 목표를 버려서는 안 되오.

비구들이여, 이후에 해야 할 일은 어떤 것인가? 비구들이여, 그대들은 '우리는 깨어있음[02]에 전념하겠다. 낮에는 행선(行禪)[03]과 좌선(坐禪)[04]으로 장애법(障碍法)[05]들로부터 마음을 정화하겠다. 초야(初夜)에는 행선과 좌선으로 장애법들로부터 마음을 정화하고, 중야(中夜)에는 사자처럼 발 위에 발을 포개고 오른쪽 옆구리로 누워서 주의집중과 알아차림을 하면서 일어날 생각을 하고, 후야(後夜)에는 일어나서 행선과

---

02 'jāgariya'의 번역.
03 'caṅkama'의 번역.
04 'nisajjā'의 번역.
05 'āvaraṇiya dhamma'의 번역.

좌선으로 장애법들로부터 마음을 정화하겠다'라고 공부해야 한다오. 비구들이여, 그대들은 '이 정도 했으면 충분하다. 사문의 목표를 성취했으니 더 이상 할 일이 없다'라고 생각할 수도 있을 것이오. 그리고 그 정도로 만족할 수도 있을 것이오. 비구들이여, 내가 그대들에게 말하겠소. 비구들이여, 내가 그대들에게 선언하겠소. 그대들이 사문이 되기를 목표로 한다면, 이후에 해야 할 일이 더 있는데, 사문의 목표를 버려서는 안 되오.

비구들이여, 이후에 해야 할 일은 어떤 것인가? 비구들이여, 그대들은 '우리는 주의집중[正念]과 알아차림[正知]⁰⁶을 갖추겠다. 가고 올 때 알아차리고, 바라보고 돌아볼 때 알아차리고, 구부리고 펼 때 알아차리고, 가사와 발우와 승복을 지닐 때 알아차리고, 먹고, 마시고, 씹고, 맛볼 때 알아차리고, 대소변을 볼 때 알아차리고, 가고, 서고, 앉고, 잠들고, 깨어나고, 말하고, 침묵할 때 알아차리겠다'라고 공부해야 한다오. 비구들이여, 그대들은 '이 정도 했으면 충분하다. 사문의 목표를 성취했으니 더 이상 할 일이 없다'라고 생각할 수도 있을 것이오. 그리고 그 정도로 만족할 수도 있을 것이오. 비구들이여, 내가 그대들에게 말하겠소. 비구들이여, 내가 그대들에게 선언하겠소. 그대들이 사문이 되기를 목표로 한다면, 이후에 해야 할 일이 더 있는데, 사문의 목표를 버려서는 안 되오.

비구들이여, 이후에 해야 할 일은 어떤 것인가? 비구들이여, 비구는 숲이나, 나무 아래나, 바위나, 동굴이나, 산속이나, 무덤이나, 삼림이

---

06 'satisampajañña'의 번역.

나, 노지(露地)나, 짚더미 같은, 홀로 지내기 좋은 처소를 가까이한다오. 그는 발우에 음식을 얻어 돌아와 음식을 먹은 후에, 가부좌(跏趺坐)하고 앉아서, 몸을 똑바로 세우고, 정신을 바짝 차려 주의집중을 한다오. 그는 세간에 대한 탐욕을 버리고, 탐욕을 떠난 마음으로 지내면서 탐욕으로부터 마음을 정화하고, 진에(瞋恚)를 버리고 악의(惡意) 없는 마음으로 지내면서 살아있는 모든 것을 연민하는 벗이 되어 진에(瞋恚)로부터 마음을 정화하고, 타성[昏沈]과 나태(懶怠)를 버리고 타성과 나태 없이 지내면서 밝은 생각으로 알아차려 타성과 나태로부터 마음을 정화하고, 불안[掉擧]과 후회[惡作]를 버리고 차분하게 지내면서 내적으로 고요해진 마음으로 불안과 후회로부터 마음을 정화하고, 의심을 버리고 의심을 벗어나 선법(善法)에 대하여 의심 없이 지내면서 의심으로부터 마음을 정화한다오.

비구들이여, 비유하면, 빚으로 사업을 한 사람이 후에 그 사업들이 성공하여 그가 예전의 빚을 갚았을 뿐만 아니라 아내를 얻을 여분이 있게 되면, '나는 과거에 빚으로 사업을 했다. 그 후 나는 사업에 성공했다. 그래서 나는 예전의 빚을 갚았다. 그뿐만 아니라, 나에게 아내를 얻을 여분이 있다'라고 생각하는 것과 같다오. 그는 이로 인해서 행복을 얻고, 만족을 얻을 것이오.

비구들이여, 비유하면, 병이 들어 괴롭고 심한 병으로 음식을 먹지 못하고, 몸에 힘이 없는 사람이 후에 병에서 벗어나 음식을 먹고 몸에 힘이 생기면, '나는 과거에 병이 들어 괴롭고 심한 병으로 음식을 먹지 못해 내 몸에 힘이 없었다. 그런데 그 후에 나는 병에서 벗어나 음식을 먹고 내 몸에 힘이 생겼다'라고 생각하는 것과 같다오. 그는 이로 인해 행복을 얻고, 만족을 얻을 것이오.

비구들이여, 비유하면, 감옥에 묶여있는 사람이 후에 감옥에서 무사하고 안전하게 벗어나 어떤 결박의 손실도 없게 되면, '나는 과거에 감옥에 묶여있었다. 그런데 그 후에 감옥에서 무사하고 안전하게 벗어나 나에게 어떤 결박의 손실도 없게 되었다'라고 생각하는 것과 같다오. 그는 이로 인해 행복을 얻고, 만족을 얻을 것이오.

비구들이여, 비유하면, 자립하지 못하고 남에게 의존하고 있는 노예로서 어디든 마음대로 가지 못하는 사람이 후에 노예의 처지에서 벗어나 자립하여 다른 사람에게 의존하지 않는 자유인이 되어 어디나 마음대로 갈 수 있게 되면, '나는 과거에 자립하지 못하고, 남에게 의존하고 있는 노예로서 어디든 마음대로 가지 못했다. 그런데 그 후에 노예의 처지에서 벗어나 자립하여 다른 사람에게 의존하지 않는 자유인이 되어 어디나 마음대로 갈 수 있게 되었다'라고 생각하는 것과 같다오. 그는 이로 인해 행복을 얻고, 만족을 얻을 것이오.

비구들이여, 비유하면, 많은 재물과 보물을 가지고 흉년이 들어 위험하고 험난한 길을 나선 사람이 후에 그 험한 길을 극복하고, 걱정 없고 평안한 마을 입구에 안전하게 도달하게 되면, '나는 과거에 많은 재물과 보물을 가지고 흉년이 들어 위험하고 험난한 길을 나섰다. 그 후에 그 험한 길을 극복하고, 걱정 없고 평안한 마을 입구에 안전하게 도달했다'라고 생각하는 것과 같다오. 그는 이로 인해 행복을 얻고, 만족을 얻을 것이오.

비구들이여, 비구는 자신에게서 다섯 가지 장애[五蓋]가 제거되지 않은 것을 이와 같이 빚으로, 병으로, 감옥으로, 노예의 처지로, 험난한

길로 간주한다오. 비구들이여, 비구는 자신에게서 다섯 가지 장애가 제거된 것을 이와 같이 빚 없는 것으로, 병 없는 것으로, 속박에서 벗어난 것으로, 자유인으로, 안전한 곳으로 간주한다오.

그는 마음을 더럽히고, 통찰지[般若]를 약하게 하는 이들 다섯 가지 장애를 제거하여 감각적 욕망을 멀리하고, 불선법(不善法)을 멀리함으로써, 사유가 있고 숙고가 있는, 멀리함에서 생긴 즐거움과 행복이 있는 초선(初禪)을 성취하여 살아간다오. 그는 멀리함에서 생긴 즐거움과 행복으로 이 몸을 가득 채우고, 넘치게 하고, 충만하게 하고, 두루 퍼지게 하여, 멀리함에서 생긴 즐거움과 행복이 몸 전체에 미치지 않는 곳이 없도록 한다오. 비구들이여, 비유하면, 숙련된 목욕사나 그 제자가 청동 대야에 비누 가루를 뿌리고 물을 고루 부어 섞으면, 그 비누 반죽은 안팎으로 습기를 머금고 습기에 젖어 물기가 흘러나오지 않는 것과 같다오.

비구들이여, 다음으로 비구는 사유와 숙고를 억제하여 내적으로 조용해진, 마음이 집중된, 사유와 숙고가 없는, 삼매에서 생긴 즐거움과 행복이 있는 제2선(第二禪)을 성취하여 살아간다오. 그는 삼매에서 생긴 즐거움과 행복으로 이 몸을 가득 채우고, 넘치게 하고, 충만하게 하고, 두루 퍼지게 하여 삼매에서 생긴 즐거움과 행복이 몸 전체에 미치지 않는 곳이 없도록 한다오. 비구들이여, 비유하면, 동쪽 수로도 없고, 서쪽 수로도 없고, 북쪽 수로도 없고, 남쪽 수로도 없는 호수의 샘이 있는데, 천신이 때때로 적당한 소나기를 내리지도 않는다면, 이제 그 호수에서 시원한 물줄기가 솟아 나와 시원한 물로 그 호수를 가득 채우고, 넘치게 하고, 충만하게 하고, 두루 퍼지게 하여, 시원한 물이 호수 전체에 미치지 않는 곳이 없도록 하는 것과 같다오.

　비구들이여, 다음으로 비구는 희열(喜悅)이 사라지고 평정한 마음으로 주의집중과 알아차림을 하며 지내는 가운데 몸으로 행복을 느끼면서, 성인들이 '평정한 마음[捨]으로 주의집중을 하는 행복한 상태'라고 이야기한 제3선(第三禪)을 성취하여 살아간다오. 그는 즐거움을 초월한 행복으로 이 몸을 가득 채우고, 넘치게 하고, 충만하게 하고, 두루 퍼지게 하여 즐거움을 초월한 행복이 몸 전체에 미치지 않는 곳이 없도록 한다오. 비구들이여, 비유하면, 청련, 홍련, 백련이 자라는 연못이 있는데, 물에서 태어나고, 물에서 자라, 물 위로 올라오지 않고 물속에 잠겨서 크는 몇몇 청련이나, 홍련이나, 백련들은 꼭대기에서 뿌리까지 시원한 물로 가득 차고, 넘치고, 충만하고, 두루 퍼져 청련이나, 홍련이나, 백련들의 모든 부분에 시원한 물이 미치지 않는 곳이 없는 것과 같다오.

　비구들이여, 다음으로 비구는 행복감을 포기하고 괴로움을 버림으로써 이전의 만족과 불만이 소멸하여 괴롭지도 않고 즐겁지도 않은, 평정한 주의집중이 청정한 제4선(第四禪)을 성취하여 살아간다오. 그는 이 몸을 청정하게 정화된 마음으로 채우고 앉아 청정하게 정화된 마음이 몸 전체에 미치지 않는 곳이 없도록 한다오. 비구들이여, 비유하면, 어떤 사람이 깨끗한 옷으로 머리끝까지 감싸고 앉으면 깨끗한 옷이 몸 전체에 닿지 않은 곳이 없는 것과 같다오.

　그는 이와 같이 청정하게 정화되고, 죄악의 먼지가 없고, 번뇌의 때가 없으며, 유연하여 적응력이 있고, 견고하여 움직이지 않는, 삼매에 든 마음에서 숙명통(宿命通)에 주의를 기울인다오. 그는 한 번의 태어남, 두 번의 태어남, 세 번의 태어남, 네 번의 태어남, 다섯 번의 태어남, 열 번의 태어남, 스무 번의 태어남, 서른 번의 태어남, 마흔 번의 태어남, 쉰 번의 태어남, 백 번의 태어남, 천 번의 태어남, 백천 번의 태어남, 수많은 괴겁(壞劫), 수많은 성겁(成劫), 수많은 성괴겁(成壞劫)과 같은 여러 가지 전생의 거처를 기억한다오. '그곳에서 나는 이름은 이러했고, 가문은 이러했고, 용모는 이러했고, 음식은 이러했으며, 이러한 고락(苦樂)을 겪었고, 이와 같이 수명을 마쳤다. 그가 죽어서 나는 거기에 태어났다. 그곳에서 나는 이름은 이러했고, 가문은 이러했고, 용모는 이러했고, 음식은 이러했으며, 이러한 고락을 겪었고, 이와 같이 수명을 마쳤다. 그가 죽어서 이 세상에 태어났다. 이와 같이 그는 용모와 내력을 지닌 여러 가지 전생의 거처를 기억한다오. 비구들이여, 비유하면, 자기 마을에서 다른 마을로 가고, 그 마을에서 다시 다른 마을로 가고, 그 마을에서 자기 마을로 되돌아온 사람이 '나는 우리 마을에서 그 마을로 갔다. 나는 그곳에서 이렇게 살고, 이렇게 머물고, 이렇게 말하고, 이렇게 침묵했다. 나는 그 마을에서 저 마을로 갔다. 나는 그곳에서 이렇게 살고, 이렇게 머물고, 이렇게 말하고, 이렇게 침묵했다. 그리고 나는 그 마을에서 우리 마을로 돌아왔다'라고 생각하는 것과 같다오. 비구들이여, 비구는 이와 같이 여러 가지 전생의 거처를 기억한다오.

그는 이와 같이 청정하게 정화되고, 죄악의 먼지가 없고, 번뇌의 때가 없으며, 유연하여 적응력이 있고, 견고하여 움직이지 않는, 삼매에 든 마음에서 중생의 죽고 태어남을 알기[天眼通] 위하여 그쪽으로 주의를 기울인다오. 그는 인간을 초월한 청정한 천안(天眼)으로 중생을 보고, 중생이 업에 따라 죽고, 태어나고, 못나고, 훌륭하고, 잘생기고, 못생기고, 행복하고, 불행한 것을 분명하게 안다오. 존자들이여, 참으로 이 중생은 몸으로 악행을 행한 자들이며, 말로 악행을 행한 자들이며, 마음으로 악행을 행한 자들이며, 성인을 비방한 자들이며, 사견(邪見)을 가진 자들이며, 사견으로 업을 지은 자들이라오. 그들은 몸이 파괴되어 죽은 후에 괴로운 곳, 불행한 곳, 험난한 곳, 지옥에 태어났다오. 존자들이여, 참으로 이 중생은 몸으로 선행을 행한 자들이며, 말로 선행을 행한 자들이며, 마음으로 선행을 행한 자들이며, 성인을 비방하지 않은 자들이며, 정견(正見)을 가진 자들이며, 정견으로 업을 지은 자들이라오. 그들은 몸이 파괴되어 죽은 후에 행복한 곳, 천상 세계에 태어났다오. 이와 같이 그는 인간을 초월한 청정한 천안으로 중생을 보고, 중생이 업에 따라 죽고, 태어나고, 못나고, 훌륭하고, 잘생기고, 못생기고, 행복하고, 불행한 것을 분명하게 안다오. 비구들이여, 비유하면, 문이 있는 두 집이 있는데, 눈 있는 사람이 그 중간에 서서 사람들이 집에 들어가고, 나오고, 가로지르고, 돌아다니는 것을 보는 것과 같다오.

그는 이와 같이 청정하게 정화되고, 죄악의 먼지가 없고, 번뇌의 때가 없으며, 유연하여 적응력이 있고, 견고하여 움직이지 않는, 삼매에 든 마음에서 누진통(漏盡通)[07]에 주의를 기울인다오. 그는 '이것은 괴로움[苦]이다'라고 있는 그대로 통찰한다오. 그는 '이것은 괴로움의 쌓임[苦集]이다'라고 있는 그대로 통찰한다오. 그는 '이것은 괴로움의 소멸[苦滅]이다'라고 있는 그대로 통찰한다오. 그는 '이것은 괴로움의 소멸에 이르는 길[苦滅道]이다'라고 있는 그대로 통찰한다오. 그는 '이것들은 번뇌[漏]다'라고 있는 그대로 통찰한다오. 그는 '이것은 번뇌의 쌓

---

07 'āsava-kkhaya-ñāṇa'의 번역.

임[漏集]이다'라고 있는 그대로 통찰한다오. 그는 '이것은 번뇌의 소멸 [漏滅]이다'라고 있는 그대로 통찰한다오. 그는 '이것은 번뇌의 소멸에 이르는 길[漏滅道]이다'라고 있는 그대로 통찰한다오. 그가 이렇게 알고 이렇게 보았을 때, 마음이 욕루(欲漏)[08]에서 해탈하고, 유루(有漏),[09] 무명루(無明漏)[10]에서 해탈한다오. 해탈했을 때 '나는 해탈했다'라고 알게 된다오. 그는 '태어남은 끝났고, 청정한 수행[梵行]을 마쳤으며, 해야 할 일을 끝마쳤다. 다시는 이런 상태로 되지 않는다'라고 분명하게 안다오. 비구들이여, 비유하면, 산 정상에 있는 혼탁하지 않고 맑고 청정한 호수가 있는데, 눈 있는 사람이 그 호수 가에 서서 조개껍데기나, 자갈이나, 물고기 떼가 움직이고 멈추는 것을 보고 '이것은 산 정상에 있는 혼탁하지 않고 맑고 청정한 호수다. 여기에 이런 조개껍데기나 자갈이 있고, 물고기 떼가 움직이고 멈춘다'라고 생각하는 것과 같다오.

비구들이여, 이런 비구가 사문(沙門), 바라문(婆羅門), 목욕한 사람, 베다에 통달한 사람, 행복한 사람, 성자, 아라한이라고 불린다오.

비구들이여, 어떤 비구가 사문인가? 미래에 태어나서 늙고 죽는, 비참하고 괴로운 과보(果報)를 일으키는 사악(邪惡)하고 불선(不善)한 더러운 행실[法][11]들이 그쳤다면, 비구들이여, 이런 비구가 사문이라오.

비구들이여, 어떤 비구가 바라문인가? 미래에 태어나서 늙고 죽는, 비참하고 괴로운 과보(果報)를 일으키는 사악하고 불선한 더러운

---

08 'kāmâsava'의 번역.
09 'bhavâsava'의 번역.
10 'avijjâsava'의 번역.
11 'dhamma'의 번역. 여기에서는 'dhamma'가 '행실(行實)'의 의미이다.

행실들을 멀리 버렸다면, 비구들이여, 이런 비구가 바라문이라오.

비구들이여, 어떤 비구가 목욕한 사람인가? 미래에 태어나서 늙고 죽는, 비참하고 괴로운 과보를 일으키는 사악하고 불선한 더러운 행실들을 씻어버렸다면, 비구들이여, 이런 비구가 목욕한 사람이라오.

비구들이여, 어떤 비구가 베다에 통달한 사람인가? 미래에 태어나서 늙고 죽는, 비참하고 괴로운 과보를 일으키는 사악하고 불선한 더러운 행실들을 안다면, 비구들이여, 이런 비구가 베다에 통달한 사람이라오.

비구들이여, 어떤 비구가 행복한 사람인가? 미래에 태어나서 늙고 죽는, 비참하고 괴로운 과보를 일으키는 사악하고 불선한 더러운 행실들이 사라졌다면, 비구들이여, 이런 비구가 행복한 사람이라오.

비구들이여, 어떤 비구가 성자인가? 미래에 태어나서 늙고 죽는, 비참하고 괴로운 과보를 일으키는 사악하고 불선한 더러운 행실들이 멀어졌다면, 비구들이여, 이런 비구가 성자라오.

비구들이여, 어떤 비구가 아라한인가? 미래에 태어나서 늙고 죽는, 비참하고 괴로운 과보를 일으키는 사악하고 불선한 더러운 행실들이 멀어졌다면, 비구들이여, 이런 비구가 아라한이라오.”

이것이 세존께서 하신 말씀입니다.
그 비구들은 세존의 말씀에 만족하고 기뻐했습니다.

23

앗싸뿌라에서
설하신 작은 경

40. Cūḷa-assapura-sutta

【 해제 】

이 경은 한역 『중아함경(中阿含經)』 「183. 마읍경(馬邑經)」에 상응하는 경이다.

이 경에서는 「22. 앗싸뿌라에서 설하신 큰 경」과 마찬가지로 수행자의 행실에 대하여 말씀하신다. 부처님은 이 경에서 다음과 같이 말씀하신다.

"나는 승복을 입은 수행자가 승복을 입고 있다고 해서 사문(沙門)이라고 말하지 않는다."

이와 같이 나는 들었습니다.

한때 세존께서는 앙가에서 앙가족의 마을 앗싸뿌라에 머무셨습니다. 그때 세존께서 "비구들이여!" 하고 비구들을 불렀습니다.

그 비구들은 "세존이시여!" 하고 세존께 대답했습니다.

세존께서는 다음과 같이 말씀하셨습니다.

"비구들이여, 사람들은 그대들을 '사문이여! 사문이여!'라고 부른다오. 그리고 '그대들은 누구인가?'라고 물으면, 그대들은 스스로 '우리는 사문이다'라고 칭한다오. 비구들이여, 그대들이 이와 같이 불리고, 이와 같이 자칭한다면, 비구들이여, 그대들은 다음과 같이 공부해야 한다오.

'우리는 사문(沙門)의 바른 행도(行道)[01]를 실천하겠다. 이와 같이 우리에게 주어진 사문이라는 이름이 진실이 되고, 우리가 스스로 칭하는 사문이라는 이름이 사실이 되게 하겠다. 그러면 우리가 사용하는 의복, 음식, 좌구, 의약자구(醫藥資具)를 우리에게 제공한 사람들에게 큰 과보와 큰 공덕이 될 것이다. 실로 이것이 우리에게 헛되지 않고, 결실이 있고, 이익이 있는 출가가 될 것이다.

비구들이여, 어떤 비구가 사문의 바른 행도를 실천하지 않는 비구인가? 비구들이여, 어떤 비구든지 탐욕스러운 상태에서 탐욕을 버리지 않고, 분노의 상태에서 분노를 버리지 않고, 화가 난 상태에서 화를 버

---

01 'samaṇasāmīcipaṭipadā'의 번역.

리지 않고, 적의(敵意)를 가진 상태에서 적의를 버리지 않고, 악의(惡意)를 품은 상태에서 악의를 버리지 않고, 원한을 품은 상태에서 원한을 버리지 않고, 질투하는 상태에서 질투심을 버리지 않고, 인색한 상태에서 인색한 마음을 버리지 않고, 위선(僞善)의 상태에서 거짓을 버리지 않고, 사악한 의도를 가진 상태에서 사악한 의도를 버리지 않고, 사견(邪見)을 가진 상태에서 사견을 버리지 않으면, 비구들이여, 나는 이런 비구들에게, 악취(惡趣)에 머물면서 고통을 받게 하는 사문의 먼지, 사문의 결점, 사문의 때를 버리지 않았기 때문에, '사문의 바른 행도를 실천하지 않는 자'라고 말한다오. 비구들이여, 비유하면 날카로운 양날을 지닌 마따자(maṭaja)라는 치명적인 무기를 승복(僧服)[02]으로 덮어 싸고 있는 것과 같다오. 비구들이여, 나는 이런 비구의 출가는 그와 같다고 말한다오.

비구들이여, 나는 승복을 입는 수행자가 승복을 입고 있다고 해서 사문이라고 말하지 않는다오. 비구들이여, 나는 나체수행자가 벌거벗고 다닌다고 해서 사문이라고 말하지 않는다오. 비구들이여, 나는 진흙 속에서 수행하는 자가 진흙을 뒤집어쓰고 있다고 해서 사문이라고 말하지 않는다오. 비구들이여, 나는 물속에서 수행하는 자가 목욕재계(沐浴齋戒)한다고 해서 사문이라고 말하지 않는다오. 비구들이여, 나는 나무 아래에서 수행하는 자가 나무 아래 앉아있다고 해서 사문이라고 말하지 않는다오. 비구들이여, 나는 노천(露天)에서 수행하는 자가 노천에 앉아있다고 해서 사문이라고 말하지 않는다오. 비구들이여, 나는 직

---

02 'saṅghāṭī'의 번역.

립(直立)수행자가 똑바로 서 있다고 해서 사문이라고 말하지 않는다오. 비구들이여, 나는 때를 정하여 식사하는 수행자가 제때 음식을 먹는다고 해서 사문이라고 말하지 않는다오. 비구들이여, 나는 주문(呪文)을 외우는 수행자가 주문을 외운다고 해서 사문이라고 말하지 않는다오. 비구들이여, 나는 결발(結髮) 수행자가 머리를 길러 상투를 틀고 있다고 해서 사문이라고 말하지 않는다오.

비구들이여, 만약에 승복을 입는 수행자가 승복을 입고 있다고 해서 탐욕스러운 상태에서 탐욕이 소멸하고, 분노의 상태에서 분노가 소멸하고, 화가 난 상태에서 화가 소멸하고, 적의를 가진 상태에서 적의가 소멸하고, 악의를 품은 상태에서 악의가 소멸하고, 원한을 품은 상태에서 원한이 소멸하고, 질투하는 상태에서 질투심이 소멸하고, 인색한 상태에서 인색한 마음이 소멸하고, 위선의 상태에서 거짓이 소멸하고, 사악한 의도를 가진 상태에서 사악한 의도가 소멸하고, 사견을 가진 상태에서 사견이 소멸한다면, 친구나 친척들이 태어난 아이에게 승복을 입히고 승복 입는 것을 격려할 것이오. '복덩어리야! 이리 와서 승복을 입어라! 네가 승복을 입으면 승복을 입음으로써 탐욕스러운 상태에서 탐욕이 소멸하고, 분노의 상태에서 분노가 소멸하고, 화가 난 상태에서 화가 소멸하고, 적의를 가진 상태에서 적의가 소멸하고, 악의를 품은 상태에서 악의가 소멸하고, 원한을 품은 상태에서 원한이 소멸하고, 질투하는 상태에서 질투가 소멸하고, 인색한 상태에서 인색함이 소멸하고, 위선의 상태에서 거짓이 소멸하고, 사악한 의도를 가진 상태에서 사악한 의도가 소멸하고, 사견을 가진 상태에서 사견이 소멸할 것이다.

비구들이여, 나는 어떤 사람은 승복을 입고 있지만 탐욕스럽고,

분노하고, 화를 내고, 적의를 가지고 있고, 악의를 품고 있고, 원한을 품고 있고, 질투하고, 인색하고, 위선적이고, 사악한 의도를 가지고 있고, 사견을 가지고 있는 것을 본다오. 그래서 나는 승복을 입는 수행자가 승복을 입고 있다고 해서 사문이라고 말하지 않는다오.

비구들이여, 마찬가지로 나는 나체수행자가 벌거벗고 다닌다고 해서, 진흙 속에서 수행하는 자가 진흙을 뒤집어쓰고 있다고 해서, 물속에서 수행하는 자가 목욕재계한다고 해서, 나무 아래에서 수행하는 자가 나무 아래 앉아있다고 해서, 노천에서 수행하는 자가 노천에 앉아있다고 해서, 직립수행자가 똑바로 서 있다고 해서, 때를 정하여 식사하는 수행자가 제때 음식을 먹는다고 해서, 주문을 외우는 수행자가 주문을 외운다고 해서, 결발(結髮) 수행자가 머리를 길러 상투를 틀고 있다고 해서 사문이라고 말하지 않는다오.

비구들이여, 어떤 비구가 사문의 바른 행도를 실천하는 비구인가? 비구들이여, 어떤 비구든지 탐욕스러운 상태에서 탐욕을 버리고, 분노의 상태에서 분노를 버리고, 화가 난 상태에서 화를 버리고, 적의를 가진 상태에서 적의를 버리고, 악의를 품은 상태에서 악의를 버리고, 원한을 품은 상태에서 원한을 버리고, 질투하는 상태에서 질투심을 버리고, 인색한 상태에서 인색한 마음을 버리고, 위선의 상태에서 거짓을 버리고, 사악한 의도를 가진 상태에서 사악한 의도를 버리고, 사견을 가진 상태에서 사견을 버리면, 비구들이여, 나는 이런 비구들에게, 악취(惡趣)에 머물면서 고통을 받게 하는 사문의 먼지, 사문의 결점, 사문의 때를 버렸기 때문에, '사문의 바른 행도를 실천한 자'라고 말한다오.

그는 이러한 일체의 사악하고 불선(不善)한 행실로부터 청정해진 자신을 보고, 해탈한 자신을 본다오. 그가 이러한 일체의 사악하고 불선한 행실로부터 청정해지고 해탈한 자신을 볼 때 기쁨[03]이 생기고, 기쁨으로 인해서 희열[04]이 생기고, 희열의 마음으로 인해서 몸이 편안해지고, 몸이 편안한 자는 행복[05]을 느끼고, 행복을 느끼는 자의 마음은 삼매에 든다오.

그는 자애로운[慈] 마음으로 한 방향을 가득 채우고 살아간다오. 그와 같이 두 번째, 세 번째, 네 번째 방향을 가득 채우고 살아간다오. 이와 같이 온 세상을 위로, 아래로, 사방으로, 모든 곳에 빠짐없이, 편재(遍在)하고, 광대하고, 무한하고, 원한 없고, 폭력 없는 자애로운 마음으로 가득 채우고 살아간다오. 그는 연민하는[悲] 마음, 기뻐하는[喜] 마음, 평정한[捨] 마음으로 온 세상을 가득 채우고 살아간다오. 비구들이여, 비유하면, 물이 맑고, 상쾌하고, 시원하고, 투명한, 예쁜 둑이 있는 아름다운 연못이 있으면, 더위를 먹고, 더위에 지쳐 피곤하고, 갈증으로 목마른 사람이 동쪽에서 오든, 서쪽에서 오든, 북쪽에서 오든, 남쪽에서 오든, 그 연못에 의해서 갈증을 없애고, 열뇌(熱惱)를 없애는 것과 같다오.

비구들이여, 이와 같이 크샤트리아 가문에서 출가한 사람이든, 브라만 가문에서 출가한 사람이든, 바이샤 가문에서 출가한 사람이든, 수드라 가문에서 출가한 사람이든, 여래가 가르친 법(法)과 율(律)에 의해서 자애[慈], 연민[悲], 기쁨[喜], 평정[捨]의 마음을 닦아서 안으로 평온을 얻는다오. 그리고 나는, 그가 안으로 평온을 얻기 때문에, '사문의 바

---

03 'pāmujja'의 번역.

04 'pīti'의 번역.

05 'sukha'의 번역.

른 행도를 실천한 자'라고 말한다오. 크샤트리아 가문에서 출가한 사람이든, 브라만 가문에서 출가한 사람이든, 바이샤 가문에서 출가한 사람이든, 수드라 가문에서 출가한 사람이든, 번뇌[漏]를 소멸하여 무루(無漏)의 심해탈(心解脫)과 혜해탈(慧解脫)을 지금 여기에서 스스로 체험하고 깨달아 증득하고 살아가면, 그가 번뇌를 소멸한 사문이라오."

이것이 세존께서 하신 말씀입니다.
그 비구들은 세존의 설법에 만족하고 기뻐했습니다.

24

쌀라 사람들에게 설하신 경

41. Sāleyyaka-sutta

〔 해제 〕

이 경은 속가(俗家)의 거사(居士)들에게 착하고 바른 삶을 살면 현재와 미래에 행복하게 살 수 있다는 것을 가르치신 법문이다. 이 경에서는 십선업(十善業)과 십악업(十惡業)을 설하고 있다.

이와 같이 나는 들었습니다.

한때 세존께서는 큰 비구 승가와 함께 꼬쌀라(Kosala)에서 유행(遊行)하시다가 쌀라(Sāla)라는 꼬쌀라의 바라문 마을에 도착하셨습니다.

쌀라에 사는 바라문 거사들은 '싸꺄족의 후예로서 싸꺄족에서 출가한 고따마 사문께서 큰 비구 승가와 함께 꼬쌀라에서 유행하시다가 쌀라에 도착하셨다. 고따마 세존은 열 가지 이름[十號]으로 불리는 명성이 자자하신 분이다. 그분은 천계, 마라, 범천을 포함한 이 세간을, 사문과 바라문, 왕과 백성을 포함한 인간계를 체험적 지혜[勝智]로 몸소 체득하여 알려준다. 그분은 처음도 좋고, 중간도 좋고, 마지막도 좋은, 의미 있고, 명쾌하고, 완벽한 진리[法]를 가르치며, 범행(梵行)을 알려준다. 그러므로 마땅히 그런 성자(聖者)를 만나보아야 한다'라는 말을 들었습니다.

그리하여, 쌀라에 사는 바라문 거사들은 세존을 찾아갔습니다. 그들은 세존을 찾아가서, 어떤 이들은 세존께 예배한 후 한쪽에 앉고, 어떤 이들은 세존과 정중하게 인사를 하고, 공손한 인사말을 나눈 후에 한쪽에 앉고, 어떤 이들은 세존께 합장한 후에 한쪽에 앉고, 어떤 이들은 면전(面前)에서 세존께 성명(姓名)을 밝힌 후에 한쪽에 앉고, 어떤 이들은 말없이 조용히 한쪽에 앉았습니다.

한쪽에 앉은 쌀라에 사는 바라문 거사들이 세존께 말씀드렸습니다.

"고따마 존자여, 어떤 중생은 몸이 무너져 죽은 후에 험난하고 고통스러운 지옥과 같은 악취(惡趣)에 태어납니다. 그 원인은 무엇이고, 조건01은 무엇입니까? 고따마 존자여, 그런데 어떤 중생은 몸이 무너져 죽은 후에 행복한 천상 세계에 태어납니다. 그 원인은 무엇이고, 조건은 무엇입니까?"

"거사들이여, 어떤 중생이 몸이 무너져 죽은 후에 험난하고 고통스러운 지옥과 같은 악취(惡趣)에 태어나는 것은 윤리[法]에 어긋나는 행위[非法行],02 바르지 못한 행위[不正行]03가 원인이라오. 거사들이여, 어떤 중생이 몸이 무너져 죽은 후에 행복한 천상 세계에 태어나는 것은 윤리에 따르는 행위[法行],04 바른 행위[正行]05가 원인이라오."

"고따마 존자께서 이렇게 간략한 말씀으로 설명하시고 자세하게 설명하지 않으시니, 우리는 그 의미를 이해할 수가 없습니다. 부디 고따마 존자께서는 간략하게 설명하시고 자세하게 설명하지 않으신 의미를 우리가 이해할 수 있도록 가르쳐 주십시오."

"거사들이여, 그렇다면, 잘 듣고 깊이 생각해보시오. 내가 이야기하겠소."

쌀라에 사는 바라문 거사들은 "그렇게 해 주십시오. 존자여"라고 대답하며 세존께 간청했습니다.

세존께서는 다음과 같이 말씀하셨습니다.

"거사들이여, 몸으로 행하는 세 가지 윤리[法]에 어긋나는 행위, 바

---

01 'paccaya'의 번역.
02 'adhammacariyā'의 번역.
03 'visamacariyā'의 번역.
04 'dhammacariyā'의 번역.
05 'samacariyā'의 번역.

르지 못한 행위가 있고, 언어로 행하는 네 가지 윤리[法]에 어긋나는 행위, 바르지 못한 행위가 있고, 마음으로 행하는 세 가지 윤리에 어긋나는 행위, 바르지 못한 행위가 있다오.

거사들이여, 어떤 것이 몸으로 행하는 세 가지 윤리에 어긋나는 행위, 바르지 못한 행위인가? 거사들이여, 어떤 사람은 살생한다오. 그는 잔인하게 손에 피를 묻히고, 살육에 전념하고, 생명을 불쌍히 여기지 않는다오. 어떤 사람은 도둑질한다오. 그는 마을이나 숲에 가서 주지 않은 다른 사람의 재물을 남몰래 훔친다오. 어떤 사람은 삿된 음행[邪淫]을 한다오. 그는 부모의 보호를 받는 여인, 형제의 보호를 받는 여인, 자매의 보호를 받는 여인, 친척의 보호를 받는 여인, 남편이 있는 여인, 법의 보호를 받는 여인, 심지어는 결혼을 위해 화만(華鬘)으로 치장한 여인에 이르기까지, 그런 사람들과 관계를 갖는다오. 거사들이여, 이와 같이 몸으로 행하는 세 가지 윤리에 어긋나는 행위, 바르지 못한 행위가 있다오.

거사들이여, 어떤 것이 언어로 행하는 네 가지 윤리에 어긋나는 행위, 바르지 못한 행위인가? 거사들이여, 어떤 사람은 거짓말을 한다오. 그는 집회에 가거나, 대중들에게 가거나, 문중(門中)에 가거나, 단체에 가거나, 법정에 가서 '그대는 아는 것을 말하라!'라고 증인으로서 심문을 받을 때, 알지 못하는 것을 '나는 안다'라고 말하고, 아는 것을 '나는 모른다'라고 말하고, 보지 못한 것을 '나는 보았다'라고 말하고, 본 것을 '나는 보지 못했다'라고 말한다오. 그는 이렇게 자신 때문에, 또는 다른 사람 때문에, 또는 하찮은 이익 때문에 고의로 거짓말을 한다오. 어떤 사람은 이간(離間)하는 말을 한다오. 그는 화합을 파괴하기 위하여 여기에서 들은 것을 저기에 알리고, 화합을 파괴하기 위하여 저기에서 들은 것을 여기에 알린다오. 그는 이렇게 화합을 파괴하고, 분열을 조장하고, 분열을 즐기고, 분열을 좋아하고, 분열을 기뻐하면서 분열시키는 말을 한다오. 어떤 사람은 추악한 말을 한다오. 그는 거칠고 난폭하고 신랄한 말로 남을 질책하고, 이웃에 화를 내면서, 삼매(三昧)로 이끌지 않는 말을 한다오. 어떤 사람은 쓸데없는 말을 한다오. 그는 때에 맞지 않고, 진실하지 않고, 의미 없고, 진리에 맞지 않고, 율(律)에 맞지 않는 말을 하며, 적절하지 않은 때에 근거 없고, 일정한 의도가 없고, 이익이 없는 무의미한 말을 한다오. 거사들이여, 이와 같이 언어로 행하는 네 가지 윤리에 어긋나는 행위, 바르지 못한 행위가 있다오.

거사들이여, 어떤 것이 마음으로 행하는 세 가지 윤리에 어긋나는 행위, 바르지 못한 행위인가? 거사들이여, 어떤 사람은 탐욕스럽다오. 그는 '아! 다른 사람의 것이 내 것이면 좋을 텐데'라고 생각하면서 다른 사람의 재물을 탐낸다오. 어떤 사람은 증오심을 갖는다오. 그는 '이 중생을 죽여 버리겠다. 때려죽이겠다. 찢어 죽이겠다. 없애버리겠다. 존재하지 못하게 하겠다'라고 생각하는 악의(惡意)를 품는다오. 어떤 사람은 사견(邪見)을 가진다오. 그는 '보시(布施)의 과보(果報)도 없고, 공양(供養)의 과보도 없고, 헌공(獻供)의 과보도 없고, 선악업(善惡業)의 과보도 없다. 이 세상도 없고, 저세상도 없다. 부모도 없고, 중생의 화생(化生)[06]도 없다. 세상에는 이 세상과 저세상을 스스로 지혜로 체득하여 알려주는, 바른 삶과 바른 실천을 하는 사문과 바라문도 없다'라고 생각

---

06 'opapākika'의 번역.

하는 뒤집힌[顚倒] 견해를 갖는다오. 거사들이여, 이와 같이 마음으로 행하는 세 가지 윤리에 어긋나는 행위, 바르지 못한 행위가 있다오.

거사들이여, 이와 같이 윤리에 어긋나는 행위, 바르지 못한 행위로 인하여, 어떤 중생은 몸이 무너져 죽은 후에 험난하고 고통스러운 지옥과 같은 악취(惡趣)에 태어난다오.

거사들이여, 몸으로 행하는 세 가지 윤리에 따르는 행위, 바른 행위가 있고, 언어로 행하는 네 가지 윤리에 따르는 행위, 바른 행위가 있고, 마음으로 행하는 세 가지 윤리에 따르는 행위, 바른 행위가 있다오.

거사들이여, 어떤 것이 몸으로 행하는 세 가지 윤리에 따르는 행위, 바른 행위인가?

거사들이여, 어떤 사람은 살생을 멀리하고, 살생하지 않는다오. 그는 몽둥이와 칼을 내려놓고, 부끄러워할 줄 알며, 연민을 가지고 모든 생명을 동정하여 이익을 주며 살아간다오. 어떤 사람은 도둑질을 멀리하고 도둑질을 하지 않는다오. 그는 마을이나 숲에 가서 주지 않은 다른 사람의 재물을 남몰래 훔치지 않는다오. 어떤 사람은 삿된 음행을 멀리하고 삿된 음행을 하지 않는다오. 그는 부모의 보호를 받는 여인, 형제의 보호를 받는 여인, 자매의 보호를 받는 여인, 친척의 보호를 받는 여인, 남편이 있는 여인, 법의 보호를 받는 여인, 결혼을 위해 화만(華鬘)으로 치장한 여인에 이르기까지, 그런 사람들과 관계를 갖지 않는다오. 거사들이여, 이와 같이 몸으로 행하는 세 가지 윤리에 따르는 행위, 바른 행위가 있다오.

거사들이여, 어떤 것이 언어로 행하는 네 가지 윤리에 따르는 행위, 바른 행위인가? 거사들이여, 어떤 사람은 거짓말을 멀리하고, 거짓말을 하지 않는다오. 그는 집회에 가거나, 대중들에게 가거나, 문중(門中)에 가거나, 단체에 가거나, 법정에 가서 '그대는 아는 것을 말하라!'라고 증인으로서 심문을 받을 때, 알지 못하는 것은 '나는 모른다'라고 말하고, 아는 것은, '나는 안다'라고 말하고, 보지 못한 것은 '나는 보지 못했다'라고 말하고, 본 것은 '나는 보았다'라고 말한다오. 그는 이렇게 자신 때문에, 또는 다른 사람 때문에, 또는 하찮은 이익 때문에 고의로 거짓말을 하지 않는다오. 어떤 사람은 이간(離間)하는 말을 멀리하고, 이간하는 말을 하지 않는다오. 그는 여기에서 들은 것을 저기에 알려 화합을 파괴하지 않고, 저기에서 들은 것을 여기에 알려 화합을 파괴하지 않는다오. 그는 이렇게 분열을 화해하거나 단합하도록 하며, 화합을 즐기고, 화합을 좋아하고, 화합을 기뻐하면서 화합하는 말을 한다오. 어떤 사람은 추악한 말을 멀리하고, 추악한 말을 하지 않는다오. 그는 온화하고, 듣기 좋고, 사랑스럽고, 유쾌하고, 예의 바르고, 대중을 즐겁게 하는 말을 한다오. 어떤 사람은 쓸데없는 말을 멀리하고, 쓸데없는 말을 하지 않는다오. 그는 때에 맞고, 진실하고, 의미 있고, 진리에 맞고, 율(律)에 맞는 말을 하는 자로서, 적절한 때에 근거 있고, 일정한 의도가 있고, 이익이 있는, 의미 있는 말을 한다오. 거사들이여, 이와 같이 네 가지 언어로 행하는 윤리에 따르는 행위, 바른 행위가 있다오.

거사들이여, 어떤 것이 마음으로 행하는 세 가지 윤리에 따르는 행위, 바른 행위인가? 거사들이여, 어떤 사람은 탐욕스럽지 않다오. 그는 '아! 다른 사람의 것이 내 것이면 좋을 텐데'라고 생각하거나 다른 사람의 재물을 탐내지 않는다오. 어떤 사람은 증오심이 없다오. 그는 악의(惡意) 없이 '이 중생이 원한 없이, 평화롭고, 편안하고, 행복하게 자신을 보호하기 바란다'라고 생각한다오. 어떤 사람은 정견(正見)을 가진다오. 그는 '보시(布施)의 과보(果報)도 있고, 공양(供養)의 과보도 있고, 헌공(獻供)의 과보도 있고, 선악업(善惡業)의 과보도 있다. 이 세상도 있고, 저세상도 있다. 부모도 있고, 중생의 화생(化生)도 있다. 세상에는 이 세상과 저세상을 스스로 지혜로 체득하여 알려주는, 바른 삶과 바른 실천을 하는 사문과 바라문도 있다'라고 생각하는 확실한 견해를 갖는다오. 거사들이여, 이와 같이 마음으로 행하는 세 가지 윤리에 따르는 행위, 바른 행위가 있다오.

거사들이여, 이와 같이 윤리[法]에 따르는 행위, 바른 행위로 인하여, 어떤 중생은 몸이 무너져 죽은 후에 행복한 천상(天上) 세계에 태어난다오.

거사들이여, 만약 윤리에 따르는 행위를 하고, 바른 행위를 하는 사람이 '아! 나는 몸이 무너져 죽은 후에 큰 세력이 있는 크샤트리아 무리에 태어나고 싶다'라고 원한다면, 그는 몸이 무너져 죽은 후에 큰 세력이 있는 크샤트리아 무리에 태어날 수 있다오. 왜냐하면, 그는 윤리에 따르는 행위를 하고, 바른 행위를 하는 사람이기 때문이라오.

거사들이여, 만약 윤리에 따르는 행위를 하고, 바른 행위를 하는 사람이 '아! 나는 몸이 무너져 죽은 후에 큰 세력이 있는 바라문이나 거사의 무리에 태어나고 싶다'라고 원한다면, 그는 몸이 무너져 죽은 후에 큰 세력이 있는 바라문이나 거사의 무리에 태어날 수 있다오. 왜냐하면, 그는 윤리에 따르는 행위를 하고, 바른 행위를 하는 사람이기 때문이라오.

거사들이여, 만약 윤리에 따르는 행위를 하고, 바른 행위를 하는 사람이 '아! 나는 몸이 무너져 죽은 후에 사왕천(四王天)이나, 제석천(帝釋天)이나, 야마천(夜摩天)이나, 도솔천(兜率天)이나, 화락천(化樂天)이나, 타화자재천(他化自在天)이나, 범중천(梵衆天)이나, 광천(光天)이나, 소광천(少光天)이나, 무량광천(無量光天)이나, 광음천(光音天)이나, 정거천(淨居天)이나, 소정천(少淨天)이나, 무량정천(無量淨天)이나, 변정천(遍淨天)이나, 광과천(廣果天)이나, 무번천(無煩天)이나, 무열천(無熱天)이나, 선현천(善現天)이나, 선견천(善見天)이나, 색구경천(色究竟天)이나, 공무변처천(空無邊處天)이나, 식무변처천(識無邊處天)이나, 무소유처천(無所有處天)이나, 비상비비상처천(非想非非想處天)의 무리에 태어나고 싶다'라고 원한다면, 그는 몸이 무너져 죽은 후에 그곳에 태어날 수 있다오. 왜냐하면, 그는 윤리에 따르는 행위를 하고, 바른 행위를 하는 사람이기 때문이라오.

거사들이여, 만약 '아! 나는 번뇌[漏]를 소멸하여 무루(無漏)의 심해탈(心解脫)과 혜해탈(慧解脫)을 지금 여기에서 스스로 체험하고 깨달아 체득하여 살아가고 싶다'라고 원한다면, 그는 번뇌[漏]를 소멸하여 무루(無漏)의 심해탈(心解脫)과 혜해탈(慧解脫)을 지금 여기에서 스스로 체험하고 깨달아 체득하여 살아갈 수 있다오. 왜냐하면, 그는 윤리에 따르는 행위를 하고, 바른 행위를 하는 사람이기 때문이라오."

이와 같이 말씀하시자, 쌀라에 사는 바라문 거사들이 세존께 말씀드렸습니다.

"훌륭하십니다. 고따마 존자여! 훌륭하십니다. 고따마 존자여! 마치 뒤집힌 것을 바로 세우는 것 같고, 감추어진 것을 드러내는 것 같고, 길 잃은 자에게 길을 알려주는 것 같고, '눈 있는 자들은 보라'고 어둠 속에 등불을 비춰주는 것 같습니다. 이와 같이 고따마 존자께서는 여러 가지 방법으로 진리를 알려주셨습니다. 이제 우리는 고따마 존자님께 귀의합니다. 가르침과 비구 승가에 귀의합니다. 고따마 존자님께서는 우리를 청신사(淸信士)로 받아주소서. 오늘부터 살아있는 날까지 귀의하겠나이다."

25

교리문답 큰 경

43. Mahāvedalla-sutta

[해제]

|

이 경은 한역『중아함경(中阿含經)』「211. 대구치라경(大拘絺羅經)」에 상응하는 경이며,『잡아함경(雜阿含經)』9.27에도 같은 내용이 있다.

싸리뿟따 존자와 마하꼿티따 존자의 교리문답을 담고 있는 이 경은 문답의 주제와 내용이 너무나 중요하고 다양하여 해제에서 다 이야기할 수 없다. 따라서 중요한 주제 몇 가지만 소개하기로 한다.

부처님 당시의 제자들은 불교를 어떻게 이해했을까? 우리는 현재 아비달마 주석서에 의존하여 근본불교를 이해하고 있다. 그 결과 중요한 개념들을 잘못 이해하고 있다. 이 경을 통해서 우리는 부처님 당시의 제자들과 아비달마가 부처님의 가르침을 근본적으로 다르게 이해하고 있다는 것을 알 수 있다.

아비달마에서 5온(五蘊), 12입처(十二入處), 18계(十八界)는 일체법(一切法), 즉 모든 존재를 분류하는 범주적 개념들이다. 그런데 이 경에서 싸리뿟따 존자는 불교의 모든 개념을 동사적(動詞的)으로 설명한다. 분별하면, 그로 인해서 '분별하는 마음[識]'이라고 불리고, 느끼면 그로 인해서 '느낌[受]'이라고 불릴 뿐 '분별하는 마음'이나 '느낌'에 상응하는 존재는 없다는 것이다. 아비달마에서 5온, 12입처, 18계를 명사적(名詞的)으로 해석한 것이 잘못이라는 것을 이 경은 보여주고 있는 것이다.

이 경에서 주목할 것은 5근(五根)과 의근(意根)의 관계에 대한 문답을 통해서 드러나는 근본불교의 인식론이다. 싸리뿟따 존자의 설명에 의하면, 5근은 의근에 의지하여 지각활동을 하고, 의근은 5근의 지각내용을 종합하여 인식한다. 이렇게 의근에 의해 종합된 인식내용이 의근의 대상인 법(法)이다. 이 설명을 통해서 우리는 부처님이 왜 인식되는 모든 대상을 존재[有]라고 부르지 않고 법이라고 부르는지 알 수 있다. 우리가 인식하는 대상은 외부에 실재하는 존재가 아니라, 우리의 마음이 지각내용을 종합하여 구성한 것이라는 의미에서 부처님은 모든 인식된 대상을 법이라고 부른 것이다.

불교의 선정(禪定), 특히 무색계(無色界)의 선정은 신비하고 초월적인 삼매의 경지로 생각되고 있다. 그러나 이 경에 의하면 무색계는 추론된 것들이다. 이것은 공무변처(空無邊處)에서 식무변처(識無邊處)를 거쳐서 무소유처(無所有處)에 이르는 순차적인 무색계 선정의 과정이 점진적으로 깊어지는 삼매(三昧)의 과정이 아니라 논리적인 추론의 과정임을 보여준다.

이 경에서는 우리가 삼독(三毒)이라고 부르는 탐진치(貪瞋痴)가

척도(尺度; pamāṇa)를 만들고, 특징(特徵; nimitta)을 만든다고 이야기한다. 우리의 인식과 판단은 탐진치의 지배를 받고 있으므로, 탐진치의 소멸을 통해서 우리는 잘못된 판단과 분별에서 벗어날 수 있다는 것이다.

이상에서 살펴본 바와 같이 이 경은 불교의 철학적 측면을 다양하게 보여주고 있다.

이와 같이 나는 들었습니다.

한때 세존께서는 싸왓티의 제따와나 아나타삔디까 승원(僧園)에 머무셨습니다. 그때 마하꼿티따(Mahākoṭṭhita) 존자는 저녁에 좌선(坐禪)에서 일어나 싸리뿟따 존자를 찾아가서 싸리뿟따 존자와 정중하게 인사를 하고, 공손한 인사말을 나눈 후에 한쪽에 앉았습니다. 마하꼿티따 존자는 한쪽에 앉아서 싸리뿟따 존자에게 말했습니다.

"존자여, '어리석은 자'라고들 말합니다. 존자여, 어찌하여 '어리석은 자'라고 불립니까?"

"존자여, 그는 통찰하지 못합니다. 통찰하지 못하면, 그로 인해서 '어리석은 자'라고 불립니다.[01] 무엇을 통찰하지 못하는가? '이것은 괴로움[苦]이다'라고 통찰하지 못합니다. '이것은 괴로움의 쌓임[苦集]이다'라고 통찰하지 못합니다. '이것은 괴로움의 소멸[苦滅]이다'라고 통찰하지 못합니다. '이것은 괴로움의 소멸에 이르는 길[苦滅道]이다'라고 통찰하지 못합니다."

"존자여, 감사합니다."

마하꼿티따 존자는 싸리뿟따 존자의 말씀에 만족하고 기뻐하면서 싸리뿟따 존자에게 다시 물었습니다.

---

01 'na-ppajānāti na-ppajānātīti kho āvuso, tasmā duppañño ti vuccati'의 번역. 어리석은 자가 통찰하지 못하는 것이 아니라, 통찰하지 못하기 때문에 어리석은 자라고 불린다는 의미이다.

"존자여, '지혜로운 자'라고들 말합니다. 존자여, 어찌하여 '지혜로운 자'라고 불립니까?"

"존자여, 그는 통찰합니다. 통찰하면, 그로 인해서 '지혜로운 자'라고 불립니다.[02] 무엇을 통찰하는가? '이것은 괴로움이다'라고 통찰합니다. '이것은 괴로움의 쌓임이다'라고 통찰합니다. '이것은 괴로움의 소멸이다'라고 통찰합니다. '이것은 괴로움의 소멸에 이르는 길이다'라고 통찰합니다."

"존자여, '분별하는 마음[識]'이라고들 말합니다. 존자여, 어찌하여 '분별하는 마음'이라고 불립니까?"

"존자여, 분별합니다. 분별하면, 그로 인해서 '분별하는 마음'이라고 불립니다.[03] 무엇을 분별하는가? '즐거움'이라고 분별하고, '괴로움'이라고 분별하고, '즐겁지도 괴롭지도 않음'이라고 분별합니다."

"존자여, 통찰지[般若]와 분별하는 마음[識], 이들 법(法)은 서로 관계가 있습니까, 그렇지 않으면, 무관하여 이들 법을 각각 분리하여 언명(言明)할 수[04] 있습니까?"

"존자여, 통찰지와 분별하는 마음, 이들 법은 서로 관계가 있고 무관하지 않으므로, 이들 법을 각각 분리하여 언명할 수 없습니다. 존자여, 통찰한 것, 그것을 분별하고, 분별한 것, 그것을 통찰합니다. 그러므

---

02 'pajānāti pajānātîti kho āvuso, tasmā ppañño ti vuccati'의 번역. 지혜로운 자가 통찰하는 것이 아니라, 통찰하기 때문에 지혜로운 자라고 불린다는 의미이다.

03 'vijānāti vijānātîti kho āvuso, tasmā viññāṇan – ti vuccati'의 번역. 분별하는 마음[識]이 분별하는 일을 하는 것이 아니라, 분별하는 일로 인해서 분별하는 마음이라는 이름이 붙여진다는 의미이다.

04 'paññāpetum'의 번역.

로 이들 법은 서로 관계가 있고, 무관하지 않으므로, 이들 법을 각각 분리하여 언명할 수 없습니다."

"존자여, 통찰지와 분별하는 마음, 이들 법이 서로 관계가 있고 무관하지 않다면 차이는 무엇입니까?"

"존자여, 통찰지와 분별하는 마음, 이들 법은 서로 관계가 있고 무관하지 않지만, 통찰지는 수습(修習)해야 하고, 분별하는 마음은 이해해야 합니다.[05] 이것이 이들의 차이입니다."

"존자여, '느낌[受]'이라고들 말합니다. 존자여, 어찌하여 '느낌'이라고 불립니까?"

"존자여, 느낍니다. 느끼면, 그로 인해서 '느낌'이라고 불립니다.[06] 무엇을 느끼는가? 즐거움을 느끼고, 괴로움을 느끼고, 즐겁지도 괴롭지도 않음을 느낍니다. 존자여, 느낍니다. 느끼면, 그로 인해서 '느낌'이라고 불립니다."

"존자여, '생각[想]'이라고들 말합니다. 존자여, 어찌하여 '생각'이라고 불립니까?"

"존자여, 개념적으로 생각합니다. 개념적으로 생각하면, 그로 인해서 '생각'이라고 불립니다.[07] 무엇을 개념적으로 생각하는가? 청색

---

05 'paññā bhāvetabbā viññāṇa pariññeyyaṃ'의 번역. 반야(般若)로 통찰한 것을 식(識)으로 분별하고, 식으로 분별한 것을 반야(般若)로 통찰하는데, 통찰은 수행의 과정에서 행해지므로 '반야는 수습(修習)해야 한다'라고 한 것이다. 그리고 이렇게 반야로 통찰한 것을 정확하게 분별해야 하므로 '식은 정확하게 알아야 한다'라고 한 것이다.

06 'vedeti vedetîti kho āvuso, tasmā vedanā ti vuccati'의 번역. 느낌[受]이 느끼는 일을 하는 것이 아니라, 느끼는 일로 인해서 느낌이라는 이름이 붙여진다는 의미이다.

07 'sañjānāti sañjānātîti kho āvuso, tasmā saññā ti vuccati'의 번역. 생각[想]이 생각하는 일을 하는 것이 아니라, 생각하는 일로 인해서 생각이라는 이름이 붙여진다는 의미이다.

(靑色)을 개념적으로 생각하고, 황색(黃色)을 개념적으로 생각하고, 적색(赤色)을 개념적으로 생각하고, 백색(白色)을 개념적으로 생각합니다. 존자여, 개념적으로 생각합니다. 개념적으로 생각하면, 그로 인해서 '생각'이라고 불립니다.”

“존자여, 느낌[受]과 생각과[想]과 분별하는 마음[識], 이들 법(法)은 서로 관계가 있습니까, 그렇지 않으면, 관계가 없으므로 이들 법을 각각 분리하여 언명할 수 있습니까?”

“존자여, 느낌과 생각과 분별하는 마음, 이들 법은 서로 관계가 있고 무관하지 않으므로, 이들 법을 각각 분리하여 언명할 수 없습니다. 존자여, 느낀 것, 그것을 개념적으로 생각하고, 개념적으로 생각한 것, 그것을 분별합니다. 그러므로 이들 법은 서로 관계가 있고 무관하지 않으므로, 이들 법을 각각 분리하여 언명할 수 없습니다.”

“존자여, 다섯 가지 지각활동[五根]을 떠난 청정한 의식(意識)으로 무엇을 추론할 수 있습니까?”[08]

“존자여, 다섯 가지 지각활동을 떠난 청정한 의식으로 '허공(虛空)은 끝이 없다'라고 공무변처(空無邊處)를 추론할 수 있고, '식(識)은 끝이 없다'라고 식무변처(識無邊處)를 추론할 수 있고, '어떤 것도 존재하지 않는다'라고 무소유처(無所有處)를 추론할 수 있습니다.”

“존자여, 그렇다면 추론된 법(法)을[09] 무엇으로 통찰합니까?”

“존자여, 추론된 법을 지혜의 눈[慧眼]으로 통찰합니다.”

“존자여, 그렇다면 통찰지[般若]는 무엇을 위한 것입니까?”

---

08 'nissaṭṭhena h'āvuso pañcahi indriyehi parisuddhena manoviññāṇa kiṃ neyya-ti'의 번역.
09 'neyyaṃ dhammaṃ'의 번역.

"존자여, 통찰지는 체험적으로 아는 것이 목적이고, 이해하는 것이 목적이고, 버리는 것이 목적입니다."[10]

"존자여, 정견(正見)이 생기는 조건[緣]은 몇 가지입니까?"

"존자여, 정견이 생기는 조건은 두 가지입니다. 다른 사람의 말과 이치에 맞는 생각[如理作意], 이 두 가지가 정견이 생기는 조건입니다."

"존자여, 정견이 몇 가지 도움을 받으면, 그 결과 심해탈(心解脫)과 심해탈의 공덕이 있고, 혜해탈(慧解脫)과 혜해탈의 공덕이 있습니까?"

"존자여, 정견이 다섯 가지 도움을 받으면, 그 결과 심해탈과 심해탈의 공덕이 있고, 혜해탈과 혜해탈의 공덕이 있습니다. 정견은 계행(戒行)의 도움을 받고, 배움의 도움을 받고, 토론의 도움을 받고, 삼매(三昧)의 도움을 받고, 관찰(觀察)의 도움을 받습니다.[11] 존자여, 정견이 다섯 가지 도움을 받으면, 그 결과 심해탈과 심해탈의 공덕이 있고, 혜해탈과 혜해탈의 공덕이 있습니다."

"존자여, 유(有)는 몇 가지입니까?"

"존자여, 유는 욕유(欲有), 색유(色有), 무색유(無色有), 세 가지입니다."

"존자여, 어찌하여 미래에 다시 유가 생성됩니까?"[12]

"무명(無明)에 뒤덮인 중생이 갈애[愛]에 묶여서 여기저기에서 환락을 즐기면, 미래에 다시 유가 생성됩니다."

"존자여, 어찌하면 미래에 다시 유가 생성되지 않습니까?"

"존자여, 무명이 사라지고 명지(明智)가 생겨서 갈애가 소멸하면,

---

10 'paññā kho āvuso abhiññatthā pariññatthā pahānatthā'의 번역.

11 'vipassanānuggahītā'의 번역.

12 'kathaṃ pan' āvuso ayatiṃ punabbhavābhinibbatti hoti'의 번역.

미래에 다시 유가 생성되지 않습니다."

"존자여, 초선(初禪)은 어떤 것입니까?"

"존자여, 비구는 감각적 욕망을 멀리하고 불선법(不善法)을 멀리함으로써, 사유가 있고 숙고가 있는, 멀리함에서 생긴 즐거움과 행복이 있는 초선(初禪)을 성취하여 살아갑니다. 존자여, 이것을 초선이라고 부릅니다."

"존자여, 초선은 몇 가지 부분으로 되어있습니까?"

"존자여, 초선은 다섯 가지 부분으로 되어있습니다. 존자여, 초선을 성취한 비구에게는 사유와 숙고와 즐거움과 행복과 마음의 집중이 생깁니다.[13] 존자여, 초선은 이와 같이 다섯 가지 부분으로 되어있습니다."

"존자여, 초선은 몇 가지를 버리고 몇 가지를 구족(具足)합니까?"

"존자여, 초선은 다섯 가지를 버리고, 다섯 가지를 구족합니다. 존자여, 초선을 성취한 비구는 감각적 욕망을 끊고, 진에(瞋恚)를 끊고, 타성[昏沈]과 나태(懶怠)를 끊고, 불안[掉擧]과 후회[惡作]를 끊고, 의심(疑心)을 끊어 버립니다. 그리고 그에게 사유와 숙고와 즐거움과 행복과 마음의 집중이 생깁니다. 존자여, 이와 같이 초선은 다섯 가지를 버리고, 다섯 가지를 구족합니다."

"존자여, 다섯 가지 지각활동[五根], 즉 시각활동[眼根], 청각활동[耳根], 후각활동[鼻根], 미각활동[舌根], 촉각활동[身根]은 대상[境][14]이

---

13 'idh' āvuso paṭhamaṃ jhānaṃ samāpannassa bhikkhuno vitakko ca vattati vicāro ca pīti ca sukhañ ca cittekaggatā ca'의 번역.

14 'visaya'의 번역.

다르고, 활동영역[行境]¹⁵이 달라서, 다른 것들의 활동영역과 대상을 경험하지 못합니다. 존자여, 대상[境]이 다르고, 활동영역[行境]이 달라서, 다른 것들의 활동영역과 대상을 경험하지 못하는 이들 다섯 가지 지각활동[五根]의 의지처(依止處)는 무엇입니까? 무엇이 그것들의 활동영역과 대상을 경험합니까?"

"존자여, 대상이 다르고, 활동영역이 달라서, 다른 것들의 활동영역과 대상을 경험하지 못하는 이들 다섯 가지 지각활동의 의지처는 마음[意]입니다. 그리고 마음이 그것들의 활동영역과 대상을 경험합니다."

"존자여, 다섯 가지 지각활동, 즉 시각활동, 청각활동, 후각활동, 미각활동, 촉각활동은 무엇을 의지하여 지속합니까?"

"존자여, 다섯 가지 지각활동은 생명¹⁶을 의지하여 지속합니다."

"존자여, 그러면 생명은 무엇을 의지하여 지속합니까?"

"존자여, 생명은 체온[熱]¹⁷을 의지하여 지속합니다."

"존자여, 그러면 체온은 무엇을 의지하여 지속합니까?"

"존자여, 체온은 생명을 의지하여 지속합니다."

"존자여, 지금 우리는 싸리뿟따 존자의 말씀을 '생명은 체온을 의지하여 지속한다'라고 이해했습니다. 지금 우리는 싸리뿟따 존자의 말씀을 '체온은 생명을 의지하여 지속한다'라고 이해했습니다. 존자여, 왜 그러한지요? 이 말씀의 의미를 알려주십시오."

"존자여, 그렇다면 내가 비유를 들겠습니다. 지혜로운 사람들은

---

15 'gocara'의 번역.

16 'āyu'의 번역.

17 'usmā'의 번역.

비유로써 말의 의미를 이해합니다. 존자여, 비유하면, 등불이 탈 때, 불꽃을 의지하여 빛이 보이고, 빛을 의지하여 불꽃이 보이는 것과 같습니다. 존자여, 실로 이와 같이 생명은 체온을 의지하여 지속하고, 체온은 생명을 의지하여 지속합니다."

"존자여, 생명 활동들이 곧 느껴지는 법(法)들입니까, 그렇지 않으면, 생명 활동들과 느껴지는 법들은 서로 다릅니까?"[18]

"존자여, 생명 활동들이 느껴지는 법들은 아닙니다. 존자여, 생명 활동들이 느껴지는 법들이라면, 상수멸(想受滅)[19]을 성취한 비구는 선정(禪定)에서 나오지 못할 것입니다. 존자여, 생명 활동들과 느껴지는 법들은 서로 다르기 때문에 상수멸을 성취한 비구가 선정에서 나올 수 있는 것입니다."

"존자여, 어떤 법(法)들이 몸을 버리면, 그 몸은 의식 없는 나무토막처럼 버려지고 내던져집니까?"

"존자여, 생명, 체온, 분별하는 마음, 이들 세 가지가 몸을 버리면, 그 몸은 의식 없는 나무토막처럼 버려지고 내던져집니다."

"존자여, 죽은 사람과 상수멸을 성취한 비구는 무엇이 다릅니까?"

"존자여, 죽은 사람은 몸으로 조작하는 신행(身行)과 언어로 조작하는 구행(口行)과 마음으로 조작하는 의행(意行)이 소멸하여 그치며, 생명이 다하고, 체온이 식고, 지각기능[根]이 완전히 파괴됩니다. 그러

---

18 'te va nu kho āvuso āyusaṅkhārā te vedaniyā dhammā, udāhu aññe āyusaṅkhārā aññe vedaniyā dhammā'의 번역. 상수멸정(想受滅定)에서는 느껴지는 것, 즉 수(受)가 소멸하는데, 그때 지각하는 생명 활동도 소멸하는지를 묻고 있다.

19 'saññāvedayitanirodha'의 번역.

나 상수멸을 성취한 비구는 몸으로 조작하는 신행과 언어로 조작하는 구행과 마음으로 조작하는 의행은 소멸하여 그치지만, 생명은 다하지 않고, 체온은 식지 않으며, 지각기능[根]은 파괴되지 않습니다. 존자여, 이것이 죽은 사람과 상수멸을 성취한 비구의 차이입니다.”

"존자여, 괴롭지도 즐겁지도 않은[不苦不樂] 심해탈(心解脫)을 성취하기 위한 조건들은 어떤 것입니까?”[20]

"존자여, 괴롭지도 즐겁지도 않은 심해탈을 성취하기 위한 조건은 네 가지입니다. 존자여, 비구는 행복감을 포기하고, 괴로움을 버리고, 이전의 만족과 불만을 소멸함으로써, 고락(苦樂)을 벗어나 평정하고 주의집중이 청정한 제4선(第四禪)을 성취하여 살아갑니다. 존자여, 괴롭지도 즐겁지도 않은 심해탈을 성취하기 위한 조건은 이들 네 가지입니다.”

"존자여, 무상심해탈(無相心解脫)[21]을 성취하기 위한 조건은 어떤 것입니까?”

"존자여, 무상심해탈을 성취하기 위한 조건은 두 가지입니다. 그 것은 일체의 상(相)에 주의를 기울이지 않는 것과 상이 없는 계[無相界]에 주의를 기울이는 것입니다.”

"존자여, 무상심해탈을 지속하기 위한 조건은 어떤 것입니까?”

"존자여, 무상심해탈을 지속하기 위한 조건은 세 가지입니다. 그 것은 일체의 상에 주의를 기울이지 않고, 상이 없는 계에 주의를 기울

---

20 'kati pan' āvuso paccayā adukkhamasukhāya cetovimuttiyā samāpattiyā'의 번역.
21 'animittā cetovimutti'의 번역.

이고, 미리 준비하는 것입니다."[22]

"존자여, 무상심해탈에서 나오기 위한 조건은 어떤 것입니까?"

"존자여, 무상심해탈에서 나오기 위한 조건은 두 가지입니다. 그것은 일체의 상에 주의를 기울이고, 상이 없는 계에 주의를 기울이지 않는 것입니다."

"존자여, 무량심해탈(無量心解脫)과 무소유심해탈(無所有心解脫)과 공심해탈(空心解脫)과 무상심해탈(無相心解脫)은 의미도 다르고 문자도 다릅니까, 그렇지 않으면 의미는 같고, 문자만 다릅니까?"[23]

"존자여, 무량심해탈과 무소유심해탈과 공심해탈과 무상심해탈은 의미도 다르고 문자도 다르다고 할 수 있는 이유도 있고, 의미는 같고 문자만 다르다고 할 수 있는 이유도 있습니다. 존자여, 이들이 의미도 다르고, 문자도 다르다고 할 수 있는 이유는 어떤 것인가?

존자여, 비구는 자애로운 마음[慈心]으로 한쪽 방향을 가득 채우고 살아갑니다. 그와 같이 두 번째, 세 번째, 네 번째 방향을 가득 채우고 살아갑니다. 이렇게 온 세상을 위로, 아래로, 사방으로, 모든 곳에 빠짐 없이, 편재(遍在)하고, 광대하고, 무한하고, 원한 없고, 폭력 없는 자애로운 마음으로 가득 채우고 살아갑니다. 비구는 연민하는 마음[悲心], 기뻐하는 마음[喜心], 평정한 마음[捨心]도 마찬가지입니다. 존자여, 이것을 무량심해탈이라고 부릅니다. 존자여, 무소유심해탈이란 어떤 것인

22　'sabbanimittānañ－ca amanasikāro, animittāya ca dhātuyā manasikāro pubbe ca abhisaṅkhāro' 의 번역.

23　'yā câyaṃ āvuso āṇappamānā cetovimutti yā ca ākiñcaññā cetovimutti yā ca suññatā cetovimutti yā ca animittā cetovimutti, ime dhammā nānatthā c'eva nānābyañjanā ca udāhu ekatthā byañjanam－eva nānan－ti'의 번역.

가? 존자여, 비구는 일체의 식무변처(識無邊處)를 초월하여, '아무것도 없다'라고 생각하는 무소유처(無所有處)를 성취하여 살아갑니다. 존자여, 이것을 무소유심해탈이라고 부릅니다. 존자여, 공심해탈이란 어떤 것인가? 존자여, 비구는 숲속이나 나무 아래나 아무도 없는 곳에 가서 '자아나 자아에 속하는 것[我所]은 텅비었다'[24]라고 성찰합니다. 존자여, 이것을 공심해탈이라고 부릅니다. 존자여, 무상심해탈이란 어떤 것인가? 존자여, 비구는 일체의 상(相)에 주의를 기울이지 않고 무상심해탈을 성취하여 살아갑니다. 존자여, 이것을 무상심해탈이라고 부릅니다. 존자여, 이것이 이들이 의미도 다르고, 문자도 다르다고 할 수 있는 이유입니다.

존자여, 이들이 의미는 같고, 문자만 다르다고 할 수 있는 이유는 어떤 것인가? 존자여, 탐욕[貪]이 척도(尺度)를 만들고, 분노[瞋]가 척도를 만들고, 어리석음[癡]이 척도를 만듭니다.[25] 번뇌[漏]가 멸진한 비구에게는 그런 탐욕, 분노, 어리석음은 포기되고, 끊어지고, 근절되고, 없어져서 미래에는 발생하지 않는 법(法)들입니다. 존자여, 무량심해탈 가운데서 부동(不動)의 무량심해탈이[26] 최상이라고 이야기되는데, 그 부동의 심해탈은 탐욕이 텅 비고, 분노가 텅 비고, 어리석음이 텅 비었습니다.[27] 존자여, 탐욕은 무엇인가에 대한 것이고, 분노는 무엇인가

---

24 'suññaṃ – idaṃ attena vā attaniyena vā ti'의 번역.
25 'rāgo kho āvuso pamāṇakaraṇo doso pamāṇakaraṇo moho pamāṇakaraṇo'의 번역. 탐진치(貪瞋癡)가 척도(尺度)를 만든다는 것은 탐진치에 의해서 우리의 마음이 좋은 것과 싫은 것을 구분하여 가치의 기준을 만든다는 의미이다.
26 'akuppā tāsaṃ cetovimutti'의 번역.
27 'suññā rāgena suññā dosena suññā mohena'의 번역.

에 대한 것이고, 어리석음은 무엇인가에 대한 것입니다.[28] 번뇌가 멸진한 비구에게는 그런 탐욕, 분노, 어리석음은 포기되고, 끊어지고, 근절되고, 없어져서 미래에는 발생하지 않는 법(法)들입니다. 존자여, 무소유심해탈 가운데서 부동의 무소유심해탈이 최상이라고 이야기되는데, 그 부동의 심해탈은 탐욕이 텅 비었고, 분노가 텅 비었고, 어리석음이 텅 비었습니다. 존자여, 탐욕이 상(相)을 만들고, 분노가 상을 만들고, 어리석음이 상을 만듭니다.[29] 번뇌[漏]가 멸진한 비구에게 그런 탐욕, 분노, 어리석음은 포기되고, 끊어지고, 근절되고, 없어져서 미래에는 발생하지 않는 법(法)들입니다. 존자여, 무상심해탈 가운데서 부동의 무상심해탈이 최상이라고 이야기되는데, 그 부동의 심해탈은 탐욕이 텅 비었고, 분노가 텅 비었고, 어리석음이 텅 비었습니다. 존자여, 이것이 이들이 의미는 같고, 문자만 다르다고 할 수 있는 이유입니다."

이것이 싸리뿟따 존자께서 하신 말씀입니다.
마하꼿티따 존자는 싸리뿟따 존자의 설법에 만족하고 기뻐했습니다.

---

28 'rāgo kho āvuso kiñcano doso kiñcano moho kiñcano'의 번역. 탐진치(貪瞋癡)는 그 대상이 있다는 의미이다.

29 'rāgo kho āvuso nimittakaraṇo doso nimittakaraṇo moho nimittakaraṇo'의 번역. 탐진치(貪瞋癡)가 대상을 한정하여 그것에 특징을 부여한다는 의미이다.

26

교리문답 작은 경

44. Cūḷavedalla-sutta

【 해제 】

|

이 경은 한역 『중아함경(中阿含經)』「210. 법락비구니경(法樂比丘尼經)」에 상응하는 경이다.

 이 경은 부처님 당시에 비구니와 재가 신도가 나눈 교리문답을 담고 있다. 이것은 부처님 당시에 승속(僧俗)을 막론하고 교리 토론이 활발하게 전개되었음을 시사한다.

 '자기 존재[有身]란 무엇인가?'라는 질문에서 시작된 교리문답은 어떻게 '자기 존재'라는 망상이 일어나게 되는지, 어떻게 하면 '자기 존재'라는 망상에서 벗어날 수 있는지, '자기 존재'라는 망상에서 벗어나는 8정도 수행은 어떤 것인지, 허망한 '자기 존재'를 취착하는 마음과 '자기 존재'로 취해진 5취온(五取蘊)은 어떻게 다른지, 허망한 '자기 존재'를 조작하는 삶[行]은 무엇이며, 이러한 삶은 어떻게 그치게 되는지, 허망한 '자기 존재'를 벗어난 삶은 어떤 것인지, 이런 질문과 그에 대한 대답이 숨 가쁘게 이어진다. 그 과정에서 5취온, 4성제, 8정도, 선정수행(禪定修行), 상수멸정(想受滅定) 등 불교의 핵심교리와 수행법이 긴밀한 관계 속에서 논의된다. 이와 같은 교리문답을 통해서 우리는 불교의 교리와 수행법이 낱낱의 개별적인 법문이 아니라 '자기 존재란 무엇인가?'라는 하나의 물음에 대한 답이라는 것을 알 수 있다.

◈

이와 같이 나는 들었습니다.

한때 세존께서는 라자가하의 웰루와나(Veḷuvana) 깔란다까니와빠
(Kalandakanivāpa)에 머무셨습니다. 그때 청신사(清信士) 위싸카(Visākka)
가 담마딘나(Dhammadinnā) 비구니를 찾아가서 담마딘나 비구니에게
인사하고 한쪽에 앉았습니다. 한쪽에 앉은 청신사 위싸카가 담마딘나
비구니에게 말했습니다.

"현자(賢者)여, '자기 존재[有身]'[01]라고들 이야기합니다. 존자여, 세
존께서 말씀하신 자기 존재는 어떤 것입니까?"

"위싸카 존자여, 세존께서 말씀하신 자기 존재는 5취온(五取蘊), 즉
색취온(色取蘊), 수취온(受取蘊), 상취온(想取蘊), 행취온(行取蘊), 식취온
(識取蘊)입니다. 위싸카 존자여, 세존께서는 이들 5취온을 자기 존재라
고 말씀하셨습니다."

"현자여, 감사합니다."

청신사 위싸카는 담마딘나 비구니의 말씀에 만족하고 기뻐하면
서 담마딘나 비구니에게 다시 물었습니다.

"현자여, '자기 존재라는 망상(妄想)의 쌓임[有身集]'[02]이라고들 이

---

01 'sakkāya'의 번역. '유신(有身)'으로 한역(漢譯)되는 'sakkāya'는 '존재'를 의미하는 'sat'와
'몸'을 의미하는 'kāya'의 합성어로서 '실재(實在)하는 자기 존재'를 의미한다. 여기에서
는 '자기 존재'로 번역한다.

02 'sakkāyasamudaya'의 번역. '실재하는 자기 존재'는 허망한 생각일 뿐이며,
'sakkāyasamudaya'는 이러한 허망한 생각의 쌓임[集]을 의미하므로, '자기 존재라는 망상

야기합니다. 존자여, 세존께서 말씀하신 '자기 존재라는 망상의 쌓임'은 어떤 것입니까?"

"위싸카 존자여, 좋아하고 탐착하며, 이것저것을 애락(愛樂)하는, (자신을) 다시 존재하게 하는 갈애[愛], 즉 욕애(欲愛), 유애(有愛), 무유애(無有愛), 이것이 세존께서 말씀하신 '자기 존재라는 망상의 쌓임'입니다."

"현자여, '자기 존재라는 망상의 소멸[有身滅]'03이라고들 이야기합니다. 존자여, 세존께서 말씀하신 '자기 존재라는 망상의 소멸'은 어떤 것입니까?"

"위싸카 존자여, 그 갈애가 남김없이 사라지고, 소멸하고, 그 갈애를 버리고, 포기하고, 그 갈애에서 벗어나고, 그 갈애[愛]를 염리(厭離)하는 것, 이것이 세존께서 말씀하신 '자기 존재라는 망상의 소멸'입니다."

"현자여, '자기 존재라는 망상의 소멸에 이르는 길[有身滅道],04 자기 존재라는 망상의 소멸에 이르는 길'이라고 이야기합니다. 존자여, 세존께서 말씀하신 '자기 존재라는 망상의 소멸에 이르는 길'은 어떤 것입니까?"

"위싸카 존자여, 성자의 8정도 즉, 정견(正見), 정사유(正思惟), 정어(正語), 정업(正業), 정명(正命), 정정진(正精進), 정념(正念), 정정(正定)이 자기 존재라는 망상의 소멸에 이르는 길이라고 세존께서 말씀하셨습니다."

의 쌓임[有身集]'으로 번역함.

03 'sakkāyanirodha'의 번역.

04 'sakkāyanirodhagāminī paṭipadā'의 번역.

"현자여, 취(取)가 5취온(五取蘊)입니까, 그렇지 않으면, 5취온 이외에 취가 따로 있습니까?"

"위싸카 존자여, 취가 5취온은 아닙니다. 그렇지만 5취온 이외에 취가 따로 있는 것도 아닙니다. 위싸카 존자여, 5취온에 대한 욕탐(欲貪),[05] 그것이 바로 취입니다."

"현자여, 자기 자신이 있다고 보는 견해[有身見][06]는 어떻게 하여 존재합니까?"

"위싸카 존자여, 성인(聖人)을 무시하고, 성인의 가르침을 이해하지 못하고, 성인의 가르침에서 배우지 못하고, 참사람[正士]을 무시하고, 참사람의 가르침을 이해하지 못하고, 참사람의 가르침에서 배우지 못한, 무지한 범부는 형색[色]을 자아(自我)로 여기거나, 자아가 형색을 소유하고 있다고 여기거나, 자아 속에 형색이 있다고 여기거나, 형색 속에 자아가 있다고 여깁니다. 느낌[受], 생각[想], 행위[行]들, 분별하는 마음[識]에 대해서도 마찬가지입니다. 느낌, 생각, 행위들, 분별하는 마음을 자아로 여기거나, 자아가 느낌, 생각, 행위들, 분별하는 마음을 소유하고 있다고 여기거나, 자아 속에 느낌, 생각, 행위들, 분별하는 마음이 있다고 여기거나, 느낌, 생각, 행위들, 분별하는 마음속에 자아가 있다고 여깁니다. 위싸카 존자여, 이렇게 하면 자기 자신이 있다고 보는 견해[有身見]가 존재합니다."

"현자여, 자기 자신이 있다고 보는 견해는 어떻게 하면 존재하지 않습니까?"

---

05 'chandarāga'의 번역.
06 'sakkāyadiṭṭhi'의 번역.

"위싸카 존자여, 성인(聖人)을 알아보고, 성인의 가르침을 이해하고, 성인의 가르침에서 배우고, 참사람[正士]을 알아보고, 참사람의 가르침을 이해하고, 참사람의 가르침에서 잘 배운, 학식 있는 거룩한 제자는 형색을 자아로 여기지 않고, 자아가 몸을 소유하고 있다고 여기지 않고, 자아 속에 몸이 있다고 여기지 않고, 몸속에 자아가 있다고 여기지 않습니다. 느낌, 생각, 행위들, 분별하는 마음에 대해서도 마찬가지입니다. 느낌, 생각, 행위들, 분별하는 마음을 자아로 여기지 않고, 자아가 느낌, 생각, 행위들, 분별하는 마음을 소유하고 있다고 여기지 않고, 자아 속에 느낌, 생각, 행위들, 분별하는 마음이 있다고 여기지 않고, 느낌, 생각, 행위들, 분별하는 마음속에 자아가 있다고 여기지 않습니다. 위싸카 존자여, 이렇게 하면 자기 자신이 있다고 보는 견해가 존재하지 않습니다."

"현자여 어떤 것이 성자의 8정도입니까?"

"위싸카 존자여, 정견, 정사유, 정어, 정업, 정명, 정정진, 정념, 정정이 성자의 8정도입니다."

"현자여 성자의 8정도는 의도적(意圖的)인 행위[有爲][07]입니까, 의도 없는 행위[無爲][08]입니까?"

"위싸카 존자여, 성자의 8정도는 의도적인 행위입니다."

"현자여 성자의 8정도에 세 가지 온(蘊)이 포함됩니까, 그렇지 않으면, 세 가지 온에 성자의 8정도가 포함됩니까?"

---

07 'saṅkhata'의 번역. '유위(有爲)'로 한역(漢譯)되는 'saṅkhata'는 '행위[行]', 즉 'saṅkhāra'에 의해 조작된 것을 의미한다.

08 'asaṅkhata'의 번역.

"위싸카 존자여, 성자의 8정도에 세 가지 온이 포함되는 것이 아니라, 세 가지 온에 성자의 8정도가 포함됩니다. 위싸카 존자여, 정어와 정업과 정명은 계온(戒蘊)[09]에 포함되고, 정정진과 정념과 정정은 정온(定蘊)[10]에 포함되고, 정견과 정사유는 혜온(慧蘊)[11]에 포함됩니다."

"현자여, 정(定)은 어떤 것이고, 정의 모습[定相]들은 어떤 것들이며, 정에 필요한 도구들은 어떤 것들이고, 정수행(定修行)은 어떤 것입니까?"[12]

"위싸카 존자여, 마음의 통일이 정(定)입니다. 4념처(四念處)가 정의 모습[定相]입니다. 4정근(四正勤)이 정의 도구입니다. 이들 수행법을 반복하여 닦아 익히는 것이 정수행입니다."

"현자여, 행위[行]들은 어떤 것입니까?"

"위싸카 존자여, 행위들은 세 가지입니다. 그것은 몸으로 조작하는 신행(身行), 언어로 조작하는 구행(口行), 마음으로 조작하는 의행(意行)입니다."

"현자여, 어떤 것이 몸으로 조작하는 신행이고, 어떤 것이 언어로 조작하는 구행이며, 어떤 것이 마음으로 조작하는 의행입니까?"

"위싸카 존자여, 숨을 들이쉬고 내쉬는 일[入息出息][13]이 몸으로 조작하는 신행입니다. 사유하고 숙고하는 일[覺觀][14]이 언어로 조작하는

---

09 'sīlakhandha'의 번역.
10 'samādhikhandha'의 번역.
11 'paññākhandha'의 번역.
12 'katamo pan'ayye samādhi, katame samādhinimittā, katame samādhiparikkhārā, katakā samādhibhāvanā'의 번역.
13 'assāsapassāsā'의 번역.
14 'vitakkavicāra'의 번역.

구행입니다. 생각과 느낌[想受]¹⁵이 마음으로 조작하는 의행입니다."

"현자여, 어찌하여 숨을 들이쉬고 내쉬는 일이 몸으로 조작하는 신행입니까? 어찌하여 사유하고 숙고하는 일이 언어로 조작하는 구행입니까? 어찌하여 생각과 느낌이 마음으로 조작하는 의행입니까?"

"위싸카 존자여, 숨을 들이쉬고 내쉬는 일은 신체적인 것이며, 몸과 연결된 것입니다. 그러므로 숨을 들이쉬고 내쉬는 일은 몸으로 조작하는 신행입니다. 위싸카 존자여, 먼저 사유하고 숙고하고 나서 뒤에 말을 합니다. 그러므로 사유하고 숙고하는 일은 언어로 조작하는 구행입니다. 위싸카 존자여, 생각과 느낌은 마음에 속한 것¹⁶이며, 마음과 연결된 것¹⁷입니다. 그러므로 생각과 느낌은 마음으로 조작하는 의행입니다."

"현자여, 상수멸정(想受滅定)¹⁸에 들어가면 어떠합니까?"

"위싸카 존자여, 상수멸정에 들어간 비구에게는 '나는 상수멸정에 들어가겠다'라거나, '나는 지금 상수멸정에 들어간다'라거나, '나는 상수멸정에 들어갔다'라는 생각이 들지 않습니다. 그는 이전에 그런 식으로 마음을 닦았기 때문에 실제로 그렇게 됩니다."

"현자여, 상수멸정에 들어간 비구에게는 어떤 법들이 맨 처음 소멸합니까? 몸으로 조작하는 신행입니까, 언어로 조작하는 구행입니까, 마음으로 조작하는 의행입니까?"

---

15   'saññā ca vedanā'의 번역.
16   'cetasikā'의 번역.
17   'cittapaṭibaddhā'의 번역.
18   'saññāvedyitanirodhasamāpatti'의 번역.

"위싸카 존자여, 상수멸정에 들어간 비구에게는 언어로 조작하는 구행이 맨 처음 소멸합니다. 그 후에 몸으로 조작하는 신행이 소멸하고, 그 후에 마음으로 조작하는 의행이 소멸합니다."

"현자여, 상수멸정에서 나오면 어떠합니까?"

"위싸카 존자여, 상수멸정에서 나온 비구에게는 '나는 상수멸정에서 나와야겠다'라거나, '나는 지금 상수멸정에서 나간다'라거나, '나는 상수멸정에서 이미 나왔다'라는 생각이 들지 않습니다. 그는 이전에 그런 식으로 마음을 닦았기 때문에 실제로 그렇게 됩니다."

"현자여, 상수멸정에서 나온 비구에게는 어떤 법들이 맨 처음 생깁니까? 몸으로 조작하는 신행입니까, 언어로 조작하는 구행입니까, 마음으로 조작하는 의행입니까?"

"위싸카 존자여, 상수멸정에서 나온 비구에게는 마음으로 조작하는 의행이 맨 처음 생깁니다. 그 후에 몸으로 조작하는 신행이 생기고, 그 후에 언어로 조작하는 구행이 생깁니다."

"현자여, 상수멸정에서 나온 비구에게는 어떤 접촉[觸]들이 생깁니까?"[19]

"위싸카 존자여, 상수멸정에서 나온 비구에게는 세 가지 접촉, 즉 공성의 접촉[空觸],[20] 모습 없음의 접촉[無相觸],[21] 바랄 것 없음의 접촉[無願觸][22]이 생깁니다."

---

19 'saññāvedyitanirodhasamāpattiyā vuṭṭhitaṃ pan'ayye bhikkhuṃ kati phassā phusanti'의 번역.
20 'suññata phassa'의 번역.
21 'animitta phassa'의 번역.
22 'appaṇihita phassa'의 번역.

"현자여, 상수멸정에서 나온 비구의 마음은 어떤 것을 좋아하고, 어떤 것으로 나아가고, 어떤 것을 따릅니까?"

"위싸카 존자여, 상수멸정에서 나온 비구의 마음은 원리(遠離)[23]를 좋아하고, 원리로 나아가고, 원리를 따릅니다."

"현자여, 느낌[受]은 몇 가지입니까?"

"위싸카 존자여, 느낌은 즐거운 느낌, 괴로운 느낌, 괴롭지도 즐겁지도 않은 느낌, 세 가지입니다."

"현자여, 즐거운 느낌은 어떤 것이고, 괴로운 느낌은 어떤 것이고, 괴롭지도 즐겁지도 않은 느낌은 어떤 것입니까?"

"위싸카 존자여, 신체적으로나 정신적으로 즐겁고 기분 좋게 느껴진 것, 이것이 즐거운 느낌입니다. 위싸카 존자여, 신체적으로나 정신적으로 괴롭고 기분 나쁘게 느껴진 것, 이것이 괴로운 느낌입니다. 위싸카 존자여, 신체적으로나 정신적으로 기분 좋지도 않고, 기분 나쁘지도 않게 느껴진 것, 이것이 괴롭지도 즐겁지도 않은 느낌입니다."

"현자여, 즐거운 느낌은 무엇이 즐거움이고, 무엇이 괴로움입니까? 괴로운 느낌은 무엇이 즐거움이고, 무엇이 괴로움입니까? 괴롭지도 즐겁지도 않은 느낌은 무엇이 즐거움이고, 무엇이 괴로움입니까?"

"위싸카 존자여, 즐거운 느낌은 지속(持續)이 즐거움이고, 변화(變化)가 괴로움입니다. 괴로운 느낌은 지속이 괴로움이고, 변화가 즐거움입니다. 괴롭지도 즐겁지도 않은 느낌은 앎[知]이[24] 즐거움이고, 모름

---

23 'viveka'의 번역.
24 'ñāṇa'의 번역.

[無知]이[25] 괴로움입니다.

"현자여, 즐거운 느낌에는 어떤 성향[睡眠][26]이 잠재하고, 괴로운 느낌에는 어떤 성향이 잠재하고, 괴롭지도 즐겁지도 않은 느낌에는 어떤 성향이 잠재합니까?"

"위싸카 존자여, 즐거운 느낌에는 탐하는 성향이 잠재하고, 괴로운 느낌에는 화내는 성향이 잠재하고, 괴롭지도 즐겁지도 않은 느낌에는 무명에 이끌리는 성향이 잠재합니다."

"현자여, 모든 즐거운 느낌에는 탐하는 성향이 잠재하고, 모든 괴로운 느낌에는 화내는 성향이 잠재하고, 모든 괴롭지도 즐겁지도 않은 느낌에는 무명에 이끌리는 성향이 잠재합니까?"

"위싸카 존자여, 모든 즐거운 느낌에 탐하는 성향이 잠재하는 것은 아니고, 모든 괴로운 느낌에 화내는 성향이 잠재하는 것은 아니며, 모든 괴롭지도 즐겁지도 않은 느낌에 무명에 이끌리는 성향이 잠재하는 것은 아닙니다."

"현자여, 즐거운 느낌에서는 무엇을 버려야 하고, 괴로운 느낌에서는 무엇을 버려야 하고, 괴롭지도 즐겁지도 않은 느낌에서는 무엇을 버려야 합니까?"

"위싸카 존자여, 즐거운 느낌에서는 탐하는 성향을 버려야 하고, 괴로운 느낌에서는 화내는 성향을 버려야 하고, 괴롭지도 즐겁지도 않은 느낌에서는 무명에 이끌리는 성향을 버려야 합니다."

"현자여, 모든 즐거운 느낌에서 탐하는 성향을 버려야 하고, 모든

---

25 'aññāṇa'의 번역.
26 'anusaya'의 번역.

괴로운 느낌에서 화내는 성향을 버려야 하고, 모든 괴롭지도 즐겁지도 않은 느낌에서 무명에 이끌리는 성향을 버려야 합니까?"

"위싸카 존자여, 모든 즐거운 느낌에서 탐하는 성향을 버려야 하는 것은 아니고, 모든 괴로운 느낌에서 화내는 성향을 버려야 하는 것은 아니며, 모든 괴롭지도 즐겁지도 않은 느낌에서 무명에 이끌리는 성향을 버려야 하는 것은 아닙니다. 위싸카 존자여, 비구는 감각적 욕망을 멀리하고 불선법(不善法)을 멀리함으로써, 사유가 있고 숙고가 있는, 멀리함에서 생긴 즐거움과 행복이 있는 초선(初禪)을 성취하여 살아갑니다. 그렇게 함으로써 그는 탐욕을 버리며, 그때는 탐하는 성향이 잠재하지 않습니다. 위싸카 존자여, 비구는 '나는 반드시 지금 성인(聖人)들이 성취하여 살아가고 있는 경지²⁷를 성취하여 살아가야겠다'라고 생각합니다. 이렇게 무상(無上)의 해탈을 서원(誓願)하면, 서원으로 인하여 불만이 생깁니다. 그렇게 함으로써 그는 분노를 버리며, 그때는 화내는 성향이 잠재하지 않습니다. 위싸카 존자여, 비구는 행복감을 포기하고, 괴로움을 버림으로써, 이전의 만족과 불만이 소멸하여, 괴롭지도 않고 즐겁지도 않은, 평정한 주의집중이 청정한 제4선(第四禪)을 성취하여 살아갑니다. 그렇게 함으로써 그는 무명을 버리며, 그때는 무명에 이끌리는 성향이 잠재하지 않습니다."

"현자여, 즐거운 느낌에 대응하는 것은 무엇입니까?"

"위싸카 존자여, 즐거운 느낌에 대응하는 것은 괴로운 느낌입니다."

"현자여, 괴로운 느낌에 대응하는 것은 무엇입니까?"

---

27 'āyatana'의 번역.

"위싸카 존자여, 괴로운 느낌에 대응하는 것은 즐거운 느낌입니다."

"현자여, 괴롭지도 즐겁지도 않은 느낌에 대응하는 것은 무엇입니까?"

"위싸카 존자여, 괴롭지도 즐겁지도 않은 느낌에 대응하는 것은 무명입니다."

"현자여, 무명에 대응하는 것은 무엇입니까?"

"위싸카 존자여, 무명에 대응하는 것은 명지(明智)입니다."

"현자여, 명지에 대응하는 것은 무엇입니까?"

"위싸카 존자여, 명지에 대응하는 것은 해탈(解脫)입니다."

"현자여, 해탈에 대응하는 것은 무엇입니까?"

"위싸카 존자여, 해탈에 대응하는 것은 열반(涅槃)입니다."

"현자여, 열반에 대응하는 것은 무엇입니까?"

"위싸카 존자여, 질문이 지나쳤습니다. 할 수 있는 질문의 한계를 벗어났습니다. 위싸카 존자여, 왜냐하면 열반은 청정한 수행[梵行]의 근거이고, 목적이고, 완성이기 때문입니다. 원한다면 세존을 찾아가서 이 의미를 물어보시고, 세존께서 대답하시는 것을 그대로 받아 지니십시오."

청신사 위싸카는 담마딘나 비구니의 말씀에 만족하고 기뻐하면서 자리에서 일어나 담마딘나 비구니에게 예배하고 오른쪽으로 세 바퀴를 돈 후에 세존을 찾아갔습니다. 청신사 위싸카는 세존을 찾아가서 예배한 후에 한쪽에 앉아 담마딘나 비구니와 함께 나눈 대화를 모두 세존께 말씀드렸습니다. 이와 같이 말씀드리자, 세존께서 청신사 위싸카에게 말씀하셨습니다.

"위싸카여, 담마딘나 비구니는 현명하군요. 위싸카여, 담마딘나 비구니는 큰 지혜가 있군요. 위싸카여, 만약 그대가 나에게 이 의미를 물었다면, 나도 담마딘나 비구니가 대답한 그대로 대답했을 것이오. 이것이 이것의 의미이니 이와 같이 받아 지니도록 하시오."

이것이 세존께서 하신 말씀입니다.
청신사 위싸카는 세존의 설법에 만족하고 기뻐했습니다.

27

과보(果報)를 받는 법(法) 큰 경

46. Mahādhammasamādāna-sutta

【 해제 】

|

이 경은 한역 『중아함경(中阿含經)』 「175. 수법경(受法經)」에 상응하는 경이며, 별행경(別行經)으로는 축법호(竺法護)의 『응법경(應法經)』이 있다.

　　이 경에서는 현재에도 괴롭고 미래에도 괴로운 과보를 받는 법, 현재는 즐겁지만, 미래에는 괴로운 과보를 받는 법, 현재는 괴롭지만, 미래에는 즐거운 과보를 받는 법, 현재에도 즐겁고 미래에도 즐거운 과보를 받는 법을 이야기한다.

이와 같이 나는 들었습니다.

한때 세존께서는 싸왓티의 제따와나 아나타삔디까 승원(僧園)에 머무셨습니다. 그곳에서 세존께서 "비구들이여!"라고 비구들을 불렀습니다.

비구들은 "존경하는 스승님!" 하고 대답했습니다.

세존께서 말씀하셨습니다.

"비구들이여, 중생은 대부분 '아! 제발 마음에 들지 않고, 불쾌하고, 즐겁지 않은 일[法]들은 줄어들고, 마음에 들고, 유쾌하고, 즐거운 일[法]들은 늘어났으면!' 하는 욕망을 가지고, 그렇게 욕구하고 소망한다오. 비구들이여, 그러나 이와 같은 욕망을 가지고, 그렇게 욕구하고 소망하는 중생에게 불쾌하고, 즐겁지 않은 일들은 늘어나고, 마음에 들고, 유쾌하고, 즐거운 일들은 줄어든다오. 비구들이여, 그대들은 그 원인이 무엇이라고 생각하는가?"

"세존이시여, 세존께서는 법(法)의 근본이시고, 법의 안내자이시고, 법의 귀의처이십니다. 세존이시여, 부디 세존께서는 이 말씀의 의미를 밝혀주십시오. 세존의 말씀을 듣고 비구들은 받아 지닐 것입니다."

"비구들이여, 그렇다면 그대들은 듣고 잘 생각하도록 하시오. 내가 이야기하겠소."

그 비구들은 "그렇게 하겠습니다. 세존이시여"라고 대답했습니다.

세존께서는 다음과 같이 말씀하셨습니다.

"비구들이여, 성인(聖人)을 무시하고, 성인의 가르침을 이해하지 못하고, 성인의 가르침에서 배우지 못하고, 참사람[正士]을 무시하고, 참사람의 가르침을 이해하지 못하고, 참사람의 가르침에서 배우지 못한 무지한 범부는 해야 할 일[法]들을[01] 알지 못하고, 해서는 안 될 일[法]들을[02] 알지 못하고, 가까이해야 할 것[法]들을 알지 못하고, 가까이해서는 안 될 것[法]들을 알지 못한다오. 그는 해야 할 일들을 알지 못하고, 해서는 안 될 일들을 알지 못하고, 가까이해야 할 것들을 알지 못하고, 가까이해서는 안 될 것들을 알지 못하기 때문에, 해서는 안 될 일들을 행하고, 해야 할 일들을 행하지 않으며, 가까이해서는 안 될 것들을 가까이하고, 가까이해야 할 것들을 가까이하지 않는다오. 그렇게 하면 그에게 불쾌하고 즐겁지 않은 일들은 늘어나고, 마음에 들고 유쾌하고 즐거운 일들은 줄어든다오. 그 원인은 무엇인가? 비구들이여, 그는 그것에 대하여 알지 못하기 때문이라오.

비구들이여, 성인을 알아보고, 성인의 가르침을 이해하고, 성인의 가르침에서 배우고, 참사람[正士]을 알아보고, 참사람의 가르침을 이해하고, 참사람의 가르침에서 잘 배운 학식 있는 거룩한 제자는 해야 할 일들을 알고, 해서는 안 될 일들을 알고, 가까이해야 할 것들을 알고, 가까이해서는 안 될 것들을 안다오. 그는 해야 할 일들을 알고, 해서는 안 될 일들을 알고, 가까이해야 할 것들을 알고, 가까이해서는 안 될 것들을 알기 때문에, 해서는 안 될 일들은 행하지 않고, 해야 할 일들을 행하며, 가까이해서는 안 될 것들은 가까이하지 않고, 가까이해야 할 것들을 가까이한다오. 그렇게 하면, 그에게 불쾌하고, 즐겁지 않은 일들은

---

01 'sevitabbe dhamme'의 번역.
02 'bhajitabbe dhamme'의 번역.

줄어들고, 마음에 들고, 유쾌하고, 즐거운 일들은 늘어난다오. 그 원인은 무엇인가? 비구들이여, 그는 그것에 대하여 알기 때문이라오.

비구들이여 과보(果報)를 받는 법03에 네 가지가 있다오. 네 가지는 어떤 것인가? 비구들이여, 현재도 괴롭고 미래도 괴로운 과보를 받는 법이 있다오. 비구들이여, 현재는 즐겁지만, 미래는 괴로운 과보를 받는 법이 있다오. 비구들이여, 현재는 괴롭지만, 미래는 즐거운 과보를 받는 법이 있다오. 비구들이여, 현재도 즐겁고 미래도 즐거운 과보를 받는 법이 있다오.

비구들이여, 현재도 괴롭고 미래도 괴로운 과보를 받는 법을 알지 못하는 무명(無明)의 상태에 있는 사람은04 '이것은 현재도 괴롭고 미래도 괴로운 과보를 받는 법이다'라고 여실(如實)하게 체험하지 못한다오. 그는 그것을 알지 못하는 무명의 상태에서 여실하게 체험하지 못하기 때문에, 그것을 행하면서 멀리하지 않는다오. 그것을 행하면서 멀리하지 않으면, 그에게 불쾌하고 즐겁지 않은 일들은 늘어나고, 마음에 들고 유쾌하고 즐거운 일들은 줄어든다오. 그 이유는, 비구들이여, 그는 그 과보를 받는 법을 알지 못하기 때문이라오.

비구들이여, 현재는 즐겁지만, 미래는 괴로운 과보를 받는 법을 알지 못하는 무명의 상태에 있는 사람은 '이것은 현재는 즐겁지만, 미래는 괴로운 과보를 받는 법이다'라고 여실하게 체험하지 못한다오. 그는 그것을 알지 못하는 무명의 상태에서 여실하게 체험하지 못하기 때문에, 그것을 행하고 멀리하지 않는다오. 그것을 행하고 멀리하지 않으면, 그에게 불쾌하고 즐겁지 않은 일들은 늘어나고, 마음에 들고 유쾌

---

03 'dhammasamādāna'의 번역.
04 'avijjāgato'의 번역.

하고 즐거운 일들은 줄어든다오. 그 이유는, 비구들이여, 그는 그 과보를 받는 법을 알지 못하기 때문이라오.

비구들이여, 현재는 괴롭지만, 미래는 즐거운 과보를 받는 법을 알지 못하는 무명의 상태에 있는 사람은 '이것은 현재는 괴롭지만, 미래는 즐거운 과보를 받는 법이다'라고 여실하게 체험하지 못한다오. 그는 그것을 알지 못하는 무명의 상태에서 여실하게 체험하지 못하기 때문에, 그것을 행하지 않고 멀리한다오. 그것을 행하지 않고 멀리하면, 그에게 불쾌하고 즐겁지 않은 일들은 늘어나고, 마음에 들고 유쾌하고 즐거운 일들은 줄어든다오. 그 이유는, 비구들이여, 그는 그 과보를 받는 법을 알지 못하기 때문이라오.

비구들이여, 현재도 즐겁고, 미래도 즐거운 과보를 받는 법을 알지 못하는 무명의 상태에 있는 사람은 '이것은 현재도 즐겁고 미래도 즐거운 과보를 받는 법이다'라고 여실하게 체험하지 못한다오. 그는 그것을 알지 못하는 무명의 상태에서 여실하게 체험하지 못하기 때문에, 그것을 행하지 않고 멀리한다오. 그것을 행하지 않고 멀리하면, 그에게 불쾌하고 즐겁지 않은 일들은 늘어나고, 마음에 들고 유쾌하고 즐거운 일들은 줄어든다오. 그 이유는, 비구들이여, 그는 그 과보를 받는 법을 알지 못하기 때문이라오.

비구들이여, 현재도 괴롭고 미래도 괴로운 과보를 받는 법을 아는 명지(明智)의 상태에 있는 사람은[05] '이것은 현재에도 괴롭고 미래에도 괴로운 과보를 받는 법이다'라고 있는 그대로 통찰한다오. 그는 그것을

---

05 'vijjāgato'의 번역.

아는 명지의 상태에서 여실하게 체험하기 때문에, 그것을 행하지 않고 멀리한다오. 그것을 행하지 않고 멀리하면, 그에게 불쾌하고 즐겁지 않은 일들은 줄어들고, 마음에 들고 유쾌하고 즐거운 일들은 늘어난다오. 그 이유는, 비구들이여, 그는 그 과보를 받는 법을 알기 때문이라오.

비구들이여, 현재는 즐겁지만, 미래는 괴로운 과보를 받는 법을 아는 명지의 상태에 있는 사람은 '이것은 현재에는 즐겁지만, 미래는 괴로운 과보를 받는 법이다'라고 있는 그대로 통찰한다오. 그는 그것을 아는 명지의 상태에서 여실하게 체험하기 때문에, 그것을 행하지 않고 멀리한다오. 그것을 행하지 않고 멀리하면, 그에게 불쾌하고 즐겁지 않은 일들은 줄어들고, 마음에 들고 유쾌하고 즐거운 일들은 늘어난다오. 그 이유는, 비구들이여, 그는 그 과보를 받는 법을 알기 때문이라오.

비구들이여, 현재는 괴롭지만, 미래는 즐거운 과보를 받는 법을 아는 명지의 상태에 있는 사람은 '이것은 현재는 괴롭지만, 미래는 즐거운 과보를 받는 법이다'라고 있는 그대로 통찰한다오. 그는 그것을 아는 명지의 상태에서 여실하게 체험하기 때문에, 그것을 행하고 멀리하지 않는다오. 그것을 행하고 멀리하지 않으면, 그에게 불쾌하고 즐겁지 않은 일들은 줄어들고, 마음에 들고 유쾌하고 즐거운 일들은 늘어난다오. 그 이유는, 비구들이여, 그는 그 과보를 받는 법을 알기 때문이라오.

비구들이여, 현재도 즐겁고 미래도 즐거운 과보를 받는 법을 아는 명지의 상태에 있는 사람은 '이것은 현재도 즐겁고 미래도 즐거운 과보를 받는 법이다'라고 있는 그대로 통찰한다오. 그는 그것을 아는 명지의 상태에서 여실하게 체험하기 때문에, 그것을 행하고 멀리하지 않는다오. 그것을 행하고 멀리하지 않으면, 그에게 불쾌하고 즐겁지 않은 일들은 줄어들고, 마음에 들고 유쾌하고 즐거운 일들은 늘어난다오. 그 이유는, 비구들이여, 그는 그 과보를 받는 법을 알기 때문이라오.

비구들이여, 현재도 괴롭고 미래도 괴로운 과보를 받는 법은 어떤 것인가? 비구들이여, 어떤 사람은 괴로워하고 근심하면서 살생하고, 도둑질하고, 삿된 음행[邪淫]을 하고, 거짓말하고, 이간(離間)하는 말을 하고, 추악한 말을 하고, 쓸데없는 말을 하고, 욕심부리고, 화내고, 사견(邪見)을 가지고 살아가면서, 살생, 도둑질, 삿된 음행, 거짓말, 이간하는 말, 추악한 말, 쓸데없는 말, 탐욕, 진에(瞋恚), 사견으로 인하여 괴로움과 불만을 느낀다오. 그는 몸이 무너져 죽은 후에 험난(險難)하고 고통스러운 지옥과 같은 악취(惡趣)에 태어난다오. 비구들이여, 이것을 현재도 괴롭고 미래도 괴로운 과보를 받는 법이라고 한다오.

비구들이여, 현재는 즐겁지만, 미래는 괴로운 과보를 받는 법은 어떤 것인가? 비구들이여, 어떤 사람은 즐거워하고 기쁜 마음으로 살생하고, 도둑질하고, 삿된 음행을 하고, 거짓말하고, 이간(離間)하는 말을 하고, 추악한 말을 하고, 쓸데없는 말을 하고, 욕심부리고, 화내고, 사견을 가지고 살아가면서, 살생, 도둑질, 삿된 음행, 거짓말, 이간하는 말, 추악한 말, 쓸데없는 말, 탐욕, 진에, 사견으로 인하여 즐거움과 만족을 느낀다오. 그는 몸이 무너져 죽은 후에는 험난하고 고통스러운 지옥과 같은 악취(惡趣)에 태어난다오. 비구들이여, 이것을 현재는 즐겁지만, 미래는 괴로운 과보를 받는 법이라고 한다오.

비구들이여, 현재는 괴롭지만, 미래는 즐거운 과보를 받는 법은 어떤 것인가? 비구들이여, 어떤 사람은 괴로워하고 근심하면서 살생하지 않고, 도둑질하지 않고, 삿된 음행을 하지 않고, 거짓말하지 않고, 이간하는 말을 하지 않고, 추악한 말을 하지 않고, 쓸데없는 말을 하지 않고, 욕심부리지 않고, 화내지 않고, 정견(正見)을 가지고 살아가면서, 살생을 멀리하고, 도둑질을 멀리하고, 삿된 음행을 멀리하고, 거짓말을 멀리하고, 이간하는 말을 멀리하고, 추악한 말을 멀리하고, 쓸데없는 말을 멀리하고, 탐욕을 멀리하고, 진에를 멀리하고, 정견을 가짐으로써 괴로움과 불만을 느낀다오. 그는 몸이 무너져 죽은 후에는 행복한 천상 세계에 태어난다오. 비구들이여, 이것을 현재는 괴롭지만, 미래는 즐거운 과보를 받는 법이라고 한다오.

비구들이여, 현재도 즐겁고 미래도 즐거운 과보를 받는 법은 어떤 것인가? 비구들이여, 어떤 사람은 즐거워하고 기쁜 마음으로 살생하지 않고, 도둑질하지 않고, 삿된 음행을 하지 않고, 거짓말을 하지 않고, 이간하는 말을 하지 않고, 추악한 말을 하지 않고, 쓸데없는 말을 하지 않고, 욕심부리지 않고, 화내지 않고, 정견을 가지고 살아가면서 살생을 멀리하고, 도둑질을 멀리하고, 삿된 음행을 멀리하고, 거짓말을 멀리하고, 이간하는 말을 멀리하고, 추악한 말을 멀리하고, 쓸데없는 말을 멀리하고, 탐욕을 멀리하고, 진에를 멀리하고, 정견을 가짐으로써 즐거움과 만족을 느낀다오. 그는 몸이 무너져 죽은 후에 행복한 천상 세계에 태어난다오. 비구들이여, 이것을 현재도 즐겁고, 미래에도 즐거운 과보를 받는 법이라고 한다오.

비구들이여, 이것이 네 가지 과보를 받는 법이라오.

비구들이여, 비유하여, 독이 섞인 쓴 물이 들어 있는 조롱박이 있다고 합시다. 그런데 살기를 갈망하고, 죽지 않기를 갈망하고, 즐거움을 갈망하고, 괴로움을 싫어하는 사람이 (그 물을 마시러) 왔다고 합시다. 누군가가 그에게 '여보시오, 이 조롱박에 들어 있는 쓴 물은 독이 들어

있소. 만약에 그대가 원한다면 마시도록 하시오. 마시는 동안 그대는 색깔이나 향기나 맛을 즐기지 못할 것이오. 그리고 마신 후에는 죽거나, 죽을 지경의 괴로움을 겪을 것이오'라고 말했다고 합시다. 그러나 그가 그 말을 무시하고, 버리지 않고 마신다면, 그는 마시는 동안 색깔이나 향기나 맛을 즐기지 못하고, 마신 후에는 죽거나, 죽을 지경의 괴로움을 겪을 것이오. 비구들이여, 내가 말하는 '현재도 괴롭고 미래도 괴로운 과보를 받는 법'은 이와 같은 것이라오.

비구들이여, 비유하여, 색깔이 곱고 향기가 좋고 맛이 있지만, 독이 섞인 음료수가 들어있는 잔이 있다고 합시다. 그런데 살기를 갈망하고, 죽지 않기를 갈망하고, 즐거움을 갈망하고, 괴로움을 싫어하는 사람이 왔다고 합시다. 누군가가 그에게 '여보시오, 이 잔에 든 음료수는 색깔이 곱고 향기가 좋고 맛이 있지만, 독이 섞여 있소. 만약에 그대가 원한다면 마시도록 하시오. 마시는 동안 그대는 색깔이나 향기나 맛을 즐길 것이오. 그러나 마신 후에는 죽거나, 죽을 지경의 괴로움을 겪을 것이오'라고 말했다고 합시다. 그러나 그가 그 말을 무시하고 버리지 않고 마신다면, 그는 마시는 동안은 색깔이나 향기나 맛을 즐기지만, 마신 후에는 죽거나, 죽을 지경의 괴로움을 겪을 것이오. 비구들이여, 내가 말하는 '현재는 즐겁지만, 미래는 괴로운 과보를 받는 법'은 이와 같은 것이라오.

비구들이여, 비유하여, 여러 가지 약이 섞인 썩은 오줌이 있다고 합시다. 그런데 살기를 갈망하고, 죽지 않기를 갈망하고, 즐거움을 갈망하고, 괴로움을 싫어하는 사람이 왔다고 합시다. 누군가가 그에게 '여보시오, 이 썩은 오줌은 여러 가지 약이 섞여 있소. 만약에 그대가 원한다면 마시도록 하시오. 마시는 동안 그대는 색깔이나 향기나 맛을 즐기지 못할 것이오. 그러나 마신 후에는 즐겁게 될 것이오'라고 말했다고 합시다. 그가 그 말을 듣고 잘 생각하여 버리지 않고 마신다면, 그는 마시는 동안은 색깔이나 향기나 맛을 즐기지 못하지만, 마신 후에는 즐겁게 될 것이오. 비구들이여, 내가 말하는 '현재는 괴롭지만, 미래는 즐거운 과보를 받는 법'은 이와 같은 것이라오.

비구들이여, 비유하여, 우유와 꿀과 버터와 당밀(糖蜜)이 함께 섞인 음료수가 있다고 합시다. 그런데 살기를 갈망하고, 죽지 않기를 갈망하고, 즐거움을 갈망하고, 괴로움을 싫어하는 사람이 왔다고 합시다. 누군가가 그에게 '여보시오, 이 음료수는 우유와 꿀과 버터와 당밀이 함께 섞인 것이오. 만약에 그대가 원한다면 마시도록 하시오. 마시는 동안 그대는 색깔이나 향기나 맛을 즐길 것이오. 그리고 마신 후에는 즐겁게 될 것이오'라고 말했다고 합시다. 그가 그 말을 듣고 잘 생각하여 버리지 않고 마신다면, 그는 마시는 동안 색깔이나 향기나 맛을 즐기고, 마신 후에는 즐겁게 될 것이오. 비구들이여, 내가 말하는 '현재도 즐겁고, 미래도 즐거운 과보를 받는 법'이란 이와 같은 것이오.

비구들이여, 우기(雨期)가 지나면, 구름 한 점 없는 청명한 가을하늘에 구름을 몰아내는 태양이 높이 솟아올라 모든 허공과 어둠을 뚫고 찬란한 광채를 내며 빛나듯이, 비구들이여, 현재에도 즐겁고 미래에도 즐거운 과보를 받는 법은 다른 많은 사문과 바라문들의 논쟁을 물리치고 찬란한 광채를 내며 빛난다오."

이것이 세존께서 하신 말씀입니다.
그 비구들은 세존의 설법에 만족하고 기뻐했습니다.

28

꼬쌈비에서 설하신 경

48. Kosambiya-sutta

【 해제 】

이 경은 한역 『증일아함경(增一阿含經)』 24. 7에 상응하는 경이며, 『오분율(五分律)』 43에도 실려 있다.

이 경은 화합하지 못하고 반목과 논쟁을 일삼는 꼬쌈비(Kosambī)의 비구들에게 설하신 법문이다. 우리는 왜 반목하고 다투는가? 그것은 서로 견해(見解)가 다르기 때문이다. 그렇다면 왜 서로 다른 견해를 갖게 되는가? 그것은 자신의 편견(偏見)을 버리지 않기 때문이다. 그렇다면 편견은 왜 생기는가? 이 경에서는 우리의 편견이 욕탐(欲貪), 악의(惡意), 타성[昏沈]과 나태(懶怠), 불안[掉擧]과 후회[惡作], 의혹에서 비롯된다고 가르친다.

이와 같이 나는 들었습니다.

한때 세존께서는 꼬쌈비(Kosambī)의 고씨따(Ghosita) 승원(僧園)에 머무셨습니다.

그때 꼬쌈비의 비구들은 언쟁을 일으키고, 분쟁을 일으키고, 논쟁을 일으켜 서로 날카로운 독설을 퍼부으며 지냈습니다. 그들은 상호 간에 설득하지 않고, 납득하지 않고, 동의하지 않았습니다. 그러자 어떤 비구가 세존을 찾아왔습니다. 그는 세존을 찾아와서 예배한 후에 한쪽에 앉아 세존께 이 일을 말씀드렸습니다.

그러자 세존께서 어떤 비구를 불렀습니다.

"이리 오라! 비구여, 그대는 '스승님께서 존자들을 부르십니다'라고 나의 말을 전하여 그 비구들을 불러라!"

그 비구는 "그렇게 하겠습니다. 세존이시여!"라고 세존께 승낙하고, 그 비구들을 찾아가서 말했습니다.

"존자들이여, 스승님께서 존자들을 부르십니다."

그 비구들은 그 비구에게 "그렇게 하겠습니다. 존자여!"라고 승낙하고서, 세존을 찾아갔습니다. 그들은 세존을 찾아가서 예배하고 한쪽에 앉았습니다. 한쪽에 앉은 그 비구들에게 세존께서 말씀하셨습니다.

"비구들이여, 그대들은 언쟁을 일으키고, 분쟁을 일으키고, 논쟁을 일으켜 서로 날카로운 독설을 퍼부으며 지내면서, 상호 간에 설득하지 않고, 납득하지 않고, 동의하지 않는다고 하는데, 그것이 사실인가?"

"그렇습니다. 세존이시여."

"비구들이여, 어떻게 생각하는가? 그대들이 그와 같이 지낸 때, 도반(道伴)들에 대하여, 함께 할 때나 혼자일 때나, 자애로운 신업(身業)과 구업(口業)과 의업(意業)을 행하게 되던가?"

"그렇지 않습니다. 세존이시여."

"어리석은 사람들이여, 그렇다면 그대들은 왜, 어떻게 알고 어떻게 보았기에, 언쟁을 일으키고, 분쟁을 일으키고, 논쟁을 일으켜 서로 날카로운 독설을 퍼부으며 지내면서, 상호 간에 설득하지 않고, 납득하지 않고, 동의하지 않는단 말인가? 어리석은 사람들이여, 그것은 오랜 세월 동안 해롭고 괴로운 일이 될 것이오."

그러고 나서 세존께서 비구들에게 다음과 같이 말씀하셨습니다.

"비구들이여, 합일(合一)로 이끌고, 다툼을 없애고, 화합으로 이끌고, 통일로 이끄는, 사랑하고 존중하고 기억해야 할 여섯 가지 법이 있다오. 그 여섯 가지는 어떤 것인가?

비구들이여, 비구들은 도반들에 대하여 함께일 때나 혼자일 때나 자애로운 신업(身業)을 행해야 한다오. 이것이 합일로 이끌고, 다툼을 없애고, 화합으로 이끌고, 통일로 이끄는, 사랑하고 존중하고 기억해야 할 법이라오.

비구들이여, 다음으로, 비구들은 도반들에 대하여 함께일 때나 혼자일 때나 자애로운 구업(口業)을 행해야 한다오. 이것이 합일로 이끌고, 다툼을 없애고, 화합으로 이끌고, 통일로 이끄는, 사랑하고 존중하고 기억해야 할 법이라오.

비구들이여, 다음으로, 비구들은 도반들에 대하여 함께일 때나 혼자일 때나 자애로운 의업(意業)을 행해야 한다오. 이것이 합일로 이끌고, 다툼을 없애고, 화합으로 이끌고, 통일로 이끄는, 사랑하고 존중하고 기억해야 할 법이라오.

비구들이여, 다음으로, 비구들은 여법(如法)하고 정당하게 얻은 것들을, 발우 속에 든 음식까지도 함께 나눌 정도로, 한계를 정하지 않고 계행(戒行)을 갖춘 도반들과 함께 나누어야 한다오. 이것이 합일로 이끌고, 다툼을 없애고, 화합으로 이끌고, 통일로 이끄는, 사랑하고 존중하고 기억해야 할 법이라오.

비구들이여, 다음으로, 비구들은 도반들과 더불어 함께일 때나 혼자일 때나 부서지지 않고, 끊어지지 않고, 청정무구(淸淨無垢)하고, 자유롭고, 현자들이 칭찬하고, 오염되지 않고, 삼매에 도움이 되는, 그런 계율에 상응하는 삶을 살아야 한다오. 이것이 합일로 이끌고, 다툼을 없애고, 화합으로 이끌고, 통일로 이끄는, 사랑하고 존중하고 기억해야 할 법이라오.

비구들이여, 다음으로, 비구들은 도반들과 더불어 함께일 때나 혼자일 때나, 그것을 실천하는 사람이 괴로움을 완전히 소멸하도록 성자의 출리(出離)로 이끄는,[01] 그런 견해(見解)에 상응하는 삶을 살아야 한다오. 이것이 합일로 이끌고, 다툼을 없애고, 화합으로 이끌고, 통일로 이끄는, 사랑하고 존중하고 기억해야 할 법이라오.

비구들이여, 이것이 합일로 이끌고, 다툼을 없애고, 화합으로 이끌고, 통일로 이끄는, 사랑하고 존중하고 기억해야 할 법 여섯 가지 법이

---

01 'ariyā niyyānikā niyyāti takkarassa sammādukkhayāya'의 번역. '출리(出離)로 벗어나다'라는 의미인데, 여기에서 출리란 '번뇌에서 벗어남'을 의미한다.

라오. 비구들이여, 비유하면, 첨탑 누각에서 가장 중요하고 포괄적이며 종합적인 것은 첨탑이듯이, 이 여섯 가지 법 가운데서 가장 중요하고 포괄적이며 종합적인 것은 그것을 실천하는 사람이 괴로움을 완전히 소멸하도록 성자의 출리로 이끄는 견해라오.

비구들이여, 어떤 것이 그것을 실천하는 사람이 괴로움을 완전히 소멸하도록 성자의 출리로 나가는 견해인가? 비구들이여, 비구는 숲이나, 나무 아래나, 한가한 곳으로 가서 '나에게 내적으로 버리지 못한 편견[02]이 있는 것은 아닐까? 그래서 나는 편견에 사로잡힌 마음에서 있는 그대로 알지 못하고 보지 못하는 것은 아닐까?'라고 성찰한다오.

비구들이여, 만약에 비구가 욕탐(欲貪)에 의한 편견[03]이 있다면, 그것이 바로 편견에 사로잡힌 마음이라오. 비구들이여, 만약에 비구가 악의(惡意)에 의한 편견[04]이 있다면, 그것이 바로 편견에 사로잡힌 마음이라오. 비구들이여, 만약에 비구가 타성[昏沈]과 나태(懶怠)에 의한 편견[05]이 있다면, 그것이 바로 편견에 사로잡힌 마음이라오. 비구들이여, 만약에 비구가 불안[掉擧]과 후회[惡作]에 의한 편견[06]이 있다면, 그것이 바로 편견에 사로잡힌 마음이라오. 비구들이여, 만약에 비구가 의혹(疑惑)에 의한 편견[07]이 있다면, 그것이 바로 편견에 사로잡힌 마음이라오.

---

02 'pariyuṭṭhānaṃ ajjhattaṃ appahīnaṃ'의 번역.

03 'kāmarāgapariyuṭṭhito'의 번역.

04 'byāpādapariyuṭṭhito'의 번역.

05 'thīnamiddhapariyuṭṭhito'의 번역.

06 'uddhaccakukkuccapariyuṭṭhito'의 번역. '도거(掉擧)'와 '악작(惡作)'으로 한역(漢譯)되는 'uddhacca'와 'kukkucca'는 안정되지 않은 심리상태, 즉 불안(不安)과 과거의 악업(惡業)에 대한 후회(後悔)를 의미한다.

07 'vicikicchāpariyuṭṭhito'의 번역.

비구들이여, 만약에 비구가 이 세간(世間)에 대한 생각을 추구한다면,[08] 그것이 바로 편견에 사로잡힌 마음이라오. 비구들이여, 만약에 비구가 저 세간에 대한 생각을 추구한다면,[09] 그것이 바로 편견에 사로잡힌 마음이라오. 비구들이여, 만약에 비구가 언쟁을 일으키고, 분쟁을 일으키고, 논쟁을 일으켜 날카로운 독설을 퍼부으며 지낸다면, 그것이 바로 편견에 사로잡힌 마음이라오.

거룩한 제자는 '편견에 사로잡힌 마음에서 있는 그대로 알지 못하고 보지 못하게 하는, 내적으로 버리지 못한 편견이 나에게는 없다. 나의 의지(意志)는 진리의 깨달음을 갈망한다'[10]라고 통찰한다오. 이것이 맨 처음 성취한, 범부와 다른, 출세간(出世間)의 성자의 앎이라오.

비구들이여, 다음으로 거룩한 제자는 '나는 이 견해에 따라 실천하고 수습(修習)하여 나 자신의 평온[11]과 적멸(寂滅)[12]을 성취하고 있는가?'라고 성찰한다오. 그는 '나는 이 견해에 따라 실천하고 수습하여 나 자신의 평온과 적멸을 성취하고 있다'라고 통찰한다오. 이것이 두 번째로 성취한, 범부와 다른, 출세간(出世間)의 성자의 앎이라오.

비구들이여, 다음으로 거룩한 제자는 '내가 가진 견해와 같은 견해를 가진 다른 사문이나 바라문이 이 가르침 밖에 있는가?'라고 성찰한다오. 그는 '내가 가진 견해와 같은 견해를 가진 다른 사문이나 바라문이 이 가르침 밖에는 없다'라고 통찰한다오. 이것이 세 번째로 성취

---

08 'sace bhikkhave bhikkhu idhalokacintāya pasuto hoti'의 번역.
09 'sace bhikkhave bhikkhu paralokacintāya pasuto hoti'의 번역.
10 'suppaṇihitaṃ me mānasaṃ saccānaṃ bodhāya'의 번역.
11 'samatha'의 번역.
12 'nibbuti'의 번역.

한, 범부와는 다른 출세간의 성자의 앎이라오.

비구들이여, 다음으로 거룩한 제자는 '견해를 성취한 사람이 지닌 행실(行實)을 나도 지니고 있는가?'[13]라고 성찰한다오. 비구들이여, 어떤 것이 견해를 성취한 사람이 지닌 행실인가? 비구들이여, 견해를 성취한 사람의 행실은 이러하다오. 그는 어떤 죄든 자신이 죄를 지은 것을 알게 되면, 그것을 빨리 스승이나 현자나 도반에게 참회하고, 공개하고, 드러낸다오. 그런 다음에 미래에는 자제한다오. 비구들이여, 비유하면, 기어 다니는 무지한 어린아이가 손이나 발로 숯불을 밟고 나서 재빨리 물러서는 것과 같다오. 비구들이여, 이와 같은 행실이 견해를 성취한 사람의 행실이라오. 그는 '견해를 성취한 사람이 지닌 행실을 나도 지니고 있다'라고 통찰한다오. 이것이 네 번째로 성취한, 범부와 다른, 출세간의 성자의 앎이라오.

비구들이여, 다음으로 거룩한 제자는 '견해를 성취한 사람이 지닌 행실을 나도 지니고 있는가?'라고 성찰한다오. 비구들이여, 어떤 것이 견해를 성취한 사람이 지닌 행실인가? 비구들이여, 견해를 성취한 사람의 행실은 이러하다오. 그는 어떤 일이든 도반들이 해야 할 갖가지 일들을 곧바로 열심히 하면서, 계행(戒行)의 학습과 선정(禪定)의 학습과 수승한 지혜(智慧)의 학습에 열중한다오. 비구들이여, 비유하면 암소가 어린 송아지에게 풀을 뜯어 먹이면서 송아지를 돌보는 것과 같다오. 비구들이여, 이와 같은 행실이 견해를 성취한 사람의 행실이라오. 그는 '견해를 성취한 사람이 지닌 행실을 나도 지니고 있다'라고 통찰한다오. 이것

---

13 'yathārūpāya dhammatāya diṭṭhisampanno puggalo samannāgato aham — pi tathārūpāya dhammatāya samannāgato ti'의 번역. 'dhammatā'를 행실(行實)로 번역함.

이 다섯 번째로 성취한, 범부와는 다른 출세간의 성자의 앎이라오.

　비구들이여, 다음으로 거룩한 제자는 '견해를 성취한 사람이 지닌 힘을 나도 지니고 있는가?'라고 성찰한다오. 비구들이여, 어떤 것이 견해를 성취한 사람이 지닌 힘인가? 비구들이여, 견해를 성취한 사람의 힘은 이러하다오. 그는 여래가 가르친 법과 율이 설해질 때, 흥미를 가지고 주의를 기울이고, 모든 마음을 집중하여 귀를 기울여 법을 듣는다오. 그는 '견해를 성취한 사람이 지닌 힘을 나도 지니고 있다'라고 통찰한다오. 이것이 여섯 번째로 성취한, 범부와 다른, 출세간의 성자의 앎이라오.

　비구들이여, 다음으로 거룩한 제자는 '견해를 성취한 사람이 지닌 힘을 나도 지니고 있는가?'라고 성찰한다오. 비구들이여, 어떤 것이 견해를 성취한 사람이 지닌 힘인가? 비구들이여, 견해를 성취한 사람의 힘은 이러하다오. 그는 여래가 가르친 법과 율이 설해질 때, 의미를 이해하고, 법을 이해하고, 법열(法悅)을 얻는다오. 그는 '견해를 성취한 사람이 지닌 힘을 나도 지니고 있다'라고 통찰한다오. 이것이 일곱 번째로 성취한, 범부와 다른, 출세간의 성자의 앎이라오.

　비구들이여, 수다원과를 체득하기 위해서는 이와 같은 일곱 가지를 구족한 거룩한 제자의 행실을 잘 실천해야 한다오. 비구들이여, 이와 같은 일곱 가지를 구족한 거룩한 제자는 수다원과를 성취한 사람이라오."

이것이 세존께서 하신 말씀입니다.
그 비구들은 세존의 설법에 만족하고 기뻐했습니다.

29

지와까에게 설하신 경

55. Jīvaka-sutta

【 해제 】

이 경은 지와까 꼬마라밧짜(Jīvaka Komārabhacca)의 질문을 받고 답하신 법문이다. 지와까는 부처님 당시에 의술로 명성이 높았던 명의(名醫)로서 대부분의 한역 경전에서는 '기바(耆婆)'로 음역(音譯)하고 있으며, 『장아함경(長阿含經)』의 「사문과경(沙門果經)」에서는 'Jīvaka Komārabhacca'를 '수명동자(壽命童子)'로 의역하고 있다. 라자가하의 기녀 쌀라와띠(Sālavati)의 아들로 태어나 버려진 것을 빔비싸라(Bimbisāra)왕의 아들인 아바야(Abhaya) 왕자가 발견하여 양육했다고 한다. 딱까씰라(Takkasila)의 삥갈라(Piṅgala)에게 의술을 배워 의사가 된 후에 라자가하에서 왕실의 의사로 지내면서 부처님을 비롯하여 많은 사람에게 의술을 펼쳤다. 이 경은 그가 부처님을 만나서 부처님께 귀의하게 된 인연을 전하고 있다. 그는 불교에 귀의하여 자신의 망고 숲을 승단에 기증했는데, 그 숲이 이 경의 무대가 된다.

이와 같이 나는 들었습니다.

한때 세존께서는 라자가하에서 지와까 꼬마라밧짜(Jīvaka Komārabhacca)의 망고 숲에 머무셨습니다. 그때 지와까 꼬마라밧짜가 세존을 찾아와서 세존께 예배하고 한쪽에 앉았습니다. 한쪽에 앉은 지와까 꼬마라밧짜가 세존께 말씀드렸습니다.

"세존이시여, 저는 '사문 고따마는 사람들이 사문 고따마를 위하여 죽인 짐승의 고기를, 그것이 자신을 위해서 죽인 것인 줄을 알고도 먹는다'라는 말을 들었습니다. 세존이시여, 세존께 이런 말을 하는 사람들은 세존을 거짓말로 비방하는 것인가요, 사실을 가지고 있는 그대로 이야기한 것인가요? 누구든지 이런 말을 하는 사람은 비난을 받아야 하지 않을까요?"

"지와까여, 그런 말은 나에 대한 진실한 말이 아니라오. 그들은 있지도 않은 거짓으로 나를 비방하는 것이라오. 지와까여, 나는 '세 가지 경우에는 고기를 수용할 수 없다'라고 말한다오. 지와까여, 나는 '보았을 경우, 들었을 경우, 의심스러울 경우, 이 세 가지 경우에는 고기를 수용할 수 없다'라고 말한다오. 지와까여, 나는 '세 가지 경우에는 고기를 수용할 수 있다'라고 말한다오. 지와까여, 나는 '보지 않았을 경우, 듣지 않았을 경우, 의심스럽지 않을 경우, 이 세 가지 경우에는 고기를 수용할 수 있다'라고 말한다오.

지와까여, 비구는 어떤 마을이나 도시에 의지해서 살아간다오. 그는 자애로운[慈] 마음으로 한 방향을 가득 채우고 살아간다오. 그와 같이 둘째, 셋째, 넷째 방향을 가득 채우고 살아간다오. 이렇게 온 세상을 위로, 아래로, 사방으로, 모든 곳에 빠짐없이, 편재(遍在)하고, 광대하고, 무한하게, 원한 없고 폭력 없는 자애로운 마음으로 가득 채우고 살아간다오. 그에게 거사나 거사의 아들이 찾아와서 다음날의 식사에 초대한다오. 지와까여, 비구는 기꺼이 응한다오. 그는 다음날 오전에 옷을 입고, 발우와 법의를 지니고 그 거사나 거사의 아들이 사는 곳을 찾아가서 마련된 자리에 앉는다오. 그에게 그 거사나 거사의 아들이 훌륭한 음식을 대접한다오. 그는 '이 거사나 거사의 아들이 나에게 훌륭한 음식을 대접하니 참 좋구나. 아! 정말 이 거사나 거사의 아들이 앞으로도 나에게 이와 같은 훌륭한 음식을 대접하면 좋겠다'라고 생각하지 않는다오. 그는 집착하지 않고, 탐닉하지 않고, 탐착하지 않고, 재앙이라고 보고, 벗어나야 한다는 지혜를 가지고 그 음식을 먹는다오. 지와까여, 그대는 어떻게 생각하나요? 그때 그 비구가 자신을 해칠 생각을 하거나, 남을 해칠 생각을 하거나, 자신과 남을 해칠 생각을 할까요?"

"그렇지 않습니다. 세존이시여."

"지와까여, 그 비구는 그때 실로 허물이 없는 음식을 먹는 것이 아닌가요?"

"그렇습니다. 세존이시여. 세존이시여, 저는 '브라만(Brahmā) 신(神)은 자애로운 마음을 지닌 분이다'[01]라고 들었습니다. 세존이시여, 세존께서는 저에게 그것을 보여주신 증인이십니다. 세존이시여, 세존

---

01 'Brahmā mettāvihārī ti'의 번역.

이야말로 자애로운 마음을 지닌 분입니다."

"지와까여, 참으로 탐욕[貪] 때문에, 분노[瞋] 때문에, 어리석음[癡] 때문에 악의(惡意)가 있을 것이오.[02] 여래는 그 탐욕, 그 분노, 그 어리석음을 버리고, 근절하고, 단절하고, 없앴으며, 미래에는 일으키지 않는다오. 지와까여, 만약에 그대의 말이 이것에 관한 것이라면, 나는 그대의 말을 인정하겠소."

"세존이시여, 제 말은 실로 그것에 관한 것입니다."

"지와까여, 비구는 어떤 마을이나 도시에 의지해서 살아간다오. 그는 연민하는 마음[悲], 기뻐하는 마음[喜], 평정한 마음[捨]으로 한 방향을 가득 채우고 살아간다오. 그와 같이 둘째, 셋째, 넷째 방향을 가득 채우고 살아간다오. 이렇게 온 세상을 위로, 아래로, 사방으로, 모든 곳에 빠짐없이 편재(遍在)하고, 광대하고, 무한하게, 원한 없고 폭력 없는 연민하는 마음[悲], 기뻐하는 마음[喜], 평정한 마음[捨]으로 가득 채우고 살아간다오. 그에게 거사나 거사의 아들이 찾아와서 다음날의 식사에 초대한다오. 지와까여, 비구는 기꺼이 응한다오. 그는 다음날 오전에 옷을 입고, 발우와 법의를 지니고 그 거사나 거사의 아들이 사는 곳을 찾아가서 마련된 자리에 앉는다오. 그에게 그 거사나 거사의 아들이 훌륭한 음식을 대접한다오. 그는 '이 거사나 거사의 아들이 나에게 훌륭한 음식을 대접하니 참 좋구나. 아! 정말 이 거사나 거사의 아들이 앞으로도 나에게 이와 같은 훌륭한 음식을 대접하면 좋겠다'라고 생각하지 않는다오. 그는 집착하지 않고, 탐닉하지 않고, 탐착하지 않고, 재앙이

02 'yena kho Jīvaka rāgena yena dosena yena mohena byāpādavā assa'의 번역.

라고 보고, 벗어나야 한다는 지혜를 가지고 그 음식을 먹는다오. 지와까여, 그대는 어떻게 생각하나요. 그때 그 비구가 자신을 해칠 생각을 하거나, 남을 해칠 생각을 하거나, 자신과 남을 해칠 생각을 할까요?"

"그렇지 않습니다. 세존이시여."

"지와까여, 그 비구는 그때 실로 허물이 없는 음식을 먹는 것이 아닌가요?"

"그렇습니다. 세존이시여. 세존이시여, 저는 '브라만(Brahmā) 신은 연민하는 마음[悲], 기뻐하는 마음[喜], 평정한 마음[捨]을 지닌 분이다'라고 들었습니다. 세존이시여, 세존께서는 저에게 그것을 보여주신 증인이십니다. 세존이시여, 세존이야말로 연민하는 마음[悲], 기뻐하는 마음[喜], 평정한 마음[捨]을 지닌 분입니다."

"지와까여, 참으로 탐욕[貪] 때문에, 분노[瞋] 때문에, 어리석음[癡] 때문에 가해(加害)가 있고, 혐오(嫌惡)가 있고, 증오(憎惡)가 있을 것이오.03 여래는 그 탐욕, 그 분노, 그 어리석음을 버리고, 근절하고, 단절하고, 없앴으며, 미래에는 일으키지 않는다오. 지와까여, 만약에 그대의 말이 이것에 관한 것이라면, 나는 그대의 말을 인정하겠소."

"세존이시여, 제 말은 실로 그것에 관한 것입니다."

"지와까여, 실로 여래나 여래의 제자를 위하여 짐승을 죽이는 사람은 다섯 가지 이유에서 많은 죄를 짓는다오. 그는 '너는 가서 말 못하는 짐승을 데려오너라!'라고 말할 것이니, 이것이 그가 많은 죄를 짓는 첫 번째 이유라오. 그 짐승은 끌려오면서 목이 터지게 울부짖으며 괴로

---

03 'yena kho Jīvaka rāgena yena dosena yena mohena vihesāvā assa arativā assa paṭighavā assa'의 번역.

움과 슬픔을 느낄 것이니, 이것이 그가 많은 죄를 짓는 두 번째 이유라오. 그는 '너는 그 짐승을 죽여라!'라고 말할 것이니, 이것이 그가 많은 죄를 짓는 세 번째 이유라오. 그 짐승은 죽임을 당하면서 괴로움과 슬픔을 느낄 것이니, 이것이 그가 많은 죄를 짓는 네 번째 이유라오. 그는 적절하지 못한 음식으로 여래나 여래의 제자를 모욕하는 것이니, 이것이 그가 많은 죄를 짓는 다섯 번째 이유라오. 지와까여, 실로 여래나 여래의 제자를 위하여 짐승을 죽이는 사람은 이와 같은 다섯 가지 경우에 많은 죄를 짓는 것이라오."

이와 같이 말씀하시자, 지와까 꼬마라밧짜는 세존께 이렇게 말씀드렸습니다.

"놀랍습니다. 세존이시여! 희유합니다. 세존이시여! 세존이시여, 실로 비구들은 적절한 음식을 먹는군요. 세존이시여, 실로 비구들은 허물이 없는 음식을 먹는군요. 훌륭하십니다. 세존이시여! 훌륭하십니다. 세존이시여! 마치 뒤집힌 것을 바로 세우는 것 같고, 감추어진 것을 드러내는 것 같고, 길 잃은 자에게 길을 알려주는 것 같고, '눈 있는 자들은 보라'고 어둠 속에 등불을 비춰주는 것 같습니다. 이와 같이 세존께서는 여러 가지 방법으로 진리를 알려주셨습니다. 이제 저는 세존께 귀의합니다. 가르침과 비구 승가에 귀의합니다. 세존께서는 저를 청신사로 받아주소서. 오늘부터 살아있는 날까지 귀의하겠나이다."

30

우빨리에게 설하신 경

56. Upāli-sutta

【 해제 】

|

이 경은 한역 『중아함경(中阿含經)』 「133. 우바리경(優婆離經)」에 상응하는 경이다.

    부처님을 논파하기 위해 찾아온 자이나교도 우빨리(Upāli)는 부처님과 토론하는 가운데 자신의 어리석음을 깨닫고 개종한다. 앞으로는 부처님의 제자들만을 후원하고, 자이나교의 수행자들은 후원하지 않겠다고 다짐하는 우빨리에게 부처님께서는 다음과 같이 말씀하신다.

    "거사여, 그대의 가문은 오랫동안 니간타의 후원자였소. 그러므로 그들이 오면 탁발 음식을 보시해야 한다고 생각해야 한다오."

이 경에서 거론되는 토론의 주제는 '신구의(身口意) 삼업(三業) 가운데 어떤 업이 가장 중요한 업인가?'이지만, 정작 우리를 감동시키는 것은 외도(外道)를 포용하는 부처님의 넓고 깊은 마음이다.

이와 같이 나는 들었습니다.

한때 세존께서는 나란다(Nālanda)의 빠와리까(Pāvārika) 망고 숲에
머무셨습니다. 그때 니간타 나따뿟따가 많은 니간타 무리와 함께 나란
다에 살고 있었습니다.

어느 날 디가따빠씬(Dīghatapassin) 니간타가 나란다에 탁발을 하러
와서 탁발한 음식을 먹은 후에 빠와리까 망고 숲으로 세존을 찾아왔습
니다. 그는 세존을 찾아와서 세존과 정중하게 인사를 하고, 공손한 인
사말을 나눈 후에 한쪽에 서 있었습니다. 한쪽에 서 있는 디가따빠씬
니간타에게 세존께서 이렇게 말씀하셨습니다.

"따빠씬(Tapassin)이여, 자리들이 있으니 원하신다면 앉으시오."

이렇게 말씀하시자, 디가따빠씬 니간타는 낮은 자리를 하나 취하
여 한쪽에 앉았습니다. 한쪽에 앉아있는 디가따빠씬 니간타에게 세존
께서 이렇게 말씀하셨습니다.

"따빠씬이여, 니간타 나따뿟따는 악업(惡業)이 작용할 때, 악업이
과보(果報)로 나타날 때, 어떤 업(業)들을 언급(言及)하나요?"[01]

"고따마 존자여, 업이라고 언급하는 것은 니간타 나따뿟따의 관습
이 아닙니다. 고따마 존자여, 벌(罰)이라고 언급하는 것이 니간타 나따

---

01 'kati pana Tapassi Nigaṇṭho Nātaputto kammāni paññāpeti pāpassa kammassa kiriyāya pāpassa
kammassa pavattiyā ti'의 번역. 일반적으로 '시설(施設)하다'로 번역되는 'paññāpeti'를 '언
명(言明)하다'로 번역함.

뿟따의 관습입니다."[02]

"그렇다면, 따빠씬이여, 니간타 나따뿟따는 악업이 작용할 때, 악업이 과보로 나타날 때, 어떤 벌들을 언급하나요?"

"고따마 존자여, 니간타 나따뿟따는 악업이 작용할 때, 악업이 과보로 나타날 때, 세 가지 벌, 즉 몸으로 지어 받는 벌[身罰], 말로 지어 받는 벌[口罰], 마음으로 지어 받는 벌[意罰]을 언급합니다."

"그렇다면, 따빠씬이여, 몸으로 지어 받는 벌과 말로 지어 받는 벌과 마음으로 지어 받는 벌은 각각 다른가요?"

"고따마 존자여, 몸으로 지어 받는 벌과 말로 지어 받는 벌과 마음으로 지어 받는 벌은 각각 다릅니다."

"그렇다면, 따빳신이여, 니간타 나따뿟따는 악업이 작용할 때, 악업이 과보로 나타날 때, 이와 같이 구분되고, 이와 같이 구별되는 이들 세 가지 벌 가운데서 어떤 벌을 가장 큰 죄로 언급합니까? 몸으로 지어 받는 벌입니까, 아니면 말로 지어 받는 벌입니까, 아니면 마음으로 지어 받는 벌입니까?"

"고따마 존자여, 니간타 나따뿟따는 이들 세 가지 벌 가운데서 몸으로 지어 받는 벌을 가장 큰 죄로 언급합니다. 말로 지어 받는 벌과 마음으로 지어 받는 벌은 그렇지 않습니다."

"따빠씬이여, 그대는 몸으로 지어 받는 벌이라고 말했나요?"

"고따마 존자여, 저는 몸으로 지어 받는 벌이라고 말했습니다."

"따빠씬이여, 그대는 몸으로 지어 받는 벌이라고 말했나요?"

---

02 'na kho āvuso Gotama āciṇṇaṃ Niganṭhassa Nātaputtassa kammaṃ kamman — ti paññāpetuṃ, daṇḍaṃ daṇḍan — ti kho āvuso Gotama āciṇṇaṃ Niganṭhassa Nātaputtassa paññāpetun — ti'의 번역.

"고따마 존자여, 저는 몸으로 지어 받는 벌이라고 말했습니다."

세존께서는 이처럼 세 번에 걸쳐서 디가따빠씬 니간타의 주장을 확정했습니다.

이와 같이 대화를 나눈 후에, 디가따빠씬 니간타가 세존께 이렇게 말했습니다.

"고따마 존자여, 당신은 악업이 작용할 때, 악업이 과보로 나타날 때, 어떤 벌들을 언급합니까?"

"따빳씬이여, 벌이라고 언급하는 것은 여래의 관습이 아니라오. 고행자여, 업이라고 언급하는 것이 여래의 관습이라오."

"고따마 존자여, 그렇다면 당신은 악업이 작용할 때, 악업이 과보로 나타날 때, 어떤 업들을 언급합니까?"

"따빠씬이여, 나는 악업이 작용할 때, 악업이 과보로 나타날 때, 세 가지 업, 즉 몸으로 짓는 업[身業], 말로 짓는 업[口業], 마음으로 짓는 업[意業]을 언급한다오."

"그렇다면, 고따마 존자여, 몸으로 짓는 업과 말로 짓는 업과 마음으로 짓는 업은 각각 다릅니까?"

"따빠씬이여, 몸으로 짓는 업과 말로 짓는 업과 마음으로 짓는 업은 각각 다르다오."

"그렇다면, 고따마 존자여, 이들 세 가지 업 가운데서 당신은 어떤 업을 가장 큰 죄로 언급합니까? 몸으로 짓는 업입니까, 아니면 말로 짓는 업입니까, 아니면 마음으로 짓는 업입니까?"

"따빠씬이여, 이들 세 가지 업 가운데서 나는 마음으로 짓는 업을 가장 큰 죄로 언급한다오. 몸으로 짓는 업과 말로 짓는 업은 그렇지 않다오."

"고따마 존자여, 당신은 마음으로 짓는 업이라고 말했습니까?"

"따빠씬이여, 나는 마음으로 짓는 업이라고 말했소."

"고따마 존자여, 당신은 마음으로 짓는 업이라고 말했습니까?"

"따빠씬이여, 나는 마음으로 짓는 업이라고 말했소."

디가따빠씬 니간타는 이처럼 세 번에 걸쳐서 세존의 주장을 확정한 후에 자리에서 일어나 니간타 나따뿟따에게 갔습니다.

그때 니간타 나따뿟따는 발라까(Bālaka) 마을의 우빨리(Upāli)를 위시(爲始)한 많은 재가자(在家者)들과 함께 앉아있었습니다. 니간타 나따뿟따는 저만치에서 디가따빠씬 니간타가 오는 것을 보았습니다. 그것을 보고서 디가따빠씬 니간타에게 말했습니다.

"따빠씬이여, 지금 그대는 아침 일찍이 어디를 다녀오는가?"

"존자여, 저는 고따마 사문(沙門)을 만나고 옵니다."

"따빠씬이여, 그대는 고따마 사문과 함께 대화를 나누었는가?"

"존자여, 저는 고따마 사문과 함께 대화를 나누었습니다."

"따빠씬이여, 그대가 고따마 사문과 함께 나눈 대화는 어떤 것인가?"

디가따빠씬 니간타는 세존과 함께 나눈 모든 대화를 니간타 나따뿟따에게 이야기했습니다. 그러자, 니간타 나따뿟따가 디가따빠씬 니간타에게 말했습니다.

"훌륭하오! 따빠씬이여, 훌륭하오! 스승의 가르침을 바르게 이해한 배움이 많은 제자로서 디가따빠씬 니간타는 고따마 사문에게 그와 같이 대답했군요. 이와 같이 몸으로 지어 받는 무거운 벌에 비하여 어떻게 마음으로 지어 받는 하찮은 벌이 무겁겠는가? 실로 악업이 작용할 때, 악업이 과보로 나타날 때, 몸으로 지어 받는 벌이 가장 큰 죄가 된다오. 말로 지어 받는 벌과 마음으로 지어 받는 벌은 그렇지 않다오."

이와 같이 말하자, 거사(居士) 우빨리가 니간타 나따뿟따에게 말했습니다.

"훌륭하군요! 존자여, 따빠씬은 훌륭하군요! 스승의 가르침을 바르게 이해한 배움이 많은 제자로서 디가따빠씬 니간타는 고따마 사문에게 그와 같이 대답했군요. 이와 같이 몸으로 지어 받는 무거운 벌에 비하여 어떻게 마음으로 지어 받는 하찮은 벌이 무겁겠습니까? 실로 악업이 작용할 때, 악업이 과보로 나타날 때, 몸으로 지어 받는 벌이 가장 큰 죄가 됩니다. 말로 지어 받는 벌과 마음으로 지어 받는 벌은 그렇지 않습니다. 존자여, 이제 내가 가서 고따마 사문의 그러한 주장을 논파하겠습니다. 만약에 사문 고따마가 따빠씬 존자의 주장을 확정하듯이 나의 주장을 확정한다면, 힘센 장사가 털이 긴 염소의 털을 붙잡아 끌어당겨서 이리저리 끌고 다니듯이, 나는 말끝마다 사문 고따마를 붙잡아 끌어당겨서 이리저리 끌고 다니겠습니다. 비유하면, 힘센 술 빚는 사람이 커다란 술 거르는 체를 깊은 호수 속에 던져 넣고 귀퉁이를 붙잡아 끌어당겨서 이리저리 끌고 다니듯이, 나는 말끝마다 고따마 사문을 붙잡아 끌어당겨서 이리저리 끌고 다니겠습니다. 비유하면, 힘센 술 주정뱅이가 말의 귀를 잡고 흔들어 떨어뜨리듯이, 나는 말끝마다 고따마 사문을 잡고 흔들어서 떨어뜨리겠습니다. 비유하면, 60년 된 코끼리가 깊은 연못에 들어가서 흥겹게 물놀이를 즐기듯이, 나는 말끝마다 고따마 사문을 가지고 물놀이하듯이 흥겹게 즐기겠습니다. 이제 내가 가서 사문 고따마의 그러한 주장을 논파하겠습니다."

"거사여, 그대가 가서 고따마 사문의 그러한 주장을 논파하시오.

나도 고따마의 주장을 논파할 수 있을 것이고, 디가따빠씬 니간타도 할 수 있을 것이고, 그대도 할 수 있을 것이오."

이렇게 말하자, 디가따빠씬 니간타가 니간타 나따뿟따에게 말했습니다.

"존자여, 제 생각에 우빨리 거사가 고따마 사문을 논파하는 것은 좋지 않을 것 같습니다. 고따마 사문은 환술(幻術)에 능하며, 유인하는 환술을 알아서 외도(外道)의 제자들을 개종(改宗)시킵니다."

"따빠씬이여, 우빨리 거사가 고따마 사문의 제자가 된다는 것은 당찮고, 있을 수 없소. 고따마 사문이 우빨리 거사의 제자가 될 수는 있을 것이오. 거사여, 그대는 가서 고따마 사문의 주장을 논파하시오. 나도 고따마의 주장을 논파할 수 있을 것이고, 디가따빠씬 니간타도 할 수 있을 것이고, 그대도 할 수 있을 것이오."

디가따빠씬 니간타는 같은 말로 세 번을 만류했지만, 니간타 나따뿟따는 듣지 않고 말했습니다.

"따빠씬이여, 우빨리 거사가 사문 고따마의 제자가 된다는 것은 당찮고, 있을 수 없소. 고따마 사문이 우빨리 거사의 제자가 될 수는 있을 것이오. 거사여, 그대는 가서 고따마 사문의 주장을 논파하시오. 나도 고따마의 주장을 논파할 수 있을 것이고, 디가따빠씬 니간타도 할 수 있을 것이고, 그대도 할 수 있을 것이오."

거사 우빨리는 니간타 나따뿟따에게 "존자여, 그렇게 하겠습니다"라고 약속하고, 자리에서 일어나 니간타 나따뿟따에게 예배하고, 오른쪽으로 돌고 나서 빠와리까 망고 숲으로 세존을 찾아갔습니다. 그는 세존께 예배한 다음 한쪽에 앉았습니다. 한쪽에 앉은 거사 우빨리가 세존께 말씀드렸습니다.

"존자여, 이곳에 디가따빠씬 니간타가 왔었습니까?"

"거사여, 이곳에 디가따빠씬 니간타가 왔었다오."

"존자여, 당신은 디가따빠씬 니간타와 나눈 대화가 있습니까?"

"거사여, 나는 디가따빠씬 니간타와 나눈 대화가 있다오."

"존자여, 그렇다면 디가따빠씬 니간타와 나눈 대화를 그대로 말씀해주시겠습니까?"

세존께서는 디가따빠씬 니간타와 나눈 모든 대화를 그대로 거사 우빨리에게 말씀하셨습니다. 이와 같이 말씀하시자, 거사 우빨리가 세존께 말씀드렸습니다.

"훌륭하군요! 따빠씬 존자는 훌륭하군요! 스승의 가르침을 바르게 이해한 배움이 많은 제자로서 디가따빠씬 니간타는 존자에게 그와 같이 대답했군요! 몸으로 지어 받는 무거운 벌에 비하여 어떻게 마음으로 지어 받는 하찮은 벌이 무겁겠습니까? 실로 악업이 작용할 때, 악업이 과보로 나타날 때, 몸으로 지어 받는 벌이 가장 큰 죄가 됩니다. 말로 지어 받는 벌은 그렇지 않고, 마음으로 지어 받는 벌은 그렇지 않습니다."

"거사여, 만약에 그대가 사실에 근거하여 논의한다면, 우리는 이 점에 대하여 논의 할 수 있을 것입니다."

"존자여, 저는 사실에 근거하여 논의하겠습니다. 우리 이점에 대하여 논의합시다."

"거사여, 어떻게 생각하나요? 여기 심한 병에 들어 극심한 고통을 받으면서도 찬물을 거부하고 따뜻한 물만 먹는 니간타가 있다고 합시다. 그가 찬물을 먹지 않아서 죽었다고 합시다. 거사여, 니간타 나따뿟따는 그가 어디에 태어난다고 이야기합니까?"

"존자여, 마노쌋따(Manosattā)라는 신들이 있는데, 그는 그곳에 태어납니다. 왜냐하면, 존자여, 그는 죽을 때 마음에 속박되기 때문입니다."

"거사여! 거사여! 거사는 심사숙고하여 대답하세요. 그대의 말은 앞뒤가 맞지 않는군요. 거사여, 그대는 '존자여, 저는 사실에 근거하여 논의하겠습니다. 우리 이점에 대하여 논의합시다'라고 말하지 않았나요?"

"존자여, 존자께서 그렇게 말씀하실지라도, 실로 악업이 작용할 때, 악업이 과보로 나타날 때, 몸으로 지어 받는 벌이 가장 큰 죄가 됩니다. 말로 지어 받는 벌과 마음으로 지어 받는 벌은 그렇지 않습니다."

"거사여, 어떻게 생각하나요? 여기 일체의 물을 살피고, 일체의 물을 통제하고, 일체의 물을 억제하고 일체의 물에 대한 악(惡)을 방지하는, 네 가지 금계(禁戒)를 잘 지키는 니간타가 있다고 합시다. 그는 오고 가면서 많은 작은 생명들을 죽일 것이오. 거사여, 니간타 나따뿟따는 그에게 어떤 과보가 있다고 이야기하나요?"

"존자여, 니간타 나따뿟따는 의도하지 않은 것은 큰 죄가 아니라고 이야기합니다."

"거사여, 만약에 그가 의도한다면 어떠하나요."

"존자여, 큰 죄가 됩니다."

"거사여, 니간타 나따뿟따는 의도는 어디에 속한다고 이야기하나요?"

"존자여, 의도는 마음으로 지은 죄에 속한다고 이야기합니다."

"거사여! 거사여! 거사는 심사숙고하여 대답하세요. 그대의 말은 앞뒤가 맞지 않는군요. 거사여, 그대는 '존자여, 저는 사실에 근거하여 논의하겠습니다. 우리 이점에 대하여 논의합시다'라고 말하지 않았나요?"

"존자여, 존자께서 그렇게 말씀하실지라도, 실로 악업이 작용할 때, 악업이 과보로 나타날 때, 몸으로 지어 받는 벌이 가장 큰 죄가 됩니다. 말로 지어 받는 벌과 마음으로 지어 받는 벌은 그렇지 않습니다."

"거사여, 어떻게 생각하나요? 이 나란다는 번영하고, 번성하고, 인구가 많고, 사람들이 붐비지 않나요?"

"그렇습니다. 존자여, 이 나란다는 번영하고, 번성하고, 인구가 많고, 사람들이 붐빕니다."

"거사여, 어떻게 생각하나요? 여기에 어떤 사람이 칼을 빼 들고 와서 '내가 이 나란다의 살아있는 것들을 한 찰라, 한순간에 한 덩어리로 짓이기고, 한 덩어리로 만들겠다'라고 말한다고 합시다. 거사여, 어떻게 생각하나요? 그 사람이 이 나란다의 살아있는 것들을 한 찰라, 한순간에 한 덩어리로 짓이기고, 한 덩어리로 만드는 일이 가능할까요?"

"존자여, 열 사람, 아니 스무 사람, 아니 서른 사람, 아니 마흔 사람, 아니 쉰 사람도 이 나란다의 살아있는 것들을 한 찰라, 한순간에 한 덩어리로 짓이기고, 한 덩어리로 만드는 일은 불가능할 것입니다. 그런데 어떻게 하찮은 한 개인이 그렇게 할 수 있겠습니까?"

"거사여, 어떻게 생각하나요? 여기에 마음대로 할 수 있는 신통력을 지닌 사문이나 바라문이 와서 '내가 하나의 악심(惡心)으로 이 나란다를 재로 만들어버리겠다'라고 말한다고 합시다. 거사여, 어떻게 생각하나요? 그 마음대로 할 수 있는 신통력을 지닌 사문이나 바라문이 하나의 악심으로 이 나란다를 재로 만들어버리는 일이 가능할까요?"

"존자여, 열 개의 나란다, 아니 스무 개의 나란다, 아니 서른 개의 나란다, 아니 마흔 개의 나란다, 아니 쉰 개의 나란다'라고 할지라도, 마음대로 할 수 있는 신통력을 지닌 사문이나 바라문은 하나의 악심으로 재로 만들어버릴 수 있을 것입니다. 그런데 어떻게 하찮은 하나의 나란다를 그렇게 하지 못하겠습니까?"

"거사여! 거사여! 거사는 심사숙고하여 대답하세요. 그대의 말은 앞뒤가 맞지 않는군요. 거사여, 그대는 '존자여, 저는 사실에 근거하여 논의하겠습니다. 우리 이점에 대하여 논의합시다'라고 말하지 않았나요?"

"존자여, 존자께서 그렇게 말씀하실지라도, 실로 악업이 작용할 때, 악업이 과보로 나타날 때, 몸으로 지어 받는 벌이 가장 큰 죄가 됩니다. 말로 지어 받는 벌과 마음으로 지어 받는 벌은 그렇지 않습니다."

"거사여, 그대는 단다까 숲, 까링가 숲, 멧자 숲, 마땅가 숲이 숲이 된 이야기를 들어보았나요?"

"존자여, 저는 단다까 숲, 까링가 숲, 멧자 숲, 마땅가 숲이 숲이 된 이야기를 들었습니다."

"거사여, 그대는 그 단다까 숲, 까링가 숲, 멧자 숲, 마땅가 숲은 무엇 때문에 숲이 되었다고 들었나요?"

"존자여, 저는 단다까 숲, 까링가 숲, 멧자 숲, 마땅가 숲은 선인(仙人)들의 악심에 의해서 숲이 되었다고 들었습니다."

"거사여! 거사여! 거사는 심사숙고하여 대답하세요. 그대의 말은 앞뒤가 맞지 않는군요. 거사여, 그대는 '존자여, 저는 사실에 근거하여 논의하겠습니다. 우리 이점에 대하여 논의합시다'라고 말하지 않았나요?"

"존자여, 사실은 맨 처음의 비유로 인해서 저는 세존께 흡족하고 만족했습니다. 그렇지만 저는 세존의 여러 가지 응답을 듣고 싶었습니다. 그래서 저는 세존과 반대로 생각했던 것입니다. 훌륭하십니다. 세존이시여! 훌륭하십니다. 세존이시여! 세존이시여, 마치 뒤집힌 것을 바로 세우는 것 같고, 감추어진 것을 드러내는 것 같고, 길 잃은 자에게 길을 알려주는 것 같고, '눈 있는 자들은 보라'고 어둠 속에 등불을 비춰주는 것 같습니다. 이와 같이 세존께서는 여러 가지 방법으로 진리를 알려주셨습니다. 이제 저는 세존께 귀의합니다. 가르침과 비구 승가에 귀의합니다. 세존께서는 저를 청신사(淸信士)로 받아주소서. 오늘부터 살아있는 날까지 귀의하겠나이다."

"거사여, 깊이 생각하십시오. 당신은 세상에 널리 알려진 사람이니 부디 깊이 생각하도록 하십시오."

"세존이시여, 세존께서 저에게 '거사여, 깊이 생각하십시오. 당신은 세상에 널리 알려진 사람이니 부디 깊이 생각하도록 하십시오'라고 말씀하시니, 저는 더욱더 세존께 흡족하고 만족합니다. 세존이시여, 외도(外道)들은 저를 제자로 얻은 다음에는, '우빨리 거사가 우리의 제자가 되었다'라고 외치면서 깃발을 흔들며 나란다의 모든 곳을 돌아다닐 것입니다. 그런데 세존께서는 저에게 '거사여, 깊이 생각하십시오. 당신은 세상에 널리 알려진 사람이니 부디 깊이 생각하도록 하십시오'라고 말씀하셨습니다. 이제 저는 거듭 세존께 귀의합니다. 가르침과 비구 승가에 귀의합니다. 세존께서는 저를 청신사로 받아주소서. 오늘부터 살아있는 날까지 귀의하겠나이다."

"거사여, 당신의 가문은 오랫동안 니간타의 후원자였습니다. 그러므로 그들이 오면 탁발 음식을 보시해야 한다고 생각하십시오."

"세존이시여, 세존께서 저에게 '거사여, 당신의 가문은 오랫동안 니간타의 후원자였습니다. 그러므로 그들이 오면 탁발 음식을 보시해야 한다고 생각하십시오'라고 말씀하시니, 저는 더욱더 세존께 흡족하고 만족합니다. 세존이시여, 저는 사문 고따마는 '나에게만 보시를 베풀고, 다른 사람에게는 보시를 베풀지 말라! 나의 제자들에게만 보시를 베풀고, 다른 사람의 제자들에게는 보시를 베풀지 말라! 나에게 베푼 보시만이 큰 공덕이 있고, 다른 사람에게 베푼 보시는 큰 공덕이 없다. 나의 제자들에게 베푼 보시만이 큰 공덕이 있고, 다른 사람의 제자들에게 베푼 보시는 큰 공덕이 없다'라고 말한다고 들었습니다. 그런데 세존께서는 저에게 니간타에게도 보시할 것을 권유하시는군요. 세존이시여, 그 점은 제가 때를 알아 하겠습니다. 세존이시여, 이제 저는 세 번 거듭 세존께 귀의합니다. 가르침과 비구 승가에 귀의합니다. 세존께서는 저를 청신사로 받아주소서. 오늘부터 살아있는 날까지 귀의하겠나이다."

그러자 세존께서는 우빨리 거사에게 차제설법(次第說法)을 하셨습니다. 즉 보시를 말씀하시고, 계율을 말씀하시고, 천상(天上)을 말씀하시고, 감각적 쾌락은 위험하고 무익하고 더러운 것이며, 그것에서 벗어나는 것이 이익이 된다는 것을 설명하셨습니다. 세존께서는 우빨리 거사의 마음이 유연하고, 편견이 없고, 즐겁고, 청정하여 가르침을 받아들일 준비가 된 것을 아시고, 깨달으신 분들이 찬탄하시는 고(苦), 집(集), 멸(滅), 도(道)의 법문을 그에게 설명하셨습니다. 비유하면, 얼룩이 없는 깨끗한 옷이 염색을 잘 받아들이듯이, 그 자리에서 우빨리 거사에게 '어떤 것이든 쌓인 법[集法]은 모두가 소멸하는 법[滅法]'이라는 것을 보는 청정무구(淸淨無垢)한 법안(法眼)이 생겼습니다. 진리를 보고, 진리를 획득하고, 진리를 알고, 진리를 깊이 이해하여, 스승의 가르침에 대하여 다른 사람을 의지하지 않고 의심을 극복하고, 의혹이 사라지고,

두려움이 없어진 우빨리 거사가 세존께 말씀드렸습니다.

"세존이시여, 이제 저는 가보겠습니다. 제가 할 일이 많아 바쁩니다."

"거사여, 가야 할 시간이라면 그렇게 하시오."

우빨리 거사는 세존의 말씀에 환희하고, 자리에서 일어나 세존께 예배한 후에 오른쪽으로 돈 다음, 자신의 집으로 갔습니다. 집에 도착하자, 그는 문지기에게 분부했습니다.

"문지기여, 나는 오늘부터 니간타와 니간티(niganṭhī)[03]의 출입을 금하고, 세존의 비구와 비구니, 청신사(淸信士), 청신녀(淸信女)의 출입을 허락한다. 만약에 니간타가 오면, 너는 '존자여, 멈추시오. 들어가지 마시오. 우빨리 거사는 오늘부터 고따마 사문의 제자가 되어 니간타와 니간티의 출입을 금하고, 세존의 비구와 비구니, 청신사, 청신녀의 출입을 허락했소. 존자여, 그대의 목적이 탁발 음식이라면, 여기에 서 있으시오. 지금 그대에게 음식을 가져오겠소'라고 말하라!"

문지기가 우빨리 거사에게 응답했습니다.

"그렇게 하겠습니다. 주인님!"

디가따빠씬 니간타는 '우빨리 거사가 고따마 사문의 제자가 되었다'라는 말을 들었습니다. 그래서 디가따빠씬 니간타는 니간타 나따뿟따를 찾아가서 말했습니다.

"존자여, 저는 '우빨리 거사가 고따마 사문의 제자가 되었다'라는 말을 들었습니다."

"따빠씬이여, 그럴 리가 없소. 고따마 사문이 우빨리 거사의 제자

---

03 여자 니간타 수행자.

가 될 수는 있겠지만, 우빨리 거사가 고따마 사문의 제자가 되는 일은 있을 수 없소."

디가따빠씬 니간타는 니간타 나따뿟따에게 두 번, 세 번 거듭해서 같은 말을 했지만, 니간타 나따뿟따는 그 말을 믿지 않았습니다.

"존자여, 제가 가서 우빨리 거사가 고따마 사문의 제자가 되었는지, 그렇지 않은지 알아보겠습니다."

"따빠씬이여, 그대는 가서 우빨리 거사가 고따마 사문의 제자가 되었는지, 그렇지 않은지 알아보도록 하시오."

그리하여 디가따빠씬 니간타는 우빨리 거사의 집으로 갔습니다. 문지기는 저만치에서 디가따빠씬 니간타가 오는 것을 보았습니다. 그는 디가따빠씬 니간타를 보고서 그에게 말했습니다.

"존자여, 멈추시오. 들어가지 마시오. 우빨리 거사는 오늘부터 고따마 사문의 제자가 되어, 니간타와 니간티의 출입을 금하고, 세존의 비구와 비구니, 청신사, 청신녀의 출입을 허락했소. 존자여, 그대의 목적이 탁발 음식이라면, 여기에 서 있으시오. 지금 그대에게 음식을 가져오겠소."

"벗이여, 나의 목적은 탁발 음식이 아니오."

그는 이렇게 말한 후에 돌아와 니간타 나따뿟따를 찾아가서 말했습니다.

"존자여, 우빨리 거사가 고따마 사문의 제자가 된 것은 분명한 사실입니다. 존자여, 당신은 '존자여, 제 생각에 우빨리 거사가 사문 고따마를 논파하는 것은 좋지 않을 것 같습니다. 사문 고따마는 환술에 능하여, 유인하는 환술을 알아서 외도의 제자들을 개종시킵니다'라는 말을 받아들이지 않았습니다. 존자여, 참으로 당신의 우빨리 거사는 고따마 사문의 유인하는 환술에 의해 개종했습니다.”

“따빠씬이여, 그럴 리가 없소. 고따마 사문이 우빨리 거사의 제자가 될 수는 있겠지만, 우빨리 거사가 고따마 사문의 제자가 되는 일은 있을 수 없소.”

디가따빠씬 니간타는 니간타 나따뿟따에게 두 번, 세 번 거듭해서 같은 말을 했지만, 니간타 나따뿟따는 그 말을 믿지 않았습니다.

그리하여 니간타 나따뿟따는 많은 니간타 대중들과 함께 우빨리 거사의 집으로 갔습니다. 문지기는 저만치에서 니간타 나따뿟따가 오는 것을 보았습니다. 그는 니간타 나따뿟따를 보고서 그에게 말했습니다.

“존자여, 멈추시오. 들어가지 마시오. 우빨리 거사는 오늘부터 고따마 사문의 제자가 되어, 니간타와 니간티의 출입을 금하고, 세존의 비구와 비구니, 청신사, 청신녀의 출입을 허락했소. 존자여, 그대의 목적이 탁발 음식이라면, 여기에 서 있으시오. 지금 그대에게 음식을 가져오겠소.”

“좋소, 문지기여. 그대는 우빨리 거사에게 가서 우빨리 거사에게 ‘존자여, 니간타 나따뿟따가 많은 니간타 대중들과 함께 대문 밖에 서 있습니다. 그가 당신을 보기를 원합니다’라고 말해주시오.”

“존자여, 그렇게 하겠습니다.”

문지기는 니간타 나따뿟따에게 응답한 후에 우빨리 거사에게 가서 말했습니다.

“존자여, 니간타 나따뿟따가 많은 니간타 대중들과 함께 대문 밖에 서 있습니다. 그가 당신을 보기를 원합니다.”

“그렇다면 좋다. 문지기여, 중간 사랑채에 자리를 마련하도록 해라!”

“그렇게 하겠습니다. 주인님!”

문지기는 우빨리 거사에게 응답한 후에, 중간 사랑채에 자리를 마련한 다음, 우빨리 거사에게 가서 말했습니다.

"주인님, 중간 사랑채에 자리가 마련되었습니다. 이제 가실 때가 되었습니다."

그리하여 우빨리 거사는 중간 사랑채로 갔습니다. 그는 사랑채에 가서 가장 높고, 가장 훌륭한 자리에 앉은 후에 문지기에게 분부했습니다.

"이제 됐다. 문지기여, 그대는 니간타 나따뿟따에게 가서 '존자여, 우빨리 거사께서 원한다면 들어오라고 말했습니다'라고 전하라!"

"그렇게 하겠습니다. 주인님!"

문지기는 우빨리 거사에게 응답한 후에, 니간타 나따뿟따에게 가서 말했습니다.

"존자여, 우빨리 거사께서 원한다면 들어오라고 했습니다."

그리하여 니간타 나따뿟따는 많은 니간타 대중들과 함께 중간 사랑채로 갔습니다.

그때 우빨리 거사는 저만치에서 니간타 나따뿟따가 오는 것을 보고, 영접한 후에, 그곳에서 가장 높고, 가장 훌륭한 자리를 상의(上衣)로 닦아낸 다음, 자리를 잡고 앉았습니다. 그는 그곳에서 가장 높고, 가장 훌륭한 자리에 자신이 앉아서 니간타 나따뿟따에게 말했습니다.

"존자여, 자리들이 있으니, 원하시면 앉으시지요."

이렇게 이야기하자, 니간타 나따뿟따가 우빨리 거사에게 말했습니다.

"거사여, 그대는 제정신이 아니군요. 거사여, 그대는 어리석군요. 그대는 '존자여, 내가 가서 사문 고따마의 주장을 논파하겠소'라고 말하고 가서는, 크게 혼란스러운 말에 걸려들어 돌아왔군요. 거사여, 그대는 알을 주우러 갔다가 알을 버리고 돌아온 사람과 같군요. 거사여, 그대는 눈을 뽑으러 갔다가 눈이 뽑혀서 돌아온 사람과 같군요. 거사여, 이와 같이 그대는 '존자여, 내가 가서 사문 고따마의 주장을 논파하겠소'라고 하고 가서는, 크게 혼란스러운 말에 걸려들어 돌아왔구려. 거사여, 그대는 고따마 사문의 유인하는 환술에 의해 개종했군요."

"존자여, 환술에 의해 개종하는 일은 행운이라오. 존자여, 환술에 의해 개종하는 일은 기쁨이라오. 존자여, 나의 사랑스러운 친족들이 이러한 개종을 하게 된다면, 그것은 사랑하는 나의 친족에게 길이길이 축복이며 행복이라오. 존자여, 모든 크샤트리아들이 이러한 개종을 하게 된다면, 그것은 모든 크샤트리아들에게 길이길이 축복이며 행복이라오. 존자여, 모든 바이샤, 수드라들이 이러한 개종을 하게 된다면, 그것은 모든 바이샤, 수드라들에게 길이길이 축복이며 행복이라오. 존자여, 천계, 마라, 범천을 포함한 이 세간이, 사문과 바라문, 왕과 백성을 포함한 인간들이 이러한 개종을 하게 된다면, 그것은 천계, 마라, 범천을 포함한 이 세간에, 사문과 바라문, 왕과 백성을 포함한 인간들에게 길이길이 축복이며 행복이라오. 존자여, 그러므로 내가 그대에게 비유를 들겠소. 현명한 사람들은 비유로 말의 의미를 이해하기 때문이오.

존자여, 옛날에 늙고, 나이 많은 어떤 장로 바라문에게 젊고 나이 어린, 임신하여 해산이 임박한 부인이 있었다오. 존자여, 그런데 그 부인이 그 바라문에게 말했다오.

'바라문이여, 당신은 시장에 가서 내 아들의 장난감이 될 새끼원숭이 수컷을 사 오세요.'

존자여, 이와 같이 말하자, 그 바라문은 그 부인에게 말했다오.

'부인! 출산할 때까지 기다리시오. 부인! 만약에 당신이 아들을 낳으면, 나는 시장에서 당신 아들의 장난감이 될 새끼원숭이 수컷을 사오겠소. 부인! 그러나 만약에 당신이 딸을 낳으면, 나는 시장에 가서 당신 딸의 장난감이 될 새끼원숭이 암컷을 사 오겠소.'

그러나 그 부인은 그 바라문에게 두 번, 세 번 거듭하여 새끼원숭이 수컷을 사 오라고 졸라댔다오. 존자여, 그러자 그 부인을 애착하고, 마음이 묶여있었던 그 바라문은 시장에서 새끼원숭이 수컷을 사 와서 그 부인에게 말했다오.

'부인! 이것이 시장에서 사 온 당신 아들의 장난감이 될 새끼원숭이 수컷이오.'

이와 같이 말하자, 그 부인이 그 바라문에게 말했다오.

'바라문이여, 당신은 이 새끼원숭이를 가지고 염색공의 아들 랏따빠니(Rattapaṇi)에게 가서 '랏따빠니여, 이 새끼원숭이를 황색으로 염색하고, 매끈하게 다듬이질하고, 양쪽 면을 부드럽게 연마해주시오'라고 말하세요.'

존자여, 그리하여 그 부인을 애착하고, 마음이 묶여있던 그 바라문은 그 새끼원숭이를 가지고 염색공의 아들 랏따빠니에게 가서 말했다오.

'랏따빠니여, 이 새끼원숭이를 황색으로 염색하고, 매끈하게 다듬이질하고, 양쪽 면을 부드럽게 연마해주시오.'

존자여, 이렇게 말하자, 염색공의 아들 랏따빠니가 그 바라문에게 말했다오.

'존자여, 당신의 이 새끼원숭이는 염색은 할 수 있지만, 다듬이질

과 연마는 할 수 없습니다.'

존자여, 이와 같이, 어리석은 니간타의 교리는 어리석은 사람은 물들일 수 있지만, 현명한 사람은 물들일 수 없으며, 실천할 수 없고, 연마할 수 없다오.

존자여, 그 바라문은 나중에 깨끗한 옷 한 벌을 가지고 염색공의 아들 랏따빠니에게 가서 말했다오.

'랏따빠니여, 이 깨끗한 옷 한 벌을 황색으로 염색하고, 매끈하게 다듬이질하고, 양쪽 면을 부드럽게 연마해주시오.'

존자여, 이렇게 말하자, 염색공의 아들 랏따빠니는 그 바라문에게 말했다오.

'존자여, 당신의 이 깨끗한 옷 한 벌은 염색도 할 수 있고, 다듬이질도 할 수 있고, 연마도 할 수 있습니다.'

존자여, 참으로 이와 같이 아라한이시며, 등정각(等正覺)이신 세존의 교리는 현명한 사람은 물들일 수 있지만, 어리석은 사람은 물들일 수 없으며, 실천할 수 있고, 연마할 수 있다오."

"거사여, 왕을 포함하여 이 대중들은 '우빨리 거사는 니간타 나따뿟따의 제자다'라고 알고 있소. 거사여, 우리는 그대를 누구의 제자로 인정해야 하는 것이오?"

이와 같이 말하자, 우빨리 거사는 자리에서 일어나, 상의를 한쪽 어깨에 올리고 세존이 계신 곳을 향하여 합장 예배한 후에 니간타 나따뿟따에게 말했습니다.

"존자여, 그렇다면 내가 누구의 제자인지 들어보시오."

어리석음을 멸진하고 번뇌를 부숴버린,

승리자 중의 승리자시며,

흔들림 없는 고요한 마음과 덕행을 갖추시고,

훌륭한 지혜를 지니신,

안온(安穩)하고 티 없이 맑으신 지혜로운 세존,

나는 그분의 제자입니다.

만족을 알고 속된 이익을 버리고 희심(喜心)이 충만한,

사문(沙門)의 행을 실천하여 사람의 최후신(最後身)을 성취한 인간,

비할 자 없고, 번뇌가 없는, 모든 의심을 떨쳐버린 세존,

나는 그분의 제자입니다.

선량하며 율법에 정통한 최상의 조어자(調御者)이시며,

무상(無上)의 광명으로서 두려움을 없애는 빛을 발하시는,

교만을 깨부순 영웅으로서 의혹이 없는 세존,

나는 그분의 제자입니다.

측량할 수 없는 깊은 지혜를 성취하시고,

안온을 주는 지혜로운 법에 머물러 자신을 잘 제어하시는,

집착을 버리고 해탈한 목우자(牧牛子)이신 세존,

나는 그분의 제자입니다.

한가한 곳에 머물면서, 결박을 끊고 해탈하신 분,

친절한 말벗이며 청정하신 분,
싸움을 끝내고 탐욕을 여읜 분,
자신을 잘 길들이고 희론(戲論)이 없는
용상(龍象)이신 세존,
나는 그분의 제자입니다.

거짓이 없으며, 삼명(三明)을 통달하고 범천에 이르신 분,
베다에 정통하고 안온하며, 이름이 널리 알려지신 분,
제석천의 싹까(Sakka)시며 일곱 번째 선인(仙人)이신 세존,
나는 그분의 제자입니다.

자신을 잘 수습(修習)하고 최상의 공덕을 성취하여
진리를 설명해주시는 분,
주의집중을 확립하고 여실(如實)하게 체험하여
올바르고 왜곡이 없으신 분,
동요하지 않고 자제력을 갖춘 거룩하신 세존,
나는 그분의 제자입니다.

선정(禪定)을 닦아 마음속에 장애가 없는
청정하기 그지없는 분,
집착이 없고 원이 없이[無願], 한가하게 머무는
최상의 경지를 성취하신 분,
스스로 건너가고, 남들을 건네주는,

정행자(正行者)이신 세존,
나는 그분의 제자입니다.

위대한 지혜는 대지(大地)와 같고,
탐욕이 없는 평화로운 분,
여래(如來)이시며, 선서(善逝)이신,
비길 바 없고, 견줄 바 없는 분,
두려움이 없는 미묘하신 세존,
나는 그분의 제자입니다.

갈애[愛]를 부수고, 깨달으신 분,
연막(煙幕)을 거두신 오염 없는 분,
공양을 받아 마땅한 영혼, 견줄 이 없는 최상의 인간,
위대하시며, 가장 높은 명성을 얻으신 세존,
나는 그분의 제자입니다.

"거사여, 그대는 언제 고따마 사문을 찬탄하는 이 찬사들을 모았습니까?"

"존자여, 솜씨 좋은 꽃 장식사나 꽃 장식사의 제자가 다양하고 많은 꽃으로 갖가지 꽃다발을 묶어 놓은 것처럼, 존자여, 저 세존에 대한 찬사는 한둘이 아니라 수백 가지입니다. 존자여, 그러한데, 누구라서 찬탄 받아 마땅한 분을 찬탄하지 않겠습니까?"

그러자 니간타 나따뿟따는 세존에 대한 찬탄을 견디지 못하고, 그곳에서 뜨거운 피를 토해냈습니다.

31

많은 느낌 경

59. Bahuvedaniya-sutta

【 해제 】

|

이 경은 한역 『잡아함경(雜阿含經)』「17. 32 우타이(優陀夷)」에 상응하는
경이다.

　　제자들이 '느낌[受]의 종류는 몇 가지인가?'를 놓고 논쟁하는 것
을 본 부처님은 이렇게 말씀하셨다.

　　"아난다여, 이와 같이 나의 가르침은 방편(方便)으로 설해진 것
　　이다. 아난다여, 이와 같이 각자에게 잘 설해지고 잘 이야기된,
　　방편으로 설해진 내 가르침들을 시인하지 않고, 동의하지 않고,
　　만족하지 않으면, 그들은 당연히 투쟁이 생기고, 불화가 생기고,
　　논쟁이 일어나 상호 간에 날카로운 독설로 공격하며 지내게 될

것이다."

인간은 고정된 존재가 아니다. 어리석은 중생은 감각적 쾌락을 즐거움으로 여기고 살아가지만, 이들은 고정된 어리석은 중생이 아니다. 아무리 어리석은 중생이라 할지라도 단계에 따라 수행하면 누구나 어리석음에서 벗어나 더 큰 즐거움을 느끼며 살 수 있다. 부처님께서는 어리석은 중생이 최상의 즐거움을 누리며 살 수 있는 길을 깨달아서 가르쳤다. 불교의 단계적 수행은 중생이 최상의 즐거움, 즉 열반으로 가는 과정이다. 부처님께서는 수행의 단계에 따라서 그에 적당한 가르침을 설하셨다. 이것이 방편(方便)이다. 이 경은 이러한 방편의 의미를 잘 보여준다.

이와 같이 나는 들었습니다.

한때 세존께서는 싸왓티의 제따와나 아나타삔디까 승원(僧園)에 머무셨습니다. 그때 빤짜깡가(Pañcakaṅga)라는 목수가 우다이(Udāyi) 존자를 찾아와서 우다이 존자에게 예배하고 한쪽에 앉았습니다. 한쪽에 앉은 목수 빤짜깡가가 우다이 존자에게 말했습니다.

"우다이 존자여, 세존께서 말씀하신 느낌[受]은 몇 가지입니까?"

"거사여, 세존께서 말씀하신 느낌은 셋입니다. 거사여 즐거운 느낌, 괴로운 느낌, 괴롭지도 즐겁지도 않은 느낌, 이들 세 가지 느낌을 세존께서는 말씀하셨습니다."

"우다이 존자여, 세존께서 말씀하신 느낌은 셋이 아닙니다. 세존께서는 즐거운 느낌, 괴로운 느낌, 두 가지를 말씀하셨습니다. 존자여, 세존께서는 괴롭지도 즐겁지도 않은 느낌은 고요하고 승묘(勝妙)한 즐거움이라고 말씀하셨습니다."

우다이 존자가 재차 목수 빤짜깡가에게 말했습니다.

"거사여, 세존께서 말씀하신 느낌은 둘이 아닙니다. 세존께서 말씀하신 느낌은 셋입니다. 거사여 즐거운 느낌, 괴로운 느낌, 괴롭지도 즐겁지도 않은 느낌, 이들 세 가지 느낌을 세존께서는 말씀하셨습니다."

목수 빤짜깡가도 재차 우다이 존자에게 말했습니다.

"우다이 존자여, 세존께서 말씀하신 느낌은 셋이 아닙니다. 세존께서는 즐거운 느낌, 괴로운 느낌, 두 가지를 말씀하셨습니다. 존자여,

세존께서는 괴롭지도 즐겁지도 않은 느낌은 고요하고 승묘한 즐거움
이라고 말씀하셨습니다.”

우다이 존자는 세 번을 거듭 목수 빤짜깡가에게 말했습니다.

“거사여, 세존께서 말씀하신 느낌은 둘이 아닙니다. 세존께서 말씀
하신 느낌은 셋입니다. 거사여 즐거운 느낌, 괴로운 느낌, 괴롭지도 즐
겁지도 않은 느낌, 이들 세 가지 느낌을 세존께서는 말씀하셨습니다.”

목수 빤짜깡가도 세 번을 거듭 우다이 존자에게 말했습니다.

“우다이 존자여, 세존께서 말씀하신 느낌은 셋이 아닙니다. 세존
께서는 즐거운 느낌, 괴로운 느낌, 두 가지를 말씀하셨습니다. 존자여,
세존께서는 괴롭지도 즐겁지도 않은 느낌은 고요하고, 승묘한 즐거움
이라고 말씀하셨습니다.”

우다이 존자는 목수 빤짜깡가를 설득할 수 없었고, 목수 빤짜깡가
는 우다이 존자를 설득할 수 없었습니다.

아난다 존자는 우다이 존자와 목수 빤짜깡가가 이런 대화를 하는
것을 보았습니다. 그래서 아난다 존자는 세존을 찾아갔습니다. 세존께
예배하고 한쪽에 앉은 후에 아난다 존자는 세존께 우다이 존자와 목수
빤짜깡가가 나눈 대화를 그대로 말씀드렸습니다. 이와 같이 말씀드리
자, 세존께서 아난다 존자에게 말씀하셨습니다.

“아난다여, 방편은 옳은데 목수 빤짜깡가는 우다이에게 만족하지
못했고, 방편은 옳은데 우다이는 목수 빤짜깡가에게 만족하지 못한 것
이다. 아난다여, 나는 방편으로 두 느낌을 말하기도 했고, 세 느낌을 말
하기도 했고, 다섯 느낌을 말하기도 했고, 여섯 느낌을 말하기도 했고,
열여덟 느낌을 말하기도 했고, 서른여섯 느낌을 말하기도 했고, 백팔

느낌을 말하기도 했다. 아난다여, 이와 같이 나의 가르침은 방편으로 설해진 것이다. 아난다여, 이와 같이 각자에게 잘 설해지고 잘 이야기된, 방편으로 설해진 내 가르침들을 시인하지 않고, 동의하지 않고, 만족하지 않으면, 그들은 당연히 투쟁이 생기고, 불화가 생기고, 논쟁이 일어나 상호 간에 날카로운 독설로 공격하며 지내게 될 것이다. 아난다여, 이와 같이 나의 가르침은 방편으로 설해진 것이다.[01] 아난다여, 이와 같이 각자에게 잘 설해지고 잘 이야기된, 방편으로 설해진 내 가르침들을 시인하고, 동의하고, 납득하면, 그들은 당연히 조화를 이루고, 화합하고, 논쟁을 그치고, 우유와 물처럼 융합하여 상호 간에 애정 어린 눈으로 보면서 지내게 될 것이다.

아난다여, 다섯 가지 감각적 욕망의 대상이 있다. 그 다섯은 어떤 것인가? 보는 주관[眼]에 의해 분별되는 마음에 들고, 사랑스럽고, 매력적이고, 귀엽고, 즐겁고, 매혹적인 형색[色], 듣는 주관[耳]에 의해 분별되는 마음에 들고, 사랑스럽고, 매력적이고, 귀엽고, 즐겁고, 매혹적인 소리[聲], 냄새 맡는 주관[鼻]에 의해 분별되는 마음에 들고, 사랑스럽고, 매력적이고, 귀엽고, 즐겁고, 매혹적인 향기[香], 맛보는 주관[舌]에 의해 분별되는 마음에 들고, 사랑스럽고, 매력적이고, 귀엽고, 즐겁고, 매혹적인 맛[味], 만지는 주관[身]에 의해 분별되는 마음에 들고, 사랑스럽고, 매력적이고, 귀엽고, 즐겁고, 매혹적인 촉감[觸], 아난다여, 이들이 다섯 가지 감각적 욕망의 대상이다. 아난다여, 이들 다섯 가지 감각적 욕망의 대상을 의지하여 생기는 즐거움과 기쁨을 감각적 쾌락[欲

---

01 'evaṃ pariyāyadesito kho Ānanda mayā dhammo'의 번역.

樂]이라고 부른다.

　아난다여, 어떤 사람이 '이것이 중생이 느끼는 최상의 즐거움과 기쁨이다'라고 말한다면, 나는 그것을 인정하지 않는다. 왜냐하면, 아난다여, 그 즐거움보다 더 훌륭하고, 더 뛰어난 다른 즐거움이 있기 때문이다. 아난다여, 그 즐거움보다 더 훌륭하고, 더 뛰어난 다른 즐거움은 어떤 것인가? 아난다여, 비구는 감각적 욕망을 멀리하고, 불선법(不善法)을 멀리함으로써, 사유가 있고, 숙고가 있는, 멀리함에서 생긴 즐거움과 행복이 있는 초선(初禪)을 성취하여 살아간다. 아난다여, 이것이 그 즐거움보다 더 훌륭하고, 더 뛰어난 다른 즐거움이다.

　아난다여, 어떤 사람이 '이것이 중생이 느끼는 최상의 즐거움과 기쁨이다'라고 말한다면, 나는 그것을 인정하지 않는다. 왜냐하면, 아난다여, 그 즐거움보다 더 훌륭하고 더 뛰어난 다른 즐거움이 있기 때문이다. 아난다여, 그 즐거움보다 더 훌륭하고 더 뛰어난 다른 즐거움은 어떤 것인가? 아난다여, 비구는 사유와 숙고를 억제하여 내적으로 조용해진, 마음이 집중된, 사유와 숙고가 없는, 삼매(三昧)에서 생긴 즐거움과 행복이 있는 제2선(第二禪)을 성취하여 살아간다. 아난다여, 이것이 그 즐거움보다 더 훌륭하고, 더 뛰어난 다른 즐거움이다.

　아난다여, 어떤 사람이 '이것이 중생이 느끼는 최상의 즐거움과 기쁨이다'라고 말한다면, 나는 그것을 인정하지 않는다. 왜냐하면, 아난다여, 그 즐거움보다 더 훌륭하고, 더 뛰어난 다른 즐거움이 있기 때문이다. 아난다여, 그 즐거움보다 더 훌륭하고, 더 뛰어난 다른 즐거움은 어떤 것인가? 아난다여, 비구는 희열(喜悅)이 사라지고 평정한 마음으로 주의집중과 알아차림을 하며 지내는 가운데 몸으로 행복을 느끼면서, 성인들이 '평정한 마음[捨]으로 주의집중을 하는 행복한 상태'라고 이야기한 제3선(第三禪)을 성취하여 살아간다. 아난다여, 이것이 그 즐거움보다 더 훌륭하고, 더 뛰어난 다른 즐거움이다.

아난다여, 어떤 사람이 '이것이 중생이 느끼는 최상의 즐거움과 기쁨이다'라고 말한다면, 나는 그것을 인정하지 않는다. 왜냐하면, 아난다여, 그 즐거움보다 더 훌륭하고, 더 뛰어난 다른 즐거움이 있기 때문이다. 아난다여, 그 즐거움보다 더 훌륭하고, 더 뛰어난 다른 즐거움은 어떤 것인가? 아난다여, 비구는 행복감을 포기하고 괴로움을 버림으로써 이전의 만족과 불만이 소멸하여 괴롭지도 않고 즐겁지도 않은, 평정한 주의집중이 청정한 제4선(第四禪)을 성취하여 살아간다. 아난다여, 이것이 그 즐거움보다 더 훌륭하고, 더 뛰어난 다른 즐거움이다.

아난다여, 어떤 사람이 '이것이 중생이 느끼는 최상의 즐거움과 기쁨이다'라고 말한다면, 나는 그것을 인정하지 않는다. 왜냐하면, 아난다여, 그 즐거움보다 더 훌륭하고, 더 뛰어난 다른 즐거움이 있기 때문이다. 아난다여, 그 즐거움보다 더 훌륭하고, 더 뛰어난 다른 즐거움은 어떤 것인가? 아난다여, 비구는 일체의 형색에 대한 관념[色想]을 초월하고, 지각의 대상에 대한 관념[有對想]을 소멸하고, 차별적인 개념[想]에 마음을 쓰지 않음으로써 '허공은 무한하다'라고 생각하는 공무변처(空無邊處)를 성취하여 살아간다. 아난다여, 이것이 그 즐거움보다 더 훌륭하고, 더 뛰어난 다른 즐거움이다.

아난다여, 어떤 사람이 '이것이 중생이 느끼는 최상의 즐거움과 기쁨이다'라고 말한다면, 나는 그것을 인정하지 않는다. 왜냐하면, 아난다여, 그 즐거움보다 더 훌륭하고, 더 뛰어난 다른 즐거움이 있기 때문이다. 아난다여, 그 즐거움보다 더 훌륭하고, 더 뛰어난 다른 즐거움은 어떤 것인가? 아난다여, 비구는 일체의 공무변처를 초월하여, '의식은 무한하다'라고 생각하는 식무변처(識無邊處)를 성취하여 살아간다. 아난다여, 이것이 그 즐거움보다 더 훌륭하고, 더 뛰어난 다른 즐거움이다.

아난다여, 어떤 사람이 '이것이 중생이 느끼는 최상의 즐거움과 기쁨이다'라고 말한다면, 나는 그것을 인정하지 않는다. 왜냐하면, 아난다여, 그 즐거움보다 더 훌륭하고, 더 뛰어난 다른 즐거움이 있기 때문이다. 아난다여, 그 즐거움보다 더 훌륭하고, 더 뛰어난 다른 즐거움은 어떤 것인가? 아난다여, 비구는 일체의 식무변처를 초월하여, '아무것도 없다'라고 생각하는 무소유처(無所有處)를 성취하여 살아간다. 아난다여, 이것이 그 즐거움보다 더 훌륭하고, 더 뛰어난 다른 즐거움이다.

아난다여, 어떤 사람이 '이것이 중생이 느끼는 최상의 즐거움과 기쁨이다'라고 말한다면, 나는 그것을 인정하지 않는다. 왜냐하면, 아난다여, 그 즐거움보다 더 훌륭하고, 더 뛰어난 다른 즐거움이 있기 때문이다. 아난다여, 그 즐거움보다 더 훌륭하고, 더 뛰어난 다른 즐거움은 어떤 것인가? 아난다여, 비구는 일체의 무소유처를 초월하여, 비유상비무상처(非有想非無想處)를 성취하여 살아간다. 아난다여, 이것이 그 즐거움보다 더 훌륭하고, 더 뛰어난 다른 즐거움이다.

아난다여, 어떤 사람이 '이것이 중생이 느끼는 최상의 즐거움과 기쁨이다'라고 말한다면, 나는 그것을 인정하지 않는다. 왜냐하면, 아난다여, 그 즐거움보다 더 훌륭하고, 더 뛰어난 다른 즐거움이 있기 때문이다. 아난다여, 그 즐거움보다 더 훌륭하고, 더 뛰어난 다른 즐거움은 어떤 것인가? 아난다여, 비구는 일체의 비유상비무상처를 초월하여, 상수멸(想受滅)을 성취하여 살아간다. 아난다여, 이것이 그 즐거움보다 더 훌륭하고, 더 뛰어난 다른 즐거움이다.

아난다여, 외도 편력수행자들은 '사문 고따마는 상수멸을 이야기하고, 그것을 즐거움이라고 언급하는데, 그것은 도대체 무엇이며, 그것은 도대체 어떤 것인가?'라고 말할 수 있다. 아난다여, 이와 같이 말하는 외도 편력수행자들에게는 '존자여, 세존은 즐거운 느낌에 대해서만 즐거움이라고 언급하지 않습니다. 존자여, 여래는 언제 어디서든 즐거움을 얻을 때, 그것을 즐거움이라고 언급합니다'[02]라고 말해야 한다."

이것이 세존께서 하신 말씀입니다.
아난다 존자는 세존의 설법에 만족하고 기뻐했습니다.

---

[02] 'na kho āvuso Bhagavā sukhaṃ yeva vedanaṃ sandhāya sukhasmiṃ paññāpeti. api c' āvuso yattha yattha sukhaṃ upalabbhati yahiṃ yahiṃ tan taṃ Tathāgato sukhasmiṃ paññāpeti'의 번역.

32

라훌라에게 설하신 큰 경

62. Mahā-Rāhulovāda-sutta

【 해제 】

이 경은 한역 『중아함경(中阿含經)』에는 상응하는 경이 없고, 『증일아함
경(增一阿含經)』 17. 1 「나운(羅雲)」에 같은 내용이 있다.

　　라훌라(Rāhula) 존자는 부처님의 외아들이다. 7세에 출가하여 승
단에서 성장한 라훌라 존자에게 설하신 부처님의 법문은 여러 경에 나
온다. 라훌라 존자에게 설하신 이 법문은 불교 수행의 과정을 일목요연
(一目瞭然)하게 보여주고 있다. 불교 수행은 우리가 자아(自我)로 취하고
있는 5온(五蘊)에 대하여 그것이 '자아'도 아니고 '나의 소유'도 아니라는
것을 있는 그대로 통찰하는 것이다.

　　이 경에서 보여주는 5온을 통찰하는 과정은 다음과 같다. 먼저 형
색[色]을 관찰한다. 몸은 우리가 4대(四大)라고 부르는 땅, 물, 불, 바람과

허공(虛空)이라고 부르는 것으로 이루어져 있다는 것을 통찰한다.

　다음으로 느낌[受]을 관찰한다. 땅이나 물이나 불이나 바람이나 허공은 괴로워하거나, 걱정하거나, 싫어하지 않는다. 땅과 물과 불과 바람과 허공으로 이루어진 우리의 몸도 괴로워하거나, 걱정하거나, 싫어할 리가 없다. 본래 괴로워하거나, 걱정하거나, 싫어할 것이 없는데, 우리가 공연히 괴로운 생각, 걱정, 싫어하는 생각을 일으킬 뿐이다. 그러므로 우리는 몸으로 경험할 때 느끼는 모든 느낌을 땅과 물과 불과 바람과 허공처럼 무심하게 받아들이는 수행을 해야 한다. 경험에서 야기되는 산란한 마음을 철저하게 없애기 위해서 자비희사(慈悲喜捨)의 사무량심(四無量心)을 닦아야 한다. 탐욕을 없애기 위해서 부정관(不淨觀)을 닦아야 한다.

　다음으로 생각[想]을 관찰한다. 자아가 있다는 생각은 모든 것이 무상(無常)하다는 사실을 망각하기 때문이다. 따라서 자아가 있다는 생각[我慢]을 없애기 위하여 무상관(無常觀)을 닦아야 한다.

　다음으로 행위[行]들을 관찰한다. 호흡에 주의를 집중하여 관찰하면, 몸에 느껴진 것이 어떻게 마음에 의해서 '유위(有爲)'로 조작되는지를 통찰할 수 있다. 이러한 통찰을 통해서 유위를 조작하는 행위들은 소멸한다.

이와 같이 나는 들었습니다.

한때 세존께서는 싸왓티의 제따와나 아나타삔디까 승원(僧園)에 머무셨습니다.

어느 날 세존께서는 오전에 옷을 입고, 발우와 법의를 지니고 탁발하러 싸왓티에 들어가셨습니다. 라훌라(Rāhula) 존자도 오전에 옷을 입고, 발우와 법의를 지니고 세존의 뒤를 따라갔습니다. 세존께서 라훌라 존자를 살펴보시고 말씀하셨습니다.

"라훌라야, '과거, 미래, 현재의 몸의 형색[色]은, 그것이 어떤 것이든, 안에 있는 것이든 밖에 있는 것이든, 거친 것이든 미세한 것이든, 보잘것없는 것이든 훌륭한 것이든, 멀리 있는 것이든 가까이 있는 것이든, 일체의 몸의 형색은 나의 소유가 아니고, 내가 아니고, 나의 자아(自我)가 아니다'라고 이와 같이 바른 통찰지(通察智)로 있는 그대로 보아야 한다."

"세존이시여, 몸의 형색만 그렇게 보아야 합니까? 선서(善逝)시여, 몸의 형색만 그렇게 보아야 합니까?"

"라훌라여, 몸의 형색도 그렇게 보아야 하고, 느낌[受]과 생각[想]과 행위[行]들과 분별하는 마음[識]도 그렇게 보아야 한다."

그러자 라훌라 존자는 '지금 면전에서 세존의 가르침을 받고 누가 마을에 걸식하러 갈 수 있겠는가?'라고 생각하고, 다시 돌아와 어떤 나무 아래 앉았습니다. 그는 가부좌(跏趺坐)하고, 몸을 똑바로 세우고, 정신을 바짝 차려 주의집중을 했습니다.

그때 싸리뿟따 존자가 어떤 나무 아래 앉아서 가부좌를 하고, 몸을 똑바로 세우고, 정신을 바짝 차려 주의집중을 하는 라훌라 존자를 보고 라훌라 존자에게 말했습니다.

"라훌라여, 호흡에 주의집중하는 수행을 하여라! 라훌라여, 호흡에 주의집중하는 수행을 하여 익히면 큰 과보와 큰 이익이 있다."

라훌라 존자는 저녁에 좌선(坐禪)에서 일어나 세존을 찾아갔습니다. 그는 세존께 가서 예배하고 한쪽에 앉았습니다. 한쪽에 앉은 라훌라 존자가 세존께 여쭈었습니다.

"세존이시여, 호흡에 주의집중하는 수행은 어떻게 하며, 그것을 하면 어떤 큰 과보와 큰 이익이 있습니까?"

"라훌라여, 어떤 것이든 안에 있는, 낱낱의 단단한 고체(固體)의 성질을 갖는 것, 예를 들면, 머리카락, 털, 손톱, 치아, 피부, 살, 힘줄, 뼈, 골수, 콩팥, 염통, 간, 가슴막, 비장, 허파, 창자, 내장, 위, 똥이나, 그 밖의 어떤 것이든 안에 있는, 낱낱의 단단한 고체의 성질을 갖는 것, 라훌라여, 이것이 안에 있는 지계(地界)라고 불리는 것이다. 안에 있는 지계와 밖에 있는 지계, 이들에 대하여, '이것은 나의 소유가 아니고, 이것은 내가 아니고, 이것은 나의 자아가 아니다'라고 바른 통찰지로 있는 그대로 보아야 한다. 이와 같이 이것을 바른 통찰지로 있는 그대로 보고 나서, 지계를 염리(厭離)하고, 지계에 마음을 두지 않아야 한다.

라훌라여, 수계(水界)란 어떤 것인가? 수계는 안에도 있고, 밖에도 있다. 라훌라여, 어떤 것이 안에 있는 수계인가? 그것은 안에 있는, 낱낱의 물과 물의 성질을 갖는 것이다. 예를 들면, 담즙, 가래, 고름, 피, 땀,

기름, 눈물, 비계, 침, 콧물, 활액(滑液), 오줌이나, 그 밖의 어떤 것이든 몸 안에 있는, 낱낱의 물과 물의 성질을 갖는 것이다. 라훌라여, 이것이 안에 있는 수계라고 불리는 것이다. 안에 있는 수계와 밖에 있는 수계, 이들 수계에 대하여, '이것은 나의 소유가 아니고, 이것은 내가 아니고, 이것은 나의 자아가 아니다'라고 바른 통찰지로 있는 그대로 보아야 한다. 이와 같이 이것을 있는 그대로 바른 통찰지로 보고 나서, 수계를 염리하고, 수계에 마음을 두지 않아야 한다.

라훌라여, 화계(火界)란 어떤 것인가? 화계는 안에도 있고, 밖에도 있다. 라훌라여, 어떤 것이 안에 있는 화계인가? 그것은 안에 있는, 낱낱의 불과 불의 성질을 갖는 것이다. 예를 들면, 활력을 주는 것, 노쇠하게 하는 것, 화를 일으키는 것, 먹은 음식을 잘 소화시키는 것, 그 밖의 어떤 것이든 몸 안에 있는, 낱낱의 불과 불의 성질을 갖는 것이다. 라훌라여, 이것이 안에 있는 화계라고 불리는 것이다. 안에 있는 화계와 밖에 있는 화계, 이들 화계에 대하여, '이것은 나의 소유가 아니고, 이것은 내가 아니고, 이것은 나의 자아가 아니다'라고 바른 통찰지로 있는 그대로 보아야 한다. 이와 같이 이것을 바른 통찰지로 있는 그대로 보고 나서, 화계를 염리하고, 화계에 마음을 두지 않아야 한다.

라훌라여, 풍계(風界)란 어떤 것인가? 풍계는 안에도 있고, 밖에도 있다. 라훌라여, 어떤 것이 안에 있는 풍계인가? 그것은 안에 있는, 낱낱의 바람과 바람의 성질을 갖는 것이다. 예를 들면, 위로 올라가는 바람, 아래로 내려가는 바람, 자궁 안에 있는 바람, 배 안에 있는 바람, 사지(四肢)를 돌아다니는 바람, 들숨과 날숨, 그 밖의 어떤 것이든 몸 안에 있는, 낱낱의 바람과 바람의 성질을 갖는 것이다. 라훌라여, 이것이 안에 있는 풍계라고 불리는 것이다. 안에 있는 풍계와 밖에 있는 풍계, 이들 풍계에 대하여, '이것은 나의 소유가 아니고, 이것은 내가 아니고, 이것은 나의 자아가 아니다'라고 바른 통찰지로 있는 그대로 보아야 한다. 이와 같이 이것을 바른 통찰지로 있는 그대로 보고 나서, 풍계를 염리하고, 풍계에 마음을 두지 않아야 한다.

라훌라여, 공계(空界)란 어떤 것인가? 공계는 안에도 있고, 밖에도 있다. 라훌라여, 어떤 것이 안에 있는 공계인가? 그것은 안에 있는, 낱낱의 공간과 공간의 성질[01]을 갖는 것이다. 예를 들면, 귓구멍, 콧구멍, 구강(口腔), 그리고 먹고 마시고 씹고 맛본 것을 삼키는 공간, 먹고 마시고 씹고 맛본 것이 머무는 공간, 먹고 마시고 씹고 맛본 것이 아래로 나오는 공간, 그 밖의 어떤 것이든 몸 안에 있는, 낱낱의 공간과 공간의 성질을 갖는 것이다. 라훌라여, 이것이 안에 있는 공계라고 불리는 것이다. 안에 있는 공계와 밖에 있는 공계, 이들 공계에 대하여, '이것은 나의 소유가 아니고, 이것은 내가 아니고, 이것은 나의 자아가 아니다'라고 바른 통찰지로 있는 그대로 보아야 한다. 이와 같이 이것을 바른 통찰지로 있는 그대로 보고 나서, 공계를 염리하고, 공계에 마음을 두지 않아야 한다.

라훌라여, 땅과 같은 마음을 닦아라! 라훌라여, 땅과 같은 마음을 닦으면, 마음에 들거나 마음에 들지 않는 접촉[觸]들이 생겨도 마음을 사로잡지 못할 것이다. 라훌라여, 땅에 깨끗한 것을 버려도, 더러운 것을 버려도, 똥을 싸도, 오줌을 싸도, 침을 뱉어도, 고름을 흘려도, 피를

---

01 'ākāsagata'의 번역.

흘려도, 그로 인해서 땅은 괴로워하거나, 걱정하거나, 싫어하지 않는다. 라홀라여, 너는 이와 같이 땅과 같은 마음을 닦아라! 라홀라여, 땅과 같은 마음을 닦으면, 마음에 들거나 마음에 들지 않는 접촉들이 생겨도 마음을 사로잡지 못할 것이다.

라홀라여, 물과 같은 마음을 닦아라! 라홀라여, 물과 같은 마음을 닦으면, 마음에 들거나 마음에 들지 않는 접촉들이 생겨도 마음을 사로잡지 못할 것이다. 라홀라여, 물에 깨끗한 것을 씻어도, 더러운 것을 씻어도, 똥을 씻어도, 오줌을 씻어도, 침을 씻어도, 고름을 씻어도, 피를 씻어도, 그로 인해서 물은 괴로워하거나, 걱정하거나, 싫어하지 않는다. 라홀라여, 너는 이와 같이 물과 같은 마음을 닦아라! 라홀라여, 물과 같은 마음을 닦으면, 마음에 들거나 마음에 들지 않는 접촉들이 생겨도 마음을 사로잡지 못할 것이다.

라홀라여, 불과 같은 마음을 닦아라! 라홀라여, 불과 같은 마음을 닦으면, 마음에 들거나 마음에 들지 않는 접촉들이 생겨도 마음을 사로잡지 못할 것이다. 라홀라여, 불은 깨끗한 것을 태워도, 더러운 것을 태워도, 똥을 태워도, 오줌을 태워도, 침을 태워도, 고름을 태워도, 피를 태워도, 그로 인해서 불은 괴로워하거나, 걱정하거나, 싫어하지 않는다. 라홀라여, 너는 이와 같이 불과 같은 마음을 닦아라! 라홀라여, 불과 같은 마음을 닦으면, 마음에 들거나 마음에 들지 않는 접촉들이 생겨도 마음을 사로잡지 못할 것이다.

라홀라여, 바람과 같은 마음을 닦아라! 라홀라여, 바람과 같은 마음을 닦으면, 마음에 들거나 마음에 들지 않는 접촉들이 생겨도 마음을 사로잡지 못할 것이다. 라홀라여, 바람은 깨끗한 것을 날려도, 더러운 것을 날려도, 똥을 날려도, 오줌을 날려도, 침을 날려도, 고름을 날려도, 피를 날려도, 그로 인해서 바람은 괴로워하거나, 걱정하거나, 싫어하지 않는다. 라훌라여, 너는 이와 같이 바람과 같은 마음을 닦아라! 라훌라여, 바람과 같은 마음을 닦으면, 마음에 들거나 마음에 들지 않는 접촉들이 생겨도 마음을 사로잡지 못할 것이다.

라훌라여, 자애의 마음[慈心]을 닦아라! 라훌라여, 자애의 마음을 닦으면 성내는 마음이 소멸할 것이다. 라훌라여, 연민의 마음[悲心]을 닦아라! 라훌라여, 연민의 마음을 닦으면 가해(加害)의 마음이 소멸할 것이다. 라훌라여, 기뻐하는 마음[喜心]을 닦아라! 라훌라여, 기뻐하는 마음을 닦으면 싫어하는 마음이 소멸할 것이다. 라훌라여, 평정한 마음[捨心]을 닦아라! 라훌라여, 평정한 마음을 닦으면 장애(障碍)가 소멸할 것이다.

라훌라여, 더럽다고 생각하는 마음[不淨]을 닦아라! 라훌라여, 더럽다고 생각하는 마음을 닦으면 탐욕이 소멸할 것이다. 라훌라여, 무상(無常)하다는 생각[無常想][02]을 닦아라! 무상하다는 생각을 닦으면 내가 있다는 생각[我慢][03]이 소멸할 것이다.

라훌라여, 호흡에 대한 주의집중 수행을 하여라! 라훌라여, 호흡에 대한 주의집중 수행을 하여 익히면 큰 과보와 큰 이익이 있다. 라훌라여, 호흡에 대한 주의집중 수행은 어떻게 하고 어떻게 익히면 큰 과보와 큰 이익이 있는가? 라훌라여, 비구는 숲이나, 나무 아래나, 한적한 곳에 가서 가부좌하고서 몸을 똑바로 세우고, 정신을 바짝 차려 주의

---

02 'aniccasaññā'의 번역.
03 'asmimāna'의 번역.

집중을 한다. 그는 주의집중하여 내쉬고, 주의집중하여 들이쉰다. 길게 내쉬면서, '나는 길게 내쉰다'라고 통찰하고, 길게 들이쉬면서, '나는 길게 들이쉰다'라고 통찰한다. 짧게 내쉬면서, '나는 짧게 내쉰다'라고 통찰하고, 짧게 들이쉬면서, '나는 짧게 들이쉰다'라고 통찰한다. '나는 온몸을 느끼면서 들이쉬겠다'라고 학습(學習)하고, '나는 온몸을 느끼면서 내쉬겠다'라고 학습한다. '나는 몸으로 조작하는 신행(身行)을 고요히 가라앉히면서 들이쉬겠다'[04]라고 학습하고, '나는 몸으로 조작하는 신행을 고요히 가라앉히면서 내쉬겠다'라고 학습한다. '나는 기쁨을 느끼면서 들이쉬겠다'라고 학습하고, '나는 기쁨을 느끼면서 내쉬겠다'라고 학습한다. '나는 즐거움을 느끼면서 들이쉬겠다'라고 학습하고, '나는 즐거움을 느끼면서 내쉬겠다'라고 학습한다. '나는 마음으로 조작하는 의행(意行)을 느끼면서 들이쉬겠다'[05]라고 학습하고, '나는 마음으로 조작하는 의행을 느끼면서 내쉬겠다'라고 학습한다. '나는 마음으로 조작하는 의행을 고요히 가라앉히면서 들이쉬겠다'라고 학습하고, '나는 마음으로 조작하는 의행을 고요히 가라앉히면서 내쉬겠다'라고 학습한다. '나는 마음을 느끼면서 들이쉬겠다'라고 학습하고, '나는 마음을 느끼면서 내쉬겠다'라고 학습한다. '나는 마음을 기쁘게 하면서 들이쉬겠다'라고 학습하고, '나는 마음을 기쁘게 하면서 내쉬겠다'라고 학습한다. '나는 마음을 집중하면서 들이쉬겠다'라고 학습하고, '나는 마음

---

04 'passambhayaṃ kāyasaṃkhāraṃ assasissāmīti'의 번역. 'kāyasaṃkhāra'는 '신행(身行)'으로 한역되는데, '신체적인 행동'을 의미한다. 온몸을 느끼면서 호흡하다가, 그 몸에 대한 느낌을 가라앉히면서 호흡한다는 의미이다.
05 'cittasaṃkhārapaṭisaṃvedī assasissāmīti'의 번역.

을 집중하면서 내쉬겠다'라고 학습한다. '나는 마음을 자유롭게 하면서 들이쉬겠다'라고 학습하고, '나는 마음을 자유롭게 하면서 내쉬겠다'라고 학습한다. '나는 무상을 관찰하면서 들이쉬겠다'라고 학습하고, '나는 무상을 관찰하면서 내쉬겠다'라고 학습한다. '나는 이욕(離欲)을 관찰하면서 들이쉬겠다'라고 학습하고, '나는 이욕을 관찰하면서 내쉬겠다'라고 학습한다. '나는 지멸(止滅)을 관찰하면서 들이쉬겠다'라고 학습하고, '나는 지멸을 관찰하면서 내쉬겠다'라고 학습한다. '나는 버림 [捨離]을 관찰하면서 들이쉬겠다'라고 학습하고, '나는 버림을 관찰하면서 내쉬겠다'라고 학습한다.

라훌라여, 이와 같이 호흡에 대한 주의집중 수행을 하면 큰 과보와 큰 이익이 있다. 라훌라여, 이와 같이 호흡에 대한 주의집중 수행을 하고, 이와 같이 익힌 사람들은 마지막 호흡을 모르는 채 죽지 않고, 알고 죽는다."

이것이 세존께서 하신 말씀입니다.
라훌라 존자는 세존의 설법에 만족하고 기뻐했습니다.

33

말룽꺄에게 설하신 작은 경

63. Cūḷa-Māluṅkya-sutta

【 해제 】

이 경은 한역 『중아함경(中阿含經)』 「221. 전유경(箭喩經)」에 상응하는 경이며, 별행경(別行經)으로는 역자를 알 수 없는 『전유경(箭喩經)』이 있다.

독화살의 비유로 널리 알려진 이 경은 지금까지 많은 오해를 받고 있다.

'세계는 상주(常住)하는가, 상주하지 않는가?'

'세계는 끝이 있는가, 끝이 없는가?'

'생명과 육신은 같은 것인가, 서로 다른 것인가?'

'여래는 사후(死後)에 존재하는가, 존재하지 않는가?'

이와 같이 모순 대립하는 문제에 확언할 것을 요청하면, 부처님께서는 답변을 거부하셨다. 이것을 '확언하지 않는다'라는 의미에서 무기(無記), 또는 '취급하지 않고 버려두었다'라는 의미에서 사치(捨置)라고 한다. 그런데 부처님께서는 왜 이러한 문제에 대하여 확언하지 않고 버려두었을까? 이 물음에 대하여 지금까지 불교학자들은 저마다 나름의 해석을 하였다. '부처님은 이런 형이상학적인 문제에 관심이 없는 윤리를 가르친 스승이었다'라고 해석하기도 하고, '이런 문제에 관심을 두는 것은 수행에 장애가 되기 때문에 관심을 두지 못하게 했다'라고 해석하기도 한다.

이러한 이해는 지금까지 이 경에서 세존께서 밝힌 무기(無記)의 이유에 대한 해석이 잘못되었기 때문이다. 세존께서 밝힌 무기의 이유는 다음과 같다.

> sassato loko ti Māluṅkyāputta diṭṭhiyā sati brahmacariyavāso abhavissâti evaṃ no. asassato loko ti Māluṅkyāputta diṭṭhiyā sati brahmacariyavāso abhavissâti evam – pi no. sassato loko ti Māluṅkyāputta diṭṭhiyā sati asassato loko ti vā diṭṭhiyā sati atth'eva jāti atthi jarā atthi maraṇaṃ santi sokaparidevaduk khadomanassupāyāsā yesâhaṃ diṭṭhe va dhamme nighātaṃ paññapemi

이것을 번역하면 다음과 같다.

"말롱꺄뿟따여, '세계는 상주(常住)한다'라는 견해가 있을 때는 청정한 수행[梵行]을 실천하는 삶이 있을 수 없다. '세계는 상주하지 않는다'라는 견해가 있을 때도 청정한 수행을 실천하는 삶이 있을 수 없다. 말룽꺄뿟따여, '세계는 상주한다'라는 견해가 있을 때, 또는 '세계는 상주하지 않는다'라는 견해가 있을 때, 태어남[生]이 있고, 늙음[老]이 있고, 죽음[死]이 있고, 슬픔, 눈물, 고통, 근심, 절망이 있으며, 나는 지금 여기에서 그것들의 파괴를 언명(言明)한다."

이와 같은 부처님의 말씀은 상식적으로 이해가 되지 않는다. '세계는 상주한다'라는 견해나 '세계는 상주하지 않는다'라는 견해가 있을 때 생(生)과 노사(老死)가 있다는 말을 어떻게 이해해야 할까? 그래서 대부분 이 문장을 다음과 같이 번역한다.

"말룽꺄뿟따여, '세계는 상주(常住)한다'라는 견해가 있어도, '세계는 상주하지 않는다'라는 견해가 있어도, 태어남[生]이 있고, 늙음[老]이 있고, 죽음[死]이 있고, 슬픔, 눈물, 고통, 근심, 절망이 있다. 나는 지금 여기에서 그것들의 파괴를 언명(言明)한다."

이와 같이 번역함으로써, 부처님께서 이들 문제에 대답하지 않은 이유는 이들 견해가 우리의 생사(生死)와 관계가 없기 때문이라고 이해하게 된다. 부처님은 생사 문제를 해결하는 것이 목적이었기 때문에 그 목적과 무관한 문제에는 관심이 없었다는 것이다. 그러나 이러한 이해는 잘못된 것이다. 이 경에서 이야기하는 생(生)과 노사(老死)는 생물학적인 것이 아니다. 우리가 생, 노사를 통해 느끼는 괴로움은 연기하는 우리 자신과 세계를 있는 그대로 보지 못하고, 개념적으로 인식함으로써 나타난 것이다. 이렇게 개념적으로 인식한 자아와 세계에 대하여 그것이 영원히 존재하는가? 일시적으로 존재하는가? 하는 의혹이 생기고, 그러한 의혹 속에서 살아갈 때 생사가 문제 된다. 「21. 갈애[愛]의 소멸 큰 경」에서는 다음과 같이 이야기한다.

> "비구들이여, 그대들은 이와 같이 알고, 이와 같이 보면서도, '나는 존재하는가, 존재하지 않는가? 나는 무엇인가? 나는 어떻게 지내는가? 이 중생(衆生)은 어디에서 왔다가 어디로 가는 것일까?'라고 현재세(現在世)에 자신에 대하여 지금 의혹이 있는가?"

부처님께서 해결하려고 한 생사(生死)는 우리 자신을 체험적으로 통찰하지 못하고 개념적으로 인식함으로써 생긴 망상(妄想)이다. 이러한 망상은 '세계는 상주하는가, 상주하지 않는가?'와 같은 의혹을 일으키는 무명(無明)에서 비롯된 것이다. 부처님은 이러한 무명을 파괴하여 괴로움의 뿌리를 뽑으려고 하는데, 말룽꺄뿟따는 독화살로 인해 고통을 받으면서 독화살 뽑기를 거부하는 어리석은 사람처럼 그 무명을 고집하고 있다. 이 경을 오해한 사람들도 마찬가지다.

이와 같이 나는 들었습니다.

한때 세존께서는 싸왓티의 제따와나 아나타삔디까 승원(僧園)에 머무셨습니다.

그때 말룽꺄뿟따(Māluṅkyaputta) 존자는 홀로 좌선(坐禪)을 하다가 이런 생각을 일으켰습니다.

"세존께서는 '세계는 상주(常住)한다', '세계는 상주하지 않는다', '세계는 끝이 있다', '세계는 끝이 없다', '생명과 육신은 같다', '생명과 육신은 서로 다르다', '여래는 사후(死後)에 존재한다', '여래는 사후에 존재하지 않는다', '여래는 사후에 존재하기도 하고, 존재하지 않기도 한다', '여래는 사후에 존재하지도 않고, 존재하지 아니하지도 않는다' 라는[01] 이러한 사변(思辨)에 의한 견해[02]들에 대하여 확언(確言)하지 않고, 내팽개치고, 배척하셨다.[03] 세존께서는 그런 사변에 의한 견해들에 대하여 나에게 확언하지 않으시는데,[04] 나는 이것이 마음에 들지 않고, 이것을 용인할 수가 없다. 나는 세존을 찾아가서 이 문제를 물어보겠다. 만약 세존께서 나에게 이 문제에 대하여 확언해주신다면, 나는 세

---

01 'sassato loko iti pi, asassatto loko iti pi, antavā loko iti pi, anantavā loko iti pi, taṃ jīvaṃ taṃ sarīraṃ iti pi, aññaṃ jīvaṃ aññaṃ sarīraṃ iti pi, hoti tathāgato param － maraṇā iti pi, na hoti tathāgato param － maraṅā iti pi, hoti ca na ca hoti tathāgato param － maraṇā iti pi, n'eva hoti na na hoti tathāgato param － maraṇā iti pi'의 번역.
02 'diṭṭhigata'의 번역.
03 'yān' imāni diṭṭhigatāni Bhagavatā abyākatāni ṭhapitāni paṭikkhittāni'의 번역.
04 'tāni me Bhagavā na byākaroti'의 번역.

존 밑에서 청정한 수행[梵行]을 실천하겠다. 그러나 나에게 확언해주시지 않는다면, 나는 공부를 포기하고 환속하겠다."

말룽꺄뿟따 존자는 저녁에 좌선에서 일어나 세존을 찾아가서 세존께 예배하고 한쪽에 앉았습니다. 말룽꺄뿟따 존자는 한쪽에 앉아서 홀로 좌선을 하다가 일으킨 생각을 세존께 말씀드린 후에 다음과 같이 말했습니다.

"세존이시여, 만약에 세존께서 '세계는 상주한다'라고 알고 계신다면, 저에게 '세계는 상주한다'라고 확언해주십시오. 만약에 세존께서 '세계는 상주하지 않는다'라고 알고 계신다면, 저에게 '세계는 상주하지 않는다'라고 확언해주십시오. 만약에 세존께서 세계가 상주하는지 상주하지 않는지를 알지 못하고 보지 못하신다면, '나는 알지 못한다. 나는 보지 못한다'라고 말씀하시는 것이 솔직하지 않겠습니까? (…중략…) 만약에 세존께서 여래는 사후에 존재하는지, 존재하지 않는지, 존재하기도 하고 존재하지 않기도 하는지, 존재하지도 않고 존재하지 아니하지도 않는지를 알지 못하고 보지 못하신다면, '나는 알지 못한다. 나는 보지 못한다'라고 하는 것이 솔직하지 않겠습니까?"

"말룽꺄뿟따여, 내가 그대에게 '말룽꺄뿟따여, 그대는 나에게 와서 청정한 수행을 실천하라! 나는 그대에게 세계는 상주하는지, 상주하지 않는지, (…중략…) 여래는 사후에 존재하는지, 존재하지 않는지, 존재하기도 하고 존재하지 않기도 하는지, 존재하지도 않고 존재하지 아니하지도 않는지에 대하여 확언해주겠다'라고 말했던가?"

"그렇지 않습니다. 세존이시여!"

"그렇다면, 그대가 나에게 '세존이시여, 나는 세존 밑에서 청정한

수행을 실천하겠습니다. 세존께서는 나에게 세계는 상주하는지, 상주
하지 않는지, (…중략…) 여래는 사후에 존재하는지, 존재하지 않는지,
존재하기도 하고 존재하지 않기도 하는지, 존재하지도 않고 존재하지
아니하지도 않는지에 대하여 확언해주십시오'라고 말했던가?"

"그렇지 않습니다. 세존이시여!"

"말룽꺄뿟따여, 나도 그대에게 그런 말을 하지 않았고, 그대도 나
에게 그런 말을 하지 않았다. 어리석은 사람아! 그렇다면 그대는 누구
이고, 무엇을 거부한다는 것인가?

말룽꺄뿟따여, '세존께서 나에게 세계는 상주하는지, 상주하지 않
는지, (…중략…) 여래는 사후에 존재하는지, 존재하지 않는지, 존재하기
도 하고 존재하지 않기도 하는지, 존재하지도 않고 존재하지 아니하지
도 않는지에 대하여 확언해주지 않는다면, 나는 세존 밑에서 청정한 수
행을 하지 않겠다'라고 말하는 사람은, 말룽꺄뿟따여, 그 사람은 여래
가 그에게 확언해주기 전에 죽을 것이다.

말룽꺄뿟따여, 어떤 사람이 독화살을 맞았는데, 그에게 그의 친구
와 친척들이 화살 뽑는 의사를 불러왔다고 하자. 그가 '나에게 화살을
쏜 사람이 크샤트리아인지, 바라문인지, 바이샤인지 수드라인지를 알
때까지 나는 화살을 뽑지 않겠다'라고 말했다고 하자. 그가 '나에게 화
살을 쏜 사람이 이름은 무엇이고 성은 무엇인지를 내가 알 때까지 나
는 화살을 뽑지 않겠다'라고 말했다고 하자. 그가 '나에게 화살을 쏜 사
람이 키가 큰지, 작은지, 중간인지를 내가 알 때까지 나는 화살을 뽑지
않겠다'라고 말했다고 하자. 그가 '나에게 화살을 쏜 사람이 검은색 피
부인지, 갈색 피부인지, 황금색 피부인지를 내가 알 때까지 나는 화살

을 뽑지 않겠다'라고 말했다고 하자. 그가 '나에게 화살을 쏜 사람이 어떤 마을이나 동네나 도시에 사는지를 내가 알 때까지 나는 화살을 뽑지 않겠다'라고 말했다고 하자. 그가 '나를 쏜 활과 활시위와 화살과 화살의 깃털 등에 대하여 그것이 어떤 것으로 만들어진 것인지를 내가 알 때까지 나는 화살을 뽑지 않겠다'라고 말했다고 하자. 말룽꺄뿟따여, 그 사람은 그것에 대하여 알기 전에 죽을 것이다.

말룽꺄뿟따여, 이와 마찬가지로, '세존께서 나에게 세계는 상주하는지, 상주하지 않는지, (…중략…) 여래는 사후에 존재하는지, 존재하지 않는지, 존재하기도 하고 존재하지 않기도 하는지, 존재하지도 않고 존재하지 아니하지도 않는지에 대하여 확언해주지 않는다면, 나는 세존 밑에서 청정한 수행을 하지 않겠다'라고 말하는 사람은, 말룽꺄뿟따여, 그 사람은 여래가 그에게 확언해주기 전에 죽을 것이다.

말룽꺄뿟따여, '세계는 상주한다'라는 견해가 있을 때는 청정한 수행을 실천하는 삶이 있을 수 없다. '세계는 상주하지 않는다'라는 견해가 있을 때도 청정한 수행을 실천하는 삶이 있을 수 없다. 말룽꺄뿟따여, '세계는 상주한다'라는 견해가 있을 때, 또는 '세계는 상주하지 않는다'라는 견해가 있을 때, 태어남[生]이 있고, 늙음[老]이 있고, 죽음[死]이 있고, 슬픔, 눈물, 고통, 근심, 절망이 있으며, 나는 지금 여기에서 그것들의 파괴를 언명(言明)한다. 말룽꺄뿟따여, 다른 견해들도 마찬가지다. 그들 견해가 있을 때는 청정한 수행을 실천하는 삶이 있을 수 없다.[05] 그리고 그들 견해가 있을 때, 태어남이 있고, 늙음이 있고, 죽음이

---

05 여타의 견해에 대한 언급을 생략함.

있고, 슬픔, 눈물, 고통, 근심, 절망이 있으며, 나는 지금 여기에서 그것들의 파괴를 언명한다.

말룽꺄뿟따여, 그러므로 그대는 내가 확언하지 않는 것은 확언해서는 안 되는 것이라고 명심(銘心)하고, 내가 확언한 것은 확언해야 할 것이라고 명심하도록 하라!

말룽꺄뿟따여, 내가 확언하지 않는 것은 어떤 것인가? 말룽꺄뿟따여, 나는 '세계는 상주한다'라고 확언하지 않는다. (…중략…) 나는 '여래는 사후에 존재하지도 않고, 존재하지 아니하지도 않는다'라고 확언하지 않는다.

말룽꺄뿟따여, 그렇다면 나는 왜 그것을 확언하지 않는가? 말룽꺄뿟따여, 그것은 의미와 연결되지 않고, 청정한 수행을 실천하는 출발점이 아니며, 염리(厭離), 이욕(離欲), 멸진(滅盡), 적정(寂靜), 체험적 지혜[勝智], 정각(正覺), 열반(涅槃)으로 이끌지 않는다. 그래서 나는 그것을 확언하지 않는다.

말룽꺄뿟따여, 내가 확언하는 것은 어떤 것인가? 말룽꺄뿟따여, 나는 '이것은 괴로움이다[苦]'라고 확언한다. 나는 '이것은 괴로움의 쌓임이다[苦集]'라고 확언한다. 나는 '이것은 괴로움의 소멸이다[苦滅]'라고 확언한다. 나는 '이것은 괴로움의 소멸로 가는 길이다[苦滅道]'라고 확언한다.

말룽꺄뿟따여, 그렇다면 나는 왜 그것을 확언하는가? 말룽꺄뿟따여, 그것은 의미와 연결되고, 청정한 수행을 실천하는 출발점이며, 염리, 이욕, 멸진, 적정, 체험적 지혜, 정각, 열반으로 이끈다. 그래서 나는 그것을 확언한다.

말룽꺄뿟따여, 그러므로 그대는 내가 확언하지 않는 것은 확언해
서는 안 되는 것이라고 명심하고, 내가 확언한 것은 확언해야 할 것이
라고 명심하도록 하라!"

이것이 세존께서 하신 말씀입니다.
말룽꺄뿟따 존자는 세존의 설법에 만족하고 기뻐했습니다.

34

말룽꺄에게 설하신 큰 경

64. Mahā-Māluṅkya-sutta

【 해제 】

이 경은 한역 『중아함경(中阿含經)』 「205. 오하분결경(五下分結經)」에 상
응하는 경이다.

　「33. 말룽꺄에게 설하신 작은 경」과 마찬가지로 이 경은 말룽꺄
뿟따로 인해서 설해진 경이다. 이전의 경에서 보았듯이 말룽꺄뿟따는
체험적인 통찰을 하지 못하고 모든 것을 개념적으로 인식한다. 그는 무
지한 범부들과 마찬가지로 'abhijānāti'를 하지 못하고 'sanānāti'에 익숙
한 사람이다. 이 경에서는 이러한 말룽꺄뿟따를 통해서 개념적 인식과
체험적 인식, 즉 'sanānāti'와 'abhijānāti'의 차이를 보여준다.

　부처님께서 비구들에게 다섯 가지 낮은 단계의 장애들[五下分結]
에 대하여 묻자, 말룽꺄뿟따는 '자기 자신이 있다'라고 보는 견해[有身

見], 부처님의 가르침에 대한 의혹(疑惑), 금계(禁戒)에 대한 집착[戒禁取], 감각적인 욕망[欲貪], 악의(惡意)'가 부처님께서 가르친 다섯 가지 낮은 단계의 장애라고 대답한다. 우리가 불교사전을 찾아보면 오하분결(五下分結)은 '자기 자신이 있다고 보는 견해, 부처님의 가르침에 대한 의혹, 금계에 대한 집착, 감각적인 욕망, 악의'라고 되어있다. 말룽꺄뿟따는 하나도 틀리지 않고 오하분결을 맞힌 것이다.

이 경에서 부처님께서 말씀하시는 오하분결도 말룽꺄뿟따가 대답한 것과 다른 것이 아니다. 그런데 부처님께서는 말룽꺄뿟따를 꾸짖는다. 부처님께서는 왜 하나도 틀리지 않고 다섯 가지 낮은 단계의 장애들을 빠짐없이 대답한 말룽꺄뿟따를 꾸짖었을까?

말룽꺄뿟따는 '다섯 가지 낮은 단계의 장애'를 개념적으로 이해하여 '다섯 가지 존재'로 알고 있다. 없는 존재는 존재할 수 없다. 즉 무(無)는 유(有)가 될 수 없다. 따라서 '다섯 가지 낮은 단계의 장애'가 '존재'라면, 그 장애가 없던 사람에게는 나타날 수가 없다. 어린아이에게는 '다섯 가지 낮은 단계의 장애'라고 부를 만한 것이 없다. 그런데 성장하면 '다섯 가지 낮은 단계의 장애'가 나타난다. 이것은 모순이다. 부처님께서는 '다섯 가지 낮은 단계의 장애'를 개념적으로 이해하여 '다섯 가지 존재'로 생각할 경우 이런 모순에 봉착한다는 것을 이야기한다.

부처님의 가르침은 명사(名詞)로 표현되지만, 그것은 '존재; bhāva'를 지시하는 개념이 아니라 통찰의 대상이 되는 현상, 즉 '법(法; dhamma)'을 가리킨다. 예를 들어서 무명(無明)은 어떤 존재를 의미하는 것이 아니라 '무지의 상태'를 의미한다. 만약에 무명을 존재로 이해하면, '본래 없던 무명이 언제 어떻게 생겼을까?' '있던 무명이 어떻게 사라질 수 있을까?'라는 문제가 발생한다. 실제로 불교학자 사이에서 이런 문제가 중요한 주제가 되기도 한다. 그러나 이것은 불교를 잘못 이해하기 때문에 생긴 문제다.

이 경에서 부처님은 '다섯 가지 낮은 단계의 장애'는 '존재'가 아니라 통찰하지 못하기 때문에 생겨서 '우리의 마음을 사로잡고 있는 그릇된 생각'이라고 말씀하신다. 부처님께서는 'sananāti' 하기 때문에 생긴 것이 '다섯 가지 낮은 단계의 장애'이므로, 이것을 벗어나기 위해서는 'abhijānāti' 하라고 '다섯 가지 낮은 단계의 장애'를 말씀하셨다. 그런데 말룽꺄뿟따는 '다섯 가지 낮은 단계의 장애'를 'sananāti' 하였기 때문에, 즉 개념적으로 인식하였기 때문에 꾸지람을 들은 것이다.

이것은 말룽꺄뿟따만의 문제가 아니다. 이 경은 우리에게 우리 자신도 말룽꺄뿟따와 같은 생각으로 불교를 이해하고 있는 것은 아닌지 반성하도록 한다.

이와 같이 나는 들었습니다.

한때 세존께서는 싸왓티에 있는 제따와나 아나타삔디까 승원(僧園)에 머무셨습니다. 그때 세존께서 "비구들이여!" 하고 비구들을 불렀습니다.

그 비구들은 "세존이시여." 하고 세존께 대답했습니다.

세존께서 말씀하셨습니다.

"비구들이여, 그대들은 내가 가르친 다섯 가지 낮은 단계의 장애[五下分結][01]를 기억하고 있는가?"

말룽꺄뿟따 존자가 세존께 말씀드렸습니다.

"세존이시여, 저는 세존께서 가르치신 다섯 가지 낮은 단계의 장애를 기억하고 있습니다."

"말룽꺄뿟따여, 그대는 다섯 가지 낮은 단계의 장애를 어떻게 기억하고 있는가?"

"세존이시여, 저는 자기 자신이 있다고 보는 견해[有身見]를 세존께서 가르치신 낮은 단계의 장애라고 기억하고 있습니다. 세존이시여, 저는 의혹(疑惑)을 세존께서 가르치신 낮은 단계의 장애라고 기억하고 있습니다. 세존이시여, 저는 금계(禁戒)에 대한 집착[戒禁取]을 세존께서 가르치신 낮은 단계의 장애라고 기억하고 있습니다. 세존이시여, 저는 감각적인 욕망[欲貪]을 세존께서 가르치신 낮은 단계의 장애라고 기억하

---

01 'pañc' orambhāgiyāni saṃyojanāni'의 번역.

고 있습니다. 세존이시여, 저는 악의(惡意)를 세존께서 가르치신 낮은 단계의 장애라고 기억하고 있습니다. 세존이시여, 저는 이와 같이 세존께서 가르치신 다섯 가지 낮은 단계의 장애를 기억하고 있습니다."

"말룽꺄뿟따여, 그대는 내가 누구에게 다섯 가지 낮은 단계의 장애를 이와 같이 가르쳤다고 기억하고 있는가? 말룽꺄뿟따여, 외도 편력수행자들은 다음과 같은 어린아이의 비유로 논박하지 않겠는가?

말룽꺄뿟따여, 제대로 움직이지도 못하고 반듯이 누워있는 어린아이에게는 '자신'이라는 생각이 없을 것이다. 그런데, 어떻게 해서 그에게 자기 자신이 있다고 보는 견해가 나타날 수 있겠는가? 그렇다면 그에게 자기 자신이 있다고 보는 무의식적인 견해가 잠재한다는 것인가? 말룽꺄뿟따여, 제대로 움직이지도 못하고 반듯이 누워있는 어린아이에게는 '가르침[法]'이라는 생각이 없을 것이다. 그런데 어떻게 해서 그에게 가르침에 대한 의혹이 나타날 수 있겠는가? 그렇다면 그에게 가르침에 대한 무의식적인 의혹이 잠재한다는 것인가? 말룽꺄뿟따여, 제대로 움직이지도 못하고 반듯이 누워있는 어린아이에게는 '계(戒)'라는 생각이 없을 것이다. 그런데 어떻게 해서 금계(禁戒)에 대한 집착이 나타날 수 있겠는가? 그렇다면 그에게 금계에 대한 무의식적인 집착이 잠재한다는 것인가? 말룽꺄뿟따여, 제대로 움직이지도 못하고 반듯이 누워있는 어린아이에게는 '감각적 쾌락'이라는 생각이 없을 것이다. 그런데 어떻게 해서 그에게 감각적 쾌락에 대한 욕망이 나타날 수 있겠는가? 그렇다면 그에게 감각적 쾌락에 대한 무의식적인 욕망이 잠재한다는 것인가? 말룽꺄뿟따여, 제대로 움직이지도 못하고 반듯이 누워있는 어린아이에게는 '중생'이라는 생각이 없을 것이다. 그런데 어떻게 해서 그에게 중생에 대한 악의(惡意)가 나타날 수 있겠는가? 그렇다면 그에게 중생에 대한 무의식적인 악의가 잠재한다는 것인가?

말룽꺄뿟따여, 외도 편력수행자들은 이와 같이 어린아이의 비유로 논박하지 않겠는가?"

이와 같이 말씀하시자, 아난다 존자가 세존께 말씀드렸습니다.

"세존이시여, 지금이 바로 좋은 때입니다. 선서(善逝)시여, 지금이 바로 좋은 때입니다. 세존께서 다섯 가지 낮은 단계의 장애들을 가르쳐주신다면, 비구들은 세존으로부터 그것을 듣고 기억할 것입니다."

"아난다여, 그렇다면 듣고 잘 기억하도록 하라! 내가 가르쳐주겠다."

아난다 존자는 "세존이시여, 그렇게 하겠습니다"라고 세존께 대답했습니다.

세존께서는 다음과 같이 말씀하셨습니다.

"아난다여, 성인(聖人)을 무시하고, 성인의 가르침을 이해하지 못하고, 성인의 가르침에서 배우지 못하고, 참사람을 무시하고, 참사람의 가르침을 이해하지 못하고, 참사람의 가르침에서 배우지 못한 무지한 범부는 자기 자신이 있다고 보는 견해[有身見]에 사로잡힌 마음으로 자기 자신이 있다고 보는 견해에 정복당하여 살아가면서, 이미 발생한 자기 자신이 있다고 보는 견해에서 벗어나는 법을 여실(如實)하게 통찰하지 못한다. 그 확고해져서 정복되지 않는 자기 자신이 있다고 보는 견해가 그에게 낮은 단계의 장애다.

그는 의혹에 사로잡힌 마음으로 의혹에 정복당하여 살아가면서, 이미 발생한 의혹에서 벗어나는 법을 여실하게 통찰하지 못한다. 그 확고해져서 정복되지 않는 의혹이 그에게 낮은 단계의 장애다.

그는 금계에 대한 집착에 사로잡힌 마음으로 금계에 대한 집착에 정복당하여 살아가면서, 이미 발생한 금계에 대한 집착에서 벗어나는 법을 여실하게 통찰하지 못한다. 그 확고해져서 정복되지 않는 금계에 대한 집착이 그에게 낮은 단계의 장애다.

그는 감각적 쾌락에 대한 욕망에 사로잡힌 마음으로 감각적 쾌락에 대한 욕망에 정복당하여 살아가면서, 이미 발생한 감각적 쾌락에 대한 욕망에서 벗어나는 법을 여실하게 통찰하지 못한다. 그 확고해져서 정복되지 않는 감각적 쾌락에 대한 욕망이 그에게 낮은 단계의 장애다.

그는 악의에 사로잡힌 마음으로 악의에 정복당하여 살아가면서, 이미 발생한 악의에서 벗어나는 법을 여실하게 통찰하지 못한다. 그 확고해져서 정복되지 않는 악의가 그에게 낮은 단계의 장애다.

아난다여, 성인(聖人)을 알아보고, 성인의 가르침을 이해하고, 성인의 가르침에서 배우고, 참사람을 알아보고, 참사람의 가르침을 이해하고, 참사람의 가르침에서 배운 거룩한 제자는 자기 자신이 있다고 보는 견해에 사로잡히지 않는 마음으로 자기 자신이 있다고 보는 견해에 정복당하지 않고 살아가면서, 이미 발생한 자기 자신이 있다고 보는 견해에서 벗어나는 법을 여실하게 통찰한다. 그에게 무의식적인 자기 자신이 있다고 보는 견해가 끊어진다.

그는 의혹에 사로잡히지 않는 마음으로 의혹에 정복당하지 않고 살아가면서, 이미 발생한 의혹에서 벗어나는 법을 여실하게 통찰한다. 그에게 무의식적인 의혹이 끊어진다.

그는 금계에 대한 집착에 사로잡히지 않는 마음으로 금계에 대한 집착에 정복당하지 않고 살아가면서, 이미 발생한 금계에 대한 집착에서 벗어나는 법을 여실하게 통찰한다. 그에게 무의식적인 금계에 대한 집착이 끊어진다.

그는 감각적 쾌락에 대한 욕망에 사로잡히지 않는 마음으로 감각적 쾌락에 대한 욕망에 정복당하지 않고 살아가면서, 이미 발생한 감각적 쾌락에 대한 욕망에서 벗어나는 법을 여실하게 통찰한다. 그에게 무의식적인 감각적 쾌락에 대한 욕망이 끊어진다.

그는 악의에 사로잡히지 않는 마음으로 악의에 정복당하지 않고 살아가면서, 이미 발생한 악의에서 벗어나는 법을 여실하게 통찰한다. 그에게 무의식적인 악의가 끊어진다.

아난다여, 다섯 가지 낮은 단계의 장애[五下分結]를 끊는 길[02]과 행도(行道)[03]에 의하지 않고서는 다섯 가지 낮은 단계의 장애를 알거나, 보거나, 끊을 수 없다. 아난다여, 비유하면, 외피를 절단하지 않고, 껍질을 절단하지 않고서는 큰 나무의 단단하고 견실한 중심을 절단할 수 없는 것과 같다.

아난다여, 다섯 가지 낮은 단계의 장애를 끊는 길과 행도에 의하면, 다섯 가지 낮은 단계의 장애를 알거나, 보거나, 끊을 수 있다. 아난다여, 비유하면, 외피를 절단하고 껍질을 절단한 다음에, 큰 나무의 단단하고 견실한 중심을 절단할 수 있는 것과 같다.

아난다여, 비유하면, 까마귀가 강둑에 앉아서 물을 마실 정도로 물이 넘실대는 갠지스강에 허약한 사람이 와서 '나는 두 팔로 급류를 가로질러서 이 갠지스강을 건너 안전하게 저편으로 가야겠다'라고 할

---

02 'magga'의 번역.
03 'paṭipadā'의 번역.

지라도, 그는 그렇게 할 수 없는 것과 같다. 아난다여, 이와 같이 누구든지 자기 자신이 있다고 보는 견해의 지멸(止滅)에 대한 법문을 듣고 뛸 듯이 기뻐하지 않고, 안주하지 않고, 해탈하지 않는 사람은 저 허약한 사람과 같다고 보아야 한다.

아난다여, 비유하면, 까마귀가 강둑에 앉아서 물을 마실 정도로 물이 넘실대는 갠지스강에 건장한 사람이 와서 '나는 두 팔로 급류를 가로질러서 이 갠지스강을 건너 안전하게 저편으로 가야겠다'라고 한다면, 그는 그렇게 할 수 있는 것과 같다. 아난다여, 이와 같이 누구든지 자기 자신이 있다고 보는 견해의 지멸에 대한 법문을 듣고 뛸 듯이 기뻐하고, 안주하고, 해탈한 사람은 저 건장한 사람과 같다고 보아야 한다.

아난다여, 다섯 가지 낮은 단계의 장애를 끊는 길은 어떤 것이고, 다섯 가지 낮은 단계의 장애를 끊는 행도는 어떤 것인가?

아난다여, 비구는 집착에서 벗어나 불선법(不善法)을 버리고, 어떤 경우에도 몸으로 행하는 추악한 행위를 지멸하여, 감각적 욕망을 멀리하고, 불선법(不善法)을 멀리하고, 사유(思惟)가 있고 숙고(熟考)가 있으며, 멀리함에서 생긴 기쁨과 행복감이 있는 초선(初禪)을 성취하여 살아간다. 만약에 거기에 형색[色]의 성질, 느낌[受]의 성질, 생각[想]의 성질, 행위[行]의 성질, 분별하는 마음[識]의 성질이 있으면, 그는 그 법들을 무상(無常)으로, 괴로움으로, 병으로, 종기로, 화살로, 불행으로, 질병으로, 타자(他者)로, 파멸(破滅)로, 공(空)으로, 무아(無我)로 여긴다.[04] 그

---

04 'so yad—eva tattha hoti rūpagataṃ vedanāgataṃ saññāgataṃ saṅkhāragataṃ viññāṇagataṃ te dhamme aniccato dukkhato rogato gaṇḍato sallato aghato ābādhato parato palokato suññato anattato samanupassati'의 번역.

는 마음을 그 법들에서 벗어나도록 한다. 그는 마음을 그 법들에서 벗어나도록 한 후에, '이것은 평온하다. 이것은 훌륭하다. 이것이 바로 일체의 행위[行]들의 지멸(止滅)이며, 일체의 집착의 버림이며, 갈애[愛]의 소멸이며, 이욕(離欲)이며, 멸진(滅盡)이며, 열반이다'라고 불사(不死)의 세계에 마음을 집중한다.[05] 그는 그곳에 안주하면서 번뇌[漏]의 멸진을 성취한다. 번뇌의 멸진을 성취하지 못한 경우에는, 가르침을 원하고[法愛], 가르침을 즐겨[法樂] 다섯 가지 낮은 단계의 장애를 끊음으로써, 화생(化生)하여 불환자(不還者)로서 그 세계에서 반열반(般涅槃)한다. 아난다여, 이것이 다섯 가지 낮은 단계의 장애를 끊는 길이며, 행도이다.

아난다여, 그다음에 비구는 사유와 숙고를 억제하여, 내적으로 조용해진, 마음이 집중된, 사유와 숙고가 없는, 삼매에서 생긴 즐거움과 행복이 있는 제2선(第二禪), (…중략…) 제3선(第三禪), (…중략…) 제4선(第四禪)을 성취하여 살아간다. 만약에 거기에 형색[色]의 성질, 느낌[受]의 성질, 생각[想]의 성질, 행위[行]의 성질, 분별하는 마음[識]의 성질이 있으면, 그 법들을 무상(無常)으로, 괴로움으로, 병으로, 종기로, 화살로, 불행으로, 질병으로, 타자로, 파멸로, 공으로, 무아로 여긴다. 그는 마음을 그 법들에서 벗어나도록 한다. 그는 마음을 그 법들에서 벗어나도록 한 후에, '이것은 평온하다. 이것은 훌륭하다. 이것이 바로 일체의 행위들의 지멸이며, 일체의 집착의 버림이며, 갈애의 소멸이며, 이욕이며, 멸진이며, 열반이다'라고 불사의 세계에 마음을 집중한다. 그는 그곳에 안주하면서 번뇌의 멸진[漏盡]을 성취한다. 번뇌의 멸진을 성취하지 못한 경우

---

05   'amatāya dhātuyā cittaṃ upasaṃharati'의 번역.

에는, 가르침을 원하고, 가르침을 즐겨 다섯 가지 낮은 단계의 장애를 끊음으로써, 화생(化生)하여 불환자로서 그 세계에서 반열반한다. 아난다여, 이것이 다섯 가지 낮은 단계의 장애를 끊는 길이며, 행도이다.

아난다여, 그다음에 비구는 일체의 형색에 대한 개념[色想]을 초월하고, 지각의 대상에 대한 개념[有對想]을 소멸하고, 차별적인 개념에 마음을 쓰지 않음으로써 '허공은 무한하다'라고 생각하는 공무변처(空無邊處), (…중략…) 식무변처(識無邊處), (…중략…) 무소유처(無所有處)를 성취하여 살아간다. 만약에 거기에 형색[色]의 성질, 느낌[受]의 성질, 생각[想]의 성질, 행위[行]의 성질, 분별하는 마음[識]의 성질이 있으면, 그 법들을 무상(無常)으로, 괴로움으로, 병으로, 종기로, 화살로, 불행으로, 질병으로, 타자(他者)로, 파멸(破滅)로, 공(空)으로, 무아(無我)로 여긴다. 그는 마음을 그 법들에서 벗어나도록 한다. 그는 마음을 그 법들에서 벗어나도록 한 후에, '이것은 평온하다. 이것은 훌륭하다. 이것이 바로 일체의 행위[行]들의 지멸(止滅)이며, 일체의 집착의 버림이며, 갈애[愛]의 소멸이며, 이욕(離欲)이며, 멸진(滅盡)이며, 열반(涅槃)이다'라고 불사(不死)의 세계에 마음을 집중한다. 그는 그곳에 안주하면서 번뇌의 멸진[漏盡]을 성취한다. 번뇌의 멸진을 성취하지 못한 경우에는, 가르침을 원하고, 가르침을 즐겨 다섯 가지 낮은 단계의 장애들을 끊음으로써, 화생(化生)하여 불환자로서 그 세계에서 반열반한다. 아난다여, 이것이 다섯 가지 낮은 단계의 장애들을 끊는 길이며, 행도이다."

"세존이시여, 이것이 다섯 가지 낮은 단계의 장애를 끊는 길이고, 행도라면, 어떤 비구들은 심해탈자(心解脫者)이고, 어떤 비구들은 혜해탈자(慧解脫者)인 까닭은 무엇입니까?"

"아난다여, 그것은 '그들의 근기(根機)의 차이'⁰⁶라고 나는 이야기한다."

이것이 세존께서 하신 말씀입니다.
아난다 존자는 세존의 설법에 만족하고 기뻐했습니다.

---

06 'indriyavemattataṃ'의 번역.

35

나라까빠나에서 설하신 경

68. Naḷakapāna-sutta

【 해제 】

|

이 경은 한역 『중아함경(中阿含經)』「77. 바계제삼족성자경(婆鷄帝三族姓子經)」에 상응하는 경이다.

　　부처님께서 때로는 제자들이 죽어서 어느 곳에 태어날 것이라고 기별(記別)을 주신다. 이렇게 사후(死後)에 어떻게 될 것이라는 기별을 받는 것을 수기(受記)라고 한다. 「21. 갈애[愛]의 소멸 큰 경」에서 부처님은 "비구들이여, 그대들은 이와 같이 알고, 이와 같이 보면서도, 미래로 앞질러 가서, '우리는 미래세(未來世)에 존재하게 될까, 존재하지 않게 될까? 우리는 미래세에 무엇이 될까? 우리는 미래세에 어떻게 될까? 우리는 미래세에 무엇이 되었다가, 그다음에는 무엇이 될까?'라고 하겠는가?"라고 말씀하셨다. 그런데 부처님께서 때로는 기별을 주시는 이유는 무엇일까? 정말로 사람은 죽으면 다음 세상으로 가는 것일까?

　　이 경은 이러한 의문에 대한 답을 주고 있다. 부처님의 해명은 다음과 같다.

"아누룻다여, 죽어서 세상을 떠난 제자의 다시 태어나는 곳에 대하여 '누구는 어느 곳에 태어났고, 누구는 어느 곳에 태어났다'라고 여래가 기별(記別)하는 것은 사람들을 속이기 위해서도 아니고, 사람들의 잡담에 오르내리기 위해서도 아니고, 존경과 명성과 이익을 얻기 위해서도 아니고, 사람들이 나를 알아주기를 바라서도 아니다. 아누룻다여, 믿음이 있고, 큰 지혜가 있고, 큰 즐거움이 있는 선남자들이 있다. 그들은 그 말을 듣고 진실로 마음을 집중한다. 아누룻다여, 그들에게 그 말은 오랫동안 이익이 되고 기쁨이 된다.

아누룻다여, 어떤 비구는 '이런 이름을 가진 비구가 죽자 세존께서 '그는 세 가지 장애들이 소멸한 수다원(須陀洹)으로서, 악취(惡趣)에 떨어지지 않고 결국에는 바른 깨달음[正覺]을 성취하도록 결정되었다'라고 기별했다'라는 말을 듣는다. 그는 그 존자에 대하여 '그 존자의 계행(戒行)은 이러했고, 행실은 이러했고, 지혜는 이러했고, 삶은 이러했고 해탈은 이러했다'라는 것을 스스로 보거나 소문으로 듣는다. 그는 그 존자의 신념과 계행과 헌신과 지혜를 명심하고 진실로 마음을 집중한다. 아누룻다여, 이렇게 함으로써 그 비구는 평온하게 살아간다."

아누룻다 존자는 부처님의 제자 가운데 천안제일(天眼第一)로 알려졌다. 천안(天眼)이란 중생이 업에 따라 죽고 태어나는 것을 아는 초능력이다. 부처님께서 천안제일로 알려진 아누룻다 존자에게 이 법문을 설하신 뜻을 우리는 깊이 생각해보아야 한다.

이와 같이 나는 들었습니다.

한때 세존께서는 꼬쌀라의 나라까빠나(Naḷakapāna)에서 빨라싸와나(Pālasavana)에 머무셨습니다.

그때 아누룻다(Anuruddha) 존자, 난디야(Nandiya) 존자, 낌빌라(Kimbila) 존자, 바구(Bhagu) 존자, 꾼다다나(Kuṇḍadhāna) 존자, 레와따(Revata) 존자, 아난다(Ānanda) 존자 같은 명성이 높고 저명한 선남자(善男子)들과 그 밖의 명성이 높고 저명한 많은 선남자들이 세존에 대한 믿음으로 출가했습니다.

그때 세존께서는 노지(露地)에서 비구 승가에 둘러싸여 앉아계셨습니다. 세존께서 비구들에게 그 선남자들의 이야기를 들려주셨습니다.

"비구들이여, 그 선남자들은 나에 대한 믿음으로 출가했다오. 비구들이여, 그 비구들은 청정한 수행[梵行]을 즐기는가?"

이와 같이 말씀하시자, 그 비구들은 침묵했습니다. 두 번째 물음에도 침묵했고, 세 번째 물음에도 침묵했습니다.

그러자 세존께서는 '차라리 그 선남자들에게 묻는 것이 낫겠다'라고 생각하셨습니다.

세존께서 아누룻다 존자에게 말씀하셨습니다.

"아누룻다여, 그대들은 청정한 수행을 즐기는가?"

"세존이시여, 저희는 진정으로 청정한 수행을 즐깁니다."

"훌륭하구나! 아누룻다여, 훌륭하구나! 그대들이 청정한 수행을 즐기는 것은 믿음으로 출가한 선남자들이 마땅히 해야 할 일이다. 아누룻다여, 그대들은 꽃다운 청춘으로 쾌락을 누릴 수 있는 칠흑 같은 머리를 갖춘 초년(初年)의 나이다. 아누룻다여, 그런데 그대들은 꽃다운 청춘으로 칠흑 같은 머리를 갖춘 초년의 나이에 출가했다. 아누룻다여, 그대들은 왕의 강요 때문에 출가한 것이 아니고, 도적의 강제 때문에 출가한 것이 아니다. 빚 때문도 아니고, 두려움 때문도 아니고, 생계를 유지하기 위해서 출가한 것도 아니다. 아누룻다여, 그대는 '나는 생(生), 노(老), 병(病), 사(死), 근심, 슬픔, 고통, 우울, 불안에 빠졌다. 괴로움에 빠졌고, 괴로움에 정복당했다. 나는 이 순전한 괴로움 덩어리[苦蘊]의 종식에 대하여 알아야겠다'라는 신념으로 출가한 것이 아닌가?"

"그렇습니다. 세존이시여!"

"아누룻다여, 이와 같이 출가한 선남자가 해야 할 일은 무엇이겠는가? 아누룻다여, 쾌락을 멀리하고 불선법(不善法)을 멀리하여 그와는 다른, 그리고 그보다 더 좋은 기쁨과 즐거움을 얻지 못하면, 탐애(貪愛)가 마음을 사로잡고 머물고, 악의(惡意), 타성[昏沈]과 나태(懶怠), 불안[掉擧]과 후회[惡作], 의혹(疑惑), 불만, 권태(倦怠)가 마음을 사로잡고 머문다. 아누룻다여, 그는 쾌락을 멀리하고 불선법을 멀리하여 그와는 다른, 그리고 그보다 더 좋은 기쁨과 즐거움을 얻지 못한다.

아누룻다여, 쾌락을 멀리하고 불선법을 멀리하여 그와는 다른, 그리고 그보다 더 좋은 기쁨과 즐거움을 얻으면, 탐애가 마음을 사로잡고 머물지 않고, 악의, 타성과 나태, 불안과 후회, 의혹, 불만, 권태가 마음을 사로잡고 머물지 않는다. 아누룻다여, 그는 쾌락을 멀리하고 불선법을 멀리하여 그와는 다른, 그보다 더 좋은 기쁨과 즐거움을 얻는다.

아누룻다여, 그대는 나에 대하여 '미래에 태어나서 늙어 죽는 비참한 괴로운 과보를 가져오는, 다시 존재하게 하는, 더러움에 물들게 하는 번뇌[漏]들이 여래에게 제거되지 않았다. 그래서 여래는 심사숙고하여 어떤 것을 추구하고, 심사숙고하여 어떤 것을 동의하고, 심사숙고하여 어떤 것을 멀리하고, 심사숙고하여 어떤 것을 제거한다'라고 생각하는가?"

"그렇지 않습니다. 세존이시여, 저는 세존에 대하여 '미래에 태어나서 늙어 죽는 비참한 괴로운 과보를 가져오는, 다시 존재하게 하는, 더러움에 물들게 하는 번뇌들이 여래에게 제거되었다. 그래서 여래는 심사숙고하여 어떤 것을 추구하고, 심사숙고하여 어떤 것을 동의하고, 심사숙고하여 어떤 것을 멀리하고, 심사숙고하여 어떤 것을 제거한다'라고 생각합니다."

"훌륭하구나! 아누룻다여, 훌륭하구나! 아누룻다여, 미래에 태어나서 늙어 죽는 비참한 괴로운 과보를 가져오는, 다시 존재하게 하는, 더러움에 물들게 하는 번뇌들은 여래에게 제거되고, 근절되고, 단절되고, 없어진, 미래에는 발생하지 않는 법(法)들이다. 아누룻다여, 비유하면 꼭대기가 잘린 야자수는 다시 자라날 수 없는 것과 같다. 아누룻다여, 이와 같이 미래에 태어나서 늙어 죽는 비참한 괴로운 과보를 가져오는, 다시 존재하게 하는, 더러움에 물들게 하는 번뇌들은 여래에게는 제거되고, 근절되고, 단절되고, 없어진, 미래에는 발생하지 않는 법(法)들이다. 그래서 여래는 심사숙고하여 어떤 것을 추구하고, 심사숙고하여 어떤 것을 동의하고, 심사숙고하여 어떤 것을 멀리하고, 심사숙고하여 어떤 것을 제거하는 것이다.

아누룻다여, 그대는 어떻게 생각하는가? 여래가 죽어서 세상을 떠난 제자의 다시 태어나는 곳에 대하여 '누구는 어느 곳에 태어났고, 누구는 어느 곳에 태어났다'라고 기별(記別)하는 이유는 무엇이라고 생각하는가?"

"세존이시여, 우리의 모든 법(法)은 세존을 근본으로 하고, 세존을 스승으로 하고, 세존을 의지처로 합니다. 세존이시여, 부디 세존께서 그 말씀을 하시는 이유를 밝혀주십시오. 비구들은 세존의 말씀을 듣고 명심할 것입니다."

"아누룻다여, 죽어서 세상을 떠난 제자의 다시 태어나는 곳에 대하여 '누구는 어느 곳에 태어났고, 누구는 어느 곳에 태어났다'라고 여래가 기별하는 것은 사람들을 속이기 위해서도 아니고, 사람들의 잡담에 오르내리기 위해서도 아니고, 존경과 명성과 이익을 얻기 위해서도 아니고, 사람들이 나를 알아주기를 바라서도 아니다. 아누룻다여, 믿음이 있고, 큰 지혜가 있고, 큰 즐거움이 있는 선남자들이 있다. 그들은 그 말을 듣고 진실로 마음을 집중한다. 아누룻다여, 그들에게 그 말은 오랫동안 이익이 되고 기쁨이 된다.

아누룻다여, 어떤 비구는 '이런 이름을 가진 비구가 죽자 세존께서 '그는 이미 구경지(究竟智)를 갖추었다[01]'라고 기별했다'라는 말을 듣는다. 그는 그 존자에 대하여 '그 존자의 계행(戒行)은 이러했고, 행실은 이러했고, 지혜는 이러했고, 삶은 이러했고, 해탈은 이러했다'라는 것을 스스로 보거나 소문으로 듣는다. 그는 그 존자의 신념과 계행과 헌

---

01 'aññāya saṇṭhahīti'의 번역.

신과 지혜를 명심하고 진실로 마음을 집중한다. 아누룻다여, 이렇게 함으로써 그 비구는 평온하게 살아간다.

아누룻다여, 어떤 비구는 '이런 이름을 가진 비구가 죽자 세존께서 '그는 다섯 가지 낮은 단계의 장애들이 소멸하여 화생(化生)[02]하였으며, 그곳에서 반열반에 들어가 그 세계에서 다시 돌아오지 않는 과보[不還果]를 성취했다'라고 기별했다'라는 말을 듣는다. … 아누룻다여, 어떤 비구는 '이런 이름을 가진 비구가 죽자 세존께서 '그는 세 가지 장애들(三結)이 소멸하고 탐진치(貪瞋癡)가 줄어든 사다함(斯多含)으로서, 이 세계에 한 번 돌아와서 괴로움을 끝낼 것이다'라고 기별했다'라는 말을 듣는다. … 아누룻다여, 어떤 비구는 '이런 이름을 가진 비구가 죽자 세존께서 '그는 세 가지 장애들이 소멸한 수다원(須陀洹)으로서, 악취(惡趣)에 떨어지지 않고 결국에는 바른 깨달음[正覺]을 성취하도록 결정되었다'라고 기별했다'라는 말을 듣는다. 그는 그 존자에 대하여 '그 존자의 계행(戒行)은 이러했고, 행실은 이러했고, 지혜는 이러했고, 삶은 이러했고, 해탈은 이러했다'라는 것을 스스로 보거나 소문으로 듣는다. 그는 그 존자의 신념과 계행과 헌신과 지혜를 명심하고 진실로 마음을 집중한다. 아누룻다여, 이렇게 함으로써 그 비구는 평온하게 살아간다.

아누룻다여, 비구니, 청신남, 청신녀도 마찬가지다.[03] 아누룻다여, 어떤 청신녀는 '이런 이름을 가진 청신녀가 죽자 세존께서 '그녀는 세

---

02 'opapātika'의 번역. 화생(化生)은 남녀의 성별이 없고, 성욕이 없는 세계에 부모 없이 태어나는 것을 의미함.

03 같은 내용이 반복되기 때문에 생략하였다.

가지 장애들이 소멸한 수다원으로서, 악취(惡趣)에 떨어지지 않고 결국에는 바른 깨달음을 성취하도록 결정되었다'라고 기별했다'라는 말을 듣는다. 그 청신녀는 그 자매에 대하여 '그 자매의 계행은 이러했고, 행실은 이러했고, 지혜는 이러했고, 삶은 이러했고, 해탈은 이러했다'라는 것을 스스로 보거나 소문으로 듣는다. 그 청신녀는 그 자매의 신념과 계행과 헌신과 지혜를 명심하고 진실로 마음을 집중한다. 아누룻다여, 이렇게 함으로써 그 청신녀는 평온하게 살아간다.

아누룻다여, 이와 같이 죽어서 세상을 떠난 제자의 다시 태어나는 곳에 대하여 '누구는 어느 곳에 태어났고, 누구는 어느 곳에 태어났다'라고 여래가 기별하는 것은 사람들을 속이기 위해서도 아니고, 사람들의 잡담에 오르내리기 위해서도 아니고, 존경과 명성과 이익을 얻기 위해서도 아니고, 사람들이 나를 알아주기를 바라서도 아니다. 아누룻다여, 믿음이 있고, 큰 지혜가 있고, 큰 즐거움이 있는 선남자들이 있다. 그들은 그 말을 듣고 진실로 마음을 집중한다. 아누룻다여, 그들에게 그 말은 오랫동안 이익이 되고 기쁨이 된다."

이것이 세존께서 하신 말씀입니다.
아누룻다 존자는 세존의 설법에 만족하고 기뻐했습니다.

36

끼따기리에서 설하신 경

70. Kīṭāgiri-sutta

【 해제 】

이 경은 한역『중아함경(中阿含經)』「195. 아습패경(阿濕貝經)」에 상응하
는 경이다. 우리는 부처님의 가르침을 바르게 따르고 있는가? 이 경은
스스로 부처님의 제자라고 생각하는 사람들에게 이런 반성을 촉구한다.

앗싸지와 뿌납바쑤까 비구는 부처님의 가르침을 가볍게 여기고
살아간다. 그들은 부처님의 가르침에 따라 수행하여 구경지(究境智)를
성취한다고 해도 달라질 것이 없다고 생각하는 사람들이다. 우리가 수
행하여 깨달음을 성취한다고 해서 신선(神仙)이 되거나 신(神)이 되지 않
는다. 그러니 힘들여 수행하기보다는 일상의 행복을 누리는 것이 더 나
을 것이다. 대부분 고민이 생기거나 문제가 발생하면 '혹시 도움이 될
까?' 하여 부처님 말씀을 따르기도 하지만, 문제가 없다고 생각하면 평

소 살던 식으로 살아간다. 앗싸지와 뿌납바쑤까가 그런 사람들이다. 그들은 이렇게 말한다.

> "우리는 저녁에도 식사를 하고, 아침에도 식사를 하고, 낮에도 아무 때나 식사를 하지만 크고 작은 병이 없고, 몸이 가볍고, 강건하고, 평온함을 느낍니다. 그런데 우리가 무엇 때문에 눈에 보이는 이익을 버리고 정해진 시간을 따라야 합니까?"

이렇게 항변하는 앗싸지와 뿌납바쑤까에게 부처님께서는 자신의 가르침은 자신이 직접 체험한 것임을 이야기한다. 직접 해보고 좋은 것을 알려주는 것이니 믿고 따라보라고 간곡하게 말씀하신다. 그리고 자신의 가르침에 따라 수행하여 좋은 결과를 얻은 일곱 부류의 사람들, 즉 구분해탈자(俱分解脫者), 혜해탈자(慧解脫者), 신증자(身證者), 득견자(得見者), 신해탈자(信解脫者), 수법행자(隨法行者), 수신행자(隨信行者)가 있음을 알려준다. 이렇게 간곡하게 말씀하시지만, 앗싸지와 뿌납바쑤까는 "세존이시여, 우리가 가르침을 받아 구경지(究境智)를 얻으면 무엇이 달라집니까?"라고 반문한다. 부처님께서는 이렇게 한탄하신다.

> "비구들이여, (그대들은 스승에 대한) 믿음이 없는 것 같구려. 비구들이여, (그대들은 스승을) 찾아가지 않는 것 같구려. 비구들이여, (그대들은 스승을) 가까이 모시지 않는 것 같구려. 비구들이여, (그대들은 스승의 이야기에) 귀를 기울이지 않는 것 같구려. 비구들이여, (그대들은 스승의) 가르침을 듣지 않는 것 같구려. 비구들이여, (그대들

은 스승의) 가르침을 명심하지 않는 것 같구려. 비구들이여, (그대들은 가르침의) 의미를 확인하지 않는 것 같구려. 비구들이여, (그대들은 스승의) 가르침을 이해하여 승인하지 않는 것 같구려. 비구들이여, (그대들은 스승의 가르침에) 의욕이 없는 것 같구려. 비구들이여, (그대들은 스승의 가르침대로) 시도하지 않는 것 같구려. 비구들이여, (그대들은) 점검하지 않는 것 같구려. 비구들이여, (그대들은) 정진하지 않는 것 같구려. 비구들이여, 그대들은 길을 잃었다오. 비구들이여, 그대들은 삿된 길을 가고 있다오. 비구들이여, 이 어리석은 사람들이여, 그대들은 실로 이 가르침과 율(律)에서 얼마나 멀리 벗어나 있는가!"

앗싸지와 뿌납바쑤까는 우리를 대변하는 것 같다. 우리는 실로 부처님의 가르침과 율에서 얼마나 멀리 벗어나 있는가!

이와 같이 나는 들었습니다.

한때 세존께서는 큰 비구 승가와 함께 까씨(Kāsi)에서 유행(遊行)하셨습니다.

그곳에서 세존께서 비구들에게 말씀하셨습니다.

"비구들이여, 나는 야식(夜食)하지 않는다오. 나는 야식하지 않음으로써 크고 작은 병이 없고, 몸이 가볍고, 강건하고, 평온함을 느낀다오. 자! 비구들이여, 그대들도 야식하지 마시오. 비구들이여, 그대들도 야식하지 않음으로써 크고 작은 병이 없고, 몸이 가볍고, 강건하고, 평온함을 느끼도록 하시오."

"그렇게 하겠습니다. 세존이시여!"라고 그 비구들은 세존의 말씀에 따랐습니다.

그때 세존께서는 까씨를 차례로 유행하시면서 끼따기리(Kīṭāgiri)라는 마을에 도착했습니다. 세존께서는 바로 그곳, 까씨의 마을 끼따기리에 머무셨습니다. 그때 비구 앗싸지(Assaji)와 뿌납바쑤까(Punab-basuka)가 끼따기리에 거주하고 있었습니다. 그래서 많은 비구가 앗싸지와 뿌납바쑤까에게 가서 말했습니다.

"존자들이여, 세존께서는 야식하지 않습니다. 존자들이여, 비구 승가도 야식하지 않음으로써 크고 작은 병이 없고, 몸이 가볍고, 강건하고, 평온함을 느낍니다. 자! 존자들이여, 그대들도 야식하지 마시오. 존자들이여, 그대들도 야식하지 않음으로써 크고 작은 병이 없고, 몸이 가볍고, 강건하고, 평온함을 느끼도록 하시오."

이렇게 이야기하자, 앗싸지와 뿌납바쑤까가 그 비구들에게 말했습니다.

"존자들이여, 우리는 저녁에도 식사를 하고, 아침에도 식사를 하고, 낮에도 아무 때나[01] 식사를 합니다. 그렇지만, 크고 작은 병이 없고, 몸이 가볍고, 강건하고, 평온함을 느낍니다. 그런데 우리가 무엇 때문에 눈에 보이는 이익을 버리고 정해진 시간을 따라야 합니까? 우리는 저녁에도 식사를 하고, 아침에도 식사를 하고, 낮에도 아무 때나 식사를 하겠습니다."

그 비구들은 앗싸지와 뿌납바쑤까를 설득할 수 없었기 때문에 세존을 찾아갔습니다. 그들은 세존께 예배하고 한쪽에 앉았습니다. 그 비구들은 한쪽에 앉아서 앗싸지와 뿌납바쑤까 이야기를 세존께 말씀드렸습니다.[02]

"세존이시여, 저희는 앗싸지와 뿌납바쑤까를 설득할 수 없었습니다. 그래서 세존께 이 일을 알려드립니다."

그러자 세존께서 어떤 비구를 부르셨습니다.

"이리 오라! 비구여, 그대는 나의 말로 '스승님께서 존자들을 부르십니다'라고 앗싸지와 뿌납바쑤까를 불러오라!"

"그렇게 하겠습니다."

그 비구는 세존의 말씀에 따라 앗싸지와 뿌납바쑤까를 찾아가서

---

01 'vikāle'의 번역. 정오 이전에 식사하는 것이 계율에 정한 식사 시간인데, '아무 때나'로 번역한 'vikāla'는 계율에 정한 식사 시간이 지난 때를 의미한다.
02 동일한 내용의 대화가 반복되기 때문에 생략함.

말했습니다.

"스승님께서 존자들을 부르십니다."

"존자여, 알겠습니다."

앗싸지와 뿌납바쑤까는 그 비구의 말을 듣고 세존을 찾아갔습니다. 그들은 세존께 예배하고 한쪽에 앉았습니다. 한쪽에 앉은 앗싸지와 뿌납바쑤까에게 세존께서 말씀하셨습니다.

"비구들이여, 많은 비구가 그대들을 찾아가서 야식하지 않도록 설득했을 때, 그대들은 거절했는가?"[03]

"그렇습니다. 세존이시여!"

"비구들이여, 그대들은 내가 '사람이 어떤 것을 느끼든, 괴로움을 느끼든, 즐거움을 느끼든, 괴롭지도 즐겁지도 않음을 느끼든, 그에게 불선법(不善法)은 줄어들고 선법(善法)은 증가한다'라는 가르침을 설한 것으로 알고 있는 것은 아닌가?"

"그렇게 알고 있지 않습니다. 세존이시여!"

"비구들이여, 그대들은 내가 '어떤 사람이 이러한 즐거운 느낌을 느끼면 그에게 불선법은 증가하고 선법이 줄어들지만, 어떤 사람이 이러한 즐거운 느낌을 느끼면 그에게 불선법은 줄어들고 선법이 증가하며, 어떤 사람이 이러한 괴로운 느낌을 느끼면 그에게 불선법은 증가하고 선법이 줄어들지만, 어떤 사람이 이러한 괴로운 느낌을 느끼면 그에게 불선법은 줄어들고 선법이 증가하며, 어떤 사람이 이러한 괴롭지도 즐겁지도 않은 느낌을 느끼면 그에게 불선법은 증가하고 선법이 줄어

---

03   설득하는 과정이 반복되기 때문에 생략함.

들지만, 어떤 사람이 이러한 괴롭지도 즐겁지도 않은 느낌을 느끼면 그에게 불선법은 줄어들고 선법이 증가한다'라는 가르침을 설한 것으로 알고 있는가?"

"그렇게 알고 있습니다. 세존이시여!"

"훌륭하다. 비구들이여! 비구들이여, 만약에 내가 '어떤 사람이 이러한 즐거운 느낌을 느끼면 그에게 불선법은 증가하고 선법이 줄어든다'라는 것을 통찰지[般若]로 통찰하지 못하고, 보지 못하고, 알지 못하고, 체험하지 못하고, 경험하지 못하고서, 이와 같이 알지도 못하는 내가 '그대들은 이러한 즐거운 느낌을 단념(斷念)하라!'라고 말한다면, 비구들이여, 이것이 과연 나에게 어울리는 일이겠는가?"

"그렇지 않습니다. 세존이시여!"

"비구들이여, 나는 '어떤 사람이 이러한 즐거운 느낌을 느끼면 그에게 불선법은 증가하고 선법이 줄어든다'라는 사실을 통찰지로 통찰하고, 보고, 알고, 체험하고, 경험했다오. 그래서 나는 '그대들은 이러한 즐거운 느낌을 단념하라!'라고 말한다오.

비구들이여, 만약에 내가 '어떤 사람이 이러한 즐거운 느낌을 느끼면 그에게 불선법은 줄어들고 선법이 증가한다'라는 사실을 통찰지로 통찰하지 못하고, 보지 못하고, 알지 못하고, 체험하지 못하고, 경험하지 못하고서, 이와 같이 알지도 못하는 내가 '그대들은 이러한 즐거운 느낌을 성취하여 머물라!'라고 말한다면, 비구들이여, 이것이 과연 나에게 어울리는 일이겠는가?"

"그렇지 않습니다. 세존이시여!"

"비구들이여, 나는 '어떤 사람이 이러한 즐거운 느낌을 느끼면 그에게 불선법은 줄어들고 선법이 증가한다'라는 사실을 통찰지로 통찰하고, 보고, 알고, 체험하고, 경험했다오. 그래서 나는 '그대들은 이러한 즐거운 느낌을 성취하여 머물라!'라고 말한다오.

비구들이여, 만약에 내가 '어떤 사람이 이러한 괴로운 느낌이나 괴롭지도 즐겁지도 않은 느낌을 느끼면 그에게 불선법이 증가하고 선법은 줄어든다'라는 사실을 통찰지로 보지 못하고, 알지 못하고, 체험하지 못하고, 경험하지 못하고서, 이와 같이 알지도 못하는 내가 '그대들은 이러한 괴로운 느낌이나 괴롭지도 즐겁지도 않은 느낌을 단념하라!'라고 말한다면, 비구들이여, 이것이 과연 나에게 어울리는 일이겠는가?"

"그렇지 않습니다. 세존이시여!"

"비구들이여, 나는 '어떤 사람이 이러한 괴로운 느낌이나 괴롭지도 즐겁지도 않은 느낌을 느끼면 그에게 불선법은 증가하고 선법이 줄어든다'라는 사실을 통찰지로 통찰하고, 보고, 알고, 체험하고, 경험했다오. 그래서 나는 '그대들은 이러한 괴로운 느낌이나 괴롭지도 즐겁지도 않은 느낌을 단념하라!'고 말한다오.

비구들이여, 만약에 내가 '어떤 사람이 이러한 괴로운 느낌이나 괴롭지도 즐겁지도 않은 느낌을 느끼면 그에게 불선법은 줄어들고 선법이 증가한다'라는 사실을 통찰지로 통찰하지 못하고, 보지 못하고, 알지 못하고, 체험하지 못하고, 경험하지 못하고서, 이와 같이 알지도 못하는 내가 '그대들은 이러한 즐거운 느낌을 성취하여 머물라!'라고 말한다면, 비구들이여, 이것이 과연 나에게 어울리는 일이겠는가?"

"그렇지 않습니다. 세존이시여!"

"비구들이여, 나는 '어떤 사람이 이러한 괴로운 느낌이나 괴롭지도 즐겁지도 않은 느낌을 느끼면 그에게 불선법은 줄어들고 선법이 증가한다'라는 사실을 통찰지로 통찰하고, 보고, 알고, 체험하고, 경험했다오. 그래서 나는 '그대들은 이러한 괴로운 느낌이나 괴롭지도 즐겁지도 않은 느낌을 성취하여 머물라!'라고 말한다오.

비구들이여, 나는 모든 비구에게 '방일(放逸)하지 않고 해야 할 일이 있다'라고 말하지 않는다오. 비구들이여, 나는 모든 비구에게 '방일하지 않고 해야 할 일이 없다'라고 말하지도 않는다오. 비구들이여, 비구로서 번뇌를 멸진(滅盡)하고, 수행을 완성하고, 해야 할 일을 마치고, 짐을 내려놓고, 자신의 목적에 도달하여 존재의 결박[有結]을 끊고, 완전한 구경지(究竟智)로 해탈한 아라한들이 있다오. 비구들이여, 나는 그런 비구들에게는 '방일하지 않고 해야 할 일이 없다'라고 말한다오. 왜냐하면, 그들에게는 방일하지 않는 삶[不放逸]이 성취되어 그들은 방일할 수 없기 때문이오. 비구들이여, 마음의 평온을 성취하지 못하고 더할 나위 없는 행복[瑜伽安穩]을 희구하며 살아가는 배워야 할[有學] 비구들이 있다오. 비구들이여, 나는 그런 비구들에게는 '방일하지 않고 해야 할 일이 있다'라고 말한다오. 왜냐하면, 아마도 이 존자들은 선남자들이 출가한 바로 그 목적을 위하여 적당한 숙소와 좌구를 사용하고, 선지식(善知識)을 의지하여 지각활동을 통제함으로써 위없는 청정한 수행[梵行]의 완성을 지금 여기에서 스스로 체험적 지혜[勝智]로 체득하고, 획득하여 살아갈 수 있기 때문이오. 비구들이여, 나는 이 불방일(不放逸)의 과보를 보기 때문에 이런 비구들에게 '방일하지 않고 해야 할 일이 있다'라고 말한다오.

비구들이여, 현재 이 세상에는 일곱 종류의 사람이 있다오. 그 일곱은 어떤 사람들인가? 구분해탈자(俱分解脫者),[04] 혜해탈자(慧解脫者),[05] 신증자(身證者),[06] 득견자(得見者),[07] 신해탈자(信解脫者),[08] 수법행자(隨法行者),[09] 수신행자(隨信行者)[10]가 그들이라오.

비구들이여, 어떤 사람이 구분해탈자(俱分解脫者)인가? 비구들이여, 어떤 사람은 색계(色界)와 무색계(無色界)를 초월한 평온한 해탈들을 몸으로 체험하며 살아간다오.[11] 그리고 통찰지로 통찰함으로써 번뇌[漏]들이 멸진한다오.[12] 비구들이여 이런 사람을 구분해탈자라고 한다오. 비구들이여, 나는 이런 비구들에게는 '방일하지 않고 해야 할 일이 없다'라고 말한다오. 그 까닭은 무엇인가? 그들은 방일하지 않는 삶[不放逸]이 성취되어 방일할 수 없기 때문이라오.

비구들이여, 어떤 사람이 혜해탈자(慧解脫者)인가? 비구들이여, 어떤 사람은 색계와 무색계를 초월한 평온한 해탈들을 몸으로 체험하며 살아가지 않는다오. 그렇지만 통찰지로 통찰함으로써 번뇌들이 멸진한다오. 비구들이여 이런 사람을 혜해탈자라고 한다오. 비구들이여, 나는 이런 비구들에게는 '방일하지 않고 해야 할 일이 없다'라고 말한다

---

04 'ubhatobhāgavimutta'의 번역.

05 'paññāvimutta'의 번역.

06 'kāyasakkhin'의 번역.

07 'diṭṭhippatta'의 번역.

08 'sadhāvimutta'의 번역.

09 'dhammānusārin'의 번역.

10 'saddhānusārin'의 번역

11 'idha bhikkhave ekacco puggalo ye te santā vimokhā atikkamma rūpe āruppā te kāyena phassitvā viharati'의 번역.

12 'paññāya c'assa disvā āsavā parikkhīṇā honti'의 번역.

오. 그 까닭은 무엇인가? 그들은 방일하지 않는 삶이 성취되어 방일할
수 없기 때문이라오.

비구들이여, 어떤 사람이 신증자(身證者)인가? 비구들이여, 어떤
사람은 색계와 무색계를 초월한 평온한 해탈들을 몸으로 체험하며 살
아간다오. 그리고 통찰지로 통찰함으로써 번뇌들이 다소 소멸한다오.
비구들이여 이런 사람을 신증자라고 한다오. 비구들이여, 나는 이런 비
구들에게는 '방일하지 않고 해야 할 일이 있다'라고 말한다오.

비구들이여, 어떤 사람이 득견자(得見者)인가? 비구들이여, 어떤
사람은 색계와 무색계를 초월한 평온한 해탈들을 몸으로 체험하며 살
아가지는 않는다오. 그렇지만 통찰지로 통찰함으로써 번뇌들이 다소
소멸하며, 여래가 가르친 가르침들을 통찰지로 잘 이해하고 통찰한다
오. 비구들이여 이런 사람을 득견자라고 한다오. 비구들이여, 나는 이
런 비구들에게는 '방일하지 않고 해야 할 일이 있다'라고 말한다오.

비구들이여, 어떤 사람이 신해탈자(信解脫者)인가? 비구들이여, 어
떤 사람은 색계와 무색계를 초월한 평온한 해탈들을 몸으로 체험하며
살아가지는 않는다오. 그렇지만 통찰지로 통찰함으로써 번뇌들이 다
소 소멸하며, 여래에 대하여 그의 믿음이 자리 잡고 뿌리내리고 확립된
다오. 비구들이여 이런 사람을 신해탈자라고 한다오. 비구들이여, 나는
이런 비구들에게는 '방일하지 않고 해야 할 일이 있다'라고 말한다오.

비구들이여, 어떤 사람이 수법행자(隨法行者)인가? 비구들이여, 어
떤 사람은 색계와 무색계를 초월한 평온한 해탈들을 몸으로 체험하며
살아가지 않는다오. 그리고 통찰지로 통찰하지만 번뇌들은 소멸하지
않는다오. 그는 여래가 가르친 가르침들을 그의 통찰지로 적절하게 이

해하여 승인한다오. 그리하여 그에게 신근(信根), 정진근(精進根), 염근(念根), 정근(定根), 혜근(慧根)이 있다오. 비구들이여 이런 사람을 수법행자라고 한다오. 비구들이여, 나는 이런 비구들에게는 '방일하지 않고 해야 할 일이 있다'라고 말한다오.

비구들이여, 어떤 사람이 수신행자(隨信行者)인가? 비구들이여, 어떤 사람은 색계와 무색계를 초월한 평온한 해탈들을 몸으로 체험하며 살아가지 않는다오. 그리고 통찰지로 통찰하지만 번뇌들은 소멸하지 않는다오. 그렇지만 그는 여래에 대하여 믿음이 있고 사랑이 있다오. 그리하여 그에게 신근, 정진근, 염근, 정근, 혜근이 있다오. 비구들이여 이런 사람을 수신행자라고 한다오. 비구들이여, 나는 이런 비구들에게는 '방일하지 않고 해야 할 일이 있다'라고 말한다오. 왜냐하면, 아마도 이 존자들은 선남자들이 출가한 바로 그 목적을 위하여 적당한 숙소와 좌구를 사용하고, 선지식(善知識)을 의지하여 지각활동을 통제함으로써, 위없는 청정한 수행[梵行]의 완성을 지금 여기에서 스스로 체험적 지혜[勝智]로 체득하고, 획득하여 살아갈 수 있기 때문이오. 비구들이여, 나는 이 불방일의 과보를 보기 때문에 이런 비구들에게는 '방일하지 않고 해야 할 일이 있다'라고 말한다오.

비구들이여, 나는 결코 구경지(究竟智)가 곧바로 성취된다고 이야기하지 않는다오. 비구들이여, 구경지는 점진적인 학계(學戒)에 의해서,[13] 점진적인 수행에 의해서,[14] 점진적인 행도(行道)에 의해서[15] 성취된

---

14 'anupubbakiriyā'의 번역.

15 'anupubbapaṭipadā'의 번역.

다오. 비구들이여, 어떻게 점진적인 학계(學戒)에 의해서, 점진적인 수행에 의해서, 점진적인 행도에 의해서 구경지가 성취되는가? 비구들이여, 믿음이 생기면 찾아간다오. 찾아가서 가까이 모신다오. 가까이 모시면서 귀를 기울인다오. 귀를 기울여 가르침을 듣는다오. 듣고 나서 가르침을 명심(銘心)한다오. 명심하고 있는 가르침의 의미를 확인한다오. 의미를 확인하면 가르침이 이해되고 승인된다오. 가르침에 대한 이해와 승인이 있을 때 의욕이 생긴다오. 의욕이 생기면 시도한다오. 시도하고 나서 점검한다오. 점검하고 나서 정진(精進)한다오. 정진할 때 최상의 진리를 몸으로 체험하고, 그것을 통찰지로 통찰한다오.

비구들이여, (그대들은 스승에 대한) 믿음이 없는 것 같구려. 비구들이여, (그대들은 스승을) 찾아가지 않는 것 같구려. 비구들이여, (그대들은 스승을) 가까이 모시지 않는 것 같구려. 비구들이여, (그대들은 스승의 이야기에) 귀를 기울이지 않는 것 같구려. 비구들이여, (그대들은 스승의) 가르침을 듣지 않는 것 같구려. 비구들이여, (그대들은 스승의) 가르침을 명심하지 않는 것 같구려. 비구들이여, (그대들은 가르침의) 의미를 확인하지 않는 것 같구려. 비구들이여, (그대들은 스승의) 가르침을 이해하여 승인하지 않는 것 같구려. 비구들이여, (그대들은 스승의 가르침에) 의욕이 없는 것 같구려. 비구들이여, (그대들은 스승의 가르침대로) 시도하지 않는 것 같구려. 비구들이여, (그대들은) 점검하지 않는 것 같구려. 비구들이여, (그대들은) 정진하지 않는 것 같구려. 비구들이여, 그대들은 길을 잃었다오. 비구들이여, 그대들은 삿된 길을 가고 있다오. 비구들이여, 이 어리석은 사람들이여, 그대들은 실로 이 가르침과 율(律)에서 얼마나 멀리 벗어나 있는가!

비구들이여, 알려주면 현명한 사람은 오래 걸리지 않고 통찰지로 의미를 통찰할 수 있는 네 가지 기별(記別)[16]이 있다오. 비구들이여, 내가 그대들에게 알려줄 것이니 나에게 배우도록 하시오."

"세존이시여, 우리가 가르침을 받아 구경지를 얻으면 무엇이 달라집니까?"[17]

"비구들이여, 스승이 재물을 중시하여 재물을 받아서 재물과 관계하며 살아간다고 할지라도, '우리에게 이와 같은 이익이 있으면, 우리는 그것을 하겠다. 그렇지 않으면 우리는 그것을 하지 않겠다'라고 장사꾼들이 거래하는 식으로 그를 대하지는 않는다오. 비구들이여, 그런데 하물며 재물과 전혀 관계하지 않고 살아가는 여래를 대함에 있어서랴!

비구들이여, 스승의 가르침에 전념하며 살아가는 믿음이 있는 제자는 '세존은 스승이고, 나는 제자다. 세존은 알고, 나는 알지 못한다'라고 가르침에 따르는 생각을 한다오.

비구들이여, 스승의 가르침에 전념하며 살아가는 믿음이 있는 제자는 '스승의 가르침은 발전을 주고, 생기를 준다'라고 생각한다오.

비구들이여, 스승의 가르침에 전념하며 살아가는 믿음이 있는 제자는 '피부와 힘줄과 해골만 남고 몸에서 피와 살이 말라버릴지라도, 인간의 힘과 노력과 정력으로 얻어야 할 것을 얻지 못하고서는 정진을 멈추지 않겠다'라고 생각한다오.

---

16 'catuppadaṃ veyyākaraṇaṃ'의 번역. 사문(沙門)의 사과(四果)를 의미하는 것 같다.

17 'ke ca mayaṃ bhante ke ca dhammassa aññātāro'의 번역. 문자 그대로 번역하면, '세존이시여, 우리는 누구이고 가르침의 구경지(究境智)를 얻은 사람들은 누구입니까?'이다. '우리가 가르침을 이해하면 무엇이 달라지는가?'라는 의미로 생각된다.

비구들이여, 스승의 가르침에 전념하며 살아가는 믿음이 있는 제자는 두 가지 과보 가운데 하나의 과보를 기대할 수 있다오. 지금 여기에서 구경지를 성취하거나, 남은 번뇌가 있으면 불환과(不還果; 阿那含)를 얻는다오."

이것이 세존께서 하신 말씀입니다.
그 비구들은 세존의 설법에 만족하고 기뻐했습니다.

37

악기왓차곳따에게
설하신 경

72. Aggivacchagotta-sutta

【 해제 】

|

이 경은 한역 『중아함경(中阿含經)』에는 상응하는 경이 없고, 『잡아함경 (雜阿含經)』34.24에 같은 내용이 있다.

우리는 일반적으로 공간과 시간으로 이루어진 세계 속에 몸을 받아서 태어나 늙어 죽는다고 생각한다. '세계는 공간적으로 유한할까, 무한할까?', '세계는 시간적으로 유한할까, 무한할까?', '우리의 생명은 살아있는 육신을 의미하는 것일까, 육신 속에는 생명이 따로 있는 것일까?', '생사(生死)를 극복한 여래(如來)는 사후(死後)에도 존재할까, 그렇지 않을까?' 하는 문제들은 이러한 생각에서 비롯된 것이다. 「33. 말룽까에게 설하신 작은 경」에서는 이런 물음들에 대하여 독화살과 같은 사견(邪見)이라고 비판하였는데, 이 경에서는 이 물음들이 왜 부당한 물음인지를

'불의 비유'를 통해 명확하게 밝히고 있다. 없던 불이 생겼을 때, '이 불이 어디서 왔는가?'라고 묻거나, 타던 불이 꺼졌을 때, '이 불이 어디로 갔을까?'라고 묻는 것이 부당한 물음이듯이, '우리는 죽은 후에 어디로 가는 것일까?'라고 묻는 것은 어리석은 질문이다. 연료에 의지하여 타고 있는 불과 같이 우리의 몸은 섭취한 음식에 의지하여 36.5°로 타고 있는 불꽃이고, 우리의 마음은 경험이라는 음식[觸食]과 의지(意志)와 생각이라는 음식[意思食]과 분별이라는 음식[識食]에 의지하여 타고 있는 불꽃이다.

　　이러한 가르침을 주신 부처님께서 우리가 윤회(輪廻)한다고 가르쳤을까? 부처님께서 구체적으로 윤회를 언급한 가르침이 없음에도 불구하고, 불교인들이 윤회를 불교의 가장 중요한 교리라고 생각하는 것을 보면, 자아(自我)가 실재한다는 망상을 버리기가 얼마나 어려운가를 알 수 있다.

이와 같이 나는 들었습니다.

한때 세존께서는 싸왓티의 제따와나 아나타삔디까 승원(僧園)에 머무셨습니다.

그때 편력수행자 왓차곳따(Vacchagotta)가 세존을 찾아왔습니다. 그는 세존과 정중하게 인사를 하고, 공손한 인사말을 나눈 후에 한쪽에 앉았습니다. 한쪽에 앉은 편력수행자 왓차곳따가 세존께 말씀드렸습니다.

"고따마 존자여, '세계는 상주(常住)한다. 실로 이것이 진실이고 다른 것은 거짓이다.' 이것이 고따마 존자의 추론(推論)에 의한 견해[01]입니까?"

"왓차여, 나에게는 그런 추론에 의한 견해가 없다오."

"고따마 존자여, 그렇다면 '세계는 상주하지 않는다. 실로 이것이 진실이고 다른 것은 거짓이다.' 이것이 고따마 존자의 추론에 의한 견해입니까?"

"왓차여, 나에게는 그런 추론에 의한 견해가 없다오."

"고따마 존자여, '세계는 끝이 있다. 실로 이것이 진실이고 다른 것은 거짓이다.' 이것이 고따마 존자가 추론에 의해 도달한 견해입니까?"

"왓차여, 나에게는 그런 추론에 의한 견해가 없다오."

"고따마 존자여, 그렇다면 '세계는 끝이 없다. 실로 이것이 진실이고 다른 것은 거짓이다.' 이것이 고따마 존자의 추론에 의한 견해입니

---

01 'diṭṭhigata'의 번역. 'diṭṭhi'는 '견해'를 의미하고, 'gata'는 '도달한'의 의미이다. 이것은 '추론을 통해 결론에 도달한 견해'를 의미한다.

까?"

"왓차여, 나에게는 그런 추론에 의한 견해가 없다오."

"고따마 존자여, '생명과 육신은 같은 것이다. 실로 이것이 진실이고 다른 것은 거짓이다.' 이것이 고따마 존자의 추론에 의한 견해입니까?"

"왓차여, 나에게는 그런 추론에 의한 견해가 없다오."

" 고따마 존자여, 그렇다면 '생명과 육신은 서로 다른 것이다. 실로 이것이 진실이고 다른 것은 거짓이다.' 이것이 고따마 존자의 추론에 의한 견해입니까?"

"왓차여, 나에게는 그런 추론에 의한 견해가 없다오."

"고따마 존자여, '여래는 사후에 존재한다. 실로 이것이 진실이고 다른 것은 거짓이다.' 이것이 고따마 존자의 추론에 의한 견해입니까?"

"왓차여, 나에게는 그런 추론에 의한 견해가 없다오."

" 고따마 존자여, 그렇다면 '여래는 사후에 존재하지 않는다. 실로 이것이 진실이고 다른 것은 거짓이다.' 이것이 고따마 존자의 추론에 의한 견해입니까?"

"왓차여, 나에게는 그런 추론에 의한 견해가 없다오."

"고따마 존자여, '여래는 사후에 존재하기도 하고, 존재하지 않기도 한다. 실로 이것이 진실이고 다른 것은 거짓이다.' 이것이 고따마 존자의 추론에 의한 견해입니까?"

"왓차여, 나에게는 그런 추론에 의한 견해가 없다오."

"고따마 존자여, 그렇다면 '여래는 사후에 존재하지도 않고, 존재하지 아니하지도 않는다. 실로 이것이 진실이고 다른 것은 거짓이다.' 이것이 고따마 존자의 추론에 의한 견해입니까?"

"왓차여, 나에게는 그런 추론에 의한 견해가 없다오."

"고따마 존자여, 고따마 존자는 나의 질문을 받고, 모든 질문에 '왓차여, 나에게는 그런 추론에 의한 견해가 없다'라고 말했습니다. 고따마 존자는 어떤 위험을 간파했기에 이 모든 견해를 멀리하십니까?"

"왓차여, '세계는 상주한다'라는 추론에 의한 견해는 (소통할 수 없는) 밀림 같은 견해이며, (실천할 수 없는) 황야 같은 견해이며, (우리의 삶을 불안하게 하는) 요동치는 견해이며, 분쟁을 일으키는 편견이며, 속박하는 견해로서, 괴로움을 수반하고, 곤혹스럽고, 불안을 수반하고, 고뇌를 수반한다오. 그리고 염리(厭離), 이욕(離欲), 멸진(滅盡), 적정(寂靜), 체험적 지혜[勝智], 정각(正覺), 열반(涅槃)으로 이끌지 않는다오. 추론에 의한 다른 견해들도 마찬가지라오.[02] 왓차여, 나는 이러한 위험을 간파했기 때문에 추론에 의한 모든 견해를 멀리한다오."

"그렇다면, 고따마 존자에게는 어떤 추론에 의한 견해가 있습니까?"

"왓차여, 여래에게는 '추론에 의한 견해' 바로 그것이 제거되었다오. 왓차여, 여래가 본 것은 이런 것이라오. '형색[色]은 이러하다.' '형색은 이렇게 쌓인다[集].' '형색은 이렇게 사라진다[滅].' '느낌[受]은 이러하다.' '느낌은 이렇게 쌓인다.' '느낌은 이렇게 사라진다.' '생각[想]은 이러하다.' '생각은 이렇게 쌓인다.' '생각은 이렇게 사라진다.' '행위[行]들은 이러하다.' '행위들은 이렇게 쌓인다.' '행위들은 이렇게 사라진다.' '분별하는 마음[識]은 이러하다.' '분별하는 마음은 이렇게 쌓인다.' '분별하는 마음은 이렇게 사라진다.' 그래서 '여래는 모든 환상과 모든

---

02   중복되는 문장을 생략하였음.

혼란과 나라는 생각, 내 것이라는 생각을 일으키는 잠재(潛在)하는 모든 아만(我慢)을 파괴하고, 소멸하고, 단념하고, 포기하고, 집착을 버리고, 해탈했다'라고 나는 말한다오."

"고따마 존자여, 이렇게 마음이 해탈한 비구는 어디에 가서 태어납니까?"

"왓차여, '가서 태어난다'라는 말은 적절치 않다오."

"고따마 존자여, 그렇다면 가서 태어나지 않습니까?"

"왓차여, '가서 태어나지 않는다'라는 말도 적절치 않다오."

"고따마 존자여, 그렇다면 가서 태어나기도 하고, 태어나지 않기도 합니까?"

"왓차여, '가서 태어나기도 하고, 태어나지 않기도 한다'라는 말도 적절치 않다오."

"고따마 존자여, 그렇다면 가서 태어나지도 않고, 태어나지 아니하지도 않습니까?"

"왓차여, '가서 태어나지도 않고, 태어나지 아니하지도 않는다'라는 말도 적절치 않다오."

"고따마 존자여, 고따마 존자께서는 내가 묻는 모든 질문에 대하여, 그 질문들이 모두 적절치 않다고 말씀하셨습니다. 나는 이 점에 대하여 알 수가 없고, 당혹스럽습니다. 이전에 고따마 존자와 대화하면서 나에게 있었던 신뢰마저 지금 나에게 사라졌습니다."

"왓차여, 그대가 알 수 없고 당혹스러운 것은 당연한다오. 왓차여, 이 진리[法]는 이해하기 어렵고, 깨닫기 어렵고, 평안하고, 훌륭하고, 추론의 영역을 벗어난 미묘(微妙)한 것으로서, 현자만이 알 수 있는 심오한 것이라오. 견해가 다르고, 신념이 다르고, 경향이 다르고, 선정법(禪定法)이 다르고, 수행법이 다른 그대가 그것을 이해하기는 어렵다오. 왓차여, 그렇다면, 여기에서 내가 묻겠소. 그대는 적당한 대답을 하도록 하시오. 왓차여, 어떻게 생각하는가? 만약 그대 앞에서 불이 타고 있다면, 그대는 '이 불이 내 앞에서 타고 있다'라고 알 수 있겠는가?"

"고따마 존자여, 만약 내 앞에서 불이 타고 있다면, 나는 '이 불이 내 앞에서 타고 있다'라고 알 수 있습니다."

"왓차여, 만약에 '그대 앞에서 타고 있는 이 불은 무엇을 의지하여 타고 있는가?'라고 묻는다면, 그대는 어떻게 대답하겠는가?"

"고따마 존자여, 만약 나에게 그렇게 묻는다면, 나는 '내 앞에서 타고 있는 이 불은 풀이나 장작 같은 연료를 의지하여 타고 있다'[03]라고 대답할 것입니다."

"왓차여, 만약 그대 앞에서 그 불이 꺼진다면, 그대는 '이 불이 내 앞에서 꺼졌다'라고 알 수 있겠는가?"

"고따마 존자여, 만약 내 앞에서 그 불이 꺼진다면, 나는 '이 불이 내 앞에서 꺼졌다'라고 알 수 있습니다."

"왓차여, 그런데 만약에 '그대 앞에서 꺼진 그 불은 여기에서 어느 방향으로 갔는가? 동쪽인가, 서쪽인가, 남쪽인가, 북쪽인가?'라고 묻는다면, 왓차여, 그대는 어떻게 대답하겠는가?"

---

03 'yo me ayaṁ purato aggi jalati ayaṁ aggi tiṇakatthupādānaṁ paṭicca jalati'의 번역. 타는 불이 의지하는 '연료'와 12연기의 '유(有)'가 의지하는 '취(取)'가 다 같이 'upādāna'라는 점에 유의할 필요가 있다. 이것은 불이 연료에 의지하여 타듯이, 우리는 '취'에 의지하여 36.5°로 타는 불꽃과 같은 존재[有]라는 것을 암시하고 있다.

"고따마 존자여, 그 질문은 적절치 않습니다. 고따마 존자여, 풀이나 장작 같은 연료를 의지하여 탔던 그 불은 다른 연료가 공급되지 않고 연료가 없어서 꺼져버렸다고 생각됩니다."

"왓차여, 이와 같이 여래를 형색[色]이라는 개념으로 규정하여 묘사한다면, 여래에게 그 (개념으로 규정된) 형색은 제거되고, 근절되고, 단절되고, 없어진, 미래에는 발생하지 않는 법(法)이라오. 왓차여, 여래는 형색이라는 개념에서 벗어났기 때문에,[04] 헤아릴 수 없고, 측량할 수 없고, 이해하기 어렵다오. 비유하면, 큰 바다가 '(사라져서 다른 곳에) 가서 태어난다'라는 말도 적절치 않고, '가서 태어나지 않는다'라는 말도 적절치 않고, '가서 태어나기도 하고, 가서 태어나지 않기도 한다'라는 말도 적절치 않고, '가서 태어나지도 않고, 가서 태어나지 아니하지도 않는다'라는 말도 적절치 않은 것과 같다오. 느낌[受], 생각[想], 행위[行]들, 분별하는 마음[識]도 마찬가지라오.[05] 여래를 분별하는 마음이라는 개념으로 규정하여 묘사한다면, 여래에게는 그 (개념으로 규정된) 분별하는 마음은 제거되고, 근절되고, 단절되고, 없어진, 미래에는 다시 발생하지 않는 법(法)이라오. 왓차여, 여래는 분별하는 마음이라는 개념에서 벗어났기 때문에, 헤아릴 수 없고, 측량할 수 없고, 이해하기 어렵다오."

이와 같이 말씀하시자, 편력수행자 왓차곳따가 세존께 말씀드렸습니다.

"고따마 존자여, 마을이나 도시 근처에 있는 큰 쌀라(sāla) 나무가 무상(無常)하게 가지와 잎이 떨어지고 겉껍질이 벗겨지고 속껍질이 벗

---

04 'rūpasaṅkhāvimutta'의 번역.
05 중복되는 내용을 생략함.

겨지면, 미래에는 가지와 잎이 제거되고 겉껍질이 제거되고 속껍질이 제거되고 깨끗한 수심(樹心)만 있듯이, 고따마 존자의 말씀은 가지와 잎이 제거되고 겉껍질이 제거되고 속껍질이 제거되고 깨끗한 핵심(核心)만 있습니다. 훌륭합니다. 고따마 존자여! 훌륭합니다. 고따마 존자여! 마치 뒤집힌 것을 바로 세우는 것 같고, 감추어진 것을 드러내는 것 같고, 길 잃은 자에게 길을 알려주는 것 같고, '눈 있는 자들은 보라'고 어둠 속에 등불을 비춰주는 것 같습니다. 이와 같이 고따마 존자께서는 여러 가지 방법으로 진리를 알려주셨습니다. 이제 저는 고따마 존자님께 귀의합니다. 가르침과 비구 승가에 귀의합니다. 고따마 존자님께서는 저를 청신사로 받아주소서. 오늘부터 살아있는 날까지 귀의하겠나이다."

38

디가나카에게 설하신 경

74. Dīghanakha-sutta

【 해제 】

|

이 경은 한역 『중아함경(中阿含經)』에는 상응하는 경이 없고, 『잡아함경 (雜阿含經)』 34.31에 같은 내용이 있다.

이 경에 등장하는 악기웨싸나(Aggivessana)는 회의론자(懷疑論 者)인 싼자야 벨랏띠뿟따의 제자로서 싸리뿟따 존자의 외삼촌이라 고 한다. 그는 손톱을 길렀기 때문에 '긴 손톱'이라는 의미의 '디가나카 (Dīghanakha)'라고 불렸으며, 이를 『잡아함경(雜阿含經)』에서는 '장조(長爪)' 로 번역한다. 싸리뿟따 존자는 부처님을 만나기 전에는 악기웨싸나와 마찬가지로 싼자야 벨랏띠뿟따의 제자였다고 한다. 악기웨싸나가 부처 님을 만나게 된 것은 먼저 부처님에게 출가한 싸리뿟따 존자의 권유 때 문이었을 것으로 생각된다.

부처님 당시의 사상계에서 해결해야 할 가장 큰 문제는 회의론의 극복이었다. 바라문교의 교리에 회의를 품고 새로운 사상을 주장한 육사외도(六師外道)의 사상을 자세하게 보여주는 『디가니까야』「2. 사문과경(Sāmañña-Phala Sutta)」에 의하면, 뿌라나 깟싸빠(Puraṇa Kassapa)는 업보(業報)를 부정하는 도덕 부정론자이고, 막칼리 고쌀라(Makkhali Gosāla)는 이미 정해진 숙명에 의해 우리의 운명은 결정되어 있다고 주장하는 철저한 결정론자이다. 아지따 께싸깜발린(Ajita Kesakambalin)은 인간을 4대(四大)의 우연한 화합물이라고 주장하는 유물론자이고, 빠꾸다 깟짜야나(Pakudha Kaccāyana)는 인간은 수명(壽命:Jīva)을 포함하여 7가지 요소가 결합한 것이기 때문에 칼로 머리를 자른다고 해도 어느 누구의 목숨을 빼앗지 못하며, 7가지 실체 사이에 칼이 지나간 틈이 생길 뿐이라고 주장한 기계론자이다. 이러한 다양한 주장들에 대하여 싼자야 벨랏띠뿟따(Sañjaya Belaṭṭiputta)는 그 누구의 주장도 진실일 수 없다는 회의론을 취했다. 이렇게 회의론이 나타나자 니간타 나따뿟따(Nigaṇṭha Nātaputta)는 이를 극복하기 위하여, 이들이 각기 다른 주장을 하고 있지만, 그것은 관점의 차이일 뿐이므로 부분적으로는 모두 옳다고 주장했다.

부처님은 이러한 회의론을 어떻게 극복했을까? 이 경은 이러한 물음에 답을 주고 있다. '모든 것을 인정하지 않는다'라고 주장하는 악기웨싸나에게 부처님은 '그렇다면 그 주장도 부정해야 하는 것이 아닌가?'라고 반문한다. 왜냐하면, '모든 것을 인정하지 않는다'라는 주장도 모든 주장 가운데 포함되기 때문에 '모든 것을 인정하지 않는다'라는 주장은 '모든 것을 인정하지 않는다'라는 주장도 인정할 수 없는 주장이다. 이와 같이 '모든 것을 인정하지 않는다'라는 주장은 그 주장마저 부정하게 되는 모순을 내포하고 있다. 회의론은 그 자체가 모순인 것이다.

우리는 논리학으로 어떤 명제의 진위(眞僞)를 판단할 수 있다고 생각한다. 그러나 부처님은 논리학이 진위를 판단하는 기준이 아니라 자기 욕구를 정당화하는 도구에 지나지 않는다고 비판한다.

> "악기웨싸나여, '어떤 것은 인정하고 어떤 것은 인정하지 않는다'라는 견해를 주장하는 사문과 바라문들이 '인정한다'라고 한 견해는 이 견해에 대하여 그들에게 탐욕이 있고, 속박이 있고, 기쁨이 있고, 집착이 있고, 취착이 있기 때문에 생긴 것이고, '인정하지 않는다'라고 한 견해는 이 견해에 대하여 그들에게 탐욕이 없고, 속박이 없고, 기쁨이 없고, 집착이 없고, 취착이 없기 때문에 생긴 것이라오."

그럴싸하게 논리로 포장하지만, 자기가 좋아하는 것을 인정하고, 싫어하는 것을 부정할 뿐이라는 말씀이다.

그렇다면 왜 이런 모순대립이 생기는가? 그리고 이러한 모순을 극복하는 길은 없는가? 「21. 갈애[愛]의 소멸 큰 경」에서 부처님은 다음과 같이 말씀하신다.

> "비구들이여, '이것은 생긴 것인가, 아닌가?'라는 의심이 일어나는 것은 불확실성 때문인가?"
> "그렇습니다. 세존이시여!"
> "비구들이여, '이것은 생긴 것이다'라고 있는 그대로 바른 통찰

지(通察智)로 통찰하면, 불확실성은 사라지는가?"

"그렇습니다. 세존이시여!"

"비구들이여, '이것은 생긴 것이다'라는 점에 대하여 그대들에게
의심이 없는가?"

"그렇습니다. 세존이시여!"

"비구들이여, '이것은 생긴 것이다'라는 것은 있는 그대로 바른
통찰지로 잘 본 것인가?"

"그렇습니다. 세존이시여!"

칸트(I. Kant)도 지적했듯이, 경험할 수 없는 것에 대한 추론은 이율배반
에 빠진다. 부처님은 모든 의심은 불확실성에서 비롯된다고 말씀하신
다. 다시 말해서 경험할 수 없기 때문에 의심이 생기고, 이러한 의심을
개념적인 인식과 판단으로 해결하려고 할 때 모순 대립하는 견해들이
나타난다. 그렇다면 불확실성은 어떻게 극복되는가? 통찰지(通察智), 즉
반야(般若)로 통찰함으로써 불확실성은 사라진다고 부처님은 말씀하신
다. 모순 대립하는 견해들은 개념적인 인식, 즉 'sañjānāti'에 의한 것이
다. 이러한 견해들의 모순 대립은 개념적 인식을 버리고 체험적 인식, 즉
'abhijānāti'를 실천할 때 해소된다. 그리고 'abhijānāti'를 통해 우리는
연기(緣起)를 체득할 수 있다.

　　악기웨싸나와 부처님의 대화를 세존의 뒤에 서서 지켜보던 싸리
뿟따 존자는 이것을 알아차리고 다음과 같이 말한다.

"지금 세존께서 우리에게 저런 법들을 체험적 지혜[勝智]로 통찰

하여 버리라고 말씀하시는구나! 지금 선서(善逝)께서 우리에게
저런 법들을 체험적 지혜로 통찰하여 단념(斷念)하라고 말씀하
시는구나!"

이와 같이 나는 들었습니다.

한때 세존께서는 라자가하의 깃자꾸따(Gijjhakūṭa) 쑤까라카따(Sūkarakhatā)에 머무셨습니다. 그때 편력수행자 디가나카(Dīghanakha)가 세존을 찾아왔습니다. 그는 세존과 정중하게 인사를 하고, 공손한 인사 말을 나눈 후에 한쪽에 앉았습니다. 편력수행자 디가나카는 한쪽에 앉아서 세존께 말씀드렸습니다.

"고따마 존자여, 나는 '모든 것을 인정하지 않는다'라는 견해를 가진 사람입니다."

"악기웨싸나(Aggivessana)여, 그대는 '모든 것을 인정하지 않는다'라고 하는 그대의 견해도 인정하지 않겠군요?"

"고따마 존자여, 만약에 제가 이 견해를 인정한다면, 참으로 그것도 또한 그렇게 되는군요! 참으로 그것도 또한 그렇게 되는군요!"[01]

"악기웨싸나여, 세상 사람 대부분은 '참으로 그것도 또한 그렇게 되는구나! 참으로 그것도 또한 그렇게 되는구나!'라고 하면서도 그것을 버리지 않을뿐더러, 다른 견해를 취한다오. 악기웨싸나여, '참으로 그것도 또한 그렇게 되는구나! 참으로 그것도 또한 그렇게 되는구나!'라고 하면서 그것을 버리고, 다른 견해도 취하지 않는 사람은 세간에 많지 않다오.

악기웨싸나여, 어떤 사문과 바라문들은 '나는 모든 것을 인정한

---

01 자신의 주장도 부정할 수밖에 없는 모순에 빠지게 된다는 의미이다.

다'라는 견해를 주장한다오. 악기웻싸나여, 어떤 사문과 바라문들은 '모든 것을 인정하지 않는다'라는 견해를 주장한다오. 악기웻싸나여, 어떤 사문과 바라문들은 '어떤 것은 인정하고, 어떤 것은 인정하지 않는다'라는 견해를 주장한다오. 악기웻싸나여, '모든 것을 인정한다'라는 견해를 주장하는 사문과 바라문들의 견해는 그들에게 탐욕이 있고, 속박이 있고, 기쁨이 있고, 집착이 있고, 취착이 있기 때문에 생긴 것이라오. 악기웻싸나여, '모든 것을 인정하지 않는다'라는 견해를 주장하는 사문과 바라문들의 견해는 그들에게 탐욕이 없고, 속박이 없고, 기쁨이 없고, 집착이 없고, 취착이 없기 때문에 생긴 것이라오."

이와 같이 말씀하시자, 편력수행자 디가나카가 세존께 말씀드렸습니다.

"고따마 존자께서는 저의 추론에 의한 견해를 칭찬하시는 것입니까? 고따마 존자께서는 저의 추론에 의한 견해를 찬탄하시는 것입니까?"[02]

"악기웻싸나여, '어떤 것은 인정하고 어떤 것은 인정하지 않는다'라는 견해를 주장하는 사문과 바라문들이 '인정한다'라고 한 견해는 이 견해에 대하여 그들에게 탐욕이 있고, 속박이 있고, 기쁨이 있고, 집착이 있고, 취착이 있기 때문에 생긴 것이고, '인정하지 않는다'라고 한 견해는 이 견해에 대하여 그들에게 탐욕이 없고, 속박이 없고, 기쁨이 없고, 집착이 없고, 취착이 없기 때문에 생긴 것이라오.

악기웻싸나여, 어떤 사문과 바라문들이 '모든 것을 인정한다'라는

---

02 '모든 것을 인정하지 않는다'라는 견해가 탐욕이 없고, 속박이 없고, 기쁨이 없고, 집착이 없고, 취착이 없기 때문에 생긴 것이라는 부처님의 말씀을 '모든 것을 인정하지 않는다'라는 자신의 견해에 대한 칭찬으로 이해하고 한 말이다.

견해를 주장할 때, 지혜 있는 사람은 이렇게 반성한다오.

'만약에 내가 '모든 것을 인정한다'라고 하는 나의 견해를 강하게 붙잡고 집착하여 '실로 이것이 진실이고 다른 것은 거짓이다'라고 주장하면, 나는 '모든 것을 인정하지 않는다'라는 견해를 주장하거나, '어떤 것은 인정하고, 어떤 것은 인정하지 않는다'라는 견해를 주장하는 두 부류의 사문이나 바라문들과 논쟁하게 될 것이다. 이렇게 논쟁하면 다투게 될 것이고, 다투면 가해(加害)하게 될 것이고, 가해하면 해악(害惡)이 될 것이다.'

그는 이렇게 자신의 내면에서 논쟁과 다툼과 가해와 해악을 보고, 그 견해를 버리고, 다른 견해를 집착하지 않는다오. 이렇게 이 견해가 버려지고, 포기된다오.

다른 견해들도 마찬가지라오.[03]

악기웻싸나여, 형색을 지닌 이 몸[04]은 4대(四大)로 이루어진 것이며, 부모로부터 태어나 밥과 젖이 쌓인 것이며, 무상(無常)하게 단멸(斷滅)하며, 부서지며, 파괴되며, 멸망하는 법(法)으로서, 무상으로, 괴로움으로, 병으로, 종기로, 화살로, 불행으로, 질병으로, 타자(他者)로, 파멸(破滅)로, 공(空)으로, 무아(無我)로 여겨야 한다오. 이 몸을 무상(無常)으로, 괴로움으로, 병으로, 종기로, 화살로, 불행으로, 질병으로, 타자로, 파멸로, 공으로, 무아로 여길 때, 몸에 대한 욕망, 몸에 대한 집착, 몸에 대한 순종이 포기된다오.

악기웻싸나여, 세 가지 느낌, 즉 즐거운 느낌, 괴로운 느낌, 괴롭지도 즐겁지도 않은 느낌이 있다오. 악기웻싸나여, 즐거운 느낌을 느낄 때는

---

03 중복되는 내용을 생략함.
04 'ayaṁ kāyo rūpī'의 번역.

괴로운 느낌과 괴롭지도 즐겁지도 않은 느낌은 느끼지 않고, 그때는 즐거운 느낌만을 느낀다오. 악기웨싸나여, 괴로운 느낌을 느낄 때는 즐거운 느낌과 괴롭지도 즐겁지도 않은 느낌은 느끼지 않고, 그때는 괴로운 느낌만을 느낀다오. 악기웨싸나여, 괴롭지도 즐겁지도 않은 느낌을 느낄 때는 즐거운 느낌과 괴로운 느낌은 느끼지 않고, 그때는 괴롭지도 즐겁지도 않은 느낌만을 느낀다오. 악기웨싸나여, 즐거운 느낌은 무상(無常)하며, 유위(有爲)이며, 연기(緣起)한 것[05]이며, 소멸법(消滅法)[06]이며, 쇠퇴법(衰退法)[07]이며, 탐욕을 버려야 할 법[離欲法][08]이며, 지멸해야 할 법[止滅法][09]이라오. 악기웨싸나여, 괴로운 느낌과 괴롭지도 즐겁지도 않은 느낌도 마찬가지라오 악기웨싸나여, 이와 같이 보기 때문에 배움이 많은 거룩한 제자는 즐거운 느낌도 멀리하고, 괴로운 느낌도 멀리하고, 괴롭지도 즐겁지도 않은 느낌도 멀리하며, 멀리함으로써 탐욕에서 벗어난다오. 그는 탐욕에서 벗어남으로써 해탈하고, 해탈했을 때, '해탈했다'라고 알게 된다오. 즉 그는 '태어남은 끝났고, 청정한 수행[梵行]을 마쳤으며, 해야 할 일을 끝마쳤다. 다시는 이런 상태로 되지 않는다'라고 통찰한다오.

악기웨싸나여, 이와 같이 마음이 해탈한 비구는 어느 누구에게도 동의하지 않고, 어느 누구와도 논쟁하지 않는다오. 그리고 그는 세간의 말을 사용하여 집착 없이 말한다오."[10]

---

05 'paṭiccasamuppannā'의 번역.

06 'khayadhammā'의 번역.

07 'vayadhammā'의 번역.

08 'virāgadhammā'의 번역.

09 'nirodhadhammā'의 번역.

10 'yañ ca loke vuttaṃ tena voharati aparāmasaṃ'의 번역. 세간의 언어를 사용하되, 자신의 욕구에 의해 왜곡된 주장을 하지 않는다는 의미이다.

그때 싸리뿟따 존자는 세존의 뒤에 서서 세존께 부채질을 하고 있었습니다. 그때 싸리뿟따 존자에게 이런 생각이 들었습니다.

'지금 세존께서 우리에게 저런 법들을 체험적 지혜[勝智]로 통찰하여 버리라고 말씀하시는구나. 지금 선서(善逝)께서 우리에게 저런 법들을 체험적 지혜[勝智]로 통찰하여 단념(斷念)하라고 말씀하시는구나.'

싸리뿟따 존자가 이렇게 생각하자, 번뇌가 남김없이 사라져서 마음이 해탈했습니다.[11] 한편 편력수행자 디가나카에게는 '집기(集起)하는 법은 어떤 것이든 모두 멸진(滅盡)하는 법이다'[12]라고 보는 청정무구(淸淨無垢)한 법안(法眼)이 생겼습니다. 이제 가르침을 보고, 가르침을 얻고, 가르침을 깊이 이해함으로써 스승의 가르침에 대하여 의심에서 벗어나고, 의혹이 사라지고, 자신감을 얻고, 남에게 의지하지 않게 된 편력수행자 디가나카는 세존께 다음과 같이 말씀드렸습니다.

"훌륭합니다. 고따마 존자여! 훌륭합니다. 고따마 존자여! 마치 뒤집힌 것을 바로 세우는 것 같고, 감추어진 것을 드러내는 것 같고, 길 잃은 자에게 길을 알려주는 것 같고, '눈 있는 자들은 보라'고 어둠 속에 등불을 비춰주는 것 같습니다. 이와 같이 고따마 존자께서는 여러 가지 방법으로 진리를 알려주셨습니다. 이제 저는 고따마 존자님께 귀의합니다. 가르침과 비구 승가에 귀의합니다. 고따마 존자님께서는 저를 청신사로 받아주소서. 오늘부터 살아있는 날까지 귀의하겠나이다."

---

11 'anupādāya āsavehi cittaṁ vimucci'의 번역.
12 'yaṁ kiñci samudayadhammaṁ sabban taṁ nirodhadhamman ti'의 번역.

39

마간디야에게 설하신 경

75. Māgandiya-sutta

【 해제 】

이 경은 한역 『중아함경(中阿含經)』 「153. 수한제경(鬚閑提經)」에 상응하는 경이다.

　　우리는 감각적 쾌락을 행복이라고 생각한다. 그런데 부처님은 감각적 쾌락을 멀리하라고 가르친다. 그렇다면 불교는 염세주의인가? 혹자는 불교를 염세적이고 허무적이라고 평가한다. 이 경은 이러한 의문과 평가에 대한 부처님의 답변이다.

　　부처님께서는 우리가 감각적 쾌락을 즐기는 것은 감각적 쾌락에 대한 갈애[愛]에 먹히고 있는 것이며, 감각적 쾌락에 대한 뜨거운 고뇌에 불타고 있는 것이라고 가르치셨다. 한마디로 말해서 감각적 쾌락은 우리를 집어삼키는 무서운 불길과 같다는 것이다. 따라서 위험하고 보잘

것없는 감각적 쾌락을 멀리하는 것은 행복을 포기하는 것이 아니라 진
정한 행복을 얻기 위한 것이라고 말씀하신다. 감각적 쾌락을 버리면 더
큰 행복을 얻을 수 있으며, 그 행복을 맛보면 결코 감각적 쾌락을 추구하
지 않는다는 것이 이 경의 가르침이다.

이와 같이 나는 들었습니다.

한때 세존께서는 꾸루(Kuru)의 깜마싸담마(Kammāssadhamma)라는 꾸루족 마을에서 바라드와자곳따(Bhāradvājagotta) 바라문의 불을 모신 사당(祠堂)[01] 안에 있는 풀로 만든 자리에 머무셨습니다. 어느 날 세존께서는 오전에 옷을 입고, 발우와 법의(法衣)를 지니고, 탁발하러 깜마싸담마에 들어갔습니다. 깜마싸담마에서 탁발을 하신 후에, 탁발한 음식을 드시고 오후에 식후의 휴식을 위하여 어떤 숲으로 갔습니다. 그 숲 깊숙이 들어가서는 오후의 휴식을 하려고 어떤 나무 아래에 앉았습니다.

그때 편력수행자 마간디야(Māgandiya)가 이리저리 다니며 산책하다가 바라드와자곳따 바라문의 불을 모신 사당으로 왔습니다. 편력수행자 마간디야는 마침 바라드와자곳따 바라문의 불을 모신 사당 안에 마련된 풀로 만든 자리를 보았습니다. 그는 그것을 보고 바라드와자곳따 바라문에게 말했습니다.

"바라드와자 존자의 불을 모신 사당 안에 마련된 풀로 만든 이 자리는 어떤 사문의 잠자리 같다는 생각이 드는군요."

"마간디야 존자여, 싸꺄족에서 출가한 싸꺄의 아들 고따마 사문(沙門)이 있습니다. 그 고따마 존자는 '아라한[應供], 원만하고 바르게 깨달으신 분[正遍知], 앎과 실천을 구족하신 분[明行足], 피안으로 잘 가신

---

01 'agyāgāra'의 번역. 불에 제사하는 곳(aggihotta, sk. agnihotra)을 의미한다.

분[善逝], 세상을 잘 아시는 분[世間解], 위없는 분[無上士], 사람을 길들여 바른길로 이끄시는 분[調御丈夫], 천신과 인간의 스승[天人師], 진리를 깨달으신 분[佛], 세존(世尊)'이라는 훌륭한 명성을 얻은 세간의 존중을 받는 분입니다. 이 자리는 그 고따마 존자를 위해서 마련된 잠자리입니다."

"바라드와자 존자여, 우리가 번영의 파괴자인[02] 고따마 존자의 잠자리를 보다니, 우리는 참으로 보아서는 안 될 것을[03] 보았군요."

"마간디야여, 그런 말은 조심하십시오! 마간디야여, 그런 말은 조심하십시오! 고따마 존자의 거룩하고 올바른 좋은 가르침을 믿고 따르는 현명한 크샤트리아들, 현명한 바라문들, 현명한 바이샤들, 현명한 사문들이 많습니다."

"바라드와자 존자여, 우리가 그 고따마 존자를 직접 보게 된다면, 면전에서 그에게 '고따마 사문은 번영의 파괴자입니다. 왜냐하면 우리의 경전에 그렇게 전해오기 때문입니다'라고 말합시다."

"그런 말을 고따마 사문에게 알려도 마간디야 존자께서는 괜찮겠습니까?"

"바라드와자 존자께서 그에게 내가 한 말을 해도 상관없습니다."

그때 세존께서는 인간을 초월한 청정한 천이(天耳)로 바라드와자

---

02 'bhūnahuno'의 번역. 'bhūnahuno'는 'bhūnahu'의 속격(屬格)이다. 'bhūnahu'를 'the destroyer of growth'로 번역한 PTS 영역본(Middle Length Sayings Ⅱ, trans. I. B. Horner, M. A., p. 181) 주석에 의하면, 부처님은 감각적 지각활동의 통제를 강조하기 때문에 지각활동을 통해 우리의 삶이 풍요롭고 행복해진다고 생각하는 입장에서 부처님을 비판하는 말이라고 한다. Chalmers는 'bhūnahu'를 'rigid repressionist(엄격한 통제주의자)'로 번역했다고 한다.

03 'Dudditṭhaṁ'의 번역. 보면 불길하기 때문에, 보아서는 안 될 것을 의미한다.

곳따 바라문이 편력수행자 마간디야와 함께 나눈 이 대화를 들었습니다. 세존께서는 저녁에 좌선(坐禪)에서 일어나 바라드와자곳따 바라문의 불을 모신 사당(祠堂)으로 와서 마련된 풀로 만든 자리에 앉았습니다. 그러자 바라드와자곳따 바라문이 세존을 찾아와서 세존과 정중하게 인사를 하고, 공손한 인사말을 나눈 후에 한쪽에 앉았습니다. 한쪽에 앉은 바라드와자곳따 바라문에게 세존께서 말씀하셨습니다.

"바라드와자여, 그대는 편력수행자 마간디야와 함께 이 풀로 만든 자리에 대하여 어떤 대화를 하지 않았나요?"

이와 같이 말씀하시자, 온몸의 털이 곤두선 바라드와자 바라문은 두려움에 떨면서 말했습니다.

"그것을 우리가 고따마 존자에게 알려드리려고 했는데, 고따마 존자께서 이미 알고 계시니 말씀드릴 필요가 없겠군요!"

세존께서 바라드와자곳따 바라문과 함께 이런 대화를 하는 도중에 편력수행자 마간디야가 이리저리 다니며 산책하다가 바라드와자곳따 바라문의 불을 모신 사당으로 세존을 찾아왔습니다. 그는 세존과 정중하게 인사를 하고, 공손한 인사말을 나눈 후에 한쪽에 앉았습니다. 한쪽에 앉은 편력수행자 마간디야에게 세존께서 말씀하셨습니다.

"마간디야여, 보이는 형색[色]을 즐기고, 탐닉하고, 좋아하는 시각활동[眼], 그것을 여래는 길들이고, 억제하고, 지키고, 통제하며, 그것을 통제하는 법을 가르친다오. 마간디야여, 그대는 이것에 대하여 '고따마 사문은 번영의 파괴자'라고 이야기했던 것이오?"

"고따마 존자여, 나는 그것에 대하여 '고따마 사문은 번영의 파괴자'라고 이야기했습니다. 왜냐하면, 우리의 경전에 그렇게 전해오기 때문입니다.”

“마간디야여, 소리[聲]를 즐기고, 탐닉하고, 좋아하는 청각활동[耳], 향기[香]를 즐기고, 탐닉하고, 좋아하는 후각활동[鼻], 맛[味]을 즐기고, 탐닉하고, 좋아하는 미각활동[舌], 촉감[觸]을 즐기고, 탐닉하고, 좋아하는 촉각활동[身], 지각되는 대상[法]을 즐기고, 탐닉하고, 좋아하는 마음[意], 그것을 여래는 길들이고, 억제하고, 지키고, 통제하며, 그것을 통제하는 법을 가르친다오. 마간디야여, 그대는 이것에 대하여 ‘고따마 사문은 번영의 파괴자’라고 이야기했던 것이오?”

“고따마 존자여, 나는 그것에 대하여 ‘고따마 사문은 번영의 파괴자’라고 이야기했습니다. 왜냐하면 우리의 경전에 그렇게 전해오기 때문입니다.”

“마간디야여, 어떻게 생각하나요? 어떤 사람이 과거에 즐기던, 시각활동[眼]에 의해 지각된[04] 마음에 들고, 즐겁고, 사랑스럽고, 매력적이고, 귀엽고, 쾌락을 주는 형색[色]들이 있었다고 합시다. 그가 그 후에 형색[色]의 쌓임[集]과 소멸[滅], 그것이 주는 맛[味]과 재난[患], 그것에서 벗어남[出離]을 있는 그대로 알고 나서, 형색에 대한 갈애[色愛]를 버리고 형색에 대한 열뇌(熱惱)를 제거함으로써 갈망이 사라져서 내적으로 고요한 마음으로 살아간다고 합시다. 마간디야여, 그대는 이 사람에게 할 말이 있나요?”

“고따마 존자여, 어떤 말도 할 말이 없습니다.”

“마간디야여, 어떻게 생각하나요? 어떤 사람이 과거에 즐기던 청

---

04 ‘cakkhuviññeyyehi’의 번역.

각활동[耳], 후각활동[鼻], 미각활동[舌], 촉각활동[身]에 의해 지각된 마음에 들고, 즐겁고, 사랑스럽고, 매력적이고, 귀엽고, 쾌락을 주는 소리[聲], 향기[香], 맛[味], 촉감[觸]이 있다고 합시다. 그가 그 후에 소리[聲], 향기[香], 맛[味], 촉감[觸]의 쌓임[集]과 소멸[滅], 그것이 주는 맛[味]과 재난[患], 그것에서 벗어남[出離]을 있는 그대로 알고 나서, 그것들에 대한 갈애[愛]를 버리고 그것들에 대한 열뇌(熱惱)를 제거함으로써 갈망이 사라져서 내적으로 고요한 마음으로 살아간다고 합시다. 마간디야여, 그대는 이 사람에게 할 말이 있나요?"

"고따마 존자여, 어떤 말도 할 말이 없습니다."

"마간디야여, 나는 과거에 다섯 가지 감각적 쾌락[五欲樂]에 구속된 속인(俗人)으로서 시각활동[眼], 청각활동[耳], 후각활동[鼻], 미각활동[舌], 촉각활동[身]에 의해 지각된 마음에 들고, 즐겁고, 사랑스럽고, 매력적이고, 귀엽고, 쾌락을 주는 형색[色], 소리[聲], 향기[香], 맛[味], 촉감[觸]을 탐닉했다오. 마간디야여, 나에게는 세 개의 궁전이 있었다오. 하나는 우기(雨期) 궁전이고, 하나는 겨울 궁전이고, 하나는 여름 궁전이었다오. 마간디야여, 나는 그 우기 궁전에서 우기의 넉 달 동안을 궁전 아래로 내려오지 않고 여인들과 가무(歌舞)를 즐겼다오. 나는 그 후에 감각적 쾌락의 쌓임[集]과 소멸[滅], 그것이 주는 맛[味]과 재난[患], 그것에서 벗어남[出離]을 있는 그대로 알고 나서, 그것들에 대한 갈애[愛]를 버리고 그것들에 대한 열뇌(熱惱)를 제거함으로써 갈망이 사라져서 내적으로 고요한 마음으로 살고 있다오. 나는 다른 중생이 감각적 쾌락에 대한 탐욕을 버리지 않고, 감각적 쾌락에 대한 갈애[愛]에 먹히면서, 감각적 쾌락에 대한 열뇌(熱惱)에 불타면서 감각적 쾌락을 추구하는 것을 보지만, 그들을 부러워하지 않고, 그곳에서 즐기지 않는다오. 왜냐하면, 마간디야여, 감각적 쾌락을 떠나고 불선법(不善法)을 떠나면 천신(天神)의 즐거움을 초월한 기쁨이 있기 때문이오. 나는 그런 기쁨을 누리기 때문에 저열한 것을 부러워하지 않고, 그곳에서 즐기지 않는다오.

마간디야여, 예를 들어, 거사나 거사의 아들로서 큰 재산을 가진 부유한 거부(巨富)가 다섯 가지 감각적 쾌락을 구족하여 즐긴다고 합시다. 그가 몸[身]과 말[口]과 마음[意]으로 선행(善行)을 실천하고, 몸이 무너져 죽은 후에 삼십삼천(三十三天)의 천신들과 함께 사는 행복한 천상세계에 태어났다고 합시다. 그는 그곳에서 환희원(歡喜園)[05] 숲에서 천녀(天女)들에게 둘러싸여 천상(天上)의 다섯 가지 감각적 쾌락을 구족하여 즐긴다고 합시다. 마간디야여, 어떻게 생각하나요? 환희원(歡喜園) 숲에서 천녀들에게 둘러싸여 천상의 다섯 가지 감각적 쾌락을 구족하여 탐닉하고 있는 천상에 태어난 사람이 거사나 거사의 아들이 누리는 인간세계의 5욕락(五欲樂)을 부러워하거나, 인간세계의 쾌락으로 돌아갈까요?"

"고따마 존자여, 그렇지 않을 것입니다. 왜냐하면, 고따마 존자여, 인간세계의 쾌락보다 천상의 쾌락이 훨씬 즐겁고 뛰어나기 때문입니다."

"마간디야여, 예를 들어, 헐어서 썩어가고, 구더기가 파먹고 있는 상처 구멍을 손톱으로 후비면서 불구덩이에 몸을 태우고 있는 나환자가 있다고 합시다. 그에게 친구와 친척들이 의사를 데려와서 그를 치료하였는데, 그 치료로 인해 그 나환자는 병이 나아서 건강하고 자유로운

---

05 'Nandana'의 번역. 삼십삼천(三十三天)에 있는 정원(庭園).

몸이 되어 마음대로 돌아다니게 되었다고 합시다. 그가 헐어서 썩어가고, 구더기가 파먹고 있는 상처 구멍을 손톱으로 후비면서 불구덩이에 몸을 태우고 있는 다른 나환자를 본다고 합시다. 마간디야여, 어떻게 생각하나요? 그 사람이 나환자의 불구덩이나 치료를 부러워할까요?"

"고따마 존자여, 그렇지 않을 것입니다. 왜냐하면, 고따마 존자여, 병이 있을 때는 치료를 해야 할 필요가 있지만, 병이 없으면 치료할 필요가 없기 때문입니다."

"마간디야여, 예를 들어, 병이 나아서 건강하고 자유로운 몸이 되어 마음대로 돌아다니게 된 그 나환자를 힘센 장정 두 사람이 두 팔을 붙잡고 불구덩이로 끌어당긴다고 합시다. 마간디야여, 어떻게 생각하나요? 그 사람은 이리저리 몸을 뒤틀면서 반항하지 않을까요?"

"고따마 존자여, 그럴 것입니다. 왜냐하면, 고따마 존자여, 뜨겁게 타고 있는 그 불은 접촉하면 괴롭기 때문입니다."

"마간디야여, 어떻게 생각하나요? 뜨겁게 타고 있는 그 불은 지금은 접촉하면 괴롭지만, 이전에는 접촉할 때 괴롭지 않았을까요?"

"고따마 존자여, 뜨겁게 타고 있는 그 불은 지금도 접촉하면 괴롭고, 이전에도 접촉하면 괴로웠을 것입니다. 고따마 존자여, 헐어서 썩어가고, 구더기가 파먹고 있는 상처 구멍을 손톱으로 후비면서 불구덩이에 몸을 태우고 있는 그 나환자는 지각능력이 손상되어, 접촉하면 괴로운 불에 대해 뒤집힌 생각을 하여 '즐겁다'라고 느꼈을 뿐입니다."

"마간디야여, 이와 마찬가지로, 뜨겁게 타고 있는 감각적 쾌락은 과거에도 접촉하면 괴롭고, 미래에도 접촉하면 괴롭고, 현재에도 접촉하면 괴롭다오. 마간디야여, 그런데 감각적 쾌락에 대하여 탐욕을 버리지 않고, 감각적 쾌락에 대한 갈애[愛]에 먹히고, 감각적 쾌락에 대한 열뇌(熱惱)에 불타면서, 감각적 쾌락의 불길에 휩싸인 중생은 지각능력이 손상되어서 접촉하면 괴로운 감각적 쾌락에 대해 뒤집힌 생각을 하여 '즐겁다'라고 느낄 뿐이라오.

마간디야여, 예를 들어, 헐어서 썩어가고 구더기가 파먹고 있는 상처 구멍을 손톱으로 후비면서 불구덩이에 몸을 태우고 있는 나환자가 있다고 합시다. 마간디야여, 그 나환자가 헐어서 썩어가고 구더기가 파먹고 있는 상처 구멍을 손톱으로 후비면서 불구덩이에 몸을 태우면, 그럴수록 그 상처 구멍은 더 더러워지고, 더 악취가 나고, 더 썩을 것이오. 그렇지만 상처 구멍의 가려운 곳을 긁어서 얻는 즐거움과 만족의 양은 보잘 것 없다오. 마간디야여, 이와 같이 중생은 감각적 쾌락에 대한 탐욕을 버리지 않고, 감각적 쾌락에 대한 갈애에 먹히고, 감각적 쾌락에 대한 열뇌에 불타서 감각적 쾌락을 추구하지만, 마간디야여, 그럴수록 그 중생의 감각적 쾌락에 대한 갈애가 증가하여 감각적 쾌락에 대한 열뇌가 그들을 불태운다오. 그렇지만 다섯 가지 감각적 쾌락으로 인해서 얻는 즐거움과 만족의 양은 보잘 것 없다오.

마간디야여, 어떻게 생각하나요? 다섯 가지 감각적 쾌락을 구족하여 즐기면서 감각적 쾌락에 대한 갈애를 버리지 않고 감각적 쾌락에 대한 열뇌를 제거하지 않고, 갈망이 사라져서 내적으로 마음이 고요하게 살았거나, 살고 있거나, 살아가게 된 왕이나 왕의 대신을 보거나 들어본 적이 있나요?"

"고따마 존자여, 보거나 들어보지 못했습니다."

"마간디야여, 그렇다오. 나도 그런 왕이나 왕의 대신을 보지 못했고, 들어보지 못했다오. 마간디야여, 갈망이 사라져서 내적으로 마음이 고요하게 살았거나, 살고 있거나, 살아가게 될 사문들이나 바라문들은, 누구든지 모두가 감각적 쾌락의 쌓임[集]과 소멸[滅], 그것이 주는 맛[味]과 재난[患], 그것에서 벗어남[出離]을 있는 그대로 알고 나서, 감각적 쾌락에 대한 갈애를 버리고 감각적 쾌락에 대한 열뇌를 제거함으로써 갈망이 사라져서 내적으로 고요한 마음으로 살았고, 살고 있고, 살아가게 되는 것이라오."

세존께서는 이때 다음과 같은 우다나(udāna)를 읊었습니다.

병 없는 것이 최상의 재산이고, 열반이 최상의 행복이라네.
여덟 가지 길이 죽음 없는[不死] 평온한 곳으로 이끈다네.

이와 같이 말씀하시자, 편력수행자 마간디야가 세존께 말씀드렸습니다.
"놀랍습니다. 고따마 존자여! 회유합니다. 고따마 존자여! 고따마 존자께서 '병 없는 것이 최상의 재산이고, 열반이 최상의 행복이라네' 라고 하신 것은 참으로 좋은 말씀입니다. 고따마 존자여, 우리도 옛날의 편력수행자 스승과 스승의 스승들께서 '병 없는 것이 최상의 재산이고, 열반이 최상의 행복이라네'라고 말씀하시는 것을 들었습니다. 고따마 존자여, 존자의 말씀과 스승의 말씀이 일치하는군요!"

"마간디야여, 그대가 옛날의 편력수행자 스승과 스승의 스승들에게 들었던, '병 없는 것이 최상의 재산이고, 열반이 최상의 행복이라네' 라는 말씀에서 그 병 없는 것은 어떤 것이고, 그 열반은 어떤 것인가요?"

이와 같이 말씀하시자, 편력수행자 마간디야는 자신의 사지(四肢)

를 만지면서 말했습니다.

"고따마 존자여, 이것이 그 병 없는 것이고, 이것이 그 열반입니다. 고따마 존자여, 나는 지금 병이 없고 행복합니다. 나는 아픈 곳이 없습니다."

"마간디야여, 예를 들어, 장님으로 태어난 사람이 있다고 합시다. 그는 검은색과 흰색을 보지 못하고, 푸른색, 노란색, 붉은색, 진홍색을 보지 못할 것이오. 같은 것과 다른 것을 보지 못하고, 별빛을 보지 못하고, 해와 달을 보지 못할 것이오. 그가 눈 있는 사람이 '존자여, 아름답고 흠 없이 깨끗한 흰옷이 있습니다'라는 말을 듣고, 그 흰옷을 구하려고 한다고 합시다. 어떤 사람이 기름때와 검댕이 묻은 조잡한 옷으로 '여보시오, 이것이 아름답고 흠 없이 깨끗한 흰옷이오'라고 그를 속인다고 합시다. 그가 그 옷을 받아 입고서, '존자여, 참으로 아름답고 흠 없이 깨끗한 흰옷이군요!'라고 기뻐서 탄성을 지른다고 합시다. 마간디야여, 어떻게 생각하나요? 그 장님으로 태어난 사람이 기름때와 검댕이 묻은 조잡한 옷을 받아 입고서, '존자여, 참으로 아름답고 흠 없이 깨끗한 흰옷이군요!'라고 기뻐서 탄성을 지른 것은 스스로 알고 보았기 때문일까요, 아니면 눈 있는 사람을 믿었기 때문일까요?"

"고따마 존자여, 그 장님으로 태어난 사람이 기름때와 검댕이 묻은 조잡한 옷을 받아 입고서, '존자여, 참으로 아름답고 흠 없이 깨끗한 흰옷이군요!'라고 기뻐서 탄성을 지른 것은 스스로 알지 못하고 보지 못하면서 눈 있는 사람을 믿었기 때문입니다."

"마간디야여, 이와 같이 눈먼 장님 같은 외도(外道) 편력수행자들은 병 없는 것을 알지 못하고 열반을 보지 못하면서, '병 없는 것이 최상의 재산이고, 열반이 최상의 행복이라네'라는 게송을 이야기한다오. 마간디야여, 이 게송은 옛날의 아라한, 등정각(等正覺)들이 설했던 것이라오.

> 병 없는 것이 최상의 재산이고, 열반이 최상의 행복이라네.
> 여덟 가지 길이 죽음 없는[不死] 평온한 곳으로 이끈다네.

이 게송이 점차 범부들에게 알려졌다오. 마간디야여, 이 몸은 병들고, 종기가 나고, 화살을 맞고, 고통이 있고, 질병이 있다오. 그대가 '고따마 존자여, 이것이 그 병 없는 것이고, 이것이 그 열반입니다'라고 말한 것은 병들고, 종기가 나고, 화살을 맞고, 고통이 있는 이 몸이군요. 마간디야여, 그대에게는 병 없는 것을 알고, 열반을 보는 성인의 안목이 없군요."

"저는 '고따마 존자께서 나에게 가르침을 주신다면, 나는 병 없는 것을 알고 열반을 보게 될 것이다'라고 고따마 존자님을 믿게 되었습니다."

"마간디야여, 예를 들어, 장님으로 태어난 사람이 있다고 합시다. 그에게 친구와 친척들이 의사를 데려와서 그 의사가 그를 치료하였다고 합시다. 그런데 치료했지만, 시력이 생기지 않고, 눈이 밝아지지 않았다고 합시다. 마간디야여, 어떻게 생각하나요? 그 의사는 피로와 고뇌를 느끼지 않을까요?"

"고따마 존자여, 그렇습니다."

"마간디야여, 실로 이와 같이 내가 그대에게 '이것이 그 병 없는 것이다. 이것이 그 열반이다'라고 가르쳐준다고 해도, 그대가 병 없는 것을 알지 못하고 열반을 보지 못한다면, 그것은 나에게 피로한 일이 될 것이고, 그것은 나에게 걱정거리가 될 것이오."

"저는 고따마 존자님을 신뢰합니다. 고따마 존자님께서는 저에게 가르침을 줄 수 있을 것이고, 그러면 저는 병 없는 것을 알고, 열반을 볼 수 있을 것입니다.”

"마간디야여, 예를 들어, 장님으로 태어난 사람이 있다고 합시다. 그가 '아름답고 흠 없이 깨끗한 흰옷이 있다'라는 말을 듣고, 그 흰옷을 구하려고 한다고 합시다. 어떤 사람이 기름때와 검댕이 묻은 조잡한 옷으로 '여보시오, 이것이 아름답고 흠 없이 깨끗한 흰옷이오'라고 그를 속였다고 합시다. 그래서 그는 그 옷을 받아 입었다고 합시다. 그에게 친구와 친척들이 의사를 데려와서, 그 의사가 코를 벌리고 위로 짜내고 아래로 짜내고 약을 발라서 그를 치료했다고 합시다. 그 치료로 인해서 그는 시력이 생기고 눈이 밝아졌다고 합시다. 그러면 그는 안목이 생겨서 기름때와 검댕이 묻은 조잡한 옷에 대한 욕탐(欲貪)을 버리고, '여보게, 나는 오랫동안 이 사람의 기름때와 검댕이 묻은 조잡한 옷에 속고, 사기당하고, 기만당했네.' '이놈아! 이것이 아름답고 흠 없이 깨끗한 흰옷이냐?'라고 하면서, 그 사람을 적으로 간주하고, 원수로 간주하고, 죽이려고 작정할 것이오.

마간디야여, 실로 이와 같이, 내가 그대에게 '이것이 그 병 없는 것이다. 이것이 그 열반이다'라고 말하여 그대가 병 없는 것을 알고 열반을 보게 된다면, 그대는 안목이 생겨서 '자아로 취하고 있는 다섯 가지 망상 덩어리[五取蘊]'에 대한 욕탐[06]을 버리고, 이렇게 생각할 것이오.

'나는 오랫동안 이 마음에 속고, 사기당하고, 기만당했다. 나는 형색[色]을 취하여 집착하고,[07] 느낌[受]을 취하여 집착하고, 생각[想]을

---

06 'pañcas' upādānakhandhesu chandarāgo'의 번역
07 'ahaṁ hi rūpaṁ upādiyamāno upādiyiṁ'의 번역.

취하여 집착하고, 행위[行]들을 취하여 집착하고, 분별하는 마음[識]을 취하여 집착하고 있다. 그 취(取)에 의지하여 나에게 유(有)가 있고, 유에 의지하여 생(生)이 있고, 생에 의지하여 노사(老死)와 근심, 걱정, 고통, 슬픔, 좌절이 생겨난다. 이처럼 완전한 괴로움 덩어리가 쌓인다.'"

"저는 '고따마 존자께서 나에게 가르침을 주신다면, 나는 이 자리에서 안목이 생길 것이다'라고 고따마 존자님을 믿게 되었습니다."

"마간디야여, 그렇다면 그대는 참사람들을 가까이하도록 하시오. 마간디야여, 그대가 참사람들을 가까이하면, 그대는 바른 가르침[正法]을 듣게 될 것이오. 마간디야여, 그대가 바른 가르침을 들으면, 그대는 가르침에 따라 가르침을 실천하게 될 것이오. 마간디야여, 그대가 가르침에 따라 가르침을 실천하면, '이것은 병이고, 종기고, 화살이다. 여기에서 병과 종기와 화살이 남김없이 소멸한다. 나에게 취(取)가 소멸함으로써 유(有)가 소멸하고, 유가 소멸함으로써 생(生)이 소멸하고, 생이 소멸함으로써 늙어서 죽는 근심, 걱정, 고통, 슬픔, 좌절이 소멸한다. 이와 같이 완전한 괴로움 덩어리가 소멸한다'라는 것을 스스로 알고 스스로 보게 될 것이오."

이와 같이 말씀하시자, 편력수행자 마간디야가 세존께 말씀드렸습니다.

"훌륭합니다. 고따마 존자여! 훌륭합니다. 고따마 존자여! 마치 뒤집힌 것을 바로 세우는 것 같고, 감추어진 것을 드러내는 것 같고, 길 잃은 자에게 길을 알려주는 것 같고, '눈 있는 자들은 보라'고 어둠 속에 등불을 비춰주는 것 같습니다. 이와 같이 고따마 존자께서는 여러 가지 방법으로 진리를 알려주셨습니다. 이제 저는 고따마 존자님께 귀의합니다. 가르침과 비구 승가에 귀의합니다. 저는 고따마 존자 앞으로 출가하여 구족계를 받고 싶습니다."

"마간디야여, 이전에 외도(外道)였던 사람으로서 이 가르침과 율에 출가하여 구족계를 받고자 하는 사람은 넉 달 동안 별주(別住)하고, 08 넉 달이 지나서 확신을 가진 비구들이 그를 비구가 되도록 출가시켜 구족계를 준다오. 그렇지만 나는 사람마다 차이가 있다고 알고 있소."

"세존이시여, 만약에 외도였던 사람이 이 가르침과 율에 출가하여 구족계를 받고자 하는 사람은 넉 달 동안 별주하고, 넉 달이 지나서 확신을 가진 비구들이 그를 비구가 되도록 출가시켜 구족계를 준다면, 저는 네 해 동안이라도 별주하겠나이다. 네 해가 지나서라도 좋으니, 확신을 가진 비구들께서 비구가 되도록 출가시켜 구족계를 주십시오."

편력수행자 마간디야는 세존 앞으로 출가하여, 구족계를 받았습니다. 새로 구족계를 받은 마간디야 존자는 홀로 외딴곳에서 열심히 노력하고 정진하며 지냈습니다. 그리고 오래지 않아 선남자(善男子)들이 출가하는 목적인 위없는 청정한 수행[梵行]의 완성을 지금 여기에서 스스로 체험하고 성취하여 살아갔습니다. 그는 '태어남은 끝났고, 청정한 수행을 마쳤으며, 해야 할 일을 끝마쳤다. 다시는 이런 상태로 되지 않는다'라는 것을 체득했습니다. 마간디야 존자는 아라한 가운데 한 분이 되었던 것입니다.

---

08 'parivasati'의 번역. 별주(別住)란 비구 승가와 함께 생활하지 않고 따로 생활하는 것이다. 구족계를 받기 전에 따로 생활하면서 승가의 승인을 기다리는 것을 의미한다.

40

싸꿀우다인에게
설하신 큰 경

77. Mahāsakuludāyi-sutta

【 해제 】

|

이 경은 한역『중아함경(中阿含經)』「207. 전모경(箭毛經)」에 상응하는 경
이다. 이 경의 주제는 부처님이 존경받는 이유이다.

부처님께서는 제자들이 자신을 존경하고 따르는 이유는 다섯
가지라고 말씀하신다. 첫째는 훌륭한 계행(戒行)이고, 둘째는 지견(知見)
이며, 셋째는 지혜(智慧)이고 넷째는 4성제(四聖諦)를 가르치기 때문이며,
다섯째는 번뇌[漏]를 소멸하여 체험적 지혜[勝智]로 무루(無漏)의 심해탈
(心解脫)과 혜해탈(慧解脫)을 지금 여기에서 스스로 체험하고 성취하여
열반에 이르는 수행의 과정[行道]을 알려주기 때문이다.

이 경은 수행의 과정으로 37조도품(助道品), 8해탈(八解脫), 8승
처(八勝處), 10편처(十遍處), 4선정(四禪定) 6신통(六神通) 등을 상세하

게 설명하기 때문에 수행의 과정을 구체적으로 이해하는 데 도움이
된다.

이와 같이 나는 들었습니다.

한때 세존께서는 라자가하의 웰루와나 깔란다까니와빠에 머무셨습니다. 그때 명성이 높고 저명한 편력수행자 아누가라 와라다라 싸꿀우다인(Anugāra Varadhara Sakuludāyin)과 그 밖의 명성이 높고 저명한 많은 편력수행자들이 모라니와빠(Moranivāpa) 편력수행자 원림(園林)에 머물고 있었습니다.

어느 날 세존께서는 오전에 옷을 입고 발우와 법의를 지니고 탁발하러 라자가하에 들어가시다가, '곧바로 라자가하에 탁발하러 가기는 너무 이르다. 모라니와빠 편력수행자 원림으로 편력수행자 싸꿀우다인을 찾아가는 것이 어떨까?'라고 생각하셨습니다. 그래서 세존께서는 모라니와빠 편력수행자 원림으로 편력수행자 싸꿀우다인을 찾아갔습니다.

그때 편력수행자 싸꿀우다인은 많은 편력수행자 무리와 함께 앉아서 왕 이야기, 도둑 이야기, 귀신 이야기, 잡담, 세계가 생긴 이야기, 등등 여러 가지 잡스러운 이야기를 하고 있었습니다. 편력수행자 싸꿀우다인은 저만치에서 세존께서 오시는 것을 보았습니다. 그리고 자신의 대중을 저지했습니다.

"여러분, 조용히 하시오. 여러분, 소리 내지 마시오. 조용한 것을 좋아하는 고따마 사문이 오고 있습니다. 그 존자는 조용한 것을 좋아하고 조용한 것을 칭찬하는 분이니, 아마 대중이 조용해진 것을 보고 나서 가까이 올 것이오."

그러자 그 편력수행자들은 침묵했습니다.

세존께서 편력수행자 싸꿀우다인에게 다가가자 싸꿀우다인이 세존께 말씀드렸습니다.

"어서 오십시오. 세존이시여! 잘 오셨습니다. 세존이시여! 오랜만에 오셨군요. 세존이시여! 여기 마련된 자리에 앉으십시오. 세존이시여!"

세존께서는 마련된 자리에 앉으셨습니다. 편력수행자 싸꿀우다인은 맞은편 낮은 자리로 가서 한쪽에 앉았습니다. 한쪽에 앉은 편력수행자 싸꿀우다인에게 세존께서 말씀하셨습니다.

"우다인이여, 무슨 이야기를 하기 위해 지금 여기 함께 앉아 있나요? 도중에 중단된 이야기는 어떤 것인가요?"

이렇게 말씀하시자, 편력수행자 싸꿀우다인이 세존께 말씀드렸습니다.

"세존이시여, 우리가 지금 모여 앉아서 하던 이야기는 내버려 두시지요. 세존이시여, 그 이야기는 세존께서 뒤에 들으셔도 됩니다. 세존이시여, 엊그제 여러 교파(敎派)의 사문과 바라문들이 강당에서 함께 모여 앉아 잠시 이런 이야기를 했습니다.

'사문이나 바라문 승가의 무리를 이끄는 현명하고 명성이 있는 교조(敎祖)로서 많은 사람에게 크게 존경받는 스승들이 우기(雨期)의 안거(安居)를 위해 라자가하에 온 것은 앙가와 마가다의 이익이며 축복이다. 뿌라나 까쌋빠, 막칼리 고쌀라, 아지따 께싸깜발린, 빠꾸다 깟짜야나, 싼자야 벨랏티뿟따, 니간타 나따뿟따는 승가의 무리를 이끄는 현명하고 명성이 있는 교조로서 많은 사람에게 크게 존경받는 대중의 스승들인데, 그분들이 우기의 안거를 위해 라자가하에 오셨다. 고따마 사문은 승가의 무리를 이끄는 현명하고, 명성이 있는 교조로서, 많은 사람에게 크게 존경받는 대중의 스승인데, 그분도 우기의 안거를 위해 라자가하에 오셨다. 사문이나 바라문 승가의 무리를 이끄는 현명하고 명성이 있는 교조로서 많은 사람에게 크게 존경받는 스승인 이분들 가운데 누가 제자들의 존경을 받고, 존중을 받고, 숭배를 받고, 공양을 받을까? 제자들은 무엇 때문에 존경하고, 존중하고, 의지하여 살아가는 것일까?'

그때 어떤 사람이 이렇게 말했습니다.

'뿌라나 까싸빠는 승가의 무리를 이끄는 현명하고 명성이 있는 교조로서 많은 사람에게 크게 존경받는 대중의 스승이지만, 그는 제자들의 존경을 받지 못하고, 존중을 받지 못하고, 숭배를 받지 못하고, 공양을 받지 못합니다. 제자들은 뿌라나 까싸빠를 존경하고 존중하고 의지하며 살아가지 않습니다. 이전에 뿌라나 까싸빠가 수백 명의 대중에게 설법을 했습니다. 그곳에서 어떤 뿌라나 까싸빠의 제자가 소리를 질렀습니다. '여러분, 뿌라나 까싸빠에게 그 의미를 묻지 마시오! 그는 그것을 알지 못합니다. 우리가 그것을 압니다. 우리에게 그 의미를 물으시오! 우리가 여러분들에게 그것을 설명하겠소.' 그때 뿌라나 까싸빠는 팔을 저으며 '여러분, 조용히 하시오! 여러분, 소리 지르지 마시오! 그들은 그것을 그대들에게 묻지 않았소. 그들은 그것을 나에게 물었소. 내가 그것을 설명할 것이오'라고 눈물로 하소연했지만 소용없었습니다. 그래서 많은 뿌라나 까싸빠의 제자들이 다음과 같은 말로 비난하고 떠나갔습니다.

'당신은 이 가르침과 율(律)을 알지 못하고, 나는 이 가르침과 율을 압니다. 당신이 어떻게 이 가르침과 율을 알 수 있겠습니까? 당신은 잘

못했고, 내가 제대로 했습니다. 나는 맞고, 당신은 틀렸습니다. 당신은 먼저 할 말을 뒤에 하고, 뒤에 할 말을 먼저 했습니다.[01] 당신은 거꾸로 생각했습니다. 당신의 주장은 논파되었습니다. 당신은 졌습니다. 군말 말고 물러나던지, 할 수 있다면 해명해보시오!'

이와 같이 뿌라나 까싸빠는 제자들의 존경을 받지 못하고, 존중을 받지 못하고, 숭배를 받지 못하고, 공양을 받지 못합니다. 제자들은 뿌라나 까싸빠를 존경하고 존중하고 의지하며 살아가지 않습니다. 뿌라나 까싸빠는 가르침 때문에 비난받았습니다.

어떤 사람은 막칼리 고쌀라에 대하여, 어떤 사람은 아지따 께싸깜발린에 대하여, 어떤 사람은 빠꾸다 깟짜야나에 대하여, 어떤 사람은 싼자야 벨랏티뿟따에 대하여, 어떤 사람은 니간타 나따뿟따에 대하여 같은 말을 했습니다.'[02]

그러자 어떤 사람이 이렇게 말했습니다.

'고따마 사문은 승가의 무리를 이끄는 현명하고 명성이 있는 교조로서 많은 사람에게 크게 존경받는 대중의 스승인데, 그분은 제자들의 존경을 받고, 존중을 받고, 숭배를 받고, 공양을 받으며, 제자들은 고따마 사문을 존경하고, 존중하고, 의지하여 살아갑니다. 이전에 고따마 사문이 수백 명의 대중에게 설법했는데, 그곳에서 고따마 사문의 어떤 제자가 헛기침하니까 다른 동료 수행자가 그를 무릎으로 살짝 치면서 '존자여, 조용히 하십시오. 존자여, 소리 내지 마십시오. 우리의 스승이신 세존께서 설법하십니다'라고 말했습니다.

---

01 말에 두서(頭緒)가 없다는 의미.
02 뿌라나 까싸빠에 대한 비난과 같은 내용이기 때문에 생략함.

고따마 사문이 수백 명의 대중에게 설법할 때, 고따마 사문의 제자들은 재채기 소리나 헛기침 소리를 내지 않습니다. 마치 큰 사거리에서 순수한 꿀을 짜면 많은 사람이 그것을 기대하는 모습이 역력하듯이, 그 사람들은 '세존께서 설법하시면 우리는 그것을 들어야겠다'라고 기대하는 모습이 역력합니다. 동료 수행자들과 함께 공부하다가 공부를 포기하고 환속(還俗)한 고따마 사문의 제자들은 스승을 찬탄하고, 가르침을 찬탄하고, 승가를 찬탄합니다. 그들은 '우리가 복이 없고, 우리가 공덕이 부족하다. 우리는 이와 같이 잘 설해진 가르침과 율(律)에 출가하였지만, 종신토록 청정한 수행을 완전하게 수행하지 못했다'라고 스스로 탓하고 남을 탓하지 않습니다. 그들은 5계(五戒)를 수지(受持)하면서 승원의 관리인이 되거나 청신사(淸信士)가 됩니다.

　　이와 같이 고따마 사문은 제자들의 존경을 받고, 존중을 받고, 숭배를 받고, 공양을 받으며, 제자들은 고따마 사문을 존경하고 존중하고 의지하여 살아갑니다.'"

　　"우다인이여, 그대는 어떤 이유에서 제자들이 나를 존경하고, 존중하고, 숭배하고, 공양하며, 의지하여 살아간다고 생각하나요?"

　　"세존이시여, 저는 다섯 가지 이유로 제자들이 세존을 존경하고, 존중하고, 숭배하고, 공양하며, 의지하여 살아간다고 생각합니다. 그 다섯 가지란 이런 것입니다. 세존이시여, 세존께서는 소식(小食)하시면서 소식을 칭찬합니다. 저는 이것이 첫 번째 이유라고 생각합니다. 세존이시여, 그다음으로 세존께서는 어떤 옷에도 만족하시면서 어떤 옷에도 만족하는 것을 칭찬합니다. 세존이시여, 저는 이것이 두 번째 이유라고 생각합니다. 세존이시여, 그다음으로 세존께서는 어떤 탁발 음식에도 만족하시면서 어떤 탁발 음식에도 만족하는 것을 칭찬합니다. 세존이시여, 저는 이것이 세 번째 이유라고 생각합니다. 세존이시여, 그다음으로 세존께서는 어떤 잠자리에도 만족하시면서 어떤 잠자리에도 만족하는 것을 칭찬합니다. 세존이시여, 저는 이것이 네 번째 이유라고 생각합니다. 세존이시여, 그다음으로 세존께서는 한적한 곳에 머무시면서 한적한 곳에 머무는 것을 칭찬합니다. 세존이시여, 저는 이것이 다섯 번째 이유라고 생각합니다.”

　“우다인이여, 만약에 ‘고따마 사문은 소식하면서 소식을 칭찬한다’라는 사실 때문에 제자들이 나를 존경하고 존중하고 숭배하고 공양하며 의지하여 살아간다면, 우다인이여, 나에게는 작은 발우의 음식을 먹거나, 작은 발우 절반의 음식을 먹거나, 벨루와 열매만큼의 음식을 먹거나, 벨루와 열매 절반만큼의 음식을 먹는 제자들이 있다오. 우다인이여, 그런데 나는 어떨 때는 이 발우 한가득 먹기도 하고, 그보다 더 먹기도 한다오. 우다인이여, 만약에 ‘고따마 사문은 소식하면서 소식을 칭찬한다’라는 사실 때문에 제자들이 나를 존경하고 존중하고 숭배하고 공양하며 의지하여 살아간다면, 우다인이여, 작은 발우의 음식을 먹거나, 작은 발우 절반의 음식을 먹거나, 벨루와 열매만큼의 음식을 먹거나, 벨루와 열매 절반만큼의 음식을 먹는 나의 제자들은 이 가르침 때문에 나를 존경하고 존중하고 숭배하고 공양하며 의지하여 살아가는 것이 아닐 것이오.

　우다인이여, 만약에 ‘고따마 사문은 어떤 옷에도 만족하면서 어떤 옷에도 만족하는 것을 칭찬한다’라는 사실 때문에 제자들이 나를 존경하고 존중하고 숭배하고 공양하며 의지하여 살아간다면, 우다인이여,

나에게는 거친 분소의(糞掃衣)를 입는 제자들이 있다오. 그들은 묘지나 쓰레기나 시장에서 넝마를 골라 법의(法衣)를 만들어 입는다오. 우다인이여, 그런데 나는 어떨 때는 질기고 굵은 아름다운 털로 짠 거사들의 옷을 입기도 한다오. 우다인이여, 만약에 '고따마 사문은 어떤 옷에도 만족하면서 어떤 옷에도 만족하는 것을 칭찬한다'라는 사실 때문에 제자들이 나를 존경하고 존중하고 숭배하고 공양하며 의지하여 살아간다면, 우다인이여, 묘지나 쓰레기더미나 시장에서 넝마를 골라 법의를 만들어 입는, 거친 분소의를 입는 나의 제자들은 이 가르침 때문에 나를 존경하고 존중하고 숭배하고 공양하며 의지하여 살아가는 것이 아닐 것이오.

우다인이여, 만약에 '고따마 사문은 어떤 탁발 음식에도 만족하면서 어떤 탁발 음식에도 만족하는 것을 칭찬한다'라는 사실 때문에 제자들이 나를 존경하고 존중하고 숭배하고 공양하며, 의지하여 살아간다면, 우다인이여, 나에게는 차제걸식(次第乞食)을 하며 음식 찌꺼기를 남기지 않는 규율을 즐기는 제자들이 있다오. 그들은 이집 저집을 차별 없이 방문하고, 자리에 초대를 받으면 응하지 않는다오. 우다인이여, 그런데 나는 어떨 때는 초대를 받아 흰 쌀밥에 갖가지 반찬과 카레를 먹기도 한다오. 우다인이여, 만약에 '고따마 사문은 어떤 탁발 음식에도 만족하면서 어떤 탁발 음식에도 만족하는 것을 칭찬한다'라는 사실 때문에 제자들이 나를 존경하고, 존중하고, 숭배하고, 공양하며, 의지하여 살아간다면, 우다인이여, 이집 저집을 차별 없이 방문하고, 자리에 초대를 받으면 응하지 않고, 차제걸식을 하며 음식 찌꺼기를 남기지 않는 규율을 즐기는 나의 제자들은 이 가르침 때문에 나를 존경하고 존중하고 숭배하고 공양하며 의지하여 살아가는 것이 아닐 것이오.

우다인이여, 만약에 '고따마 사문은 어떤 잠자리에도 만족하면서, 어떤 잠자리에도 만족하는 것을 칭찬한다'라는 사실 때문에 제자들이 나를 존경하고 존중하고 숭배하고 공양하며 의지하여 살아간다면, 우다인이여, 나에게는 나무 아래나 노지(露地)에서 지내는 제자들이 있다오. 그들은 여덟 달 동안은 지붕 밑으로 다가가지 않는다오. 우다인이여, 그런데 나는 어떨 때는 빗장을 걸고 창문을 닫은, 바람이 없는 단청(丹青)한 누각(樓閣)에서 지내기도 한다오. 우다인이여, 만약에 '고따마 사문은 어떤 잠자리에도 만족하면서 어떤 잠자리에도 만족하는 것을 칭찬한다'라는 사실 때문에 제자들이 나를 존경하고, 존중하고, 숭배하고, 공양하며, 의지하여 살아간다면, 우다인이여, 여덟 달 동안은 지붕 밑으로 다가가지 않고 나무 아래나 노지에서 지내는 나의 제자들은 이 가르침 때문에 나를 존경하고 존중하고 숭배하고 공양하며 의지하여 살아가는 것이 아닐 것이오.

우다인이여, 만약에 '고따마 사문은 한적한 곳에서 지내면서, 한적한 곳에서 지내는 것을 칭찬한다'라는 사실 때문에 제자들이 나를 존경하고 존중하고 숭배하고 공양하며 의지하여 살아간다면, 우다인이여, 나에게는 숲속의 인적 없는 거처나 고적(孤寂)한 숲이나 한적한 곳에 들어가 지내는 제자들이 있다오. 그들은 보름에 한 번 계목(戒目)을 독송하기 위하여 승가 가운데 들어갈 뿐이라오. 우다인이여, 그런데 나는 어떨 때는 비구, 비구니, 청신사, 청신녀, 왕, 대신, 외도, 외도의 제자들과 함께 지내기도 한다오. 우다인이여, 만약에 '고따마 사문은 한적한 곳에서 지내면서, 한적한 곳에서 지내는 것을 칭찬한다'라는 사실 때문에 제자들이 나를 존경하고 존중하고 숭배하고 공양하며 의지하여 살 아간다면, 우다인이여, 보름에 한 번 계목을 독송하기 위하여 승가 가 운데 들어갈 뿐, 숲속의 인적 없는 거처나 고적한 숲이나 한적한 곳에 들어가 지내는 나의 제자들은 이 가르침 때문에 나를 존경하고, 존중하 고 숭배하고 공양하며 의지하여 살아가는 것이 아닐 것이오.

우다인이여, 이와 같이 나의 제자들은 이들 다섯 가지 이유에서 나를 존경하고, 존중하고, 숭배하고, 공양하며, 의지하여 살아가는 것 이 아니라오. 우다인이여, 이와는 다른 다섯 가지 이유가 있다오.

우다인이여, 나의 제자들은 훌륭한 계행(戒行) 때문에 나를 존경한 다오. 그들은 '계행을 갖춘 고따마 사문은 최상의 계온(戒蘊)[03]을 구족 했다'라고 생각한다오. 우다인이여, 이것이 첫 번째 이유라오.

우다인이여, 나의 제자들은 지견(知見) 때문에 나를 존경한다오. 그 들은 '고따마 사문은 알고 있는 것을 '나는 안다'라고 말하고, 본 것을 '나 는 본다'라고 말한다. 고따마 사문은 체험하여 안 것을 가르치고, 체험하 지 않은 것은 가르치지 않는다.[04] 고따마 사문은 근거가 있는 법(法)을 설하고, 근거가 없는 것은 설하지 않는다.[05] 고따마 사문은 놀라운 변 화[神變]가 있는 법(法)을 설하고, 놀라운 변화가 없는 것은 설하지 않는 다'[06]라고 생각한다오. 우다인이여, 이것이 두 번째 이유라오.

---

03 'paramena sīlakkhandhena'의 번역.

04 'abhiññāya samaṇo Gotamo dhammaṁ deseti, no anabhiññāya'의 번역.

05 'sanidānaṁ samaṇo Gotamo dhammaṁ deseti, no anidānaṁ'의 번역.

06 'sappāṭihāriyaṁ samaṇo Gotamo dhammaṁ deseti, no appāṭihāriyaṁ'의 번역. 여기에서 신통(神 通), 또는 신변(神變)으로 한역(漢譯)되는 'pāṭihāriyaṁ'이란 초능력이 아니라 수행의 실천 을 통해 나타나는 놀라운 변화를 의미한다.

우다인이여, 나의 제자들은 체험적 지혜 때문에 나를 존경한다오. 그들은 '지혜로운 고따마 사문은 최상의 혜온(慧蘊)을[07] 구족했다. 그가 진행될 언로(言路)를 보지 못하거나, 제기된 상대의 반박(反駁)을 조리 있게 절복(折伏)하지 못하는 일은 있을 수 없다'[08]라고 생각한다오. 우다인이여, 어떻게 생각하나요? 이와 같이 알고, 이와 같이 보는 나의 제자들이 이야기 도중에 방해하겠나요?"

"아닙니다. 세존이시여!"

"우다인이여, 나는 제자들에게 지도(指導)를 원하지 않지만, 제자들은 어떤 경우에도 나에게 지도를 원한다오. 우다인이여, 그래서 나의 제자들은 체험적 지혜 때문에 나를 존경한다오. 그들은 '지혜로운 고따마 사문은 최상의 혜온을 구족했다. 그가 진행될 언로를 보지 못하거나, 제기된 상대의 반박을 조리(條理) 있게 절복하지 못하는 일은 있을 수 없다'라고 생각한다오. 우다인이여, 이것이 세 번째 이유라오.

우다인이여, 괴로움에 빠져서 괴로움에 시달리는 나의 제자들은 나를 찾아와서 고성제(苦聖諦)에 대하여 묻는다오. 나는 질문을 받고 그들에게 고성제에 대하여 설명해준다오. 나는 질문에 대한 대답으로 그들의 마음을 기쁘게 한다오. 그들은 나에게 고집성제(苦集聖諦), 고멸성제(苦滅聖諦), 고멸도성제(苦滅道聖諦)에 대하여 묻는다오. 나는 질문을

---

07 'paramena paññākkhandhena'의 번역.

08 'anāgataṁ vā vādapathaṁ na dakkhati uppanaṁ vā parappavādaṁ na saha dhammena suniggahītaṁ niggahissatīti n' etaṁ ṭhānaṁ vijjati.'의 번역. '진행될 언로(言路)'로 번역한 'anāgataṁ vādapathaṁ'은 축어적으로는 '미래의 언로'인데, 이때 언로란 언어의 논리적 진행을 의미하는 것 같다. 어떤 주장이나 사상은 논리적으로 어떤 결론에 도달하게 되어있으며, 부처님께서는 그것을 안다는 의미인 것 같다.

받고 그들에게 고집성제, 고멸성제, 고멸도성제에 대하여 설명해준다
오. 나는 질문에 대한 대답으로 그들의 마음을 기쁘게 한다오. 우다인
이여, 이것이 네 번째 이유라오.

우다인이여, 내가 제자들에게 가르친 행도(行道)[09]에 따라 나의 제
자들은 4념처(四念處)를 닦아 익힌다오. 우다인이여, 어떤 비구는 몸[身]
을 관찰하며 몸에 머물면서, 열심히 알아차리고 주의집중을 하여 세간
에 대한 탐욕과 불만을 제거한다오. 느낌[受]을 관찰하며 느낌에 머물
면서, 열심히 알아차리고 주의집중을 하여 세간에 대한 탐욕과 불만을
제거한다오. 마음[心]을 관찰하며 마음에 머물면서, 열심히 알아차리고
주의집중을 하여 세간에 대한 탐욕과 불만을 제거한다오. 법(法)을 관
찰하며 법에 머물면서, 열심히 알아차리고 주의집중을 하여 세간에 대
한 탐욕과 불만을 제거한다오.

우다인이여, 내가 제자들에게 가르친 행도에 따라 나의 제자들은
4정단(四正斷)을 닦아 익힌다오. 우다인이여, 어떤 비구는 아직 생기지
않은 사악(邪惡)한 불선법(不善法)이 생기지 않도록 의욕을 일으키고,
힘쓰고, 정진하고, 애쓰고, 마음을 다잡고, 노력한다오. 이미 생긴 사악
한 불선법은 끊어버리기 위해 의욕을 일으키고, 힘쓰고, 정진하고, 애
쓰고, 마음을 다잡고, 노력한다오. 아직 생기지 않은 선법(善法)이 생기
도록 의욕을 일으키고, 힘쓰고, 정진하고, 애쓰고, 마음을 다잡고, 노력
한다오. 이미 생긴 선법은 지속하도록, 망각하지 않도록, 증가하도록,
충만하도록, 수습하도록, 성취하도록 의욕을 일으키고, 힘쓰고, 정진하

---

09 'paṭipadā'의 번역. '수행의 과정'을 의미한다.

고, 애쓰고, 마음을 다잡고, 노력한다오. 그리하여 나의 많은 제자는 체험적 지혜[勝智]를 성취(成就)하여[10] 살아간다오.

우다인이여, 내가 제자들에게 가르친 행도에 따라 나의 제자들은 4신족(四神足)을 닦아 익힌다오. 우다인이여, 어떤 비구는 욕삼매근행성취(欲三昧勤行成就)[11] 신족(神足)을 닦아 익히고, 정근삼매근행성취(精勤三昧勤行成就)[12] 신족을 닦아 익히고, 심삼매근행성취(心三昧勤行成就)[13] 신족을 닦아 익히고, 사유삼매근행성취(思惟三昧勤行成就)[14] 신족을 닦아 익힌다오. 그리하여 나의 많은 제자는 체험적 지혜[勝智]를 성취하여 살아간다오.

우다인이여, 내가 제자들에게 가르친 행도에 따라 나의 제자들은 5근(五根)을 닦아 익힌다오. 우다인이여, 어떤 비구는 마음의 평온[寂靜]으로 이끌고, 바른 깨달음[正覺]으로 이끄는 신근(信根)을 닦아 익히고, 정진근(精進根)을 닦아 익히고, 염근(念根)을 닦아 익히고, 정근(定根)을 닦아 익히고, 혜근(慧根)을 닦아 익힌다오. 그리하여 나의 많은 제자는 체험적 지혜를 성취하여 살아간다오.

우다인이여, 내가 제자들에게 가르친 행도에 따라 나의 제자들은 5력(五力)을 닦아 익힌다오. 우다인이여, 어떤 비구는 마음의 평온으로 이끌고, 바른 깨달음으로 이끄는 신력(信力)을 닦아 익히고, 정진력(精進力)을 닦아 익히고, 염력(念力)을 닦아 익히고, 정력(定力)을 닦아 익히

---

10 'abhiññāvosānapāramippattā'의 번역.

11 'chandasamādhipadhānasaṁkhāramannāgataṁ'의 번역.

12 'viriyasamādhipadhānasaṁkhāramannāgataṁ'의 번역.

13 'cittasamādhipadhānasaṁkhāramannāgataṁ'의 번역.

14 'vīmaṁsāsamādhipadhānasaṁkhāramannāgataṁ'의 번역.

고, 혜력(慧力)을 닦아 익힌다오. 그리하여 나의 많은 제자는 체험적 지혜를 성취하여 살아간다오.

우다인이여, 내가 제자들에게 가르친 행도에 따라 나의 제자들은 7각지(七覺支)를 닦아 익힌다오. 우다인이여, 비구는 원리(遠離)에 의지하고, 이욕(離欲)에 의지하고, 지멸(止滅)에 의지하고, 마침내 포기[捨離]하는 염각지(念覺支)를 닦아 익히고, 택법각지(擇法覺支)를 닦아 익히고, 정진각지(精進覺支)를 닦아 익히고, 희각지(喜覺支)를 닦아 익히고, 경안각지(輕安覺支)를 닦아 익히고, 정각지(定覺支)를 닦아 익히고, 사각지(捨覺支)를 닦아 익힌다오. 그리하여 나의 많은 제자는 체험적 지혜를 성취하여 살아간다오.

우다인이여, 내가 제자들에게 가르친 행도에 따라 나의 제자들은 성자의 8정도(八正道)를 닦아 익힌다오. 우다인이여, 어떤 비구는 정견(正見)을 닦아 익히고, 정사유(正思惟)를 닦아 익히고, 정어(正語)를 닦아 익히고, 정업(正業)을 닦아 익히고, 정명(正命)을 닦아 익히고, 정정진(正精進)을 닦아 익히고, 정념(正念)을 닦아 익히고, 정정(正定)을 닦아 익힌다오. 그리하여 나의 많은 제자는 체험적 지혜를 성취하여 살아간다오.

우다인이여, 내가 제자들에게 가르친 행도에 따라 나의 제자들은 8해탈(八解脫)을 닦아 익힌다오. 우다인이여, 형색[色]을 가지고 여러 가지 형색들을 본다오.[15] 이것이 첫 번째 해탈이라오. 안으로 형색에 대한 관념 없이 밖으로 형색들을 본다오.[16] 이것이 두 번째 해탈이라오. 청

---

15 'rūpī rūpāni passati'의 번역. 색계 초선(初禪)에 이르러서 형색에 대한 관념을 가지고 여러 형색[色]들을 본다는 의미다.

16 'ajjhattaṃ arūpasaññī bahiddhā rūpāni passati'의 번역. 형색에 대한 관념을 배제하고 외부

정함을 확신한다오.[17] 이것이 세 번째 해탈이라오. 일체의 형색에 대한 관념을 초월하고, 지각의 대상(對象)에 대한 관념을 소멸하고, '다르다'라는 생각을 하지 않고,[18] '허공은 무한하다'라고 생각하는 공무변처(空無邊處)에 도달하여 살아간다오. 이것이 네 번째 해탈이라오. 일체의 공무변처를 초월하여 '식(識)은 무한하다'라고 생각하는 식무변처(識無邊處)에 도달하여 살아간다오. 이것이 다섯 번째 해탈이라오. 일체의 식무변처를 초월하여 '어떤 것도 존재하지 않는다'라고 생각하는 무소유처(無所有處)에 도달하여 살아간다오. 이것이 여섯 번째 해탈이라오. 일체의 무소유처를 초월하여 비유상비무상처(非有想非無想處)에 도달하여 살아간다오. 이것이 일곱 번째 해탈이라오. 일체의 비유상비무상처를 초월하여 상수멸(想受滅)에 도달하여 살아간다오. 이것이 여덟 번째 해탈이라오. 그리하여 나의 많은 제자는 체험적 지혜를 성취하여 살아간다오.

우다인이여, 내가 제자들에게 가르친 행도에 따라 나의 제자들은 8승처(八勝處)를[19] 닦아 익힌다오. 우다인이여, 어떤 사람은 안으로 형색에 대한 관념[色想]을 가지고[20] 밖으로 자잘한 아름답고 추한 형색[色]들을 본다오.[21] 그것들을 통달하여, '나는 알고, 나는 본다'라고 생각하는 것, 이것이 첫 번째 승처(勝處)라오. 어떤 사람은 안으로 형색에 대한 관념을 가지고 밖으로 측량할 수 없는 아름답고 추한 형색[色]

의 형색들을 지각한다는 의미이다. 제2선(第二禪)의 경지이다.

17 'subhan ti eva adhimutto hoti'의 번역. '청정함'이란 고락(苦樂)의 느낌에서 벗어나 마음이 평정해진 것을 의미한다. 제3선(第三禪)에서 시작되고 제4선(第四禪)에서 완성된다.

18 'nānattasaññānaṁ amanasikāra'의 번역.

19 'aṭṭha abhibhāyatanāni'의 번역.

20 'ajjhattaṁ rūpasaññī'의 번역.

21 'bahiddhā rūpāni passati parittāni suvaṇṇadubbaṇṇāni'의 번역.

들을 본다오. 그것들을 통달하여, '나는 알고, 나는 본다'라고 생각하는 것, 이것이 두 번째 승처라오. 어떤 사람은 안으로 형색에 대한 관념 없이 밖으로 자잘한 아름답고 추한 형색들을 본다오. 그것들을 통달하여, '나는 알고, 나는 본다'라고 생각하는 것, 이것이 세 번째 승처라오. 어떤 사람은 안으로 형색에 대한 관념 없이 밖으로 측량할 수 없는 아름답고 추한 형색들을 본다오. 그것들을 통달하여, '나는 알고, 나는 본다'라고 생각하는 것, 이것이 네 번째 승처라오. 어떤 사람은 안으로 형색에 대한 관념 없이 밖으로 푸른색의, 푸른 모습의, 푸른빛이 나는 푸른 형색들을 본다오. 예를 들면, 푸른색의, 푸른 모습의, 푸른빛이 나는 아마(亞麻) 꽃이나 바라나시(Bārāṇasī)에서 나는 양면(兩面)을 잘 두드린 푸른색의, 푸른 모습의, 푸른빛이 나는 옷과 같은, 푸른색의, 푸른 모습의, 푸른빛이 나는 푸른 형색들을 본다오. 그것들을 통달하여, '나는 알고, 나는 본다'라고 생각하는 것, 이것이 다섯 번째 승처라오. 어떤 사람은 안으로 형색에 대한 관념 없이 밖으로 노란색의, 노란 모습의, 노란빛이 나는 노란 형색들을 본다오. 예를 들면, 노란색의, 노란 모습의, 노란빛이 나는 깐니까라(kaṇṇikāra) 꽃이나 바라나시에서 나는 양면을 잘 두드린 노란색의, 노란 모습의, 노란빛이 나는 옷과 같은, 노란색의, 노란 모습의, 노란빛이 나는 노란 형색들을 본다오. 그것들을 통달하여, '나는 알고, 나는 본다'라고 생각하는 것, 이것이 여섯 번째 승처라오. 어떤 사람은 안으로 형색에 대한 관념 없이 밖으로 붉은색의, 붉은 모습의, 붉은빛이 나는 붉은 형색들을 본다오. 예를 들면, 붉은색의, 붉은 모습의, 붉은빛이 나는 반두지와까(bandhujīvaka) 꽃이나 바라나시에서 나는 양면을 잘 두드린 붉은색의, 붉은 모습의, 붉은빛이 나는 옷과 같은, 붉은색의, 붉은 모습의, 붉은빛이 나는 붉은 형색들을 본다오. 그것들을 통달하여, '나는 알고, 나는 본다'라고 생각하는 것, 이것이 일곱 번째 승처라오. 어떤 사람은 안으로 형색에 대한 관념 없이 밖으로 흰색의, 흰 모습의, 흰빛이 나는 흰 형색들을 본다오. 예를 들면, 흰색의, 흰 모습의, 흰빛이 나는 태백성(太白星)이나 바라나시에서 나는 양면을 잘 두드린 흰색의, 흰 모습의, 흰빛이 나는 옷과 같은, 흰색의, 흰 모습의, 흰빛이 나는 흰 형색[色]들을 본다오. 그것들을 통달하여, '나는 알고, 나는 본다'라고 생각하는 것, 이것이 여덟 번째 승처라오. 그리하여 나의 많은 제자는 체험적 지혜를 성취하여 살아간다오.

우다인이여, 내가 제자들에게 가르친 행도에 따라 나의 제자들은 10변처(十遍處)를[22] 닦아 익힌다오. 어떤 사람은 상하(上下) 사방(四方)에 온통 무한(無限)한 땅[地]이 꽉 차 있다고 생각한다오. 어떤 사람은 상하 사방에 온통 무한한 물[水]이 꽉 차 있다고 생각한다오. 어떤 사람은 상하 사방에 온통 무한한 불[火]이 꽉 차 있다고 생각한다오. 어떤 사람은 상하 사방에 온통 무한한 바람[風]이 꽉 차 있다고 생각한다오. 어떤 사람은 상하 사방에 온통 무한한 파란색[靑色]이 꽉 차 있다고 생각한다오. 어떤 사람은 상하 사방에 온통 무한한 노란색[黃色]이 꽉 차 있다고 생각한다오. 어떤 사람은 상하 사방에 온통 무한한 붉은색[赤色]이 꽉 차 있다고 생각한다오. 어떤 사람은 상하 사방에 온통 무한한 하얀색[白色]이 꽉 차 있다고 생각한다오. 어떤 사람은 상하 사방에 온통 무한한 허공(虛空)이 꽉 차 있다고 생각한다오. 어떤 사람은 상하 사방

---

22 'dasa kasiṇāyatanāni'의 번역.

에 온통 무한한 식(識)이 꽉 차 있다고 생각한다오. 그리하여 나의 많은 제자는 체험적 지혜를 성취하여 살아간다오.

우다인이여, 내가 제자들에게 가르친 행도에 따라 나의 제자들은 4선정(四禪定)을 닦아 익힌다오. 우다인이여, 비구는 감각적 욕망을 멀리하고, 불선법(不善法)을 멀리하며, 사유(思惟)가 있고, 숙고(熟考)가 있으며, 멀리함에서 생긴 기쁨과 행복감이 있는 초선(初禪)을 성취하여 살아간다오. 그는 멀리함에서 생긴 즐거움과 행복으로 이 몸을 가득 채우고, 넘치게 하고, 충만하게 하고, 두루 퍼지게 하여, 멀리함에서 생긴 즐거움과 행복이 몸 전체에 미치지 않은 곳이 없도록 한다오. 우다인이여, 비유하면, 숙련된 목욕사나 그 제자가 청동 대야에 비누 가루를 뿌리고, 물을 고루 부어 섞으면, 그 비누 반죽은 안팎으로 습기를 머금고, 습기에 젖어 물기가 흘러나오지 않는 것과 같다오.

우다인이여, 다음으로 비구는 사유와 숙고를 억제하여, 내적으로 조용해진, 마음이 집중된, 사유와 숙고가 없는, 삼매에서 생긴 즐거움과 행복이 있는 제2선(第二禪)을 성취하여 살아간다오. 그는 삼매에서 생긴 즐거움과 행복으로 이 몸을 가득 채우고, 넘치게 하고, 충만하게 하고, 두루 퍼지게 하여, 삼매에서 생긴 즐거움과 행복이 몸 전체에 미치지 않은 곳이 없도록 한다오. 우다인이여, 비유하면, 동쪽 수로도 없고, 서쪽 수로도 없고, 북쪽 수로도 없고, 남쪽 수로도 없는 호수의 샘이 있는데, 천신이 때때로 적당한 소나기를 내려주지 않는다면, 이제 그 샘에서 시원한 물줄기가 솟아 나와, 시원한 물로 그 호수를 가득 채우고, 넘치게 하고, 충만하게 하고, 두루 퍼지게 하여 시원한 물이 호수 전체에 미치지 않은 곳이 없도록 하는 것과 같다오.

우다인이여, 다음으로 비구는 희열(喜悅)이 사라지고 평정한 주의집중과 알아차림을 하며 지낸다오. 그는 몸으로 행복을 느끼면서, 성자들이 '평정한 주의집중을 하는 행복한 상태'라고 이야기한 제3선(第三禪)을 성취하여 살아간다오. 그는 즐거움을 초월한 행복으로 이 몸을 가득 채우고, 넘치게 하고, 충만하게 하고, 두루 퍼지게 하여, 즐거움을 초월한 행복이 몸 전체에 미치지 않은 곳이 없도록 한다오. 우다인이여, 비유하면, 청련, 홍련, 백련이 자라는 연못이 있는데, 물에서 태어나고, 물에서 자라, 물 위로 올라오지 않고 물속에 잠겨서 크는 몇몇 청련이나, 홍련이나, 백련들은 꼭대기에서 뿌리까지 시원한 물로 가득 차고, 넘치고, 충만하고, 두루 퍼져, 청련이나, 홍련이나, 백련들의 모든 부분에 시원한 물이 미치지 않은 곳이 없는 것과 같다오.

우다인이여, 다음으로 비구는 행복감을 포기하고 괴로움을 버림으로써, 이전의 만족과 불만이 소멸하여 괴롭지도 않고 즐겁지도 않은, 평정한 주의집중이 청정한 제4선(第四禪)을 성취하여 살아간다오. 그는 이 몸을 청정하게 정화된 마음으로 채우고 앉아 청정하게 정화된 마음이 몸 전체에 미치지 않은 곳이 없도록 한다오. 우다인이여, 비유하면, 어떤 사람이 깨끗한 옷으로 머리끝까지 감싸고 앉으면, 깨끗한 옷이 몸 전체에 닿지 않은 곳이 없는 것과 같다오. 우다인이여, 이와 같이 비구는 이 몸을 청정하게 정화된 마음으로 채우고 앉아 청정하게 정화된 마음이 몸 전체에 미치지 않은 곳이 없도록 한다오. 그리하여 나의 많은 제자는 체험적 지혜를 성취하여 살아간다오.

우다인이여, 내가 제자들에게 가르친 행도에 따라 나의 제자들은 '4대(四大)'로 된, 부모로부터 태어나 밥과 젖이 쌓인, 나의 이 형상이 있는 형색[色]은 무상(無常)하며, 단멸(斷滅)하며, 부서지며, 파괴되며, 멸망하는 법(法)이다. 나의 이 분별하는 마음[識]은 거기에 의존하고, 거기에 묶여있다'라고 통찰한다오. 우다인이여, 비유하면, 아름답고 귀한, 팔각형으로 잘 다듬어진, 투명하고, 순수하고, 청정한, 모든 특징을 구족한 마니보주(摩尼寶珠)가 있는데, 거기에 청색이나, 황색이나, 적색이나, 백색이나, 적황색 실을 꿰놓은 것과 같다오. 안목 있는 사람은 그것을 손 위에 놓고 관찰할 것이오. '이 마니보주는 참으로 아름답고 귀한, 팔각형으로 잘 다듬어진, 투명하고, 순수하고, 청정한, 모든 특징을 구족한 것인데, 거기에 청색이나, 황색이나, 적색이나, 백색이나, 적황색 실을 꿰놓았구나.' 우다인이여, 이와 같이 내가 제자들에게 가르친 행도에 따라 나의 제자들은 '4대로 된, 부모로부터 태어나 음식과 젖이 쌓인, 나의 이 형상이 있는 형색은 무상하며, 단멸하며, 부서지며, 파괴되며, 멸망하는 법이다. 나의 이 분별하는 마음은 거기에 의존하고, 거기에 묶여있다'라고 통찰한다오. 그리하여 나의 많은 제자는 체험적 지혜를 성취하여 살아간다오.

우다인이여, 내가 제자들에게 가르친 행도에 따라 나의 제자들은 이 몸에서 사지(四肢)가 완전하고, 6근(六根)이 완전하며, 형상이 있는, 마음으로 된[23] 다른 몸을 만들어낸다오. 우다인이여, 비유하면, 어떤 사람이 갈대 풀에서 갈대를 뽑아내는 것과 같다오. 그는 '이것은 갈대 풀이고, 이것은 갈대다. 갈대 풀과 갈대는 서로 다르다. 그렇지만 갈대는 갈대 풀에서 뽑혀 나왔다'라고 생각할 것이오. 우다인이여, 비유하면,

---

23 'manomayaṃ'의 번역. 의성신(意成身)을 이야기함.

어떤 사람이 칼을 칼집에서 뽑아내는 것과 같다오. 그는 '이것은 칼이고, 이것은 칼집이다. 칼과 칼집은 서로 다르다. 그렇지만 칼은 칼집에서 뽑혀 나왔다'라고 생각할 것이오. 우다인이여, 비유하면, 어떤 사람이 뱀을 뱀 허물에서 빼내는 것과 같다오. 그는 '이것은 뱀이고, 이것은 뱀 허물이다. 뱀과 뱀 허물은 서로 다르다. 그렇지만 뱀은 뱀 허물에서 빠져나왔다'라고 생각할 것이오. 우다인이여, 이와 같이 내가 제자들에게 가르친 행도에 따라 나의 제자들은 이 몸에서 사지가 완전하고, 6근이 완전하며, 형상이 있는, 마음으로 된 다른 몸을 만들어낸다오. 그리하여 나의 많은 제자는 체험적 지혜를 성취하여 살아간다오.

우다인이여, 내가 제자들에게 가르친 행도에 따라 나의 제자들은 여러 가지 신통(神通)을 체험한다오. 그들은 하나이다가 여럿이 되고, 여럿이다가 하나가 된다오. 마치 허공을 다니듯이 나타나고, 사라지고, 담장을 넘고, 성벽을 넘고, 산을 넘어 거침없이 다닌다오. 마치 물속처럼 땅속에서 오르내리기도 한다오. 마치 땅 위를 걷듯이 물 위를 걸어 다닌다오. 마치 날개 달린 새처럼 허공에서 가부좌하고 다니기도 한다오. 이와 같은 큰 신족통과 이와 같은 큰 위력으로 해와 달을 손바닥으로 만지고 쓰다듬기도 한다오. 그들은 몸을 범천(梵天)의 세계까지 늘리기도 한다오. 우다인이여, 비유하면, 숙련된 도공이나 도공의 제자가 잘 준비된 진흙으로 원하는 그릇을 만드는 것과 같다오. 우다인이여, 비유하면 숙련된 상아 세공자나 상아 세공자의 제자가 상아를 잘 다듬어 원하는 상아 제품을 만드는 것과 같다오. 우다인이여, 비유하면 숙련된 금세공이나 금세공의 제자가 잘 제련된 금으로 원하는 황금 제품을 만드는 것과 같다오. 우다인이여, 이와 같이 내가 제자들에게 가르친 행도에 따라 나의 제자들은 여러 가지 신통을 체험한다오. 그리하여 나의 많은 제자는 체험적 지혜를 성취하여 살아간다오.

우다인이여, 내가 제자들에게 가르친 행도에 따라 나의 제자들은 인간을 초월한 청정한 천이통(天耳通)으로 멀고 가까운 천신과 인간의 두 소리를 듣는다오. 우다인이여, 비유하면, 건장한 나팔수가 어렵지 않게 사방으로 알리는 것과 같다오. 우다인이여, 이와 같이 내가 제자들에게 가르친 행도에 따라 나의 제자들은 인간을 초월한 청정한 천이통 (天耳通)으로 멀고 가까운 천신과 인간의 두 소리를 듣는다오. 그리하여 나의 많은 제자는 체험적 지혜를 성취하여 살아간다오.

우다인이여, 내가 제자들에게 가르친 행도에 따라 나의 제자들은 자신의 마음으로 다른 중생이나 다른 사람들의 마음을 통찰한다오. 탐욕이 있는 마음은 탐욕이 있는 마음이라고 통찰한다오. 탐욕이 없는 마음은 탐욕이 없는 마음이라고 통찰한다오. 진에(瞋恚)가 있는 마음은 진에가 있는 마음이라고 통찰한다오. 진에가 없는 마음은 진에가 없는 마음이라고 통찰한다오. 어리석음이 있는 마음은 어리석음이 있는 마음이라고 통찰한다오. 어리석음이 없는 마음은 어리석음이 없는 마음이라고 통찰한다오. 집중된 마음은 집중된 마음이라고 통찰한다오. 산만한 마음은 산만한 마음이라고 통찰한다오. 넓은 마음은 넓은 마음이라고 통찰한다오. 좁은 마음은 좁은 마음이라고 통찰한다오. 뛰어난 마음은 뛰어난 마음이라고 통찰한다오. 위없는 마음은 위없는 마음이라고 통찰한다오. 삼매에 든 마음은 삼매에 든 마음이라고 통찰한다오. 삼매에 들지 않은 마음은 삼매에 들지 않은 마음이라고 통찰한다오. 해탈한 마음은 해탈한 마음이라고 통찰한다오. 해탈하지 못한 마음은 해탈하지 못한 마음이라고 통찰한다오. 우다인이여, 비유하면, 몸단장을 좋아하는 젊은 처녀나 청년이 깨끗하게 잘 닦인 거울이나 맑은 물그릇에 자신의 얼굴을 비춰보고서, 검은 점이 있으면 있다고 알고, 없으면 없다고 아는 것과 같다오. 우다인이여, 이와 같이 내가 제자들에게 가르친 행도에 따라 나의 제자들은 자신의 마음으로 다른 중생이나 다른 사람들의 마음을 통찰한다오. 그리하여 나의 많은 제자는 체험적 지혜를 성취하여 살아간다오.

우다인이여, 내가 제자들에게 가르친 행도에 따라 나의 제자들은 여러 가지 전생의 삶을 기억한다오. 그들은 한 번의 태어남, 두 번의 태어남, 세 번의 태어남, 네 번의 태어남, 다섯 번의 태어남, 열 번의 태어남, 스무 번의 태어남, 서른 번의 태어남, 마흔 번의 태어남, 쉰 번의 태어남, 백 번의 태어남, 천 번의 태어남, 백천 번의 태어남, 수많은 괴겁(壞劫), 수많은 성겁(成劫), 수많은 성괴겁(成壞劫)과 같은 여러 가지 전생의 삶을 기억한다오. 그들은 '그곳에서 나는 이름은 이러했고, 가문은 이러했고, 용모는 이러했고, 음식은 이러했으며, 이러한 고락(苦樂)을 겪었고, 이와 같이 수명을 마쳤다. 그가 죽어서 나는 거기에 태어났다. 그곳에서 나는 이름은 이러했고, 가문은 이러했고, 용모는 이러했고, 음식은 이러했으며, 이러한 고락을 겪었고, 이와 같이 수명을 마쳤다. 그가 죽어서 이 세상에 태어났다'라고, 특징이 있고 내력이 있는 여러 가지 전생의 삶을 기억한다오. 우다인이여, 비유하면, 어떤 사람이 자기 마을에서 다른 마을로 가고, 그 마을에서 다시 다른 마을로 가고, 그 마을에서 자기 마을로 되돌아오는 것과 같다오. 그는 '나는 우리 마을에서 그 마을로 갔다. 나는 그곳에서 이렇게 살고, 이렇게 머물고, 이렇게 말하고, 이렇게 침묵했다. 나는 그 마을에서 저 마을로 갔다. 나는 그곳에서 이렇게 살고, 이렇게 머물고, 이렇게 말하고, 이렇게 침묵했다. 그리고 나는 그 마을에서 우리 마을로 돌아왔다'라고 생각할 것이오. 우다인이여, 이와 같이 내가 제자들에게 가르친 행도에 따라 나의 제자들은 여러 가지 전생의 삶을 기억한다오. 그리하여 나의 많은 제자는 체험적 지혜를 성취하여 살아간다오.

우다인이여, 내가 제자들에게 가르친 행도에 따라 나의 제자들은 인간을 초월한 청정한 천안(天眼)으로 중생을 보고, 중생이 업에 따라 죽고, 태어나고, 못나고, 훌륭하고, 잘생기고, 못생기고, 행복하고, 불행한 것을 통찰한다오. 그들은 '존자들이여, 참으로 이 중생은 몸으로 악행을 행한 자들이며, 말로 악행을 행한 자들이며, 마음으로 악행을 행한 자들이며, 성자를 비방한 자들이며, 사견(邪見)을 가진 자들이며, 사견으로 업을 지은 자들입니다. 그들은 몸이 파괴되어 죽은 후에 괴로운 곳, 불행한 곳, 험난한 곳, 지옥에 태어났습니다. 존자들이여, 참으로 이 중생은 몸으로 선행을 한 자들이며, 말로 선행을 한 자들이며, 마음으로 선행을 한 자들이며, 성자를 비방하지 않은 자들이며, 정견(正見)을 가진 자들이며, 정견으로 업을 지은 자들입니다. 그들은 몸이 파괴되어 죽은 후에 행복한 곳, 천상 세계에 태어났습니다'라고, 인간을 초월한 청정한 천안으로 중생을 보고, 중생이 업에 따라 죽고, 태어나고, 못나고, 훌륭하고, 잘생기고, 못생기고, 행복하고, 불행한 것을 통찰한다오. 우다인이여, 비유하면, 사거리 중앙에 누각이 있는데, 눈 있는 사람이 그 누각에 서서 사람들이 집에 들어가고 나오고, 마차로 길을 돌아다니고, 사거리 가운데 앉아 있는 것을 보는 것과 같다오. 우다인이여, 이와 같이 내가 제자들에게 가르친 행도에 따라 나의 제자들은 인간을 초월한 청정한 천안으로 중생을 보고, 중생이 업에 따라 죽고, 태어나고, 못나고, 훌륭하고, 잘생기고, 못생기고, 행복하고, 불행한 것을 통찰한다오. 그리하여 나의 많은 제자는 체험적 지혜를 성취하여 살아간다오.

　우다인이여, 내가 제자들에게 가르친 행도에 따라 나의 제자들은 번뇌[漏]를 소멸하여 체험적 지혜[勝智]로 무루(無漏)의 심해탈(心解脫)과 혜해탈(慧解脫)을 지금 여기에서 스스로 체험하고 성취하여 살아간다오. 우다인이여, 비유하면, 산 정상에 혼탁하지 않고, 맑고 청정한 호수가 있는데, 눈 있는 사람이 그 호수 가에 서서 조개껍데기나, 자갈이나, 물고기 떼가 움직이고 멈추는 것을 보는 것과 같다오. 그는 '이것은 산 정상에 있는, 혼탁하지 않고, 맑고 청정한 호수다. 거기에서 이 조개껍데기나, 자갈들이나, 고기떼들이 움직이고 멈춘다'라고 생각할 것이오. 우다인이여, 이와 같이 내가 제자들에게 가르친 행도에 따라 나의 제자들은 번뇌를 소멸하여 체험적 지혜로 무루의 심해탈과 혜해탈을 지금 여기에서 스스로 체험하고 성취하여 살아간다오. 그리하여 나의 많은 제자는 체험적 지혜를 성취하여 살아간다오.

　우다인이여, 이것이 나의 제자들이 나를 존경하고 존중하고 숭배하고 공양하며 의지하여 살아가는 다섯 번째 이유라오.

　우다인이여, 이들 다섯 가지 이유에서 나의 제자들은 나를 존경하고 존중하고 숭배하고 공양하며 의지하여 살아가는 것이라오."

이것이 세존께서 하신 말씀입니다.
편력수행자 싸꿀우다인은 세존의 설법에 만족하고 기뻐했습니다.

41

싸마나만디까에게
설하신 경

78. Samaṇamaṇḍikā-sutta

[해제]

이 경은 한역 『중아함경(中阿含經)』 「179. 오지물주경(五支物主經)」에 상
응하는 경이다.

　　이 경에서 부처님은 계율의 의미를 말씀하신다. 우리는 계(戒)를
금계(禁戒)의 의미로 이해한다. 지계(持戒)는 나쁜 행위를 하지 않는 것을
의미한다고 생각한다. 부처님은 아무것도 할 수 없는 어린 아기의 비유
를 통해서 이러한 우리의 생각이 잘못임을 지적한다. 부처님께서 말씀
하시는 지계는 나쁜 습관(習慣)을 버리고 좋은 습관을 들이는 일이다. 계
(戒)로 번역한 'sīla'의 본래 의미는 '습관'이다. 부처님께서 5계 10계 등
을 'sīla'라고 말씀하신 것은 계의 목적이 윤리적인 덕목의 실천에 있을
뿐만 아니라, 좋은 삶의 체화(體化)에 있음을 보여주신 것이다.

✦

이와 같이 나는 들었습니다.

한때 세존께서는 싸왓티의 제따와나 아나타삔디까 승원(僧園)에 머무셨습니다. 그때 편력수행자 싸마나만디까뿟따 욱가하마나 (Samaṇamaṇḍikāputta Uggāhamāna)가 띤두까(tinduka)나무가 우거진 말리까(Mallikā) 원림(園林)의 강당에[01] 300명의 편력수행자들과 함께 토론대회를 위해 머물고 있었습니다. 어느 날 목수 빤짜깡가(Pañcakaṅga)는 아침 일찍 세존을 뵙기 위하여 싸왓티를 나섰습니다. 그는 '지금은 세존을 뵙기에 적절한 때가 아니다. 세존께서 좌선(坐禪)하시는 시간이다. 마음 수행하는 비구들을 뵙기에 적절한 때가 아니다. 마음 수행하는 비구들이 좌선하는 시간이다. 차라리 말리까 원림의 강당에서 열린 토론대회에 편력수행자 욱가하마나를 만나러 가는 것이 어떨까?'라고 생각했습니다. 그래서 목수 빤짜깡가는 말리까 원림의 강당에서 열린 토론대회에 편력수행자 싸마나만디까뿟따 욱가하마나를 만나러 갔습니다.

그때 편력수행자 싸마나만디까뿟따 욱가하마나는 많은 편력수행자 무리와 함께 앉아서 목청을 돋우어 큰 소리로 언성을 높여가며 왕 이야기, 도둑 이야기, 대신(大臣) 이야기, 군대 이야기, 귀신 이야기, 등

---

01 'eka-sālaka Mallikāya ārāme'의 번역. 말리까(Mallikā)는 꼬쌀라의 왕 빠쎄나디(Pasenadi)의 왕비 이름이다. 그녀의 원림(園林)에 세워진 강당에서 당시에 많은 사상가가 모여서 자유로운 토론을 했다고 한다.

등 여러 가지 잡스러운 이야기를 하고 있었습니다.

편력수행자 싸마나만디까뿟따 욱가하마나는 목수 빤짜깡가가 오는 것을 저만치에서 보았습니다. 그리고 자신의 대중을 저지했습니다.

"여러분, 조용히 하시오! 여러분, 소리 내지 마시오! 고따마 사문의 제자 빤짜깡가 목수가 오고 있소. 싸왓티에는 고따마 사문의 흰옷 입는 재가 제자들이 살고 있는데, 빤짜깡가 목수는 그들 가운데 한 사람이오. 조용하도록 교육받아서 조용한 것을 칭찬하는 그 존자들은 조용한 것을 좋아한다오. 분명히 조용한 대중을 보면 가까이 올 것으로 생각되오."

그래서 그 편력수행자들은 침묵했습니다.

목수 빤짜깡가는 편력수행자 싸마나만디까뿟따 욱가하마나에게 가서 그와 함께 정중하게 인사를 하고, 공손한 인사말을 나눈 후에 한쪽에 앉았습니다. 한쪽에 앉은 목수 빤짜깡가에게 편력수행자 싸마나만디까뿟따 욱가하마나가 말했습니다.

"목수여, 나는 네 가지 법을 구족한 사람을 선(善)을 성취하고, 가장 선하고, 최상의 공덕을 성취한 무적(無敵)의[02] 사문이라고 언명(言明)한다오. 네 가지는 어떤 것인가? 목수여, 몸으로 사악한 행위를 하지 않는 것, 사악한 말을 하지 않는 것, 사악한 의도를 갖지 않는 것, 사악한 생계(生計)로 생활하지 않는 것이오. 목수여, 나는 이들 네 가지 법을 구족한 사람을 선을 성취하고, 가장 선하고, 최상의 공덕을 성취한 무적의 사문이라고 언명한다오."

---

02 'ayojjhan'의 번역. 원뜻은 '정복할 수 없는'이다.

목수 빤짜깡가는 편력수행자 싸마나만디까뿟따 욱가하마나의 말에 수긍하지도 비난하지도 않았습니다. 그는 수긍하지도 비난하지도 않고, '세존을 뵙고 이 말의 의미를 알아보리라' 생각하며 자리에서 일어나 그곳을 떠났습니다.

목수 빤짜깡가는 세존을 찾아갔습니다. 그는 세존을 찾아가서 예배한 후에 한쪽에 앉았습니다. 한쪽에 앉은 목수 빤짜깡가는 편력수행자 싸마나만디까뿟따 욱가하마나와 함께 나눈 이야기를 세존께 모두 말씀드렸습니다. 이와 같이 말씀드리자, 세존께서 목수 빤짜깡가에게 말씀하셨습니다.

"목수여, 편력수행자 싸마나만디까뿟따 욱가하마나가 말한 바에 따른다면, 반듯이 누워서 꼼지락거리는 어린 아기가 선을 성취하고, 가장 선하고, 최상의 공덕을 성취한 무적의 사문일 것이오. 목수여, 반듯이 누워서 꼼지락거리는 어린 아기에게는 '몸이 있다'라는 생각마저 없을 것이오. 그런데 꼬무락거리는 정도의 몸짓 이외에 어떻게 몸으로 사악한 행위를 할 수 있겠는가? 목수여, 반듯이 누워서 꼼지락거리는 어린 아기에게는 '말이 있다'라는 생각마저 없을 것이오. 그런데 칭얼대는 정도의 말 이외에 어떻게 사악한 말을 할 수 있겠는가? 목수여, 반듯이 누워서 꼼지락거리는 어린 아기에게는 '의도(意圖)가 있다'라는 생각마저 없을 것이오. 그런데 짜증 내는 정도 이외에 어떻게 사악한 의도를 가질 수 있겠는가? 목수여, 반듯이 누워서 꼼지락거리는 어린 아기에게는 '생계가 있다'라는 생각마저 없을 것이오. 그런데 모유(母乳) 이외에 어떻게 사악한 생계로 생활할 수 있겠는가?

목수여, 나는 그런 네 가지 법을 구족한 사람은 선을 성취한 것도 아니고, 가장 선한 것도 아니고, 최상의 공덕을 성취한 무적의 사문도 아니라고 언명한다오. 이런 사람은 단지 반듯이 누워서 꼼지락거리는 어린 아기에 지나지 않는다오.

목수여, 나는 열 가지 법을 구족한 사람을 선을 성취하여 가장 선하고, 최상의 공덕을 성취한 무적의 사문이라고 가르친다오. 열 가지는 어떤 것인가?

목수여, 나는 '이것들은 불선(不善)한 습관'[03]이라는 것을 알아야 한다고 이야기한다오. 목수여, 나는 '이것으로부터 불선한 습관이 생긴다'는 것을 알아야 한다고 이야기한다오. 목수여, 나는 '여기에서 불선한 습관이 남김없이 소멸(消滅)한다'는 것을 알아야 한다고 이야기한다오. 목수여, '이와 같은 행도(行道)가 불선한 습관이 소멸하는 행도다'라는 것을 알아야 한다고 나는 이야기한다오.

목수여, 나는 '이것들은 선한 습관'이라는 것을 알아야 한다고 이야기한다오. 목수여, 나는 '이것으로부터 선한 습관이 생긴다'는 것을 알아야 한다고 이야기한다오. 목수여, 나는 '여기에서 선한 습관이 남김없이 소멸한다'는 것을 알아야 한다고 이야기한다오. 목수여, 나는 '이와 같은 행도가 선한 습관이 소멸하는 행도다'라는 것을 알아야 한다고 이야기한다오.

목수여, 나는 '이것들은 불선한 의도'[04]라는 것을 알아야 한다고 이야기한다오. 목수여, 나는 '이것으로부터 불선한 의도가 생긴다'는 것을 알아야 한다고 이야기한다오. 목수여, 나는 '여기에서 불선한 의

---

03 'akusalasīlā'의 번역.

04 'akusalasaṁkappā'의 번역.

도가 남김없이 소멸한다'는 것을 알아야 한다고 이야기한다오. 목수여, 나는 '이와 같은 행도가 불선한 의도들이 소멸하는 행도다'라는 것을 알아야 한다고 이야기한다오.

목수여, 나는 '이것들은 선한 의도'라는 것을 알아야 한다고 이야기한다오. 목수여, 나는 '이것으로부터 선한 의도가 생긴다'는 것을 알아야 한다고 이야기한다오. 목수여, 나는 '여기에서 선한 의도가 남김없이 소멸한다'는 것을 알아야 한다고 이야기한다오. 목수여, 나는 '이와 같은 행도가 선한 의도들이 소멸하는 행도다'라는 것을 알아야 한다고 이야기한다오.

목수여, 그러면 어떤 것들이 불선한 습관인가? 불선한 신업(身業), 불선(不善)한 구업(口業), 사악한 생계(生計), 목수여, 이것들이 불선한 습관이라고 불린다오.

목수여, 그러면 이 불선한 습관들은 무엇에서 생긴 것인가? 그것들은 '마음에서 생긴 것'이라오. 그것은 어떤 마음인가? 마음은 다양하고 많은 종류가 있는데, 탐욕이 있고, 분노가 있고, 어리석음이 있는 마음, 불선한 습관들은 이것으로부터 생긴다오.

목수여, 그러면 이 불선한 습관들은 어디에서 남김없이 소멸하는가? 목수여, 비구는 몸으로 악행(惡行)을 버리고 몸으로 선행(善行)을 수습(修習)하며, 언어로 악행을 버리고 언어로 선행을 수습하며, 마음으로 악행(惡行)을 버리고 마음으로 선행을 수습하며, 삿된 생계를 버리고 바른 생계로 삶을 영위한다오. 여기에서 불선한 습관들이 남김없이 소멸한다오.

목수여, 그러면 어떤 행도가 불선한 습관들이 소멸하는 행도인가? 목수여, 비구는 아직 생기지 않은 사악하고 불선한 법들은 생기지 않도록 의욕을 일으켜 노력하고 정진하고 주의를 기울이고 힘쓰며, 이미 생긴 사악하고 불선한 법들은 버리도록 의욕을 일으켜 노력하고 정진하고 주의를 기울이고 힘쓰며, 아직 생기지 않은 선한 법들은 생기도록 의욕을 일으켜 노력하고 정진하고 주의를 기울이고 힘쓰며, 이미 생긴 선한 법들은 머물고 안정되고 증가하고 발전하고 수습되고 완성되도록 의욕을 일으켜 노력하고 정진하고 주의를 기울이고 힘쓴다오. 목수여, 이와 같은 행도가 불선한 습관들이 소멸하는 행도라오.

목수여, 그러면 어떤 것들이 선한 습관인가? 선한 신업(身業), 선한 구업(口業), 청정한 생계(生計), 목수여, 나는 이것들을 선한 습관이라고 한다오. 목수여, 이것들이 선한 습관이라고 불린다오.

목수여, 그러면 이 선한 습관들은 무엇에서 생긴 것들인가? 이것들은 '마음에서 생긴 것'이라오. 어떤 마음인가? 마음은 다양하고 많은 종류가 있는데, 탐욕이 없고, 분노가 없고, 어리석음이 없는 마음, 선한 습관들은 이것으로부터 생긴다오.

목수여, 그러면 이 선한 습관들은 어디에서 남김없이 소멸하는가? 목수여, 계행(戒行)을 갖춘, 그리고 참으로 계행으로 이루어진 비구는 심해탈(心解脫)과 혜해탈(慧解脫)을 있는 그대로 통찰한다오.[05] 이렇게 될 때 그의 선한 습관들이 남김없이 소멸한다오.[06]

목수여, 그러면 어떤 행도가 선한 습관들이 소멸하는 행도인가?

---

05 'Idha, thapati, bikkhu sīlavā hoti, no ca sīlamayo, tañ ca ceto vimuttiṁ paññāvimuttiṁ yathābhūtaṁ pajānāti'의 번역.

06 선(善)한 습관들이 소멸한다는 것은 선악(善惡)의 분별에서 벗어나는 것을 의미한다.

목수여, 비구는 아직 생기지 않은 사악하고 불선한 법들은 생기지 않도록 의욕을 일으켜 노력하고 정진하고 주의를 기울이고 힘쓰며, 이미 생긴 사악하고 불선한 법들은 버리도록 의욕을 일으켜 노력하고 정진하고 주의를 기울이고 힘쓰며, 아직 생기지 않은 선한 법들은 생기도록 의욕을 일으켜 노력하고 정진하고 주의를 기울이고 힘쓰며, 이미 생긴 선한 법들은 머물고 안정되고 증가하고 발전하고 수습되고 완성되도록 의욕을 일으켜 노력하고 정진하고 주의를 기울이고 힘쓴다오. 목수여, 이와 같은 행도가 선한 습관들이 소멸하는 행도라오.

목수여, 그러면 어떤 것들이 불선한 의도인가? 감각적 쾌락에 대한 의도, 악의 있는 의도, 해치려는 의도, 목수여, 이것들이 불선한 의도라오.

목수여, 그러면 이 불선한 의도들은 무엇에서 생기는가? 이것들은 '관념[想]에서 생긴 것'[07]이라오. 어떤 관념인가? 관념은 다양하고 많은 종류가 있는데, 감각적 쾌락에 대한 관념, 악한 관념, 해치려는 관념, 불선한 의도들은 이것으로부터 생긴다오. 목수여, 그러면 이 불선한 의도들은 어디에서 남김없이 소멸하는가? 목수여, 비구는 감각적 쾌락을 멀리하고, 초선(初禪)을 성취하여 살아간다오. 여기에서 이 불선한 의도들이 남김없이 소멸한다오.

목수여, 그러면 어떤 행도가 불선한 의도들이 소멸하는 행도인가? 목수여, 비구는 아직 생기지 않은 사악하고 불선한 법들은 생기지 않도록 의욕을 일으켜 노력하고 정진하고 주의를 기울이고 힘쓰며, 이

---

07 'saññāsamuṭṭhānā'의 번역.

미 생긴 사악하고 불선한 법들은 버리도록 의욕을 일으켜 노력하고 정진하고 주의를 기울이고 힘쓰며, 아직 생기지 않은 선한 법들은 생기도록 의욕을 일으켜 노력하고 정진하고 주의를 기울이고 힘쓰며, 이미 생긴 선한 법들은 머물고 안정되고 증가하고 발전하고 수습되고 완성되도록 의욕을 일으켜 노력하고 정진하고 주의를 기울이고 힘쓴다오. 목수여, 이와 같은 행도가 불선한 의도들이 소멸하는 행도라오.

목수여, 그러면 어떤 것들이 선한 의도들인가? 세속적인 욕망에서 벗어나려는 의도, 악의 없는 의도, 해치지 않으려는 의도, 나는 이것들을 선한 의도들이라고 말한다오. 이것들이 선(善)한 의도들이라고 불린다오.

목수여, 그러면 이 선한 의도들은 무엇에서 생긴 것들인가? 이것들은 '관념에서 생긴 것'이라고 말해야 한다오. 어떤 관념인가? 관념은 다양하고 많은 종류가 있는데, 세속적인 욕망에서 벗어나는 관념, 악의 없는 관념, 해치지 않는 관념, 선한 의도들은 이것으로부터 생긴다오.

목수여, 그러면 이 선한 의도들은 어디에서 남김없이 소멸하는가? 목수여, 비구는 사유와 숙고를 억제하여 제2선(第二禪)을 성취하여 살아간다오.[08] 여기에서 선한 의도들이 남김없이 소멸한다오.[09]

목수여, 그러면 어떤 행도가 선한 의도들이 소멸하는 행도인가? 목수여, 비구는 아직 생기지 않은 사악하고 불선한 법들은 생기지 않도

---

08 제2선(第二禪)의 내용을 생략하여 번역함.
09 의도(意圖)는 관념(觀念)에서 생기는데, 관념은 사유와 숙고에 의해서 생긴다. 제2선(第二禪)에서는 사유와 숙고를 억제하기 때문에 관념이 사라지며, 관념이 없기 때문에 의도가 생기지 않는다.

록 의욕을 일으켜 노력하고 정진하고 주의를 기울이고 힘쓰며, 이미 생긴 사악하고 불선한 법들은 버리도록 의욕을 일으켜 노력하고 정진하고 주의를 기울이고 힘쓰며, 아직 생기지 않은 선한 법들은 생기도록 의욕을 일으켜 노력하고 정진하고 주의를 기울이고 힘쓰며, 이미 생긴 선한 법들은 머물고 안정되고 증가하고 발전하고 수습되고 완성되도록 의욕을 일으켜 노력하고 정진하고 주의를 기울이고 힘쓴다오. 목수여, 이와 같은 행도가 선한 의도들이 소멸하는 행도라오.

목수여, 그렇다면 나는 어떤 열 가지 법을 구족한 사람을 선을 성취하여 가장 선하고, 최상의 공덕을 성취한 무적의 사문이라고 가르치는가? 목수여, 비구는 더 공부할 것이 없는[無學] 정견(正見), 정사유(正思惟), 정어(正語), 정업(正業), 정명(正命), 정정진(正精進), 정념(正念), 정정(正定), 정지(正知),[10] 정해탈(正解脫)[11]을 성취한다오. 목수여, 나는 이 열 가지 법을 구족한 사람을 선을 성취하여 가장 선하고, 최상의 공덕을 성취한 무적의 사문이라고 가르친다오."

이것이 세존께서 하신 말씀입니다.
목수 빤짜깡가는 세존의 설법에 만족하고 기뻐했습니다.

---

10 'sammāñāṇa'의 번역.
11 'sammāvimutti'의 번역.

42

웨카낫싸에게 설하신 경

80. Vekhanassa-sutta

【 해제 】

이 경은 한역 『중아함경(中阿含經)』 「209 비마나수경(鞞摩那修經)」에 상응하는 경이다.

　　종교가 추구하는 것은 최상의 행복이다. 그런데 대부분 자신의 종교가 추구하는 행복이 최상이라고 주장하지만, 구체적으로 그것이 어떤 것인지를 그들 자신도 알지 못한다. 천당(天堂)이 가장 행복한 곳이라고 주장하지만, 천당을 본 사람이 없고, 극락(極樂)이 가장 행복한 곳이라고 주장하지만, 극락을 본 사람이 없다. 깊은 산속에서 깊은 선정(禪定)에 들어가면 신비한 해탈과 열반의 세계가 나타나리라고 믿고 해탈과 열반을 추구하지만, 해탈과 열반을 바르게 알고 있는 사람은 없다. 부처님께서는 이러한 종교적 이상을 추구하는 것은 알지도 보지도 못한 미녀를 짝사랑하는 것과 같이 어리석은 일이라고 말씀하신다.

불교는 결코 죽어서 좋은 세상에 가려고 믿는 종교가 아니고, 알수 없는 신비한 세계를 체험하기 위해서 수행하는 종교도 아니다. 이 경에서 부처님은 우리에게 이렇게 말씀하신다.

"과거는 내버려 두고 거론하지 맙시다. 미래는 내버려 두고 거론하지 맙시다. 정직하고 솔직하고 천성이 곧은 현명한 사람은 오시오. 내가 가르치고 내가 설하는 가르침[法]을 배운 그대로 실천하면 머지않아 스스로 알게 되고, 스스로 보게 되며, 이렇게 하면 결박으로부터, 즉 무명(無明)의 결박으로부터 바르게 해탈한다오."

이와 같이 나는 들었습니다.

한때 세존께서는 싸왓티의 제따와나 아나타삔디까 승원(僧園)에 머무셨습니다. 그때 편력수행자 웨카낫싸(Vekhanassa)가 세존을 찾아왔습니다. 그는 세존과 함께 정중하게 인사를 하고, 공손한 인사말을 나눈 후에 한쪽에 앉았습니다.

한쪽에 앉은 편력수행자 웨카낫싸는 세존의 면전에서 우다나 (udāna)를 읊었습니다.

이것이 최상의 모습[01]이라네.
이것이 최상의 모습이라네.

"깟짜나(Kaccāna)여, 그대는 무엇을 가지고 '이것이 최상의 모습이라네. 이것이 최상의 모습이라네'라고 이야기하는가? 그 최상의 모습은 어떤 것인가?"

"고따마 존자여, 그보다 더 훌륭하거나 더 뛰어난 다른 모습은 없으므로 그것이 최상의 모습입니다."

"깟짜나여, 그보다 더 훌륭하거나 더 뛰어난 다른 모습은 없다고 그대가 이야기하는 그것은 어떤 것인가?"

---

01 'vaṇṇa'의 번역.

"고따마 존자여, 그보다 더 훌륭한 모습이나 더 뛰어난 다른 모습은 없으므로 그것이 최상의 모습입니다."

"깟짜나여, 그대가 이런 식으로 설명하면 길어진다오. 그대는 '고따마 존자여, 그보다 더 훌륭한 모습이나 더 뛰어난 다른 모습은 없으므로 그것이 최상의 모습입니다'라고 말하지만, 그대는 그 모습을 설명하지 않았다오. 깟짜나여, 비유하면, 어떤 사람이 '나는 이 나라에서 최고의 미녀를 원하고, 그녀를 사랑한다'라고 말했다오. 그러자 사람들이 그에게 '여보게, 그대가 원하고 사랑하는 이 나라 최고의 미녀를 그대는 아는가? 그녀는 크샤트리아인가, 바라문인가, 바이샤인가, 수드라인가?'라고 물었다오. 이렇게 묻자, 그는 '모른다'라고 대답했다오. 그러자 그에게 '여보게, 그대가 원하고 사랑하는 이 나라 최고의 미녀는 이름은 무엇이고 성은 무엇인지, 키는 큰지 작은지 중간인지, 피부는 검은지 노란지 금빛인지, 어떤 마을에 사는지 작은 마을인지 큰 도시인지 아는가?'라고 물었다오. 이렇게 묻자, 그는 '모른다'라고 대답했다오. 그러자 사람들이 그에게 '여보게, 그대는 알지도 못하고 보지도 못한 사람을 원하고 사랑한단 말인가?'라고 물었다오. 이렇게 묻자, 그는 '그렇다'라고 대답했다오. 깟짜나여, 그대는 어떻게 생각하는가? 이와 같다면, 그 사람의 말은 이해할 수 없는 말이 아닌가?"

"고따마 존자여, 이와 같다면, 그 사람의 말은 참으로 이해할 수 없는 말입니다."

"깟짜나여, 그대도 마찬가지라오. '고따마 존자여, 그보다 더 훌륭한 모습이나 더 뛰어난 다른 모습은 없으므로 그것이 최상의 모습입니다'라고 말하지만, 그대는 그 모습을 설명하지 않았다오."

"고따마 존자여, 비유하면, 아름답고 귀한, 팔각형으로 잘 다듬어진 투명하고 순수하고 청정한 모든 특징을 구족한 마니보주(摩尼寶珠)가 밝고 찬란하게 빛나듯이, 사후에는 이런 모습의 자아(自我)가 있습니다."

"깟짜나여, 그대는 어떻게 생각하는가? 밝고 찬란하게 빛나는 아름답고 귀한, 팔각형으로 잘 다듬어진 투명하고 순수하고 청정한 모든 특징을 구족한 마니보주와 칠흑 같은 어두운 밤의 반딧불이 벌레, 이 둘의 모습 가운데 어떤 모습이 더 훌륭하고 더 뛰어나게 빛나는가?"

"고따마 존자여, 이 둘의 모습 가운데 칠흑 같은 어두운 밤의 반딧불이 벌레가 더 훌륭하고 더 뛰어나게 빛납니다."

"깟짜나여, 그대는 어떻게 생각하는가? 칠흑 같은 어두운 밤의 반딧불이 벌레와 칠흑 같은 어두운 밤의 등잔불, 이 둘의 모습 가운데 어떤 모습이 더 훌륭하고 더 뛰어나게 빛나는가?"

"고따마 존자여, 이 둘의 모습 가운데 칠흑 같은 어두운 밤의 등잔불이 더 훌륭하고 더 뛰어나게 빛납니다."

"깟짜나여, 그대는 어떻게 생각하는가? 칠흑 같은 어두운 밤의 등잔불과 칠흑 같은 어두운 밤의 큰 모닥불, 이 둘의 모습 가운데 어떤 모습이 더 훌륭하고 더 뛰어나게 빛나는가?"

"고따마 존자여, 이 둘의 모습 가운데 칠흑 같은 어두운 밤의 큰 모닥불이 더 훌륭하고 더 뛰어나게 빛납니다."

"깟짜나여, 그대는 어떻게 생각하는가? 칠흑 같은 어두운 밤의 큰 불덩어리와 어두운 새벽에, 구름 걷힌 청명한 하늘에 뜬 샛별, 이 둘의 모습 가운데 어떤 모습이 더 훌륭하고 더 뛰어나게 빛나는가?"

"고따마 존자여, 이 둘의 모습 가운데 어두운 새벽에, 구름 걷힌 청명한 하늘에 뜬 샛별이 더 훌륭하고 더 뛰어나게 빛납니다."

"깟짜나여, 그대는 어떻게 생각하는가? 어두운 새벽에, 구름 걷힌 청명한 하늘에 뜬 샛별과 어느 포살(布薩)의 날, 보름날 한밤중에, 구름 걷힌 청명한 하늘에 뜬 밝은 달, 이 둘의 모습 가운데 어떤 모습이 더 훌륭하고 더 뛰어나게 빛나는가?"

"고따마 존자여, 이 둘의 모습 가운데 어느 포살의 날, 보름날 한밤중에, 구름 걷힌 청명한 하늘에 뜬 밝은 달이 더 훌륭하고 더 뛰어나게 빛납니다."

"깟짜나여, 그대는 어떻게 생각하는가? 어느 포살의 날, 보름날 한밤중에, 구름 걷힌 청명한 하늘에 뜬 밝은 달과 우기(雨期)의 마지막 달 가을에, 구름 걷힌 청명한 하늘에 뜬 정오의 밝은 태양, 이 둘의 모습 가운데 어떤 모습이 더 훌륭하고 더 뛰어나게 빛나는가?"

"고따마 존자여, 이 둘의 모습 가운데 우기의 마지막 달 가을에, 구름 걷힌 청명한 하늘에 뜬 정오의 밝은 태양이 더 훌륭하고 더 뛰어나게 빛납니다."

"깟짜나여, 달과 태양의 광명이 미치지 못하는 훨씬 더 큰 광명을 지닌 많은 신을 나는 알고 있다오. 그렇지만 나는 '그보다 더 훌륭하거나 더 뛰어난 다른 모습은 없다'라고 말하지 않는다오. 깟짜나여, 그런데 그대는 반딧불이 벌레만도 못한 모습을 가지고 더 훌륭하고 더 뛰어난 모습이라고 말하면서도, 그 모습을 설명하지 못하고 있다오.

깟짜나여, 다섯 가지 감각적 욕망의 대상이[02] 있다오. 다섯 가지는 어떤 것인가? 눈으로 분별하는, 마음에 들고, 즐겁고, 매력이 있고, 욕망에 따르는 유혹적인 형색[色], 귀, 코, 혀, 몸으로 분별하는, 마음에 들고, 즐겁고, 매력이 있고, 욕망에 따르는 유혹적인 소리[聲], 향기[香], 맛[味], 촉감[觸], 깟짜나여, 이들이 다섯 가지 감각적 욕망의 대상이라오. 깟짜나여, 이 다섯 가지 욕망의 대상에 의지하여 즐거운 만족감이 생기는데, 이것을 감각적 쾌락(欲樂)[03]이라고 부른다오. 이와 같이 감각적 욕망에 의해 감각적 쾌락이 있으며, 감각적 쾌락 가운데서 최상의 감각적 쾌락을 최상이라고 한다오."

이와 같이 말씀하시자, 편력수행자 웨카낫싸가 세존께 말씀드렸습니다.

"놀랍습니다. 고따마 존자여! 희유합니다. 고따마 존자여! 고따마 존자께서는 '감각적 욕망에 의해 감각적 쾌락이 있으며, 감각적 쾌락 가운데서 최상의 감각적 쾌락을 최상이라고 한다'라고 잘 말씀해 주셨습니다."

"깟짜나여, 견해가 다르고, 신념이 다르고, 경향이 다르고, 선정법(禪定法)이 다르고, 수행법이 다른 그대는 감각적 욕망이나 감각적 쾌락이나 최상의 감각적 쾌락을 알기 어렵다오."

이와 같이 말씀하시자, 불쾌해진 편력수행자 웨카낫싸는 "고따마 사문은 망신을 당할 것입니다"라고 세존을 비난하고 욕하면서 말했습니다.

---

02 'kāmaguṇā'의 번역.
03 'kāmasukha'의 번역.

"무지한 사문이나 바라문들이 과거에 대하여 알지 못하고, 보지 못하고, 미래에 대해서도 알지 못하고 보지 못하면서, 자칭 '태어남은 끝났고, 청정한 수행[梵行]을 마쳤으며, 해야 할 일을 끝마쳤고, 다시는 이런 상태로 되지 않는다'라고 말했지만, 그들의 말은 실로 웃음거리가 되었고, 무의미한 말이 되었고, 공허한 말이 되었고, 빈말이 되었습니다. 당신도 이와 같습니다."

"깟짜나여, 과거를 알지 못하고 보지 못하고, 미래 또한 알지 못하고 보지 못하면서, 자칭 '태어남은 끝났고, 청정한 수행을 마쳤으며, 해야 할 일을 끝마쳤고, 다시는 이런 상태로 되지 않는다'라고 말한 그 무지한 사문이나 바라문들은 비난을 받아 마땅하다오. 깟짜나여, 그러니 과거는 내버려 두고 거론하지 맙시다. 미래는 내버려 두고 거론하지 맙시다. 정직하고 솔직하고 천성이 곧은 현명한 사람은 오시오. 내가 가르치고 내가 설하는 가르침을 배운 그대로 실천하면 머지않아 스스로 알고, 스스로 보게 되며, 이렇게 하면 결박으로부터, 즉 무명(無明)의 결박으로부터 바르게 해탈한다오. 깟짜나여, 비유하면, 반듯이 누워서 꼼지락거리는 어린 아기가 목에 다섯 겹의 밧줄로 결박되었다가, 성장하여 여러 능력이 성숙한 후에 그 결박을 풀어버리는 것과 같다오. 그러면 그는 '나는 벗어났다'라고 결박이 없음을 알 것이오. 깟짜나여, 실로 이와 같나니, 정직하고 솔직하고 천성이 곧은 현명한 사람은 오시오. 내가 가르치고 내가 설하는 가르침을 배운 그대로 실천하면, 머지않아 스스로 알고, 스스로 보게 되며, 이렇게 하면 결박으로부터, 즉 무명의 결박으로부터 바르게 해탈한다오."

이와 같이 말씀하시자, 편력수행자 웨카낫싸는 세존께 말씀드렸습니다.

"훌륭합니다. 고따마 존자여! 훌륭합니다. 고따마 존자여! 마치 뒤집힌 것을 바로 세우는 것 같고, 감추어진 것을 드러내는 것 같고, 길 잃은 자에게 길을 알려주는 것 같고, '눈 있는 자들은 보라'고 어둠 속에 등불을 비춰주는 것 같습니다. 이와 같이 고따마 존자께서는 여러 가지 방법으로 진리를 알려주셨습니다. 이제 저는 고따마 존자님께 귀의합니다. 가르침과 비구 승가에 귀의합니다. 고따마 존자님께서는 저를 청신사로 받아주소서. 오늘부터 살아있는 날까지 귀의하겠나이다."

43

랏타빨라에게 설하신 경

82. Raṭṭhapāla-sutta

【 해제 】

이 경은 한역 『중아함경(中阿含經)』 「221. 뇌타화라경(賴吒惒羅經)」에 상
응하는 경이며, 별행경(別行經)으로는 지겸(支謙)의 『뇌타화라경(賴吒和羅
經)』과 법현(法賢)의 『호국경(護國經)』이 있다.

랏타빨라는 명성 높은 가문의 훌륭한 청년이다. 세존의 법문을
듣고 출가한 그에게 꾸루의 왕 꼬라비야가 물었다.

"대부분의 사람들이 출가하는 이유는 늙거나 병이 들거나 가난
하거나 친족이 없어서인데, 젊고, 건강하고 부유하고 친족도 많은 그대
는 무엇 때문에 출가했는가?"

랏타빨라는 다음과 같이 대답한다.

달콤하고 사랑스러운 갖가지 쾌락은
다양한 모습으로 마음을 흔듭니다.
나는 쾌락에서 위험을 보았습니다.
대왕이여, 그래서 나는 출가했습니다.

나무 열매는 땅에 떨어지고,
젊은이도 늙은이도 육신(肉身)은 무너집니다.
나는 이것을 보고 출가했습니다.

랏타빨라의 이와 같은 답변은 우리에게 '오늘의 불자들은 불교를 제대
로 공부하고 있는가?'라는 반성을 촉구한다.

이와 같이 나는 들었습니다.

한때 세존께서는 꾸루에서 큰 비구 승가와 함께 유행(遊行)하시다가 꾸루족의 마을 툴라꼿티따(Thullakoṭṭhita)에 도착했습니다.

툴라꼿티따의 바라문과 거사들은 '싸꺄족의 후예로서 싸꺄족에서 출가한 사문 고따마께서 큰 비구 승가와 함께 꾸루에서 유행하시다가 툴라꼿티따에 도착하셨다. 고따마 세존은 열 가지 이름[十號]으로 불리는 명성이 자자하신 분이다. 그분은 천계, 마라, 범천을 포함한 이 세간을, 사문과 바라문, 왕과 백성을 포함한 인간계를 체험적 지혜로 몸소 체득하여 알려준다. 그분은 처음도 좋고, 중간도 좋고, 마지막도 좋은, 의미 있고, 명쾌하고, 완벽한 진리[法]를 가르치며, 청정한 수행[梵行]을 알려준다. 그러므로 마땅히 그런 성자를 만나보아야 한다'라는 말을 들었습니다.

그래서 툴라꼿티따의 바라문과 거사들은 세존을 찾아왔습니다. 그들은 세존을 찾아와서 어떤 이들은 세존께 예배한 후에 한쪽에 앉고, 어떤 이들은 세존과 정중하게 인사를 하고, 공손한 인사말을 나눈 후에 한쪽에 앉고, 어떤 이들은 세존께 합장한 후에 한쪽에 앉고, 어떤 이들은 면전에서 세존께 성명(姓名)을 밝힌 후에 한쪽에 앉고, 어떤 이들은 말없이 조용히 한쪽에 앉았습니다. 한쪽에 앉은 툴라꼿티따의 바라문과 거사들을 세존께서는 법(法)에 대한 말씀으로 가르치고, 격려하고, 장려하고, 기쁘게 했습니다.

그때 툴라꼿티따에서 명성 높은 가문의 아들인 랏타빨라(Raṭṭhapāla)라는 훌륭한 청년이 그 대중 가운데 앉아있었습니다. 훌륭한 청년 랏타빨라는 다음과 같이 생각했습니다.

'내가 세존께서 가르쳐주신 법문을 이해한 바로는, 속가에 살면서 이 청정하고 빛나는 청정한 범행(梵行)을 전념하여 실천하기 어렵다. 그러니 나는 머리와 수염을 깎고 가사(袈裟)와 법복(法服)을 입고 집을 떠나 출가해야겠다.'

세존께서 설하신 법문에 의해 가르침을 받고 격려를 받고 장려를 받고 기쁨을 얻은 툴라꼿티따의 바라문과 거사들은 세존의 말씀에 기뻐하고 만족하여 자리에서 일어나 세존께 예배한 후에 오른쪽으로 (세 번) 돌고 나서 떠나갔습니다. 훌륭한 청년 랏타빨라는 툴라꼿티따의 바라문과 거사들이 떠나간 지 오래지 않아 세존을 찾아왔습니다. 그는 세존을 찾아와서 예배한 후에 한쪽에 앉았습니다. 훌륭한 청년 랏타빨라는 한쪽에 앉아 세존께 말씀드렸습니다.

"세존이시여, 제가 세존께서 가르쳐주신 법문을 이해한 바로는, 속가에 살면서 이 청정하고 빛나는 청정한 범행(梵行)을 전념하여 실천하기 어렵습니다. 그러니 저는 머리와 수염을 깎고 가사와 법복을 입고 집을 떠나 출가하기를 원합니다. 세존이시여, 저는 세존 앞으로 출가하고 싶습니다. 저는 구족계를 받고 싶습니다."

"랏타빨라여, 그대는 부모로부터 집을 떠나 출가하는 것을 허락받았는가?"

"세존이시여, 저는 부모로부터 집을 떠나 출가하는 것을 허락받지 않았습니다."

"랏타빨라여, 부모의 허락 없이는 여래에게 출가할 수 없다."

"세존이시여, 그렇다면 제가 부모님께서 저에게 집을 떠나 출가하는 것을 허락하도록 하겠습니다."

훌륭한 청년 랏타빨라는 자리에서 일어나 세존께 예배한 후에 오른쪽으로 (세 번) 돌고 나서 부모를 찾아갔습니다. 그는 부모에게 말했습니다.

"어머님, 아버님! 제가 세존께서 가르쳐주신 법문을 이해한 바로는, 속가에 살면서 이 청정하고 빛나는 범행(梵行)을 전념하여 실천하기 어렵습니다. 그러니 저는 머리와 수염을 깎고, 가사와 법복을 입고, 집을 떠나 출가하기를 원합니다. 저에게 집을 떠나 출가하도록 허락해 주십시오."

이렇게 이야기하자, 랏타빨라의 부모가 훌륭한 청년 랏타빨라에게 말했습니다.

"사랑하는 랏타빨라야! 너는 우리의 사랑스럽고 귀여운 외아들로서 유복하게 살았고 행복하게 자랐다. 사랑하는 랏타빨라야! 너는 괴로움에 대하여 아무것도 알지 못한다. 사랑하는 랏타빨라야! 너는 이리 와서 먹고 마시고 즐겨라! 먹고 마시고 즐기면서 쾌락을 누리고, 공덕을 지으면서 즐겨라! 우리는 너에게 집을 떠나 출가하는 것을 허락할 수 없다. 네가 죽는다면야 우리가 어쩔 수 없이 이별하게 되겠지만, 어떻게 우리가 살아있는 너에게 집을 떠나 출가하는 것을 허락할 수 있겠느냐?"

두 번, 세 번 거듭하여 훌륭한 청년 랏타빨라는 부모에게 출가를 간청했지만, 부모는 허락하지 않았습니다. 훌륭한 청년 랏타빨라는 부모에게 출가를 허락받지 못하자 모두가 보는 땅 위에 누워서 말했습니다.

"이제 나에게는 출가가 아니면 죽음만이 있을 것입니다."

훌륭한 청년 랏타빨라의 부모가 그에게 말했습니다.

"사랑하는 랏타빨라야! 너는 우리의 사랑스럽고 귀여운 외아들로서 유복하게 살았고 행복하게 자랐다. 사랑하는 랏타빨라야! 너는 괴로움에 대하여 아무것도 알지 못한다. 사랑하는 랏타빨라야! 너는 일어나서 먹고 마시고 즐겨라! 먹고 마시고 즐기면서 쾌락을 누리고, 공덕을 지으면서 즐겨라! 우리는 너에게 집을 떠나 출가하는 것을 허락할 수 없다. 네가 죽는다면야 우리가 어쩔 수 없이 이별하게 되겠지만, 어떻게 우리가 살아있는 너에게 집을 떠나 출가하는 것을 허락할 수 있겠느냐?"

이렇게 이야기했지만, 훌륭한 청년 랏타빨라는 침묵했습니다.

그의 부모는 두 번, 세 번 거듭하여 출가를 허락할 수 없다고 간곡하게 설득했지만, 그는 그때마다 침묵했습니다. 그래서 훌륭한 청년 랏타빨라의 부모는 랏타빨라의 친구들을 찾아가서 말했습니다.

"여보게, 랏타빨라가 모두가 보는 땅 위에 누워서, '이제 나에게는 출가가 아니면 죽음이 있을 것이다'라고 하고 있다네. 여보게, 이리 와서 랏타빨라를 찾아가 랏타빨라에게 이렇게 말해주게. '사랑하는 벗 랏타빨라여!, 그대는 부모님의 사랑스럽고 귀여운 외아들로서 유복하게 살았고 행복하게 자랐네. 사랑하는 벗 랏타빨라여! 그대는 괴로움에 대하여 아무것도 알지 못한다네. 사랑하는 벗 랏타빨라여! 그대는 일어나서 먹고 마시고 즐기게. 먹고 마시고 즐기면서 쾌락을 누리고, 공덕을 지으면서 즐기게. 부모님은 그대에게 집을 떠나 출가하는 것을 허락하지 않네. 그대가 죽는다면야 부모님이 어쩔 수 없이 이별하게 되겠지만, 어떻게 부모님이 살아있는 그대에게 집을 떠나 출가하는 것을 허락하겠는가?'"

훌륭한 청년 랏타빨라의 친구들은 랏타빨라의 부모의 말을 듣고 랏타빨라를 찾아가서 설득했습니다. 그러나 훌륭한 청년 랏타빨라는 침묵했습니다. 그의 친구들은 두 번, 세 번 거듭하여 설득했지만, 그는 그때마다 침묵했습니다. 그래서 훌륭한 청년 랏타빨라의 친구들은 랏타빨라의 부모를 찾아가서 말했습니다.

"부모님, 랏타빨라는 그곳에서 모두가 보는 땅 위에 누워서, '이제 나에게는 출가가 아니면 죽음이 있을 것이다'라고 하고 있습니다. 만약에 두 분께서 랏타빨라에게 집을 떠나 출가하는 것을 허락하지 않으시면, 그곳에서 그는 죽음을 맞이하게 될 것입니다. 그렇지만 두 분께서 랏타빨라에게 집을 떠나 출가하는 것을 허락하신다면, 두 분께서는 출가한 그를 보실 수 있을 것입니다. 랏타빨라가 집을 떠나 출가하는 삶을 누리지 못한다면, 그에게 어떤 다른 할 일이 있겠습니까? 그는 (출가한 후에) 분명히 이곳으로 돌아올 것입니다. 두 분께서는 랏타빨라에게 집을 떠나 출가하는 것을 허락하십시오."

"여보게, 우리는 랏타빨라에게 집을 떠나 출가하는 것을 허락하겠네. 하지만 출가한 후에 부모가 볼 수 있어야 하네."

훌륭한 청년 랏타빨라의 친구들은 랏타빨라에게 가서 말했습니다.

"부모님께서 그대에게 집을 떠나 출가하는 것을 허락하셨네. 하지만 출가한 후에 부모님께서 그대를 볼 수 있어야 한다네."

훌륭한 청년 랏타빨라는 힘을 얻어 일어나서 세존을 찾아갔습니다. 그는 세존께 예배하고 한쪽에 앉았습니다. 한쪽에 앉은 훌륭한 청년 랏타빨라는 세존께 말씀드렸습니다.

"세존이시여, 저는 부모님으로부터 집을 떠나 출가하는 것을 허락받았습니다. 세존께서는 저를 출가시켜주십시오."

훌륭한 청년 랏타빨라는 세존 앞으로 출가하여 구족계를 받았습니다. 세존께서는 새로 구족계를 받은 랏타빨라 존자가 구족계를 받는 보름 동안 충분히 툴라꼿티따에 머무신 후에 싸왓티로 여행을 떠나 차례로 유행하시다가 싸왓티에 도착했습니다. 세존께서는 그곳 싸왓티에서 곧바로 제따와나 아나타삔디까 승원에 머무셨습니다.

랏타빨라 존자는 홀로 외딴곳에서 열심히 노력하고 정진하며 지냈습니다. 그리고 머지않아 선남자(善男子)들이 출가하는 목적인 위없는 청정한 수행[梵行]의 완성을 지금 여기에서 스스로 체험하고 성취하여 살아갔습니다. 그는 '태어남은 끝났고, 청정한 수행을 마쳤으며, 해야 할 일을 끝마쳤다. 다시는 이런 상태로 되지 않는다'라는 것을 체득했습니다. 랏타빨라 존자는 아라한 가운데 한 분이 되었던 것입니다.

랏타빨라 존자는 세존을 찾아가 예배한 후에 한쪽에 앉았습니다. 한쪽에 앉은 랏타빨라 존자가 세존께 말씀드렸습니다.

"세존이시여, 세존께서 허락하신다면, 저는 부모님을 뵙고 싶습니다."

세존께서는 마음으로 랏타빨라 존자가 의도하는 바를 살펴보셨습니다. 세존께서는 곧 랏타빨라 존자가 공부를 포기하고 환속(還俗)할 수 없다는 것을 아셨습니다. 그래서 세존께서 랏타빨라 존자에게 말했습니다.

"랏타빨라여, 이제 그렇게 하여라!"

랏타빨라 존자는 자리에서 일어나 세존께 예배하고 오른쪽으로 (세 번을) 돌고 나서, 방사(房舍)를 정리한 후에, 발우와 법의(法衣)를 지니고 툴라꽂티따로 여행을 떠나 차례로 유행하다가 툴라꽂티따에 도착했습니다. 랏타빨라 존자는 그곳 툴라꽂티따에서 곧바로 꼬라비야 (Koravya)왕의 사냥터에 머물렀습니다.

랏타빨라 존자는 오전에 옷을 입고, 발우와 법의를 지니고 탁발하러 툴라꽂티따에 들어갔습니다. 그는 툴라꽂티따에서 차례로 탁발을 하면서 자신의 친가를 찾아갔습니다. 랏타빨라 존자의 아버지는 랏타빨라 존자가 저만치에서 오는 것을 보고 말했습니다.

"이 머리 깎은 사문들 때문에 우리의 사랑스럽고 귀여운 외아들이 출가했다."

랏타빨라 존자는 자신의 친가에서 보시를 받지 못했으며, (탁발을) 포기하지 않았다가 비난만 받았습니다. 그때 랏타빨라 존자 친가의 하녀가 지난 저녁의 상한 유미(乳糜)죽을 버리려고 했습니다. 그러자 랏타빨라 존자가 그 하녀에게 말했습니다.

"누이여, 만약에 그것을 버리려고 한다면, 나의 발우에 부으십시오."

랏타빨라 존자 친가의 하녀는 상한 유미죽을 랏타빨라 존자의 발우에 부으면서 손과 발과 목소리의 특징을 파악했습니다. 그래서 랏타빨라 존자 친가의 하녀는 랏타빨라 존자의 어머니를 찾아가서 말했습니다.

"주인마님, 아셔야 합니다. 주인님의 아들 랏타빨라가 왔습니다."

"예야! 네가 한 말이 사실이라면, 너는 이제 하녀가 아니다."

랏타빨라 존자의 어머니는 랏타빨라 존자의 아버지를 찾아가서 말했습니다.

"거사여! 아셔야 합니다. 랏타빨라가 왔답니다."

그때 랏타빨라 존자는 상한 유미죽을 어떤 담장에 기대어 먹고 있었습니다. 그때 랏타빨라 존자의 아버지가 랏타빨라 존자를 찾아와서 말했습니다.

"사랑하는 랏타빨라야, 네가 상한 유미죽을 먹는다는 것이 말이 되느냐? 사랑하는 랏타빨라야, 이제 너의 집으로 가야 하지 않겠느냐?"

"거사여, 집을 떠나 출가한 우리에게 집이 있겠습니까? 거사여, 우리는 집이 없습니다. 거사여, 우리는 당신의 집에 갔습니다. 우리는 그곳에서 보시를 받지 못했으며, 포기하지 않았다가 비난만 받았습니다."

"이리 오너라! 사랑하는 랏타빨라야, 우리 이제 집으로 가자."

"거사여, 됐습니다. 나는 오늘의 식사를 마쳤습니다."

"사랑하는 랏타빨라야, 그렇다면 내일의 식사를 승낙해다오!"

랏타빨라 존자는 침묵으로 승낙했습니다.

그때 랏타빨라 존자의 아버지는 랏타빨라 존자가 승낙한 것을 알고 자신의 집으로 가서 많은 황금을 덩어리로 만들어 깔개로 덮어놓고, 랏타빨라 존자의 옛 부인들에게 말했습니다.

"며느리들아, 이리 오너라! 너희들은 이전에 랏타빨라가 사랑하고 매료된 장신구로 장식하도록 하여라!"

랏타빨라 존자의 아버지는 다음날 자신의 집에 갖가지 훌륭한 음식을 준비한 후에 랏타빨라 존자에게 때가 되었음을 알렸습니다.

"사랑하는 랏타빨라야, 때가 되었다. 식사가 준비되었다."

랏타빨라 존자는 오전에 옷을 입고 발우와 법의(法衣)를 지니고 자신의 아버지의 집으로 가서 마련된 자리에 앉았습니다. 랏타빨라 존자의 아버지는 황금 덩어리를 열어 보이며 말했습니다.

"사랑하는 랏타빨라야, 이것은 네 어머니의 재산이고, 이것은 아버지의 재산이고, 이것은 할아버지의 재산이다. 사랑하는 랏타빨라야, 너는 즐기면서 공덕을 지을 수 있다. 사랑하는 랏타빨라야, 이리 오너라! 공부를 포기하고 환속하여 즐기면서 공덕을 지어라!"

"거사여, 만약 내가 당신에게 해줄 말이 있다면, 이 황금 덩어리를 수레에 싣고 나가서 갠지스강물 속에 가라앉히라는 말입니다. 왜냐하면, 거사여, 그것 때문에 당신에게 근심과 걱정과 고통과 슬픔과 불안이 생기기 때문입니다."

랏타빨라 존자의 옛 부인들은 두 발을 부여잡고 랏타빨라 존자에게 말했습니다.

"서방님, 도대체 어떤 선녀(仙女)들이 있기에 당신은 그녀들 때문에 범행(梵行)을 수행하십니까?"

"누이여, 우리는 결코 선녀들 때문에 범행을 수행하는 것이 아니라오."

그녀들은 "랏타빨라 서방님이 '누이'라는 말로 말을 걸다니"라고 말하면서, 기가 막혀 그 자리에서 쓰러졌습니다.

그러자 랏타빨라 존자가 아버지에게 말했습니다.

"거사여, 음식을 주시려거든 주시고, 저를 괴롭히지는 마십시오."

"사랑하는 랏타빨라야, 먹어라! 식사는 준비되었다."

랏타빨라 존자의 아버지는 랏타빨라 존자에게 갖가지 훌륭한 음식을 손수 제공하면서 만족시켰습니다.

랏타빨라 존자는 식사를 마치고 일어나서 다음과 같은 게송을 읊었습니다.

> 보라! 장신구로 치장한 몸뚱이는 피고름이 쌓인 병드는 것,
> 많은 정성을 기울이지만, 견고하게 머물지 못한다네.
> 보라! 마니보주 귀고리로 치장한 몸은
> 해골과 가죽으로 엮어놓은 것이 옷에 의해 아름답게 보일 뿐이네.
> 붉은 칠을 한 발가락, 분 바른 얼굴이
> 어리석은 자는 속일 수 있어도,
> 피안을 구하는 자는 속일 수 없다네.
> 여덟 가닥으로 땋은 머리채, 까맣게 색칠한 두 눈이
> 어리석은 자는 속일 수 있어도,
> 피안을 구하는 자는 속일 수 없다네.
> 새로운 그림으로 장식한 고약 상자 같은 썩은 몸뚱이가
> 어리석은 자는 속일 수 있어도,
> 안을 구하는 자는 속일 수 없다네.
> 사냥꾼은 덫을 놓았으나, 사슴은 그물 가까이 가지 않았다네.
> 먹이를 먹고 나는 가는데, 사냥꾼은 슬피 울고 있네.

랏타빨라 존자는 선 채로 이 게송을 읊은 후에 꼬라비야왕의 사냥터로 가서 오후의 휴식을 위해 어떤 나무 아래에 앉았습니다. 그때 꼬라비야왕이 사냥꾼에게 분부했습니다.

"사냥꾼이여, 사냥터에 갈 터이니 사냥터를 보기 좋게 청소하여라!"

"그렇게 하겠습니다. 왕이시여!"

사냥꾼은 꼬라비야왕에게 응답한 후에 사냥터를 청소하다가 오후의 휴식을 위해 어떤 나무 아래에 앉아 있는 랏타빨라 존자를 보았습니다. 그는 꼬라비야왕에게 가서 말했습니다.

"왕이시여! 사냥터를 청소했나이다. 그런데 왕께서 이 툴라꽃티따에서 가장 훌륭한 청년이라고 자주 칭찬하시는 훌륭한 청년 랏타빨라가 오후의 휴식을 위해 어떤 나무 아래에 앉아있습니다."

"사냥꾼이여, 그렇다면 오늘 사냥터 나들이는 그만두자. 우리는 랏타빨라 존자를 뵈러 가야겠다."

꼬라비야왕은 단단한 음식, 부드러운 음식을 마련하여 그 모두를 랏타빨라 존자에게 보내라고 명한 후에, 여러 황소를 멍에로 묶은 황소 수레 위에 올라 여러 훌륭한 수레를 거느리고 대왕의 위용을 떨치며 랏타빨라 존자를 보기 위해 툴라꽃티따를 나섰습니다. 꼬라비야왕은 수레가 갈 수 있는 데까지는 수레로 간 다음에 수레에서 내려 위풍당당한 대중을 거느리고 걸어서 랏타빨라 존자에게 갔습니다. 그는 랏타빨라 존자와 정중하게 인사를 하고 공손한 인사말을 나눈 후에 한쪽에 섰습니다. 꼬라비야왕은 한쪽에 서서 랏타빨라 존자에게 말했습니다.

"랏타빨라 존자여, 여기 코끼리 안장 깔개에 앉으십시오."

"대왕이시여, 괜찮습니다. 당신이 앉으십시오. 저는 이미 제 자리에 앉았습니다."

꼬라비야왕은 마련된 자리에 앉았습니다. 그는 앉아서 랏타빨라 존자에게 이렇게 말했습니다.

"랏타빨라 존자여, 네 가지 쇠퇴(衰頹)가 있습니다. 어떤 사람들은 네 가지 쇠퇴를 겪고, 그로 인하여 머리와 수염을 깎고 가사와 법복을 입고 집을 떠나 출가합니다. 그 네 가지는 노년의 쇠퇴, 질병의 쇠퇴, 재산의 쇠퇴, 친척의 쇠퇴입니다.

랏타빨라 존자여, 노년의 쇠퇴로 인한 출가란 이런 것입니다. 나이가 들어 노쇠하고 늙은 만년(晩年)의 어떤 노인이 '나는 이제 나이가 들어 노쇠하고 늙은 만년의 노인이다. 얻지 못한 재산을 얻거나, 얻은 재산을 늘리기가 쉽지 않다. 나는 차라리 머리와 수염을 깎고 가사와 발우를 지니고 집을 떠나 출가하는 것이 좋겠다'라고 생각합니다. 그는 노년의 쇠퇴를 겪고, 그로 인하여 머리와 수염을 깎고 가사(袈裟)와 법복(法服)을 입고 집을 떠나 출가합니다. 랏타빨라 존자여, 이것을 노년의 쇠퇴로 인한 출가라고 합니다. 그런데 랏타빨라 존자는 지금 꽃다운 청춘에 이른 가장 좋은 시절의 젊은 청년입니다. 랏타빨라 존자에게는 노년의 쇠퇴가 없습니다. 랏타빨라 존자는 무엇을 알고, 보고, 들었기에 집을 버리고 출가한 것입니까?

랏타빨라 존자여, 질병의 쇠퇴로 인한 출가란 이런 것입니다. 랏타빨라 존자여, 병이 들어 괴로운 어떤 환자가 '나는 이제 병이 들어 괴로운 환자다. 얻지 못한 재산을 얻거나, 얻은 재산을 늘리기가 쉽지 않다. 나는 차라리 머리와 수염을 깎고 가사와 발우를 지니고 집을 떠나 출가하는 것이 좋겠다'라고 생각합니다. 그는 질병의 쇠퇴를 겪고, 그로 인하여 머리와 수염을 깎고 가사와 법복을 입고 집을 떠나 출가합니다. 랏타빨라 존자여, 이것을 질병의 쇠퇴로 인한 출가라고 합니다. 그런데 랏타빨라 존자는 지금 추운 줄도 모르고 더운 줄도 모르고 혈기 왕성하며, 병도 없고 건강합니다. 랏타빨라 존자에게는 질병의 쇠퇴가 없습니다. 랏타빨라 존자는 무엇을 알고, 보고, 들었기에 집을 버리고 출가한 것입니까?

랏타빨라 존자여, 재산의 쇠퇴로 인한 출가란 이런 것입니다. 랏타빨라 존자여, 재산이 점점 줄어 고갈된 어떤 큰 부자가 '나는 과거에는 재산이 많은 큰 부자였는데 그 재산이 점점 줄어 고갈되었다. 얻지 못한 재산을 얻거나, 얻은 재산을 늘리기가 쉽지 않다. 나는 차라리 머리와 수염을 깎고 가사와 발우를 지니고 집을 떠나 출가하는 것이 좋겠다'라고 생각합니다. 그는 재산의 쇠퇴를 겪고, 그로 인하여 머리와 수염을 깎고 가사와 법복을 입고 집을 떠나 출가합니다. 랏타빨라 존자여, 이것을 재산의 쇠퇴로 인한 출가라고 합니다. 그런데 랏타빨라 존자는 지금 이 툴라꽂티따에서 가장 훌륭한 집안의 아들입니다. 랏타빨라 존자에게는 재산의 쇠퇴가 없습니다. 랏타빨라 존자는 무엇을 알고, 보고, 들었기에 집을 버리고 출가한 것입니까?

랏타빨라 존자여, 친척의 쇠퇴로 인한 출가란 이런 것입니다. 랏타빨라 존자여, 친구와 친족이 많은 어떤 사람이 친척이 점점 줄어들자 '나는 과거에는 친구와 친족이 많았는데 친척이 점점 줄어들었다. 얻지 못한 재산을 얻거나 얻은 재산을 늘리기가 쉽지 않다. 나는 차라리 머리와 수염을 깎고 가사와 발우를 지니고 집을 떠나 출가하는 것이 좋겠다'라고 생각합니다. 그는 친척의 쇠퇴를 겪고, 그로 인하여 머리와 수염을 깎고 가사와 법복을 입고 집을 떠나 출가합니다.

랏타빨라 존자여, 이것을 친척의 쇠퇴로 인한 출가라고 합니다. 그런데 랏타빨라 존자는 지금 이 툴라꽂티따에 많은 친구와 친족이 있습니다. 랏타빨라 존자에게는 친척의 쇠퇴가 없습니다. 랏타빨라 존자는 무엇을 알고, 보고, 들었기에 집을 버리고 출가한 것입니까?"

"대왕이시여, 바르고 평등한 깨달음을 성취하신 거룩한 세존께서는 네 가지 진리의 가르침을 간략하게 가르쳤습니다. 나는 그것을 알고, 보고, 듣고서 집을 버리고 출가했습니다. 그 네 가지는 이런 것입니다.

바르고 평등한 깨달음을 성취하신 거룩한 세존께서는 '세간은 지속하지 않고 지나간다'01라고 첫 번째 진리의 가르침을 간략하게 가르쳤습니다. 나는 그것을 알고, 보고, 듣고서 집을 버리고 출가했습니다.

바르고 평등한 깨달음을 성취하신 거룩한 세존께서는 '세간은 피난처가 없고 보호자가 없다'02라고 두 번째 진리의 가르침을 간략하게 가르쳤습니다. 나는 그것을 알고, 보고, 듣고서 집을 버리고 출가했습니다.

바르고 평등한 깨달음을 성취하신 거룩한 세존께서는 '세간은 자신의 소유가 아니므로 모든 것을 버리고 가야 한다'03라고 세 번째 진리의 가르침을 간략하게 가르쳤습니다. 나는 그것을 알고, 보고, 듣고서 집을 버리고 출가했습니다.

바르고 평등한 깨달음을 성취하신 거룩한 세존께서는 '만족을 모르는 불완전한 세간은 갈애[愛]의 노예다'04라고 네 번째 진리의 가르침을 간략하게 가르쳤습니다. 나는 그것을 알고, 보고, 듣고서 집을 버리고 출가했습니다."

"랏타빨라 존자는 '세간은 지속하지 않고 지나간다'라고 말했습니

---

01 'upanīyati loko addhuvo'의 번역.
02 'attāṇo loko anabhissaro'의 번역.
03 'assako loko sabbaṁ pahāya gamanīyaṁ'의 번역.
04 'ūno loko atitto taṇhādāso'의 번역.

다. 랏타빨라 존자여, 이 말의 의미는 어떻게 이해해야 합니까?”

“대왕이시여, 어떻게 생각하십니까? 당신은 20대 초반에는 코끼리, 말, 전차, 활, 칼에 능수능란하고, 팔과 다리에는 힘이 넘쳐서 전쟁터를 누비고 다니지 않았습니까?”

“랏타빨라 존자여, 나는 20대 초반에는 코끼리, 말, 전차, 활, 칼에 능수능란하고, 팔과 다리에는 힘이 넘쳐서 전쟁터를 누비고 다녔습니다. 랏타빨라 존자여, 나는 가끔 내가 신통력을 가지고 있는 것은 아닐까라는 생각을 했습니다. 나처럼 힘이 센 사람을 나는 보지 못했습니다.”

“대왕이시여, 어떻게 생각하십니까? 당신은 지금도 팔과 다리에 힘이 넘쳐서 전쟁터를 누비고 다니십니까?”

“그렇지 않습니다. 랏타빨라 존자여! 지금은 여든 살이 된, 나이가 들어 노쇠하고 늙은 만년의 노인입니다. 랏타빨라 존자여, 가끔 나는 헛발을 내딛기도 합니다.”

“대왕이시여, 바르고 평등한 깨달음을 성취하신 거룩한 세존께서 ‘세간은 지속하지 않고 지나간다’라고 하신 말씀은 바로 그런 것입니다.”

“놀랍습니다. 랏타빨라 존자여! 희유합니다. 랏타빨라 존자여! 바르고 평등한 깨달음을 성취하신 거룩한 세존께서 ‘세간은 지속하지 않고 지나간다’라고 하신 말씀은 참으로 지당합니다. 랏타빨라 존자여, 참으로 세간은 지속하지 않고 지나갑니다. 랏타빨라 존자여, 이 왕가(王家)에는 우리를 지켜 줄 코끼리부대[象軍], 기마부대[馬軍], 전차부대[車軍], 보병(步兵)이 있습니다. 그런데 랏타빨라 존자는 ‘세간은 피난처가 없고 보호자가 없다’라고 말했습니다. 랏타빨라 존자여, 이 말의 의미는 어떻게 이해해야 합니까?”

"대왕이시여, 어떻게 생각하십니까? 당신에게는 어떤 고질병은 없습니까?"

"랏타빨라 존자여, 나에게는 고질병이 있습니다. 랏타빨라 존자여, 가끔 친구들과 친척들이 주위에서 '머지않아 꼬라비야왕은 죽을 것이다. 머지않아 꼬라비야왕은 죽을 것이다'라고 걱정합니다."

"대왕이시여, 어떻게 생각하십니까? 당신은 '나의 친구들과 친척들이여, 이리 오시오. 평안한 사람들은 모두 이 괴로움을 내가 가볍게 느낄 수 있도록 함께 나눕시다'라고 할 수 있습니까, 그렇지 않으면 당신만이 그 괴로움을 느낍니까?"

"랏타빨라 존자여, 내가 '나의 친구들과 친척들이여, 이리 오시오. 평안한 사람들은 모두 이 괴로움을 내가 가볍게 느낄 수 있도록 함께 나눕시다'라고 할 수 없습니다. 그리고 참으로 그 괴로움은 나만 느낍니다."

"대왕이시여, 바르고 평등한 깨달음을 성취하신 거룩한 세존께서 '세간은 피난처가 없고 보호자가 없다'라고 하신 말씀은 바로 그런 의미입니다."

"놀랍습니다. 랏타빨라 존자여! 희유합니다. 랏타빨라 존자여! 바르고 평등한 깨달음을 성취하신 분, 아시고 보시는 거룩한 세존께서 '세간은 피난처가 없고 보호자가 없다'라고 하신 말씀은 참으로 지당합니다. 랏타빨라 존자여, 참으로 세간은 피난처가 없고 보호자가 없습니다. 랏타빨라 존자여, 이 왕가에는 감추어 놓은 황금도 많고, 드러내 놓은 황금도 많습니다. 그런데 랏타빨라 존자는 '세간은 자신의 소유가 아니므로 모든 것을 버리고 가야 한다'라고 말했습니다. 랏타빨라 존자여, 이 말의 의미는 어떻게 이해해야 합니까?"

"대왕이시여, 어떻게 생각하십니까? 당신이 지금 다섯 가지 감각적 쾌락[五欲樂]을 구비하고 구족하여 즐기듯이, 사후에 다른 세상에서도 이와 같은 다섯 가지 감각적 쾌락을 구비하고 구족하여 즐길 수 있을까요, 그렇지 않으면 이 재산은 다른 사람들이 얻게 되고, 당신은 업에 따라 가게 될까요?"

"랏타빨라 존자여, 내가 지금 다섯 가지 감각적 쾌락을 구비하고 구족하여 즐기듯이, 사후에 다른 세상에서도 이와 같은 다섯 가지 감각적 쾌락을 구비하고 구족하여 즐길 수는 없습니다. 그리고 참으로 이 재산은 다른 사람들이 얻게 되고, 나는 업에 따라 가게 될 것입니다."

"대왕이시여, 바르고 평등한 깨달음을 성취하신 거룩한 세존께서 '세간은 자신의 소유가 아니므로 모든 것을 버리고 가야 한다'라고 하신 말씀은 바로 그런 의미입니다."

"놀랍습니다. 랏타빨라 존자여! 희유합니다. 랏타빨라 존자여! 바르고 평등한 깨달음을 성취하신 거룩한 세존께서 '세간은 자신의 소유가 아니므로 모든 것을 버리고 가야 한다'라고 하신 말씀은 참으로 지당합니다. 랏타빨라 존자여, 참으로 세간은 자신의 소유가 아니므로 모든 것을 버리고 가야합니다. 랏타빨라 존자는 '만족을 모르는 불완전한 세간은 갈애[愛]의 노예다'라고 말했습니다. 랏타빨라 존자여, 이 말의 의미는 어떻게 이해해야 합니까?"

"대왕이시여, 어떻게 생각하십니까? 당신은 풍요로운 꾸루(Kuru) 국을 다스리고 있지 않습니까?"

"랏타빨라 존자여, 나는 풍요로운 꾸루국을 다스리고 있습니다."

"대왕이시여, 어떻게 생각하십니까? 동쪽에서 믿을 만한 신뢰할 수 있는 사람이 당신에게 왔다고 합시다. 그가 당신을 찾아와서 '대왕이시여, 아셔야 합니다. 저는 동쪽으로 갔습니다. 그곳에서 저는 풍요롭고 인구가 많고 사람들로 붐비는 번영하는 큰 나라를 보았습니다. 그곳에는 많은 코끼리부대, 기마부대, 전차부대, 보병이 있습니다. 그곳에는 많은 상아가 있습니다. 그곳에는 많은 천연의 황금 덩어리와 제련한 황금 덩어리가 있습니다. 그곳에는 군인처럼 전투할 수 있는 많은 여인들이 있습니다. 대왕이시여, 그 나라를 정복하십시오'라고 말한다고 합시다. 당신은 어떻게 하시겠습니까?"

"랏타빨라 존자여, 그 나라를 정복하여 내가 다스리겠습니다."

"대왕이시여, 어떻게 생각하십니까? 서쪽, 남쪽, 북쪽에서 믿을 만한 사람이 당신을 찾아와서 그가 본 풍요롭고, 번영하는 큰 나라를 정복하라고 한다면, 당신은 어떻게 하시겠습니까?"

"랏타빨라 존자여, 그 나라를 정복하여 내가 다스리겠습니다."

"대왕이시여, 바르고 평등한 깨달음을 성취하신 거룩한 세존께서 '만족을 모르는 불완전한 세간은 갈애의 노예다'라고 하신 말씀은 바로 그런 의미입니다."

"놀랍습니다. 랏타빨라 존자여! 희유합니다. 랏타빨라 존자여! 바르고 평등한 깨달음을 성취하신 거룩한 세존께서 '만족을 모르는 불완전한 세간은 갈애의 노예다'라고 하신 말씀은 참으로 지당합니다. 랏타빨라 존자여, 참으로 만족을 모르는 불완전한 세간은 갈애의 노예입니다."

랏타빨라 존자는 이렇게 말하고 나서, 다시 다음과 같이 말했습니다.

내가 세간의 부자들을 보니, 어리석게도

얻은 재산을 베풀 줄 모르고,

탐욕스럽게 재산을 모으면서 끊임없이 쾌락을 열망합니다.

땅을 정복하고 바다 끝까지 대지를 정복한 왕들은

바다의 이쪽에 만족하지 못하고 바다의 저쪽을 갈망합니다.

왕과 그 밖의 많은 사람이 갈애[愛]를

버리지 못하여 죽음에 도달합니다.

불완전하기에 그들은 몸을 남기지 못하며,

세간의 쾌락에는 만족이 없습니다.

친척들은 머리카락을 흩트리고 통곡하며,

'아! 그도 죽음을 벗어나지 못하는구나!'라고 말하면서

수의(壽衣)를 입힌 그를 끌어내 장작더미 위에 놓고 화장합니다.

그는 꼬챙이에 찔리면서 태워지며,

한 벌의 옷만 입고 재산을 버립니다.

죽어가는 사람에게 친척은 피난처가 아니며,

친구나 동료도 피난처가 아닙니다.

그의 재물은 상속인들이 가져가고, 중생은 업을 따라갑니다.

재물은 죽어가는 사람을 따라가지 않습니다.

어떤 아들도, 부인도, 재물도, 국토도 따라가지 않습니다.

재물로 긴 수명을 얻을 수 없고,

재산으로 늙음을 막을 수 없습니다.

이 목숨은 짧고 영원한 것이 아니며,

변하고 있는 법(法)이라고 현자는 말했습니다.

부자(富者)도 빈자(貧者)도 죽음과 마주칩니다.

현명한 자[賢者]도 어리석은 자[愚者]도 마찬가지로 마주치지만,

어리석은 자는 어리석음으로 인해 충격받아 드러눕고,

현명한 사람은 동요하지 않습니다.

그러므로 통찰지[般若]가 재물보다 훌륭합니다.

통찰지를 성취해야 제석천(帝釋天)에 갈 수 있습니다.[05]

통찰지를 성취하지 못하면 이런저런 존재로 태어나[06]

어리석음으로 인해 사악한 업을 짓습니다.

그는 끊임없이 윤회를 겪으면서

---

05 'yāya vosānaṁ indādhigacchati'의 번역. 여기에서 '제석천'으로 번역한 'inda'는 번개 천둥
의 신 '인드라'이다. 당시에 '인드라'는 신 중의 신으로서 가장 큰 위력을 가진 신이다. 따
라서 '제석천에 간다'라는 것은 가장 큰 위력을 얻는다는 의미이며, 아라한을 성취한다
는 의미이기도 하다. 제석천이 가지고 다니는 무기인 '금강저(金剛杵; vajra)'는 불교에서
번뇌를 깨부수는 지혜를 상징하기도 한다.

06 'bhavābhavesu'의 번역. 'bhava(有)'는 연기법에서 'jāti(生)'의 원인이며 조건으로서 삼계(三
界)의 중생을 의미한다.

모태(母胎)에 들어 다른 세상으로 갑니다.
자신의 존재를 믿는, 통찰지가 없는 사람은
모태에 들어 다른 세상으로 갑니다.

숨어들다 붙잡힌[07] 사악한 도둑이
자신의 업에 의해 파멸하듯이,
사악한 사람들은 사후 저세상에서
자신의 업에 의해 파멸합니다.

달콤하고 사랑스러운 갖가지 쾌락은
다양한 모습으로 마음을 흔듭니다.
나는 쾌락에서 위험을 보았습니다.
대왕이여, 그래서 나는 출가했습니다.

나무 열매는 땅에 떨어지고,
젊은이도 늙은이도 육신(肉身)은 무너집니다.
나는 이것을 보고 출가했습니다.
대왕이여, 의심의 여지 없이 사문의 삶이 더 훌륭합니다.

---

07 'sandhimukhe gahīto'의 번역. 문자 그대로의 의미는 '틈새 입구에서 붙잡힌'이다. 도둑이
벽을 뚫고 몰래 들어오다가 붙잡히는 것을 의미한다.

44

마두라에서 설하신 경

84. Madhurā-sutta

【 해제 】

이 경은 한역 『잡아함경(雜阿含經)』 「20. 12 마투라(摩偸羅)」에 상응하는 경이다.

부처님 당시의 인도 사회는 차별적인 카스트에 의해 사람의 가치가 태어난 가문에 의해 결정되는 계급사회였다. 이 경은 이러한 사회제도에 대한 불교의 입장을 보여준다. 마하깟짜나 존자는 사성(四姓)의 차별에 대하여 묻는 마두라의 왕 아완띠뿟따에게 인간은 평등하며, 사람의 가치는 그가 행하는 업(業)에 의해 결정된다고 대답한다. 이와 같이 불교의 업설(業說)은 업에 의해서 인간의 인격과 가치가 결정된다는 만인 평등사상을 이야기한 것이지, 사후(死後)에 윤회한다는 것을 이야기한 것이 아님을 알아야 한다.

이와 같이 나는 들었습니다.

한때 마하깟짜나(Mahā-Kaccāna) 존자는 마두라(Madhurā)의 군다와나(Gundāvana)에 머물렀습니다. 마두라의 왕 아완띠뿟따(Avantiputta)는 '명성 높은 사문 깟짜나 존자가 마두라의 군다와나에 머물고 있다. 깟짜나 존자는 현명하고 학식이 있고 총명하고 아는 것이 많고 말솜씨가 뛰어나고 언변이 좋은 장로(長老)이며 아라한이다. 그와 같은 아라한을 친견하면 유익하다'라는 말을 들었습니다.

그래서 마두라의 왕 아완띠뿟따는 여러 황소를 멍에로 묶은 황소수레 위에 올라, 여러 훌륭한 수레를 거느리고 대왕의 위용(威容)을 떨치며 마하깟짜나 존자를 보기 위해 마두라를 나섰습니다. 마두라의 왕 아완띠뿟따는 수레가 갈 수 있는 데까지 수레로 간 다음에 수레에서 내려 걸어서 마하깟짜나 존자에게 갔습니다. 그는 마하깟짜나 존자와 정중하게 인사를 하고 공손한 인사말을 나눈 후에 한쪽에 앉았습니다. 마두라의 왕 아완띠뿟따는 한쪽에 앉아 마하깟짜나 존자에게 말했습니다.

"깟짜나 존자여, 바라문들은 '바라문은 최상의 계급이고 다른 사람들은 저열하다. 바라문은 청정한 계급이고 다른 사람들은 더럽다. 바라문은 정화되지만 바라문이 아닌 자들은 그러지 못한다. 바라문은 범천의 입에서 태어난 적자(嫡子)로서 범천에서 생긴, 범천이 만든, 범천의 후계자다'라고 말했습니다. 이에 대하여 깟짜나 존자께서는 어떻게 말씀하시나요?"

"대왕이시여, 그런 말은 단지 세간에 떠도는 소리일 뿐입니다. 대왕이시여, 다음과 같은 이유로 그런 말은 단지 세간에 떠도는 소리일 뿐이라는 것을 알 수 있습니다. 대왕이시여, 어떻게 생각하십니까? 만약에 어떤 크샤트리아에게 재물이나 곡물이나 은이나 금이 많다면, 먼저 일어나고, 뒤에 자며, 종처럼 복종하고, 존경하고, 상냥하게 말하는 크샤트리아가 있지 않을까요? 또한 먼저 일어나고 뒤에 자며, 종처럼 복종하고, 존경하고, 상냥하게 말하는 바라문도 있고, 바이샤도 있고, 수드라도 있지 않을까요?"

"깟짜나 존자여, 만약에 어떤 크샤트리아에게 재물이나 곡물이나 은이나 금이 많다면, 그렇게 하는 크샤트리아도 있고, 바라문도 있고, 바이샤도 있고, 수드라도 있을 것입니다."

"대왕이시여, 어떻게 생각하십니까? 만약에 어떤 바라문에게 재물이나 곡물이나 은이나 금이 많다면, 먼저 일어나고 뒤에 자며, 종처럼 복종하고, 존경하고, 상냥하게 말하는 바라문이 있지 않을까요? 또한 먼저 일어나고 뒤에 자며, 종처럼 복종하고, 존경하고, 상냥하게 말하는 크샤트리아도 있고, 바이샤도 있고, 수드라도 있지 않을까요?"

"깟짜나 존자여, 만약에 어떤 바라문에게 재물이나 곡물이나 은이나 금이 많다면, 그렇게 하는 바라문도 있고, 크샤트리아도 있고, 바이샤도 있고, 수드라도 있을 것입니다."

"대왕이시여, 어떻게 생각하십니까? 만약에 어떤 바이샤에게 재물이나 곡물이나 은이나 금이 많다면, 먼저 일어나고 뒤에 자며, 종처럼 복종하고, 존경하고, 상냥하게 말하는 바이샤가 있지 않을까요? 또한 먼저 일어나고, 뒤에 자며, 종처럼 복종하고, 존경하고, 상냥하게 말하는 크샤트리아도 있고, 바라문도 있고, 수드라도 있지 않을까요?"

"깟짜나 존자여, 만약에 어떤 바이샤에게 재물이나 곡물이나 은이나 금이 많다면, 그렇게 하는 바이샤도 있고, 크샤트리아도 있고, 바라문도 있고, 수드라도 있을 것입니다."

"대왕이시여, 어떻게 생각하십니까? 만약에 어떤 수드라에게 재물이나 곡물이나 은이나 금이 많다면, 먼저 일어나고 뒤에 자며, 종처럼 복종하고, 존경하고, 상냥하게 말하는 수드라가 있지 않을까요? 또한 먼저 일어나고, 뒤에 자며, 종처럼 복종하고, 존경하고, 상냥하게 말하는 크샤트리아도 있고, 바라문도 있고, 바이샤도 있지 않을까요?"

"깟짜나 존자여, 만약에 어떤 수드라에게 재물이나 곡물이나 은이나 금이 많다면, 그렇게 하는 수드라도 있고, 크샤트리아도 있고, 바라문도 있고, 바이샤도 있을 것입니다."

"대왕이시여, 어떻게 생각하십니까? 그렇다면 이들 네 계급은 평등합니까, 그렇지 않습니까? 당신의 생각은 어떠합니까?"

"깟짜나 존자여, 그렇다면 참으로 이들 네 계급은 평등합니다. 나는 여기에서 어떤 차이도 볼 수가 없습니다."

"대왕이시여, 또한 다음과 같은 이유로 그런 말은 단지 세간에 떠도는 소리일 뿐이라는 것을 알 수 있습니다. 대왕이시여, 어떻게 생각하십니까? 살생하고, 도둑질하고, 삿된 음행[邪婬]을 하고, 거짓말하고, 이간질하고, 욕설하고, 쓸데없이 잡담하고, 탐내고, 성내고, 사견(邪見)을 가진 크샤트리아가 있다면, 그는 몸이 무너져 죽은 후에 험난하고 고통스러운 지옥과 같은 악취(惡趣)에 태어날까요, 그렇지 않을까요?

당신의 생각은 어떠합니까?"

"깟짜나 존자여, 그런 크샤트리아는 몸이 무너져 죽은 후에 험난하고 고통스러운 지옥과 같은 악취에 태어날 것입니다. 나는 그렇게 생각합니다. 그뿐만 아니라 나는 아라한에게 그렇게 들었습니다."

"옳습니다. 대왕이시여, 옳습니다. 대왕이시여, 당신이 그렇게 생각한 것은 옳습니다. 당신이 아라한에게 들은 말은 옳습니다. 대왕이시여, 어떻게 생각하십니까? 바라문이나 바이샤나 수드라도 마찬가지가 아닐까요? 당신의 생각은 어떠합니까?"

"깟짜나 존자여, 바라문이나 바이샤나 수드라도 마찬가지라고 나는 생각합니다. 그뿐만 아니라 나는 아라한에게 그렇게 들었습니다."

"옳습니다. 대왕이시여, 옳습니다. 대왕이시여, 당신이 그렇게 생각한 것은 옳습니다. 당신이 아라한에게 들은 것은 옳습니다. 대왕이시여, 어떻게 생각하십니까? 그렇다면 이들 네 계급은 평등합니까, 그렇지 않습니까? 당신의 생각은 어떠합니까?"

"깟짜나 존자여, 그렇다면 참으로 이들 네 계급은 평등합니다. 나는 여기에서 어떤 차이도 볼 수가 없습니다."

"대왕이시여, 또한 다음과 같은 이유로 그런 말은 단지 세간에 떠도는 소리일 뿐이라는 것을 알 수 있습니다. 대왕이시여, 어떻게 생각하십니까? 살생하지 않고, 도둑질하지 않고, 삿된 음행을 하지 않고, 거짓말하지 않고, 이간질하지 않고, 욕설하지 않고, 쓸데없는 잡담을 하지 않고, 탐내지 않고, 성내지 않고, 정견(正見)을 가진 크샤트리아가 있다면, 그는 몸이 무너져 죽은 후에 천상(天上) 세계와 같은 선취(善趣)에 태어날까요, 그렇지 않을까요? 당신의 생각은 어떠합니까?"

"깟짜나 존자여, 그런 크샤트리아는 몸이 무너져 죽은 후에 천상 세계와 같은 선취에 태어날 것입니다. 나는 그렇게 생각합니다. 그뿐만 아니라 나는 아라한에게 그렇게 들었습니다."

"옳습니다. 대왕이시여, 옳습니다. 대왕이시여, 당신이 그렇게 생각한 것은 옳습니다. 당신이 아라한에게 들은 말은 옳습니다. 대왕이시여, 어떻게 생각하십니까? 바라문이나 바이샤나 수드라도 마찬가지가 아닐까요? 당신의 생각은 어떠합니까?"

"깟짜나 존자여, 바라문이나 바이샤나 수드라도 마찬가지라고 나는 생각합니다. 그뿐만 아니라 나는 아라한에게 그렇게 들었습니다."

"옳습니다. 대왕이시여, 옳습니다. 대왕이시여, 당신이 그렇게 생각한 것은 옳습니다. 당신이 아라한에게 들은 말은 옳습니다. 대왕이시여, 어떻게 생각하십니까? 그렇다면 이들 네 계급은 평등합니까, 그렇지 않습니까? 당신의 생각은 어떠합니까?"

"깟짜나 존자여, 그렇다면 참으로 이들 네 계급은 평등합니다. 나는 여기에서 어떤 차이도 볼 수가 없습니다."

"대왕이시여, 또한 다음과 같은 이유로 그런 말은 단지 세간에 떠도는 소리일 뿐이라는 것을 알 수 있습니다. 대왕이시여, 어떻게 생각하십니까? 어떤 크샤트리아가 벽을 뚫거나, 약탈하거나, 빈집을 털거나, 노상 강도질을 하거나, 남의 부인을 겁탈한다고 합시다. 사람들이 그를 붙잡아서 '왕이시여, 이 도적은 죄를 저지른 놈입니다. 이놈에게 왕의 뜻대로 벌을 주십시오'라고 말하면서 당신에게 보여준다면, 그를 어떻게 하시겠습니까?"

"깟짜나 존자여, 죽이거나, 재산을 몰수하거나, 추방하거나, 죄상에 따라 처벌할 것입니다. 왜냐하면, 깟짜나 존자여, 그에게 이전의 크샤트리아라는 명칭은 사라지고, 그는 도적이라고 불리기 때문입니다."

"대왕이시여, 어떻게 생각하십니까? 그 도적이 바라문이나 바이샤나 수드라라면 그를 어떻게 하시겠습니까?"

"깟짜나 존자여, 죽이거나, 재산을 몰수하거나, 추방하거나, 죄상에 따라 처벌할 것입니다. 왜냐하면, 깟짜나 존자여, 그에게 이전의 바라문이나 바이샤나 수드라라는 명칭은 사라지고, 그는 도적이라고 불리기 때문입니다."

"대왕이시여, 어떻게 생각하십니까? 그렇다면 이들 네 계급은 평등합니까, 그렇지 않습니까? 당신의 생각은 어떠합니까?"

"깟짜나 존자여, 그렇다면 참으로 이들 네 계급은 평등합니다. 나는 여기에서 어떤 차이도 볼 수가 없습니다."

"대왕이시여, 또한 다음과 같은 이유로 그런 말은 단지 세간에 떠도는 소리일 뿐이라는 것을 알 수 있습니다. 대왕이시여, 어떻게 생각하십니까? 어떤 크샤트리아가 머리와 수염을 깎고, 가사(袈裟)와 법복(法服)을 입고, 집을 떠나 출가하여, 살생하지 않고, 도둑질하지 않고, 거짓말하지 않고, 한 끼만 먹으면서 범행(梵行)을 수행하고, 덕행을 갖춘 훌륭한 품성을 가졌다면, 당신은 그에게 어떻게 하시겠습니까?"

"깟짜나 존자여, 나는 예배하고, 일어나서 맞이하고, 자리에 초대하고, 초청하고, 그에게 법도에 맞게 법의와 탁발 음식과 좌구(坐具)와 환자를 위한 의약자구(醫藥資具)를 마련해주고, 지켜주고, 보호할 것입니다. 왜냐하면, 깟짜나 존자여, 그에게 이전의 크샤트리아라는 명칭은 사라지고, 그는 사문(沙門)이라고 불리기 때문입니다."

"대왕이시여, 어떻게 생각하십니까? 그 사문이 바라문이나 바이샤나 수드라라면 그를 어떻게 하시겠습니까?"

"깟짜나 존자여, 나는 예배하고, 일어나서 맞이하고, 자리에 초대하고, 초청하고, 그에게 법도에 맞게 법의와 탁발 음식과 좌구와 환자를 위한 의약자구를 마련해주고, 지켜주고, 보호할 것입니다. 왜냐하면, 깟짜나 존자여, 그에게 이전의 바라문이나 바이샤나 수드라라는 명칭은 사라지고, 그는 사문이라고 불리기 때문입니다."

"대왕이시여, 어떻게 생각하십니까? 그렇다면 이들 네 계급은 평등합니까, 그렇지 않습니까? 당신의 생각은 어떠합니까?"

"깟짜나 존자여, 그렇다면 참으로 이들 네 계급은 평등합니다. 나는 여기에서 어떤 차이도 볼 수가 없습니다."

"대왕이시여, 이와 같은 이유로 '바라문들은 최상의 계급이고, 다른 사람들은 저열하다. 바라문들은 청정한 계급이고, 다른 사람들은 더럽다. 바라문은 정화되지만 바라문이 아닌 자들은 그러지 못한다. 바라문은 범천의 입에서 태어난 적자(嫡子)인 아들로서, 범천에서 생긴, 범천이 만든, 범천의 후계자다'라는 말은 단지 세간에 떠도는 소리일 뿐이라는 것을 알 수 있습니다."

이와 같이 말하자, 마두라의 왕 아완띠뿟따는 마하 깟짜나 존자에게 말했습니다.

"훌륭하십니다. 깟짜나 존자여! 훌륭하십니다. 깟짜나 존자여! 마치 뒤집힌 것을 바로 세우는 것 같고, 감추어진 것을 드러내는 것 같고, 길 잃은 자에게 길을 알려주는 것 같고, '눈 있는 자들은 보라'고 어둠 속에 등불을 비춰주는 것 같습니다. 이와 같이 깟짜나 존자께서는 여러 가지 방법으로 진리를 알려주셨습니다. 이제 저는 깟짜나 존자님께 귀의합니다. 가르침과 비구 승가에 귀의합니다. 깟짜나 존자님께서는 저를 청신사(清信士)로 받아주소서. 오늘부터 살아있는 날까지 귀의하겠나이다."

"대왕이시여, 나에게 귀의하지 마십시오. 내가 귀의한 세존께 귀의하십시오."

"깟짜나 존자여, 그렇다면 아라한이시며, 바르고 평등한 깨달음을 성취하신 세존께서는 지금 어디에 계십니까?"

"대왕이시여, 아라한이시며, 바르고 평등한 깨달음을 성취하신 세존께서는 반열반하셨습니다."

"깟짜나 존자여, 세존께서 10요자나[由旬] 밖에 계신다는 말을 들었다면, 아라한이시며, 바르고 평등한 깨달음을 성취하신 세존을 뵙기 위해 우리는 10요자나를 갔을 것입니다. 깟짜나 존자여, 세존께서 20요자나, 아니 30요자나, 아니 40요자나, 아니 50요자나, 아니 100요자나 밖에 계신다는 말을 들었어도, 우리는 아라한이시며, 바르고 평등한 깨달음을 성취하신 세존을 뵙기 위해 갔을 것입니다. 깟짜나 존자여, 그런데 세존께서 반열반하셨으니, 우리는 반열반하신 세존께 귀의합니다. 가르침과 비구 승가에 귀의합니다. 깟짜나 존자께서는 저를 청신사로 받아주소서. 오늘부터 살아있는 날까지 귀의하겠나이다."

45

보디 왕자에게 설하신 경

85. Bodhirājakumāra-sutta

【 해제 】

이 경의 내용은 한역『중아함경(中阿含經)』에는 상응하는 경이 없고,『오분율(五分律)』10에 같은 내용이 있다.

　　보디 왕자는 자신의 궁전을 완공하고 부처님을 초대하여, 아무도 밟은 적 없는 계단에 하얀 융단을 깔고 맨 처음으로 오르게 한다. 융단 앞에서 걸음을 멈추신 부처님. 보디 왕자는 거듭하여 청하지만 침묵으로 일관하시는 부처님. 이를 본 아난다 존자가 보디 왕자에게 다음과 같은 사실을 알려준다.

　"왕자여, 융단을 거두십시오. 세존께서는 융단을 밟지 않으십니다. 여래(如來)는 가장 낮은 사람을 바라봅니다."

부처님은 이런 분이셨구나! 항상 가장 낮은 사람을 바라보며 사셨구나! 왕자의 화려한 궁전에 초대를 받아 가셨지만, 그분의 마음에는 낮은 사람들도 자리 잡고 있었구나! 이런 생각에 가슴이 뜨거워지고 눈이 촉촉해짐을 느낀다.

　　보디 왕자는 부처님께 '열반의 즐거움은 고행을 통해서 얻는 것입니까?'라고 질문한다. 부처님께서는 정각(正覺)을 이루기 전에는 자신도 그렇게 생각하고 출가하여 깊은 선정(禪定)을 배워서 성취하기도 하고, 극심한 고행을 실천하기도 했지만, 아무런 성과도 얻지 못하고 포기한 자신의 체험을 들려준다. 부처님께서는 '무엇 때문에 내가 감각적 쾌락을 떠나고 불선법(不善法)을 떠난 그 즐거움을 두려워해야 하는가?'라고 생각하시고 고행을 포기했다는 것이다. 부처님께서는 열반을 성취하기 위한 수행은 고행이 아니라, 감각적 쾌락을 버림으로써 더 큰 즐거움을 얻는 것임을 가르치신다.

　　부처님께서는 이 경에서 다음과 같이 말씀하신다.

　　"비구가 이들 다섯 가지 정근(精勤)의 조건을 갖추고 여래의 지
　　도를 받으면, 저녁에 가르침을 받아서 아침에 성취할 수 있고,
　　아침에 가르침을 받아서 저녁에 성취할 수 있다오."

불법(佛法)은 깊은 산속에서 오랜 시간 고행과 난행(難行)을 통해 성취할

수 있는 것이 아니다. 부처님의 가르침을 바르게 이해하고 실천한다면, 처음도 즐겁고 중간도 즐겁고 마지막도 즐겁게, 아침에 배워서 저녁에 성취할 수 있다.

이와 같이 나는 들었습니다.

한때 세존께서는 박가(Bhagga)[01]의 쑹쑤마라기리(Suṁsumāragiri)[02]산에 있는 베싸깔라와나(Bhesakalāvana) 숲의 사슴동산에 머무셨습니다. 그때 보디(Bodhi) 왕자의 꼬까나다(Kokanada) 궁전은 지은 지 얼마 되지 않아서 사문이든, 바라문이든, 사람이라고는 그 누구도 살지 않았습니다. 보디 왕자는 바라문 청년 싼지까뿟따(Sañjikāputta)에게 분부했습니다.

"사랑하는 벗 싼지까뿟따여, 이리 오라! 그대는 세존을 찾아가서, '세존이시여, 보디 왕자가 세존의 발에 머리 숙여 절하고, 병 없이 무탈하시고, 강건하시며, 평안하신지 안부를 묻습니다'라고 나의 말로 세존의 발에 머리 숙여 절하고, 안부를 묻도록 하라! 그리고 '세존이시여, 세존께서는 비구 승가와 함께 내일 보디 왕자의 식사 초대에 응해주십시오'라고 말씀드리도록 하라!"

"전하, 그렇게 하겠습니다."

바라문 청년 싼지까뿟따는 보디 왕자에게 승낙하고 세존을 찾아갔습니다. 그는 세존을 찾아가서 함께 인사를 하고, 공손하게 인사말을 나눈 후에 한쪽에 앉았습니다. 한쪽에 앉은 바라문 청년 싼지까뿟따가 세존께 말씀드렸습니다.

"고따마 존자여, 보디 왕자가 고따마 존자의 발에 머리 숙여 절하

---

01 '발지(跋祇)'로 한역되는 나라 이름.
02 산의 이름. 'Suṁsumāra'는 '악어'를 의미하고, 'giri'는 산을 의미한다.

고, 병 없이 무탈하시고, 강건하시며, 평안하신지 안부를 묻습니다. 그리고 고따마 존자께서 비구 승가와 함께 내일 보디 왕자의 식사 초대에 응해주시기를 청합니다.”

세존께서는 침묵으로 승낙하셨습니다. 바라문 청년 싼지까뿟따는 세존께서 승낙하신 것을 알고, 자리에서 일어나 보디 왕자에게 가서 말했습니다.

“우리는 전하께서 안부를 묻고, 식사에 초대한다는 말을 고따마 세존께 전했습니다. 그리고 고따마 사문께서는 승낙하셨습니다.”

보디 왕자는 다음날 자신의 거처에 훌륭한 음식을 마련하고 꼬까나다 궁전을 맨 아래 계단까지 하얀 융단으로 깔게 한 다음에 바라문 청년 싼지까뿟따에게 분부했습니다.

“사랑하는 벗 싼지까뿟따여, 이리 오라! 그대는 세존을 찾아가서, ‘세존이시여, 때가 되었습니다. 식사가 준비되었습니다’라고 때가 되었음을 알리도록 하라!”

“전하, 그렇게 하겠습니다.”

바라문 청년 싼지까뿟따는 보디 왕자에게 승낙하고 세존을 찾아 갔습니다. 그는 세존을 찾아가서 “고따마 존자여, 때가 되었습니다. 식사가 준비되었습니다”라고 때가 되었음을 알렸습니다.

세존께서는 오전에 옷을 입고 발우와 법의를 지니고 비구 승가와 함께 보디 왕자의 거처로 갔습니다. 그때 보디 왕자는 세존께서 오시는 동안 문밖에 서 있었습니다. 보디 왕자는 저만치에서 세존께서 오시는 것을 보았습니다. 세존께서 오시는 것을 본 보디 왕자는 마중을 나가서 세존께 예배하고, 뒤를 따라 꼬까나다 궁전으로 왔습니다.

세존께서는 맨 아래 계단 앞에서 멈추셨습니다. 그러자 보디 왕자가 세존께 말씀드렸습니다.

"세존이시여, 융단 위로 오르십시오. 선서(善逝)시여, 융단 위로 오르십시오. 저에게 오랫동안 이익과 행복이 있을 것입니다."

이와 같이 말씀드리자, 세존께서는 침묵하셨습니다. 거듭 청하였으나, 세존께서는 침묵하셨습니다. 보디 왕자가 세 번을 청하자, 세존께서는 아난다 존자를 바라보셨습니다. 그러자 아난다 존자가 보디 왕자에게 말했습니다.

"왕자여, 융단을 거두십시오. 세존께서는 융단을 밟지 않으십니다. 여래(如來)는 가장 낮은 사람을 바라봅니다."[03]

보디 왕자는 융단을 거둔 후에 꼬까나다 궁전 높은 곳에 자리를 마련했습니다. 세존께서는 꼬까나다 궁전으로 올라가 비구 승가와 함께 마련된 자리에 앉으셨습니다. 보디 왕자는 부처님을 비롯한 비구 승가를 훌륭한 음식으로 손수 시중을 들며 만족시켰습니다. 보디 왕자는 세존께서 공양을 마치고 발우에서 손을 떼시자, 아래에 있는 다른 자리로 가서 한쪽에 앉았습니다. 보디 왕자는 한쪽에 앉아 세존께 말씀드렸습니다.

"세존이시여, 우리는 '즐거움으로는 결코 즐거움을 얻을 수 없다.

---

03 "pacchimaṁ janataṁ Tathāgato apaloketi"의 번역. 이 부분을 I. B. Horner는 "the Tathāgata looks towards the folk that come after"(The Middle Length Sayings, PTS, 1975, vol. Ⅱ. p.281)로 번역한다. 율장에는 이 부분이 '바라본다'라는 의미의 'apaloketi' 대신에 '연민한다'라는 의미의 'anukampati'로 표기되어 있다는 점을 고려하면, 'pacchimaṁ janataṁ'은 '뒤에 오는 사람'을 의미한다기보다는 '가장 낮은 사람'을 의미한다고 보는 것이 좋을 것 같다. 여래는 융단을 밟고 지나가는 화려한 삶을 지향하지 않고 신분이 낮은 사람을 연민하는 삶을 지향한다는 의미로 읽는 것이 더 좋다고 생각된다.

실로 괴로움으로 즐거움을 얻을 수 있다'라고 생각합니다."

세존께서는 보디 왕자에게 다음과 같이 말씀하셨습니다.

"왕자여, 나도 과거에 정각(正覺)을 원만하게 깨닫지 못한 보살이었을 때는 '즐거움으로는 결코 즐거움을 얻을 수 없다. 실로 괴로움으로 즐거움을 얻을 수 있다'라고 생각했다오. 왕자여, 나는 그 후에, 청년 시절에, 검은 머리에 찬란한 젊음을 지닌 가장 좋은 나이에, 원치 않은 부모님은 눈물 젖은 얼굴로 울부짖었지만, 머리와 수염을 깎고, 가사(袈裟)와 옷을 걸치고, 집을 떠나 출가했다오.

이렇게 출가하여 알라라 깔라마를 찾아가서 그에게 무소유처(無所有處)를 배워 성취하고, 웃다까 라마뿟따를 찾아가서 그에게 비유상비무상처(非有想非無想處)를 배워 성취했으나 나는 만족하지 못하고 그들을 떠났다오.[04]

나는 더할 나위 없는 평화와 행복을 구하여 마가다국을 차례로 유행하다가 우루웰라의 쎄나니가마에 도착하여 그곳에서 극심한 고행을 했다오. 왕자여, 나는 이렇게 생각했다오.

'지난 과거의 어떤 사문이나 바라문이 고행으로 인한 신랄하고 격렬한 고통을 느꼈다고 할지라도, 이것이 최고이며, 이보다 더하지는 않았을 것이다. 미래와 현재의 어떤 사문이나 바라문이 고행으로 인한 신랄하고 격렬한 고통을 느끼게 될지라도, 이것이 최고이며, 이보다 더하지는 않을 것이다. 하지만 나는 이러한 극심한 고행으로 인간존재에 대한 만족할 만한 거룩한 지견(知見)을 성취하지 못했다. 깨달음으로 가

---

04   알라라 깔라마와 웃다까 라마뿟따를 찾아가서 선정(禪定)을 배운 후에 실망하여 떠난 내용은 「15. 거룩한 소원(所願) 경」과 같은 내용이므로 생략함.

는 길은 다른 길이 아닐까?'

왕자여, 그러자 나에게 '나는 아버지의 종족 싹까족의 일터에서, 논두렁의 잠부나무 그늘에 앉아 감각적 욕망을 멀리하고 불선법(不善法)을 멀리하여, 사유가 있고 숙고가 있는, 멀리함에서 생긴 즐거움과 행복이 있는 초선(初禪)을 성취하여 머무는 체험을 했다. 이 길이 깨달음으로 가는 길이 아닐까?'라는 생각이 들었다오.

왕자여, 그러자 주의집중의 결과 나에게 '이 길이 깨달음으로 가는 길이다'라는 인식이 생겼다오. 왕자여, 나에게 '무엇 때문에 내가 감각적 쾌락을 떠나고 불선법(不善法)을 떠난 그 즐거움을 두려워해야 하는가?'라는 생각이 들었다오.

왕자여, 나는 이렇게 생각했다오.

'나는 감각적 쾌락을 떠나고 불선법을 떠난 그 즐거움을 두려워하지 않겠다.'

왕자여, 나는 이렇게 생각했다오.

'이와 같은 극단적으로 여윈 마른 몸으로는 그 즐거움을 쉽게 얻을 수 없다. 나는 영양가 있는 음식인 유미(乳糜)죽을 먹어야겠다.'

왕자여, 나는 영양가가 많은 유미죽을 먹었다오. 그때 다섯 비구가 함께 있었다오. 그들은 '고따마 사문이 진리를 성취하면 그 진리를 우리에게 알려줄 것이다'라고 생각했다오. 왕자여, 그런데 내가 영양가가 많은 유미죽을 먹자, '고따마 사문은 정진을 포기하고 타락하여 사치에 빠졌다'라고 생각하여, 실망하고 내 곁을 떠났다오.

왕자여, 나는 영양가가 많은 유미죽을 먹고 힘을 얻어 감각적 욕망을 멀리하고 불선법을 멀리하여, 사유가 있고 숙고가 있는, 멀리함에서 생긴 즐거움과 행복이 있는 초선을 성취하여 머물렀다오. 왕자여, 그렇지만 나에게 발생한 이와 같은 즐거운 느낌은 마음을 사로잡고 머물지 않았다오. 나는 사유와 숙고를 억제하여 내적으로 조용해진, 마음이 집중된, 사유와 숙고가 없는, 삼매에서 생긴 즐거움과 행복이 있는 제2선(第二禪)을 성취하여 머물렀다오. 그렇지만 나에게 발생한 이와 같은 즐거운 느낌은 마음을 사로잡고 머물지 않았다오. 나는 희열(喜悅)이 사라지고 평정한 마음으로 주의집중과 알아차림을 하며 지내는 가운데 몸으로 행복을 느끼면서, 성인들이 '평정한 마음으로 주의집중을 하는 행복한 상태'라고 이야기한 제3선(第三禪)을 성취하여 머물렀다오. 그렇지만 나에게 발생한 이와 같은 즐거운 느낌은 마음을 사로잡고 머물지 않았다오. 나는 행복감을 포기하고 괴로움을 버림으로써 이전의 만족과 불만이 소멸하여 괴롭지도 않고 즐겁지도 않은, 평정한 주의집중이 청정한 제4선(第四禪)을 성취하여 머물렀다오. 그렇지만 나에게 발생한 이와 같은 즐거운 느낌은 마음을 사로잡고 머물지 않았다오.

이와 같이 청정하게 정화되고, 죄악의 먼지가 없고, 번뇌의 때가 없으며, 유연하여 적응력이 있고 견고하여 움직이지 않는, 삼매에 든 마음에서 나는 전생에 대한 앎[宿命通]에 주의를 기울였다오. 나는 여러 가지 전생의 삶을 기억했다오. (…중략…)05 왕자여, 이것이 내가 그날 밤 초야(初夜)에 성취한 첫 번째 명지(明智)라오. 게으름피우지 않고 열심히 정진하며 살아가면 으레 그러하듯이, 무명(無明)이 사라지고 명지가 나타났다오. 어둠이 사라지고 광명이 나타났다오. 그렇지만 나에게 발

---

05 숙명통(宿命通)은 「40. 싸꿀우다인에게 설하신 큰 경」과 같은 내용이므로 생략함.

생한 이와 같은 즐거운 느낌은 마음을 사로잡고 머물지 않았다오.

이와 같이 청정하게 정화되고, 죄악의 먼지가 없고, 번뇌의 때가 없으며, 유연하여 적응력이 있고, 견고하여 움직이지 않는, 삼매에 든 마음에서, 나는 중생의 죽고 태어남에 대한 앎[天眼通]에 주의를 기울였다오. 나는 인간을 초월한 청정한 천안(天眼)으로 중생을 보고, 중생이 업에 따라 죽고, 태어나고, 못나고, 훌륭하고, 잘생기고, 못생기고, 행복하고, 불행한 것을 체험적으로 알았다오. (…중략…)[06] 왕자여, 이것이 내가 그날 밤 중야(中夜)에 성취한 두 번째 명지라오. 게으름피우지 않고 열심히 정진하며 살아가면 으레 그러하듯이, 무명이 사라지고 명지가 나타났다오. 어둠이 사라지고 광명이 나타났다오. 그렇지만 나에게 발생한 이와 같은 즐거운 느낌은 마음을 사로잡고 머물지 않았다오.

이와 같이 청정하게 정화되고, 죄악의 먼지가 없고, 번뇌의 때가 없으며, 유연하여 적응력이 있고, 견고하여 움직이지 않는, 삼매에 든 마음에서, 나는 번뇌의 멸진에 대한 앎[漏盡通]에 주의를 기울였다오. 나는 '이것은 괴로움[苦]이다'라고 여실(如實)하게 체험했다오. 나는 '이것은 괴로움의 쌓임[苦集]이다'라고 여실하게 체험했다오. 나는 '이것은 괴로움의 소멸[苦滅]이다'라고 여실하게 체험했다오. 나는 '이것은 괴로움의 소멸에 이르는 길[苦滅道]이다'라고 여실하게 체험했다오. 나는 '이것들은 번뇌[漏]다'라고 여실하게 체험했다오. 나는 '이것은 번뇌의 쌓임(漏集)이다'라고 여실하게 체험했다오. 나는 '이것은 번뇌의 소멸(漏滅)이다'라고 여실하게 체험했다오. 나는 '이것은 번뇌의 소멸에

---

06 천안통(天眼通)은「40. 싸꿀우다인에게 설하신 큰 경」과 같은 내용이므로 생략함.

이르는 길[漏滅道]이다'라고 여실하게 체험했다오. 내가 이렇게 알고 이렇게 보았을 때, 마음이 욕루(欲漏)에서 해탈하고, 유루(有漏), 무명루(無明漏)에서 해탈했다오. 해탈했을 때 '나는 해탈했다'라고 알게 되었다오. 나는 '태어남은 끝났고, 청정한 수행[梵行]을 마쳤으며, 해야 할 일을 끝마쳤다. 다시는 이런 상태로 되지 않는다'라고 체험적으로 알았다오. 왕자여, 이것이 내가 그날 밤 후야(後夜)에 성취한 세 번째 명지라오. 게으름피우지 않고 열심히 정진하며 살아가면 으레 그러하듯이, 무명이 사라지고 명지가 나타났다오. 어둠이 사라지고 광명이 나타났다오. 그렇지만 나에게 발생한 이와 같은 즐거운 느낌은 마음을 사로잡고 머물지 않았다오.

왕자여, 나는 정각(正覺)을 성취한 후에 바라나씨의 선인(仙人)이 내려왔던 녹야원(鹿野苑)으로 다섯 비구를 찾아가서 그들을 가르쳤다오.[07] 왕자여, 다섯 비구는 나에게 이와 같이 가르침을 받고, 이와 같이 지도를 받으면서, 오래지 않아 선남자(善男子)들이 출가하는 목적인 위없는 청정한 수행의 완성을 지금 여기에서 스스로 체험하고 성취하여 살아갔다오."

이와 같이 말씀하시자 보디 왕자가 세존께 말씀드렸습니다.

"세존이시여, 비구가 여래의 지도를 받아 얼마 동안 수행하면 선남자(善男子)들이 출가하는 목적인 위없는 청정한 수행의 완성을 지금 여기에서 스스로 체험하고 성취하여 살아갈 수 있습니까?"

"왕자여, 그렇다면, 내가 그대에게 묻겠소. 그대에게 합당한 답을

---

07 부처님께서 출가하여 성도(成道)하신 후에 다섯 비구를 찾아가 가르친 내용은 「15. 거룩한 소원(所願) 경」의 내용과 같기 때문에 생략하여 번역함.

하도록 하시오. 왕자여, 어떻게 생각하나요? 그대는 코끼리를 타고 갈고리를 사용하는 기술을[08] 잘 아나요?"

"그렇습니다. 세존이시여, 저는 코끼리를 타고 갈고리를 사용하는 기술을 잘 압니다."

"왕자여, 어떻게 생각하나요? 어떤 사람이 와서, '보디 왕자는 코끼리를 타고 갈고리를 사용하는 기술을 안다. 나는 그에게 직접 코끼리를 타고 갈고리를 사용하는 기술을 배워야겠다'라고 한다고 합시다. 그런데 그는 믿음이 없어서 믿음으로 그 기술을 습득할 수 없고, 병이 많아서 건강으로 그 기술을 습득할 수 없고, 교활하고 위선적이어서 정직과 성실로 그 기술을 습득할 수 없고, 게을러서 부단한 노력으로 그 기술을 습득할 수 없고, 어리석어서 지혜로 그 기술을 습득할 수 없다고 합시다. 왕자여, 어떻게 생각하나요? 그 사람은 그대에게 직접 코끼리를 타고 갈고리를 사용하는 기술을 배울 수 있을까요?"

"세존이시여, 단 한 가지만으로도 그 사람은 나에게 직접 코끼리를 타고 갈고리를 사용하는 기술을 배울 수 없을 것입니다. 하물며 다섯 가지라면 말해 무엇하겠습니까?"

"왕자여, 어떻게 생각하나요? 어떤 사람이 와서, '보디 왕자는 코끼리를 타고 갈고리를 사용하는 기술을 안다. 나는 그에게 직접 코끼리를 타고 갈고리를 사용하는 기술을 배워야겠다'라고 한다고 합시다. 그런데 그는 믿음이 있어서 믿음으로 그 기술을 습득할 수 있고, 병이 없어서 건강으로 그 기술을 습득할 수 있고, 정직하고 성실하여 정직과

---

08 말을 다룰 때 채찍으로 때리듯이, 코끼리를 다룰 때는 쇠갈고리로 머리를 찌른다.

성실로 그 기술을 습득할 수 있고, 부지런하여 부단한 노력으로 그 기술을 습득할 수 있고, 지혜로워서 지혜로 그 기술을 습득할 수 있다고 합시다. 왕자여, 어떻게 생각하나요? 그 사람은 그대에게 직접 코끼리를 타고 갈고리를 사용하는 기술을 배울 수 있을까요?"

"세존이시여, 단 한 가지만으로도 그 사람은 나에게 직접 코끼리를 타고 갈고리를 사용하는 기술을 배울 수 있을 것입니다. 하물며 다섯 가지라면 말해 무엇하겠습니까?"

"왕자여, 이와 마찬가지로 다섯 가지 정근(正勤)의 조건이 있다오. 그 다섯 가지는 무엇인가?

왕자여, 비구는 믿음이 있어야 한다오. 그는 '세존은 아라한[應供], 원만하고 바르게 깨달으신 분[正遍知], 앎과 실천을 구족하신 분[明行足], 피안으로 잘 가신 분[善逝], 세상을 잘 아시는 분[世間解], 위없는 분[無上士], 사람을 길들여 바른길로 이끄시는 분[調御丈夫], 천신과 인간의 스승[天人師], 진리를 깨달으신 분[佛], 세존(世尊)이시다'라고 여래의 깨달음을 믿어야 한다오. 병이 없어야 한다오. 그는 건강하여 소화를 잘 시키고, 지나치게 열성을 내거나 지나치게 태만하지 않은 중용(中庸)으로 정근(正勤)을 견뎌야 한다오. 거짓이 없어야 한다오. 그는 속이지 않고 자기 자신을 스승이나 현인(賢人)들이나 도반(道伴)들에게 있는 그대로 보여주어야 한다오. 그는 불선법(不善法)을 버리고 선법(善法)을 얻기 위해 선법들 가운데서 확고하게 열심히 노력하며 살아야 한다오. 지혜로워야 한다오. 그는 나타나고 사라지는 것에 대하여, 올바른 괴로움의 소멸로 이끄는 거룩한 결택(決擇)을 할 수 있는 통찰지[般若]를 갖추어야 한다오.

왕자여, 비구가 이들 다섯 가지 정근의 조건을 갖추고 여래의 지도를 받으면, 7년이면 선남자들이 출가하는 목적인 위없는 청정한 수행(梵行)의 완성을 지금 여기에서 스스로 체험하고 성취하여 살아갈 수 있을 것이오. 왕자여, 7년이 아니더라도, 비구가 이들 다섯 가지 정근의 조건을 갖추고 여래의 지도를 받으면, 6년, 아니 5년, 아니 4년, 아니 3년, 아니 2년, 아니 1년, 아니 7개월, 아니 6개월, 아니 5개월, 아니 4개월, 아니 3개월, 아니 2개월, 아니 1개월, 아니 7주야(晝夜), 아니 6주야, 아니 5주야, 아니 4주야, 아니 3주야, 아니 2주야, 아니 1주야를 수행하면 선남자들이 출가하는 목적인 위없는 청정한 수행의 완성을 지금 여기에서 스스로 체험하고 성취하여 살아갈 수 있을 것이오.[09] 왕자여, 1주야가 아니라도, 비구가 이들 다섯 가지 정근의 조건을 갖추고 여래의 지도를 받으면, 저녁에 가르침을 받아서 아침에 성취할 수 있고, 아침에 가르침을 받아서 저녁에 성취할 수 있을 것이오."

이와 같이 말씀하시자, 보디 왕자가 세존께 말씀드렸습니다.

"놀랍습니다. 부처님! 놀라운 가르침입니다! 저녁에 가르침을 받아서 아침에 성취할 수 있고, 아침에 가르침을 받아서 저녁에 성취할 수 있다니, 참으로 놀라운 가르침을 잘 설하셨습니다."

이와 같이 말하자, 바라문 청년 싼지까뿟따가 보디 왕자에게 말했습니다.

"그런데 보디 존자께서는 '놀랍습니다. 부처님! 놀라운 가르침입니다! 참으로 놀라운 가르침을 잘 설하셨습니다'라고 말씀하실 뿐, '고

---

09   6년에서 2주야까지 중복되는 내용을 생략하여 번역함.

따마 존자님께 귀의합니다. 가르침과 비구 승가에 귀의합니다'라고는 말씀하시지 않는군요.”

"사랑하는 벗 싼지까뿟따여, 그렇게 말하지 마시오. 사랑하는 벗 싼지까뿟따여, 그렇게 말하지 마시오. 사랑하는 벗 싼지까뿟따여, 나는 나의 어머니에게 직접 들었소. 사랑하는 벗 싼지까뿟따여, 한때 세존께서 꼬쌈비의 고씨따라마(Ghositārāma)에 계실 때, 임신한 나의 어머니는 세존을 찾아가서 세존께 예배하고 한쪽에 앉아, '세존이시여, 제가 임신한 이 아이가 왕자든, 공주든, 그는 세존과 가르침과 비구 승가에 귀의합니다. 세존께서는 그를 오늘부터 살아있는 날까지 귀의한 청신사(淸信士)로 받아주소서'라고 말했다오. 사랑하는 벗 싼지까뿟따여, 나는 나의 어머니에게 직접 들었소. 사랑하는 벗 싼지까뿟따여, 한때 세존께서 이곳 박가의 쑹쑤마라기리 산에 있는 베싸깔라와나 숲의 사슴동산에 계실 때, 유모가 나를 등에 업고 세존을 찾아가서, 세존께 예배하고 한쪽에 서서 세존께 '세존이시여, 이 보디 왕자가 세존과 가르침과 비구 승가에 귀의합니다. 세존께서는 그를 오늘부터 살아있는 날까지 귀의한 청신사로 받아주소서'라고 말했다오. 사랑하는 벗 싼지까뿟따여, 이제 나는 세 번째로 세존과 가르침과 비구 승가에 귀의합니다. 세존께서는 저를 오늘부터 살아있는 날까지 귀의한 청신사로 받아주소서.”

46

앙굴리말라에게 설하신 경

86. Aṅgulimāla-sutta

【 해제 】

이 경은 한역 『중아함경(中阿含經)』에는 상응하는 경이 없고, 『잡아함경(雜阿含經)』38.16과 『증일아함경(增一阿含經)』38.6에 같은 내용이 있다. 별행경(別行經)으로는 법거(法炬)의 『앙굴마경(鴦崛髻經)』, 축법호(竺法護)의 『앙굴마경(鴦崛摩經)』, 구나발타라(求那跋陀羅)의 『앙굴마라경(央掘魔羅經)』이 있다.

앙굴리말라(Aṅgulimāla)는 수많은 사람을 죽여, 죽인 사람의 손가락을 잘라 목에 걸고 다닌 흉악한 살인마(殺人魔)다. 'Aṅguli'는 '손가락'을 의미하고, 'māla'는 목걸이를 의미하므로 앙굴리말라는 죽인 사람의 손가락을 묶어서 목에 걸고 다녔기 때문에 붙여진 이름이다. 부처님께서 앙굴리말라를 교화하신 내용은 경전에 따라 조금씩 다르다. 이 사건의 의미를 전하는 사람들이 각기 다르게 이해했기 때문일 것이다.

이 경에서 우리에게 보여주고자 하는 것은 만남의 중요성과 새로운 탄생이다. 부처님께서는 흉악한 살인마가 나타났다는 말을 듣고 앙굴리말라를 찾아간다. 부처님을 만난 앙굴리말라는 칼을 내려놓고 자비로운 수행자가 된다. 부처님께서는 앙굴리말라에게 난산(難産)으로 고통받는 임산부를 찾아가서, '자매여, 나는 성자의 가문에 태어난 이래로 고의로 살아있는 생명을 빼앗은 기억이 없습니다. 이러한 진실을 가지고 당신에게 가피가 있기를 축원합니다. 태아에게 가피가 있기를 축원합니다'라고 축원하게 한다. 그는 이 경의 말미에서 이렇게 노래한다.

과거에 힝싸까(himsaka; 살해자)였던 나의 이름은 '아힝싸까
(Ahimsaka; 비폭력자)'라네.
지금 나는 진실한 이름이 있으니, 나는 그 누구도 해치지 않는다네.

앙굴리말라가 부처님을 만나 힝싸까(himsaka; 살해자)에서 '아힝싸까(ahimsaka; 비폭력자)'로 새롭게 태어났듯이, 우리도 부처님의 가르침을 만나 새롭게 탄생해야 한다. 이것이 진정한 불법(佛法)과의 만남이다. 앙굴리말라를 찾아가셨듯이, 부처님께서는 항상 우리를 찾고 계신다. 그러나 절에 다닌다고 해서, 불경을 읽는다고 해서 부처님과의 만남이 이루어지는 것은 아니다. 앙굴리말라가 부처님의 가르침을 듣고 칼을 내려놓았듯이, 부처님의 가르침을 통해 과거의 자신을 내려놓고 새롭게 탄생할 때 부처님과의 만남은 이루어진다. 하지만 이러한 만남은 눈먼 거북이 망망대해에서 나무토막을 만나는 것만큼이나 어려운 일이다.

이와 같이 나는 들었습니다.

한때 세존께서는 싸왓티의 제따와나 아나타삔디까 승원(僧園)에 머무셨습니다. 그때 빠쎄나디(Pasenadi) 왕의 영토에 손에 피를 묻히고 무자비하게 중생을 살육하는 앙굴리말라(Aṅgulimāla)라는 사나운 도적이 있었습니다. 그래서 마을이 황폐해지고, 도시가 황폐해지고, 나라가 황폐해졌습니다. 그는 사람들을 살해하여 손가락으로 목걸이를 만들어서 걸었습니다.

어느 날 세존께서는 오전에 옷을 입고, 발우와 법의를 지니고 탁발하러 싸왓티에 들어갔습니다. 싸왓티에서 탁발을 하신 후에, 탁발에서 돌아와 식사를 마치신 다음, 자리를 거두시고, 발우와 법의를 지니고 도적 앙굴리말라를 찾아 길을 나섰습니다. 소 키우는 사람들, 가축 키우는 사람들, 농부들이 달려 나와서 세존께서 도적 앙굴리말라를 찾아가시는 것을 보고 말했습니다.

"사문이여, 이 길을 가지 마십시오. 이 길에는 손에 피를 묻히고 무자비하게 중생을 살육하는 앙굴리말라라는 사나운 도적이 있습니다. 그래서 마을이 황폐해지고, 도시가 황폐해지고, 나라가 황폐해졌습니다. 그는 사람들을 살해하여 손가락으로 목걸이를 만들어서 걸고 있습니다. 이 길은 열 사람이나, 스무 사람이나, 서른 사람이나, 마흔 사람이 함께 모여서 가더라도, 그들은 도적 앙굴리말라의 손아귀에 들어갑니다."

이와 같이 말했지만, 세존께서는 묵묵히 길을 갔습니다. 소 키우는 사람들, 가축 키우는 사람들, 농부들이 달려 나와서 두 번, 세 번 거듭하여 말렸지만, 세존께서는 묵묵히 길을 갔습니다.

도적 앙굴리말라는 저만치에서 세존께서 오시는 것을 보고 이렇게 생각했습니다.

"저 사람 참 놀랍구나. 저 사람 참 희한하구나. 이 길은 열 사람이나, 스무 사람이나, 서른 사람이나, 마흔 사람이 함께 모여서 가더라도, 그들은 나의 손아귀에 들어온다. 그런데 이 사문은 겁 없이, 둘도 아니고, 혼자서 오는 것 같다. 내가 이 사문의 생명을 빼앗자."

도적 앙굴리말라는 칼과 방패를 들고, 활과 화살통을 차고, 뒤에서 세존을 따라갔습니다. 세존께서는 도적 앙굴리말라가 제아무리 애를 써서 걸어도 통상적으로 걷는 세존을 따라잡을 수 없는 신통(神通)을 부렸습니다. 그러자 도적 앙굴리말라에게 이런 생각이 들었습니다.

"저 사람 참 놀랍구나. 저 사람 참 희한하구나. 나는 이전에 달리는 코끼리를 따라가서 잡았고, 달리는 말을 따라가서 잡았고, 달리는 전차(戰車)를 따라가서 잡았고, 달리는 사슴을 따라가서 잡았다. 그런데 지금 나는 제아무리 애를 써서 걸어도 통상적으로 걷는 이 사문을 따라잡을 수가 없구나."

그는 멈추어 서서 세존께 말씀드렸습니다.

"멈추어라! 사문이여. 멈추어라! 사문이여."

"앙굴리말라여! 나는 멈추고 있다. 그대가 멈추어라!"

그러자 앙굴리말라는 이렇게 생각했습니다.

'이들 석씨(釋氏)[01] 사문들은 진실을 말하고, 진실을 인정하는 사람

---

01 'Sakyaputtiyā'의 번역. Dīgha-Nikāya의 27. Aggañña Sutta에서 부처님은 "그대들은 누구인가?"라고 물으면, 그대들은 '우리는 사문(沙門)으로서 싸꺄(釋迦)의 아들들

들이다. 그런데 이 사문은 걸어가면서 '앙굴리말라여! 나는 멈추고 있다. 그대가 멈추어라!'라고 말했다. 이 사문에게 그 의미를 물어보자.'

그래서 도적 앙굴리말라는 세존께 게송(偈頌)으로 말을 걸었습니다.

사문이여, 그대는 걸으면서 '나는 멈추었다'라고 말하고,
멈추어 있는 나에게 '너는 멈추지 않았다'라고 말하네.
사문이여, 그대에게 그 의미를 묻나니.
어찌하여 그대는 멈추었고, 나는 멈추지 않았는가?

앙굴리말라여, 나는 언제나 일체의 생명에 대하여
폭력을 내려놓고 있다네.
그런데 그대는 생명을 가진 것들에 대하여 절제하지 않고 있네.
그러므로 나는 멈추었고, 그대는 멈추지 않았다네.

마침내 나를 위해 이 숲에 위대한 선인(仙人)이신
사문께서 출현하셨네.
법을 갖춘 당신의 게송을 듣고,
드디어 저는 악(惡)을 버리게 되었습니다.

이리하여 도적은 칼과 무기를
구덩이로, 심연(深淵)으로, 나락(奈落)으로 내던졌다네.

(Sakyaputtiyā)이다'라고 대답하라"고 말씀하셨다. 부처님에게 출가하면 속가의 성을 버리고 석(釋)씨가 된다는 의미이다.

도적은 선서(善逝)의 두 발에 예배하고,

그곳에서 출가를 간청했다네.

자비롭고 위대한 선인이시며, 천신(天神)을 포함한

세간의 스승이신 부처님께서

그에게 '오라! 비구여'라고 그때 말씀하셨다네.

그리하여 그는 비구가 되었다네.

세존께서는 앙굴리말라 존자를 수종사문(隨從沙門)[02]으로 삼아 싸왓티
로 길을 떠났습니다. 세존께서는 차례로 유행하시다가 싸왓티에 도착
해서 바로 제따와나 아나타삔디까 승원(僧園)에 머무셨습니다.

그때 꼬쌀라(Kosala)의 왕 빠쎄나디의 궁전 안에 많은 사람이 모여
서 큰소리로 소란스럽게 말했습니다.

"대왕이시여, 대왕의 영토에 손에 피를 묻히고 무자비하게 중생을
살육하는 앙굴리말라라는 사나운 도적이 있습니다. 그래서 마을이 황
폐해지고, 도시가 황폐해지고, 나라가 황폐해졌습니다. 그는 사람들을
살해하여 손가락으로 목걸이를 만들어서 걸고 있습니다. 대왕이시여,
그 도적을 막아주소서."

꼬쌀라의 왕 빠쎄나디는 기병(騎兵) 500명을 거느리고 아침 일찍
싸왓티를 나와서 승원으로 출발했습니다. 그는 수레가 갈 수 있는 데까
지 수레로 간 다음, 수레에서 내려 걸어서 세존을 찾아가 세존께 예배

---

02 'pacchāsamaṇa'의 번역. 부처님이 길을 갈 때 뒤를 따르는 사문.

하고 한쪽에 앉았습니다. 한쪽에 앉은 꼬쌀라의 왕 빠쎄나디에게 세존께서 말씀하셨습니다.

"대왕이시여, 당신에게 소란을 피우는 자가 누구입니까? 마가다의 왕 쎄니야 빔비싸라입니까, 웨쌀리에 사는 릿차위들입니까, 그렇지 않으면 다른 적국의 왕입니까?"

"세존이시여, 저에게 소란을 피우는 자는 마가다의 왕 쎄니야 빔비싸라도 아니고, 웨쌀리에 사는 릿차위들도 아니고, 다른 적국의 왕도 아닙니다. 세존이시여, 앙굴리말라라는 사나운 도적이 내 영토에서 손에 피를 묻히고 무자비하게 중생을 살육하고 있습니다. 그래서 마을이 황폐해지고, 도시가 황폐해지고, 나라가 황폐해졌습니다. 그는 사람들을 살해하여 손가락으로 목걸이를 만들어서 걸고 있습니다. 세존이시여, 저는 그를 막을 수가 없습니다."

"대왕이시여, 만약에 머리와 수염을 깎고, 가사(袈裟)와 법의(法衣)를 입고, 집을 떠나 출가하여 살생하지 않고, 도둑질하지 않고, 거짓말하지 않고, 하루에 한 끼를 먹는 청정한 수행자로서 계행을 갖추고 훌륭한 인품을 갖춘 앙굴리말라를 본다면, 당신은 그를 어찌하겠습니까?"

"세존이시여, 저는 예배하고, 일어나서 맞이하고, 자리에 초대하고, 초청하고, 법도에 맞게 그에게 법의와 탁발 음식과 좌구(坐具)와 환자를 위한 의약자구(醫藥資具)를 마련해주고, 지켜주고, 보호할 것입니다. 세존이시여, 그렇지만 부도덕하고 사악한 그에게 어떻게 그런 계행(戒行)에 의한 절제가 있겠습니까?"

그때 앙굴리말라 존자는 세존 가까이에 앉아있었습니다. 세존께서는 오른쪽 팔을 뻗고서 꼬쌀라의 왕 빠쎄나디에게 말씀하셨습니다.

"대왕이시여, 이 사람이 앙굴리말라입니다."

그러자 꼬쌀라의 왕 빠쎄나디는 두렵고 놀라서 털이 곤두섰습니다.

세존께서는 두렵고 놀라서 털이 곤두선 꼬쌀라의 왕 빠쎄나디를 보고, 그에게 말씀하셨습니다.

"대왕이시여, 두려워하지 마시오. 대왕이시여, 두려워하지 마시오. 당신이 두려워해야 할 것은 없습니다."

그러자 털이 곤두선 빠쎄나디왕에게 두려움과 놀라움이 사라졌습니다. 빠쎄나디왕은 앙굴리말라 존자에게 가서 이렇게 말했습니다.

"존자여, 당신이 앙굴리말라입니까?"

"그렇습니다. 대왕이시여."

"존자여, 당신 아버지의 성은 무엇이고, 어머니의 성은 무엇입니까?"

"대왕이시여, 아버지는 각가(Gagga)이고, 어머니는 만따니(Mantāṇī)입니다."

"존자여, 각가 만따니뿟따(Gagga Mantāṇīputta) 존자가 기꺼이 사용하십시오. 내가 각가 만따니뿟따 존자에게 성심을 다하여 법의와 탁발 음식과 좌구(坐具)와 환자를 위한 의약자구를 마련해 드리겠습니다."

그때 앙굴리말라 존자는 숲에서 탁발 음식과 세 벌의 분소의(糞掃衣)로 생활했습니다. 앙굴리말라 존자는 꼬쌀라의 왕 빠쎄나디에게 이렇게 말했습니다.

"대왕이시여, 그만두십시오. 제가 가진 세 벌의 옷이면 충분합니다."

그래서 꼬쌀라의 왕 빠쎄나디는 세존께 가서 예배하고, 한쪽에 앉아 말했습니다.

"놀랍습니다. 세존이시여! 희한합니다. 세존이시여! 세존께서는 길들일 수 없는 자들을 길들이시고, 평온할 수 없는 자들을 평온하게 하시고, 열반에 들 수 없는 자들을 열반에 들게 하십니다. 세존이시여, 우리는 몽둥이나 칼로도 길들일 수 없는 자를 세존께서는 몽둥이나 칼을 쓰지 않고 길들이셨습니다. 세존이시여, 우리는 할 일이 많아서 그만 가겠습니다."

"대왕이시여, 이제 가야 할 시간이라고 생각되면 그렇게 하십시오."

꼬쌀라의 왕 빠쎄나디는 자리에서 일어나 세존께 예배하고, 오른쪽으로 (세 바퀴를) 돌고 떠났습니다.

어느 날 앙굴리말라 존자는 오전에 옷을 입고, 발우와 법의를 지니고 탁발하러 싸왓티에 들어갔습니다. 앙굴리말라 존자는 싸왓티에서 차례로 걸식을 하다가, 난산(難産)으로 분만을 하지 못하고 있는 어떤 부인을 보았습니다. 이것을 보고 그에게 이런 생각이 들었습니다.

"실로 중생은 고통 속에 빠져있구나! 실로 중생은 고통 속에 빠져있구나!"

앙굴리말라 존자는 싸왓티에서 탁발을 한 후에 식사를 마치고, 오후에 세존을 찾아갔습니다. 그는 세존께 예배한 후에 한쪽에 앉아 세존께 말씀드렸습니다.

"세존이시여, 저는 오전에 탁발하러 싸왓티에 들어가서 걸식을 하다가, 난산으로 분만하지 못하고 있는 어떤 부인을 보았습니다. 이것을 보고 저는 '실로 중생은 고통 속에 빠져있다'라고 생각했습니다."

"앙굴리말라여, 그렇다면 그대는 싸왓티에 가서 그 부인에게 '자매여, 나는 태어난 이래로 고의로 살아있는 생명을 빼앗은 기억이 없습니다. 이러한 진실을 가지고 당신에게 가피(加被)가 있기를 축원합니다. 태아에게 가피가 있기를 축원합니다'라고 말하여라!"

"세존이시여, 그것은 제가 고의로 거짓말을 하는 것이 아닌가요? 세존이시여, 저는 고의로 살아있는 많은 생명을 빼앗았습니다."

"앙굴리말라여, 그렇다면 그대는 싸왓티에 가서 그 부인에게 '자매여, 나는 성자의 가문에 태어난 이래로[03] 고의로 살아있는 생명을 빼앗은 기억이 없습니다. 이러한 진실을 가지고 당신에게 가피가 있기를 축원합니다. 태아에게 가피가 있기를 축원합니다'라고 말하여라!"

"그렇게 하겠습니다."

앙굴리말라 존자는 세존께 약속한 후에 싸왓티에 가서 그 부인에게, "자매여, 나는 성자의 가문에 태어난 이래로 고의로 살아있는 생명을 빼앗은 기억이 없습니다. 이러한 진실을 가지고 당신에게 가피가 있기를 축원합니다. 태아에게 가피가 있기를 축원합니다"라고 말했습니다. 그래서 그 부인과 태아에게 가피가 있었습니다.

앙굴리말라 존자는 홀로 외딴곳에서 열심히 노력하고, 정진하며 지냈습니다. 그리고 오래지 않아 선남자(善男子)들이 출가하는 목적인 위없는 청정한 수행[梵行]의 완성을 지금 여기에서 스스로 체험하고 성취하여 살아갔습니다. 그는 '태어남은 끝났고, 청정한 수행을 마쳤으며, 해야 할 일을 끝마쳤다. 다시는 이런 상태로 되지 않는다'라는 것을 체득했습니다. 그래서 앙굴리말라 존자는 아라한 가운데 한 분이 되었습니다.

어느 날 앙굴리말라 존자는 오전에 옷을 입고, 발우와 법의를 지니고 탁발하러 싸왓티에 들어갔습니다. 그때 어떤 사람은 앙굴리말라

---

03 'yato ariyāya jātiyā jāto'의 번역. 부처님에게 출가하여 새로운 생명을 받았다는 의미이다.

존자의 몸에 흙덩어리를 던졌고, 어떤 사람은 몽둥이를 던졌고, 어떤 사람은 돌덩어리를 던졌습니다. 그래서 앙굴리말라 존자는 머리가 깨져서 피를 흘리며, 깨진 발우와 찢어진 승복 차림으로 세존께 갔습니다. 세존께서는 저만치에서 앙굴리말라 존자가 오는 것을 보시고, 앙굴리말라 존자에게 말씀하셨습니다.

"바라문이여, 그대는 참아내야 한다. 바라문이여, 그대는 참아내야 한다. 그대가 수백 년, 수천 년 지옥에 가야 할 업보를, 바라문이여, 그대는 그 업보를 지금 여기에서 받는 것이다."

앙굴리말라 존자는 홀로 조용한 곳에서 좌선하면서 해탈의 즐거움을 느꼈습니다. 그때 그는 이 우다나를 읊었습니다.

이전에는 방일(放逸)하다가 이후에는 방일하지 않는 자
그는 이 세간을 비춘다네, 구름에서 벗어난 달빛처럼.

과거에 지은 악업(惡業)을 선업(善業)으로 가린 자
그는 이 세간을 비춘다네, 구름에서 벗어난 달빛처럼.

진실로 깨달은 분의 가르침에 따르는 젊은 비구
그는 이 세간을 비춘다네, 구름에서 벗어난 달빛처럼.

나의 적들아, 설법을 들어라!
나의 적들아, 깨달은 분의 가르침을 따르라!
나의 적들아, 가르침을 받게 하는 평온한 사람들과 사귀어라!

나의 적들아, 인욕을 설하고, 관용(寬容)을 칭찬하는 사람들에게
수시로 가르침을 듣고, 가르침을 따르라!

그가 자신을 해치지 않고, 다른 누구도 해치지 않으면,
최고의 평온을 얻어, 동물이든 식물이든,
모든 것을[04] 보호하게 되리.

물 대는 사람은 물길을 잡고, 살 만드는 사람은 화살을 다듬고,
목공(木工)은 목재를 다듬고, 현자(賢者)는 자기를 길들인다네.

어떤 사람들은 몽둥이와 갈고리와 채찍으로 길들여지는데,
몽둥이나 칼을 쓰지 않고, 나는 이렇게 길들여졌네.

과거에 힝싸까(hiṁsaka: 살해자)였던 나의 이름은
'아힝싸까(Ahiṁsaka: 비폭력자)'라네.
지금 나는 진실한 이름이 있으니, 나는 그 누구도 해치지 않는다네.

나는 과거에 도적 앙굴리말라로 알려졌다네.
커다란 폭류(暴流) 속에 떠다니다가,
부처님을 피난처로 귀의했다네.

---

04 'tasathāvare'의 번역. 축어적으로는 움직이는 것과 움직이지 않는 것을 의미하는데, 움직이는 동물과 움직이지 않는 식물을 의미한다.

나는 과거에 손에 피를 묻힌 앙굴리말라로 알려졌다네.

피난처에 귀의한 나를 보라! 존재로 이끄는 줄이[05] 끊겼다네.

수많은 악처(惡處)에 떨어질 업을 지어,

업의 과보를 받은 나는 빚 없이 음식을 먹는다네.[06]

어리석고 무지한 사람들은 방일(放逸)에 빠진다네.

현명한 사람은 불방일(不放逸)을 가장 소중한 재산으로 지킨다네.

게으름에 빠지지 말라! 감각적 쾌락을 가까이하지 말라!

게으름피우지 않고 선정(禪定)을 닦으면 큰 즐거움을 얻는다네.

잘 왔구나! 떠나지 않으리라!

나에게는 떠난다는 나쁜 생각이 없다네.

분명한 가르침 가운데서 나는 최상에 도달했다네.

잘 왔구나! 떠나지 않으리라!

나에게는 떠난다는 나쁜 생각이 없다네.

삼명(三明)을 얻었다네. 부처님의 가르침을 성취했다네.

---

05 'bhavanetti'의 번역. 축어적으로는 존재로(bhava) 이끄는 것(netti)인데, 12연기에서 유 (有)의 조건이 되는 애(愛)와 취(取)를 의미한다.

06 'phuṭṭho kammavipākena anaṇo bhuñjami bhojanaṁ'의 번역. 'anaṇo bhuñjami bhojanaṁ'은 '빚 없이 음식을 먹는다'라는 의미이다. 아라한을 응공(應供)이라고 하는 것은 공양받은 음 식이 자신의 공덕으로 얻은 것이기 때문에 빚 없이 먹을 자격이 있다는 의미이다.

47

가르침의 탑(塔)경

89. Dhammacetiya-sutta

【 해제 】

이 경은 한역『중아함경(中阿含經)』「213. 법장엄경(法莊嚴經)」에 상응하는 경이며,『증일아함경(增一阿含經)』38. 10에 같은 내용이 있다.

이 경의 이름은 'Dhammacetiya'이다. 여기에서 'Dhamma'는 부처님의 가르침을 의미하고 'cetiya'는 탑(塔)을 의미하기 때문에 '가르침의 탑'이라고 번역했다.

꼬쌀라의 빠쎄나디왕은 하루 종일 말을 달려 부처님을 찾아와서 극진한 예를 올린다. 부처님께서 그 이유를 묻자, 여러 가지 점에서 판단할 때, '세존에게는 가르침의 모든 것이 있다. 세존은 평등하고 바른 깨달음을 성취하신 분[等正覺]이다. 세존에 의해 가르침은 잘 설해졌다. 세존의 성문(聲聞) 승가(僧伽)는 가르침을 잘 실천한다'라고 생각했기 때문이라고 대답한다. 빠쎄나디왕이 '부처님에게는 가르침의 모든 것이 있다'라고 판단한 여러 가지 이유를 부처님께서는 'Dhammacetiya', 즉 '가르침의 탑'이라고 말씀하신다.

　　탑은 유골을 안치하고, 죽은 사람을 기념하는 것이다. 그런데 왜 부처님께서는 빠쎄나디왕의 이야기를 '가르침의 탑'이라고 하신 것일까? 우선 빠쎄나디왕의 이야기를 살펴보자. 빠쎄나디왕이 이야기한 부처님을 존경하는 이유는 다음과 같다.

　　비구들은 수명과 목숨이 다할 때까지 원만하고 청정한 범행을 실천한다.
　　비구들은 논쟁하지 않으며, 우유와 물처럼 화합하고, 애정을 주고받으며 살아간다.
　　비구들은 기꺼이 즐겁게 다른 사람의 보시에 의지하여 살아간다.
　　세존께서 설법하실 때, 비구들은 재채기 소리도 내지 않고, 헛기침 소리도 내지 않는다.
　　부처님의 가르침을 논파하려던 현명한 크샤트리아, 바라문, 거사들이 부처님의 가르침을 받고 부처님의 제자가 되었다.
　　부처님의 가르침을 논파하려던 현명한 사문(沙門)들이 부처님의 가르침을 받고 부처님에게 출가했다.
　　시종무관(侍從武官)들은 생계를 제공하고, 높은 지위를 준 자신보다도 부처님을 존중하고 따른다.

부처님께서는 자신의 탑을 번잡한 사거리에 세워서 모든 사람이 부처님과 부처님의 가르침을 생각할 수 있도록 하라고 유언하셨다. 부처님께서 말씀하신 탑은 유골을 안치하는 장소가 아니라 부처님의 가르침을 드러내어 세상에 알리는 기치(旗幟)인 것이다.

부처님의 가르침이 세상에 널리 드러나도록 우리가 높이 치켜들어야 할 기치는 어떤 것인가? 이 경에서는 목숨이 다할 때까지 원만하고 청정한 범행을 실천하면서 우유와 물처럼 화합하고, 불법을 잘 배워서 외도(外道)를 절복(折伏)하고, 세상 사람들의 존경을 받는 것이 비구들이 치켜들어야 할 기치라고 이야기한다.

이와 같이 나는 들었습니다.

한때 세존께서는 싹까(Sakka)에서 싸꺄족의 마을 메다룸빵(Medaḷumpaṁ)에 머무셨습니다. 그때 꼬쌀라의 빠쎄나디왕은 볼일이 있어서 낭가라까(Naṅgaraka)에 와있었습니다. 꼬쌀라의 빠쎄나디왕은 디가 까라야나(Dīga Kārāyana)에게 분부했습니다.

"사랑하는 벗 까라야나여, 훌륭한 수레들을 준비하라! 좋은 땅을 보기 위해 유원지에 가야겠다."

"왕이시여! 그렇게 하겠습니다."

디가 까라야나는 꼬쌀라의 빠쎄나디왕에게 대답하고 훌륭한 수레들을 준비한 후에 빠쎄나디왕에게 알렸습니다.

"왕이시여! 훌륭한 수레들을 끌고 왔습니다. 이제 출발하실 때가 되었습니다."

꼬쌀라의 빠쎄나디왕은 훌륭한 수레에 올라 훌륭한 수레들을 거느리고 낭가라까에서 나와 대왕의 위용(威容)을 떨치며 원림(園林)으로 출발했습니다. 그는 수레가 갈 수 있는 데까지 수레로 간 다음에 수레에서 내려 걸어서 원림으로 들어갔습니다. 꼬쌀라의 빠쎄나디왕은 원림에서 이리저리 돌아다니다가 평온하고 청정하고 고요하고 조용하고 인적이 없고 사람 사는 곳과 떨어져 있어서 좌선하기 좋은 숲을 보았습니다. 그는 그것을 보자 세존 생각이 났습니다.

"이 숲은 평온하고 청정하고 고요하고 조용하고 인적이 없고 사람

사는 곳과 떨어져 있어서 좌선하기 좋겠다. 우리가 아라한이시며 등정각(等正覺)이신 세존께 존경의 뜻을 표하기에 참으로 좋은 곳이다.”

그래서 꼬쌀라의 빠쎄나디왕은 디가 까라야나에게 분부했습니다.

“사랑하는 벗 까라야나여, 이 숲은 평온하고 청정하고 고요하고 조용하고 인적이 없고 사람 사는 곳과 떨어져 있어서 좌선하기 좋겠다. 우리가 아라한이시며 등정각이신 세존께 존경의 뜻을 표하기에 참으로 좋은 곳이다. 사랑하는 벗 까라야나여, 그런데 아라한이시며, 등정각이신 세존께서는 지금 어디에 계시는가?”

“왕이시여, 메다룸빵이라는 싸꺄족의 마을이 있는데, 아라한이시며 등정각이신 세존께서는 지금 그곳에 계십니다.”

“사랑하는 벗 까라야나여, 메다룸빵이라는 싸꺄족의 마을은 낭가라까에서 얼마나 먼가?”

“왕이시여, 멀지 않습니다. 3요자나 거리입니다. 해가 지기 전에 갈 수 있습니다.”

“사랑하는 벗 까라야나여, 그렇다면 훌륭한 수레들을 준비하라! 우리는 아라한이시며 등정각이신 세존을 뵈러 가자.”

“왕이시여! 그렇게 하겠습니다.”

디가 까라야나는 꼬쌀라의 빠쎄나디왕에게 대답하고 훌륭한 수레들을 준비한 후에 빠쎄나디왕에게 알렸습니다.

“왕이시여! 훌륭한 수레들을 끌고 왔습니다. 이제 출발하실 때가 되었습니다.”

꼬쌀라의 빠쎄나디왕은 훌륭한 수레에 올라 훌륭한 수레들을 거느리고 낭가라까에서 메달루빵이라는 싸꺄족의 마을로 출발하여, 해가 지기 전에 메달루빵이라는 싸꺄족의 마을에 도착한 후에, 원림을 찾아 나섰습니다. 그는 수레가 갈 수 있는 데까지 수레로 간 다음, 수레에서 내려 걸어서 원림으로 들어갔습니다. 그때 많은 비구가 야외에서 산책하고 있었습니다. 꼬쌀라의 빠쎄나디왕은 그 비구들에게 가서 말했습니다.

"존자들이여, 아라한이시며 등정각이신 세존께서는 지금 어디에 계십니까? 우리는 아라한이시며 등정각이신 세존을 뵙고 싶습니다."

"대왕이시여, 문이 닫힌 이 승방(僧房)에 계십니다. 조용히 가서 천천히 현관으로 들어가 헛기침을 하고 문고리를 두드리십시오. 세존께서 당신에게 문을 열어주실 것입니다."

꼬쌀라의 빠쎄나디왕은 그곳에서 칼과 터번[01]을 디가 까라야나에게 건네주었습니다. 디가 까라야나는 '지금 대왕께서 나를 두고 가려고 하신다. 나는 이제 이곳에 머물겠다'라고 생각했습니다. 꼬쌀라의 빠쎄나디왕은 조용히 문이 닫힌 그 승방으로 가서 천천히 현관으로 들어가 헛기침을 하고 문고리를 두드렸습니다. 세존께서 문을 열었습니다. 꼬쌀라의 빠쎄나디왕은 승방으로 들어가서 세존의 발에 머리를 조아리고, 세존의 두 발에 입을 맞추고, 손으로 어루만지면서 이름을 알렸습니다.

"세존이시여, 저는 꼬쌀라의 왕 빠쎄나디입니다. 세존이시여, 저는 꼬쌀라의 왕 빠쎄나디입니다."

"대왕이시여, 당신은 어떤 이유에서 이 몸에 이와 같은 최상의 경례를 하시고, 우정 어린 표현을 하십니까?"

---

01 'uṇhīsa'의 번역.

"세존이시여, 저는 '세존에게는 가르침의 모든 것[02]이 있다. 세존은 평등하고 바른 깨달음을 성취하신 분[等正覺]이다. 세존에 의해 가르침은 잘 설해졌다. 세존의 성문(聲聞) 승가(僧伽)는 가르침을 잘 실천한다'라고 생각합니다. 세존이시여, 저는 어떤 사문과 바라문들이 10년이나, 20년, 또는 30년이나 40년 동안, 일정 기간 범행(梵行)을 실천한 것을 보았습니다. 그들은 (수행을 마친) 뒤에는 몸을 씻고, 향을 바르고, 머리와 수염을 빗고, 잘 갖추어진 다섯 가지 감각적 쾌락에 둘러싸여 있습니다. 세존이시여, 그런데 제가 보니, 비구들은 수명과 목숨이 다할 때까지 원만하고 청정한 범행을 실천합니다. 세존이시여, 저는 이밖에 다른 사람들에게서 이와 같이 원만하고 청정한 범행을 보지 못했습니다. 세존이시여, 이것이 제가 '세존에게는 가르침의 모든 것이 있다. 세존은 평등하고 바른 깨달음을 성취하신 분이다. 세존에 의해 가르침은 잘 설해졌다. 세존의 성문 승가는 가르침을 잘 실천한다'라고 생각한 이유입니다.

세존이시여, 그뿐만이 아닙니다. 왕들은 왕들과 다투고, 크샤트리아들은 크샤트리아들과 다투고, 바라문들은 바라문들과 다투고, 거사들은 거사들과 다투고, 어머니는 자식들과 다투고, 자식은 어머니와 다투고, 아버지는 아들들과 다투고, 아들은 아버지와 다투고, 형제들은 형제들과 다투고, 형제들은 자매들과 다투고, 자매들은 자매들과 다투고, 자매들은 형제들과 다투고, 친구는 친구들과 다툽니다. 세존이시여, 그런데 제가 보니 비구들은 조화를 이루고 일치하여 다투지 않으

---

02 'dhammanvaya'의 번역.

며, 우유와 물처럼 화합하고, 상호 간에 애정 어린 눈길을 주고받으며 살아갑니다. 세존이시여, 저는 이밖에 다른 대중들에게서 이와 같이 화합하는 대중을 보지 못했습니다. 세존이시여, 이것이 제가 '세존에게는 가르침의 모든 것이 있다. 세존은 평등하고 바른 깨달음을 성취하신 분이다. 세존에 의해 가르침은 잘 설해졌다. 세존의 성문 승가는 가르침을 잘 실천한다'라고 생각한 이유입니다.

세존이시여, 그뿐만이 아닙니다. 저는 여러 원림을 돌아다녔습니다. 저는 그곳에서 황달이 들고 핏줄이 불거져서, 사람이라면 차마 눈 뜨고 볼 수 없이 여위고 비루하고 흉측한 사문과 바라문들을 보았습니다. 세존이시여, 그래서 저는 '이 존자들은 사실은 기꺼이 범행을 실천하는 것이 아니다. 그들은 드러나지 않은 어떤 악업(惡業)을 지었을 것이다. 그래서 이 존자들은 황달이 들고 핏줄이 불거져서, 사람이라면 차마 눈 뜨고 볼 수 없이 여위고 비루하고 흉측한 것이다'라고 생각했습니다. 그래서 저는 그들에게 가서 이렇게 말했습니다.

'존자들이여, 그대들은 왜 황달이 들고 핏줄이 불거져서, 사람이라면 차마 눈 뜨고 볼 수 없이 여위고 비루하고 흉측합니까?'

그들은 이렇게 말했습니다.

'대왕이시여, 그것은 우리 친족의 유전병입니다.'

세존이시여, 그런데 제가 보니 비구들은 기꺼이 매우 즐겁게 좋아하면서 정력적으로 평안하게 걱정 없이 다른 사람의 보시에 의지하여 사슴과 같은 마음으로 살아갑니다. 그래서 저는 이렇게 생각했습니다.

'이 존자들은 세존의 가르침에 대하여 훌륭하게 선후(先後)를 구별할 줄 안다. 그래서 이 존자들은 기꺼이 매우 즐겁게 좋아하면서 정력

적으로 평안하게 걱정 없이 다른 사람의 보시에 의지하여 사슴과 같은 마음으로 살아간다.'

세존이시여, 이것이 제가 '세존에게는 가르침의 모든 것이 있다. 세존은 평등하고 바른 깨달음을 성취하신 분이다. 세존에 의해 가르침은 잘 설해졌다. 세존의 성문 승가는 가르침을 잘 실천한다'라고 생각한 이유입니다.

세존이시여, 그뿐만이 아닙니다. 저는 관정(灌頂)을 받은 크샤트리아로서 죽여야 하면 죽이고, 재산을 몰수해야 하면 몰수하고, 추방해야 하면 추방하는 일을 하는 왕입니다. 세존이시여, 제가 앉아서 판결할 때면 여기저기서 떠드는 소리가 방해합니다. '여러분, 내가 앉아서 판결할 때는 여러분에게 내 판결이 전달될 수 있도록 여기저기서 떠들어 방해하지 않도록 하시오!'라고 말하지만, 그렇게 되지 않고 여기저기서 떠드는 소리가 저를 방해합니다. 세존이시여, 그런데 제가 보니, 세존께서 수백 명의 대중에게 설법하실 때, 비구들은 재채기 소리도 내지 않고, 헛기침 소리도 내지 않습니다. 세존이시여, 이전에 세존께서 수백 명의 대중에게 설법하셨습니다. 그곳에서 세존의 어떤 제자가 헛기침을 하자, 다른 동료 수행자가 그를 무릎으로 살짝 치면서 말했습니다.

'존자여, 조용히 하세요. 존자여, 소리 내지 마세요. 우리의 스승이신 세존께서 설법하십니다.'

세존이시여, 저는 이렇게 생각했습니다.

'참으로 놀랍구나! 참으로 희한하구나! 참으로 몽둥이를 쓰지 않고도, 참으로 칼을 쓰지 않고도 이와 같이 잘 훈련된 대중들이 있을 수 있다니!'

세존이시여, 저는 이밖에 다른 대중들에게서 이와 같이 잘 훈련된 대중을 보지 못했습니다. 세존이시여, 이것이 제가 '세존에게는 가르침의 모든 것이 있다. 세존은 평등하고 바른 깨달음을 성취하신 분이다. 세존에 의해 가르침은 잘 설해졌다. 세존의 성문 승가는 가르침을 잘 실천한다'라고 생각한 이유입니다.

세존이시여, 그뿐만이 아닙니다. 저는 다른 사람들과의 논쟁에 능숙하고 현명하고 영리하고 예리한 크샤트리아, 바라문, 거사들을 보았습니다. 제 생각에, 그들은 지혜롭게 상대의 주장을 논파합니다. 그들은 고따마 사문이 어떤 마을이나 도시에 온다는 말을 들었습니다. 그들은 질문을 준비했습니다.

'우리는 고따마 사문에게 가서 이 물음을 묻기로 하자. 만약에 우리가 이렇게 물으면 그는 이렇게 답변할 것이다. 그러면 우리는 이렇게 논파하자. 만약에 우리가 이렇게 물으면 그는 이렇게 답변할 것이다. 그러면 우리는 이렇게 논파하자.'

그들은 고따마 사문이 어떤 마을이나 도시에 왔다는 말을 들었습니다. 그들은 세존을 찾아갔습니다. 세존께서는 설법하여 그들을 가르치고 격려하고 장려하고 기쁘게 했습니다. 그들은 세존의 설법을 통해 가르침을 받고 격려를 받고 장려를 받고 기뻤기 때문에 세존께 질문을 하지 않았습니다. 그런데 어떻게 논파를 하겠습니까? 아무튼, 그들은 세존의 제자가 되었습니다. 세존이시여, 이것이 제가 '세존에게는 가르침의 모든 것이 있다. 세존은 평등하고 바른 깨달음을 성취하신 분이다. 세존에 의해 가르침은 잘 설해졌다. 세존의 성문 승가는 가르침을 잘 실천한다'라고 생각한 이유입니다.

세존이시여, 그뿐만이 아닙니다. 제가 본 바로는 다른 사람들과의 논쟁에 능숙하고 현명하고 영리하고 예리한 사문(沙門)들도 마찬가지였습니다.[03] 그들은 세존의 설법을 통해 가르침을 받고 격려를 받고 장려를 받고 기뻤기 때문에 세존께 질문하지 않았습니다. 그런데 어떻게 논파를 하겠습니까? 아무튼, 그들은 집을 떠나 출가하는 것을 허락해 달라고 세존께 간청했습니다. 세존께서는 그들을 출가시켰습니다. 그곳에서 출가한 그 사문들은 홀로 외딴곳에서 열심히 노력하고 정진하며 지냈습니다. 그리고 오래지 않아 선남자(善男子)들이 출가하는 목적인 위없는 청정한 수행[梵行]의 완성을 지금 여기에서 스스로 체험하고 성취하여 살고 있습니다. 그들은 이렇게 말했습니다.

'참으로 우리는 망할 뻔했다. 참으로 우리는 파멸할 뻔했다. 우리는 과거에 사문도 아니면서 스스로 진정한 사문이라고 칭했고, 바라문(婆羅門)도 아니면서 스스로 진정한 바라문이라고 칭했고, 아라한도 아니면서 스스로 진정한 아라한이라고 칭했다. 이제 우리는 사문이고, 이제 우리는 바라문이고, 이제 우리는 아라한이다.'

세존이시여, 이것이 제가 '세존에게는 가르침의 모든 것이 있다. 세존은 평등하고 바른 깨달음을 성취하신 분이다. 세존에 의해 가르침은 잘 설해졌다. 세존의 성문 승가는 가르침을 잘 실천한다'라고 생각한 이유입니다.

세존이시여, 그뿐만이 아닙니다. 시종무관(侍從武官)[04] 이씨닷따

03 크샤트리아의 경우와 같은 내용이 반복되기 때문에 생략하여 번역함.
04 'thapatayo'의 번역. I. B. Horner의 영역(英譯)에 따라 '시종무관(equerry)'으로 번역함. The Middle Length Sayings, PTS, 1975, vol. Ⅱ. p.306 각주 1) 참조.

(Isīdatta)와 뿌라나(Purāṇā)는 나의 음식을 먹고, 나의 수레를 사용합니다. 나는 그들에게 생계를 제공하고 높은 지위를 주었습니다. 그런데 그들은 세존께 하는 것만큼 저에게 복종하지 않습니다. 세존이시여, 이전에 군대를 이끌고 진격할 때, 시종무관 이씨닷따와 뿌라나를 시험해 보려고 어떤 비좁은 거처에 숙소를 잡았습니다. 세존이시여, 시종무관 이씨닷따와 뿌라나는 밤에 대부분의 시간을 법담으로 보낸 다음, 세존이 계신 곳을 향하여 머리를 두고 나를 향해 발을 두고 누웠습니다. 세존이시여, 저는 이렇게 생각했습니다.

'참으로 놀랍구나! 참으로 희한하구나! 시종무관 이씨닷따와 뿌라나는 나의 음식을 먹고, 나의 수레를 사용한다. 나는 그들에게 생계를 제공하고, 높은 지위를 주었다. 그런데 그들은 세존께 하는 것만큼 나에게 복종하지 않는다. 이 존자들은 세존의 가르침에 대하여 훌륭하게 선후(先後)를 구별할 줄 아는구나.'

세존이시여, 이것이 제가 '세존에게는 가르침의 모든 것이 있다. 세존은 평등하고 바른 깨달음을 성취하신 분이다. 세존에 의해 가르침은 잘 설해졌다. 세존의 성문 승가는 가르침을 잘 실천한다'라고 생각한 이유입니다.

세존이시여, 그뿐만이 아닙니다. 세존도 크샤트리아이고 저도 크샤트리아입니다. 세존도 꼬쌀라 사람이고 저도 꼬쌀라 사람입니다. 세존도 여든 살이고 저도 여든 살입니다. 세존이시여, 세존도 크샤트리아이고 저도 크샤트리아이기 때문에, 세존도 꼬쌀라 사람이고 저도 꼬쌀라 사람이기 때문에, 세존도 여든 살이고 저도 여든 살이기 때문에, 세존이시여, 이런 경우에는 제가 마땅히 세존께 이와 같은 최상의 경례를 하고, 우정 어린 표현을 해야 합니다.

　　세존이시여, 우리는 할 일이 많아서 그만 물러가겠습니다.”

　“대왕이시여, 이제 가야 할 시간이라고 생각되면 그렇게 하십시오.”

　　꼬쌀라의 빠쎄나디왕은 자리에서 일어나 세존께 예배하고, 오른쪽으로 (세 바퀴를) 돌고 떠났습니다.

　　세존께서는 꼬쌀라의 빠쎄나디왕이 떠난 후에 곧바로 비구들에게 말씀하셨습니다.

　　“비구들이여, 꼬쌀라의 빠쎄나디왕은 가르침의 탑(塔)들을 이야기하고 자리에서 일어나 떠나갔다오. 비구들이여, 가르침의 탑들을 배우시오. 비구들이여, 가르침의 탑들을 숙달하시오. 비구들이여, 가르침의 탑들을 명심하시오. 비구들이여, 가르침의 탑들은 유익하며, 범행(梵行)의 출발점이오.”

이것이 세존께서 하신 말씀입니다.
그 비구들은 세존의 말씀에 만족하고 기뻐했습니다.

48

짱끼에게 설하신 경

95. Caṅkī-sutta

【 해제 】

이 경은 한역에 상응하는 경이 없다. 모든 철학과 종교에서는 자신들의 생각이 진리라고 주장한다. 그렇다면 진리의 기준은 무엇일까? 일반인들은 자신의 마음에 드는 것을 진리라고 생각하고, 기독교인들은 성경의 말씀을 진리라고 믿으며, 철학자들은 논리적으로 합당한 것을 진리라고 주장한다. 그러나 이 경에서 부처님께서는 신념(信念), 기호(嗜好), 전통(傳統), 논리적(論理的)인 추론(推論), 사변적 견해의 이해와 승인(承認)은 진리의 기준이 될 수 없다고 말씀하신다.

　그렇다면 우리는 어떻게 진리를 인식하고 체득할 수 있을까? 부처님께서는 이와 같은 바라문 청년의 질문에 다음과 같이 대답하신다.

"탐(貪), 진(瞋), 치(癡)에 대하여 살펴보고, 탐, 진, 치가 없이 청정하다고 여김으로써, 이제 그에게 믿음을 일으킨다오. 믿음이 생기기 때문에 찾아가서 공경(恭敬)하고, 공경하기 때문에 귀를 기울인다오. 귀를 기울여 가르침을 듣고, 듣고 나서 가르침을 기억하고, 기억한 가르침의 의미를 확인한다오. 의미를 확인함으로써 가르침을 이해하여 승인하고, 가르침에 대한 이해와 승인이 있을 때 의욕이 생긴다오. 의욕이 생기면 시도(試圖)하고, 시도해본 후에 비교해보고, 비교해본 후에 정근(精勤)하고, 정근하면서 몸으로 최고의 진리[第一義諦]를 체험한다오. 그리고 그것을 통찰지[般若]로 통찰하여 본다오. 바라드와자여, 이런 방식으로 하는 것이 진리의 인식이라오. 진리는 이런 방식으로 인식한다오."

이것은 진리는 'sañjānāti'를 통해서 개념적으로 인식되는 것이 아니라 'abhijānāti'를 통해서 체험적으로 인식된다는 것을 말씀하신 것이다. 이러한 체험적 인식은 인식에 그쳐서는 안 되고 체득(體得)되어야 한다. 그래서 부처님께서는 다음과 같이 말씀하신다.

"바라드와자여, 그 가르침을 반복하여 닦아 익혀서 실천하는 것이 진리의 성취라오. 바라드와자여, 이런 방식으로 하는 것이 진리의 성취라오. 진리는 이런 방식으로 성취한다오."

이와 같이 나는 들었습니다.

한때 세존께서는 꼬쌀라에서 큰 비구 승가와 함께 유행(遊行)하다가 오빠싸다(Opasāda)라는 꼬쌀라의 바라문 마을에 도착하셨습니다. 세존께서는 그곳 오빠싸다에 계시는 동안 오빠싸다의 북쪽에 있는 데와와나(Devavana) 쌀라 나무숲에 머무셨습니다. 그때 짱끼(Caṅkī) 바라문이 오빠싸다에 살고 있었는데, 그곳은 꼬쌀라의 왕 빠쎄나디가 하사한 봉토(封土)로서 인구가 많고 풀과 장작과 물이 풍부하고 곡식이 풍부한 곳이었습니다.

오빠싸다의 바라문과 거사들은 '싸꺄족의 후예로서 싸꺄족에서 출가한 사문 고따마께서 큰 비구 승가와 함께 꼬쌀라에서 유행(流行)하시다가 오빠싸다에 도착하셨다. 고따마 세존은 열 가지 이름[十號]으로 불리는 명성이 자자하신 분이다. 그분은 천계, 마라, 범천을 포함한 이 세간을, 사문과 바라문, 왕과 백성을 포함한 인간계를 체험적 지혜로 몸소 체득하여 알려준다. 그분은 처음도 좋고 중간도 좋고 마지막도 좋은, 의미 있고 명쾌하고 완벽한 진리[法]를 가르치며 청정한 범행(梵行)을 알려준다. 그러므로 마땅히 그런 성자를 만나보아야 한다'라는 말을 들었습니다. 그래서 오빠싸다의 바라문과 거사들은 삼삼오오 무리 지어 오빠싸다를 나와서 북쪽에 있는 데와와나 쌀라 나무숲으로 갔습니다.

그때 짱끼 바라문은 누각 위에서 오후 휴식을 취하고 있었습니다. 짱끼 바라문은 오빠싸다를 나와서 삼삼오오 무리 지어 북쪽에 있는 데와와나 쌀라 나무숲으로 가는 바라문과 거사들을 보았습니다. 그는 집사에게 말했습니다.

"여보게, 집사! 무엇 때문에 오빠싸다의 바라문과 거사들은 북쪽에 있는 데와와나 쌀라 나무숲으로 가는가?"

집사는 사실대로 이야기했습니다.

"여보게 집사, 그렇다면 오빠싸다의 바라문과 거사들에게 가서, '돌아오시오. 존자들이여! 짱끼 바라문도 고따마 사문을 뵈러 갈 것이오'라고 말하게."

그 집사는 "예, 그렇게 하겠습니다"라고 대답하고, 오빠싸다의 바라문과 거사들에게 가서 짱끼 바라문의 말을 전했습니다.

그때 오빠싸다에는 어떤 볼일이 있어서 여러 지방에서 온 500명의 바라문이 머물고 있었습니다. 그 바라문들은 짱끼 바라문이 고따마 사문을 뵈러 간다는 말을 들었습니다. 그 바라문들이 짱끼 바라문을 찾아와서 말했습니다.

"짱끼 존자께서 고따마 사문을 보러 가신다는 말이 사실입니까?"

"나는 고따마 사문을 뵈러 가려고 합니다."

"짱끼 존자께서는 고따마 사문을 보러 가지 마십시오. 짱끼 존자께서 고따마 사문을 보러 가는 것은 마땅하지 않습니다. 고따마 사문이 짱끼 존자를 뵈러 와야 마땅합니다. 짱끼 존자께서는 부모가 모두 훌륭한 가문의 태생으로서, 족보에 의하면, 7대 조부(祖父)까지 뒤섞이지 않고 비난받지 않은 순수한 혈통입니다. 그러므로 짱끼 존자께서 고따마 사문을 보러 가는 것은 마땅하지 않습니다. 고따마 사문이 짱끼 존자를 뵈러 오는 것이 마땅합니다. (…중략…)[01] 짱끼 존자께서는 꼬쌀라의 왕 빠쎄나디의 존경과 존중과 공경과 공양과 숭배를 받습니다. 짱끼 존자께서는 뿍카라싸띠(Pokkharasāti) 바라문의 존경과 존중과 공경과 공양과 숭배를 받습니다. 짱끼 존자께서는 꼬쌀라의 왕 빠쎄나디가 봉토(封土)로 하사한, 인구가 많고, 풀과 장작과 물이 풍부하고, 곡식이 풍부한 오빠싸다에 살고 있습니다. 그러므로 짱끼 존자께서 고따마 사문을 보러 가는 것은 마땅하지 않습니다. 고따마 사문이 짱끼 존자를 뵈러 와야 마땅합니다."

이와 같이 말하자, 짱끼 바라문이 그 바라문들에게 말했습니다.

"그렇다면 우리가 고따마 사문을 뵈러 가는 것이 마땅하고, 고따마 사문께서 우리를 보러 오는 것은 마땅하지 않은 이유를 나에게 들어보시오. 고따마 사문이야말로 부모가 모두 훌륭한 가문의 태생으로서, 족보에 의하면, 7대 조부까지 뒤섞이지 않고 비난받지 않은 순수한 혈통이라오. 이런 이유로 고따마 사문께서 우리를 보러 오는 것은 마땅하지 않고, 오히려 우리가 고따마 사문을 뵈러 가는 것이 마땅하다오. 벗이여, 참으로 고따마 사문께서는 고귀한 친족들을 버리고 출가했다오. 벗이여, 참으로 고따마 사문께서는 땅에 묻혀있고 창고에 보관된 수많은 황금을 버리고 출가했다오. (…중략…)[02] 오빠싸다에 와서 북쪽에 있는 데와와나 쌀라 나무숲에 머물고 계시는 고따마 사문은 우리의 손님이라오. 그리고 우리는 손님을 친절하게 대하고 존경하고 존중하고 배려하고 공양하고 공경해야 한다오. 이런 이유로, 고따마 존자께

01　짱끼에 대한 많은 찬탄을 생략함.
02　고따마에 대한 많은 찬탄을 생략함.

서 우리를 보러 오는 것은 마땅하지 않고, 오히려 우리가 고따마 존자를 뵈러 가는 것이 마땅하다오. 나는 고따마 존자의 훌륭한 점을 이 정도로 알고 있다오. 그러나 고따마 존자는 이 정도가 아니라, 아마도 훌륭한 점이 한없이 많을 것이오. 고따마 존자께서 우리를 보러 오는 것은 마땅하지 않고, 오히려 우리가 고따마 존자를 뵈러 가는 것이 마땅한 이유가 낱낱이 밝혀졌소. 그러니 우리 모두 고따마 사문을 뵈러 갑시다."

이와 같이 말하자, 그 바라문들이 짱끼 바라문에게 말했습니다.

"짱끼 존자께서 말씀하신 바와 같이 고따마 사문이 훌륭하다면, 그 고따마 사문께서 100요자나 밖에 계신다 해도, 신심 있는 선남자는 도시락을 들고 가서라도 가서 뵙는 것이 당연합니다. 그러므로 존자여, 우리 모두 고따마 사문을 뵈러 갑시다."

그리하여, 짱끼 바라문은 수많은 바라문 대중과 함께 세존을 찾아 갔습니다. 그는 세존과 정중하게 인사를 하고, 공손한 인사말을 나눈 후에 한쪽에 앉았습니다. 그때 세존께서는 나이 많은 장로 바라문들과 함께 안부를 묻고, 공손한 인사를 나눈 후에 앉아 있었습니다.

그때 3가지 베다에 통달하고, 어휘론(語彙論)과 의궤론(儀軌論), 그리고 다섯 번째로 역사[03]에 정통하여 잘 해설하고, 세속의 철학[04]과 대인상(大人相)에 대한 지식[05]에 부족함이 없는 까빠티까(Kāpaṭhika)라는

---

03 'itihāsa'의 번역. 'itihāsa'는 '이와 같이(iti) 틀림없이(ha) 그런 일이 있었다(āsa)'는 말로서, 구전(口傳)된 전설이나 역사를 의미한다.

04 'lokāyata'의 번역. 'lokāyata'는 세간에 순응하는 철학을 의미한다.

05 'mahāpurisa-lakkhaṇa'의 번역. 훌륭한 사람을 알아보는 관상을 의미한다.

삭발한 16세의 젊은 바라문 청년이 그 대중들 가운데 앉아 있었습니다. 그는 세존께서 나이 많은 장로 바라문들과 함께 논의하는 중간에 끼어들어 대화를 방해했습니다. 그래서 세존께서 까빠티까 바라문 청년을 꾸짖었습니다.

"바라드와자 존자는 나이 많은 장로들이 논의하는 중간에 끼어들어 대화를 방해하지 마시오. 바라드와자 존자는 대화가 끝나면 오시오."

이와 같이 말씀하시자, 짱끼 바라문이 세존께 말씀드렸습니다.

"고따마 존자께서는 까빠티까 바라문 청년을 꾸짖지 마십시오. 까빠티까 바라문 청년은 훌륭한 가문의 자녀입니다. 까빠티까 바라문 청년은 학식이 많습니다. 까빠티까 바라문 청년은 행실(行實)이 선량합니다. 까빠티까 바라문 청년은 현명합니다. 까빠티까 바라문 청년은 고따마 존자와 함께 이 대화에서 충분히 토론할 수 있습니다."

세존께서는 '까빠티까 바라문 청년은 세 가지 베다에 통달했을 것이다. 그래서 바라문들이 그를 존경한다'라고 생각했습니다. 까빠티까 바라문 청년은 '만약에 꼬따마 사문이 나와 눈길이 마주치면, 나는 고따마 사문에게 질문해야겠다'라고 생각했습니다. 세존께서는 까빠티까 바라문 청년의 마음을 지혜로 살피시고, 까빠티까 바라문 청년에게 눈길을 주었습니다. 그러자 까빠티까 바라문 청년은 이렇게 생각했습니다.

'고따마 사문께서 나를 배려하시는구나. 나는 지금 고따마 사문께 질문해야겠다.'

그래서 까빠티까 바라문 청년은 세존께 이렇게 말했습니다.

"고따마 존자여, 바라문의 오래된 만트라의 말씀[06]은 끊이지 않고 경전으로 전승된 전통(傳統)입니다. 바라문들은 그 만트라에 의지하여 '오로지 이것만이 진실이고, 다른 것은 거짓이다'라는 결론에 도달합니다. 고따마 존자께서는 여기에 대하여 어떻게 말씀하십니까?"

"바라드와자여, 그렇다면, 바라문 가운데 누구든 '내가 그것을 안다. 내가 그것을 보았다. 이것만이 진실이고, 다른 것은 거짓이다'라고 이야기한 바라문이 한 사람이라도 있나요?"

"없습니다. 고따마 존자여."

"바라드와자여, 그렇다면, 바라문 가운데 누구든 '내가 그것을 안다. 내가 그것을 보았다. 이것만이 진실이고, 다른 것은 거짓이다'라고 이야기한 스승이나, 스승의 스승이나, 7대에 걸쳐 스승의 스승이 한 사람이라도 있나요?"

"없습니다. 고따마 존자여."

"바라드와자여, 그렇다면, 바라문 가운데 옛날에 만트라를 지은 선인(仙人)들, 만트라를 해설한 선인(仙人)들, 지금 바라문들이 따라서 노래하고, 따라서 말하고, 따라서 한 말을 따라서 말하고, 따라서 한 이야기를 따라서 이야기하는 오래된 만트라의 말씀인 찬가(讚歌),[07] 가영(歌詠),[08] 본집(本集)[09]을 지은 선인들, 즉 앗타까(Aṭṭhka), 와마까(Vāmaka), 와마데와(Vāmadeva), 윗싸밋따(Vessāmitta), 야마딱기(Yamataggi), 앙기라

---

06 'mantapada'의 번역. 베다의 말씀을 의미한다. 'manta'는 산스크리트어 'mantra'의 빨리(Pāli)어 표기임.

07 'gīta'의 번역.

08 'pavutta'의 번역.

09 'samihita'의 번역. 베다의 본집(本集)을 의미한다.

싸(Aṅgirasa), 바라드와자(Bhāradvāja), 와쎗타(Vāseṭṭha), 깟싸빠(Kassapa), 바구(Bhagu), 그들은 '내가 그것을 안다. 내가 그것을 보았다. 이것만이 진실이고, 다른 것은 거짓이다'라고 이야기했나요?"

"그렇지 않습니다. 고따마 존자여."

"바라드와자여, 그와 같다면, 그것은 곧 맨 앞사람도 보지 못하고, 가운데 사람도 보지 못하고, 맨 뒷사람도 보지 못하는 장님들이 고집스럽게 줄지어 서 있는 장님들의 줄서기 같은 것이라오. 바라드와자여, 내 생각에는 맨 앞사람도 보지 못하고, 가운데 사람도 보지 못하고, 맨 뒷사람도 보지 못한다는 이 비유가 바라문들의 이야기에 잘 어울리오. 바라드와자여, 그대는 어떻게 생각하나요? 이와 같이 바라문들의 신념은 근거가 없지 않나요?"

"고따마 존자여, 이 경우에 바라문들은 결코 신념(信念) 때문에 숭배하는 것이 아닙니다. 바라문들은 이 경우에 전통(傳統) 때문에 숭배합니다."

"바라드와자여, 그대는 이전에는 신념을 따르더니, 이제는 전통을 이야기하는군요. 바라드와자여, 지금 여기 현실에서 두 가지 결과가 있는 다섯 가지 법이 있다오.[10] 그 다섯 가지는 어떤 것인가? 신념(信念),[11] 기호(嗜好),[12] 전통(傳統),[13] 논리적(論理的)인 추론(推論),[14] 사변적 견해의

---

10 'pañca kho ime, Bhāradvāja, dhammā diṭṭhe va dhamme dvidhā vipākā'의 번역. '두 가지 결과가 있다'라는 것은 상반된 결론, 즉 이율배반에 봉착한다는 것을 의미한다.

11 'saddhā'의 번역.

12 'ruci'의 번역.

13 'anussava'의 번역.

14 'ākāraparivitakka'의 번역. 'ākāra'는 '기호, 특징, 형태, 양식' 등의 의미이고, 'parivitakka'는 '심사숙고, 성찰' 등의 의미이다. '논리학'은 기호나 언어에 의한 논리 형식에 의하여 추

이해와 승인(承認),[15] 바라드와자여, 이들이 지금 여기에서 두 가지 결과가 있는 다섯 가지 법이라오. 바라드와자여, 굳게 믿고 있는 신념이 허망하고 공허하고 거짓일 수 있고, 전혀 믿기지 않는 것이 사실이고 진리이고 진실일 수 있다오. 바라드와자여, 진정으로 마음에 드는 것, 들어서 잘 알고 있는 전통, 잘 추론된 이론, 잘 이해한 견해가 허망하고 공허하고 거짓일 수 있고, 마음에 들지 않고, 들어보지 못하고, 추론을 벗어나고, 잘 이해되지 않는 견해가 사실이고 진리이고 진실일 수 있다오. 바라드와자여, 진리를 수호(守護)하는 현명한 사람은 이 경우에, '오로지 이것만이 진실이고, 다른 것은 거짓이다'라는 결론에 도달할 수 없다오.

"고따마 존자여, 그렇다면 진리의 수호(守護)란 어떤 것입니까? 진리는 어떻게 수호합니까? 우리는 고따마 존자에게 진리의 수호에 대하여 묻습니다."

"바라드와자여, 만약에 어떤 사람에게 신념이 있다면, '나의 신념은 이와 같다'라고 말하는 것이 진리의 수호라오. 그는 그때 '오로지 이것만이 진실이고, 다른 것은 거짓이다'라는 결론에 도달하지는 않는다오. 바라드와자여, 만약에 어떤 사람에게 기호(嗜好)가 있다면, '나의 기호는 이와 같다'라고 말하고, 만약에 어떤 사람에게 전통이 있다면, '나의 전통은 이와 같다'라고 말하고, 만약에 어떤 사람에게 논리적인 추

론하는 것인데, 'ākāraparivitakka'는 기호나 논리형식으로 추론하는 것을 의미하기 때문에 'ākāraparivitakka'는 '논리적인 추론'을 의미한다. 부처님 당시에 이미 아리스토텔레스의 논리학과 같은 논리학이 인도에 있었음을 알 수 있다.

15 'diṭṭhinijjhānakhanti'의 번역. 'diṭṭhi'는 '사변에 의한 이론'을 의미하고, 'nijjhāna'는 '이해'를 의미하고, 'khanti'는 '승인, 수용'을 의미한다.

론이 있다면, '내가 논리적으로 추론한 것은 이와 같다'라고 말하고, 만약에 어떤 사람에게 사변적 견해의 이해와 승인이 있다면, '내가 이해하고 승인한 견해는 이와 같다'라고 말하는 것이 진리의 수호라오. 그는 그때 '오로지 이것만이 진실이고, 다른 것은 거짓이다'라는 결론에 도달하지는 않는다오. 바라드와자여, 이런 방식으로 하는 것이 진리의 수호라오. 진리는 이런 방식으로 수호한다오. 우리는 이런 방식으로 진리의 수호를 언명(言明)한다오. 그렇지만 그때 진리의 인식(認識)[16]이 있는 것은 아니라오."

"고따마 존자여, 진리의 수호는 이런 방식으로 하는군요. 진리는 이런 방식으로 수호하는군요. 우리도 이런 방식으로 진리를 수호(守護)하겠습니다. 그렇다면, 진리의 인식이란 어떤 것입니까? 진리는 어떻게 인식합니까? 우리는 고따마 존자에게 진리의 인식에 대하여 묻습니다."

"바라드와자여, 비구가 어떤 마을이나 도시에 의지하여 살아가면, 거사나 거사의 아들이 그에게 와서 탐(貪), 진(瞋), 치(痴), 세 가지 행실[法][17]에 대하여 살펴본다오.

이 존자는 마음이 탐, 진, 치에 사로잡혀서, 알지 못하면서 '나는 안다'라고 말하거나, 보지 못하면서 '나는 본다'라고 말하여, 다른 사람이 오랜 시간 무익한 괴로움을 겪도록 하는 것은 아닐까?

이와 같이 그를 살펴보고 나서, '이 존자는 그렇지 않다. 이 존자는 탐, 진, 치가 없는 사람으로서 몸가짐이 바른 사람[18]이고, 언행이 바른

---

16   'saccānubodho'의 번역.
17   'tīsu dhammesu'의 번역.
18   'kāyasamācāro'의 번역.

사람[19]이다. 이 존자가 가르치는 가르침[法]은 이해하기 어렵고, 깨닫기 어렵고, 평안하고, 승묘(勝妙)하고, 추론의 영역을 벗어난 미묘(微妙)한 것으로서 현자만이 알 수 있는 심오한 것이다. 그것은 탐, 진, 치가 있는 사람이 가르칠 수 있는 가르침[法]이 아니다'라고 알게 된다오.[20] 탐, 진, 치에 대하여 살펴보고, 탐, 진, 치가 없이 청정하다고 여김으로써, 이제 그에게 믿음을 일으킨다오. 믿음이 생기기 때문에 찾아가서 공경(恭敬)하고, 공경하기 때문에 귀를 기울인다오. 귀를 기울여 가르침을 듣고, 듣고 나서 가르침을 기억하고, 기억한 가르침의 의미를 확인한다오. 의미를 확인함으로써 가르침을 이해하여 승인하고, 가르침에 대한 이해와 승인이 있을 때 의욕이 생긴다오. 의욕이 생기면 시도(試圖)하고[21], 시도해본 후에 비교하고[22], 비교해본 후에 정근(精勤)하고[23], 정근하면서 몸으로 최고의 진리[第一義諦]를 체험한다오.[24] 그리고 그것을 통찰지[般若]로 통찰하여 본다오. 바라드와자여, 이런 방식으로 하는 것이 진리의 인식이라오. 진리는 이런 방식으로 인식한다오. 우리는 이런 방식으로 진리의 인식을 언명한다오. 그렇지만 그때 진리의 성취(成就)[25]가 있는 것은 아니라오."

"고따마 존자여, 진리의 인식은 이런 방식으로 하는군요. 진리는

---

19 'vacīsamācāro'의 번역.
20 탐(貪), 진(瞋), 치(癡)에 대하여 낱낱이 설명한 것을 하나로 묶어서 번역함.
21 'ussahati'의 번역.
22 'tūleti'의 번역. 'tūleti'는 '저울질하다'라는 의미의 동사로서, 비교하여 판단하는 것을 의미한다. 여기에서는 실천해보고 나서 실천하기 이전과 이후를 비교해본다는 의미이다.
23 'padahati'의 번역.
24 'pahitatto samāno kāyena ca eva paramasaccaṁ sacchikaroti'의 번역.
25 'saccānupatti'의 번역.

이런 방식으로 인식되는군요. 우리도 이런 방식으로 진리를 인식하겠습니다. 그렇다면, 진리의 성취란 어떤 것입니까? 진리는 어떻게 성취합니까? 우리는 고따마 존자에게 진리의 성취에 대하여 묻습니다."

"바라드와자여, 그 가르침을 반복하여 닦아 익혀서 실천하는 것이 진리의 성취라오. 바라드와자여, 이런 방식으로 하는 것이 진리의 성취라오. 진리는 이런 방식으로 성취한다오. 우리는 이런 방식으로 진리의 성취를 언명한다오."

"고따마 존자여, 진리의 성취는 이런 방식으로 하는군요. 진리는 이런 방식으로 성취하는군요. 우리도 이런 방식으로 진리를 성취하겠습니다. 고따마 존자여, 그렇다면, 진리의 성취에 도움이 되는 것은 어떤 것입니까? 우리는 고따마 존자에게 진리의 성취에 도움이 되는 것을 묻습니다."

"바라드와자여, 정근(精勤)[26]이 진리의 성취에 도움이 된다오. 노력하지 않으면, 이 진리를 성취할 수 없다오. 노력하기 때문에 진리를 성취한다오. 그러므로 정근이 진리의 성취에 도움이 된다오."

"고따마 존자여, 그렇다면, 정근에 도움이 되는 것은 어떤 것입니까? 우리는 고따마 존자에게 정근에 도움이 되는 것을 묻고 있습니다."

"바라드와자여, 비교(比較)[27]가 정근에 도움이 된다오. 비교해보지 않으면 정근할 수 없다오. 비교해보기 때문에 정근한다오. 그러므로 비교가 정근에 도움이 된다오."

"고따마 존자여, 그렇다면, 비교에 도움이 되는 것은 어떤 것입니

---

26 'padhāna'의 번역.
27 'tulanā'의 번역.

까? 우리는 고따마 존자에게 비교에 도움이 되는 것을 묻습니다."

"바라드와자여, 시도(試圖)[28]가 비교에 도움이 된다오. 시도해보지 않으면 비교할 수 없다오. 시도해보기 때문에 비교할 수 있다오. 그러므로 시도가 비교에 도움이 된다오."

"고따마 존자여, 그렇다면, 시도에 도움이 되는 것은 어떤 것입니까? 우리는 고따마 존자에게 시도에 도움이 되는 것을 묻습니다."

"바라드와자여, 의욕(意欲)이 시도하는 것이라오. 의욕이 생기지 않으면 시도할 수 없다오. 의욕이 생기기 때문에 시도하는 것이라오. 그러므로 의욕이 시도에 도움이 된다오."

"고따마 존자여, 그렇다면, 의욕에 도움이 되는 것은 어떤 것입니까? 우리는 고따마 존자에게 의욕에 도움이 되는 것을 묻습니다."

"바라드와자여, 가르침의 이해와 승인(承認)[29]이 의욕에 도움이 된다오. 가르침을 이해하여 승인하지 않으면 의욕이 생길 수 없다오. 가르침을 이해하여 승인하기 때문에 의욕이 생긴다오. 그러므로 가르침의 이해와 승인이 의욕에 도움이 된다오."

"고따마 존자여, 그렇다면, 가르침의 이해와 승인에 도움이 되는 것은 어떤 것입니까? 우리는 고따마 존자에게 가르침의 이해와 승인에 도움이 되는 것을 묻습니다."

"바라드와자여, 의미의 확인(確認)[30]이 가르침의 이해와 승인에 도움이 된다오. 의미를 확인하지 않으면 가르침을 이해하여 승인할 수 없

---

28 'ussāha'의 번역.
29 'dhammanijjhānakhanti'의 번역.
30 'atthupaparikkhā'의 번역.

다오. 의미를 확인하기 때문에 가르침을 이해하여 승인할 수 있다오. 그러므로 의미의 확인이 가르침의 이해와 승인에 도움이 된다오."

"고따마 존자여, 그렇다면, 의미의 확인에 도움이 되는 것은 어떤 것입니까? 우리는 고따마 존자에게 의미의 확인에 도움이 되는 것을 묻습니다."

"바라드와자여, 가르침의 기억[31]이 의미의 확인에 도움이 된다오. 가르침을 기억하지 않으면 의미를 확인할 수 없다오. 가르침을 기억하기 때문에 의미를 확인할 수 있다오. 그러므로 가르침의 기억이 의미의 확인에 도움이 된다오."

"고따마 존자여, 그렇다면, 가르침의 기억에 도움이 되는 것은 어떤 것입니까? 우리는 고따마 존자에게 가르침의 기억에 도움이 되는 것을 묻습니다."

"바라드와자여, 가르침의 청문(聽聞)[32]이 가르침의 기억에 도움이 된다오. 가르침을 듣지 않으면 가르침을 기억할 수 없다오. 가르침을 듣기 때문에 가르침을 기억할 수 있다오. 그러므로 가르침의 청문이 가르침의 기억에 도움이 된다오."

"고따마 존자여, 그렇다면, 가르침의 청문에 도움이 되는 것은 어떤 것입니까? 우리는 고따마 존자에게 가르침의 청문에 도움이 되는 것을 묻습니다."

"바라드와자여, 경청(傾聽)[33]이 가르침의 청문에 도움이 된다오.

---

31 'dhammadhāraṇā'의 번역.
32 'dhammasavana'의 번역.
33 'sotāvadhāna'의 번역.

경청하지 않으면 가르침을 들을 수 없다오. 경청하기 때문에 가르침을 들을 수 있다오. 그러므로 경청이 가르침의 청문에 도움이 된다오."

"고따마 존자여, 그렇다면, 경청에 도움이 되는 것은 어떤 것입니까? 우리는 고따마 존자에게 경청에 도움이 되는 것을 묻습니다."

"바라드와자여, 공경(恭敬)[34]이 경청에 도움이 된다오. 공경하지 않으면 경청할 수 없다오. 공경하기 때문에 경청한다오. 그러므로 공경이 경청에 도움이 된다오."

"고따마 존자여, 그렇다면, 공경에 도움이 되는 것은 어떤 것입니까? 우리는 고따마 존자에게 공경에 도움이 되는 것을 묻습니다."

"바라드와자여, 방문(訪問)[35]이 공경에 도움이 된다오. 방문하지 않으면 공경할 수 없다오. 방문하기 때문에 공경할 수 있다오. 그러므로 방문이 공경에 도움이 된다오."

"고따마 존자여, 그렇다면, 방문에 도움이 되는 것은 어떤 것입니까? 우리는 고따마 존자에게 방문에 도움이 되는 것을 묻습니다."

"바라드와자여, 신뢰(信賴)[36]가 방문에 도움이 된다오. 신뢰가 생기지 않으면 방문하지 않는다오. 신뢰가 생기기 때문에 방문한다오. 그러므로 신뢰가 방문에 도움이 된다오."

"우리는 고따마 존자에게 진리의 수호에 대하여 물었고, 고따마 존자께서는 그것을 설명해주셨습니다. 그것을 우리는 기꺼이 승인합니다. 그래서 우리는 행복합니다. 우리는 고따마 존자에게 진리의 인

---

34 'payirupāsanā'의 번역.
35 'upasaṅkamana'의 번역.
36 'saddhā'의 번역.

식과 진리의 성취에 대하여 물었고, 고따마 존자께서는 그것을 설명해주셨습니다. 그것을 우리는 기꺼이 승인합니다. 그래서 우리는 행복합니다. 우리는 고따마 존자에게 진리의 성취에 도움이 되는 것을 물었고, 고따마 존자께서는 그것을 설명해주셨습니다. 그것을 우리는 기꺼이 승인합니다. 그래서 우리는 행복합니다. 우리가 고따마 존자에게 물었던 물음을 고따마 존자께서 모두 설명해주셨습니다. 그것을 우리는 기꺼이 승인합니다. 그래서 우리는 행복합니다. 고따마 존자여, 우리는 이전에는 '범천(梵天)의 발에서 나온 검고 천박한 삭발한 사문들은 도대체 어떤 자들일까? 누가 진리[法]를 알기나 할까?'라고 알고 있었습니다. 고따마 존자께서는 저에게 사문들에 대한 애정과 사문들에 대한 믿음과 사문들에 대한 존경을 불러일으켰습니다. 훌륭하십니다. 고따마 존자여! 훌륭하십니다. 고따마 존자여! 마치 뒤집힌 것을 바로 세우는 것 같고, 감추어진 것을 드러내는 것 같고, 길 잃은 자에게 길을 알려주는 것 같고, '눈 있는 자들은 보라'고 어둠 속에 등불을 비춰주는 것 같습니다. 이와 같이 고따마 존자께서는 여러 가지 방법으로 진리를 알려주셨습니다. 이제 저는 고따마 존자님께 귀의합니다. 가르침과 비구 승가에 귀의합니다. 고따마 존자님께서는 저를 청신사로 받아주소서. 오늘부터 살아있는 날까지 귀의하겠나이다."

49

데와다하에서 설하신 경

101. Devadaha-sutta

【 해제 】

이 경은 한역 『중아함경(中阿含經)』 「19. 니건경(尼乾經)」에 상응하는 경
이다.

　　사람들은 대부분 전생(前生)의 업장(業障)을 고행을 통해 소멸하
도록 가르치는 것이 불교의 업설(業說)로 알고 있다. 이것은 다음과 같은
자이나교의 업설(業說)을 불교의 업설(業說)로 오해한 것이다.

> "인간이 겪는 즐거움이나 괴로움이나 괴롭지도 즐겁지도 않음
> 은 무엇이든 모두가 전생의 업(業)이 원인이다. 고행으로 과거
> 의 업을 소멸하고, 새로운 업을 짓지 않으면, 미래에는 (업이) 유
> 입(流入)하지 않는다. 미래에 유입하지 않으면 업이 멸진(滅盡)한

다. 업이 멸진하면 괴로움이 멸진하고, 괴로움이 멸진하면 느낌
이 멸진하며. 느낌이 멸진하면 일체의 괴로움이 멸진한다."

이 경에서는 이와 같은 자이나교의 업설을 비판한다. 부처님께서 깨달
아 가르친 괴로움의 원인은 전생에 지은 업이 아니라, 무명(無明)에서 비
롯된 현재의 유위(有爲)를 조작하는 행위[行]들이다. 부처님께서는 괴로
움을 없애는 방법을 다음과 같이 말씀하신다.

"그는 괴로움의 원인이 되는 그 행위[行]에 맞서 정진하고, 행위
에 맞서 정진함으로써 탐욕에서 벗어난다오. 이렇게 함으로써
괴로움은 소멸한다오. 그는 이 괴로움의 원인을 냉정하게 관찰
하고 평정심을 수습(修習)함으로써 탐욕에서 벗어난다오. 이렇
게 함으로써 괴로움은 소멸한다오."

괴로움은 무명에서 비롯된 잘못된 삶, 즉 유위를 조작하는 행위들이 원
인이기 때문에 탐욕에 물든 삶에서 탐욕을 버리는 삶으로 우리의 삶을
전환할 때 괴로움은 사라진다는 것이다. 과거에 어떤 삶을 살았더라도,
지금 여기에서 삶을 전환하여, 괴롭지 않은 자신을 일부러 괴롭히지 않
고, 여법(如法)한 즐거움을 거부하지 않고, 그 즐거움에 빠지지 않으면,
누구나 지금 여기에서 괴로움을 소멸하고 열반을 증득할 수 있다는 것
이 부처님의 가르침이다. 살인마 앙굴리말라도 이 가르침에 의해서 살
인마에서 자비수행자로 새롭게 태어나 아라한이 되었다. 이것이 불교의
업설이다.

전생의 업장을 소멸해야 한다고 혹세무민(惑世誣民)하는 것은 불교가 아니다. 한 생각 깨달아서 삶을 바꾸면, 백겁(百劫)에 쌓은 죄업(罪業)이 일념(一念)에 사라진다는 가르침이 불법(佛法)이다.

이와 같이 나는 들었습니다.

한때 세존께서는 싹까에서 싸꺄족의 마을 데와다하(Devadaha)에 머무셨습니다. 그곳에서 세존께서 "비구들이여!"라고 비구들을 불렀습니다.

비구들은 "존경하는 스승님!" 하고 대답했습니다.

세존께서는 다음과 같이 말씀하셨습니다.

"비구들이여, 어떤 사문과 바라문들은 '인간이 겪는 즐거움이나 괴로움이나 괴롭지도 즐겁지도 않음은 무엇이든 모두가 전생의 업(業)이 원인[01]이다. 고행으로 과거의 업을 소멸하고 새로운 업을 짓지 않으면 미래에는 (업이) 유입(流入)하지 않는다. 미래에 유입하지 않으면 업이 멸진(滅盡)한다. 업이 멸진하면 괴로움이 멸진하고, 괴로움이 멸진하면 느낌이 멸진하며, 느낌이 멸진하면 일체의 괴로움이 멸진한다'라는 교리와 견해를 가지고 있다오.

비구들이여, 니간타(Nigaṇṭha)[02]들은 이런 교리를 가진 사람들이라오. 나는 이런 주장을 하는 니간타들에게 가서 이렇게 말했다오.

'니간타 존자들이여, 그대들은 진실로 이와 같은 주장을 하는가?'

비구들이여, 그 니간타들이 이와 같은 질문을 받고 나에게 '그렇다'라고 대답하자, 나는 이렇게 말했다오.

'니간타 존자들이여, 그렇다면 그대들은 '전생에 우리는 존재했는

01 'pubbekatahetu'의 번역.
02 니간타(Nigaṇṭha)는 자이나교도를 가리키는 말이다.

지, 존재하지 않았는지'를 아는가?'

'그렇지 않습니다. 존자여.'

'니간타 존자들이여, 그렇다면 그대들은 '전생에 우리가 악업(惡
業)을 지었는지, 짓지 않았는지'를 아는가?'

'그렇지 않습니다. 존자여.'

'니간타 존자들이여, 그렇다면 그대들은 '우리가 어떤[03] 악업(惡業)
을 지었는지'를 아는가?'

'그렇지 않습니다. 존자여.'

'니간타 존자들이여, 그렇다면 그대들은 '이 정도의 괴로움이 소
멸했다. 이 정도의 괴로움이 소멸해야 한다. 이 정도의 괴로움이 소멸
하면 일체의 괴로움이 소멸할 것이다'라는 것을 아는가?'

'그렇지 않습니다. 존자여.'

'니간타 존자들이여, 그렇다면 그대들은 지금 여기에서 불선법(不
善法)을 버리고 선법(善法)을 얻는 것에 대하여 아는가?'

'그렇지 않습니다. 존자여.'

니간타 존자들이여, 이와 같이 그대들은 '전생에 우리는 존재했는
지, 존재하지 않았는지'도 알지 못하고, (⋯중략⋯) 지금 여기에서 불선
법을 버리고 선법을 얻는 것에 대하여도 알지 못하는군요. 이와 같다
면, 니간타 존자들이 '인간이 겪는 즐거움이나 괴로움이나 괴롭지도 즐
겁지도 않음은 무엇이든 모두 전생의 업(業)이 원인이다. 그러므로 고
행으로 과거의 업을 소멸하고, 새로운 업을 짓지 않으면, 미래에는 (업

---

03 'evarūpaṁ vā evarūpaṁ vā'의 번역.

이) 유입(流入)하지 않는다. 미래에 유입하지 않으면 업이 멸진(滅盡)한다. 업이 멸진하면 괴로움이 멸진하고, 괴로움이 멸진하면 느낌이 멸진하며, 느낌이 멸진하면 일체의 괴로움이 멸진한다'라고 주장하는 것은 정당(正當)하지 않다오. 니간타 존자들이여, 만약에 그대들이 그 모든 것을 안다면, 그대들의 주장은 정당할 것이오.

니간타 존자들이여, 비유하면 독화살에 맞은 사람과 같다오. 그는 화살에 맞았기 때문에 격렬하고 극심한 고통을 느낄 것이오. 니간타 존자들이여, 그의 친구와 친족들은 화살을 뽑는 의사를 부를 것이오. 그 의사가 칼로 그 사람의 상처 구멍을 절개하면, 이로 인하여 그는 격렬하고 극심한 고통을 느낄 것이오. 그 의사가 탐침(探針)으로 화살을 찾으면, 이로 인하여 그는 격렬하고 극심한 고통을 느낄 것이오. 그 의사가 화살을 뽑으면, 이로 인하여 그는 격렬하고 극심한 고통을 느낄 것이오. 그 의사가 상처 구멍에 해독제를 바르면, 이로 인하여 그는 격렬하고 극심한 고통을 느낄 것이오. 그는 상처가 치료된 후에 건강한 피부를 드러내고, 즐겁게 혼자서 자유롭게 마음대로 다니게 될 것이오. 그는 '나는 과거에 독화살에 맞아 격렬하고 극심한 고통을 느꼈다. 나는 의사가 치료할 때 격렬하고 극심한 고통을 느꼈다. 나는 이제 상처가 치료되어 건강한 피부를 드러내고, 즐겁게 혼자서 자유롭게 마음대로 다닌다'라고 생각할 것이오.

니간타 존자들이여, 만약에 그대들이 이와 같이 그 모든 것을 안다면, 그대들의 주장은 정당할 것이오. 니간타 존자들이여, 그런데 그대들은 아무것도 알지 못하는군요. 그러므로 그대들의 주장은 정당하

지 않다오.[04]

비구들이여, 이와 같이 말하자 그 니간타들이 나에게 말했다오.

'존자여, 니간타 나따뿟따(Nigaṇṭha Nāṭaputta)는 모든 것을 아시는 분[一切知者]이며, 모든 것을 보시는 분으로서, 남김없이 알고 본다고 스스로 공언했습니다.' 가거나 서 있거나, 자거나 깨어있거나, 나에게 는 항상 계속해서 지견(知見)이 나타난다. 니간타 형제들이여, 그대들 에게는 과거에 지은 악업이 있다. 그것을 이러한 극심한 고행으로 소멸 하라! 그리고 지금 여기에서 몸으로 제어하고, 말로 제어하고, 마음으 로 제어하고, 미래에 악업을 짓지 말라! 이렇게 과거의 업을 고행으로 소멸하고, 미래에 새로운 업을 짓지 않으면, 미래에는 (업이) 유입하지 않는다. 미래에 유입하지 않으면 업이 멸진한다. 업이 멸진하면 괴로움 이 멸진하고, 괴로움이 멸진하면 느낌이 멸진하며, 느낌이 멸진하면 일 체의 괴로움이 멸진한다'라고 말했습니다. 그 말이 우리의 마음에 듭니 다. 그리고 우리는 그 말을 승인합니다. 그래서 우리는 만족합니다.'

비구들이여, 이와 같이 말하자, 나는 그 니간타들에게 이렇게 말 했다오.

'니간타 존자들이여, 지금 여기에서 두 가지 결과가 있는 다섯 가 지 법이 있다오. 그 다섯 가지는 어떤 것인가? 신념(信念), 기호(嗜好), 전 통(傳統), 논리적(論理的)인 추론(推論), 사변적 견해의 이해와 승인(承認) 이라오. 니간타 존자들이여, 이것들이 지금 여기에서 두 가지 결과가 있는 다섯 가지 법이라오. 과거의 스승에 대하여 니간타 존자들이 가지

---

04 중복되는 내용은 생략하여 번역함.

고 있는 것은 바로 신념이나, 기호나, 전통이나, 논리적인 추론이나, 사변적 견해의 이해와 승인이 아닌가?'

비구들이여, 내가 이렇게 말했을 때, 나는 니간타들 가운데서 근거를 가지고[05] 교리를 옹호하는[06] 사람을 아무도 보지 못했다오. 비구들이여, 나는 한 걸음 더 나아가서, 그 니간타들에게 이렇게 말했다오.

'니간타 존자들이여, 어떻게 생각하는가? 그대들이 격렬하게 노력하고, 격렬하게 정진할 때는 고행에서 야기된 격렬하고 극심한 고통이 느껴지겠지만, 격렬하게 노력하지 않고, 격렬하게 정진하지 않을 때도 고행에서 야기된 격렬하고 극심한 고통이 느껴지는가?'

'고따마 존자여, 우리가 격렬하게 노력하고 격렬하게 정진할 때는 고행에서 야기된 격렬하고 극심한 고통이 느껴지지만, 격렬하게 노력하지 않고 격렬하게 정진하지 않을 때는 고행에서 야기된 격렬하고 극심한 고통이 느껴지지 않습니다.'

'니간타 존자들이여, 그렇다면, '인간이 겪는 즐거움이나 괴로움이나 괴롭지도 즐겁지도 않음은 무엇이든 모두 전생의 업(業)이 원인이다. 그러므로 고행으로 과거의 업을 소멸하고, 새로운 업을 짓지 않으면, 미래에는 (업이) 유입하지 않는다. 미래에 유입하지 않으면 업이 멸진한다. 업이 멸진하면 괴로움이 멸진하고, 괴로움이 멸진하면 느낌이 멸진하며, 느낌이 멸진하면 일체의 괴로움이 멸진한다'라는 니간타 존자들의 주장은 정당하지 않다오. 니간타 존자들이여, 만약에 그대들이 격렬하게 노력하고, 격렬하게 정진할 때도 고행에서 야기된 격렬하고

---

05 'sahadhammika'의 번역.

06 'vādaparihāṁ'의 번역.

극심한 고통의 느낌이 지속하고, 격렬하게 노력하지 않고, 격렬하게 정진하지 않을 때도 고행에서 야기된 격렬하고 극심한 고통의 느낌이 지속한다면, 니간타 존자들의 주장은 정당할 것이오. 니간타 존자들이여, 그런데 그대들이 격렬하게 노력하고 격렬하게 정진할 때는 고행에서 야기된 격렬하고 극심한 고통이 느껴지지만, 격렬하게 노력하지 않고 격렬하게 정진하지 않을 때는 고행에서 야기된 격렬하고 극심한 고통이 느껴지지 않는다면, 그런 주장을 하는 것은 바로 그대들이 고행에서 야기된 격렬하고 극심한 고통을 느끼면서, 스스로 무명(無明)과 무지(無知)와 미망(迷妄)에 빠지는 것이라오.'

비구들이여, 내가 이렇게 말했을 때, 나는 니간타 가운데서 근거를 가지고 교리를 옹호하는 사람을 아무도 보지 못했다오.

비구들이여, 나는 한 걸음 더 나아가서 그 니간타들에게 이렇게 말했다오.

'니간타 존자들이여, 어떻게 생각하는가? 현재에 받을 업(業)을 노력이나 정진을 통해 미래에 받도록 할 수 있는가?'

'존자여, 그렇게 할 수 없습니다.'

'그렇다면, 미래에 받을 업을 노력이나 정진을 통해 현재에 받도록 할 수 있는가?'

'존자여, 그렇게 할 수 없습니다.'

'니간타 존자들이여, 어떻게 생각하는가? 즐겁게 받을 업을 노력이나 정진을 통해 괴롭게 받도록 할 수 있는가?'

'존자여, 그렇게 할 수 없습니다.'

'그렇다면, 괴롭게 받을 업을 노력이나 정진을 통해 즐겁게 받도

록 할 수 있는가?'

'존자여, 그렇게 할 수 없습니다.'

'니간타 존자들이여, 어떻게 생각하는가? 성숙(成熟)한 상태로 받을 업을[07] 노력이나 정진을 통해 미숙(未熟)한 상태로 받도록[08] 할 수 있는가?'

'존자여, 그렇게 할 수 없습니다.'

'그렇다면, 미숙한 상태로 받을 업을 노력이나 정진을 통해 성숙한 상태로 받도록 할 수 있는가?'

'존자여, 그렇게 할 수 없습니다.'

'니간타 존자들이여, 어떻게 생각하는가? 많이 받을 업을 노력이나 정진을 통해 적게 받도록 할 수 있는가?'

'존자여, 그렇게 할 수 없습니다.'

'그렇다면, 적게 받을 업을 노력이나 정진을 통해 많이 받도록 할 수 있는가?'

'존자여, 그렇게 할 수 없습니다.'

'니간타 존자들이여, 어떻게 생각하는가? 받을 업을 노력이나 정진을 통해 받지 않게 할 수 있는가?'

'존자여, 그렇게 할 수 없습니다.'

'그렇다면, 받지 않을 업을 노력이나 정진을 통해 받게 할 수 있는가?'

'존자여, 그렇게 할 수 없습니다.'

'니간타 존자들이여, 그렇다면 니간타 존자들의 노력과 정진은 효

---

07 'kammaṁ paripakkavedaīyaṁ'의 번역.

08 'kammaṁ aparipakkavedaīyaṁ hotu'의 번역.

과가 없는 것이라오.'

비구들이여, 니간타들은 이와 같이 (효과가 없는 노력과 정진을) 이야기하는 사람들이라오. 비구들이여, 이와 같이 이야기하는 니간타들에게는 그들의 교리에 근거를 둔 10가지 비난이 뒤따른다오.

비구들이여, 만약에 중생이 전생의 행위로 인해서 즐겁거나 괴로운 과보를 받는다면, 비구들이여, 지금 이렇게 격렬하고 극심한 괴로움을 느끼고 있는 니간타들은 참으로 전생에 악행(惡行)의 업을 지은 사람들이라오. 비구들이여, 만약에 중생이 자재신(自在神)의 창조로 인해서[09] 즐겁거나 괴로운 과보를 받는다면, 비구들이여, 지금 이렇게 격렬하고 극심한 괴로움을 느끼고 있는 니간타들은 참으로 사악한 자재신이 창조한 사람들이라오. 비구들이여, 만약에 중생이 요소들의 결합으로 인해서[10] 즐겁거나 괴로운 과보를 받는다면, 비구들이여, 지금 이렇게 격렬하고 극심한 괴로움을 느끼고 있는 니간타들은 참으로 사악한 요소들이 결합한 사람들이라오. 비구들이여, 만약에 중생이 혈통(血統)으로 인해서[11] 즐겁거나 괴로운 과보를 받는다면, 비구들이여, 지금 이렇게 격렬하고 극심한 괴로움을 느끼고 있는 니간타들은 참으로 사악한 혈통의 사람들이라오. 비구들이여, 만약에 중생이 현재의 노력으로 인해서[12] 즐겁거나 괴로운 과보를 받는다면, 비구들이여, 지금 이렇게 격렬하고 극심한 괴로움을 느끼고 있는 니간타들은 참으로 현재 사악

---

09 'issaranimmānahetu'의 번역.

10 'saṅgatibhāvahetu'의 번역.

11 'abhijātihetu'의 번역.

12 'diṭṭhadhammupakkamahetu'의 번역.

한 노력을 하는 사람들이라오.

비구들이여, 만약에 중생이 전생의 행위로 인해서 즐겁거나 괴로운 과보를 받는다고 해도, 니간타들은 비난받아 마땅하고, 만약에 중생이 전생의 행위로 인해서 즐겁거나 괴로운 과보를 받는 것이 아니라고 해도, 니간타들은 비난받아 마땅하다오.[13] 비구들이여, 만약에 중생이 자재신의 창조로 인해서 즐겁거나 괴로운 과보를 받는다고 해도, 니간타들은 비난받아 마땅하고, 만약에 중생이 자재신의 창조로 인해서 즐겁거나 괴로운 과보를 받는 것이 아니라고 해도, 니간타들은 비난받아 마땅하다오. 비구들이여, 만약에 중생이 요소들의 결합으로 인해서 즐겁거나 괴로운 과보를 받는다고 해도, 니간타들은 비난받아 마땅하고, 만약에 중생이 요소들의 결합으로 인해서 즐겁거나 괴로운 과보를 받는 것이 아니라고 해도, 니간타들은 비난받아 마땅하다오. 비구들이여, 만약에 중생이 혈통으로 인해서 즐겁거나 괴로운 과보를 받는다고 해도, 니간타들은 비난받아 마땅하고, 만약에 중생이 혈통으로 인해서 즐겁거나 괴로운 과보를 받는 것이 아니라고 해도, 니간타들은 비난받아 마땅하다오. 비구들이여, 만약에 중생이 현재의 노력으로 인해서 즐겁거나 괴로운 과보를 받는다고 해도, 니간타들은 비난받아 마땅하고, 만약에 중생이 현재의 노력으로 인해서 즐겁거나 괴로운 과보를 받는 것이 아니라고 해도, 니간타들은 비난받아 마땅하다오.

비구들이여, 니간타들이 이와 같은 교리를 주장할 때, 이런 교리를

---

13 전생의 행위로 인해서 현재의 괴로운 과보를 받는다고 한다면, 현재 고행을 통해 괴로움을 느끼고 있는 니간타들은 전생에 못된 업을 지은 자로써 비난받고, 그렇지 않다고 한다면, 그들이 거짓된 교리를 주장한다는 비난을 받게 된다는 의미다.

주장하는 니간타들에게는 그들의 교리에 근거를 둔 이러한 10가지 비난이 뒤따른다오. 비구들이여, 이와 같은 노력과 정진은 효과가 없다오.

비구들이여, 그렇다면 효과가 있는 노력은 어떤 것이고, 효과가 있는 정진은 어떤 것인가? 비구들이여, 비구는 괴롭지 않은 자신을 괴롭히지 않고,[14] 여법(如法)한 즐거움을 거부하지 않고, 그 즐거움에 빠지지 않는다오.[15] 그는 '내가 괴로움의 원인이 되는 행위[行]에 맞서 정진하면, 행위에 맞서 정진함으로써 나는 탐욕에서 벗어난다.[16] 그리고 내가 이 괴로움의 원인을 관찰하고 평정심[捨]을 수습(修習)하면, 나는 탐욕에서 벗어난다'[17]라고 통찰한다오. 그래서 그는 그 행위에 맞서 정진하고, 평정심을 수습(修習)한다오. 그렇게 함으로써 그는 탐욕에서 벗어나며, 이렇게 함으로써 그 괴로움은 소멸한다오.

비구들이여, 비유하면, 여인에게 매료되어 집착과 강한 의욕과 강한 애착이 있는 사람과 같다오. 그 여인이 다른 사람과 함께 서서 웃으며 즐겁게 이야기하는 것을 그가 본다면, 비구들이여, 그대들은 어떻게 생각하는가? 다른 사람과 함께 서서 웃으며 즐겁게 이야기하는 그 여인을 본 후에, 그 사람에게 근심과 걱정과 고통과 슬픔과 불안이 생기지 않겠는가?"

"그렇습니다. 세존이시여! 왜냐하면, 그 사람은 그 여인에게 매료되어 집착과 강한 의욕과 강한 애착이 있으므로, 그 여인이 다른 사람

---

14 'na heva anaddhabhūtaṁ attānaṁ dukkhena addhabhāveti'의 번역.

15 'dhammikañ ca sukhaṁ na paricajjati, tasmiñ ca sukhe anadhimucchite'의 번역.

16 'imassa kho me dukkhanidānassa saṅkhāraṁ padahato saṅkhārappadhānā virāgo hoti'의 번역. 즐거움을 느낄 때 즐거움에 빠지는 것이 '괴로움의 원인이 되는 행위[行]'이다.

17 'imassa pana me dukkhanidānassa ajjhupekkhato upekhaṁ bhāvayato virāgo hoti'의 번역.

과 함께 서서 웃으며 즐겁게 이야기하는 것을 본 후에, 그 사람에게 근심과 걱정과 고통과 슬픔과 불안이 생길 것입니다."

"비구들이여, 그 사람이 '나는 이 여인에게 매료되어 집착과 강한 의욕과 강한 애착이 있기에, 이 여인이 다른 사람과 함께 서서 웃으며 즐겁게 이야기하는 것을 본 후에, 나에게 근심과 걱정과 고통과 슬픔과 불안이 생겼다. 나는 이 여인에 대한 나의 욕탐(欲貪)을 버리는 것이 좋겠다'라고 생각했다오. 그래서 그는 그 여인에 대한 욕탐을 버렸다오. 그가 그다음에 그 여인이 다른 사람과 함께 서서 웃으며 즐겁게 이야기하는 것을 본다면, 비구들이여, 그대들은 어떻게 생각하는가? 그 여인이 다른 사람과 함께 서서 웃으며 즐겁게 이야기하는 것을 본 후에, 그 사람에게 근심과 걱정과 고통과 슬픔과 불안이 생기겠는가?"

"그렇지 않습니다. 세존이시여! 왜냐하면, 세존이시여, 그 사람은 그 여인에 대한 욕심이 없으므로, 그 여인이 다른 사람과 함께 서서 웃으며 즐겁게 이야기하는 것을 본 후에, 그 사람에게 근심과 걱정과 고통과 슬픔과 불안이 생기지 않을 것입니다."

"비구들이여, 참으로 이와 같이 비구는 괴롭지 않은 자신을 괴롭히지 않고, 여법(如法)한 즐거움을 거부하지 않고, 그 즐거움에 빠지지 않는다오. (…중략…)[18] 그가 괴로움의 원인이 되는 그 행위에 맞서 정진하면, 행위에 맞서 정진함으로써 그는 탐욕에서 벗어난다오. 이와 같이 그 괴로움은 소멸한다오. 그가 이 괴로움의 원인을 관찰하고 평정심[捨]을 수습(修習)하면, 그는 탐욕에서 벗어난다오. 이와 같이 그 괴로움

---

18 반복되는 내용을 생략함.

은 소멸한다오. 비구들이여, 이와 같은 노력과 정진은 효과가 있다오.

비구들이여, 한 걸음 더 나아가서 비구는 다음과 같이 성찰한다오.

'내가 마음 편하게 살아가면, 나에게 불선법(不善法)들이 늘어나고, 선법(善法)들은 줄어든다. 그렇지만 괴로움 때문에 나 자신에 맞서 정진하면,[19] 나에게 불선법들은 줄어들고, 선법들이 늘어난다. 나는 괴로움 때문에 나 자신에 맞서 정진하는 것이 좋지 않을까?'

그는 괴로움 때문에 자신에 맞서 정진한다오. 괴로움 때문에 자신에 맞서 정진할 때, 그에게 불선법들은 줄어들고, 선법들이 늘어난다오. 그는 그 후에는 괴로움 때문에 자신에 맞서 정진하지 않는다오. 그까닭은 무엇인가? 비구들이여, 비구는 괴로움을 없애기 위해서 자신에 맞서 정진했는데, 그는 바로 그 목적을 달성했기 때문이라오.[20] 그래서 그는 그 후에는 괴로움 때문에 자신에 맞서 정진하지 않는다오.

비구들이여, 비유하면 화살 만드는 사람이 불타는 두 관솔가지 사이에 화살을 넣고 달구어 쓸모 있도록 곧게 만드는 것과 같다오. 비구들이여, 화살 만드는 사람은 불타는 두 관솔가지 사이에 화살을 넣고 달구어 쓸모 있도록 곧게 만들면, 그 후에는 불타는 두 관솔가지 사이에 화살을 넣고 달구지 않는다오. 왜냐하면, 비구들이여, 그는 쓸모 있도록 곧게 만들려고 불타는 두 관솔가지 사이에 화살을 넣고 달구었는데, 목적을 달성했기 때문이라오. 그래서 그는 그 후에는 불타는 두 관

---

19 'dukkhāya pana me attānaṁ padahato'의 번역.

20 'yassa hi so, bhikkhave, bhikkhu atthāya dukkhāya attānaṁ padaheyya, svāssa attho abhinipphanno hoti'의 번역. 괴로움이 있기 때문에 그것을 없애려는 목적에서 수행하지만, 괴로움이 소멸하여 목적을 달성하면, 그렇게 할 필요가 없어진다는 의미이다.

솥가지 사이에 화살을 넣고 달구지 않는다오.

비구들이여, 비구들은 이렇게 성찰하고 정진한다오.[21] 비구들이여, 이와 같은 노력과 정진도 효과가 있다오.

비구들이여, 한 걸음 더 나아가서 '아라한[應供], 원만하고 바르게 깨달으신 분[正遍知], 앎과 실천을 구족하신 분[明行足], 피안으로 잘 가신 분[善逝], 세상을 잘 아시는 분[世間解], 위없는 분[無上士], 사람을 길들여 바른길로 이끄시는 분[調御丈夫], 천신과 인간의 스승[天人師], 진리를 깨달으신 분[佛], 세존(世尊)'으로 불리는 여래(如來)가 이 세상에 출현한다오. 그는 천계(天界), 마라, 범천(梵天)을 포함한 이 세간을, 사문과 바라문, 왕과 백성을 포함한 인간계를 체험적 지혜로 몸소 체득하여 알려준다오. 그는 처음도 좋고, 중간도 좋고, 마지막도 좋은, 의미 있고 명쾌하고 완벽한 진리를 가르치며, 청정한 범행(梵行)을 알려준다오.

그 진리를 거사(居士)나 거사의 아들이나 다른 가문에 태어난 사람이 듣는다오. 그는 그 진리를 듣고, 여래에 대한 믿음을 성취한다오. 믿음을 성취하면, 그는 이렇게 생각한다오.

'속세의 삶은 번거로운 홍진(紅塵)의 세계요, 출가는 걸림 없는 노지(露地)와 같다. 속가(俗家)에 살면서 완전하고 청정하고 밝은 범행을 수행하기는 쉽지 않다. 나는 오히려 머리와 수염을 깎고, 가사와 발우를 지니고, 집을 떠나 출가하는 것이 좋겠다.'

그는 그 후에 많고 적은 재산을 버리고, 가깝고 먼 친족을 버리고, 머리와 수염을 깎고, 가사와 발우를 지니고, 집을 떠나 출가한다오. (…

---

21 성찰과 정진의 내용은 중복되는 내용이므로 생략함.

중략…) 그는 마음을 더럽히고, 통찰지[般若]를 약하게 하는 이들 다섯 가지 장애를 제거하여, 감각적 욕망을 멀리하고, 불선법을 멀리함으로써, 사유가 있고, 숙고가 있는, 멀리함에서 생긴 즐거움과 행복이 있는 초선(初禪)을 성취하여 살아간다오. 비구들이여, 이와 같은 노력과 정진도 효과가 있다오.

비구들이여, 한 걸음 더 나아가서, 비구는 사유와 숙고를 억제하여, 내적으로 조용해진, 마음이 집중된, 사유와 숙고가 없는, 삼매에서 생긴 즐거움과 행복이 있는 제2선(第二禪)을 성취하여 살아간다오. 비구들이여, 이와 같은 노력과 정진도 효과가 있다오.

비구들이여, 한 걸음 더 나아가서, 비구는 희열(喜悅)이 사라지고 평정한 마음으로 주의집중과 알아차림을 하며 지내는 가운데 몸으로 행복을 느끼면서, 성인들이 '평정한 마음[捨]으로 주의집중을 하는 행복한 상태'라고 이야기한 제3선(第三禪)을 성취하여 살아간다오. 비구들이여, 이와 같은 노력과 정진도 효과가 있다오.

비구들이여, 한 걸음 더 나아가서, 비구는 행복감을 포기하고, 괴로움을 버림으로써, 이전의 만족과 불만이 소멸하여, 괴롭지도 않고 즐겁지도 않은, 평정한 주의집중이 청정한 제4선(第四禪)을 성취하여 살아간다오. 비구들이여, 이와 같은 노력과 정진도 효과가 있다오.

(…중략… 숙명통, 천안통을 차례로 설하신 내용 생략)

비구들이여, 한 걸음 더 나아가서, 비구는 이와 같이 청정하게 정화되고, 죄악의 먼지가 없고, 번뇌의 때가 없으며, 유연하여 적응력이 있고, 견고하여 움직이지 않는, 삼매에 든 마음에서 누진통(漏盡通)에 주의를 기울인다오. 그는 '이것은 괴로움[苦]이다'라고 있는 그대로 통찰한다오. 그는 '이것은 괴로움의 쌓임[苦集]이다'라고 있는 그대로 통찰한다오. 그는 '이것은 괴로움의 소멸[苦滅]이다'라고 있는 그대로 통찰한다오. 그는 '이것은 괴로움의 소멸에 이르는 길[苦滅道]이다'라고 있는 그대로 통찰한다오. 그는 '이것들은 번뇌[漏]다'라고 있는 그대로 통찰한다오. 그는 '이것은 번뇌의 쌓임[漏集]이다'라고 있는 그대로 통찰한다오. 그는 '이것은 번뇌의 소멸[漏滅]이다'라고 있는 그대로 통찰한다오. 그는 '이것은 번뇌의 소멸에 이르는 길[漏滅道]이다'라고 있는 그대로 통찰한다오. 그가 이렇게 알고 이렇게 보았을 때, 마음이 욕루(欲漏)에서 해탈하고, 유루(有漏), 무명루(無明漏)에서 해탈한다오. 해탈했을 때 '나는 해탈했다'라고 알게 된다오. 그는 '태어남은 끝났고, 청정한 수행[梵行]을 마쳤으며, 해야 할 일을 끝마쳤다. 다시는 이런 상태로 되지 않는다'라고 통찰한다오. 비구들이여, 이와 같은 노력과 정진도 효과가 있다오.

비구들이여, 여래는 이와 같이 (효과가 있는 노력과 정진을) 이야기하는 사람이라오. 비구들이여, 이와 같이 이야기하는 여래에게는 여법(如法)한 10가지 찬탄이 뒤따른다오.

비구들이여, 만약에 중생이 전생의 행위로 인해서 즐겁거나 괴로운 과보를 받는다면, 비구들이여, 지금 이렇게 번뇌가 없는, 즐거운 느낌을 느끼고 있는 여래는 참으로 전생에 좋은 업을 지은 사람이라오. 비구들이여, 만약에 중생이 자재신의 창조로 인해서 즐겁거나 괴로운 과보를 받는다면, 비구들이여, 지금 이렇게 번뇌가 없는, 즐거운 느낌을 느끼고 있는 여래는 참으로 훌륭한 자재신이 창조한 사람이라오. 비구들이여, 만약에 중생이 요소들의 결합으로 인해서 즐겁거나 괴로운 과보를 받는다면, 비구들이여, 지금 이렇게 번뇌가 없는, 즐거운 느낌을 느끼고 있는 여래는 참으로 훌륭한 요소들이 결합한 사람이라오. 비구들이여, 만약에 중생이 혈통으로 인해서 즐겁거나 괴로운 과보를 받는다면, 비구들이여, 지금 이렇게 번뇌가 없는, 즐거운 느낌을 느끼고 있는 여래는 참으로 훌륭한 혈통의 사람이라오. 비구들이여, 만약에 중생이 현재의 노력으로 인해서 즐겁거나 괴로운 과보를 받는다면, 비구들이여, 지금 이렇게 번뇌가 없는, 즐거운 느낌을 느끼고 있는 여래는 참으로 현재 훌륭한 노력을 하는 사람이라오.

비구들이여, 만약에 중생이 전생의 행위로 인해서 즐겁거나 괴로운 과보를 받는다고 해도, 여래는 칭찬받아 마땅하고, 만약에 중생이 전생의 행위로 인해서 즐겁거나 괴로운 과보를 받는 것이 아니라고 해도 여래는 칭찬받아 마땅하다오. 비구들이여, 만약에 중생이 자재신의 창조로 인해서 즐겁거나 괴로운 과보를 받는다고 해도, 여래는 칭찬받아 마땅하고, 만약에 중생이 자재신의 창조로 인해서 즐겁거나 괴로운 과보를 받는 것이 아니라고 해도, 여래는 칭찬받아 마땅하다오. 비구들이여, 만약에 중생이 요소들의 결합으로 인해서 즐겁거나 괴로운 과보를 받는다고 해도, 여래는 칭찬받아 마땅하고, 만약에 중생이 요소들의 결합으로 인해서 즐겁거나 괴로운 과보를 받는 것이 아니라고 해도, 여래는 칭찬받아 마땅하다오. 비구들이여, 만약에 중생이 혈통으로 인해서 즐겁거나 괴로운 과보를 받는다고 해도, 여래는 칭찬받아 마땅하고, 만약에 중생이 혈통으로 인해서 즐겁거나 괴로운 과보를 받는 것이 아니라고 해도, 여래는 칭찬받아 마땅하다오. 비구들이여, 만약에 중생이 현재의 노력으로 인해서 즐겁거나 괴로운 과보를 받는다고 해도, 여래는 칭찬받아 마땅하고, 만약에 중생이 현재의 노력으로 인해서 즐겁거나 괴로운 과보를 받는 것이 아니라고 해도, 여래는 칭찬받아 마땅하다오.

비구들이여, 여래는 이와 같이 이야기하는 사람이라오, 비구들이여, 이와 같이 이야기하는 여래에게는 이러한 여법(如法)한 10가지 찬탄이 뒤따른다오."

이것이 세존께서 하신 말씀입니다.
그 비구들은 세존의 말씀에 만족하고 기뻐했습니다.

50

부동(不動)의 경지에
유익한 경

106. Āṇañjasappāya-sutta

【 해제 】

이 경은 한역 『중아함경(中阿含經)』 「75. 정부동도경(淨不動道經)」에 상응
하는 경이다.

이 경에서는 감각적 욕망 속에서 불안한 삶을 살아가는 중생이
수행을 통해 안정된 삶을 성취하여 구경(究竟)에 열반을 성취하는 과정
을 단계적으로 이야기한다. 이 과정을 「40. 싸꿀우다인에게 설하신 큰
경」의 8해탈(八解脫)과 비교하면 그 내용을 더욱 잘 이해할 수 있다.

감각적 욕망을 버림으로써 성취하는 첫 번째 부동의 경지는 8해
탈 가운데 '감각적 욕망 없이 형색[色]에 대한 관념을 가지고 여러 가지
형색들을 보는' 첫 번째 해탈[初解脫]이며, 색계(色界) 초선(初禪)의 경지
이다.

'감각적 욕망의 대상인 형색은 무엇이든 4대(四大)와 4대를 취하고 있는 형색이다'라고 성찰함으로써 성취하는 두 번째 부동의 경지는 8해탈 가운데 '안으로 형색에 대한 관념[色想]이 없이 밖으로 형색들을 보는' 두 번째 해탈[第二解脫]이며, 색계 제2선(第二禪)의 경지이다.

'감각적 욕망과 형색에 대한 관념은 무상(無常)하며 탐닉할 만한 것이 못 된다'라고 성찰함으로써 성취하는 세 번째 부동의 경지는 8해탈 가운데 '청정함을 확신하는' 세 번째 해탈[第三解脫]이며, 색계 제3선(第三禪)과 제4선(第四禪)의 경지이다.

'감각적 욕망과 형색에 대한 관념[色想], 부동(不動)에 대한 관념[不動想], 그 모든 관념이 남김없이 소멸한 무소유처(無所有處), 그곳은 평온하며, 그곳은 훌륭하다'라고 성찰함으로써 성취하는 첫 번째 무소유처는 8해탈 가운데 네 번째 해탈[第四解脫]로서 일체의 형색에 대한 관념을 초월하고, 지각의 대상(對象)에 대한 관념[有對想]을 소멸하고, 다르다는 생각[異想]을 하지 않고, '허공은 무한하다'라고 생각하는 무색계(無色界)의 공무변처(空無邊處)이다.

'자아(自我)나 자아의 소유(所有)는 공(空)이다'라고 성찰함으로써 성취하는 두 번째 무소유처는 8해탈 가운데 다섯 번째 해탈[第五解脫]로서 일체의 공무변처를 초월하여 '식(識)은 무한하다'라고 생각하는 무색계의 식무변처(識無邊處)이다.

'나는 어디에도 없고, 그 누구도 아니고, 아무것도 아니다. 그리고 나의 소유도 어디에도 없고, 그 어떤 것도 아니고, 아무것도 없다'라고 성찰함으로써 성취하는 세 번째 무소유처는 8해탈 가운데 여섯 번째 해탈[第六解脫]로서 일체의 식무변처를 초월하여 '어떤 것도 존재하지 않는다'라고 생각하는 무색계의 무소유처(無所有處)이다.

'감각적 욕망에 대한 관념, 형색에 대한 관념, 부동심에 대한 관념, 무소유처에 대한 관념, 그 모든 관념이 남김없이 소멸한 비유상비무상처(非有想非無想處), 그곳은 평온하며, 그곳은 훌륭하다'라고 성찰함으로써 성취하는 비유상비무상처는 8해탈 가운데 일곱 번째 해탈[第七解脫]로서 일체의 무소유처를 초월한 무색계의 비유상비무상처이다.

비유상비무상처의 평정한 마음을 즐기지 않고, 환영하지 않고, 탐닉하지 않고, 비유상비무상처 마저 자기 존재로 취하지 않음으로써 성취하는 반열반(般涅槃)은 8해탈 가운데 여덟 번째 해탈[第八解脫]로서 일체의 비유상비무상처를 초월한 상수멸(想受滅)이다.

이와 같이 이 경은 불교의 단계적 수행과 그에 따르는 8해탈의 경지를 잘 설명하고 있다.

이와 같이 나는 들었습니다.

한때 세존께서는 꾸루에서 꾸루족의 마을 깜마싸담마에 머무셨습니다.

　그곳에서 세존께서 "비구들이여!"라고 비구들을 불렀습니다. 비구들은 "존경하는 스승님!" 하고 대답했습니다.

　세존께서는 다음과 같이 말씀하셨습니다.

　"비구들이여, 감각적 욕망은 무상(無常)하고, 공허하고, 거짓된 어리석은 자의 법[愚癡法]이라오. 비구들이여, 그것은 허깨비의 장난이며, 바보의 꼬드김이라오. 현재의 감각적 욕망과 미래의 감각적 욕망, 현재의 감각적 욕망에 대한 관념[欲想]과 미래의 감각적 욕망에 대한 관념, 이 둘은 모두 마라(Māra)의 영역이며, 마라의 대상이며, 마라의 먹이이며, 마라의 목장이라오. 여기에 사악(邪惡)하고 불선(不善)한 마음, 즉 탐욕, 분노, 격정이 존재한다오. 거룩한 제자가 이것을 배워 익히면 장애가 생긴다오. 비구들이여, 그러므로 거룩한 제자는 '현재의 감각적 욕망과 미래의 감각적 욕망, 현재의 감각적 욕망에 대한 관념과 미래의 감각적 욕망에 대한 관념, 이 둘은 마라의 영역이며, 마라의 대상이며, 마라의 먹이이며, 마라의 목장이다. 여기에 사악하고 불선한 마음, 즉 탐욕이나 분노나 격정이 존재하게 된다. 거룩한 제자가 이것을 배워 익히면 장애가 생긴다. 나는 크고 넓은 생각을 가지고 세간을 극복하려는 확고한 마음으로 살아가는 것이 좋겠다. 크고 넓은 생각을 가지고 세간을 극복하려는 확고한 마음으로 살아가면, 나에게 사악하고 불선한 마음, 즉 탐욕이나 분노나 격정이 존재하지 않을 것이다. 그것들을 포기하면, 나의 마음은 커지고, 한계가 없어지고[無量], 잘 닦아질 것이다'라고 성찰한다오. 그는 이렇게 큰 생각으로 살아가는 삶을 실천함으로써, 머무는 곳에서 마음이 평안(平安)해지며,[01] 평안해지면 현재에는 부동(不動)의 경지를 성취하거나 통찰지[般若]로 (감각적 욕망의 세계에서) 해탈하며,[02] 몸이 무너져 죽은 후에는 적절한 식(識)이 부동의 경지에 도달할 수 있다오.[03] 비구들이여, 이것을 부동의 경지에 유익한 첫 번째 길이라고 한다오.[04]

비구들이여, 그다음에, 거룩한 제자는 '현재의 감각적 욕망과 미래의 감각적 욕망이 있고, 현재의 감각적 욕망에 대한 관념과 미래의 감각적 욕망에 대한 관념이 있다. (감각적 욕망의 대상인) 형색[色]은 무엇이든 4대(四大)와 4대를 취하고 있는 형색이다'라고 성찰한다오. 그는 이와 같이 큰 생각으로 살아가는 삶을 실천함으로써, 머무는 곳에서 마음이 평안해지며, 평안해지면 현재에는 부동의 경지를 성취하거나 통찰지[般若]로 (형색에서) 해탈하며, 몸이 무너져 죽은 후에는 적절한 식(識)이 부동의 경지에 도달할 수 있다오. 비구들이여, 이것을 부동의 경지에 유익한 두 번째 길이라고 한다오.

---

01 'tassa evaṁ paṭipannassa tabbahulavihārino āyatane cittaṁ pasīdati'의 번역.

02 'sampasāde sati, etarahi vā āṇañjaṁ samāpajjati, paññāya vā adhimuccati'의 번역.

03 'kāyassa bhedā param maraṇā thānam etaṁ vijjati yaṁ taṁ saṁvattanikaṁ viññāṇaṁ assa āṇñjūpagaṁ'의 번역.

04 이 경에 상응하는 『중아함경(中阿含經)』의 「淨不動道經」에는 이 부분이 "彼以是行 以是學 如是修習 而廣布 便於處得心淨 於處得心淨已 比丘者 或於此 得入不動 或以慧爲解彼 於後時身壞命終 因本意故 必至不動 是謂第一說淨不動道"로 한역되어 있다.

비구들이여, 그다음에, 거룩한 제자는 '현재의 감각적 욕망과 미래의 감각적 욕망, 현재의 감각적 욕망에 대한 관념과 미래의 감각적 욕망에 대한 관념, 현재의 형색과 미래의 형색, 현재의 형색에 대한 관념과 미래의 형색에 대한 관념[色想], 이 둘은 무상(無常)하다. 무상한 것은 즐길 만한 것이 못 되고, 환영할 만한 것이 못 되고, 탐닉할 만한 것이 못 된다'라고 성찰한다오. 그는 이와 같이 큰 생각으로 살아가는 삶을 실천함으로써 머무는 곳에서 마음이 평안해지며, 평안해지면 현세에는 부동의 경지를 성취하거나, 통찰지로 (형색에 대한 관념에서) 해탈하며, 몸이 무너져 죽은 후에는 적절한 식(識)이 부동의 경지에 도달할 수 있다오. 비구들이여, 이것을 부동의 경지에 유익한 세 번째 길이라고 한다오.

비구들이여, 그다음에, 거룩한 제자는 '현재의 감각적 욕망과 미래의 감각적 욕망, 현재의 감각적 욕망에 대한 관념과 미래의 감각적 욕망에 대한 관념, 현재의 형색과 미래의 형색, 현재의 형색에 대한 관념과 미래의 형색에 대한 관념, 부동에 대한 관념[不動想],[05] 그 모든 관념이 남김없이 소멸한 무소유처(無所有處), 이것은 평온하며, 이것은 훌륭하다'라고 성찰한다오. 그는 이와 같이 큰 생각으로 살아가는 삶을 실천함으로써 머무는 곳[處]에서 마음이 평안해지며, 평안해지면 현세에는 무소유처를 성취하거나, 통찰지로 (부동의 경지에서) 해탈하며, 몸이 무너져 죽은 후에는 적절한 식(識)이 무소유처에 도달할 수 있다오. 비구들이여, 이것을 무소유처에 적합한 첫 번째 길이라고 한다오.

비구들이여, 그다음에, 거룩한 제자는 숲속이나 나무 아래에 가서

---

05 'āṇañjasaññā'의 번역.

'자아나 자아의 소유는 공(空)이다'[06] 라고 성찰한다오. 그는 이와 같이 큰 생각으로 살아가는 삶을 실천함으로써, 머무는 곳에서 마음이 평안해지며, 평안해지면 현세에는 무소유처를 성취하거나, 통찰지로 (부동의 경지에서) 해탈하며, 몸이 무너져 죽은 후에는 적절한 식(識)이 무소유처에 도달할 수 있다오. 비구들이여, 이것을 무소유처에 적합한 두 번째 길이라고 한다오.

비구들이여, 그다음에, 거룩한 제자는 '나는 어디에도 없고, 그 누구도 아니고, 아무것도 아니다. 그리고 나의 소유도 어디에도 없고, 그 어떤 것도 아니고, 아무것도 없다'라고 성찰한다오. 그는 이와 같이 큰 생각으로 살아가는 삶을 실천함으로써 머무는 곳에서 마음이 평안해지며, 평안해지면 현세에는 무소유처를 성취하거나 통찰지로 (부동의 경지에서) 해탈하며, 몸이 무너져 죽은 후에는 적절한 식(識)이 무소유처에 도달할 수 있다오. 비구들이여, 이것을 무소유처에 적합한 세 번째 길이라고 한다오.

비구들이여, 그다음에, 거룩한 제자는 '현재의 감각적 욕망과 미래의 감각적 욕망, 현재의 감각적 욕망에 대한 관념과 미래의 감각적 욕망에 대한 관념, 현재의 형색과 미래의 형색, 현재의 형색에 대한 관념과 미래의 형색에 대한 관념, 부동심에 대한 관념[不動想], 무소유처에 대한 관념[無所有處想], 그 모든 관념이 남김없이 소멸한 비유상비무상처(非有想非無想處), 그곳은 평온하며, 그곳은 훌륭하다'라고 성찰한다오. 그는 이와 같이 큰 생각으로 살아가는 삶을 실천함으로써 머무는

---

06 'saññam idaṁ attena vā attaniyena vā'의 번역.

곳에서 마음이 평안해지며, 평안해지면 현세에는 비유상비무상처를 성취하거나, 통찰지로 (무소유처에서) 해탈하며, 몸이 무너져 죽은 후에는 적절한 식(識)이 비유상비무상처에 도달할 수 있다오. 비구들이여, 이것을 비유상비무상처에 적합한 길이라고 한다오."

이와 같이 말씀하시자, 아난다 존자가 세존께 말씀드렸습니다.

"세존이시여, 비구가 '그것(자아)이 존재하지 않는다면, 나의 소유도 존재하지 않을 것이다. 그것(자아)은 미래에 존재하지 않을 것이다. 나의 소유는 미래에 존재하지 않을 것이다. 지금 있는 것, 이미 있는 것을 나는 버리겠다[07]라고 실천하여, 이와 같이 평정한 마음[捨]을 얻었다면, 세존이시여, 그 비구는 반열반(般涅槃)한 것입니까?"

"아난다여, 어떤 비구는 반열반할 수 있고, 어떤 비구는 반열반할 수 없다."

"세존이시여, 어떤 비구는 반열반할 수 있고, 어떤 비구는 반열반할 수 없는 원인은 무엇이고, 연유(緣由)는 무엇입니까?"

"아난다여, 어떤 비구는 '그것(자아)이 존재하지 않는다면, 나의 소유도 존재하지 않을 것이다. 그것(자아)은 미래에 존재하지 않을 것이다. 나의 소유는 미래에 존재하지 않을 것이다. 지금 있는 것, 이미 있는 것을 나는 버리겠다'라고 실천하여, 이와 같이 평정한 마음[捨]을 얻는

---

07 'no c' assa, no ca me siyā, na bhavissati, na me bhavissati, yad atthi yaṁ bhūtaṁ taṁ pajahāmi' 의 번역. '자아'라는 개념에 상응하는 것이 존재하지 않는다면, '자아의 소유'라는 것이 존재할 수 없으며, 그 '자아'와 '자아의 소유'는 미래에 존재할 수 없으므로 이미 생겨서 존재하는 자아에 대한 망상을 모두 버린다는 의미이다. 이 경에 상응하는 『중아함경(中阿含經)』의 「淨不動道經」에는 이 부분이 "無我 無我所 我當不有 我所當不有 若本有者 便盡得捨"로 한역되어 있다.

다. 그는 그 평정한 마음을 즐기고 환영하고 탐닉하며 살아간다. 그 평정한 마음을 즐기고 환영하고 탐닉하며 살아가면, 그의 분별하는 마음[識]이 그것에 의존하고, 그것을 취(取)한다. 아난다여, 취(取)가 있는 비구는 반열반하지 못한다."

"세존이시여, 그렇다면 취하고 있는 그 비구는 무엇을 취하는 것입니까?"

"아난다여, 비유상비무상처를 취한다."

"세존이시여, 비유상비무상처를 취하고 있는 그 비구는 지금 최상(最上)의 취(取)를 취한 것입니까?"

"아난다여, 비유상비무상처를 취하고 있는 그 비구는 최상의 취를 취한 것이다. 아난다여, 그 최상의 취는 바로 비유상비무상처이다. 아난다여, 어떤 비구는 '(자아가) 존재하지 않는다면, 그리고 나의 소유도 존재하지 않는다면, (자아는) 미래에 존재하지 않을 것이고 나의 소유도 미래에 존재하지 않을 것이다. 존재하는 것, 생긴 것을 나는 버리겠다'라고 실천하여, 이와 같이 평정한 마음[捨]을 얻는다. 그는 그 평정한 마음을 즐기거나, 환영하거나, 탐닉하지 않고 살아간다. 그 평정한 마음을 즐기거나, 환영하거나, 탐닉하지 않고 살아가면, 그의 분별하는 마음[識]은 그것에 의존하지 않고, 그것을 취하지 않는다. 아난다여, 취가 없는 비구는 반열반한다."

"놀랍습니다. 세존이시여! 희유합니다. 세존이시여! 세존이시여, 세존께서는 지금 저희에게 이런저런 것에 의지하여 폭류(暴流)를 건너는 말씀을 하셨습니다.[08] 세존이시여, 그렇다면 성자의 해탈은[09] 어떤 것입니까?"

"아난다여, 거룩한 제자는 '현재의 감각적 욕망과 미래의 감각적 욕망, 현재의 감각적 욕망에 대한 관념과 미래의 감각적 욕망에 대한 관념, 현재의 형색과 미래의 형색, 현재의 형색에 대한 관념과 미래의 형색에 대한 관념, 부동에 대한 관념[不動想], 무소유처에 대한 관념[無所有處想], 비유상비무상처에 대한 관념[非有想非無想處想]은, 그것이 어떤 자기(自己) 존재라 할지라도 자기 존재일 뿐이다.[10] 무여의 심해탈(無餘依 心解脫)이 불사(不死)이다'[11]라고 성찰한다.[12] 아난다여, 이와 같이 나는 부동에 적합한 길을 가르쳤고, 무소유처에 적합한 길을 가르쳤고, 비유상비무상처에 적합한 길을 가르쳤고, 이런저런 것에 의지하여 폭류를 건너는 것을 가르쳤고, 성자의 해탈을 가르쳤다. 아난다여, 스승이 해야 할 일은 연민의 마음으로 제자들의 이익을 도모하는 것이다. 나는 연민을 가지고 그대들에게 그 일을 한 것이다. 아난다여, 이것들이 나무

---

08 'nissāya nissāya kira no, bhante, Bhavagatā oghassa nittharaṇā akkhātā'의 번역.

09 'ariyo vimokho'의 번역. 'ariya'는 형용사로서는 '거룩한, 성스러운'의 의미를 갖고, 명사로서는 '성자'의 의미를 갖는다. 여기에서는 명사적 의미로 번역했다.

10 'esa sakkāyo yāvatā sakkāyo'의 번역. 『중아함경(中阿含經)』의 「淨不動道經」에서는 일반적으로 '有身'으로 한역되는 'sakkāyo'를 '自己有'로 번역함.

11 'etaṁ amataṁ yadidaṁ anupādā cittassa vimokho'의 번역. 'mata'는 죽음을 의미하며, 이것을 부정하는 'amataṁ'은 '죽지 않음, 죽음 없음'을 의미한다. 이것이 '감로(甘露)'로 한역되었다.

12 이 부분에 대한 「淨不動道經」의 한역은 '世尊告曰 阿難 多聞聖弟子作如是觀 若現世欲及後世欲 若現世色及後世色 若現世欲想 後世欲想 若現世色想 後世色想及不動想 無所有處想 無想想 彼一切想是無常法 是苦 是滅 是謂自己有 若自己有者是生 是老 是病 是死 阿難 若有此法 一切盡滅無餘不復有者 彼則無生 無老病死 聖如是觀 若有者必是解脫法 若有無餘涅槃者 是名甘露 彼如是觀 如是見 必得欲漏 心解脫 有漏 無明漏 心解脫 解脫已 便知解脫 生已盡 梵行已立 所作已辦 不更受有 知如眞'이다.

아래이고, 이것들이 한적한 곳이다.[13] 아난다여, 그대들은 선정(禪定)을 닦아라! 방일하지 말라! 나중에 후회하지 말라! 이것이 내가 그대들에게 주는 가르침이다."

이것이 세존께서 하신 말씀입니다.
아난다 존자는 세존의 말씀에 만족하고 기뻐했습니다.

---

13 'etāni, Ānanda, rukkhamūlāni, etāni suññāgārāni'의 번역. 부처님께서 '나무 아래나 아무도 없는 한적한 곳[空閒處]에 가서 선정(禪定)을 닦아라!'고 하신 '나무 아래'와 '아무도 없는 한적한 곳'은 격리된 공간이 아니라 무소유처, 비유상비무상처와 같은 의식 상태라는 의미이다.

51

가나까 목갈라나에게
설하신 경

107. Gaṇakamoggallāna-sutta

【 해제 】

이 경은 한역『중아함경(中阿含經)』「144. 산수목건련경(算數目犍連經)」에
상응하는 경이며, 별행경(別行經)으로는 법거(法炬)의『수경(數經)』이 있다.

모든 일에는 순서가 있고 단계가 있다. 불교 수행도 마찬가지다.
높은 누각에 오르기 위해서는 계단을 밟아 점차로 올라가야 하듯이, 구
경의 열반에 도달하기 위해서는 단계적으로 점진적인 수행을 해야 한
다. 이 경에서는 그 단계를 자세하게 보여준다. 부처님께서는 도처에서
이와 같은 수행의 단계를 설하여 우리를 열반의 세계로 인도하고 있다.
그렇지만 많은 사람들이 열반을 성취하지 못하는 것은 가르침대로 바른
길을 가지 않고 곁길로 빠지기 때문이다. 어떤 사람들은 불교 수행에 지
름길이 있고, 돌아가는 길이 있다고 이야기하지만, 이 경의 말씀에 의하
면 열반으로 가는 길에 지름길은 없다.

이와 같이 나는 들었습니다.

한때 세존께서는 싸왓티의 뿝바라마 미가라마뚜 누각에 머무셨습니다.

그때 가나까 목갈라나(Gaṇāka Moggallāna) 바라문이 세존을 찾아왔습니다. 그는 세존과 함께 정중하게 인사를 하고, 공손한 인사말을 나눈 후에 한쪽에 앉았습니다. 한쪽에 앉은 가나까 목갈라나 바라문이 세존께 말씀드렸습니다.

"고따마 존자여, 비유하면, 이 미가라마뚜 누각에 가장 낮은 곳에서 점차로 위로 올라가는 계단이 있듯이, 고따마 존자여, 바라문들의 독송(讀誦)에도 점진적인 학습(學習), 점진적인 실습(實習), 점진적인 행도(行道)가 있습니다. 고따마 존자여, 궁수(弓手)들의 궁술(弓術)에도 점진적인 학습, 점진적인 실습, 점진적인 행도가 있습니다. 고따마 존자여, 우리처럼 회계(會計)가 생업인 회계사(會計司)들의 산술(算術)에도 점진적인 학습, 점진적인 실습, 점진적인 행도가 있습니다. 고따마 존자여, 우리는 제자들을 얻으면, 맨 처음에 '1은 하나, 2는 둘, 3은 셋, 4는 넷, 5는 다섯, 6은 여섯, 7은 일곱, 8은 여덟, 9는 아홉, 10은 열', 이렇게 수(數)를 셀 수 있게 가르칩니다.[01] 고따마 존자여, 우리는 (점차로) 100도 셀 수 있게 가르칩니다. 고따마 존자여, 이 가르침[法]과 율(律)에

---

01 'gaṇāpema'의 번역. 'gaṇāpema'는 '산수(算數)'를 의미하는 명사 'gaṇa'와 '도달하게 한다'라는 의미의 동사 'āpeti'의 1인칭 복수 현재형의 합성어로서 '우리는 수를 셀 수 있게 한다'라는 의미다.

서도 이와 같이 점진적인 학습, 점진적인 실습, 점진적인 행도를 언명할 수 있습니까?"

"바라문이여, 이 가르침과 율에서도 점진적인 학습, 점진적인 실습, 점진적인 행도를 언명할 수 있다오. 바라문이여, 비유하면, 유능한 말 조련사가 혈통이 좋은 말을 얻으면, 맨 처음에는 재갈을 물리고, 그다음에 더 높은 단계의 훈련을 시키는 것과 같다오.

바라문이여, 이와 같이 여래는 가르칠 사람을 얻으면, 맨 처음에 '오라, 비구여! 그대는 계행(戒行)을 갖추도록 하라![02] 별해탈율의(別解脫律儀)를 지키며 살아가도록 하라! 행동규범(行動規範)[03]을 갖추어 작은 죄도 두렵게 보고 학계(學戒)[04]를 익히도록 하라!'라고 가르친다오.

바라문이여, 비구가 계행을 갖추고 별해탈율의를 지키며 살아가면서 행동규범을 갖추어 작은 죄도 두렵게 보고 학계(學戒)를 익히면, 여래는 그에게 '오라, 비구여! 그대는 지각활동을 할 때 문을 지켜라! 눈[眼]으로 형색[色]을 볼 때, 모습[相]에 집착하지 말고, 부수적인 모습[別相]에 집착하지 말라! 시각활동[眼根]을 통제하지 않고 지내면, 탐욕과 근심, 사악한 불선법(不善法)들이 흘러들어올 것이다. 그것을 통제하는 수행을 하면서 시각활동을 지켜보고 시각활동을 통제하라! 귀[耳]로 소리[聲]를 들을 때, … 코[鼻]로 냄새[香]를 맡을 때, … 혀[舌]로 맛[味]을 볼 때, … 몸[身]으로 촉감[觸]을 느낄 때, … 마음[意]으로 대상[法]을 인식할 때, … 마음활동[意根]을 통제하라!'라고 그 위 단계를 가

---

02 'ehi tvaṁ, bhikkhu, sīlavā hoti'의 번역.

03 'ācāragocara'의 번역

04 'sikkhāpada'의 번역.

르친다오.

바라문이여, 비구가 지각활동을 할 때 문을 지키면, 여래는 그에게 '오라, 비구여! 그대는 식사할 때 적당한 양을 알도록 하라! 잘 판단하여 적절하게 음식을 먹도록 하라! 결코 유흥을 위해서가 아니라, 현혹되어서가 아니라, 장엄하기 위해서가 아니라, 남에게 내보이기 위해서가 아니라, '나는 지난 과거의 느낌[受]은 없애고, 새로운 느낌은 생기지 않게 하고, 나의 생계가 허물이 없고 평온하게 유지되게 하겠다'라고 오직 이 몸을 유지하고, 부양하고, 배고픔을 없애고, 청정한 수행[梵行]을 돕기 위하여 먹도록 하라!'라고 그 위 단계를 가르친다오.

바라문이여, 비구가 식사할 때 적당한 양을 알면, 여래는 그에게 '오라, 비구여! 그대는 깨어있음에 전념하도록 하라! 낮에는 행선(行禪)과 좌선(坐禪)으로 장애법(障碍法)들로부터 마음을 정화하도록 하라! 초야(初夜)에는 행선과 좌선으로 장애법들로부터 마음을 정화하고, 중야(中夜)에는 오른쪽 옆구리로 사자처럼 발 위에 발을 포개고 누워서 주의집중과 알아차림을 하면서 일어날 생각을 하고, 후야(後夜)에는 일어나서 행선과 좌선으로 장애법들로부터 마음을 정화하도록 하라!'라고 그 위 단계를 가르친다오.

바라문이여, 비구가 깨어있음에 전념하면, 여래는 그에게 '오라, 비구여! 그대는 주의집중[正念]과 알아차림[正知]을 갖추도록 하라! 가고 올 때 알아차리고, 바라보고 돌아볼 때 알아차리고, 구부리고 펼 때 알아차리고, 가사와 발우와 승복을 지닐 때 알아차리고, 먹고, 마시고, 씹고, 맛볼 때 알아차리고, 대소변을 볼 때 알아차리고, 가고, 서고, 앉고, 잠들고, 깨어나고, 말하고, 침묵할 때 알아차리도록 하라!'라고 그

위 단계를 가르친다오.

바라문이여, 비구가 주의집중과 알아차림을 갖추면, 여래는 그에게 '오라, 비구여! 그대는 숲이나, 나무 아래나, 바위나, 동굴이나, 산속이나, 무덤이나, 삼림이나, 노지(露地)나, 짚더미 같은, 홀로 지내기 좋은 처소를 가까이하라!'라고 그 위 단계를 가르친다오.

바라문이여. 그는 숲이나, 나무 아래나, 바위나, 동굴이나, 산속이나, 무덤이나, 삼림이나, 노지나, 짚더미 같은, 홀로 지내기 좋은 처소를 가까이한다오. 그는 발우에 음식을 얻어 돌아와 음식을 먹은 후에, 가부좌(跏趺坐)하고 앉아서, 몸을 똑바로 세우고, 정신을 바짝 차려 주의집중을 한다오. 그는 세간에 대한 탐욕을 버리고 탐욕을 떠난 마음으로 지내면서 탐욕으로부터 마음을 정화하고, 진에(瞋恚)를 버리고 악의(惡意) 없는 마음으로 지내면서 살아있는 모든 것을 연민하는 벗이 되어 진에로부터 마음을 정화하고, 타성[昏沈]과 나태(懶怠)를 버리고 타성과 나태 없이 지내면서 밝은 생각으로 알아차려 타성과 나태로부터 마음을 정화하고, 불안[掉擧]과 후회[惡作]를 버리고 차분하게 지내면서 내적으로 고요해진 마음으로 불안과 후회로부터 마음을 정화하고, 의심을 버리고 의심을 벗어나 선법(善法)에 대하여 의심 없이 지내면서 의심으로부터 마음을 정화한다오.

그는 마음을 더럽히고 통찰지[般若]를 약하게 하는 이들 다섯 가지 장애를 제거하여, 감각적 욕망을 멀리하고 불선법(不善法)을 멀리함으로써 사유가 있고 숙고가 있는, 멀리함에서 생긴 즐거움과 행복이 있는 초선(初禪)을 성취하여 살아간다오. 그는 사유와 숙고를 억제하여 내적으로 조용해진, 마음이 집중된, 사유와 숙고가 없는, 삼매에서 생긴 즐거움과 행복이 있는 제2선(第二禪)을 성취하여 살아간다오. 그는 희열(喜悅)이 사라지고 평정한 마음으로 주의집중과 알아차림을 하며 지내는 가운데 몸으로 행복을 느끼면서, 성인들이 '평정한 마음[捨]으로 주의집중을 하는 행복한 상태'라고 이야기한 제3선(第三禪)을 성취하여 살아간다오. 그는 행복감을 포기하고, 괴로움을 버림으로써, 이전의 만족과 불만이 소멸하여 괴롭지도 않고 즐겁지도 않은, 평정한 주의집중이 청정한 제4선(第四禪)을 성취하여 살아간다오. 바라문이여, 마음의 평온을 성취하지 못한 유학(有學) 비구들은 더할 나위 없는 행복[瑜伽安穩]을 희구하며 살아간다오. 그들에게 나는 이와 같이 가르친다오.

바라문이여, 번뇌를 멸진(滅盡)하고, 수행을 완성하고, 해야 할 일을 마치고, 짐을 내려놓고, 자신의 목적에 도달하여 존재의 결박[有結]을 끊고 바른 지혜를 갖추어 해탈한 아라한 비구들에게 이 가르침들은 지금 여기에서 행복한 삶으로[05] 이끌고, 주의집중과 알아차림으로 이끈다오.”

이와 같이 말씀하시자, 가나까 목갈라나 바라문이 세존께 말씀드렸습니다.

“고따마 존자로부터 이와 같은 가르침을 받고, 이와 같은 안내를 받은 고따마 존자의 제자들은 모두 구경(究竟)의 열반(涅槃)에 도달합니까, 그렇지 않으면 어떤 사람들은 도달하지 못합니까?”

“바라문이여, 이와 같은 가르침을 받고, 이와 같은 안내를 받은 나의 제자들 가운데 어떤 사람들은 구경의 열반에 도달하고, 어떤 사람들은 도달하지 못한다오.”

---

05 'diṭṭhadhammasukhavihārāya'의 번역.

"고따마 존자여, 열반이 있고, 열반으로 가는 길이 있고, 안내자인 고따마 존자가 있는데 어찌하여, 그리고 무엇 때문에, 가르침을 받고 안내를 받은 고따마 존자의 제자들 가운데 어떤 사람들은 구경(究竟)의 열반(涅槃)에 도달하고 어떤 사람들은 도달하지 못합니까?"

"바라문이여, 그렇다면 내가 이제 그대에게 반문하겠소. 그대의 뜻에 따라 대답하시오. 바라문이여, 그대는 라자가하로 가는 길을 잘 아나요?"

"고따마 존자여, 그렇습니다. 저는 라자가하로 가는 길을 잘 압니다."

"바라문이여, 어떻게 생각하나요? 이곳에 라자가하에 가고 싶어 하는 사람이 왔다고 합시다. 그가 그대를 찾아와서 '존자여, 나는 라자가하에 가고 싶습니다. 나에게 라자가하로 가는 길을 가르쳐주십시오'라고 말하자, 그대가 그에게 '그렇게 하겠소. 이 길이 라자가하로 가는 길이오. 이 길로 조금 가시오. 조금 가면 이런 마을을 보게 될 것이오. 그 길로 조금 가시오. 조금 가면 이런 도시를 보게 될 것이오. 그 길로 조금 가시오. 조금 가면 라자가하의 아름다운 동산과 아름다운 숲과 아름다운 땅과 아름다운 연못을 보게 될 것이오'라고 말한다고 합시다. 그는 그대로부터 이와 같은 가르침을 받고, 이와 같은 안내를 받고, 곁길로 빠져서 서쪽으로 간다고 합시다. 그런데 라자가하에 가고 싶어 하는 두 번째 사람은 그대를 찾아와서 그대로부터 이와 같은 가르침을 받고, 이와 같은 안내를 받고, 무사히 라자가하에 간다고 합시다. 바라문이여, 라자가하가 있고, 라자가하로 가는 길이 있고, 안내자인 그대가 있는데 어찌하여, 그리고 무엇 때문에, 그대로부터 이와 같은 가르침을 받고, 이와 같은 안내를 받은 사람들 가운데 어떤 사람은 곁길로 빠져서 서쪽으로 가고, 어떤 사람은 무사히 라자가하에 도달하나요?"

"고따마 존자여, 그것을 제가 어찌하겠습니까? 고따마 존자여, 저는 길을 알려줄 뿐입니다."

"바라문이여, 실로 그와 같이 열반이 있고, 열반으로 가는 길이 있고, 안내자인 내가 있지만, 나에게 가르침을 받고 안내를 받은 나의 제자들 가운데 어떤 사람들은 구경의 열반에 도달하고, 어떤 사람들은 도달하지 못한다오. 바라문이여, 그것을 여래가 어찌하겠소? 바라문이여, 여래는 길을 알려줄 뿐이라오."

이와 같이 말씀하시자, 가나까 목갈라나 바라문이 세존께 말씀드렸습니다.

"고따마 존자여, 고따마 존자께서는 신념 없이 생계(生計)를 목적으로 집을 떠나 출가한, 교활하고 위선적이고 거짓되고 오만(傲慢)하고 방자(放恣)하고 변덕스럽고 수다스럽고 쓸데없는 말을 하고 지각활동을 할 때 문을 지키지 않고 식사할 때 적당한 양을 알지 못하고 깨어있음에 전념하지 않고 사문(沙門)의 삶을 열망하지 않고 학계(學戒)에 열성(熱誠)이 없고 사치스럽고 방종하고 규범을 어기는 일에 앞장서고 한가한 수행처(修行處)를 기피하고 게으르고 정진(精進)하지 않고 주의집중을 망각(忘却)하고 알아차림이 없고 집중하지 못하여 마음이 산란하고 우둔하고 어리석은 사람들하고는 함께 지내시지 않는군요. 고따마 존자께서는 신념을 가지고 집을 떠나 출가한, 교활하지 않고 위선적이지 않고 거짓되지 않고 오만하지 않고 방자하지 않고 변덕스럽지 않고 수다스럽지 않고 쓸데없는 말을 하지 않고 지각활동을 할 때 문을 지키고 식사할 때 적당한 양을 알고 깨어있음에 전념하고 사문(沙門)의 삶을 열망하고 학계(學戒)에 열성(熱誠)이 있고 사치스럽지 않고 방종하지 않고 규범을 어기는 일을 멀리하고 한가한 수행처에 앞장서고 열심히 정진(精進)하고 스스로 노력하고 지금 여기 매 순간에 주의집중하고 알아차림이 있고 집중하여 마음을 하나로 모으고 지혜롭고 어리석지 않은 선남자(善男子)들과 함께 지내시는군요. 고따마 존자여, 비유하면, 어떤 뿌리의 향기보다도 흑단향(黑檀香)의 향기를 최상으로 치듯이, 어떤 고갱이의 향기보다도 붉은 전단(栴檀)의 향기를 최상으로 치듯이, 어떤 꽃향기보다도 왓씨까(vassikā)의 향기를 최상으로 치듯이, 고따마 존자의 가르침이 오늘날의 가르침 가운데 최상입니다. 훌륭합니다. 고따마 존자여! 훌륭합니다. 고따마 존자여! 고따마 존자여, 마치 뒤집힌 것을 바로 세우는 것 같고, 감추어진 것을 드러내는 것 같고, 길 잃은 자에게 길을 알려주는 것 같고, '눈 있는 자들은 보라'고 어둠 속에 등불을 비춰주는 것 같습니다. 이와 같이 고따마 존자께서는 여러 가지 방법으로 진리를 알려주셨습니다. 이제 저는 고따마 존자님께 귀의합니다. 가르침과 비구 승가에 귀의합니다. 고따마 존자님께서는 저를 청신사(淸信士)로 받아주소서. 오늘부터 살아있는 날까지 귀의하겠나이다."

52

고빠까 목갈라나에게
설하신 경

108. Gopakamoggallāna-sutta

【 해제 】

|

이 경은 한역 『중아함경(中阿含經)』 「145. 구묵목건련경(瞿默目犍連經)」에
상응하는 경이다.

　　세존께서 열반에 드신 지 얼마 되지 않았을 때, 라자가하의 웰루
와나 깔란다까니와빠(竹林精舍)에 머물던 아난다 존자가 고빠까 목갈라
나 바라문을 방문하자, 그는 부처님과 견줄 만한 비구가 있는지를 묻는
다. 아난다 존자는 어떤 비구도 부처님에 견줄 수 없다고 대답한다. 왜냐
하면, 부처님은 아무도 알지 못하던 진리를 깨달아 열반에 이르는 길을
열어 가르치신 분이기 때문이다. 부처님처럼 열반을 성취한 비구들이
있지만, 그들은 부처님의 가르침에 따라 그 뒤에 성취했을 뿐이다. 어찌
이들을 부처님에게 견줄 수 있겠는가? 이 경에서는 이 세상에 부처님은

오직 한 분, 석가모니 부처님이 계실 뿐이라고 이야기한다. 수행하여 약간의 성취를 이루었다고 해서 부처님으로 칭하거나, 부처님 행세를 해서는 안 된다는 말씀이다.

이들이 이런 대화를 하고 있을 때, 왓싸까라 바라문이 등장한다. 『디가 니까야』「16. Mahā Parinibbāna Sutta」에 의하면, 부처님께서 빠딸리가마에 들렀을 때, 왓싸까라 바라문은 그곳에서 왓지국을 공격하기 위한 성을 건설하고 있었다. 부처님은 빠딸리가마에서 그의 공양을 받고 그를 위해 축원을 하셨다. 그가 세존의 열반 소식을 듣고 아난다 존자를 찾아온 것으로 생각된다.

왓싸까라 바라문은 아난다 존자에게 부처님께서 후계자로 지목한 사람이 있는지를 묻는다. 『디가 니까야』「16. Mahā Parinibbāna Sutta」에 의하면, 부처님의 열반에 즈음하여 교단을 이끌어갈 후계자를 정해줄 것을 기대하는 아난다 존자에게 부처님께서는 다음과 같이 말씀하셨다.

"아난다여, 만약 누군가 '내가 비구 승가를 이끌겠다'라거나 '비구 승가는 나를 따른다'라고 생각한다면, 아난다여, 아마도 그는 비구 승가에 대하여 무언가 말을 할 것이다. 아난다여, 그렇지만 여래는 '내가 비구 승가를 이끌겠다'라거나 '비구 승가는 나를 따른다'라고 생각하지 않는다. 아난다여, 그런데 여래가 비구 승가에 대하여 무슨 말을 하겠느냐? 아난다여, 나는 지금 만년에 이른 늙고 노쇠한 늙은이로서, 내 나이 여든 살이 되었다. 아난다여, 마치 낡은 마차가 가죽끈에 묶여서 끌려가듯이, 여래의 몸도 가죽끈에 묶여서 끌려가는 것 같구나. 아난다여, 이제 그대들은 자신을 등불로 삼고, 자신을 귀의처로 삼고, 다른 사람을 귀의처로 삼지 말라! 가르침[法]을 등불로 삼고, 가르침을 귀의처로 삼고, 다른 것을 귀의처로 삼지 말고 살아가도록 하라!"

아난다 존자는 부처님께서 사후에 교단을 이끌어갈 후계자를 지목하지 않았을 뿐만 아니라, 승가(僧伽)가 동의하고 장로(長老) 비구들이 내세운 후계자도 없으며, 오직 부처님의 가르침만이 귀의처라고 대답한다. 이것은 부처님께서 열반에 드신 후에 승가가 부처님의 유지를 충실하게 따르고 있음을 보여준다.

불교는 지도자를 추종하는 종교가 아니다. 부처님의 가르침에 따라 자기 자신에 의지하여 수행하는 것이 불교다. 따라서 불교에는 후계자나 지도자라는 지위가 있을 수 없다. 부처님께서 삼처전심(三處傳心)으로 정법안장(正法眼藏)을 가섭(迦葉)에게 전했다는 이야기나, 가섭에게 전해진 부처님의 의발(衣鉢)이 28대에 걸쳐서 달마대사(達磨大師)에게 전해지고, 달마대사는 그 의발을 가지고 중국으로 건너와서 혜가(慧可)에게 전했으며, 그것이 승찬(僧璨), 도신(道信), 홍인(弘忍)을 거쳐서 6조 혜능(慧能)에게 전해졌다는 선가(禪家)의 이야기는 중국에서 만들어진 허구이며 전설일 뿐 진실이 아니다. 이러한 전설을 신봉하고 부처님의 가르침을 경시하면서, 스승으로부터 인가(認可)를 받아서 사자상승(師資相承)하는 것은 부처님의 바른 가르침이 아니다.

그렇다고 해서 승가에 존경의 대상과 의지의 대상이 없는 것은 아니다. 사람들이 존경하고 의지하는 것은, 후계자나 지도자라는 지위나 명칭이 아니라, 인격과 덕망이다. 누구든지 부처님의 가르침을 바르게 실천하여 고매한 인격과 덕망을 갖추면, 사람들은 이런 사람을 저절로 믿고 따르게 된다. 이 경에서는 이와 같이 사람들의 존경과 신망을 얻을 수 있는 10가지 법(法)을 이야기한다.

◈

이와 같이 나는 들었습니다.

한때 아난다 존자는, 세존께서 반열반하신지 얼마 되지 않았을 때, 라자가하의 웰루와나 깔란다까니와빠에 머물렀습니다. 그때 마가다의 왕 아자따쌋뚜 웨데히뿟따는 빳조따(Pajjota)왕[01]을 두려워하여 라자가하 성을 보수하고 있었습니다.

어느 날 아난다 존자는 오전에 옷을 입고, 발우와 법의(法衣)를 지니고 탁발하러 라자가하에 들어갔습니다. 그런데 아난다 존자에게 이런 생각이 들었습니다.

"지금 바로 라자가하에서 탁발하기에는 너무 이르다. 그보다는 고빠까 목갈라나(Gopaka Moggallāna) 바라문의 공사장으로 고빠까 목갈라나 바라문을 찾아가는 것이 좋겠다."

그래서 아난다 존자는 고빠까 목갈라나 바라문의 공사장으로 고빠까 목갈라나 바라문을 찾아갔습니다. 고빠까 목갈라나 바라문은 저 만치에서 아난다 존자가 오는 것을 보고 아난다 존자에게 말했습니다.

"어서 오십시오. 아난다 존자여! 잘 오셨습니다. 아난다 존자여! 아난다 존자께서 오랜만에 오셨군요. 아난다 존자께서는 여기 마련된 자리에 앉으십시오."

---

01 빳조따(Pajjota)왕은 아자따쌋뚜왕이 시해(弑害)한 빔비싸라(Bimbisāra)의 친구로서 왓지(Vajji)의 왕이다. 부왕을 시해한 아자따쌋뚜왕은 빳조따왕이 자신을 공격할 것을 두려워한 것이다.

아난다 존자가 마련된 자리에 앉자, 고빠까 목갈라나 바라문은 아래에 있는 다른 자리에 가서 한쪽에 앉았습니다. 한쪽에 앉은 고빠까 목갈라나 바라문이 아난다 존자에게 말했습니다.

"아라한이시며 등정각(等正覺)이신 고따마 존자가 구족(具足)하신 법(法)을 모든 면에서, 모든 부분에서 모두 구족한 비구가 한 사람이라도 있습니까?"

"바라문이여, 아라한이시며 등정각이신 세존께서 구족하신 법을 모든 면에서, 모든 부분에서, 모두 구족한 비구는 한 사람도 없습니다. 바라문이여, 왜냐하면, 세존께서는 드러나지 않은 길을 드러내고, 생기지 않은 길을 내고, 알려지지 않은 길을 알려주신, 길을 아는 분이시며, 길에 밝은 분이시며, 길에 정통한 분이시기 때문입니다. 지금 제자들은 그 길을 따라 살아가면서 뒤에 구족할 뿐입니다."

그런데 고빠까 목갈라나 바라문과 아난다 존자의 대화는 도중에 중단되었습니다. 왜냐하면, 마가다의 대신(大臣) 왓싸까라(Vassakāra) 바라문이 라자가하의 공사를 감독하다가, 고빠까 목갈라나 바라문의 공사장으로 아난다 존자를 찾아왔기 때문입니다. 그는 아난다 존자를 찾아와서 아난다 존자와 정중하게 인사를 하고, 공손한 인사말을 나눈 후에 한쪽에 앉았습니다. 한쪽에 앉은 왓싸까라 바라문이 아난다 존자에게 말했습니다.

"아난다 존자여, 지금 함께 앉아서 나눈 대화는 어떤 내용입니까? 그대들이 도중에 중단한 이야기는 무엇입니까?"

아난다 존자가 고빠까 목갈라나 바라문과 나눈 대화를 왓싸까라 바라문에게 이야기하자,[02] 왓싸까라 바라문이 말했습니다.

"아난다 존자여, 고따마 존자께서 '이 사람이 나의 사후(死後)에 그대들의 귀의처(歸依處)가 될 것이다'라고 내세운, 그래서 그대들이 지금 돌아가서 의지해야 할 비구가 한 사람이라도 있습니까?"

"바라문이여, 아시고 보시는 아라한이시며 등정각(等正覺)이신 세존께서 '이 사람이 나의 사후에 그대들의 귀의처가 될 것이다'라고 내세운, 그래서 우리가 지금 돌아가서 의지해야 할 비구는 한 사람도 없습니다."

"아난다 존자여, '이 사람이 세존의 사후에 우리의 귀의처가 될 것이다'라고 승가가 동의하고 장로 비구들이 내세운, 그래서 그대들이 지금 돌아가서 의지해야 할 비구가 한 사람이라도 있습니까?"

"바라문이여, '이 사람이 세존의 사후에 우리의 귀의처가 될 것이다'라고 승가가 동의하고 장로 비구들이 내세운, 그래서 우리가 지금 돌아가서 의지해야 할 비구는 한 사람도 없습니다."

"아난다 존자여, 이와 같이 귀의처가 없다면 어떻게 화합할 수 있습니까?"

"바라문이여, 우리에게 귀의처가 없는 것은 아닙니다. 바라문이여, 우리는 귀의처를 가지고 있습니다. 가르침[法]이 귀의처[03]입니다."

"아난다 존자여, 그대는 고따마 존자나 장로 비구들이 세존의 사후에 귀의처로 내세운 비구는 한 사람도 없다고 말했습니다.[04] 그런데 그

---

02 중복되는 대화의 내용을 생략함.
03 'dhammapaṭisaraṇā'의 번역.
04 중복되는 대화의 내용을 생략함.

대는 '바라문이여, 우리에게 귀의처가 없는 것은 아닙니다. 바라문이여, 우리는 귀의처를 가지고 있습니다. 가르침이 귀의처입니다'라고 말했습니다. 아난다 존자여, 이 말의 의미를 어떻게 이해해야 합니까?"

"바라문이여, 아시고 보시는 아라한이시며 등정각이신 세존께서 비구들을 위하여 언명(言明)하신 학계(學戒)와 설하신 계본(戒本)[05]이 있습니다. 우리는 포살일(布薩日)에 한마을에 의지하여 살아가는 모든 비구가 한곳에 함께 모여서 각자에게 일어난 일을 이야기하도록 요청합니다.[06] 이야기할 때, 만약에 그 비구가 계를 범했거나 계를 위반했으면, 우리는 그를 가르침에 따라, 계율에 따라 다스립니다.[07] 결코 존자(尊者)들이 우리를 다스리는 것이 아니라, 가르침이 우리를 다스립니다."

"아난다 존자여, 지금 그대들이 공경하고 존중하고 존경하고 숭배하며, 공경하고 존중하면서 의지하여 살아갈 만한 비구가 한 사람이라도 있습니까?"

"바라문이여, 우리는 지금 어떤 비구라도 공경하고 존중하고 존경하고 숭배하며, 공경하고 존중하면서 의지하여 살고 있습니다."

"아난다 존자여, 그대는 고따마 존자나 장로 비구들이 세존의 사후에 귀의처로 내세운 비구는 한 사람도 없다고 말했습니다. 그런데 그대는 '바라문이여, 우리는 지금 어떤 비구라도 공경하고 존중하고 존경

---

05 'pātimakkha'의 번역. 율장의 계율을 모은 것.

06 'yassa taṁ vattati, taṁ ajjhesāma'의 번역. 이 경에 상응하는 『중아함경(中阿含經)』의 「瞿默目揵連經」에는 '若有比丘知法者 我等請彼比丘爲我等說法'로 번역됨.

07 'tasmin ce bhaññamāne hoti bhikkhussa āpatti hoti vītikkamo, taṁ mayaṁ yathādhammaṁ yathāsatthaṁ kāremāti'의 번역. 「瞿默目揵連經」에는 '若彼衆淸淨者我等一切歡喜奉行 彼比丘所說若彼衆不淸淨者 隨法所說我等教作是'로 번역됨.

하고 숭배하며, 공경하고 존중하면서 의지하여 살고 있습니다'라고 말했습니다. 아난다 존자여, 이 말의 의미를 어떻게 이해해야 합니까?"

"바라문이여, 아시고 보시는 아라한이시며 등정각이신 세존께서 설하신 열 가지 믿음을 주는 법(法)이 있습니다. 이들 법을 지닌 비구들을 보면,[08] 우리는 지금 그들을 공경하고 존중하고 존경하고 숭배하며, 공경하고 존중하면서 의지하여 살아가고 있습니다. 열 가지는 어떤 것인가? 바라문이여, 이런 비구가 있습니다.

① 그는 계행(戒行)을 갖추어 별해탈율의(別解脫律儀)를 지키고 살아가면서, 행동규범(行動規範)을 갖추어 작은 죄도 두렵게 보고 학계(學戒)를 수지하여 익힙니다.

② 그는 많이 배우고, 배운 것을 기억하고, 배운 것을 모읍니다. 처음도 좋고 중간도 좋고 마지막도 좋은, 의미 있고 명쾌하고 완벽하고 청정한 범행(梵行)을 알려주는 가르침들을 많이 배우고 기억하고 언어로 모아서 심사숙고하고, 바른 견해로 잘 이해합니다.

③ 그는 옷과 탁발 음식과 방사(房舍)와 의약자구(醫藥資具)에 만족을 압니다.

④ 그는 청정한 마음으로 사선(四禪)을 닦아 현재의 행복한 삶을 어려움 없이 쉽게 마음껏 얻습니다.

⑤ 그는 다양한 신통을 체험합니다. 하나이다가 여럿이 되고, 여럿이다가 하나가 됩니다. 마치 허공을 다니듯이 나타나고, 사라지고, 담장을 넘고, 성벽을 넘고, 산을 넘어 거침없이 다닙니다. 마치 물속처

---

08 'yasmiṁ no ime dhammā saṁvijjanti'의 번역. 「瞿默目揵連經」에는 '我等若見比丘有此十法者'로 번역됨.

럼 땅속에서 오르내리기도 합니다. 마치 땅 위를 걷듯이 물 위를 걸어 다닙니다. 마치 날개 달린 새처럼 허공에서 가부좌를 하고 다니기도 합니다. 이와 같은 큰 신족통과 이와 같은 큰 위력으로 해와 달을 손바닥으로 만지고 쓰다듬기도 합니다. 몸을 범천(梵天)의 세계까지 늘리기도 합니다.

⑥ 그는 인간을 초월한 청정한 천이통(天耳通)으로 멀고 가까운 천신과 인간의 두 소리를 듣습니다.

⑦ 그는 자신의 마음으로 다른 중생이나 다른 사람들의 마음을 통찰합니다. 탐욕이 있는 마음은 탐욕이 있는 마음이라고 통찰합니다. 탐욕이 없는 마음은 탐욕이 없는 마음이라고 통찰합니다. 진에(瞋恚)가 있는 마음은 진에가 있는 마음이라고 통찰합니다. 진에가 없는 마음은 진에가 없는 마음이라고 통찰합니다. 어리석음이 있는 마음은 어리석음이 있는 마음이라고 통찰합니다. 어리석음이 없는 마음은 어리석음이 없는 마음이라고 통찰합니다. 집중된 마음은 집중된 마음이라고 통찰합니다. 산만한 마음은 산만한 마음이라고 통찰합니다. 넓은 마음은 넓은 마음이라고 통찰합니다. 좁은 마음은 좁은 마음이라고 통찰합니다. 뛰어난 마음은 뛰어난 마음이라고 통찰합니다. 위없는 마음은 위없는 마음이라고 통찰합니다. 삼매에 든 마음은 삼매에 든 마음이라고 통찰합니다. 삼매에 들지 않은 마음은 삼매에 들지 않은 마음이라고 통찰합니다. 해탈한 마음은 해탈한 마음이라고 통찰합니다. 해탈하지 못한 마음은 해탈하지 못한 마음이라고 통찰합니다.

⑧ 그는 여러 가지 전생의 삶을 기억합니다. 한 번의 태어남, 두 번의 태어남, 세 번의 태어남, 네 번의 태어남, 다섯 번의 태어남, 열 번의

태어남, 스무 번의 태어남, 서른 번의 태어남, 마흔 번의 태어남, 쉰 번의 태어남, 백 번의 태어남, 천 번의 태어남, 백천 번의 태어남, 수많은 괴겁(壞劫), 수많은 성겁(成劫), 수많은 성괴겁(成壞劫)과 같은 여러 가지 전생의 삶을 기억합니다. '그곳에서 나는 이름은 이러했고, 가문은 이러했고, 용모는 이러했고, 음식은 이러했으며, 이러한 고락(苦樂)을 겪었고, 이와 같이 수명을 마쳤다. 그가 죽어서 나는 거기에 태어났다. 그곳에서 나는 이름은 이러했고, 가문은 이러했고, 용모는 이러했고, 음식은 이러했으며, 이러한 고락을 겪었고, 이와 같이 수명을 마쳤다. 그가 죽어서 이 세상에 태어났다.' 이와 같이 특징이 있고 내력이 있는 여러 가지 전생의 삶을 기억합니다.

⑨ 그는 인간을 초월한 청정한 천안(天眼)으로 중생을 보고, 중생이 업에 따라 죽고, 태어나고, 못나고, 훌륭하고, 잘생기고, 못생기고, 행복하고, 불행한 것을 통찰합니다.

⑩ 그는 번뇌[漏]를 소멸하여 지금 여기에서 체험적 지혜[勝智]로 무루(無漏)의 심해탈(心解脫)과 혜해탈(慧解脫)을 스스로 체험하고 성취하여 살아갑니다.

바라문이여, 이것이 아시고 보시는 아라한이시며 등정각이신 세존께서 설하신 열 가지 믿음을 주는 법(法)입니다. 우리들 가운데 누구든지 이 법들이 있으면, 우리는 지금 그를 공경하고 존중하고 존경하고 숭배하며, 공경하고 존중하면서 의지하여 살아갑니다."

이와 같이 말하자, 마가다의 대신(大臣) 왓싸까라 바라문이 우빠난다(Upananda) 장군에게 말했습니다.

"그대는 어떻게 생각하는가? 장군이여, 만약에 이 존자들이 이와 같이 마땅히 공경해야 할 것을 공경하고, 마땅히 존중해야 할 것을 존중하고, 마땅히 존경해야 할 것을 존경하고, 마땅히 숭배해야 할 것을 숭배한다면, 이 존자들은 분명히 마땅히 공경해야 할 것을 공경하고, 마땅히 존중해야 할 것을 존중하고, 마땅히 존경해야 할 것을 존경하고, 마땅히 숭배해야 할 것을 숭배하고 있소. 그 존자들이 이것을 공경하지 않고, 존중하지 않고, 존경하지 않고, 숭배하지 않는다면, 그 존자들은 도대체 무엇을 공경하고 존중하고 존경하고 숭배하며, 공경하고 존중하면서 의지하여 살아갈 수 있겠소?"

마가다의 대신 왓싸까라 바라문이 이제 아난다 존자에게 말했습니다.

"아난다 존자께서는 지금 어디에 머물고 계십니까?"

"바라문이여, 저는 지금 웰루와나09에 머물고 있습니다."

"아난다 존자여, 웰루와나는 마음에 드십니까? 조용하고, 고요하고, 인적이 없고, 사람들과 격리되어 홀로 명상하기에 적합합니까?"

"바라문이여, 웰루와나는 참으로 마음에 듭니다. 조용하고 고요하고 인적이 없고 사람들과 격리되어 홀로 명상하기에 적합합니다. 그것은 여러분의 도움과 보호와 관리 덕택입니다."

"아난다 존자여, 확실히 웰루와나는 존자들과 같은 선정을 닦는 선정수행자들에게 잘 어울리는, 마음에 들고 조용하고 고요하고 인적이 없고 사람들과 격리되어 홀로 명상하기에 적합한 곳입니다. 존자들은 진정으로 선정(禪定)을 닦는 선정 수행자들입니다. 아난다 존자여,

---

09 웰루와나(Veḷuvana)는 대나무 숲[竹林]을 의미하며, 여기에서는 죽림정사(竹林精舍)를 의미한다.

한때 고따마 존자께서 웨쌀리에 있는 마하와나(Mahāvana) 꾸따가라쌀라(Kūṭāgārasālā)에 머무셨습니다. 아난다 존자여, 나는 그때 마하와나 꾸따가라쌀라로 고따마 존자를 찾아갔습니다. 그곳에서 고따마 존자께서는 여러 가지 선정에 대해 말씀을 하셨습니다. 고따마 존자는 진정으로 선정을 닦는 선정 수행자셨습니다. 고따마 존자께서는 모든 선정을 칭찬하셨습니다."

"바라문이여, 세존께서 모든 선정을 칭찬하신 것은 아닙니다. 세존께서 모든 선정을 칭찬하지 않으신 것도 아닙니다.

바라문이여, 세존께서는 어떤 선정을 칭찬하시지 않았을까요? 바라문이여, 어떤 사람은 감각적 욕망과 탐욕에 사로잡히고 감각적 욕망과 탐욕에 정복된 마음으로 살아가면서, 이미 생긴 감각적 욕망과 탐욕에서 벗어날 줄을 있는 그대로 통찰하지 못합니다. 그는 안으로 감각적 욕망과 탐욕을 일으켜 선정을 닦으면서, 생각에 잠기고, 깊이 생각하고, 심려하고, 심사숙고합니다. 진에(瞋恚)에 사로잡히고 진에에 정복된 마음으로 살아가면서, 이미 생긴 진에에서 벗어날 줄을 있는 그대로 통찰하지 못합니다. 그는 안으로 진에를 일으켜 선정을 닦으면서, 생각에 잠기고, 깊이 생각하고, 심려하고, 심사숙고합니다. 타성[昏沈]과 나태(懶怠)에 사로잡히고 타성과 나태에 정복된 마음으로 살아가면서, 이미 생긴 타성과 나태에서 벗어날 줄을 여실하게 통찰하지 못합니다. 그는 안으로 타성과 나태에 빠져 선정을 닦으면서, 생각에 잠기고, 깊이 생각하고, 심려하고, 심사숙고합니다. 불안과 후회에 사로잡히고 불안과 후회에 정복된 마음으로 살아가면서, 이미 생긴 불안과 후회에서 벗어날 줄을 있는 그대로 통찰하지 못합니다. 그는 안으로 불안과 후회에 빠져 선정을 닦으면서, 생각에 잠기고, 깊이 생각하고, 심려하고, 심사숙고합니다. 의혹에 사로잡히고 의혹에 정복된 마음으로 살아가면서, 이미 생긴 의혹에서 벗어날 줄을 있는 그대로 통찰하지 못합니다. 그는 안으로 의혹에 빠져 선정을 닦으면서, 생각에 잠기고, 깊이 생각하고, 심려하고, 심사숙고합니다. 바라문이여, 세존께서는 이런 선정을 칭찬하시지 않았습니다.

바라문이여, 세존께서는 어떤 선정을 칭찬하셨을까요? 바라문이여, 비구는 감각적 욕망을 멀리하고, 불선법을 멀리함으로써, 사유가 있고, 숙고가 있는, 멀리함에서 생긴 즐거움과 행복이 있는 초선(初禪)을 성취하여 살아갑니다. 그는 사유와 숙고를 억제하여, 내적으로 조용해진, 마음이 집중된, 사유와 숙고가 없는, 삼매에서 생긴 즐거움과 행복이 있는 제2선(第二禪)을 성취하여 살아갑니다. 그는 희열(喜悅)이 사라지고 평정한 마음으로 주의집중과 알아차림을 하며 지내는 가운데 몸으로 행복을 느끼면서, 성인들이 '평정한 마음으로 주의집중을 하는 행복한 상태'라고 이야기한 제3선(第三禪)을 성취하여 살아갑니다. 그는 행복감을 포기하고, 괴로움을 버림으로써, 이전의 만족과 불만이 소멸하여, 괴롭지도 않고 즐겁지도 않은, 평정한 주의집중이 청정한 제4선(第四禪)을 성취하여 살아갑니다. 바라문이여, 세존께서는 이런 선정을 칭찬하셨습니다."

"아난다 존자여, 고따마 존자께서는 비난받아 마땅한 선정은 비난하고, 칭찬받아 마땅한 선정은 칭찬하셨군요. 아난다 존자여, 해야 할 일이 많아서 우리는 이제 가겠습니다."

"바라문이여, 그렇다면 이제 그렇게 하십시오."

마가다의 대신 왓싸까라 바라문은 아난다 존자의 말씀에 만족하고 기뻐하면서 자리에서 일어나 떠나갔습니다. 왓싸까라 바라문이 떠나자 곧바로 고빠까 목갈라나 바라문이 아난다 존자에게 말했습니다.

　"우리는 아난다 존자에게 질문을 했는데, 아난다 존자께서는 그에 대한 대답을 하시지 않았습니다."

　"바라문이여, 이미 그대에게 '바라문이여, 아라한이시며, 등정각이신 세존께서 구족하신 법(法)을 모든 면에서, 모든 부분에서, 모두 구족한 비구는 한 사람도 없습니다. 바라문이여, 왜냐하면, 세존께서는 드러나지 않은 길을 드러내고, 생기지 않은 길을 내고, 알려지지 않은 길을 알려준, 길을 아는 분이시며, 길에 밝은 분이시며, 길에 정통한 분이시기 때문입니다. 지금 제자들은 그 길을 따라 살아가면서 뒤에 구족할 뿐입니다'라고 이야기하지 않았습니까?"

53

보름날에 설하신 큰 경

109. Mahāpuṇṇama-sutta

【 해제 】

이 경은 한역 『중아함경(中阿含經)』에는 상응하는 경이 없고, 『잡아함경 (雜阿含經)』2. 26에 같은 내용이 있다.

제자와의 문답으로 진행되는 이 경에서 다루고 있는 주제는 5취온(五取蘊)이다. 5온(五蘊)이나 5취온이라는 개념은 당시에 일반화된 개념이 아니라 부처님께서 인간과 자아를 설명하면서 사용한 특수한 개념이다. 이 경은 이와 같이 부처님께서 사용하는 5온과 5취온이라는 개념을 체계적이고 분석적으로 고찰하고 있다.

부처님께서는 우리가 자아의 존재로 취하고 있는 것은 5취온이라고 말씀하셨다. 이 말씀에 대하여 한 비구가 질문을 시작한다. 이 비구는 먼저 5취온이 색취온(色取蘊), 수취온(受取蘊), 상취온(想取蘊), 행취온

(行取蘊), 식취온(識取蘊)을 의미하는 것인지를 확인한다. 이와 같이 5취온의 의미를 확인한 그 비구는 5취온의 근원, 취(取)의 의미, 온(蘊)이라는 개념의 외연(外延), 5온이라는 개념을 사용하는 근거 등을 차례로 묻는다.

부처님께서는 우리가 자아(自我)나 인간이라고 부르는 것은 어떤 실체가 아니라 자기 존재로 취착하고 있는 다섯 가지 망상(妄想) 덩어리[蘊], 즉 5취온이라고 말씀하셨다. 이 경에서 한 비구는 이러한 5취온에 대하여 질문한다. 먼저 다섯 가지 망상 덩어리[五取蘊]가 무엇인지를 확인한 그 비구는 다섯 가지 망상 덩어리의 뿌리, 즉 근원을 묻는다. 부처님께서 그것은 욕망이라고 대답하자, 그는 취와 5취온은 동일한 것인가 다른 것인가를 묻는다. 망상 덩어리의 뿌리가 욕망이라면, 욕망에 의해서 자아로 취착되고 있는 것과 그것을 취착하는 것은 서로 다른 별개의 존재인가를 묻는 것이다. 부처님께서는 "취가 5취온은 아니다. 그렇지만 취는 5취온과 별개의 것도 아니다. 비구여, 5취온에 대한 욕망과 탐욕, 그것이 바로 취이다"라고 대답하신다. 우리는 여기에서 욕망과 취와 5취온의 관계를 알 수 있다. 욕망에 의해서 자아로 취해질 다섯 가지 망상 덩어리가 형성되면, 그 망상 덩어리를 자아로 취하는 욕망과 탐욕이 취인 것이다. 이어지는 질문은 5취온에 대한 욕망과 탐욕, 즉 취의 차별성에 대한 것이다. 부처님께서는 5취온이 각각 개별적으로 취해지기 때문에 차별성이 있다고 대답하신다. 여기까지는 5취온이라는 개념 가운데 취에 대한 문답이다.

이어지는 문답은 5취온이라는 개념 가운데 온(蘊)에 대한 것이다. 그 비구는 "5온의 온이라는 명칭이 사용되는 범위는 어느 정도인가?"를 묻는다. 이것은 5온이라고 할 때, 온이라는 명칭이 미치는 그 개념의 외연(外延)을 물은 것이다. 부처님께서는 온의 외연은 시간적으로는 과거, 현재, 미래이고, 공간적으로는 크고 작은 모든 것이라고 대답하신다. 이렇게 외연을 확인한 그 비구는 이러한 외연을 지닌 5온이라는 개념을 사용할 수 있는 근거는 무엇인가를 묻는다. 부처님께서는 그 근거는 4대(四大)와 촉(觸)과 명색(名色)이라고 대답하신다.

이상과 같은 문답을 통해서 우리가 자아로 취하고 있는 5취온은 4대를 취한 몸으로 접촉[觸]하면서 만들어진 이름과 형색[名色]에 근거하는 다섯 가지 망상 덩어리라는 것이 드러난다. 그렇다면 이런 허망한 망상 덩어리를 중생은 왜 자기 존재로 보며 살아가는 것일까? 부처님께서는 성인의 가르침을 배우지 못해서 무지하기 때문이라고 대답하신다. 부처님과 비구 사이의 문답은 여기에서 종결된다. 그러나 이러한 문답을 듣고도 '자아'가 존재한다는 망상을 버리지 못하는 사람들이 있음을 아시고, 부처님께서는 무상(無常)과 무아(無我)의 가르침을 설하신다.

이와 같이 나는 들었습니다.

한때 세존께서는 싸왓티의 뿝바라마 미가라마뚜 누각에 머무셨습니다.

어느 보름날, 보름달이 충만한 포살일(布薩日) 밤에 세존께서는 비구 승가에 둘러싸여 야외에 앉아계셨습니다. 그때 어떤 비구가 자리에서 일어나 법의(法衣)를 한쪽 어깨에 걸치고 세존께 합장한 후에 말씀 드렸습니다.

"세존이시여, 세존께서 저에게 질문할 기회를 주신다면, 세존께 묻고 싶습니다."

"비구여, 그렇다면 그대는 자신의 자리에 앉고 나서, 그다음에 원하는 대로 하라!"

그 비구는 자신의 자리에 앉은 후에 세존께 말씀드렸습니다.

"세존이시여, 5취온(五取蘊)은 색취온(色取蘊), 수취온(受取蘊), 상취온(想取蘊), 행취온(行取蘊), 식취온(識取蘊)입니까?"

"비구여, 5취온은 색취온, 수취온, 상취온, 행취온, 식취온이라오."

그 비구는 "잘 알겠습니다.[01] 세존이시여!"라고 세존의 말씀에 만족하고 기뻐하면서 세존께 다음 질문을 하였습니다.

"세존이시여, 그렇다면 5취온의 뿌리가 되는 것은 무엇입니까?"[02]

---

01 'sādhu'의 번역. 'sādhu'는 '선재(善哉)'로 한역(漢譯)되는데, 여기에서는 문맥에 따라 번역했음.

02 'ime pana, bhante, pañc 'upādānakkhandhā kiṁ mūlakā '의 번역.

"비구여, 5취온의 뿌리가 되는 것은 욕망[03]이라오."

"세존이시여, 취(取)가 5취온입니까, 그렇지 않으면 취는 5취온과 별개의 것입니까?"[04]

"비구여, 취가 5취온은 아니라오. 그렇지만 취는 5취온과 별개의 것도 아니라오. 비구여, 5취온에 대한 욕망과 탐욕, 그것이 바로 취라오."[05]

"세존이시여, 그렇다면 5취온에 대한 욕망과 탐욕은 차별성이 있습니까?"

"비구여, 있다고 할 수 있다오. 비구여, 어떤 사람은 '미래세(未來世)에는 이런 형색의 몸[色][06]이면 좋겠다. 미래세에는 이런 느낌[受]이면 좋겠다. 미래세에는 이런 생각[想]이면 좋겠다. 미래세에는 이런 행위[行]들이면 좋겠다. 미래세에는 이런 분별하는 마음[識]이면 좋겠다'라고 생각한다오. 비구여, 이와 같이 5취온에 대한 욕망과 탐욕은 차별성이 있다오."

"세존이시여, 그렇다면 5온(五蘊)의 온(蘊)이라는 명칭이 사용되는 범위는 어느 정도입니까?"[07]

---

03 'chanda'의 번역.

04 'taṁ yeva nu kho, bhante, upādānaṁ te pañc᾽ upādānakkhandhā?'의 번역.

05 'yo kho, bhikkhu, pañc᾽ upādānakkhandhesu chandarāgo, taṁ tattha upādānaṁ'의 번역

06 'rūpa'의 번역. 색(色)으로 한역되는 'rūpa'를 대부분의 번역에서 '물질'로 번역하는데, 'rūpa'는 물질을 의미하는 것이 아니라 감관에 지각된 지각 내용을 의미한다.

07 'kittāvatā pana, bhante, khandhānaṁ khandhādhivacanaṁ'의 번역. '온(蘊)'으로 번역된 'khandha'는 '덩어리, 줄기'의 의미를 지닌다. 부처님께서는 이 개념을 사용하여 5온(五蘊)이라는 개념을 만들어서 인간과 세계를 설명한다. 이 비구는 부처님께서 5온(五蘊)이라는 개념을 사용할 때, 온(蘊)이라는 개념이 적용되는 외연(外延)이 어디까지인가를 묻고 있다.

"비구여, 안의 것이건 밖의 것이건, 크고 거친 것이건 작고 미세한 것이건, 보잘것없는 것이건 훌륭한 것이건, 가까이 있는 것이건 멀리 있는 것이건, 그 어떤 형태의 형색[色]이건, 과거, 현재, 미래의 모든 형태의 형색, 이것이 색온(色蘊)이라오. 비구여, 안의 것이건 밖의 것이건, 크고 거친 것이건 작고 미세한 것이건, 보잘것없는 것이건 훌륭한 것이건, 가까이 있는 것이건 멀리 있는 것이건, 그 어떤 느낌[受]이건, 과거, 현재, 미래의 모든 느낌, 이것이 수온(受蘊)이라오. 비구여, 안의 것이건 밖의 것이건, 크고 거친 것이건 작고 미세한 것이건, 보잘것없는 것이건 훌륭한 것이건, 가까이 있는 것이건 멀리 있는 것이건, 그 어떤 생각[想]이건, 과거, 현재, 미래의 모든 생각, 이것이 상온(想蘊)이라오. 비구여, 안의 것이건 밖의 것이건, 크고 거친 것이건 작고 미세한 것이건, 보잘것없는 것이건 훌륭한 것이건, 가까이 있는 것이건 멀리 있는 것이건, 그 어떤 행위[行]들이건, 과거, 현재, 미래의 모든 행위들, 이것이 행온(行蘊)이라오. 비구여, 안의 것이건 밖의 것이건, 크고 거친 것이건 작고 미세한 것이건, 보잘것없는 것이건 훌륭한 것이건, 가까이 있는 것이건 멀리 있는 것이건, 그 어떤 분별하는 마음[識]이건 과거, 현재, 미래의 모든 분별하는 마음, 이것이 식온(識蘊)이라오. 비구여, 여기까지가 5온의 온이라는 명칭이 사용되는 범위라오."

"세존이시여, 그렇다면 색온을 언명(言明)하는 원인은 무엇이고, 조건은 무엇입니까?[08] 수온, 상온, 행온, 식온을 언명하는 원인은 무엇

---

08 'ko nu kho, bhante, hetu ko paccayo rūpakkhandhassa paññāpanāya?'의 번역. 일반적으로 '시설(施設)'로 번역하는 'paññāpana'를 여기에서는 '언명(言明)'으로 번역했다. 여기에서는 부처님께서 5온(五蘊)이라는 개념을 사용하는 근거를 묻고 있다.

이고, 조건은 무엇입니까?"

"비구여, 4대(四大)가 색온을 언명하는 원인이며 조건이라오. 접촉[觸]이 수온을 언명하는 원인이며 조건이라오. 접촉이 상온을 언명하는 원인이며 조건이라오. 접촉이 행온을 언명하는 원인이며 조건이라오. 개념과 형색[名色]이 식온을 언명하는 원인이며 조건이라오."

"세존이시여, 그렇다면 어떤 것이 자기 자신이 있다고 보는 견해[有身見]입니까?"[09]

"비구여, 성인(聖人)을 무시하고, 성인의 가르침을 이해하지 못하고, 성인의 가르침에서 배우지 못하고, 참사람을 무시하고, 참사람의 가르침을 이해하지 못하고, 참사람의 가르침에서 배우지 못한 무지한 범부는 형색이나 느낌, 생각, 행위들, 분별하는 마음을 자아로 간주하거나, 자아가 형색이나 느낌, 생각, 행위들, 분별하는 마음을 지닌 것으로 간주하거나, 자아 속에 형색이나 느낌, 생각, 행위들, 분별하는 마음이 있다고 간주하거나, 형색이나 느낌, 생각, 행위들, 분별하는 마음속에 자아가 있다고 간주한다오. 비구여, 이런 것이 자기 자신이 있다고 보는 견해[有身見]라오."

"세존이시여, 그렇다면 어떤 것이 자기 자신이 있다고 보는 견해가 아닙니까?"

"비구여, 성인을 알아보고, 성인의 가르침을 이해하고, 성인의 가르침에서 배우고, 참사람을 알아보고, 참사람의 가르침을 이해하고, 참

---

09 'kathaṁ pana, bhante, sakkāyadiṭṭhi hotīti?'의 번역. 'sakkāyadiṭṭhi'는 '자신의 존재가 실재한다는 견해'이다. 여기에서는 5온(五蘊)의 근거가 4대(四大)와 촉(觸)과 명색(名色)이라면, 사람들은 어떻게 자신의 존재가 실재한다는 견해를 갖게 되는가를 묻고 있다.

사람의 가르침에서 배운 거룩한 제자는 형색이나 느낌, 생각, 행위들, 분별하는 마음을 자아로 간주하지 않고, 자아가 형색이나 느낌, 생각, 행위들, 분별하는 마음을 지닌 것으로 간주하지 않고, 자아 속에 형색이나 느낌, 생각, 행위들, 분별하는 마음이 있다고 간주하지 않고, 형색이나 느낌, 생각, 행위들, 분별하는 마음속에 자아가 있다고 간주하지 않는다오. 비구여, 이런 것이 자기 자신이 있다고 보는 견해가 아니라오."

"세존이시여, 그렇다면 형색[色]에 있는 맛[味]은 무엇이고, 재난[患]은 무엇이고, 그것에서 벗어남[出離]은 무엇입니까? 느낌, 생각, 행위들, 분별하는 마음에 있는 맛은 무엇이고, 재난은 무엇이고, 그것에서 벗어남은 무엇입니까?"

"비구여, 형색에 의지하여 발생한 즐거움과 만족, 이것이 형색에 있는 맛이라오. 형색은 무상(無常)하고, 괴롭고, 변해간다오. 이것이 형색에 있는 재난이라오. 형색에 대하여 욕망과 탐욕을 억제하고 욕망과 탐욕을 버리는 것, 이것이 형색에서 벗어남이라오. 느낌, 생각, 행위들, 분별하는 마음도 마찬가지라오."

"세존이시여, 그렇다면 어떻게 알고, 어떻게 보면, 의식을 지닌 신체와 외부의 일체의 모습에 대하여 나라고 생각하고, 나의 소유라고 생각하는 성향[睡眠]이 없어집니까?"[10]

"비구여, '안의 것이건 밖의 것이건, 크고 거친 것이건 작고 미세한 것이건, 보잘것없는 것이건 훌륭한 것이건, 가까이 있는 것이건 멀리 있는 것이건, 그 어떤 형태의 형색이건, 과거, 현재, 미래의 모든 형태의

---

10 'kathaṁ pana, bhante, jānato kathaṁ passato imasmiñ ca saviññāṇke kāye bahiddhā ca sabbanimittesu ahaṁkāramamaṁkāramānānusayā na hontīti?'의 번역

형색, 그것은 나의 소유가 아니고, 그것은 내가 아니고, 그것은 나의 자아가 아니다'라고 이와 같이 그것을 바른 통찰지(通察智)로 있는 그대로 보아야 한다오. 느낌, 생각, 행위들, 분별하는 마음도 마찬가지라오. 비구여 이와 같이 알고, 이와 같이 보면, 의식을 지닌 신체와 외부의 일체의 모습에 대하여 나라고 생각하고, 나의 소유라고 생각하는 성향이 없어진다오."

그때 어떤 비구의 마음속에 이런 생각이 일어났습니다.

'형색은 자아가 아니고, 느낌은 자아가 아니고, 생각은 자아가 아니고, 행위들은 자아가 아니고, 분별하는 마음은 자아가 아니라는 말씀인데, 그렇다면 자아 없이 행해진 업(業)들이 자아에 무슨 영향을 줄 수 있단 말인가?'[11]

그러자 세존께서는 그 비구가 마음속으로 생각한 바를 아시고, 비구들에게 말씀하셨습니다.

"비구들이여, 어떤 무지한 어리석은 사람은 무명의 상태에서 갈애[愛]에 사로잡혀서, '형색은 자아가 아니고, 느낌은 자아가 아니고, 생각은 자아가 아니고, 행위들은 자아가 아니고, 분별하는 마음은 자아가 아니라는 말씀인데, 그렇다면 자아 없이 행해진 업들이 자아에 무슨 영향을 줄 수 있단 말인가?'라고 스승의 가르침을 뛰어넘을 수 있다는 생각을 할 수 있을 것이오. 비구들이여, 나는 그대들을 그때그때 문제가

---

11 'iti kira, bho, rūpaṁ anattā, vedanā anattā, saññā anattā, saṅkhārā anattā, viññānaṁ anattā, anattakatāni kammāni kam attānaṁ phusissantīti?'의 번역. 자신이 업(業)을 지어 자신이 그 과보를 받는다고 생각하는 비구가 5온(五蘊)은 자아가 아니라는 말씀을 듣고, '업이 자아 없이 행해진다면, 그 업의 결과가 어떻게 자아에 미칠 수 있는가?'라고 마음속으로 의심하고 있다.

되는 교리들에 대하여 반문(反問)으로 가르쳤다오.[12] 비구들이여, 어떻게 생각하는가? 형색은 무상한가, 무상하지 않은가?"

"무상합니다. 세존이시여!"

"그렇다면, 무상한 것은 괴로움인가, 즐거움인가?"

"괴로움입니다. 세존이시여!"

"그렇다면, 무상하고 괴롭고 변해가는 것[法]을 '그것은 나의 소유다. 그것은 나다. 그것은 나의 자아다'라고 간주하는 것이 과연 마땅한가?"

"그렇지 않습니다. 세존이시여!"

"비구들이여, 어떻게 생각하는가? 느낌, 생각, 행위들, 분별하는 마음은 무상한가, 무상하지 않은가?"

"무상합니다. 세존이시여!"

"그렇다면, 무상한 것은 괴로움인가, 즐거움인가?"

"괴로움입니다. 세존이시여!"

"그렇다면, 무상하고 괴롭고 변해가는 것[法]을 '그것은 나의 소유다. 그것은 나다. 그것은 나의 자아다'라고 간주하는 것이 과연 마땅한가?"

"그렇지 않습니다. 세존이시여!"

"비구들이여, 그러므로 '안의 것이건 밖의 것이건, 크고 거친 것이건 작고 미세한 것이건, 보잘것없는 것이건 훌륭한 것이건, 가까이 있는 것이건 멀리 있는 것이건, 그 어떤 형태의 형색이건, 과거, 현재, 미래의 모든 형태의 형색, 그것은 나의 소유가 아니고, 그것은 내가 아니고, 그것은 나의 자아가 아니다'라고 그것을 바른 통찰지로 있는 그대

---

12 'paṭiccā vinītā kho me tumhe, bhikkhave, tatra tatra tesu tesu dnammesu'의 번역. 역자는 'paṭiccā'를 문맥상 SN. Ⅲ. 104에 따라 'paṭipucchā'로 읽었다.

로 보아야 한다오. 느낌, 생각, 행위들, 분별하는 마음도 마찬가지라오.
비구들이여, 이렇게 통찰한 많이 배운 거룩한 제자는 형색을 싫어하고,
느낌, 생각, 행위들, 분별하는 마음을 싫어한다오. 싫어함으로써[厭離]
탐욕에서 벗어나고[離貪], 탐욕에서 벗어남으로써 해탈(解脫)하며, 해탈
했을 때 해탈했음을 안다오. 그는 '태어남은 끝났고 청정한 수행[梵行]
을 마쳤으며 해야 할 일을 끝마쳤다. 다시는 이런 상태로 되지 않는다'
라고 통찰한다오."

이것이 세존께서 하신 말씀입니다.
그 비구들은 세존의 말씀에 만족하고 기뻐했습니다. 이 설명이 설해지
고 있을 때, 60명의 비구가 남김 없는 무루(無漏)의 심해탈(心解脫)을 얻
었습니다.

54

차제(次第) 경

111. Anupada-sutta

【 해제 】

한역 『아함경(阿含經)』은 이 경에 상응하는 경이 없다. 경의 제목 'Anu-
pada'를 '차제(次第)'로 번역한 것은 이 경이 9차제정(九次第定)을 설하고
있기 때문이다. 'anupada'는 '연속되는'의 의미이다. 그런데 이 경에서
'anupada'가 어떤 것의 연속을 의미하는 것인지는 애매하다. 아홉 단계
의 선정(禪定)이 연속된다는 것으로 이해할 수도 있고, 각각의 선정 속에
서 여러 가지 법(法)들이 연속하여 나타난다는 것을 의미한다고 할 수도
있고, 양자를 모두 의미한다고 할 수도 있다. 여기에서는 양자를 모두 의
미한다고 생각하여 경의 제목은 '차제'로 번역했고, 문장 속에서는 '연속
하여'로 번역했다.

　　이 경은 싸리뿟따 존자를 예로 들어 9차제정을 닦는 과정을 상세

하게 보여주기 때문에 9차제정을 이해하는 데 매우 중요한 경전이다. 여기에서 주목되는 것은 9차제정을 닦는 과정에 초선(初禪)에서 무소유처(無所有處)까지 '마음집중, 접촉[觸], 느낌[受], 생각[想], 의도[思], 의욕, 확신, 정진(精進), 주의집중[念], 평정[捨], 작의(作意)'가 일어나며, 비유상비무상처(非有想非無想處)에 이르러야 나타나지 않는다는 것이다. 이것은 9차제정의 수행 방법을 보여주는 매우 중요한 내용이다.

이 경에 의하면, 번뇌[漏]는 상수멸(想受滅)에서 반야(般若)로 통찰함으로써 멸진한다. 그런데 상수멸은 비유상비무상처라는 선정에서 나와 비유상비무상처라는 관념을 벗어남으로써 성취한다. 이것은 상수멸이 다른 선정처럼 어떤 관념에 빠져있는 삼매의 상태가 아니라, 모든 관념에서 벗어나서 통찰지[般若]로 실상(實相)을 통찰하는 'abhijānāti' 하는 삶이라는 것을 의미한다.

◈

이와 같이 나는 들었습니다.

한때 세존께서는 싸왓티의 제따와나 아나타삔디까 승원에 머무셨습니다. 그때 세존께서 "비구들이여!"라고 비구들을 불렀습니다.

비구들은 "존경하는 스승님!" 하고 대답했습니다.

세존께서는 이렇게 말씀하셨습니다.

"비구들이여, 싸리뿟따는 현명한 사람이라오. 비구들이여, 싸리뿟따는 큰 지혜가 있다오. 비구들이여, 싸리뿟따는 넓은 지혜가 있다오. 비구들이여, 싸리뿟따는 민첩한 지혜가 있다오. 비구들이여, 싸리뿟따는 신속한 지혜가 있다오. 비구들이여, 싸리뿟따는 날카로운 지혜가 있다오. 비구들이여, 싸리뿟따는 결택(決擇)하는 지혜가 있다오.

비구들이여, 싸리뿟따는 보름 동안 연속하여 관찰되는 법(法)을 관찰했다오. 비구들이여, 싸리뿟따가 관찰한 연속하여 관찰되는 법은 다음과 같다오.

비구들이여, 싸리뿟따는 감각적 쾌락에 대한 욕망을 멀리하고, 착하지 않은 법을 멀리하고, 사유하고 숙고하여, 멀어짐에서 생긴 기쁨과 즐거움이 있는 첫 번째 선정[初禪]에 도달하여 머물렀다오. 이 첫 번째 선정에서 여러 법들이, 즉 사유, 숙고, 기쁨, 즐거움, 마음집중,[01] 접

---

01 'cittekaggatā'의 번역

촉[觸], 느낌[受], 생각[想], 의도[思],[02] 욕망, 확신,[03] 정진(精進), 주의집중
[念],[04] 평정[捨],[05] 작의(作意)[06] 이러한 법들이 그에게 연속하여 나타났
다오. 그에게 이러한 법들이 분명하게 나타나, 분명하게 머물다가, 분
명하게 소멸해 갔다오.[07] 그는 '이와 같이 지금 나에게 여러 법들이 없
다가 나타났고, 있다가 없어졌다'라고 통찰했다오.

그는 그 법들에 집착하지 않고, 빠져들지 않고, 의존하지 않고, 묶
이지 않고, 자유롭게 속박에서 벗어나 해탈한 마음에 머물렀다오. 그는
'이보다 위의 출리(出離)가 있다'라고 통찰했다오. 그는 더 닦아야 할 것
이 있다고 생각했다오. 비구들이여, 싸리뿟따는 그 후에 다시 사유와
숙고가 적멸함으로써 내적으로 평온한, 마음이 집중된, 사유가 없고 숙
고가 없는, 삼매(三昧)에서 생긴 기쁨과 즐거움이 있는 두 번째 선정[第
二禪]에 도달하여 머물렀다오. 이 두 번째 선정에서 여러 법들이, 즉 내
적인 평온, 기쁨, 즐거움, 마음집중, 접촉, 느낌, 생각, 의도, 의욕, 확신,
정진, 주의집중, 평정, 작의 이러한 법들이 그에게 연속하여 나타났다
오. 그에게 이러한 법들이 분명하게 나타나, 분명하게 머물다가, 분명
하게 소멸해 갔다오. 그는 '이와 같이 지금 나에게 여러 법들이 없다가
나타났고, 있다가 없어졌다'라고 통찰했다오.

그는 그 법들에 집착하지 않고, 빠져들지 않고, 의존하지 않고, 묶

---

02 'cetanā'의 번역

03 'adhimokkha'의 번역.

04 'sati'의 번역.

05 'upekhā'의 번역.

06 'manasikāra'의 번역.

07 'tyāssa dhammā viditā uppajjanti viditā upaṭṭhahanti viditā abbhatthaṃ gacchanti'의 번역.

이지 않고, 자유롭게, 속박에서 벗어나, 해탈한 마음에 머물렀다오. 그는 '이보다 위의 출리가 있다'라고 통찰했다오. 그는 더 닦아야 할 것이 있다고 생각했다오. 비구들이여, 싸리뿟따는 그 후에 다시 기쁨[08]과 이욕(離欲)에 의해 평정하게 주의집중하며[正念], 바르게 알고[正知] 머물면서 몸으로 기쁨을 느꼈다오. 그는 성인(聖人)들이 '평정한 주의집중을 하는 행복한 상태'라고 말하는 세 번째 선정[第三禪]에 도달하여 머물렀다오. 이 세 번째 선정에서 여러 법들이, 즉 평정, 즐거움, 주의집중, 바른 앎, 마음집중, 접촉, 느낌, 생각, 의도, 의욕, 확신, 정진, 주의집중, 평정, 작의 이러한 법들이 그에게 연속하여 나타났다오. 그에게 이러한 법들이 분명하게 나타나, 분명하게 머물다가, 분명하게 소멸해 갔다오. 그는 '이와 같이 지금 나에게 여러 법들이 없다가 나타났고, 있다가 없어졌다'라고 통찰했다오.

그는 그 법들에 집착하지 않고, 빠져들지 않고, 의존하지 않고, 묶이지 않고, 자유롭게, 속박에서 벗어나, 해탈한 마음에 머물렀다오. 그는 '이보다 위의 출리가 있다'라고 통찰했다오. 그는 더 닦아야 할 것이 있다고 생각했다오. 비구들이여, 그 후에 다시 싸리뿟따는 즐거움을 버리고, 괴로움을 버려, 이전에 있었던 희열[09]과 근심[10]이 사라짐으로써, 괴로움도 없고 즐거움도 없는, 평정한 주의집중이 청정한[11] 네 번째 선정[第四禪]에 도달하여 머물렀다오. 이 네 번째 선정에서 여러 법들이,

---

08 'pīti'의 번역.
09 'somanassa'의 번역.
10 'domanassa'의 번역.
11 'upekhāsatipārisuddhaṁ'의 번역.

즉 평정[捨], 괴롭지도 즐겁지도 않은 느낌, 평온한 느낌,[12] 관심(關心) 없음,[13] 주의집중, 청정, 마음집중, 접촉, 느낌, 생각, 의도, 의욕, 확신, 정진, 주의집중, 평정, 작의 이러한 법들이 그에게 연속하여 나타났다오. 그에게 이러한 법들이 분명하게 나타나, 분명하게 머물다가, 분명하게 소멸해 갔다오. 그는 '이와 같이 지금 나에게 여러 법들이 없다가 나타났고, 있다가 없어졌다'라고 통찰했다오.

그는 그 법들에 집착하지 않고, 빠져들지 않고, 의존하지 않고, 묶이지 않고, 자유롭게, 속박에서 벗어나, 해탈한 마음에 머물렀다오. 그는 '이보다 위의 출리가 있다'라고 통찰했다오. 그는 더 닦아야 할 것이 있다고 생각했다오. 비구들이여, 그 후 다시 싸리뿟따는 일체의 형색에 대한 관념[色想]을 초월하고, 지각의 대상에 대한 관념[有對想]을 소멸하고, 차별적인 관념에 마음을 쓰지 않음으로써 허공은 무한하다고 하는 공무변처(空無邊處)에 도달하여 머물렀다오. 이 공무변처에서 여러 법들이, 즉 공무변처라는 관념, 마음집중, 접촉, 느낌, 생각, 의도, 의욕, 확신, 정진, 주의집중, 평정, 작의 이러한 법들이 그에게 연속하여 나타났다오. 그에게 이러한 법들이 분명하게 나타나, 분명하게 머물다가, 분명하게 소멸해 갔다오. 그는 '이와 같이 지금 나에게 여러 법들이 없다가 나타났고, 있다가 없어졌다'라고 통찰했다오.

그는 그 법들에 집착하지 않고, 빠져들지 않고, 의존하지 않고, 묶이지 않고, 자유롭게, 속박에서 벗어나, 해탈한 마음에 머물렀다오. 그는 '이보다 위의 출리가 있다'라고 통찰했다오. 그는 더 닦아야 할 것이

---

12 'passi vedanā'의 번역. 'passi'의 의미가 무엇인지 알 수 없어서 'passaddhi'의 의미로 번역함.
13 'cetaso anābhogo'의 번역.

있다고 생각했다오. 비구들이여, 그 후 다시 싸리뿟따는 일체의 공무변처에 대한 관념을 초월함으로써 의식은 무한하다고 하는 식무변처(識無邊處)에 도달하여 머물렀다오. 이 식무변처에서 여러 법들이, 즉 식무변처라는 관념, 마음집중, 접촉, 느낌, 생각, 의도, 의욕, 확신, 정진, 주의집중, 평정, 작의 이러한 법들이 그에게 연속하여 나타났다오. 그에게 이러한 법들이 분명하게 나타나, 분명하게 머물다가, 분명하게 소멸해 갔다오. 그는 '이와 같이 지금 나에게 여러 법들이 없다가 나타났고, 있다가 없어졌다'라고 통찰했다오.

그는 그 법들에 집착하지 않고, 빠져들지 않고, 의존하지 않고, 묶이지 않고, 자유롭게, 속박에서 벗어나, 해탈한 마음에 머물렀다오. 그는 '이보다 위의 출리가 있다'라고 통찰했다오. 그는 더 닦아야 할 것이 있다고 생각했다오. 비구들이여, 그 후 다시 싸리뿟따는 일체의 식무변처에 대한 관념을 초월함으로써 그 어떤 것도 존재하지 않는다고 하는 무소유처(無所有處)에 도달하여 머물렀다오. 이 무소유처에서 여러 법들이, 즉 무소유처라는 관념, 마음집중, 접촉, 느낌, 생각, 의도, 의욕, 확신, 정진, 주의집중, 평정, 작의 이러한 법들이 그에게 연속하여 나타났다오. 그에게 이러한 법들이 분명하게 나타나, 분명하게 머물다가, 분명하게 소멸해 갔다오. 그는 '이와 같이 지금 나에게 여러 법들이 없다가 나타났고, 있다가 없어졌다'라고 통찰했다오.

그는 그 법들에 집착하지 않고, 빠져들지 않고, 의존하지 않고, 묶이지 않고, 자유롭게, 속박에서 벗어나, 해탈한 마음에 머물렀다오. 그는 '이보다 위의 출리가 있다'라고 통찰했다오. 그는 더 닦아야 할 것이 있다고 생각했다오. 비구들이여, 그 후 다시 싸리뿟따는 일체의 무소유처에 대한 관념을 초월함으로써 비유상비무상처(非有想非無想處)에 도달하여 머물렀다오. 그는 주의집중이 있는 상태에서 그 선정에서 나왔다오.[14] 그는 주의집중이 있는 상태에서 그 선정에서 나와서, 이전의 사라지고 변해버린 그 법들을 생각했다오.

'이와 같이 지금 나에게 여러 법들이 없다가 나타났고, 있다가 없어졌다.'

그는 그 법들에 집착하지 않고, 빠져들지 않고, 의존하지 않고, 묶이지 않고, 자유롭게, 속박에서 벗어나, 해탈한 마음에 머물렀다오. 그는 '이보다 위의 출리가 있다'라고 통찰했다오. 그는 더 닦아야 할 것이 있다고 생각했다오. 비구들이여, 그 후 다시 싸리뿟따는 일체의 비유상비무상처에 대한 관념을 초월함으로써 상수멸(想受滅)에 도달하여 머물렀다오. 그리고 통찰지[般若]로 통찰하자, 번뇌[漏]들이 멸진(滅盡)했다오.

그는 주의집중이 있는 상태에서 그 선정에서 나왔다오. 그는 주의집중이 있는 상태에서 그 선정에서 나와서, 이전의 사라지고 변해버린 그 법(法)들을 생각했다오.

'이와 같이 지금 나에게 여러 법들이 없다가 나타났고, 있다가 없어졌다.'

그는 그 법들에 집착하지 않고, 빠져들지 않고, 의존하지 않고, 묶이지 않고, 자유롭게, 속박에서 벗어나, 해탈한 마음에 머물렀다오.

그는 '이보다 위의 출리는 없다'라고 통찰했다오. 그는 더 닦아야

---

14 'so tāya samāpattiyā sato vuṭṭhahati'의 번역.

할 것이 없다고 생각했다오.

비구들이여, 만약 어떤 사람을 '거룩한 계(戒)에서 자재(自在)와 피안(彼岸)을 얻고, 거룩한 정(定)[15]에서 자재와 피안을 얻고, 거룩한 통찰지[般若]에서 자재와 피안을 얻고, 거룩한 해탈(解脫)에서 자재와 해탈을 얻은 사람이다'라고 진정으로 말할 수 있다면, 싸리뿟따가 진실로 그런 사람이라오.

비구들이여, 만약 어떤 사람을 '세존의 입에서 태어난, 가르침[法]에서 태어난, 가르침으로 만들어진, 재산의 상속자가 아니라 가르침의 상속자인 세존의 아들이다'라고 진정으로 말할 수 있다면, 싸리뿟따가 진실로 그런 사람이라오.

비구들이여, 싸리뿟따는 여래가 굴리는 위없는 법륜(法輪)을 바르게 잘 굴린다고 이야기할 수 있는 사람이라오."

이것이 세존께서 하신 말씀입니다.
그 비구들은 세존의 말씀에 만족하고 기뻐했습니다.

---

15 'ariyasmiṁ samādhismiṁ'의 번역.

55

여섯 가지 검증(檢證) 경

112. Chabbisodhana-sutta

【 해제 】

이 경은 한역 『중아함경(中阿含經)』 「187. 설지경(說智經)」에 상응하는 경
이다.

불교의 열반과 해탈은 다른 사람으로부터 인가(認可)를 받는 것
이 아니라, 스스로 통찰을 통해 깨닫는 것이다. 이러한 깨달음을 'aññā',
즉 구경지(究境智)라고 한다. 만약에 어떤 사람이 스스로 구경지를 성
취했다고 주장한다면, 그 사람의 말이 진실인지 아닌지를 어떻게 알 수
있을까? 이 경에서는 구경지를 확인하는 법을 이야기한다. 경의 제목
'chabbisodhana'의 'chabbi'는 '여섯 가지'를 의미하고 'sodhana'는 '정
화(淨化), 조사(照査)'의 의미인데, 여기에서는 'sodhana'가 진실의 여부
를 조사하여 깨끗하게 의심을 없앤다는 의미이므로 '검증(檢證)'으로 번

역했다.

　　대부분 불교의 깨달음, 즉 구경지를 깊은 선정(禪定)을 통해서 얻는 초월적이고 신비한 것으로 생각한다. 그러나 이 경에서 이야기하는 여섯 가지 검증은 구경지가 그런 것이 아니라는 것을 보여준다. 경의 제목은 '여섯 가지 검증'인데 실제로는 다섯 가지가 나온다. 하지만 첫 번째 내용을 분석하면 두 가지가 되므로, 이를 분석하여 요약하면, 구경지를 확인하기 위해서 검증해야 할 여섯 가지는 다음과 같다.

① 보고, 듣고, 지각하고, 인식한 것에 대한 이야기인가?
② 보고, 듣고, 지각하고, 인식한 것에 속박되지 않고 해탈했는가?
③ 5취온(五取蘊)에 대한 취착[取]을 버리고 마음이 해탈했는가?
④ 6계(六界)를 자아나 자아가 의존하고 있는 것으로 여기지 않고 6계에서 해탈했는가?
⑤ 6내외입처(六內外入處)에 대한 욕탐을 버리고 해탈했는가?
⑥ 나라고 생각하고 나의 소유라고 생각하는 성향[睡眠]을 제거했는가?

①은 구경지가 우리의 일상적인 삶을 벗어나지 않는다는 것을 보여준다. 자신이 직접 보고, 듣고, 지각하고, 인식한 것에 대해서만 말한다는 것은 신비체험을 배제하는 것을 의미한다. ②는 일상적인 삶 속에서 집착 없이 살아가는 것을 의미한다. ③은 5취온을 자아로 취하지 않고 사는 것을 의미한다. ④와 ⑤는 5취온을 형성하는 6계와 12입처를 바르게 통찰하는 것을 의미한다. ⑥은 이러한 통찰을 통해서 자아의식과 소유

의식(所有意識)을 버리는 것을 의미한다. 이와 같이 불교의 궁극적인 목적인 구경지는 일상을 초월한 신비한 경지가 아니라 자아의식과 소유의식을 버리고 살아가는 일상적인 삶을 의미한다. 마조(馬祖) 도일선사(道一禪師)가 '평상심이 도[平常心是道]'라고 설파한 도리가 바로 이것이다.

◈

이와 같이 나는 들었습니다.

한때 세존께서는 싸왓티에 있는 제따와나 아나타삔디까 승원에 머무셨습니다.

그때 세존께서 "비구들이여!"라고 비구들을 불렀습니다.

비구들은 "존경하는 스승님!" 하고 대답했습니다.

세존께서는 이렇게 말씀하셨습니다.

"비구들이여, 어떤 비구가 '나는 '태어남은 끝났고 청정한 수행[梵行]을 마쳤으며 해야 할 일을 끝마쳤다. 다시는 이런 상태로 되지 않는다'라는 것을 분명하게 안다'라고 구경지를 선언(宣言)하면,[01] 비구들이여, 그대들은 그 비구의 말을 인정해서도 안 되고, 비난해서도 안 된다오. 인정하지도 말고, 비난하지도 말고, 다음과 같이 물어야 한다오.

'존자여, 아시고 보시는 아라한이시며 등정각(等正覺)이신 세존께서 바르게 가르쳐주신 말해야 할 것은 네 가지입니다. 네 가지는 어떤 것인가? 보았을 때 본 것을 말하고, 들었을 때 들은 것을 말하고, 지각(知覺)했을 때 지각한 것을 말하고,[02] 인식(認識)했을 때 인식한 것을 말하는 것,[03] 이것이 아시고 보시는 아라한이시며 등정각이신 세존께서 바르게 가르쳐주신 네 가지 말해야 할 것입니다. 그렇다면 존자는 어떻

---

01 'aññaṁ byākaroti'의 번역.
02 'mute mutavāditā'의 번역.
03 'diṭṭhe diṭṭhavāditā, sute sutavāditā, mute mutavāditā, viññāte viññātavāditā'의 번역.

게 알고, 어떻게 보고, 이들 네 가지 말해야 할 것에 대하여 번뇌[漏]가 남김없이 사라져서 마음이 해탈했습니까?'

비구들이여, 번뇌를 멸진(滅盡)하고 수행을 완성하고 해야 할 일을 마치고 짐을 내려놓고 자신의 목적에 도달하여 존재의 결박[有結]을 끊고 바른 지혜를 갖추어 해탈한 비구는 사실대로 이와 같이 대답할 것이오.

'존자여, 나는 본 것에 대하여 집착하지 않고 싫어하지 않고 의존하지 않고 묶이지 않고 해탈하고 벗어나서 자유롭게 된 마음으로 살아갑니다. 존자여, 나는 들은 것에 대하여, 지각한 것에 대하여, 인식한 것에 대하여 집착하지 않고 싫어하지 않고 의존하지 않고 묶이지 않고 해탈하고 벗어나서 자유롭게 된 마음으로 살아갑니다. 존자여, 나는 이와 같이 알고, 이와 같이 보고, 이들 네 가지 말해야 할 것에 대하여 번뇌가 남김없이 사라져서 마음이 해탈했습니다.'

비구들이여, 그대들은 '훌륭합니다'라고 그 비구의 말을 인정하고 기뻐해야 한다오. '훌륭합니다'라고 그의 말을 인정하고 기뻐한 후에, 그다음 질문을 해야 한다오.

'존자여, 아시고 보시는 아라한이시며 등정각이신 세존께서는 5취온(五取蘊)을 바르게 가르치셨습니다. 5취온은 어떤 것인가? 그것은 색취온(色取蘊), 수취온(受取蘊), 상취온(想取蘊), 행취온(行取蘊), 식취온(識取蘊)입니다. 존자여, 아시고 보시는 아라한이시며 등정각이신 세존께서 이들 5취온을 바르게 가르치셨습니다. 존자는 어떻게 알고, 어떻게 보고, 이들 5취온에 대하여 번뇌가 남김없이 사라져서 마음이 해탈했습니까?'

비구들이여, 번뇌를 멸진하고 수행을 완성하고 해야 할 일을 마치고 짐을 내려놓고 자신의 목적에 도달하여 존재의 결박을 끊고 바른 지혜를 갖추어 해탈한 비구는 사실대로 이렇게 대답할 것이오.

'존자여, 나는 '형색[色]은 나약하고 쇠약해지고 믿을 수 없다'라는 것을 본 후에, 형색에 대하여 마음에 머무는 잠재적인 경향인 취착[取]들,[04] 그것들을 소멸하고, 그것들에 대한 탐욕을 버리고, 지멸(止滅)하고 단념하고 거부함으로써, '나의 마음이 해탈했다'라고 통찰했습니다. 나는 느낌[受], 생각[想], 행위[行]들, 분별하는 마음[識]에 대해서도 마찬가지입니다. 나는 이와 같이 알고, 이와 같이 보고, 이들 5취온에 대하여 번뇌가 남김없이 사라져서 마음이 해탈했습니다.'

비구들이여, 그대들은 '훌륭합니다'라고 그 비구의 말을 인정하고 기뻐해야 한다오. '훌륭합니다'라고 그의 말을 인정하고 기뻐한 후에 그다음 질문을 해야 한다오.

'존자여, 아시고 보시는 아라한이시며 등정각이신 세존께서는 6계(六界)를 바르게 가르치셨습니다. 6계는 어떤 것인가? 그것은 지계(地界), 수계(水界), 화계(火界), 풍계(風界), 공계(空界), 식계(識界)입니다. 존자여, 이들 6계를 아시고 보시는 아라한이시며 등정각이신 세존께서 바르게 가르치셨습니다. 그렇다면 존자는 어떻게 알고, 어떻게 보고, 이들 6계에 대하여 번뇌가 남김없이 사라져서 마음이 해탈했습니까?'

비구들이여, 번뇌를 멸진하고, 수행을 완성하고, 해야 할 일을 마치고, 짐을 내려놓고, 자신의 목적에 도달하여, 존재의 결박을 끊고, 바

---

04 'rūpe upāyupādānā cetaso adhiṭṭhānābhinivesānusayā'의 번역.

른 지혜를 갖추어 해탈한 비구는 사실대로 이와 같이 대답할 것이오.

'존자여, 나는 지계(地界)를 자아가 아닌 것으로 여겼으며, 자아를 지계에 의존하고 있는 것으로 여기지 않았습니다. 나는 지계에 의존하는 것들에 대하여 마음에 머무는 잠재적인 경향인 집착들, 그것들을 소멸하고, 탐욕을 버리고, 지멸하고, 포기하고, 거부함으로써, '나의 마음이 해탈했다'라고 통찰했습니다. 수계, 화계, 풍계, 공계, 식계에 대해서도 마찬가지입니다. 나는 이와 같이 알고, 이와 같이 보고, 이들 6계에 대하여 번뇌가 남김없이 사라져서 마음이 해탈했습니다.'

비구들이여, 그대들은 '훌륭합니다'라고 그 비구의 말을 인정하고 기뻐해야 한다오. '훌륭합니다'라고 그의 말을 인정하고 기뻐한 후에 그다음 질문을 해야 한다오.

'존자여, 아시고, 보시는 아라한이시며, 등정각이신 세존께서는 6내외입처(六內外入處)[05]를 바르게 가르치셨습니다. 6내외입처는 어떤 것인가? 그것은 보는 주관[眼]과 보이는 형색[色], 듣는 주관[耳]과 들리는 소리[聲], 냄새 맡는 주관[鼻]과 향기[香], 맛보는 주관[舌]과 맛[味], 만지는 주관[身]과 촉감[觸], 마음[意]과 지각대상[法]입니다. 존자여, 이들 6내외입처를 아시고 보시는 아라한이시며 등정각이신 세존께서 바르게 가르치셨습니다. 그렇다면 존자는 어떻게 알고, 어떻게 보고, 이들 6내외입처에 대하여 번뇌가 남김없이 사라져서 마음이 해탈했습니까?'

비구들이여, 번뇌를 멸진하고, 수행을 완성하고, 해야 할 일을 마치고, 짐을 내려놓고, 자신의 목적에 도달하여, 존재의 결박을 끊고, 바

---

05 'cha imāni ajjhattikāni bāhirāni āyatanāni'의 번역.

른 지혜를 갖추어 해탈한 비구는 사실대로 이와 같이 대답할 것이오.

'존자여, 나는 보는 주관과 보이는 형색, 시각분별[眼識], 시각분별[眼識]에 의해 분별되는 지각대상[法]들에 대하여[06] 욕망, 탐욕, 기쁨, 갈애, 마음에 머무는 잠재적인 경향인 집착들, 그것들을 소멸하고, 탐욕을 버리고, 지멸하고, 버리고 거부함으로써, '나의 마음이 해탈했다'라고 통찰했습니다. 듣는 주관[耳]과 들리는 소리[聲], 냄새 맡는 주관[鼻]과 향기[香], 맛보는 주관[舌]과 맛[味], 만지는 주관[身]과 촉감[觸], 마음[意]과 지각대상[法]에 대해서도 마찬가지입니다. 나는 이와 같이 알고, 이와 같이 보고, 이들 6내외입처에 대하여 번뇌가 남김없이 사라져서 마음이 해탈했습니다.'

비구들이여, 그대들은 '훌륭합니다'라고 그 비구의 말을 인정하고 기뻐해야 한다오. '훌륭합니다'라고 그의 말을 인정하고 기뻐한 후에 그다음 질문을 해야 한다오.

'그렇다면 존자는 어떻게 알고, 어떻게 보고, 의식을 지닌 신체와 외부의 일체의 모습에 대하여 나라고 생각하고 나의 소유라고 생각하는 성향[睡眠]을 완전히 제거했습니까?'[07]

비구들이여, 번뇌를 멸진하고, 수행을 완성하고, 해야 할 일을 마치고, 짐을 내려놓고, 자신의 목적에 도달하여, 존재의 결박을 끊고, 바른 지혜를 갖추어 해탈한 비구는 사실대로 이렇게 대답할 것이오.

'존자여, 내가 이전에 속가(俗家)에 살면서 무지했을 때, 그런 나에

---

06 'cakkhuviññāṇaviññātabbesu dhammesu'의 번역.

07 'kathaṁ jānato pan' āyasmato kathaṁ passato imasmiṁ ca saviññāṇake kāye bahiddhā ca
   sabbanimittesu ahiṁkāramamiṁkāramānānusayā susamūhatā'의 번역.

게 여래나 여래의 제자가 가르침을 주었습니다. 나는 그 가르침을 듣고, 여래에게 믿음을 가졌습니다. 나는 여래에 대한 믿음을 가지고 '속세의 삶은 번거로운 홍진(紅塵)의 세계요, 출가는 걸림 없는 노지(露地)와 같다. 속가에 살면서 완전하고 청정하고 밝은 범행을 수행하기는 쉽지 않다. 나는 오히려 머리와 수염을 깎고, 가사와 발우를 지니고, 집을 떠나 출가하는 것이 좋겠다'라고 생각했습니다. 나는 그 후에 많고 적은 재산을 버리고, 가깝고 먼 친족을 버리고, 머리와 수염을 깎고, 가사와 발우를 지니고, 집을 떠나 출가했습니다. 나는 이와 같이 출가해서 비구의 학계(學戒)와 계행(戒行)을 구족했습니다.[08] 거룩한 계온(戒蘊)을 성취하고, 거룩한 지각활동의 수호(守護)를 성취하고, 거룩한 주의집중과 알아차림을 성취하고, 숲이나, 나무 아래나, 바위나, 동굴이나, 산속이나, 무덤이나, 삼림이나, 노지나, 짚더미 같은 홀로 지내기 좋은 처소를 가까이했습니다. 나는 발우에 음식을 얻어 돌아와 음식을 먹은 후에, 가부좌를 하고, 몸을 똑바로 세우고, 정신을 바짝 차려 주의집중을 했습니다. 나는 세간(世間)에 대한 탐욕을 버리고, 탐욕을 떠난 마음으로 지내면서 탐욕으로부터 마음을 정화했습니다. 진에(瞋恚)를 버리고, 악의(惡意) 없는 마음으로 지내면서 살아있는 모든 것을 연민하는 벗이 되어 진에로부터 마음을 정화했습니다. 타성과 나태를 버리고, 타성과 나태 없이 지내면서 밝은 생각으로 알아차려 타성과 나태로부터 마음을 정화했습니다. 불안과 후회를 버리고, 차분하게 지내면서 내적으로 고요해진 마음으로 불안과 후회로부터 마음을 정화했습니다. 의심을

08 불살생(不殺生) 등의 상세한 계행(戒行)과 구체적인 지각활동의 수호[六根守護]는 「18. 소치는 사람의 비유 큰 경」과 같은 내용이므로 생략하여 번역함.

버리고, 의심을 벗어나 선법(善法)에 대하여 의심 없이 지내면서 의심으로부터 마음을 정화했습니다. 나는 이들 다섯 가지 장애[五蓋]를 버리고, 통찰지[般若]를 약하게 하는 마음의 때를 멀리하고, 참으로 감각적 욕망과 불선법(不善法)을 멀리함으로써, 사유(思惟)가 있고, 숙고(熟考)가 있으며, 멀리함에서 생긴 기쁨과 행복감이 있는 첫 번째 선정[初禪]을 성취하여 살았습니다. 사유와 숙고를 억제하고, 내적으로 평온하게 마음이 집중된, 사유가 없고, 숙고가 없는, 삼매(三昧)에서 생긴 기쁨과 행복감이 있는 두 번째 선정[第二禪]을 성취하여 살았습니다. 희열(喜悅)이 사라지고 평정한 마음으로 주의집중과 알아차림을 하며 지내는 가운데, 몸으로 행복을 느끼면서, 성인들이 '평정한 마음[捨]으로 주의집중을 하는 행복한 상태'라고 이야기한 세 번째 선정[第三禪]을 성취하여 살았습니다. 행복감을 포기하고, 괴로움을 버림으로써, 이전의 만족과 불만이 소멸하여, 괴롭지도 않고 즐겁지도 않은, 평정한 주의집중이 청정한 네 번째 선정[第四禪]을 성취하여 살았습니다. 이와 같이 청정하게 정화되고, 죄악의 먼지가 없고, 번뇌의 때가 없으며, 유연하여 적응력이 있고, 견고하여 움직이지 않는, 삼매에 든 마음에서 번뇌를 소멸하는 앎[漏盡智]에[09] 주의를 기울였습니다. 나는 '이것은 괴로움[苦]이다'라고 있는 그대로 통찰했습니다. 나는 '이것은 괴로움의 쌓임[苦集]이다'라고 있는 그대로 통찰했습니다. 나는 '이것은 괴로움의 소멸[苦滅]이다'라고 있는 그대로 통찰했습니다. 나는 '이것은 괴로움의 소멸에 이르는 길[苦滅道]이다'라고 있는 그대로 통찰했습니다. 나는

---

09 'āsavānaṁ khayañāṇāya'의 번역.

'이것들은 번뇌[漏]다'라고 있는 그대로 통찰했습니다. 나는 '이것은 번뇌의 쌓임[漏集]이다'라고 있는 그대로 통찰했습니다. 나는 '이것은 번뇌의 소멸[漏滅]이다'라고 있는 그대로 통찰했습니다. 나는 '이것은 번뇌의 소멸에 이르는 길[漏滅道]이다'라고 있는 그대로 통찰했습니다. 내가 이렇게 알고 이렇게 보았을 때, 마음이 욕루(欲漏)에서 해탈하고, 유루(有漏), 무명루(無明漏)에서 해탈했습니다. 해탈했을 때 '나는 해탈했다'라고 알게 되었습니다. 나는 '태어남은 끝났고, 청정한 수행[梵行]을 마쳤으며, 해야 할 일을 끝마쳤다. 다시는 이런 상태로 되지 않는다'라고 체험적으로 알았습니다. 존자여, 나는 이와 같이 알고, 이와 같이 봄으로써 의식을 지닌 신체와 외부의 일체의 모습에 대하여 나라고 생각하고, 나의 소유라고 생각하는 무의식을 완전히 제거했습니다.'

비구들이여, 그대들은 '훌륭합니다'라고 그 비구의 말을 인정하고 기뻐해야 한다오. '훌륭합니다'라고 그의 말을 인정하고 기뻐한 후에 이와 같이 말해야 한다오.

'존자여, 존자와 같은 훌륭한 수행자를 뵙게 되어 우리는 많은 것을 얻었습니다. 존자여, 존자와 같은 훌륭한 수행자를 뵙게 된 것은 우리에게 커다란 축복입니다.'"

이것이 세존께서 하신 말씀입니다.
그 비구들은 세존의 말씀에 만족하고 기뻐했습니다.

56

많은 계(界) 경

115. Bahudhātuka-sutta

【 해제 】

이 경은 한역『중아함경(中阿含經)』「181. 다계경(多界經)」에 상응하는 경이
며, 별행경(別行經)으로는 법거(法炬)의『사품법문경(四品法門經)』이 있다.

　　우리의 삶에 불안과 괴로움이 생기는 것은 어리석음과 무지 때문
이라는 것이 부처님의 한결같은 가르침이다. 따라서 괴로움을 소멸하기
위한 불교 수행의 목적은 지혜롭게 통찰하여 무지에서 벗어나는 데 있
다고 할 수 있다. 그렇다면 우리가 무지에서 벗어나기 위해서 통찰해야
할 대상은 어떤 것들인가? 이 경에서는 계(界), 입처(入處), 연기(緣起), 시
처비처(是處非處)를 통찰해야 할 대상으로 설하고 있다.

이와 같이 나는 들었습니다.

한때 세존께서는 싸왓티의 제따와나 아나타삔디까 승원에 머무셨습니다. 그때 세존께서 '비구들이여!'라고 비구들을 불렀습니다.

비구들은 '존경하는 스승님!'하고 대답했습니다.

세존께서는 다음과 같이 말씀하셨습니다.

"비구들이여, 모든 두려움은 어리석기 때문에 생기고, 현명하면 생기지 않는다오. 모든 재난은 어리석기 때문에 생기고, 현명하면 생기지 않는다오. 모든 위험은 어리석기 때문에 생기고, 현명하면 생기지 않는다오. 비구들이여, 비유하면 불길이 모옥(茅屋)이나 초가(草家)는 태울지라도, 두껍게 벽을 발라 바람을 막고, 빗장을 잠그고, 창을 닫아놓은 누각(樓閣)은 태우지 못하는 것과 같다오.[01] 비구들이여, 이와 같이 어리석은 사람은 두려움이 있고, 현명한 사람은 두려움이 없으며, 어리석은 사람은 재난이 있고, 현명한 사람은 재난이 없으며, 어리석은 사람은 위험이 있고, 현명한 사람은 위험이 없다오. 비구들이여, 현명하

---

01 'seyyathāpi, bhikkave, naḷāgārā vā tiṇāgārā vā aggimukko kūṭāgārāni pi dahati ullittāvalittāni nivātāni phussitaggaḷāni pihitavātapānāni'의 번역. 원문은 '비유하면, 비구들이여, 모옥(茅屋)이나 초가(草家)의 불길이 두껍게 벽을 바르고, 바람 없고, 빗장을 잠그고, 창을 닫아놓은 누각(樓閣)을 태우는 것과 같다'이다. 그러나 이것은 문맥상 어울리지 않는 비유이다. 여기에서 모옥(茅屋)이나 초가(草家)는 어리석은 사람의 비유이고, 두껍게 벽을 바르고, 바람 없고, 빗장을 잠그고, 창을 닫아놓은 누각(樓閣)은 6근(六根)을 수호(守護)하여 외부의 유혹에 빠지지 않는 현명한 사람의 비유라고 생각된다. 따라서 그에 적절한 의미로 번역하였다.

면 두려움이 없고, 현명하면 재난이 없으며, 현명하면 위험이 없다오. 비구들이여, 그러므로 그대들은 '나는 사려 깊고 현명해지겠다'라고 공부하도록 하시오."

이와 같이 말씀하시자, 아난다 존자가 세존께 말씀드렸습니다.

"세존이시여, 그렇다면 어느 정도가 되어야 '사려 깊고 현명한 비구'라고 할 수 있습니까?"

"아난다여, 비구로서 계(界)를 잘 알고, 입처(入處)를 잘 알고, 연기(緣起)를 잘 알고, 있을 수 있는 일과 있을 수 없는 일[是處非處]을 잘 알아야 한다. [02]아난다여, 이 정도가 되어야 '사려 깊고 현명한 비구'라고 할 수 있다."

"세존이시여, 그렇다면 어느 정도가 되어야 '계를 잘 아는 비구'라고 할 수 있습니까?"

"아난다여, 18계, 즉 안계(眼界), 색계(色界), 안식계(眼識界), 이계(耳界), 성계(聲界), 이식계(耳識界), 비계(鼻界), 향계(香界), 비식계(鼻識界), 설계(舌界), 미계(味界), 설식계(舌識界), 신계(身界), 촉계(觸界), 신식계(身識界), 의계(意界), 법계(法界), 의식계(意識界)가 있다. 아난다여, 이들 18계를 알고, 보아야 '계를 잘 아는 비구'라고 할 수 있다."

"세존이시여, 다른 방법으로도 '계를 잘 아는 비구'라고 할 수 있습니까?"

"할 수 있다. 아난다여, 6계, 즉 지계(地界), 수계(水界), 화계(火界), 풍계(風界), 공계(空界), 식계(識界)가 있다. 아난다여, 이들 6계를 알고,

---

02 'yato kho, Ananda, bhikhu, dhātukusalo ca hoti āyatanakusalo ca hoti paṭiccasamuppādakusalo ca hoti ṭhānāṭṭhānakusalo ca hoti'의 번역.

보아야 '계를 잘 아는 비구'라고 할 수 있다.”

“세존이시여, 다른 방법으로도 '계를 잘 아는 비구'라고 할 수 있습니까?”

“할 수 있다. 아난다여, 6계, 즉 낙계(樂界), 고계(苦界), 희계(喜界), 우계(憂界), 사계(捨界), 무명계(無明界)가 있다. 아난다여, 이들 6계를 알고, 보아야 '계를 잘 아는 비구'라고 할 수 있다.”

“세존이시여, 다른 방법으로도 '계를 잘 아는 비구'라고 할 수 있습니까?”

“할 수 있다. 아난다여, 6계, 즉 욕계(欲界), 무욕계(無欲界), 에계(恚界), 무에계(無恚界), 해계(害界), 무해계(無害界)가 있다. 아난다여, 이들 6계를 알고, 보아야 '계를 잘 아는 비구'라고 할 수 있다.”

“세존이시여, 다른 방법으로도 '계를 잘 아는 비구'라고 할 수 있습니까?”

“할 수 있다. 아난다여, 3계, 즉 욕계(欲界), 색계(色界), 무색계(無色界)가 있다. 아난다여, 이들 3계를 알고, 보아야 '계를 잘 아는 비구'라고 할 수 있다.”

“세존이시여, 다른 방법으로도 '계를 잘 아는 비구'라고 할 수 있습니까?”

“할 수 있다. 아난다여, 2계, 즉 유위계(有爲界), 무위계(無爲界)가 있다. 아난다여, 이들 2계를 알고, 보아야 '계를 잘 아는 비구'라고 할 수 있다.”

“세존이시여, 그렇다면 어느 정도가 되어야 '입처(入處)를 잘 아는 비구'라고 할 수 있습니까?”

"아난다여, 6내외입처, 즉 보는 주관[眼]과 보이는 형색[色], 듣는 주관[耳]과 들리는 소리[聲], 냄새 맡는 주관[鼻]과 향기[香], 맛보는 주관[舌]과 맛[味], 만지는 주관[身]과 촉감[觸], 마음[意]과 지각대상[法]이 있다. 아난다여, 이들 6내외입처를 알고, 보아야 '입처를 잘 아는 비구'라고 할 수 있다."

"세존이시여, 그렇다면 어느 정도가 되어야 '연기(緣起)를 잘 아는 비구'라고 할 수 있습니까?"

"아난다여, 어떤 비구는 이와 같이 안다. '이것이 있는 곳에 이것이 있고, 이것이 나타나기 때문에 이것이 나타난다.[03] 이것이 없는 곳에는 이것이 있지 않고, 이것이 소멸하기 때문에 이것이 소멸한다.[04] 즉, 무명(無明)이라는 조건 때문에 행위[行]가 있고,[05] 행위라는 조건 때문에 식(識)이 있고, 식이라는 조건 때문에 명색(名色)이 있고, 명색이라는 조건 때문에 6입처(六入處)가 있고, 6입처라는 조건 때문에 촉이 있고, 촉(觸)이라는 조건 때문에 수가 있고, 수(受)라는 조건 때문에 애가 있고, 애(愛)라는 조건 때문에 취(取)가 있고, 취라는 조건 때문에 유(有)가 있고, 유라는 조건 때문에 생(生)이 있고, 생이라는 조건 때문에 노사(老死)와 슬픔, 비탄, 고통, 고뇌, 절망 등이 함께 존재한다.[06] 이와 같이 완전한 괴로움 덩어리[苦蘊]의 쌓임[集]이 있다.[07] 그렇지만, 무명이 남김없이 사라져 소멸함으로써 행위가 소멸하고, 행위가 소멸함으로써 식

---

03 'imasmiṁ sati idaṁ hoti, imass' uppādā idaṁ uppajati'의 번역.

04 'imasmiṁ asati idaṁ na hoti, imass' nirodhā idaṁ nirujjhati'의 번역.

05 'avijjāpaccayā saṁkhārā'의 번역.

06 'jātipaccayā jarāmaraṇaṁ sokaparidevadukkhadomanassupāyāsā sambhavanti'의 번역.

07 'evaṁ etassa kevalassa dukkhakkhandhassa samudayo hoti'의 번역.

(識)이 소멸하고, 식이 소멸함으로써 명색이 소멸하고, 명색(名色)이 소멸함으로써 6입처(六入處)가 소멸하고, 6입처가 소멸함으로써 촉(觸)이 소멸하고, 촉이 소멸함으로써 수(受)가 소멸하고, 수가 소멸함으로써 애(愛)가 소멸하고, 애가 소멸함으로써 취(取)가 소멸하고, 취(取)가 소멸함으로써 유(有)가 소멸하고, 유가 소멸함으로써 생이 소멸하고, 생(生)이 소멸함으로써 노사(老死)와 슬픔, 비탄, 고통, 고뇌, 절망 등이 소멸한다. 이와 같이 완전한 괴로움 덩어리[苦蘊]의 멸(滅)이 있다.'

아난다여, 이 정도가 되어야 '연기(緣起)를 잘 아는 비구'라고 할 수 있다."

"세존이시여, 그렇다면 어느 정도가 되어야 '있을 수 있는 일과 있을 수 없는 일[是處非處]을 잘 아는 비구'라고 할 수 있습니까?"

"아난다여, 어떤 비구는 있을 수 없는 일에는 그것이 있을 수 없다는 것을, 즉 정견(正見)을 성취한 사람이 '어떤 행위는 지속성이 있다[常]'라고 여기는 일은 있을 수 없다는 것을 통찰한다. 있을 수 있는 일에는 그것이 있을 수 있다는 것을, 즉 범부가 '행위는 지속성이 있다[常]'라고 여기는 일은 있을 수 있다는 것을 통찰한다. 정견(正見)을 성취한 사람이 '어떤 행위는 안락성(安樂性)이[08] 있다'라고 여기는 일은 있을 수 없다는 것을 통찰한다. 범부가 '어떤 행위는 안락성이 있다'라고 여기는 일은 있을 수 있다는 것을 통찰한다. 정견을 성취한 사람이 '어떤 법은 자아성(自我性)이 있다'라고 여기는 일은 있을 수 없다는 것을 통찰한다. 범부가 '어떤 법은 자아성이 있다'라고 여기는 일은 있을 수

---

08 'sukhato'의 번역.

있다는 것을 통찰한다. 정견을 성취한 사람이 어머니나 아버지나 아라한의 목숨을 빼앗는 일은 있을 수 없다는 것을 통찰한다. 범부가 어머니나 아버지나 아라한의 목숨을 빼앗는 일은 있을 수 있다는 것을 통찰한다. 정견을 성취한 사람이 악심을 가지고 여래의 피를 나오게 하는 일은 있을 수 없다는 것을 통찰한다. 범부가 악심을 가지고 여래의 피를 나오게 하는 일은 있을 수 있다는 것을 통찰한다. 정견을 성취한 사람이 승가(僧伽)를 파괴하는 일은 있을 수 없다는 것을 통찰한다. 범부가 승가를 파괴하는 일은 있을 수 있다는 것을 통찰한다. 정견을 성취한 사람이 다른 스승을 받드는 일은 있을 수 없다는 것을 통찰한다. 범부가 다른 스승을 받드는 일은 있을 수 있다는 것을 통찰한다. 한 세계에 두 분의 아라한 등정각이 동시에 출현하는 일은 있을 수 없다는 것을 통찰한다. 한 세계에 한 분의 아라한 등정각이 출현하는 일은 있을 수 있다는 것을 통찰한다. 한 세계에 두 전륜성왕(轉輪聖王)이 동시에 출현하는 일은 있을 수 없다는 것을 통찰한다. 한 세계에 한 전륜성왕이 출현하는 일은 있을 수 있다는 것을 통찰한다. 몸으로 행한 악행, 말로 행한 악행, 마음으로 행한 악행이 즐겁고, 마음에 들고, 원하는 과보(果報)를 낳는 일은 있을 수 없다는 것을 통찰한다. 몸으로 행한 악행, 말로 행한 악행, 마음으로 행한 악행이 즐겁지 않고, 마음에 들지 않고, 원하지 않는 과보를 낳는 일은 있을 수 있다는 것을 통찰한다. 몸으로 행한 선행, 말로 행한 선행, 마음으로 행한 선행이 즐겁지 않고, 마음에 들지 않고, 원하지 않는 과보를 낳는 일은 있을 수 없다는 것을 통찰한다. 몸으로 행한 선행, 말로 행한 선행, 마음으로 행한 선행이 즐겁고, 마음에 들고, 원하는 과보를 낳는 일은 있을 수 있다는 것을 통찰한다.

몸으로 악행을 행한 사람이나, 말로 악행을 행한 사람이나, 마음으로 악행을 행한 사람이 그 인연 때문에, 그 조건 때문에, 몸이 무너져 죽은 후에 천상(天上) 세계와 같은 선취(善趣)에 태어나는 일은 있을 수 없다는 것을 통찰한다. 몸으로 악행을 행한 사람이나, 말로 악행을 행한 사람이나, 마음으로 악행을 행한 사람이 그 인연 때문에, 그 조건 때문에, 몸이 무너져 죽은 후에 험난하고 고통스러운, 지옥과 같은 악취(惡趣)에 태어나는 일은 있을 수 있다는 것을 통찰한다. 몸으로 선행을 행한 사람이나, 말로 선행을 행한 사람이나, 마음으로 선행을 행한 사람이 그 인연 때문에, 그 조건 때문에, 몸이 무너져 죽은 후에 험난하고, 고통스러운, 지옥과 같은 악취에 태어나는 일은 있을 수 없다는 것을 통찰한다. 몸으로 선행을 행한 사람이나, 말로 선행을 행한 사람이나, 마음으로 선행을 행한 사람이 그 인연 때문에, 그 조건 때문에, 몸이 무너져 죽은 후에 천상 세계와 같은 선취(善趣)에 태어나는 일은 있을 수 있다는 것을 통찰한다. 아난다여, 이 정도가 되어야 '있을 수 있는 일과 있을 수 없는 일[是處非處]을 잘 아는 비구'라고 할 수 있다."

이와 같이 말씀하시자, 아난다 존자가 세존께 말씀드렸습니다.

"놀랍습니다. 세존이시여! 희유합니다. 세존이시여! 세존이시여, 이 법문의 이름은 무엇입니까?"

"아난다여, 그대는 이 법문을 '많은 계[多界]'라는 이름으로 기억하고, '4전(四轉)'09이라는 이름으로 기억하고, '법의 거울[法鏡]'10이라는

---

09 'Catuparivaṭṭo'의 번역. 계(界), 입처(入處), 연기(緣起), 있을 수 있는 일과 있을 수 없는 경우[是處非處] 네 가지 법문을 말씀하신 경(經)이라는 의미이다.
10 'Dhammādāso'의 번역. 어리석음과 현명함을 비추어 보는 거울이 되는 법문이라는 의미

이름으로 기억하고, '감로의 북소리[甘露鼓]'[11]라는 이름으로 기억하고 '최상의 승리'[12]라는 이름으로 기억하라!"

이것이 세존께서 하신 말씀입니다.

아난다 존자는 세존의 말씀에 만족하고 기뻐했습니다.

이다.

11 'Amatadundubhi'의 번역. 업(業)에 의해 내세의 과보(果報)를 받는다는 내용을 설한 경이라는 의미이다. 'amata'는 '죽지 않는다[不死]'는 뜻인데, 예로부터 '감로(甘露)'로 한역되었다. 이것은 죽지 않고 업에 따라 그 과보를 받으면서 윤회한다는 의미로 해석되기도한다. 업에 따라 그 과보를 받는 것을 그려놓은 탱화를 감로탱화라고 하는 것이 그 좋은 예이다.

12 'Anuttaro Saṁgāmavijayo'의 번역. 어리석음을 극복하고 지혜롭게 되는 것이 최상의 승리라는 의미이다.

57

40개의 큰 법문 경

117. Mahācattārīsaka-sutta

【 해제 】

이 경은 한역 『중아함경(中阿含經)』 「189. 성도경(聖道經)」에 상응하는 경이다.

이 경에서는 정견(正見)의 중요성을 설하고 있다. 모든 수행의 출발점은 정견이기 때문에 정견이 없으면 어떤 수행도 바르게 행할 수 없다는 것이 이 경의 요지이다.

이와 같이 나는 들었습니다.

한때 세존께서는 싸왓티의 제따와나 아나타삔디까 승원에 머무셨습니다. 그때 세존께서 "비구들이여!"라고 비구들을 불렀습니다.

비구들은 "존경하는 스승님!" 하고 대답했습니다.

세존께서는 이렇게 말씀하셨습니다.

"비구들이여, 성자의 정정(正定)이 갖추어야 할 선행조건과 도구 (道具)를 가르쳐주겠소. 듣고 잘 기억하도록 하시오. 내가 이야기하겠소."

그 비구들은 "그렇게 하겠습니다. 세존이시여!"라고 대답했습니다.

세존께서는 다음과 같이 말씀하셨습니다.

"비구들이여, 성자의 정정(正定)이 갖추어야 할 선행조건과 도구는 어떤 것인가? 그것은 바로 정견(正見), 정사유(正思惟), 정어(正語), 정업(正業), 정명(正命), 정정진(正精進), 정념(正念)이라오. 비구들이여, 이들이 마음을 하나로 모으는 일곱 가지 도구라오.[01] 비구들이여, 이것을 성자의 정정이 갖추어야 할 선행조건이라고 부르고, 갖추어야 할 도구라고 부른다오.

비구들이여, 거기에서 정견이 앞장선다오. 비구들이여, 어떻게 정견이 앞장서는가? 사견(邪見)을 사견이라고 체험적으로 알고, 정견을

---

01 'sattaṅggehi cittassa ekaggatā parikkhatā'의 번역.

정견이라고 체험적으로 알면, 이것이 정견(正見)이라오. 비구들이여, 그렇다면 어떤 것이 사견인가? '보시(布施)의 과보(果報)도 없고, 제물(祭物)의 과보도 없고, 헌공(獻供)의 과보도 없고, 선악업(善惡業)의 과보도 없다. 현세도 없고, 내세도 없으며, 부모도 없고, 중생의 화생(化生)도 없다. 세간에는 현세와 내세를 스스로 알고 체험하여 가르치고, 바른 수행으로 바른 성취를 한 사문과 바라문도 없다.' 비구들이여, 이런 견해가 사견이라오. 비구들이여, 그렇다면 어떤 것이 정견인가? 비구들이여, 나는 두 종류의 정견을 이야기한다오. 비구들이여, 복을 받고, 집착으로 성숙하는 유루(有漏)의 정견이[02] 있고, 출세간(出世間)의 도(道)를 이루는 성자의 무루(無漏)의 정견이[03] 있다오.

　　비구들이여, 그렇다면 어떤 것이 복을 받고, 집착으로 성숙하는 유루(有漏)의 정견인가? '보시의 과보도 있고, 제물의 과보도 있고, 헌공의 과보도 있고, 선악업의 과보도 있다. 현세도 있고, 내세도 있고, 부모도 있고, 중생의 화생도 있다. 세간에는 현세와 내세를 스스로 알고 체험하여 가르치고, 바른 수행으로 바른 성취를 한 사문과 바라문이 있다'라는 견해가 복을 받고, 집착으로 성숙하는 유루의 정견이라오.

　　비구들이여, 그렇다면 어떤 것이 출세간의 도(道)가 되는 성자의 무루의 정견인가? 비구들이여, 성자의 마음을 가지고, 무루의 마음으로 성자의 도를 구족한 사람이 성자의 도를 수습(修習)할 때 바른 견해의 도가 되는 것들, 즉 통찰지[般若], (5근(五根)의) 혜근(慧根), (5력(五力)의) 혜력(慧力), (7각지(七覺支)의) 택법각지(擇法覺支), 이것이 출세간의 도

02　'sammādiṭṭhi sāsavā puññābhāgiyā upadhivepakkā'의 번역.

03　'sammādiṭṭhi ariyā anāsavā lokuttarā maggaṅgā'의 번역.

가 되는 성자의 무루의 정견이라오. 사견을 버리고 정견을 얻기 위해 정진하는 것이 정정진(正精進)이라오. 주의집중하여 사견을 버리고, 주의집중하여 정견을 성취하여 살아가는 것이 정념(正念)이라오. 이와 같이 이들 세 가지 법(法)은 정견을 뒤따라 흐르고, 정견을 따라간다오. 다시 말하면, 정견다음에 정정진이 뒤따라 흐르고, 정념이 따라간다오.

비구들이여, 거기에서 정견이 앞장선다오. 비구들이여, 어떻게 정견이 앞장서는가? '삿된 의지를 삿된 의지라고 체험적으로 알고, 바른 의지를 바른 의지라고 체험적으로 아는 것이 정사유(正思惟)라오. 비구들이여, 그렇다면 어떤 것이 삿된 의지인가? 감각적 욕망을 추구하는 의지, 성내려는 의지, 가해(加害)하려는 의지, 비구들이여, 이것이 삿된 의지라오. 비구들이여, 그렇다면 어떤 것이 정사유인가? 비구들이여, 나는 두 종류의 정사유를 이야기한다오. 비구들이여, 복을 받고, 집착으로 성숙하는 유루의 정사유가 있고, 출세간의 도를 이루는 성자의 무루의 정사유가 있다오.

비구들이여, 그렇다면 어떤 것이 복을 받고, 집착으로 성숙하는 유루의 정사유인가? 감각적 욕망을 추구하지 않으려는 의지, 성내지 않으려는 의지, 가해하지 않으려는 의지, 비구들이여, 이것이 복을 받고, 집착으로 성숙하는 유루의 정사유라오.

비구들이여, 그렇다면 어떤 것이 출세간의 도를 이루는 성자의 무루의 정사유인가? 성자의 마음을 가지고, 무루의 마음으로 성자의 도를 구족한 사람이 성자의 도를 수습하면서 전심전력으로 마음을 쏟는 언어적인 행위,[04] 즉 합리적으로 사유하려는 의지,[05] 이것이 출세간의 도가 되는 성자의 무루의 정사유라오. 삿된 의지를 버리고 정사유를 얻기 위해 정진하는 것이 정정진이라오. 주의집중하여 삿된 의지를 버리고 주의집중하여 정사유를 성취하여 살아가는 것이 정념이라오. 이와 같이 이들 세 가지 법은 정견을 뒤따라 흐르고, 정견을 따라간다오. 다시 말하면, 정견 다음에 정정진이 뒤따라 흐르고, 정념이 따라간다오.

비구들이여, 거기에서 정견이 앞장선다오. 비구들이여, 어떻게 정견이 앞장서는가? 삿된 말을 삿된 말이라고 체험적으로 알고, 바른말을 바른말이라고 체험적으로 아는 것이 정어(正語)라오. 비구들이여, 그렇다면 어떤 것이 삿된 말인가? 거짓말, 이간질, 욕설, 잡담, 비구들이여, 이것이 삿된 말이라오. 비구들이여, 그렇다면 어떤 것이 정어인가? 비구들이여, 나는 두 종류의 정어를 이야기한다오. 비구들이여, 복을 받고, 집착으로 성숙하는 유루의 정어가 있고, 출세간의 도를 이루는 성자의 무루의 정어가 있다오.

비구들이여, 그렇다면 어떤 것이 복을 받고, 집착으로 성숙하는 유루의 정어인가? 거짓말을 멀리하고, 이간질을 멀리하고, 욕설을 멀리하고, 잡담을 멀리하는 것, 비구들이여, 이것이 복을 받고, 집착으로 성숙하는 유루의 정어라오.

비구들이여, 그렇다면 어떤 것이 출세간의 도를 이루는 성자의 무루의 정어인가? 성자의 마음을 가지고, 무루의 마음으로 성자의 도를 구족한 사람이 성자의 도를 수습하면서 네 가지 못된 언행을 삼가고,

---

04 ʻappanāvyappanā cetaso abhiniropanā vācāsaṁkhāroʼ의 번역.

05 ʻtakko vitakko saṁkappoʼ의 번역.

금하고, 절제하고, 멀리하는 것, 이것이 출세간의 도가 되는 성자의 무루의 정어라오. 삿된 말을 버리고 정어를 얻기 위해 정진하는 것이 정정진이라오. 주의집중하여 삿된 말을 버리고 주의집중하여 정어를 성취하여 살아가는 것이 정념이라오. 이와 같이 이들 세 가지 법은 정견을 뒤따라 흐르고, 정견을 따라간다오. 다시 말하면, 정견 다음에 정정진이 뒤따라 흐르고, 정념이 따라간다오.

비구들이여, 거기에서 정견이 앞장선다오. 비구들이여, 어떻게 정견이 앞장서는가? 삿된 행위를 삿된 행위라고 체험적으로 알고, 바른 행위를 바른 행위라고 체험적으로 아는 것이 정업(正業)이라오. 비구들이여, 그렇다면 어떤 것이 삿된 행위인가? 생물을 죽이는 일[殺生], 주지 않은 것을 취하는 일[不與取], 삿된 음행[邪淫]이 삿된 행위라오. 비구들이여, 그렇다면 어떤 것이 정업인가? 비구들이여, 나는 두 종류의 정업을 이야기한다오. 비구들이여, 복을 받고, 집착으로 성숙하는 유루의 정업이 있고, 출세간의 도를 이루는 성자의 무루의 정업이 있다오.

비구들이여, 그렇다면 어떤 것이 복을 받고, 집착으로 성숙하는 유루의 정업인가? 생물을 죽이는 일을 멀리하고, 주지 않은 것을 취하는 일을 멀리하고, 삿된 음행을 멀리하는 것이 복을 받고, 집착으로 성숙하는 유루의 정업이라오.

비구들이여, 그렇다면 어떤 것이 출세간의 도를 이루는 성자의 무루의 정업인가? 성자의 마음을 가지고, 무루의 마음으로 성자의 도를 구족한 사람이 성자의 도를 수습하면서 세 가지 못된 신체적 행위[身行]를 삼가고, 금하고, 절제하고, 멀리하는 것, 이것이 출세간의 도가 되는 성자의 무루의 정업이라오. 삿된 행위를 버리고 정업을 얻기 위해 정진하는 것이 정정진이라오. 주의집중하여 삿된 행위를 버리고 주의 집중하여 정업을 성취하여 살아가는 것이 정념이라오. 이와 같이 이들 세 가지 법은 정견을 뒤따라 흐르고, 정견을 따라간다오. 다시 말하면, 정견 다음에 정정진이 뒤따라 흐르고, 정념이 따라간다오.

비구들이여, 거기에서 정견이 앞장선다오. 비구들이여, 어떻게 정견이 앞장서는가? 삿된 생계(生計)를 삿된 생계라고 체험적으로 알고, 바른 생계를 바른 생계라고 체험적으로 아는 것이 정명(正命)이라오. 비구들이여, 그렇다면 어떤 것이 삿된 생계인가? 사기(詐欺), 감언이설(甘言利說), 관상(觀相), 점복(占卜), 고리대금(高利貸金), 비구들이여, 이것이 삿된 생계라오. 비구들이여, 그렇다면 어떤 것이 정명인가? 비구들이여, 나는 두 종류의 정명을 이야기한다오. 비구들이여, 복을 받고, 집착으로 성숙하는 유루의 정명이 있고, 출세간의 도를 이루는 성자의 무루의 정명이 있다오.

비구들이여, 그렇다면 어떤 것이 복을 받고, 집착으로 성숙하는 유루의 정명인가? 성자의 제자가 삿된 생계를 버리고, 바른 생계로 생활하는 것, 비구들이여, 이것이 복을 받고, 집착으로 성숙하는 유루의 정명이라오.

비구들이여, 그렇다면 어떤 것이 출세간의 도를 이루는 성자의 무루의 정명인가? 성자의 마음을 가지고, 무루의 마음으로 성자의 도를 구족한 사람이 성자의 도를 수습하면서 삿된 생계를 삼가고, 금하고, 절제하고, 멀리하는 것, 이것이 출세간의 도가 되는 성자의 무루의 정명이라오. 삿된 생계를 버리고 정명을 얻기 위해 정진하는 것이 정정진이라오. 주의집중하여 삿된 행위를 버리고 주의집중하여 정명을 성취하여 살아가는 것이 정념이라오. 이와 같이 이들 세 가지 법은 정견을 뒤따라 흐르고, 정견을 따라간다오. 다시 말하면, 정견 다음에 정정진이 뒤따라 흐르고, 정념이 따라간다오.

비구들이여, 거기에서 정견이 앞장선다오. 비구들이여, 어떻게 정견이 앞장서는가? 비구들이여, 정견으로 인하여 정사유가 가능하고, 정사유로 인하여 정어가 가능하고, 정어로 인하여 정업이 가능하고, 정업으로 인하여 정명이 가능하고, 정명으로 인하여 정정진이 가능하고, 정정진으로 인하여 정념이 가능하고, 정념으로 인하여 정정이 가능하고, 정정으로 인하여 정지가 가능하고, 정지(正知)로 인하여 정해탈(正解脫)이 가능하다오. 비구들이여, 이와 같이 유학(有學)의 행도(行道)인 여덟 가지 바른길[八正道]이 있고, 아라한의 열 가지 바른길[十正道]이 있다오.

비구들이여, 거기에서 정견이 앞장선다오. 비구들이여, 어떻게 정견이 앞장서는가? 비구들이여, 정견으로 인하여 삿된 견해(見解)가 소멸하고, 삿된 견해에 의지하여 (삿된 견해와) 함께 존재하는 여러 가지 사악한 불선법(不善法)들이 소멸하고, 정견에 의지하는 여러 가지 선법(善法)들을 실천할 수 있다오.

비구들이여, 정사유로 인하여 삿된 의지가 소멸하고, 삿된 의지에 의지하여 (삿된 의지와) 함께 존재하는 여러 가지 사악한 불선법들이 소멸하고, 정사유에 의지하는 여러 가지 선법들을 실천할 수 있다오.

비구들이여, 정어로 인하여 삿된 말이 소멸하고, 삿된 말에 의지하여 (삿된 말과) 함께 존재하는 여러 가지 사악한 불선법들이 소멸하고, 정어에 의지하는 여러 가지 선법들을 실천할 수 있다오.

비구들이여, 정업으로 인하여 삿된 행위가 소멸한다오. 정업에 의지하여 (삿된 행위와) 함께 존재하는 여러 가지 사악한 불선법들을 소멸하고, 정업에 의지하여 여러 가지 선법들을 실천할 수 있다오.

비구들이여, 정명으로 인하여 삿된 생계가 소멸하고, 삿된 생계에 의지하여 (삿된 생계와) 함께 존재하는 여러 가지 사악한 불선법들이 소멸하고, 정명에 의지하는 여러 가지 선법들을 실천할 수 있다오.

비구들이여, 정정진으로 인하여 삿된 정진이 소멸하고, 삿된 정진에 의지하여 (삿된 정진과) 함께 존재하는 여러 가지 사악한 불선법들이 소멸하고, 정정진에 의지하는 여러 가지 선법들을 실천할 수 있다오.

비구들이여, 정념으로 인하여 삿된 주의집중이 소멸하고, 삿된 주의집중에 의지하여 (삿된 주의집중과) 함께 존재하는 여러 가지 사악한 불선법들이 소멸하고, 정념에 의지하는 여러 가지 선법들을 실천할 수 있다오.

비구들이여, 정정(正定)으로 인하여 삿된 삼매가 소멸하고, 삿된 삼매에 의지하여 (삿된 삼매와) 함께 존재하는 여러 가지 사악한 불선법들이 소멸하고, 정정에 의지하는 여러 가지 선법들을 실천할 수 있다오.

비구들이여, 정지(正知)로 인하여 삿된 지식이 소멸하고, 삿된 지식에 의지하여 (삿된 지식과) 함께 존재하는 여러 가지 사악한 불선법들이 소멸하고, 정지에 의지하는 여러 가지 선법들을 실천할 수 있다오.

비구들이여, 정해탈(正解脫)로 인하여 삿된 해탈이 소멸하고, 삿된 해탈에 의지하여 (삿된 해탈과) 함께 존재하는 여러 가지 사악한 불선법들이 소멸하고, 정해탈에 의지하는 여러 가지 선법들을 실천할 수 있다오.

비구들이여, 이와 같이 20선품(善品)이 있고, 20불선품(不善品)이 있다오. 여기 설해진 40개의 큰 법문은 사문이든 바라문이든 천신(天神)이든 마라든 브라만[梵天]이든, 세간의 그 누구도 반대할 수가 없다오. 그 어떤 사문이나 바라문도, 이 40개의 큰 법문을 비난하거나 욕하려고 생각한다면, 그는 곧바로 다음과 같은 열 가지 합당한 비난을 받게 될 것이오.

'만약에 당신이 정견(正見)을 비난한다면, 당신은 사견을 가진 사문이나 바라문을 존경하고 칭찬하는 것이다. 만약에 당신이 정사유(正思惟)를 비난한다면, 당신은 삿된 의지를 가진 사문이나 바라문을 존경하고 칭찬하는 것이다. 만약에 당신이 정어(正語)를 비난한다면, 당신은 삿된 말을 하는 사문이나 바라문을 존경하고 칭찬하는 것이다. 만약에 당신이 정업(正業)을 비난한다면, 당신은 삿된 행위를 하는 사문이나 바라문을 존경하고 칭찬하는 것이다. 만약에 당신이 정명(正命)을 비난한다면, 당신은 삿된 생계로 살아가는 사문이나 바라문을 존경하고 칭찬하는 것이다. 만약에 당신이 정정진(正精進)을 비난한다면, 당신은 삿된 정진을 하는 사문이나 바라문을 존경하고 칭찬하는 것이다. 만약에 당신이 정념(正念)을 비난한다면, 당신은 삿된 주의집중을 하는 사문이나 바라문을 존경하고 칭찬하는 것이다. 만약에 당신이 정정(正定)을 비난한다면, 당신은 삿된 삼매를 행하는 사문이나 바라문을 존경하고 칭찬하는 것이다. 만약에 당신이 정지(正知)를 비난한다면, 당신은 삿된 지식을 가진 사문이나 바라문을 존경하고 칭찬하는 것이다. 만약에 당신이 정해탈(正解脫)을 비난한다면, 당신은 삿된 해탈을 한 사문이나 바라문을 존경하고 칭찬하는 것이다.'

비구들이여, 이와 같이 그 어떤 사문이나 바라문도, 이 40개의 큰 법문을 비난하거나 욕하려고 생각한다면, 그는 곧바로 열 가지 합당한 비난을 받게 될 것이오. 비구들이여, 무인론자(無因論者)이며, 무업론자(無業論者)이며, 허무주의자(虛無主義者)인 옥깔라(Okkalā)와 왓싸 반냐(Vassa Bhaññā)가 있었는데, 그들도 이 40개의 큰 법문은 비난하거나 욕하려고 생각하지 않았을 것이오. 왜냐하면, 비난이 무섭고 질책이 두렵기 때문이오.”

이것이 세존께서 하신 말씀입니다.
그 비구들은 세존의 말씀에 만족하고 기뻐했습니다.

58

들숨날숨[出入息]
주의집중 경
118. Ānāpānasati-sutta

【 해제 】

한역 『중아함경(中阿含經)』에는 이 경에 상응하는 경이 없고, 별행경(別行經)으로 역자(譯者)를 알 수 없는 『치의경(治意經)』이 있다. 경의 제목인 'Ānāpānasati'는 들숨과 날숨을 의미하는 'ānāpāna'와 주의집중 수행을 의미하는 'sati'의 합성어로서 들숨날숨에 주의를 집중하는 수행법을 의미한다.

이 경은 들숨날숨에 대한 주의집중 수련에서 시작하여 4념처(四念處) 수행을 거쳐 7각지(七覺支)로 이어지는 수행 과정을 보여준다. 우리의 일상(日常)은 마음이 밖을 향해 있다. 이렇게 밖을 향해 흩어지는 산란한 마음을 안으로 모으기 위해 들숨날숨에 마음을 집중하는 것이 'ānāpānasati', 즉 '들숨날숨에 대한 주의집중' 수련이다. 이렇게 들숨날숨에 대한 주의집중을 통해 집중된 마음으로 몸[身]에서 일어나는 현상을 관찰하고, 느낌[受]의 변화를 관찰하고, 마음[心]의 움직임을 관찰하고, 이렇게 관찰한 내용을 대상으로 부처님의 가르침[法]을 관찰하는 것이 4념처(四念處) 수행이다. 이러한 4념처 수행은 4정단(四正斷), 4여의족(四如意足), 5근(五根), 5력(五力)을 거쳐 7각지(七覺支)로 이어진다. 이 경은 이러한 수행의 과정을 자세하게 설명하고 있는 불교 수행의 지침서이다.

이와 같이 나는 들었습니다.

한때 세존께서는 싸왓티의 뿝바라마 미가라마뚜 누각에서 명성 높은 장로 제자인 싸리뿟따 존자, 마하목갈라나 존자, 마하까쌋빠 존자, 마하깟짜야나 존자, 마하꼿티따 존자, 마하깝삔나 존자, 마하쭌다 존자, 아누룻다 존자, 레와따 존자, 아난다 존자, 그리고 그 밖에 명성 높은 여러 장로(長老) 제자들과 함께 머무셨습니다.

　그때 장로 비구들은 신출내기 비구들을 가르치며 지도했습니다. 어떤 장로 비구들은 10명의 비구를 가르치며 지도했고, 어떤 장로 비구들은 20명의 비구를 가르치며 지도했고, 어떤 장로 비구들은 30명의 비구를 가르치며 지도했고, 어떤 장로 비구들은 40명의 비구를 가르치며 지도했습니다. 신출내기 비구들은 장로 비구들의 가르침과 지도를 받아 수행(修行)의 선후(先後)를 잘 구별할 줄 알게 되었습니다. 그때 세존께서는 보름달이 충만한 어느 보름날, 자자(自恣)를 행하는 포살일(布薩日) 밤에 비구 승가에 둘러싸여 야외에 앉아계셨습니다. 그때 세존께서 침묵하고 있는 비구 승가를 둘러보신 다음에 비구들에게 말씀하셨습니다.

　"비구들이여, 나는 이 방법이 만족스럽다오.[01] 비구들이여, 나는 이 방법이 마음에 든다오. 비구들이여, 그러므로 얻지 못한 것을 얻고, 도

01　'āradho 'smi, bhikkhave, imāya paṭipadāya'의 번역. 장로 비구가 일정한 신출내기 비구들을 맡아서 지도하는 방법에 만족하신다는 말씀이다.

달하지 못한 것에 도달하고, 체험하지 못한 것을 체험하기 위하여 더욱 열심히 정진하도록 하시오. 나는 꼬무디(Komudī) 4월에02 싸왓티에 다시 돌아오겠소."03

　그 지방의 비구들은 세존께서 꼬무디 4월에 싸왓티로 다시 돌아오신다는 말을 듣고 세존을 뵙기 위해 싸왓티에 모여들었습니다. 장로 비구들은 신출내기 비구들을 더욱 열심히 가르치며 지도했습니다. 신출내기 비구들은 장로 비구들의 가르침을 받고, 지도를 받아 수행의 선후를 잘 구별할 줄 알게 되었습니다.

　세존께서는 보름달이 충만한 꼬무디 4월 보름날, 포살일 밤에 비구 승가에 둘러싸여 야외에 앉아계셨습니다. 그때 세존께서 침묵하고 있는 비구 승가를 둘러보신 다음에 비구들에게 말씀하셨습니다.

　"비구들이여, 이 대중(大衆)은 잡담(雜談)하지 않는군요. 비구들이여, 이 대중은 논쟁(論爭)하지 않는군요. 이 대중은 순수하고 확고한 핵심(核心)들이오. 비구들이여, 이 비구 승가는 존경받아 마땅하고, 환대받아 마땅하고, 공양받아 마땅하고, 합장 공경해야 할 대중이오.

　비구들이여, 이 비구 승가는 세간의 무상(無上) 복전(福田)이오. 이 대중에게 적은 보시를 하면 큰 공덕이 있고, 큰 보시를 하면 더욱 큰 공

---

02 ʻKomudiṁ cātumāsiniṁʼ의 번역. 열대 몬순 기후를 보이는 인도에서는 1년을 3계절, 즉 혹서기(酷暑期), 우기(雨期), 건조기(乾燥期)로 나누고, 3계절을 다시 4달로 나눈다. 현대의 달력으로 혹서기는 3, 4, 5, 6월이고, 우기는 7, 8, 9, 10월이며, 건조기는 11, 12, 1, 2월이다. 우기의 마지막 달을 ʻ꼬무디(Komudī)ʼ라고 부르기 때문에 ʻKomudiṁ cātumāsiniṁʼ이라고 한 것이다. 꼬무디 4월은 현대의 달력으로는 10월이다.
03 그 당시에 비구들은 우기(雨期)에는 안거(安居)를 하였다. 세존께서 안거(安居) 기간에 싸왓티에 오셔서 그곳의 비구들이 안거(安居)를 하면서 공부하는 모습을 보고 만족하시고, 안거가 끝날 때 다시 오겠다고 말씀하신 것으로 생각된다. 안거 기간에 장로 비구가 신출내기 비구를 체계적으로 가르치는 전통은 여기에서 시작된 것으로 보인다.

덕이 있을 것이오.

비구들이여, 이 비구 승가는 세간에서 보기 어려운 대중이오. 비구들이여, 이런 대중을 보기 위해서는 도시락을 싸 들고 수십 리를 가도 좋을 것이오.

비구들이여, 이 비구 승가에는 번뇌를 멸진(滅盡)하고 수행을 완성하고 해야 할 일을 마치고 짐을 내려놓고 자신의 목적에 도달하여 존재의 결박[有結]을 끊고 바른 지혜를 갖추어 해탈한 아라한들도 있고, 5하분결(五下分結)을 없애고 화생(化生)하면 그곳에서 반열반하는 아나함(阿那含)들도 있고, 삼결(三結)을 없애고 탐진치(貪瞋癡)가 줄어들어 이 세상에 한 번 돌아와서 괴로움을 끝내는 사다함(斯多含)들도 있고, 삼결을 없애어 반드시 정각(正覺)을 이루도록 결정된 물러서지 않는 수다원(須陀洹)들도 있군요.

비구들이여, 이 비구 승가에는 4념처 수행을 실천하며 지내는 비구들도 있고, 4정단 수행을 실천하며 지내는 비구들도 있고, 4여의족 수행을 실천하며 지내는 비구들도 있고, 5근 수행을 실천하며 지내는 비구들도 있고, 5력 수행을 실천하며 지내는 비구들도 있고, 7각지 수행을 실천하며 지내는 비구들도 있고, 성자의 8정도 수행을 실천하며 지내는 비구들도 있군요.

비구들이여, 이 비구 승가에는 자애로운 마음[慈心] 수행을 실천하며 지내는 비구들도 있고, 연민하는 마음[悲心] 수행을 실천하며 지내는 비구들도 있고, 기뻐하는 마음[喜心] 수행을 실천하며 지내는 비구들도 있고, 평정한 마음[捨心] 수행을 실천하며 지내는 비구들도 있군요.

비구들이여, 이 비구 승가에는 부정관(不淨觀) 수행을 실천하며 지내는 비구들도 있고, 무상상(無常想) 수행을 실천하며 지내는 비구들도 있고, 들숨날숨[出入息]에 대한 주의집중 수행을 실천하며 지내는 비구들도 있군요.

비구들이여, 들숨날숨에 대한 주의집중을 꾸준히 수습할 때 커다란 과보와 이익이 있다오. 비구들이여, 들숨날숨에 대한 주의집중을 꾸준히 수습(修習)할 때 4념처가 완성되고, 4념처를 꾸준히 수습할 때 7각지가 완성되고, 7각지를 꾸준히 수습할 때 명지(明智)에 의한 해탈(解脫)이[04] 완성된다오.

비구들이여, 그렇다면 들숨날숨에 대한 주의집중은 어떤 것이며, 어떻게 꾸준하게 수행하며, 어떤 커다란 과보와 이익이 있는가?

비구들이여, 비구는 숲이나, 나무 아래나, 한적한 곳에 가서 가부좌(跏趺坐)하고 앉아, 몸을 똑바로 세우고, 정신을 바짝 차려 주의집중을 한다오. 그는 주의집중하여 내쉬고, 주의집중하여 들이쉰다오. 길게 내쉬면서, '나는 길게 내쉰다'라고 알아차리고, 길게 들이쉬면서, '나는 길게 들이쉰다'라고 알아차린다오. 짧게 내쉬면서, '나는 짧게 내쉰다'라고 알아차리고, 짧게 들이쉬면서, '나는 짧게 들이쉰다'라고 알아차린다오. '나는 온몸을 느끼면서 들이쉬겠다'라고 학습(學習)하고, '나는 온몸을 느끼면서 내쉬겠다'라고 학습한다오. '나는 신행(身行)을 고요히 가라앉히면서 들이쉬겠다'라고 학습하고, '나는 신행을 고요히 가라앉히면서 내쉬겠다'[05]라고 학습한다오. '나는 기쁨을 느끼면서 들이

---

04 'vijjāvimuttiṁ'의 번역.
05 'passambhayaṁ kāyasaṁkhāraṁ assasissāmīti'의 번역. 'kāyasaṁkhāra'는 '身行'으로 한역되는데, '신체적으로 행동하려는 의지'를 의미한다고 생각된다. 온몸을 느끼면서 호흡하

쉬겠다'라고 학습하고, '나는 기쁨을 느끼면서 내쉬겠다'라고 학습한다
오. '나는 즐거움을 느끼면서 들이쉬겠다'라고 학습하고, '나는 즐거움
을 느끼면서 내쉬겠다'라고 학습한다오. '나는 심행(心行)을 느끼면서
들이쉬겠다'[06]라고 학습하고, '나는 심행을 느끼면서 내쉬겠다'라고 학
습한다오. '나는 심행을 고요히 가라앉히면서 들이쉬겠다'라고 학습하
고, '나는 심행을 고요히 가라앉히면서 내쉬겠다'라고 학습한다오. '나
는 마음을 느끼면서 들이쉬겠다'라고 학습하고, '나는 마음을 느끼면서
내쉬겠다'라고 학습한다오. '나는 마음을 기쁘게 하면서 들이쉬겠다'라
고 학습하고, '나는 마음을 기쁘게 하면서 내쉬겠다'라고 학습한다오.
'나는 마음을 집중하면서 들이쉬겠다'라고 학습하고, '나는 마음을 집
중하면서 내쉬겠다'라고 학습한다오. '나는 마음을 자유롭게 하면서 들
이쉬겠다'라고 학습하고, '나는 마음을 자유롭게 하면서 내쉬겠다'라고
학습한다오. '나는 무상을 관찰하면서 들이쉬겠다'라고 학습하고, '나
는 무상을 관찰하면서 내쉬겠다'라고 학습한다오. '나는 이욕(離欲)을
관찰하면서 들이쉬겠다'라고 학습하고, '나는 이욕을 관찰하면서 내쉬
겠다'라고 학습한다오. '나는 지멸(止滅)을 관찰하면서 들이쉬겠다'라
고 학습하고, '나는 지멸을 관찰하면서 내쉬겠다'라고 학습한다오. '나
는 포기[捨離]를 관찰하면서 들이쉬겠다'[07]라고 학습(學習)하고, '나는
포기를 관찰하면서 내쉬겠다'라고 학습한다오. 비구들이여, 이와 같이

다가, 몸에 대한 생각이 일어나는 것을 억제한다는 의미이다.

06 'cittasaṁkhārapaṭisaṁvedī assasissāmīti'의 번역. 'cittasaṁkhāra'는 '심행(心行)'으로 한역되
는데, '심적 의도'를 의미한다고 생각된다. 수행하는 과정에 일어나는 기쁨과 즐거움을
느끼다가, 그 느낌에 대하여 일어나는 심적인 의지를 지각하는 것을 의미한다.

07 'paṭinassaggānupassī assasissāmīti'의 번역.

들숨날숨에 대한 주의집중을 꾸준히 수습할 때, 이와 같이 커다란 과보와 이익이 있다오.

비구들이여, 그렇다면 어떻게 들숨날숨에 대한 주의집중을 꾸준히 수습할 때 어떻게 4념처가 완성되는가?

비구들이여, 길게 내쉬면서, '나는 길게 내쉰다'라고 알아차리고, 길게 들이쉬면서, '나는 길게 들이쉰다'라고 알아차리고, 짧게 내쉬면서, '나는 짧게 내쉰다'라고 알아차리고, 짧게 들이쉬면서, '나는 짧게 들이쉰다'라고 알아차리고, '나는 온몸을 느끼면서 들이쉬겠다'라고 학습하고, '나는 온몸을 느끼면서 내쉬겠다'라고 학습하고, '나는 신행(身行)을 고요히 가라앉히면서 들이쉬겠다'라고 학습하고, '나는 신행을 고요히 가라앉히면서 내쉬겠다'라고 학습할 때, 비구들이여, 이와 같이 비구가 몸을 대상으로 몸을 관찰하면서[08] 열심히 알아차리고 주의집중하며 살아갈 때, 세간에 대한 탐욕과 근심을 없앨 수 있다오. 비구들이여, 나는 이러한 들숨날숨을 여러 몸들 가운데 하나의 몸이라고 말한다오.[09] 비구들이여, 그러므로 비구는 몸을 대상으로 몸을 관찰하면서 열심히 알아차리고 주의집중하며 살아갈 때, 세간에 대한 탐욕과 근심을 없앨 수 있다오.

비구들이여, '나는 기쁨을 느끼면서 들이쉬겠다'라고 학습하고, '나는 기쁨을 느끼면서 내쉬겠다'라고 학습하고, '나는 즐거움을 느끼면서 들이쉬겠다'라고 학습하고, '나는 즐거움을 느끼면서 내쉬겠다'라

---

08 'kāye kāyānupassī'의 번역.

09 'kāyesu kāyaññatarāhaṁ, bhikkhave, etaṁ vadāmi yadidaṁ assāsapassāsaṁ'의 번역. 들숨날숨을 집중하여 관찰하는 것이 4념처(四念處)의 신념처(身念處)가 된다는 의미이다.

고 학습하고, '나는 심행을 느끼면서 들이쉬겠다'라고 학습하고, '나는 심행을 느끼면서 내쉬겠다'라고 학습하고, '나는 심행을 고요히 가라앉히면서 들이쉬겠다'라고 학습하고, '나는 심행을 고요히 가라앉히면서 내쉬겠다'라고 학습할 때, 비구들이여, 이와 같이 비구가 느낌[受]을 대상으로 느낌을 관찰하면서[10] 열심히 알아차리고 주의집중하며 살아갈 때, 세간에 대한 탐욕과 근심을 없앨 수 있다오. 나는 들숨날숨에 대한 철저한 주의(注意)를 여러 느낌들 가운데 하나의 느낌이라고 말한다오.[11] 비구들이여, 그러므로 비구는 느낌을 대상으로 느낌을 관찰하면서 열심히 알아차리고 주의집중하며 살아갈 때, 세간에 대한 탐욕과 근심을 없앨 수 있다오.

비구들이여, '나는 마음을 느끼면서 들이쉬겠다'라고 학습하고, '나는 마음을 느끼면서 내쉬겠다'라고 학습하고. '나는 마음을 기쁘게 하면서 들이쉬겠다'라고 학습하고, '나는 마음을 기쁘게 하면서 내쉬겠다'라고 학습하고, '나는 마음을 집중하면서 들이쉬겠다'라고 학습하고, '나는 마음을 집중하면서 내쉬겠다'라고 학습하고, '나는 마음을 자유롭게 하면서 들이쉬겠다'라고 학습하고, '나는 마음을 자유롭게 하면서 내쉬겠다'라고 학습할 때, 비구들이여, 이와 같이 비구가 마음[心]을 대상으로 마음을 관찰하면서[12] 열심히 알아차리고 주의집중하며 살아갈 때, 세간에 대한 탐욕과 근심을 없앨 수 있다오. 나는 주의집중을 망

---

10 'vedanāsu vedanānupassī'의 번역.

11 'vedanāsu vedanāññatarāhaṁ, bhikkhave, etaṁ vadāmi yadidaṁ assāsapassāsānaṁ sādhukaṁ manasikāraṁ'의 번역. 들숨날숨에 주의하면서 일어나는 느낌을 통해 학습(學習)하려는 마음을 일으키는 것이 4념처(四念處)의 수념처(受念處)가 된다는 의미이다.

12 'citte cittānupassī'의 번역.

각하고, 알아차림이 없는 사람에게는 들숨날숨에 대한 주의집중 수행을 이야기하지 않는다오.[13] 비구들이여, 그러므로 비구는 마음을 대상으로 마음을 관찰하면서 열심히 알아차리고 주의집중하며 살아갈 때, 세간에 대한 탐욕과 근심을 없앨 수 있다오.

비구들이여, '나는 무상(無常)을 관찰하면서 들이쉬겠다'라고 학습하고, '나는 무상을 관찰하면서 내쉬겠다'라고 학습하고, '나는 이욕(離欲)을 관찰하면서 들이쉬겠다'라고 학습하고, '나는 이욕을 관찰하면서 내쉬겠다'라고 학습하고, '나는 지멸(止滅)을 관찰하면서 들이쉬겠다'라고 학습하고, '나는 지멸을 관찰하면서 내쉬겠다'라고 학습하고, '나는 포기[捨離]를 관찰하면서 들이쉬겠다'라고 학습하고, '나는 포기를 관찰하면서 내쉬겠다'라고 학습할 때, 비구들이여, 이와 같이 비구가 법을 대상으로 법을 관찰하면서[14] 열심히 알아차리고 주의집중하며 살아갈 때, 세간에 대한 탐욕과 근심을 없앨 수 있다오. 통찰지[般若]로 통찰하여 탐욕과 근심을 버리는 사람이 훌륭한 통찰자라오.[15] 비구들이여, 그러므로 비구는 법을 대상으로 법을 관찰하면서 열심히 알아차리고 주의집중하며 살아갈 때, 세간에 대한 탐욕과 근심을 없앨 수 있다오. 비구들이여, 이와 같이 들숨날숨에 대한 주의집중을 꾸준히 수습할 때 이와 같이 4념처가 완성된다오.

비구들이여, 그렇다면 어떻게 4념처를 꾸준히 수습할 때 어떻게 7

---

13 'nāhaṃ, bhikkhave, muṭṭhassatissa asampajānassa ānāpānasatibhāvanaṃ vadāmi'의 번역. 호흡하면서 느낌을 통해 학습(學習)하려는 마음을 일으키는 것이 4념처(四念處)의 수념처(受念處)가 된다는 의미이다.
14 'dhammesu dhammānupassī'의 번역.
15 'so yaṃ taṃ abhijjhādomanassānaṃ pahānaṃ taṃ paññāya disvā sādhukaṃ atthupekkhitā'의 번역.

각지가 완성되는가?

비구들이여, 비구가 몸[身]을 대상으로 몸을 관찰하며 살아가면서 열심히 알아차리고 주의집중하여 세간에 대한 탐욕과 근심을 없애면, 그때 또렷한 주의집중이 현전(現前)한다오. 비구들이여, 비구에게 또렷한 주의집중이 현전할 때, 그때 그 비구의 염각지(念覺支)가 시작되며, 그때 비구가 염각지를 수습하면, 그때 그 비구의 염각지 수행이 완성된다오.

그는 그렇게 주의집중하며 살아가면서 그 법(法)을 통찰지로 간택(揀擇)하고 고찰(考察)하여 심찰(審察)에 도달한다오.[16] 비구들이여, 비구가 그렇게 주의집중하며 살아가면서 그 법을 통찰지로 간택하고 고찰하여 심찰에 도달할 때, 그때 그 비구의 택법각지(擇法覺支)가 시작되며, 그때 비구가 택법각지를 수습하면, 그때 그 비구의 택법각지 수행이 완성된다오.

그 법을 통찰지로 간택하고 고찰하여 심찰에 도달한 비구에게 불퇴전(不退轉)의 정진이 시작된다오. 비구들이여, 그 법을 통찰지[般若]로 간택하고 고찰하여 심찰에 도달한 비구에게 불퇴전의 정진이 시작될 때, 그때 그 비구의 정진각지(精進覺支)가 시작되며, 그때 비구가 정진각지를 수습하면, 그때 그 비구의 정진각지 수행이 완성된다오.

정진을 시작함으로써 순수한 기쁨이 생긴다오.[17] 비구들이여, 정진을 시작함으로써 그 비구에게 순수한 기쁨이 생길 때, 그때 그 비구의 희각지(喜覺支)가 시작되며, 그때 비구가 희각지를 수습하면, 그때 그 비구의 희각지 수행이 완성된다오.

---

16 'so tathāsato viharato taṁ dhammaṁ paññāya pavicinati pavicarati parivīmaṁsaṁ āpajjati'의 번역.
17 'āraddhaviriyassa uppajjati pīti nirāmisā'의 번역.

기쁜 마음을 가져야 몸도 안정되고, 마음도 안정된다오. 비구들이여, 기쁜 마음을 가진 비구에게 몸도 안정되고, 마음도 안정될 때, 그때 그 비구의 경안각지(輕安覺支)가 시작되며, 그때 비구가 경안각지를 수습하면, 그때 그 비구의 경안각지 수행이 완성된다오.

몸이 편안하고 평안해야 마음이 모아진다오. 비구들이여, 몸이 편안하고 평안한 비구에게 마음이 모아질 때, 그때 그 비구의 정각지(定覺支)가 시작되며, 그때 비구가 정각지를 수습하면, 그때 그 비구의 정각지 수행이 완성된다오.

그렇게 마음이 잘 모아진 그는 평정하게 관찰한다오.[18] 비구들이여, 그렇게 마음이 잘 모아진 비구가 평정하게 관찰할 때, 그때 그 비구의 사각지(捨覺支)가 시작되며, 그때 비구가 사각지를 수습하면, 그때 그 비구의 사각지 수행이 완성된다오.

비구들이여, 느낌[受], 마음[心], 법(法)에 대해서도 마찬가지라오.[19]

비구들이여, 이렇게 4념처를 꾸준히 수습할 때, 이와 같이 7각지가 완성된다오. 비구들이여, 그렇다면 어떻게 꾸준히 7각지를 수습할 때 어떻게 명지(明智)에 의한 해탈(解脫)이 완성되는가? 비구들이여, 비구는 원리(遠離)에 의지하고, 이욕(離欲)에 의지하고, 지멸(止滅)에 의지하고, 마침내 포기[捨離]하는 7각지를 수습한다오. 즉 원리에 의지하고, 이욕에 의지하고, 지멸에 의지하고, 마침내 포기하는 택법각지, 정진각

---

18 'so tathāsamāhita cittaṁ sādhukaṁ ajjhupkkhitā hoti'의 번역.
19 수념처(受念處), 심념처(心念處), 법념처(法念處) 수행도 신념처(身念處) 수행과 마찬가지로 7각지(七覺支)가 차례로 완성된다. 사각지(捨覺支)에 이르는 수념처, 심념처, 법념처 수행의 과정이 신념처와 같은 내용이기 때문에 생략함.

지, 희각지, 경안각지, 정각지, 사각지를 수습한다오. 비구들이여, 이렇게 7각지를 수습할 때 이와 같이 명지(明智)에 의한 해탈(解脫)이 완성된다오.

이것이 세존께서 하신 말씀입니다.
그 비구들은 세존의 말씀에 만족하고 기뻐했습니다.

59

몸[身] 주의집중 경

119. Kāyagatā-sutta

【 해제 】

|

이 경은 한역 『중아함경(中阿含經)』 「81. 염신경(念身經)」에 상응하는 경
으로서 4념처(四念處) 수행 가운데 신념처(身念處) 수행에 대하여 설한 경
이다.

　　이 경은 「58. 들숨날숨 주의집중 경」과 더불어 불교 수행의 지침
(指針)이 되는 경이다. 마음을 닦는 것이 불교 수행이다. 마음은 몸을 떠
나 홀로 존재하는 것이 아니다. 마음은 몸을 가지고 살아갈 때 나타난다.
그러므로 마음을 닦는 수행은 몸에서 출발한다. 「58. 들숨날숨 주의집중
경」에서 부처님께서는 들숨날숨을 여러 몸 가운데 하나의 몸이라고 말
씀하신다. 즉 들숨날숨에 대한 주의집중 수행은 몸에 대한 주의집중 수
행 가운데 하나라는 것이다. 따라서 몸에 대한 주의집중 수행을 설하고

있는 이 경에서도 수행의 출발점은 들숨날숨에 대한 주의집중이다.

「58. 들숨날숨 주의집중 경」에서는 들숨날숨에 대한 주의집중 수행이 4념처 수행을 거쳐서 7각지(七覺支) 수행으로 나아가는 것을 보여주는데, 이 경에서는 몸에 대한 주의집중[身念處] 수행이 4선정(四禪定)으로 이어지는 것을 보여준다. 이것은 서로 다른 수행법을 이야기하는 것이 아니다. 7각지는 4념처 수행의 과정에서 통찰하는 과정과 내용을 이야기한 것이고, 4선정은 4념처 수행을 통해 얻게 되는 선정(禪定)의 단계를 이야기한 것이다. 따라서 이들 두 경을 통해서 우리는 4념처 수행을 입체적으로 이해해야 한다.

이와 같이 나는 들었습니다.

한때 세존께서는 싸왓티의 제따와나 아나타삔디까 승원에 머무셨습니다. 그때 많은 비구가 탁발을 마치고 돌아와서 식사를 마친 후에 강당에 모여앉아서 이런 이야기를 하고 있었습니다.

"놀랍습니다. 존자여! 희유합니다. 존자여! 아시고 보시는 아라한이시며 등정각(等正覺)이신 세존께서는 몸에 대한 주의집중을 꾸준히 수습(修習)할 때 커다란 과보(果報)와 이익이 있다고 하십니다."

그런데 그 비구들의 대화는 도중에 중단되었습니다. 왜냐하면 저녁에 세존께서 좌선에서 일어나 강당으로 와서 마련된 자리에 앉으셨기 때문입니다. 자리에 앉으신 후에 세존께서 비구들에게 말씀하셨습니다.

"비구들이여, 지금 모여앉아서 어떤 이야기를 하고 있었는가? 그대들이 도중에 중단한 이야기는 무엇인가?"

"세존이시여, 저희는 탁발을 마치고 돌아와서 식사를 마친 후에 강당에 모여앉아서 '놀랍습니다. 존자여! 희유합니다. 존자여! 아시고, 보시는 아라한이시며, 등정각이신 세존께서는 몸에 대한 주의집중을 꾸준히 수습할 때 커다란 과보와 이익이 있다고 하십니다'라고 이야기 했습니다. 세존이시여, 이것이 저희가 세존께서 오시자 도중에 중단한 이야기입니다."

"비구들이여, 그렇다면 몸에 대한 주의집중은 어떻게 수습하는가? 그리고 꾸준하게 수습하면 어떤 커다란 과보와 이익이 있는가? 비구들이여, 비구는 숲이나, 나무 아래나, 한적한 곳에 가서 가부좌(跏趺坐) 하고 앉아, 몸을 똑바로 세우고, 정신을 바짝 차려 주의집중을 한다오. 그는 주의집중하여 내쉬고, 주의집중하여 들이쉰다오. 길게 내쉬면서, '나는 길게 내쉰다'라고 알아차리고, 길게 들이쉬면서, '나는 길게 들이쉰다'라고 알아차린다오. 짧게 내쉬면서, '나는 짧게 내쉰다'라고 알아차리고, 짧게 들이쉬면서, '나는 짧게 들이쉰다'라고 알아차린다오. '나는 온몸을 느끼면서 들이쉬겠다'라고 학습하고, '나는 온몸을 느끼면서 내쉬겠다'라고 학습한다오. '나는 신행(身行)을 고요히 가라앉히면서 들이쉬겠다'라고 학습하고, '나는 신행을 고요히 가라앉히면서 내쉬겠다'라고 학습한다오. 그가 이렇게 게으름을 피우지 않고 열심히 정진하며 살아갈 때 (몸에 대한) 세속적인 기억과 열망(熱望)들이 버려지고, 그것들이 버려짐으로써 안으로 마음이 멈추고, 안정되고, 통일되고, 집중된다오. 비구들이여, 이와 같이 비구는 몸에 대한 주의집중을 수습한다오.

비구들이여, 다음으로 비구는 갈 때는, '나는 가고 있다'라고 알아차리고, 서 있을 때는, '나는 서 있다'라고 알아차리고, 앉아있을 때는 '나는 앉아있다'라고 알아차리고, 누워있을 때는 '나는 누워있다'라고 알아차린다오. 그는 몸이 취한 자세를 그대로 알아차린다오. 그가 이렇게 게으름을 피우지 않고 열심히 정진하며 살아갈 때 (몸에 대한) 세속적인 기억과 열망들이 버려지고, 그것들이 버려짐으로써 안으로 마음이 멈추고, 안정되고, 통일되고, 집중된다오. 비구들이여, 이와 같이 비구는 몸에 대한 주의집중을 수습한다오.

비구들이여, 다음으로 비구는 나아가고 물러날 때 알아차리고, 바라보고 돌아볼 때 알아차리고, 구부리고 펼 때 알아차리고, 가사(袈裟)와 발우와 승복을 지닐 때 알아차리고, 먹고, 마시고, 씹고, 맛볼 때 알아차리고, 대소변을 볼 때 알아차리고, 가고, 서고, 앉고, 자고, 깨고, 말하고, 침묵할 때 알아차린다오. 그가 이렇게 게으름을 피우지 않고 열심히 정진하며 살아갈 때 (몸에 대한) 세속적인 기억과 열망들이 버려지고, 그것들이 버려짐으로써 안으로 마음이 멈추고, 안정되고, 통일되고, 집중된다오. 비구들이여, 이와 같이 비구는 몸에 대한 주의집중을 수습한다오.

　　비구들이여, 다음으로 비구는 이 몸을, '이 몸에는 머리카락, 털, 손톱, 이빨, 피부, 살, 힘줄, 뼈, 골수, 콩팥, 염통, 간, 가슴막, 비장, 허파, 창자, 내장, 위, 똥, 쓸개, 가래, 고름, 피, 땀, 기름, 눈물, 비계, 침, 콧물, 활액(滑液), 오줌이 들어있다'라고 발바닥에서 머리끝까지 피부 속에 가득 찬 갖가지 더러운 것을 낱낱이 관찰한다오. 비구들이여, 비유하면, 갖가지 곡물들 즉, 쌀, 벼, 녹두, 콩, 참깨, 기장으로 가득 찬, 양쪽이 터진 자루를 안목(眼目) 있는 사람이 풀어놓고, '이것은 쌀이다. 이것은 벼다. 이것은 녹두다. 이것은 콩이다. 이것은 참깨다. 이것은 기장이다'라고 낱낱이 관찰하는 것과 같다오. 비구들이여, 이와 같이 비구는 이 몸을, '이 몸에는 머리카락, 털, 손톱, 이빨, 피부, 살, 힘줄, 뼈, 골수, 콩팥, 염통, 간, 가슴막, 비장, 허파, 창자, 내장, 위, 똥, 쓸개, 가래, 고름, 피, 땀, 기름, 눈물, 비계, 침, 콧물, 활액(滑液), 오줌이 들어있다'라고 발바닥에서 머리끝까지 피부 속에 가득 찬 갖가지 더러운 것을 낱낱이 관찰한다오. 그가 이렇게 게으름을 피우지 않고 열심히 정진하며 살아갈 때 (몸에 대한) 세속적인 기억과 열망들이 버려지고, 그것들이 버려짐으로써 안으로 마음이 멈추고, 안정되고, 통일되고, 집중된다오. 비구들이여, 이와 같이 비구는 몸에 대한 주의집중을 수습한다오.

비구들이여, 다음으로 비구는 이 몸을 있는 그대로, 마음 내키는 대로, '이 몸에는 지계(地界), 수계(水界), 화계(火界), 풍계(風界)가 있다'라고 계(界)를 낱낱이 관찰한다오. 비구들이여, 비유하면, 솜씨 있는 소 백정이나 소백정의 제자가 암소를 잡아 큰 사거리에 부위별로 나누어 놓고 앉아있는 것과 같다오. 비구들이여, 이와 같이 비구는 이 몸을 있는 그대로, 마음 내키는 대로, '이 몸에는 지계, 수계, 화계, 풍계가 있다'라고 계를 낱낱이 관찰한다오. 그가 이렇게 게으름을 피우지 않고 열심히 정 진하며 살아갈 때 (몸에 대한) 세속적인 기억과 열망들이 버려지고, 그것 들이 버려짐으로써 안으로 마음이 멈추고, 안정되고, 통일되고, 집중된 다오. 비구들이여, 이와 같이 비구는 몸에 대한 주의집중을 수습한다오.

비구들이여, 다음으로 비구는 하루나, 이틀이나, 사흘이 지나서, 부풀어 오르고, 검푸르게 변한, 예전에 죽어버린, 묘지에 버려진 시체 를 보면, 이 몸과 비교하여, '이 몸은 이와 같은 법(法)이고, 이와 같이 존 재하며, 이런 것에 지나지 않는다'라고 생각한다오. 그가 이렇게 게으 름을 피우지 않고 열심히 정진하며 살아갈 때 (몸에 대한) 세속적인 기억 과 열망들이 버려지고, 그것들이 버려짐으로써 안으로 마음이 멈추고, 안정되고, 통일되고, 집중된다오. 비구들이여, 이와 같이 비구는 몸에 대한 주의집중을 수습한다오.

비구들이여, 다음으로 비구는 까마귀나, 독수리나, 개나, 늑대가 먹고 있거나, 갖가지 버러지가 생겨서 파먹고 있는, 묘지에 버려진 시체를 보면, 이 몸과 비교하여, '이 몸은 이와 같은 법(法)이고, 이와 같이 존재하고, 이런 것에 지나지 않는다'라고 생각한다오. 그가 이렇게 게으름을 피우지 않고 열심히 정진하며 살아갈 때 (몸에 대한) 세속적인 기억과 열망들이 버려지고, 그것들이 버려짐으로써 안으로 마음이 멈추고, 안정되고, 통일되고, 집중된다오. 비구들이여, 이와 같이 비구는 몸에 대한 주의집중을 수습한다오.

비구들이여, 다음으로 비구는 붉은 살점이 붙어있는 해골을 힘줄이 결합하고 있는 묘지에 버려진 시체를 보거나, 붉은 살점으로 더럽혀진 해골을 힘줄이 결합하고 있는 묘지에 버려진 시체를 보거나, 붉은 살점이 사라진 해골을 힘줄이 결합하고 있는 묘지에 버려진 시체를 보거나, 결합하는 힘줄이 사라져, 손뼈는 손뼈대로, 다리뼈는 다리뼈대로, 경골(脛骨)은 경골대로, 대퇴골(大腿骨)은 대퇴골대로, 허리뼈는 허리뼈대로 척추(脊椎)는 척추대로, 두개골(頭蓋骨)은 두개골대로, 뼈가 사방팔방으로 흩어진 채로 묘지에 버려진 시체를 보면, 이 몸과 비교하여, '이 몸은 이와 같은 법(法)이고, 이와 같이 존재하고, 이런 것에 지나지 않는다'라고 생각한다오, 그가 이렇게 게으름을 피우지 않고 열심히 정진하며 살아갈 때 (몸에 대한) 세속적인 기억과 열망들이 버려지고, 그것들이 버려짐으로써 안으로 마음이 멈추고, 안정되고, 통일되고, 집중된다오. 비구들이여, 이와 같이 비구는 몸에 대한 주의집중을 수습한다오.

비구들이여, 다음으로 비구는 뼛조각들이 하얗게 조개껍데기 색처럼 된, 묘지에 버려진 시체를 보거나, 뼛조각들이 말라서 수북하게 쌓인, 묘지에 버려진 시체를 보거나, 뼛조각들이 썩어서 가루가 된, 묘지에 버려진 시체를 보면, 이 몸과 비교하여, '이 몸은 이와 같은 법(法)

이고, 이와 같이 존재하고, 이런 것에 지나지 않는다'라고 생각한다오. 그가 이렇게 게으름을 피우지 않고 열심히 정진하며 살아갈 때 (몸에 대한) 세속적인 기억과 열망들이 버려지고, 그것들이 버려짐으로써 안으로 마음이 멈추고, 안정되고, 통일되고, 집중된다오. 비구들이여, 이와 같이 비구는 몸에 대한 주의집중을 수습한다오.

비구들이여, 다음으로 비구는 감각적 쾌락을 멀리하고, 불선법(不善法)을 멀리하여, 사유[尋]가 있고, 숙고[伺]가 있는, 멀리함에서 생긴 즐거움과 행복이 있는 초선(初禪)을 성취하여 살아간다오. 그는 멀리함에서 생긴 즐거움과 행복으로 이 몸을 가득 채우고, 넘치게 하고, 충만하게 하고, 두루 퍼지게 하여, 멀리함에서 생긴 즐거움과 행복이 몸 전체에 미치지 않는 곳이 없도록 한다오. 비유하면, 숙련된 목욕사나 그 제자가 청동 대야에 비누 가루를 뿌리고, 물을 고루 부어 섞으면, 그 비누 반죽은 안팎으로 습기를 머금고 습기에 젖어 물기가 흘러나오지 않는 것과 같다오. 비구들이여, 이와 같이 비구는 멀리함에서 생긴 즐거움과 행복으로 이 몸을 가득 채우고, 넘치게 하고, 충만하게 하고, 두루 퍼지게 하여, 멀리함에서 생긴 즐거움과 행복이 몸 전체에 미치지 않는 곳이 없도록 한다오. 그가 이렇게 방일(放逸)하지 않고 열심히 정진하며 살아갈 때 (감각적 쾌락에 대한) 세속적인 기억과 열망들이 버려지고, 그것들이 버려짐으로써 안으로 마음이 멈추고, 안정되고, 통일되고, 집중된다오. 비구들이여, 이와 같이 비구는 몸에 대한 주의집중을 수습한다오.

비구들이여, 다음으로 비구는 사유와 숙고를 억제하여, 내적으로 조용해진, 마음이 집중된, 사유와 숙고가 없는, 삼매에서 생긴 즐거움과 행복이 있는 제2선(第二禪)을 성취하여 살아간다오. 그는 삼매에서 생긴 즐거움과 행복으로 이 몸을 가득 채우고, 넘치게 하고, 충만하게 하고, 두루 퍼지게 하여, 삼매에서 생긴 즐거움과 행복이 몸 전체에 미치지 않는 곳이 없도록 한다오. 비구들이여, 비유하면, 동쪽 수로도 없고, 서쪽 수로도 없고, 북쪽 수로도 없고, 남쪽 수로도 없는 호수의 샘이 있는데, 천신이 때때로 적당한 소나기를 내려주지 않는다면, 이제 그 샘에서 시원한 물줄기가 솟아 나와, 시원한 물로 그 호수를 가득 채우고, 넘치게 하고, 충만하게 하고, 두루 퍼지게 하여, 시원한 물이 호수 전체에 미치지 않는 곳이 없도록 하는 것과 같다오. 비구들이여, 이와 같이 비구는 삼매에서 생긴 즐거움과 행복으로 이 몸을 가득 채우고, 넘치게 하고, 충만하게 하고, 두루 퍼지게 하여, 삼매에서 생긴 즐거움과 행복이 몸 전체에 미치지 않는 곳이 없도록 한다오. 그가 이렇게 방일하지 않고 열심히 정진하며 살아갈 때 (사유와 숙고에 대한) 세속적인 기억과 열망들이 버려지고, 그것들이 버려짐으로써 안으로 마음이 멈추고, 안정되고, 통일되고, 집중된다오. 비구들이여, 이와 같이 비구는 몸에 대한 주의집중을 수습한다오.

비구들이여, 다음으로 비구는 희열(喜悅)이 사라지고 평정한 주의집중과 알아차림을 하며 지낸다오. 그는 몸으로 행복을 느끼면서, 성자들이 '평정한[捨] 주의집중을 하는 행복한 상태'라고 이야기한 제3선(第三禪)을 성취하여 살아간다오. 그는 즐거움을 초월한 행복으로 이 몸을 가득 채우고, 넘치게 하고, 충만하게 하고, 두루 퍼지게 하여, 즐거움을 초월한 행복이 몸 전체에 미치지 않는 곳이 없도록 한다오. 비구들이여, 비유하면, 청련, 홍련, 백련이 자라는 연못이 있는데, 물에서 태어나고, 물에서 자라, 물 위로 올라오지 않고 물속에 잠겨서 크는 몇몇 청련이나, 홍련이나, 백련들은 꼭대기에서 뿌리까지 시원한 물로 가득 차고, 넘치고, 충만하고, 두루 퍼져, 청련이나, 홍련이나, 백련들의 모든 부분에 시원한 물이 미치지 않는 곳이 없는 것과 같다오. 비구들이여, 이와 같이 비구는 즐거움을 초월한 행복으로 이 몸을 가득 채우고, 넘치게 하고, 충만하게 하고, 두루 퍼지게 하여, 즐거움을 초월한 행복이 몸 전체에 미치지 않는 곳이 없도록 한다오. 그가 이렇게 방일하지 않고 열심히 정진하며 살아갈 때 (희열에 대한) 세속적인 기억과 열망들이 버려지고, 그것들이 버려짐으로써 안으로 마음이 멈추고, 안정되고, 통일되고, 집중된다오. 비구들이여, 이와 같이 비구는 몸에 대한 주의집중을 수습한다오.

비구들이여, 다음으로 비구는 행복감을 포기하고 괴로움을 버림으로써, 이전의 만족과 불만이 소멸하여 괴롭지도 않고 즐겁지도 않은, 평정한 주의집중이 청정한 제4선(第四禪)을 성취하여 살아간다오. 그는 이 몸을 청정하게 정화된 마음으로 채우고 앉아, 청정하게 정화된 마음이 몸 전체에 미치지 않는 곳이 없도록 한다오. 비구들이여, 비유하면, 어떤 사람이 깨끗한 옷으로 머리끝까지 감싸고 앉으면, 깨끗한 옷이 몸 전체에 닿지 않은 곳이 없는 것과 같다오. 비구들이여, 이와 같이 비구는 이 몸을 청정하게 정화된 마음으로 채우고 앉아, 청정하게 정화된 마음이 몸 전체에 미치지 않는 곳이 없도록 한다오. 그가 이렇게 방일하지 않고 열심히 정진하며 살아갈 때 (행복감과 괴로움에 대한) 세속적인 기억과 열망들이 버려지고, 그것들이 버려짐으로써 안으로 마음이 멈추고, 안정되고, 통일되고, 집중된다오. 비구들이여, 이와 같이 비구는 몸에 대한 주의집중을 수습한다오.

비구들이여, 누구나 몸에 대한 주의집중을 꾸준하게 수습하는 사람의 내면에는 명지(明智)에 도움이 되는 모든 선법(善法)이 있게 된다오. 비구들이여, 비유하면, 누구든 마음으로 큰 바다를 생각하는 사람의 내면에는 바다로 흘러가는 모든 강물이 있게 되는 것과 같다오. 비구들이여, 이와 같이 누구나 몸에 대한 주의집중을 꾸준하게 수습하는 사람의 내면에는 명지에 도움이 되는 모든 선법이 있게 된다오.

비구들이여, 누구든 몸에 대한 주의집중을 꾸준하게 수습하지 않는 비구들에게 마라가 접근하여 대상으로 삼는다오. 비구들이여, 비유하면 어떤 사람이 무거운 바윗덩이를 젖은 진흙 웅덩이에 던져 넣는 것과 같다오. 비구들이여, 그대들은 어떻게 생각하는가? 그 무거운 바윗덩이는 젖은 진흙 웅덩이 속으로 빠져들지 않겠는가?"

"그렇습니다. 세존이시여!"

"비구들이여, 이와 같이 누구든 몸에 대한 주의집중을 꾸준하게 수습하지 않는 비구들에게 마라가 접근하여 대상으로 삼는다오.

비구들이여, 비유하면 어떤 사람이 잘 마른 장작으로 찬목(鑽木)[01]을 가지고 와서, '나는 불을 피워야겠다. 나는 불빛을 밝혀야겠다'라고 하는 것과 같다오. 비구들이여, 그대들은 어떻게 생각하는가? 그 사람은 그 잘 마른 장작을 찬목으로 마찰하여 불을 일으켜 불을 피우고, 불빛을 밝힐 수 있지 않겠는가?"

"그렇습니다. 세존이시여!"

"비구들이여, 이와 같이 누구든 몸에 대한 주의집중을 꾸준하게

---

01 'uttarāraṇī'의 번역. 'uttarāraṇī'는 'uttara'와 'araṇī'의 합성어로서 '위에 있는 찬목(鑽木)'을 의미한다. 불을 지피기 위해서 나무에 구멍을 뚫고 마찰하는 막대기가 찬목이다.

수습하지 않는 비구들에게 마라가 접근하여 대상으로 삼는다오.

비구들이여, 비유하면 어떤 사람이 텅 빈 물동이가 있는 곳에 물을 지고 온 것과 같다오. 비구들이여, 그대들은 어떻게 생각하는가? 그 사람은 물을 내려놓을 수 있지 않겠는가?"

"그렇습니다. 세존이시여!"

"비구들이여, 이와 같이 누구든 몸에 대한 주의집중을 꾸준하게 수습하지 않는 비구들에게 마라가 접근하여 대상으로 삼는다오.

비구들이여, 누구든 몸에 대한 주의집중을 꾸준하게 수습하는 비구들에게는 마라가 접근하지 못하고, 대상으로 삼지 못한다오. 비구들이여, 비유하면 어떤 사람이 가벼운 실타래를 전체가 단단한 나무로 만들어진 문에 던지는 것과 같다오. 비구들이여, 그대들은 어떻게 생각하는가? 그 가벼운 실타래가 전체가 단단한 나무로 만들어진 문 안으로 들어갈 수 있겠는가?"

"아닙니다. 세존이시여!"

"비구들이여, 이와 같이 누구든 몸에 대한 주의집중을 꾸준하게 수습하는 비구들에게는 마라가 접근하지 못하고, 대상으로 삼지 못한다오.

비구들이여, 비유하면 어떤 사람이 습기에 젖어있는 장작으로 찬목을 가지고 와서, '나는 불을 피워야겠다. 나는 불빛을 밝혀야겠다'라고 하는 것과 같다오. 비구들이여, 그대들은 어떻게 생각하는가? 그 사람은 그 습기에 젖어있는 장작을 찬목으로 마찰하여 불을 일으켜 불을 피우고, 불빛을 밝힐 수 있겠는가?"

"아닙니다. 세존이시여!"

"비구들이여, 이와 같이 누구든 몸에 대한 주의집중을 꾸준하게 수습하는 비구들에게는 마라가 접근하지 못하고, 대상으로 삼지 못한다오.

비구들이여, 비유하면 어떤 사람이 까마귀가 마실 수 있을 정도로 물이 넘실대는 물동이가 있는 곳에 물 짐을 지고 온 것과 같다오. 비구들이여, 그대들은 어떻게 생각하는가? 그 사람은 물 짐을 내려놓을 수 있겠는가?"

"아닙니다. 세존이시여!"

"비구들이여, 이와 같이 누구든 몸에 대한 주의집중을 꾸준하게 수습하는 비구들에게는 마라가 접근하지 못하고, 대상으로 삼지 못한다오.

비구들이여, 누구든지 몸에 대한 주의집중을 꾸준히 수습하는 사람이 체험적 지혜[勝智]를 증득(證得)하기 위하여 체험적 지혜를 증득하는 데 도움을 주는 법(法)으로 마음을 향하면, 어디에서나 주의집중 수행을 하는 곳에서 증득할 수 있다오.[02] 비구들이여, 비유하면 까마귀가 마실 수 있을 정도로 물이 넘실대는 물동이를 힘센 사람이 기울이는 것과 같다오. 그러면 물이 흘러나오지 않겠는가?"

"그렇습니다. 세존이시여!"

"비구들이여, 이와 같이 누구든지 몸에 대한 주의집중을 꾸준히 수습하는 사람이 체험적 지혜를 증득하기 위하여 체험적 지혜를 증득하는 데 도움을 주는 법(法)으로 마음을 향하면, 어디에서나 주의집중

---

02 'tatra tatr' eva sakkhibhavyataṁ pāpuṇāti sati sati‒āyatane'의 번역.

수행을 하는 곳에서 증득할 수 있다오.

　비구들이여, 비유하면 평평한 땅에 까마귀가 마실 수 있을 정도로 물이 넘실대는 수문(水門)이 있는 사각형 연못이 있는데, 힘센 사람이 그 수문을 열어놓는 것과 같다오. 그러면 물이 흘러나오지 않겠는가?"

　"그렇습니다. 세존이시여!"

　"비구들이여, 이와 같이 누구든지 몸에 대한 주의집중을 꾸준히 수습하는 사람이 체험적 지혜를 증득하기 위하여 체험적 지혜를 증득하는 데 도움을 주는 법(法)으로 마음을 향하면, 어디에서나 주의집중 수행을 하는 곳에서 증득할 수 있다오. 비구들이여, 비유하면 평탄한 땅의 사거리에 채찍이 달린 준마가 끄는 마차가 있는데 숙련된 조련사가 그 수레에 올라가서 왼손으로 고삐를 잡고, 오른손으로 채찍을 잡고, 마음대로 마차를 모는 것과 같다오.

　비구들이여, 몸에 대한 주의집중을 잘 시작하여, 꾸준히 습관적으로, 철저하게 체험적으로 몸에 배게 몰입하여 수습하면, 마땅히 10가지 이익이 있을 것이오. 그 10가지는 어떤 것인가? ① 좋고 싫음을 극복하여 싫은 감정이 그를 정복하지 못하며, 이미 생긴 싫은 감정을 극복하고 살아간다오. ② 두려움과 공포를 극복하여 두려움과 공포가 그를 정복하지 못하며, 이미 생긴 두려움과 공포를 극복하고 살아간다오. ③ 추위, 더위, 배고픔, 목마름, 등에나 모기나 바람이나 열이나 뱀의 접촉, 비난이나 비방의 말, 이미 생긴 고통스럽고, 격렬하고, 신랄하고, 불쾌한, 죽을 지경의 신체적인 고통스러운 느낌을 참아낸다오. ④ 향상된 마음[增上心]으로 4 선정(四禪定)을 만족스럽게, 어려움 없이 쉽게 얻어, 지금 여기에서 행복하게 살아간다오. ⑤ 여러 가지 신통(神通)을 체험한다오.[03] ⑥ 인간을 초월한 청정한 천이통(天耳通)으로 멀고 가까운 천신과 인간의 두 소리를 듣는다오. ⑦ 자신의 마음으로 다른 중생이나 다른 사람들의 마음을 통찰한다오.[04] ⑧ 여러 가지 전생의 삶을 기억한다오.[05] ⑨ 인간을 초월한 청정한 천안(天眼)으로 중생을 보고, 중생이 업에 따라 죽고, 태어나고, 못나고, 훌륭하고, 잘생기고, 못생기고, 행복하고, 불행한 것을 통찰한다오. ⑩ 번뇌[漏]를 소멸하여 체험적 지혜[勝智]로 무루(無漏)의 심해탈(心解脫)과 혜해탈(慧解脫)을 지금 여기에서 스스로 체험하고 성취하여 살아간다오. 비구들이여, 몸에 대한 주의집중을 잘 시작하여 꾸준히 습관적으로, 철저하게 체험적으로 몸에 배게 몰입하여 수습하면 마땅히 이러한 10가지 이익이 있을 것이오."

이것이 세존께서 하신 말씀입니다.
그 비구들은 세존의 말씀에 만족하고 기뻐했습니다.

---

03 구체적인 내용은 「40. 싸꿀우다인에게 설하신 큰 경」 참조.
04 구체적인 내용은 「40. 싸꿀우다인에게 설하신 큰 경」 참조.
05 구체적인 내용은 「40. 싸꿀우다인에게 설하신 큰 경」 참조.

60

공성(空性)을
설하신 작은 경

121. Cūḷasuññata-sutta

【 해제 】

|

이 경은 한역『중아함경(中阿含經)』「190. 소공경(小空經)」에 상응하는 경
이다.

불교에서 가장 이해하기 어려운 개념이 '공(空)'이다. 그리고 대부
분 '공'은 초기대승불교 경전인 반야부(般若部) 경전에 처음 등장하는 개
념으로 알고 있다. 그러나 '공'은『니까야』와『아함경』에도 자주 등장하
는 근본불교의 핵심 개념이다. 반야부 경전에서는 그것을 강조할 뿐이
다. 이 경은 이러한 '공'의 의미를 상세하게 설하기 때문에 '공'을 이해하
는 데 매우 중요한 경이다.

이 경에 의하면 '공'은 애매모호(曖昧模糊)한 개념이 아니라 매우
확실한 개념이다. 예를 들면, 이 방에 책상은 있으나 의자가 없으면, 이

때 '의자가 공하지만, 책상은 공하지 않다'라고 말할 수 있다. 이렇게 '공'은 어떤 장소에 무엇은 있지만, 무엇은 없을 때 '그곳에 없는 것'을 의미하는 개념이다.

부처님께서는 이 경에서 '공'을 주의집중 수행을 할 때 통찰의 방법으로 사용하도록 가르치셨다.

> "아난다여, 다음으로 비구는 공무변처상(空無邊處想)이나 식무변처상(識無邊處想)을 생각하지 않고, 무소유처상(無所有處想) 하나만을 생각한다. 그리하여 마음이 무소유처상으로 도약하고, 맑아지고, 확립되고, 해탈한다. 아난다여, 그는 '공무변처상으로 인한 걱정이 여기에는 없다. 식무변처상으로 인한 걱정이 여기에는 없다. 그러나 참으로 무소유처상으로 인한 걱정 하나는 있다'라고 통찰한다. 그는 '이 생각은 공무변처상이 공하다'라고 통찰한다. 그는 '이 생각은 식무변처상이 공하다'라고 통찰한다. '그러나 참으로 무소유처상 하나는 공하지 않다'라고 통찰한다. 이와 같이 그는 그곳에 없는 것을 공으로 간주한다. '그렇지만 그곳에 남아있는, 존재하는 그것은 이것이다'라고 통찰한다. 아난다여, 이렇게 하면 그에게 여실하고, 뒤집힘[顚倒]이 없고, 순수한 공성(空性)이 드러난다."

이와 같이 차제수행(次第修行)의 단계에서 무엇이 없고, 무엇이 있는가를 통찰하여 마지막으로 어떤 것이든 작위된 것이나 의도된 것은 모두가 무상(無常)한 소멸법(消滅法)이라는 것을 통찰함으로써 공에 대한 통찰은 완성된다. 이것이 최고의 청정한 공성의 성취이며, 이러한 최고의 청정한 공성을 성취하여 살아가는 것을 목표로 공부해야 한다는 것이 이 경의 가르침이다.

　　그렇다면 공의 궁극적인 의미는 무엇일까? 『잡아함경(雜阿含經)』 13. 32. 「제일의공경(第一義空經)」에서는 공의 제일의적(第一義的)인 의미를 '업보는 있으나 작자는 없다(有業報而無作者)'라고 이야기한다. 우리의 삶을 통찰하면, 업보(業報)만 있을 뿐 작자로서의 자아는 없다는 것을, 즉 자아의 공성을 통찰할 수 있다는 것이다. 이와 같이 공은 '자아의 없음'을 의미함과 동시에 '업보의 있음'을 의미한다. 그리고 불교의 무아설(無我說)이 곧 불교의 업설(業說)이라는 것을 의미한다. 이것은 '중생(衆生)은 업(業)의 소유자(所有者)이며, 업의 상속자(相續者)이며, 업을 모태(母胎)로 하며, 업의 친척(親戚)이며, 업에 의지한다'라고 말씀하신 「62. 업(業)에 대한 작은 경」에서도 확인된다.

이와 같이 나는 들었습니다.

한때 세존께서는 싸왓티의 뿝바라마 미가라마뚜 누각에 머무셨습니다. 어느 날 아난다 존자는 저녁에 좌선(坐禪)에서 일어나 세존을 찾아가서 예배하고 한쪽에 앉았습니다. 한쪽에 앉은 아난다 존자가 세존께 말씀드렸습니다.

"세존이시여, 언젠가 세존께서 싹까의 싸꺄족 마을 나가라까(Nagaraka)에 계셨습니다. 세존이시여, 저는 그곳에서 세존으로부터 직접 '아난다여, 나는 요즈음 대부분 공(空)에 머물며[01] 지낸다'라고 하신 말씀을 들었습니다. 세존이시여, 제가 제대로 듣고, 제대로 기억하고 있습니까?"

"아난다여, 그대는 분명히 제대로 듣고, 제대로 기억하고 있다. 아난다여, 나는 예전에도, 그리고 요즈음도 대부분 공에 머물며 지낸다. 비유하면, 코끼리, 소, 말이 공하고, 금(金), 은(銀)이 공하고, 남녀(男女)의 모임은 공하지만, 참으로 비구 승가 하나만은 공하지 않은 미가라마뚜 누각과 같다. 아난다여, 이와 같이 비구는 마을에 대한 생각[02]이나 사람에 대한 생각[03]을 하지 않고, 숲에 대한 생각[04] 하나만을 생각한

---

01 'suññatāvihārena'의 번역.
02 'gāmasaññaṁ'의 번역.
03 'manussasaññaṁ'의 번역.
04 'araññasaññaṁ'의 번역.

다. 그리하여 마음이 숲에 대한 생각으로 도약하고, 맑아지고, 확립되고, 해탈한다. 그는 '마을에 대한 생각으로 인한 걱정이 여기에는 없다. 사람에 대한 생각으로 인한 걱정이 여기에는 없다. 그러나 참으로 숲에 대한 생각으로 인한 걱정 하나는 있다'라고 통찰한다. 그는 '이 생각은 마을에 대한 생각이 공하다'[05]라고 통찰한다. 그는 '이 생각은 사람에 대한 생각이 공하다'라고 통찰한다. '그러나 참으로 숲에 대한 생각 하나는 공하지 않다'라고 통찰한다. 이와 같이 그는 그곳에 없는 것을 공으로 간주한다. '그렇지만 그곳에 남아있는, 존재하는 그것은 이것이다'[06]라고 통찰한다. 아난다여, 이렇게 하면 그에게 여실하고, 뒤집힘 [顚倒]이 없고, 순수한 공성(空性)이 드러난다.[07]

아난다여, 다음으로 비구는 마을에 대한 생각이나 사람에 대한 생각을 하지 않고, 땅에 대한 생각[地想][08] 하나만을 생각한다. 그리하여 마음이 땅에 대한 생각으로 도약하고, 맑아지고, 확립되고, 해탈한다. 아난다여, 비유하면 수천 개의 못을 박아 구김이 없는 황소 가죽처럼, 아난다여, 이와 같이 비구는 이 땅의 모든 높고 낮음, 험한 강, 가시덤불 구덩이, 높은 낭떠러지 같은 것을 생각하지 않고, 오직 땅에 대한 생각 하나만을 생각한다. 그리하여 마음이 땅에 대한 생각으로 도약하고, 맑아지고, 확립되고, 해탈한다. 그는 '사람에 대한 생각으로 인한 걱정이 여기에는 없다. 숲에 대한 생각으로 인한 걱정이 여기에는 없다. 그러

---

05 'suññaṁ idaṁ saññāgataṁ gāmasaññāyāti'의 번역.
06 'yaṁ pana tattha avasiṭṭhaṁ hoti, taṁ santaṁ idaṁ atthīti'의 번역.
07 'suññatāvakkanti bhavati'의 번역.
08 'paṭhavīsaññaṁ'의 번역.

나 참으로 땅에 대한 생각으로 인한 걱정 하나는 있다'라고 통찰한다. 그는 '이 생각은 사람에 대한 생각이 공하다'라고 통찰한다. 그는 '이 생각은 숲에 대한 생각이 공하다'라고 통찰한다. '그러나 참으로 땅에 대한 생각 하나는 공하지 않다'라고 통찰한다. 이와 같이 그는 그곳에 없는 것을 공으로 간주한다. '그렇지만 그곳에 남아있는, 존재하는 그것은 이것이다'라고 통찰한다. 아난다여, 이렇게 하면 그에게 여실하고, 뒤집힘이 없고, 순수한 공성이 드러난다.

아난다여, 다음으로 비구는 숲에 대한 생각이나 땅에 대한 생각을 하지 않고, 공무변처상(空無邊處想)[09] 하나만을 생각한다. 그리하여 마음이 공무변처상으로 도약하고, 맑아지고, 확립되고, 해탈한다. 아난다여, 그는 '숲에 대한 생각으로 인한 걱정이 여기에는 없다. 땅에 대한 생각으로 인한 걱정이 여기에는 없다. 그러나 참으로 공무변처상으로 인한 걱정 하나는 있다'라고 통찰한다. 그는 '이 생각은 숲에 대한 생각이 공하다'라고 통찰한다. 그는 '이 생각은 땅에 대한 생각이 공하다'라고 통찰한다. '그러나 참으로 공무변처상 하나는 공하지 않다'라고 통찰한다. 이와 같이 그는 그곳에 없는 것을 공으로 간주한다. '그렇지만 그곳에 남아있는, 존재하는 그것은 이것이다'라고 통찰한다. 아난다여, 이렇게 하면 그에게 여실하고, 뒤집힘이 없고, 순수한 공성이 드러난다.

아난다여, 다음으로 비구는 땅에 대한 생각이나 공무변처상을 생각하지 않고, 식무변처(識無邊處)[10] 하나만을 생각한다. 그리하여 마음이 식무변처상으로 도약하고, 맑아지고, 확립되고, 해탈한다. 아난다

---

09 'ākāsānañcāyatanasaññaṁ'의 번역.
10 'viññāṇañcāyatanaṁ'의 번역.

여, 그는 '땅에 대한 생각으로 인한 걱정이 여기에는 없다. 공무변처상으로 인한 걱정이 여기에는 없다. 그러나 참으로 식무변처상으로 인한 걱정 하나는 있다'라고 통찰한다. 그는 '이 생각은 땅에 대한 생각이 공하다'라고 통찰한다. 그는 '이 생각은 공무변처상이 공하다'라고 통찰한다. '그러나 참으로 식무변처상 하나는 공하지 않다'라고 통찰한다. 이와 같이 그는 그곳에 없는 것을 공으로 간주한다. '그렇지만 그곳에 남아있는, 존재하는 그것은 이것이다'라고 통찰한다. 아난다여, 이렇게 하면 그에게 여실하고, 뒤집힘이 없고, 순수한 공성이 드러난다.

아난다여, 다음으로 비구는 공무변처상이나 식무변처상을 생각하지 않고, 무소유처상(無所有處想)[11] 하나만을 생각한다. 그리하여 마음이 무소유처상으로 도약하고, 맑아지고, 확립되고, 해탈한다. 아난다여, 그는 '공무변처상으로 인한 걱정이 여기에는 없다. 식무변처상으로 인한 걱정이 여기에는 없다. 그러나 참으로 무소유처상으로 인한 걱정 하나는 있다'라고 통찰한다. 그는 '이 생각은 공무변처상이 공하다'라고 통찰한다. 그는 '이 생각은 식무변처상이 공하다'라고 통찰한다. '그러나 참으로 무소유처상 하나는 공하지 않다'라고 통찰한다. 이와 같이 그는 그곳에 없는 것을 공으로 간주한다. '그렇지만 그곳에 남아있는, 존재하는 그것은 이것이다'라고 통찰한다. 아난다여, 이렇게 하면 그에게 여실하고, 뒤집힘이 없고, 순수한 공성이 드러난다.

아난다여, 다음으로 비구는 식무변처상이나 무소유처상을 생각하지 않고, 비유상비무상처상(非有想非無想處想)[12] 하나만을 생각한다.

---

11 'ākiñcaññāyatanasaññaṁ'의 번역.
12 'nevasaññānāsaññāyatanasaññaṁ'의 번역.

그리하여 마음이 비유상비무상처상으로 도약하고, 맑아지고, 확립되고, 해탈한다. 아난다여, 그는 '식무변처상으로 인한 걱정이 여기에는 없다. 무소유처상으로 인한 걱정이 여기에는 없다. 그러나 참으로 비유상비무상처상으로 인한 걱정 하나는 있다'라고 통찰한다. 그는 '이 생각은 식무변처상이 공하다'라고 통찰한다. 그는 '이 생각은 무소유처상이 공하다'라고 통찰한다. '그러나 참으로 비유상비무상처상 하나는 공하지 않다'라고 통찰한다. 이와 같이 그는 그곳에 없는 것을 공으로 간주한다. '그렇지만 그곳에 남아있는, 존재하는 그것은 이것이다'라고 통찰한다. 아난다여, 이와 같이 하면 그에게 여실하고, 뒤집힘이 없고, 순수한 공성이 드러난다.

아난다여, 다음으로 비구는 무소유처상이나 비유상비무상처상을 생각하지 않고, 무상심정(無相心定)[13] 하나만을 생각한다. 그리하여 마음이 무상심정으로 도약하고, 맑아지고, 확립되고, 해탈한다. 아난다여, 그는 '무소유처상으로 인한 걱정이 여기에는 없다. 비유상비무상처상으로 인한 걱정이 여기에는 없다. 그러나 참으로 이 몸으로 인한,[14] 6입처(六入處)에 속하는, 생명에 의한[15] 걱정은 있다'라고 통찰한다. 그는 '이 생각은 무소유처상이 공하다'라고 통찰한다. 그는 '이 생각은 비유상비무상처상이 공하다'라고 통찰한다. '그러나 참으로 공하지 않은 것은 오직 이 몸으로 인한, 6입처에 속하는, 생명에 의한 걱정이다'라고 통

---

13 'animittaṁ cetosamādhiṁ'의 번역. 『중아함경(中阿含經)』 「190. 소공경(小空經)」에서 '無相心定'으로 한역(漢譯)하였기에 이에 따름.
14 'imaṁ eva kāyaṁ paṭicca'의 번역.
15 'jīvitapaccayā'의 번역.

찰한다. 이와 같이 그는 그곳에 없는 것을 공으로 간주한다. '그렇지만 그곳에 남아있는, 존재하는 그것은 이것이다'라고 통찰한다. 아난다여, 이와 같이 하면 그에게 여실하고, 뒤집힘이 없고, 순수한 공성이 드러난다.

아난다여, 다음으로 비구는 무소유처상이나 비유상비무상처상을 생각하지 않고, 무상심정 하나만을 생각한다. 그리하여 마음이 무상심정으로 도약하고, 맑아지고, 확립되고, 해탈한다. 아난다여, 그는 '이 무상심정은 조작된 것[16]이고, 의도된 것[17]이다. 어떤 것이든 조작된 것이나 의도된 것은 모두가 무상(無常)한 소멸법(消滅法)[18]이다'라고 통찰한다. 이렇게 알고, 이렇게 봄으로써 마음이 욕루(欲漏)에서 해탈하고, 유루(有漏)에서 해탈하고, 무명루(無明漏)에서 해탈한다. 그리고 해탈했을 때, '해탈했다'라고 알게 된다. 즉, '태어남은 끝났고, 청정한 수행[梵行]을 마쳤으며, 해야 할 일을 끝마쳤다. 다시는 이런 상태로 되지 않는다'라고 통찰한다.

그는 '욕루로 인한 걱정이 여기에는 없다. 유루로 인한 걱정이 여기에는 없다. 무명루로 인한 걱정이 여기에는 없다. 그러나 참으로 이 몸으로 인한, 6입처에 속하는, 생명에 의한 걱정은 있다'라고 통찰한다. 그는 '이 생각은 무소유처상이 공하다'라고 통찰한다. 그는 '이 생각은 비유상비무상처상이 공하다'라고 통찰한다. '그러나 참으로 이 몸으로 인한, 6입처에 속하는, 생명에 의한 걱정은 공하지 않다'라고 통찰한다.

---

16 'abhisaṅkhato'의 번역.
17 'abhisañcetayito'의 번역.
18 'aniccaṁ nirodhadhammaṁ'의 번역.

이와 같이 그는 그곳에 없는 것을 공으로 간주한다. '그렇지만 그곳에 남아있는, 존재하는 그것은 이것이다'라고 통찰한다. 아난다여, 이렇게 하면 그에게 여실하고, 뒤집힘이 없고, 순수한 공성이 드러난다.

아난다여, 과거에 위없는 최고의 청정한 공성을 성취하여 살았던 사문이나 바라문은 누구나 이 위없는 최고의 청정한 공성을 성취하여 살았다. 아난다여, 미래에 위없는 최고의 청정한 공성을 성취하여 살아갈 사문이나 바라문은 누구나 이 위없는 최고의 청정한 공성을 성취하여 살아갈 것이다. 아난다여, 현재 위없는 최고의 청정한 공성을 성취하여 살고 있는 사문이나 바라문은 누구나 이 위없는 최고의 청정한 공성을 성취하여 살고 있다. 아난다여, 그러므로 그대는 '나는 위없는 최고의 청정한 공성을 성취하여 살아가겠다'라고 공부해야 한다.”

이것이 세존께서 하신 말씀입니다.
아난다 존자는 세존의 말씀에 만족하고 기뻐했습니다.

61

행복에 전념하는 사람 경

131. Bhaddekaratta-sutta

【 해제 】

어떻게 하면 모든 번뇌에서 벗어나 항상 행복하게 살 수 있을까? 이 경에 그 답이 있다. 「2. 일체의 번뇌[漏] 경」에서 부처님은 다음과 같이 말씀하셨다.

"무지한 범부는 다음과 같이 이치에 맞지 않는 생각을 한다오.
'나는 진실로 과거세(過去世)에 존재했을까, 존재하지 않았을까?
진실로 과거세에는 무엇이었을까? 진실로 과거세에는 어떻게
지냈을까? 나는 진실로 과거세에 무엇이 되어, 무엇으로 존재했
을까? 나는 진실로 미래세에 존재하게 될까, 존재하지 않게 될

까? 진실로 미래세에는 무엇이 될까? 진실로 미래세에는 어떻게 지내게 될까? 나는 진실로 미래세에 무엇이 되어, 무엇으로 존재하게 될까?'

현실에서는 현세(現世)의 자신을 의심한다오.

'나는 진실로 존재하는가, 존재하지 않는가? 나는 진실로 무엇인가? 나는 진실로 (현세에) 어떻게 지낼까? 이 중생은 어디에서 와서 어디로 가게 될까?'

무지한 범부가 이와 같이 이치에 맞지 않는 생각을 하면, 그에게 '말하고, 느끼고, 여기저기에서 선악업(善惡業)의 과보(果報)를 받는 나의 이 자아는 지속적(持續的)이며, 일정(一定)하며, 영속적(永續的)이며, 불변(不變)하는 법(法)이며, 영원히 그대로 머물 것이다'라는 견해가 있을 것이오. 비구들이여, 이것을 사견(邪見)에 빠짐, 사견을 붙잡음, 사견의 황무지, 사견의 동요, 사견의 몸부림, 사견의 결박이라고 한다오. 비구들이여, '사견의 결박에 묶인 무지한 범부는 생(生), 노사(老死), 근심[憂], 슬픔[悲], 고통, 우울(憂鬱), 불안(不安)이 있는 삶에서 벗어나지 못하며, 괴로움에서 벗어나지 못한다'라고 나는 말한다오."

전생이나 내세를 생각하고, 현재의 자신을 지속적이며 일정한 자아라고 생각하기 때문에 괴로움이 생긴다는 것이다. 이 경은 이러한 가르침의 연속선상에 있다. 행복에 전념하는 사람은 이미 버려진 과거를 돌아보지 않고, 아직 오지 않은 미래를 갈망하지 않고, 현재의 법(法)을 그때그때 그곳에서 통찰하는 사람이라는 것이다.

『금강경(金剛經)』의 '과거의 마음도 얻을 수 없고, 미래의 마음도 얻을 수 없고, 현재의 마음도 얻을 수 없다(過去心不可得, 現在心不可得, 未來心不可得)'라는 말씀도 같은 의미다. 과거는 이미 지나갔기 때문에 존재하지 않는다. 미래는 아직 오지 않았기 때문에 존재하지 않는다. 과거도 존재하지 않고, 미래도 존재하지 않기 때문에 과거와 미래 사이의 현재도 존재하지 않는다. 그런데 우리는 우리 자신을 과거에서 현재로 와서 미래로 가는 존재로 생각한다. 행복하고 평화롭게 살고 싶다면 이러한 망상을 버리고 지금 여기에서 연기하는 법(法)을 통찰하면서 해야 할 일을 열심히 실천하며 살아가라는 것이 부처님의 가르침이다.

이와 같이 나는 들었습니다.

한때 세존께서는 싸왓티의 제따와나 아나타삔디까 승원에 머무셨습니다. 그때 세존께서 "비구들이여!"라고 비구들을 불렀습니다.

비구들은 "존경하는 스승님!" 하고 대답했습니다.

세존께서는 이렇게 말씀하셨습니다.

"비구들이여, 내가 그대들에게 행복에 전념하는 사람[01]에 대한 개요(槪要)[02]와 해석(解釋)[03]을 가르쳐주겠소. 듣고 잘 생각해보시오. 내가 이야기하겠소."

그 비구들은 "세존이시여, 그렇게 하겠습니다"라고 대답했습니다.

세존께서 (게송과 함께) 말씀하셨습니다.

이미 버려진 과거를 돌아보지 않고,

아직 오지 않은 미래를 갈망하지 않는 사람.

현재의 법(法)을 그때그때 그곳에서 통찰하는 사람.

---

01 'bhaddekaratta'의 번역. 'bhaddekaratta'는 'bhadda'와 'ekaratta'의 합성어이다. 상대방의 행복을 기원할 때, 'bhaddaṁ te'라고 하듯이, 'bhadda'는 '좋은 일, 행복'을 의미한다. 'ekaratta'는 '일(一)'을 의미하는 'eka'와 'ratta'의 합성어인데, 'ratta'는 '염색된, 물든'의 의미와 '밤'의 의미가 있다. 따라서 'ekaratta'는 '일야(一夜)'라고 번역할 수도 있고, '하나에 물든', 즉 '전념(專念)'으로 번역할 수도 있다.

02 'uddesa'의 번역. 'uddesa'는 지시(指示)나 제안(提案)의 의미인데, 간략하게 제시한 개요(槪要)나 강요(綱要)를 의미한다.

03 'vibhaṅga'의 번역. 이 경에서 설명 부분을 의미한다. 게송의 형태로 간략한 법문을 제시한 것이 'uddesa'이고 이를 자세하게 설명한 것이 'vibhaṅga'이다.

지배되지 않고, 동요하지 않고, 그것을 알고 실천하는 사람.

내일 죽을지를 그 누가 알겠는가? 오늘 열심히 해야 할 일을 하면서,

대군(大軍)을 거느린 죽음의 신과 결코 타협하지 않는 사람.

이와 같은 삶을 열심히 살면서 밤낮으로 게으르지 않은 사람.

그를 진실로 행복에 전념하는 사람, 평온한 성자라고 부른다네.

"비구들이여, 어떻게 과거를 돌아보는가? '나는 과거에 이런 형색[色]
이 있었다'[04]라고 생각하면서 거기에서 즐거워하고, '나는 과거에 이런
느낌[受]이 있었다'[05]라고 생각하면서 거기에서 즐거워하고, '나는 과
거에 이런 생각[想]이 있었다'[06]라고 생각하면서 거기에서 즐거워하고,
'나는 과거에 이런 행위[行]들이 있었다'[07]라고 생각하면서 거기에서
즐거워하고, '나는 과거에 이런 분별하는 마음[識]이 있었다'[08]라고 생
각하면서 거기에서 즐거워한다오. 비구들이여, 이와 같이 과거를 돌아
본다오.

비구들이여, 어떻게 과거를 돌아보지 않는가? '나는 과거에 이런
형색이 있었다'라고 생각하면서 거기에서 즐거워하지 않고, '나는 과거
에 이런 느낌, 생각, 행위들, 분별하는 마음이 있었다'라고 생각하면서
거기에서 즐거워하지 않는다오. 비구들이여, 이와 같이 과거를 돌아보
지 않는다오.

---

04 'evarūpo ahosiṁ atītam addhānan ti'의 번역.
05 'evaṁvedano ahosiṁ atītam addhānan ti'의 번역.
06 'evaṁsañño ahosiṁ atītam addhānan ti'의 번역.
07 'evaṁsaṁkhāro ahosiṁ atītam addhānan ti'의 번역.
08 'evaṁviññāṇo ahosiṁ atītam addhānan ti'의 번역.

비구들이여, 어떻게 미래를 갈망하는가? '나는 미래에 이런 형색이 있으면 좋겠다'라고 생각하면서 거기에서 즐거워하고, '나는 미래에 이런 느낌, 생각, 행위들, 분별하는 마음이 있으면 좋겠다'라고 생각하면서 거기에서 즐거워한다오. 비구들이여, 이와 같이 미래를 갈망한다오.

비구들이여, 어떻게 미래를 갈망하지 않는가? '나는 미래에 이런 형색이 있으면 좋겠다'라고 생각하면서 거기에서 즐거워하지 않고, '나는 미래에 이런 느낌, 생각, 행위들, 분별하는 마음이 있으면 좋겠다'라고 생각하면서 거기에서 즐거워하지 않는다오. 비구들이여, 이와 같이 미래를 갈망하지 않는다오.

비구들이여, 어떻게 현재의 법에 지배되는가? 비구들이여, 성인(聖人)을 무시하고, 성인의 가르침을 이해하지 못하고, 성인의 가르침에서 배우지 못하고, 참사람[正士]을 무시하고, 참사람의 가르침을 이해하지 못하고, 참사람의 가르침에서 배우지 못한, 무지한 범부는 형색을 자아로 여기거나, 자아가 몸을 소유하고 있다고 여기거나, 자아 속에 몸이 있다고 여기거나, 몸속에 자아가 있다고 여긴다오. 느낌, 생각, 행위들, 분별하는 마음에 대해서도 마찬가지라오. 비구들이여, 이와 같이 현재의 법에 지배된다오.

비구들이여, 어떻게 현재의 법에 지배되지 않는가? 비구들이여, 성인을 알아보고, 성인의 가르침을 이해하고, 성인의 가르침에서 배우고, 참사람을 알아보고, 참사람의 가르침을 이해하고, 참사람의 가르침에서 배운 거룩한 제자는 형색을 자아로 간주하지 않고, 자아가 형색을 지닌 것으로 간주하지 않고, 자아 속에 형색이 있다고 간주하지 않고, 형색 속에 자아가 있다고 간주하지 않는다오. 느낌, 생각, 행위들, 분별하는 마음에 대해서도 마찬가지라오. 비구들이여, 이와 같이 현재의 법에 지배되지 않는다오.

비구들이여, 이것이 내가 그대들에게 가르쳐주겠다고 한 '행복에 전념하는 사람에 대한 개요와 해석'이라오."

이것이 세존께서 하신 말씀입니다.
그 비구들은 세존의 말씀에 만족하고 기뻐했습니다.

62

업(業)을 분별하신 작은 경

135. Cūḷakammavibhaṅga-sutta

【 해제 】

|

이 경은 한역 『중아함경(中阿含經)』「170. 앵무경(鸚鵡經)」에 상응하는 경이며 별행경(別行經)으로는 구나발타라(求那跋陀羅)의 『앵무경(鸚鵡經)』과 구담법지(瞿曇法智)의 『불위수가장자설업보차별경(佛爲秀迦長者說業報差別經)』이 있다.

　　부처님께서는 스스로 업을 설하는 사람이라고 칭하셨다. 따라서 불교를 한마디로 말한다면 업설(業說)이라고 할 수 있다. 그런데 이러한 업설을 무아설(無我說)이나 연기설(緣起說)과 모순된다고 생각하는 사람들이 있다. 이것은 불교의 업설에 대한 오해에서 비롯된 것이다. 「60. 공성(空性)을 설하신 작은 경」의 '해제'에서 살펴보았듯이, 무아설은 '업보만 있을 뿐 작자로서의 자아는 없다'는 업설의 다른 표현일 뿐이다.

이와 같이 나는 들었습니다.

한때 세존께서는 싸왓티의 제따와나 아나타삔디까 승원에 머무셨습니다. 그때 바라문 청년 쑤바(Subha) 또데야뿟따(Todeyyaputta)가 세존을 찾아왔습니다. 그는 세존과 함께 정중하게 인사를 하고, 공손한 인사말을 나눈 후에 한쪽에 앉았습니다. 한쪽에 앉은 바라문 청년 쑤바 또데야뿟따가 세존께 말씀드렸습니다.

"고따마 존자여, 사람들 가운데는 잘난 사람과 못난 사람이 있는데, 그 원인은 무엇이고, 그 조건은 무엇입니까? 고따마 존자여, 사람들 가운데는 수명이 짧은 사람도 있고 장수하는 사람도 있으며, 병이 많은 사람도 있고 병 없는 사람도 있으며, 추한 사람도 있고 예쁜 사람도 있으며, 힘없는 사람도 있고 큰 힘을 가진 사람도 있으며, 재산이 없는 사람도 있고 많은 재산을 가진 사람도 있으며, 천한 가문의 사람도 있고 귀한 가문의 사람도 있으며, 어리석은 사람도 있고 현명한 사람도 있습니다. 고따마 존자여, 이와 같이 사람들 가운데는 잘난 사람과 못난 사람이 있는데, 그 원인은 무엇이고, 그 조건은 무엇입니까?"

"바라문 청년이여, 중생(衆生)은 업(業)의 소유자(所有者)[01]이며, 업

---

01 'kammassakā'의 번역.

의 상속자[02]이며, 업을 모태(母胎)로 하며,[03] 업의 친척(親戚)[04]이며, 업에 의지한다오.[05] 업이 중생을 이와 같이 잘난 사람과 못난 사람으로 나눈다오."

"고따마 존자께서 설명 없이 간략하게 말씀하시니, 저는 상세하게 의미를 알 수가 없습니다. 고따마 존자께서는 부디 저에게 고따마 존자께서 설명 없이 간략하게 하신 말씀의 의미를 제가 상세하게 알 수 있도록 가르쳐 주십시오."

"바라문 청년이여, 그렇다면 듣고 잘 생각해보시오. 내가 이야기 하겠소."

바라문 청년 쑤바 또데야뿟따는 "그렇게 하겠습니다"라고 세존께 대답했습니다.

세존께서는 다음과 같이 말씀하셨습니다.

"바라문 청년이여, 어떤 여자나 남자는 생명에 대하여 자비심이 없이 손에 피를 묻히고 잔인하게 살생을 일삼는다오. 그 업으로 인하여, 그와 같은 행동을 했기 때문에, 그와 같이 실행했기 때문에, 그는 몸이 무너져 죽은 후에 험난하고 고통스러운, 지옥과 같은 악취(惡趣)에 태어난다오. 만약에 몸이 무너져 죽은 후에 험난하고 고통스러운, 지옥과 같은 악취에 태어나지 않고 인간으로 돌아온다면, 어느 곳에 태어나더라도 수명이 짧다오. 바라문 청년이여, 생명에 대하여 자비심이 없이

---

02 'kammadāyādā'의 번역.
03 'kammayonī'의 번역.
04 'kammabandhū'의 번역.
05 'kammapaṭisaraṇā'의 번역.

손에 피를 묻히고 잔인하게 살생을 일삼는 것이 짧은 수명으로 가는 길이라오.

바라문 청년이여, 어떤 여자나 남자는 살생을 하지 않고, 살생을 삼가고, 몽둥이와 칼을 내려놓고, 자비롭게 모든 생명을 애민(哀愍)하며 살아간다오. 그 업으로 인하여, 그와 같은 행동을 했기 때문에, 그와 같이 실행했기 때문에, 그는 몸이 무너져 죽은 후에 행복한 천상에 태어난다오. 만약에 몸이 무너져 죽은 후에 행복한 천상에 태어나지 않고 인간으로 돌아온다면, 어느 곳에 태어나더라도 장수한다오. 바라문 청년이여, 살생을 하지 않고, 살생을 삼가고, 몽둥이와 칼을 내려놓고, 자비롭게 모든 생명을 애민하며 사는 것이 장수하는 길이라오.

바라문 청년이여, 어떤 여자나 남자는 손이나, 흙덩어리나, 몽둥이나, 칼로 중생을 해친다오. 그 업으로 인하여, 그와 같은 행동을 했기 때문에, 그와 같이 실행했기 때문에, 그는 몸이 무너져 죽은 후에 험난하고 고통스러운, 지옥과 같은 악취에 태어난다오. 만약에 몸이 무너져 죽은 후에 험난하고 고통스러운, 지옥과 같은 악취에 태어나지 않고 인간으로 돌아온다면, 어느 곳에 태어나더라도 병이 많다오. 바라문 청년이여, 손이나, 흙덩어리나, 몽둥이나, 칼로 중생을 해치는 것이 많은 병으로 가는 길이라오.

바라문 청년이여, 어떤 여자나 남자는 손이나, 흙덩어리나, 몽둥이나, 칼로 중생을 해치지 않는다오. 그 업으로 인하여, 그와 같은 행동을 했기 때문에, 그와 같이 실행했기 때문에, 그는 몸이 무너져 죽은 후에 행복한 천상에 태어난다오. 만약에 몸이 무너져 죽은 후에 행복한 천상에 태어나지 않고 인간으로 돌아온다면, 어느 곳에 태어나더라도 병이 없다오. 바라문 청년이여, 손이나, 흙덩어리나, 몽둥이나, 칼로 중생을 해치지 않는 것이 무병(無病)으로 가는 길이라오.

바라문 청년이여, 어떤 여자나 남자는 사소한 말을 들어도 화를 내고, 성을 내고, 짜증을 내고, 저항하고, 원한과 분노와 불만을 드러내면서 쉽게 화내고 근심한다오. 그 업으로 인하여, 그와 같은 행동을 했기 때문에, 그와 같이 실행했기 때문에, 그는 몸이 무너져 죽은 후에 험난하고 고통스러운, 지옥과 같은 악취에 태어난다오. 만약에 몸이 무너져 죽은 후에 험난하고 고통스러운, 지옥과 같은 악취에 태어나지 않고 인간으로 돌아온다면, 어느 곳에 태어나더라도 모습이 추하다오. 바라문 청년이여, 사소한 말을 들어도 화를 내고, 성을 내고, 짜증을 내고, 저항하고, 원한과 분노와 불만을 드러내면서, 쉽게 화내고 근심하는 것이 추한 모습으로 가는 길이라오.

바라문 청년이여, 어떤 여자나 남자는 많은 말을 들어도 화를 내지 않고, 성을 내지 않고, 짜증을 내지 않고, 저항하지 않고, 원한과 분노와 불만을 드러내지 않으면서, 쉽게 화내지 않고 근심하지 않는다오. 그 업으로 인하여, 그와 같은 행동을 했기 때문에, 그와 같이 실행했기 때문에, 그는 몸이 무너져 죽은 후에 행복한 천상에 태어난다오. 만약에 몸이 무너져 죽은 후에 행복한 천상에 태어나지 않고 인간으로 돌아온다면, 어느 곳에 태어나더라도 모습이 사랑스럽다오. 바라문 청년이여, 많은 말을 들어도 화를 내지 않고, 성을 내지 않고, 짜증을 내지 않고, 저항하지 않고, 원한과 분노와 불만을 드러내지 않으면서, 쉽게 화내지 않고 근심하지 않는 것이 사랑스러운 모습으로 가는 길이라오.

바라문 청년이여, 어떤 여자나 남자는 다른 사람이 받는 이익과 공경과 존경과 존중과 예배와 공양에 대하여 시기하고, 질투하고, 질투심에 속박된다오. 그 업으로 인하여, 그와 같은 행동을 했기 때문에, 그와 같이 실행했기 때문에, 그는 몸이 무너져 죽은 후에 험난하고 고통스러운, 지옥과 같은 악취에 태어난다오. 만약에 몸이 무너져 죽은 후에 험난하고 고통스러운, 지옥과 같은 악취에 태어나지 않고 인간으로 돌아온다면, 어느 곳에 태어나더라도 세력이 없다오. 바라문 청년이여, 다른 사람이 받는 이익과 공경과 존경과 존중과 예배와 공양에 대하여 시기하고, 질투하고, 질투심에 속박되는 것이 무력하게 되는 길이라오.

바라문 청년이여, 어떤 여자나 남자는 다른 사람이 받는 이익과 공경과 존경과 존중과 예배와 공양에 대하여 시기하지 않고, 질투하지 않고, 질투심에 속박되지 않는다오. 그 업으로 인하여, 그와 같은 행동을 했기 때문에, 그와 같이 실행했기 때문에, 그는 몸이 무너져 죽은 후에 행복한 천상에 태어난다오. 만약에 몸이 무너져 죽은 후에 행복한 천상에 태어나지 않고 인간으로 돌아온다면, 어느 곳에 태어나더라도 세력이 있다오. 바라문 청년이여, 다른 사람이 받는 이익과 공경과 존경과 존중과 예배와 공양에 대하여 시기하지 않고, 질투하지 않고, 질투심에 속박되지 않는 것이 세력을 갖는 길이라오.

바라문 청년이여, 어떤 여자나 남자는 사문이나 바라문에게 음식, 음료, 옷, 수레, 꽃과 향과 기름, 와구(臥具)와 거처(居處)와 등(燈)을 보시하지 않는다오. 그 업으로 인하여, 그와 같은 행동을 했기 때문에, 그와 같이 실행했기 때문에, 그는 몸이 무너져 죽은 후에 험난하고 고통스러운, 지옥과 같은 악취에 태어난다오. 만약에 몸이 무너져 죽은 후에 험난하고 고통스러운, 지옥과 같은 악취에 태어나지 않고 인간으로 돌아온다면, 어느 곳에 태어나더라도 가난하다오. 바라문 청년이여, 사문이나 바라문에게 음식, 음료, 옷, 수레, 꽃과 향과 기름, 와구와 거처와 등을 보시하지 않는 것이 가난하게 되는 길이라오.

바라문 청년이여, 어떤 여자나 남자는 사문이나 바라문에게 음식, 음료, 옷, 수레, 꽃과 향과 기름, 와구와 거처와 등을 보시한다오. 그 업으로 인하여, 그와 같은 행동을 했기 때문에, 그와 같이 실행했기 때문에, 그는 몸이 무너져 죽은 후에 행복한 천상에 태어난다오. 만약에 몸이 무너져 죽은 후에 행복한 천상에 태어나지 않고 인간으로 돌아온다면, 어느 곳에 태어나더라도 부유하다오. 바라문 청년이여, 사문이나 바라문에게 음식, 음료, 옷, 수레, 꽃과 향과 기름, 와구와 거처와 등을 보시하는 것이 부유하게 되는 길이라오.

바라문 청년이여, 어떤 여자나 남자는 예배해야 할 사람에게 예배하지 않고, 일어나서 맞이해야 할 사람을 일어나서 맞이하지 않고, 자리를 내줘야 할 사람에게 자리를 내주지 않고, 길을 비켜줘야 할 사람에게 길을 비켜주지 않고, 공경해야 할 사람을 공경하지 않고, 존중해야 할 사람을 존중하지 않고, 존경해야 할 사람을 존경하지 않고, 공양해야 할 사람을 공양하지 않고, 오만하고 거만하다오. 그 업으로 인하여, 그와 같은 행동을 했기 때문에, 그와 같이 실행했기 때문에, 그는 몸이 무너져 죽은 후에 험난하고 고통스러운, 지옥과 같은 악취에 태어난다오. 만약에 몸이 무너져 죽은 후에 험난하고 고통스러운, 지옥과 같은 악취에 태어나지 않고, 인간으로 돌아온다면, 어느 곳에 태어나더라도 천한 가문에 태어난다오. 바라문 청년이여, 예배해야 할 사람에게 예배하지 않고, 일어나서 맞이해야 할 사람을 일어나서 맞이하지 않고,

자리를 내줘야 할 사람에게 자리를 내주지 않고, 길을 비켜줘야 할 사람에게 길을 비켜주지 않고, 공경해야 할 사람을 공경하지 않고, 존중해야 할 사람을 존중하지 않고, 존경해야 할 사람을 존경하지 않고, 공양해야 할 사람을 공양하지 않고, 오만하고, 거만한 것이 천한 가문에 태어나는 길이라오.

바라문 청년이여, 어떤 여자나 남자는 예배해야 할 사람에게 예배하고, 일어나서 맞이해야 할 사람을 일어나서 맞이하고, 자리를 내줘야 할 사람에게 자리를 내주고, 길을 비켜줘야 할 사람에게 길을 비켜주고, 공경해야 할 사람을 공경하고, 존중해야 할 사람을 존중하고, 존경해야 할 사람을 존경하고, 공양해야 할 사람을 공양하고, 오만하지 않고, 거만하지 않다오. 그 업으로 인하여, 그와 같은 행동을 했기 때문에, 그와 같이 실행했기 때문에, 그는 몸이 무너져 죽은 후에 행복한 천상에 태어난다오. 만약에 몸이 무너져 죽은 후에 행복한 천상에 태어나지 않고 인간으로 돌아온다면, 어느 곳에 태어나더라도 귀한 가문에 태어난다오. 바라문 청년이여, 예배해야 할 사람에게 예배하고, 일어나서 맞이해야 할 사람을 일어나서 맞이하고, 자리를 내줘야 할 사람에게 자리를 내주고, 길을 비켜줘야 할 사람에게 길을 비켜주고, 공경해야 할 사람을 공경하고, 존중해야 할 사람을 존중하고, 존경해야 할 사람을 존경하고, 공양해야 할 사람을 공양하고, 오만하지 않고, 거만하지 않는 것이 귀한 가문에 태어나는 길이라오.

바라문 청년이여, 어떤 여자나 남자는 사문이나 바라문을 찾아가서 '존자여, 무엇이 선(善)이고, 무엇이 불선(不善)입니까? 어떤 것이 비난받을 일이고, 어떤 것이 비난받지 않을 일입니까? 어떤 것이 해야 할 일이고, 어떤 것이 해서는 안 될 일입니까? 나에게 오랫동안 불이익과 괴로움을 가져오는 것은 무엇이고, 나에게 오랫동안 이익과 행복을 가져오는 것은 무엇입니까?'라고 묻지 않는다오. 그 업으로 인하여, 그와 같은 행동을 했기 때문에, 그와 같이 실행했기 때문에, 그는 몸이 무너져 죽은 후에 험난하고 고통스러운, 지옥과 같은 악취에 태어난다오. 만약에 몸이 무너져 죽은 후에 험난하고 고통스러운, 지옥과 같은 악취에 태어나지 않고 인간으로 돌아온다면, 어느 곳에 태어나더라도 어리석다오. 바라문 청년이여, 사문이나 바라문을 찾아가서 '존자여, 무엇이 선이고, 무엇이 불선입니까? 어떤 것이 비난받을 일이고, 어떤 것이 비난받지 않을 일입니까? 어떤 것이 해야 할 일이고, 어떤 것이 해서는 안 될 일입니까? 나에게 오랫동안 불이익과 괴로움을 가져오는 것은 무엇이고, 나에게 오랫동안 이익과 행복을 가져오는 것은 무엇입니까?'라고 묻지 않는 것이 어리석게 되는 길이라오.

바라문 청년이여, 어떤 여자나 남자는 사문이나 바라문을 찾아가서 '존자여, 무엇이 선이고, 무엇이 불선입니까? 어떤 것이 비난받을 일이고, 어떤 것이 비난받지 않을 일입니까? 어떤 것이 해야 할 일이고, 어떤 것이 해서는 안 될 일입니까? 나에게 오랫동안 불이익과 괴로움을 가져오는 것은 무엇이고, 나에게 오랫동안 이익과 행복을 가져오는 것은 무엇입니까?'라고 묻는다오. 그 업으로 인하여, 그와 같은 행동을 했기 때문에, 그와 같이 실행했기 때문에, 그는 몸이 무너져 죽은 후에 행복한 천상에 태어난다오. 만약에 몸이 무너져 죽은 후에 행복한 천상에 태어나지 않고 인간으로 돌아온다면, 어느 곳에 태어나더라도 현명하다오. 바라문 청년이여, 사문이나 바라문을 찾아가서 '존자여, 무엇이 선이고, 무엇이 불선입니까? 어떤 것이 비난받을 일이고, 어떤 것이 비난받지 않을 일입니까? 어떤 것이 해야 할 일이고, 어떤 것이 해서는 안 될 일입니까? 나에게 오랫동안 불이익과 괴로움을 가져오는 것은 무엇이고, 나에게 오랫동안 이익과 행복을 가져오는 것은 무엇입니까?'라고 묻는 것이 현명하게 되는 길이라오.

바라문 청년이여, 이와 같이 짧은 수명으로 가는 길을 가면 수명이 짧게 되고, 긴 수명으로 가는 길을 가면 장수하게 되고, 많은 병으로 가는 길을 가면 병이 많게 되고, 무병으로 가는 길을 가면 병이 없게 되고, 추한 모습으로 가는 길을 가면 추한 모습이 되고, 사랑스러운 모습으로 가는 길을 가면 사랑스러운 모습이 되고, 무력하게 되는 길을 가면 무력하게 되고, 세력을 갖게 되는 길을 가면 세력을 갖게 되고, 가난하게 되는 길을 가면 가난하게 되고, 부유하게 되는 길을 가면 부유하게 되고, 천한 가문에 태어나는 길을 가면 천한 가문에 태어나고, 귀한 가문에 태어나는 길을 가면 귀한 가문에 태어나고, 어리석게 되는 길을 가면 어리석게 되고, 현명하게 되는 길을 가면 현명하게 된다오.

바라문 청년이여, 이와 같이 중생은 업의 소유자이며, 업의 상속자이며, 업을 모태(母胎)로 하며, 업의 친척이며, 업에 의지한다오. 업이 중생을 이와 같이 잘난 사람과 못난 사람으로 나눈다오."

이와 같이 말씀하시자, 바라문 청년 쑤바 또데야뿟따가 세존께 말씀드렸습니다.

"훌륭합니다. 고따마 존자여! 훌륭합니다. 고따마 존자여! 고따마 존자여, 마치 뒤집힌 것을 바로 세우는 것 같고, 감추어진 것을 드러내는 것 같고, 길 잃은 자에게 길을 알려주는 것 같고, '눈 있는 자들은 보라'고 어둠 속에 등불을 비춰주는 것 같습니다. 이와 같이 고따마 존자께서는 여러 가지 방법으로 진리를 알려주셨습니다. 이제 저는 고따마 존자님께 귀의합니다. 가르침과 비구 승가에 귀의합니다. 고따마 존자님께서는 저를 청신사(淸信士)로 받아주소서. 오늘부터 살아있는 날까지 귀의하겠나이다."

63

개요(槪要)를 분별하신 경

138. Uddesavibhaṅga-sutta

【 해제 】

이 경은 한역 『중아함경(中阿含經)』 「164. 분별관법경(分別觀法經)」에 상응하는 경이다.

　　많은 사람들이 선정(禪定) 수행을 하고자 하지만, 어떻게 해야 하는지를 몰라서 포기하는 경우가 많다. 이 경은 선정을 수행하는 방법을 구체적으로 보여주기 때문에 선정 수행을 하려는 사람은 반드시 보아야 한다.

　　불교의 선정은 삼매(三昧)에 머무는 선정이 아니다. 삼매는 외부의 대상을 향해서 밖으로 어지럽게 흩어지는 의식을 안으로 모으는 것이다. 삼매가 이루어지면, 마음이 삼매에 빠져 머물지 않고, 자신의 내면을 단계적으로 통찰하여 5온(五蘊)이 자아(自我)도 아니고, 자아의 소유

도 아니라는 것을 깨달아 자아라는 망상에서 벗어나는 것이 불교의 선
정 수행이다.

이와 같이 나는 들었습니다.

한때 세존께서는 싸왓티의 제따와나 아나타삔디까 승원에 머무셨습니다. 그때 세존께서 "비구들이여!"라고 비구들을 불렀습니다.

비구들은 "존경하는 스승님!" 하고 대답했습니다.

세존께서는 이렇게 말씀하셨습니다.

"비구들이여, 내가 그대들에게 개요(槪要)를[01] 가르쳐주겠소. 듣고 잘 생각해보시오. 내가 이야기하겠소."

그 비구들은 "세존이시여, 그렇게 하겠습니다"라고 대답했습니다.

세존께서 말씀하셨습니다.

"비구들이여, 비구는 분별하는 마음[識]이 밖으로 어지럽게 흩어지지 않게 살펴야 하고, 안으로는 마음이 머물지 않고, 집착할 것이 없기 때문에 걱정하지 않아야 한다오. 비구들이여, 분별하는 마음이 밖으로 어지럽게 흩어지지 않고, 안으로 마음이 머물지 않고 집착할 것이 없기 때문에 걱정하지 않으면, 미래에 늙어 죽는 괴로움이 쌓이지[集] 않을 것이오."

이것이 세존께서 하신 말씀입니다. 선서(善逝)께서는 이 말씀을 하시고 자리에서 일어나 승방(僧房)으로 들어가셨습니다. 그 비구들은 세

---

01 'uddesavibhaṅgaṁ'의 번역. 'uddesavibhaṅgaṁ'는 '개요(槪要)'를 의미하는 'uddesa'와 '분별, 분석'을 의미하는 'vibhaṅga'의 합성어로서 축어적으로는 '개요분별'이지만, 이 경에서 세존은 '개요'만을 말씀하셨기 때문에 '개요'로 번역함.

존께서 떠나시자 곧바로 이런 이야기를 했습니다.

"존자들이여, 세존께서는 우리에게 간략하게 개요를 설하시고, 자세한 의미는 설명하지 않으신 채 자리에서 일어나 승방으로 들어가셨습니다. 세존께서 우리에게 간략하게 개요를 설하고, 자세하게 의미를 설명을 하지 않으신 것에 대하여 누가 그 의미를 자세하게 설명해줄 수 있을까요?"

그 비구들은 이런 이야기를 했습니다.

"마하깟짜나 존자는 스승님의 칭찬을 받고 현명한 도반들의 공경을 받습니다. 마하깟짜나 존자는 그 의미를 자세하게 설명해줄 수 있을 것입니다. 우리는 마하깟짜나 존자를 찾아가서 그 의미를 묻는 것이 좋겠습니다."

그 비구들은 마하깟짜나 존자를 찾아가서 마하깟짜나 존자와 정중하게 인사를 하고, 공손한 인사말을 나눈 후에 한쪽에 앉았습니다. 한쪽에 앉은 그 비구들은 마하깟짜나 존자에게 그를 찾아온 사연을 이야기하고, 자세한 의미를 설명해주기를 청했습니다.

마하깟짜나 존자가 말했습니다.

"존자들이여, 비유하면, 단단한 목재를 구하는 어떤 사람이 목재를 찾아 큰 나무에 가서 단단하고 견실한 줄기를 내버리고, 뿌리를 내버리고, 가지와 잎에서 목재를 구하려고 생각하는 것과 같군요. 이와 같이 존자들은 스승님 면전(面前)에서, 세존을 버려두고, 나에게 그 의미를 물으려고 하는군요. 존자들이여, 세존은 알아야 할 것을 아시고, 보아야 할 것을 보시나니, 눈을 성취한 분이시며, 앎을 성취한 분이시며, 진리를 성취한 분이시며, 브라만(梵天)을 성취한 분이시며, 알려주는 분이시며, 가르치는 분이시며, 목표로 인도(引導)하는 분이시며, 불사(不死)의 감로(甘露)를 베푸는 분이시며, 진리의 주인이시며, 여래(如來)이십니다. 여러분은 세존께 그 의미를 물어볼 기회가 있었습니다. 그때 세존께서 설명하셨다면, 여러분은 그대로 그것을 받아 지니면 되었을 것입니다."

"마하깟짜나 존자여, 참으로 그렇습니다. 세존은 알아야 할 것을 아시고, 보아야 할 것을 보시나니, 눈을 성취한 분이시며, 앎을 성취한 분이시며, 진리를 성취한 분이시며, 브라만을 성취한 분이시며, 알려주는 분이시며, 가르치는 분이시며, 목표로 인도하는 분이시며, 불사의 감로를 베푸는 분이시며, 진리의 주인이시며, 여래이십니다. 우리는 세존께 그 의미를 물어볼 기회가 있었습니다. 그때 세존께서 설명하셨다면, 우리는 그대로 그것을 받아 지니면 되었을 것입니다. 그런데 마하깟짜나 존자께서는 스승님의 칭찬을 받고 현명한 도반(道伴)들의 존경을 받는 분입니다. 마하깟짜나 존자께서는 세존께서 간략하게 말씀하신 이 가르침의 자세한 의미를 설명해줄 수 있을 것입니다. 마하깟짜나 존자께서는 어려워하지 말고 설명해주십시오."

"그렇다면, 존자들이여, 잘 듣고, 깊이 생각해보시오. 내가 이야기하겠습니다."

그 비구들은 "존자여, 그렇게 하겠습니다"라고 마하깟짜나 존자에게 대답했습니다.

마하깟짜나 존자는 다음과 같이 말했습니다.

"존자들이여, 세존께서 간략하게 말씀하신 이 가르침의 의미를 나는 이와 같이 자세하게 이해하고 있습니다.

존자들이여, '분별하는 마음이 밖으로 어지럽게 흩어진다'는 것은 어떤 것인가? 존자들이여, 비구가 눈[眼]으로 형색[色]을 본 후에, 형색의 모습[色相]을 애착하고,[02] 형색의 모습에 속박되고,[03] 형색의 모습에 결박(結縛)된[04] 분별하는 마음이 형색의 모습을 추구하는 것을[05] '분별하는 마음이 밖으로 어지럽게 흩어진다'고 합니다. 귀[耳]로 소리[聲]를 듣고, 코[鼻]로 냄새[香]를 맡고, 혀[舌]로 맛[味]을 보고, 몸[身]으로 촉감[觸]을 느끼고, 마음[意]으로 지각대상[法]을 지각하는 것도 마찬가지입니다. 마음으로 지각대상을 지각한 후에, 지각대상의 모습[法相]을 애착(愛着)하고, 지각대상의 모습에 속박되고, 지각대상의 모습에 결박된 분별하는 마음이 지각대상의 모습을 추구하는 것을 '분별하는 마음이 밖으로 어지럽게 흩어진다'고 합니다.

존자들이여, '분별하는 마음이 밖으로 어지럽게 흩어지지 않는다'는 것은 어떤 것인가? 존자들이여, 비구가 눈[眼]으로 형색[色]을 본 후에, 형색의 모습을 애착하지 않고, 형색의 모습에 속박되지 않고, 형색의 모습에 결박되지 않은 분별하는 마음[識]이 형색의 모습을 추구하지 않는 것을 '분별하는 마음이 밖으로 어지럽게 흩어지지 않는다'고 합니다. 귀로 소리를 듣고, 코로 냄새를 맡고, 혀로 맛을 보고, 몸으로 촉감을 느끼고, 마음으로 지각대상을 지각하는 것도 마찬가지입니다. 비구가 마음으로 지각대상을 지각한 후에, 지각대상의 모습을 애착하지

---

02 'rūpanimittassādagathitaṁ'의 번역.

03 'rūpanimittassādavinibaddhaṁ'의 번역.

04 'rūpanimittassādasaṁyojanasaṁyuttaṁ'의 번역.

05 'rūpanimittānusārī'의 번역.

않고, 지각대상의 모습에 속박되지 않고, 지각대상의 모습[法相]에 결박(結縛)되지 않은 분별하는 마음[識]이 지각대상의 모습을 추구하지 않는 것을 '분별하는 마음이 밖으로 어지럽게 흩어지지 않는다'고 합니다.

존자들이여, '안으로 마음이 머문다'는[06] 것은 어떤 것인가? 존자들이여, 어떤 비구는 감각적 욕망을 멀리하고 불선법(不善法)을 멀리하며, 사유(思惟)가 있고 숙고(熟考)가 있으며, 멀리함에서 생긴 기쁨과 행복감이 있는 초선(初禪)을 성취하여 살아갑니다. 그때 그의 분별하는 마음이 멀리함에서 생긴 기쁨과 행복감을 애착하고, 멀리함에서 생긴 기쁨과 행복감에 속박되고, 멀리함에서 생긴 기쁨과 행복감에 결박되어 멀리함에서 생긴 기쁨과 행복감을 추구하는 것을 '안으로 마음이 머문다'고 합니다. 다음으로, 존자들이여, 어떤 비구는 사유와 숙고를 억제하고, 내적으로 평온하게 마음이 집중된, 사유가 없고, 숙고가 없는, 삼매에서 생긴 기쁨과 행복감이 있는 제2선(第二禪)을 성취하여 살아갑니다. 그때 그의 분별하는 마음이 삼매에서 생긴 기쁨과 행복감을 애착하고, 삼매에서 생긴 기쁨과 행복감에 속박되고, 삼매에서 생긴 기쁨과 행복감에 결박되어 삼매에서 생긴 기쁨과 행복감을 추구하는 것을 '안으로 마음이 머문다'고 합니다. 다음으로, 존자들이여, 어떤 비구는 희열(喜悅)이 사라지고 평정한 마음으로 주의집중과 알아차림을 하며 지내는 가운데, 몸으로 행복을 느끼면서, 성인들이 '평정한 마음[捨]으로 주의집중을 하는 행복한 상태'라고 이야기한 제3선(第三禪)을 성취하여 살아갑니다. 그때 그의 분별하는 마음이 평정한 마음을 애착하고,

---

06 'ajjhattaṁ cittaṁ saṇṭhitan ti'의 번역

평정한 마음에 속박되고, 평정한 마음에 결박되어 평정한 마음을 추구하는 것을 '안으로 마음이 머문다'고 합니다. 다음으로, 존자들이여, 어떤 비구는 행복감을 포기하고, 괴로움을 버림으로써, 이전의 만족과 불만이 소멸하여, 괴롭지도 않고 즐겁지도 않은, 평정한 주의집중이 청정한 제4선(第四禪)을 성취하여 살아갑니다. 그때 그의 분별하는 마음[識]이 괴롭지도 즐겁지도 않은 느낌을 애착하고, 괴롭지도 즐겁지도 않은 느낌에 속박되고, 괴롭지도 즐겁지도 않은 느낌에 결박되어 괴롭지도 즐겁지도 않은 느낌을 추구하는 것을 '안으로 마음이 머문다'고 합니다. 존자들이여, 이런 것을 '안으로 마음이 머문다'고 합니다.

존자들이여, '안으로 마음이 머물지 않는다'는 것은 어떤 것인가? 존자들이여, 어떤 비구는 감각적 욕망을 멀리하고 불선법을 멀리하며, 사유가 있고 숙고가 있으며, 멀리함에서 생긴 기쁨과 행복감이 있는 초선(初禪)을 성취하여 살아갑니다. 그때 그의 분별하는 마음이 멀리함에서 생긴 기쁨과 행복감을 애착하지 않고, 멀리함에서 생긴 기쁨과 행복감에 속박되지 않고, 멀리함에서 생긴 기쁨과 행복감에 결박되지 않아서, 멀리함에서 생긴 기쁨과 행복감을 추구하지 않는 것을 '안으로 마음이 머물지 않는다'고 합니다. 다음으로, 존자들이여, 어떤 비구는 사유와 숙고를 억제하고, 내적으로 평온하게 마음이 집중된, 사유가 없고, 숙고가 없는, 삼매에서 생긴 기쁨과 행복감이 있는 제2선(第二禪)을 성취하여 살아갑니다. 그때 그의 분별하는 마음[識]이 삼매에서 생긴 기쁨과 행복감을 애착하지 않고, 삼매에서 생긴 기쁨과 행복감에 속박되지 않고, 삼매에서 생긴 기쁨과 행복감에 결박되지 않아서, 삼매에서 생긴 기쁨과 행복감을 추구하지 않는 것을 '안으로 마음이 머물지 않는다'고 합니다. 다음으로, 존자들이여, 어떤 비구는 희열이 사라지고 평정한 마음으로 주의집중과 알아차림을 하며 지내는 가운데, 몸으로 행복을 느끼면서, 성인들이 '평정한 마음으로 주의집중을 하는 행복한 상태'라고 이야기한 제3선(第三禪)을 성취하여 살아갑니다. 그때 그의 분별하는 마음이 평정한 마음을 애착하지 않고, 평정한 마음에 속박되지 않고, 평정한 마음에 결박되지 않아서, 평정한 마음을 추구하지 않는 것을 '안으로 마음이 머물지 않는다'고 합니다. 다음으로, 존자들이여, 어떤 비구는 행복감을 포기하고 괴로움을 버림으로써, 이전의 만족과 불만이 소멸하여, 괴롭지도 않고 즐겁지도 않은, 평정한 주의집중이 청정한 제4선(第四禪)을 성취하여 살아갑니다. 그때 그의 분별하는 마음이 괴롭지도 즐겁지도 않은 느낌을 애착하지 않고, 괴롭지도 즐겁지도 않은 느낌에 속박되지 않고, 괴롭지도 즐겁지도 않은 느낌에 결박되지 않아서, 괴롭지도 즐겁지도 않은 느낌을 추구하지 않는 것을 '안으로 마음이 머물지 않는다'고 합니다. 존자들이여, 이런 것을 '안으로 마음이 머물지 않는다'고 합니다.

존자들이여, '집착할 것이 없기 때문에 걱정이 있다'[07]는 것은 어떤 것인가? 존자들이여, 성인(聖人)을 무시하고, 성인의 가르침을 이해하지 못하고, 성인의 가르침에서 배우지 못하고, 참사람[正士]을 무시하고, 참사람의 가르침을 이해하지 못하고, 참사람의 가르침에서 배우지 못한, 무지한 범부는 형색[色]을 자아로 여기거나, 자아가 몸을 소유하고 있다고 여기거나, 자아 속에 몸이 있다고 여기거나, 몸속에 자아

---

07 'anupādā paritassanā hoti'의 번역.

가 있다고 여깁니다. 그의 몸은 변천(變遷)하여 달라집니다. 몸이 변천
하여 달라지면, 그의 분별하는 마음은 몸의 변천에 얽매입니다.[08] 그의
분별하는 마음이 몸의 변천에 얽매이면, 몸의 변천에 얽매임으로써 그
와 함께 걱정들이 생겨서 마음을 사로잡고 머뭅니다. 그는 마음이 사로
잡혀서 (변천을) 두려워하고, 고뇌하고, (변천에) 무관심하며, (변천하여) 집
착할 것이 없는 것을 걱정합니다. 느낌[受], 생각[想], 행위[行]들, 분별하
는 마음[識]도 마찬가지입니다. 무지한 범부는 분별하는 마음을 자아
로 여기거나, 자아가 분별하는 마음을 소유하고 있다고 여기거나, 자아
속에 분별하는 마음이 있다고 여기거나, 분별하는 마음속에 자아가 있
다고 여깁니다. 그의 분별하는 마음은 변천하여 달라집니다. 분별하는
마음이 변천하여 달라지면, 그의 분별하는 마음은 분별하는 마음의 변
천에 얽매입니다. 그의 분별하는 마음이 분별하는 마음의 변천에 얽매
이면, 분별하는 마음[識]의 변천에 얽매임으로써 그와 함께 걱정들이
생겨서 마음을 사로잡고 머뭅니다. 그는 마음이 사로잡혀서 두려워하
고, 고뇌하고, 무관심하며, 집착할 것이 없는 것을 걱정합니다. 존자들
이여, 이와 같이 집착할 것이 없기 때문에 걱정이 있습니다.

존자들이여, '집착할 것이 없기 때문에 걱정이 없다'는 것은 어떤
것인가? 존자들이여, 성인(聖人)을 알아보고, 성인의 가르침을 이해하
고, 성인의 가르침에서 배우고, 참사람을 알아보고, 참사람의 가르침을
이해하고, 참사람의 가르침에서 배운 거룩한 제자는 형색을 자아로 간
주하지 않고, 자아가 형색을 지닌 것으로 간주하지 않고, 자아 속에 형

---

08   'tassa rūpavipariṇāmaññathābhāvā rūpavipariṇāmānuparavatti viññāṇaṁ hoti'의 번역.

색이 있다고 간주하지 않고, 형색 속에 자아가 있다고 간주하지 않습니다. 그의 몸은 변천하여 달라집니다. 몸이 변천하여 달라져도, 그의 분별하는 마음은 몸의 변천에 얽매이지 않습니다. 그의 분별하는 마음이 몸의 변천에 얽매이지 않으면, 몸의 변천에 얽매이지 않음으로써, 그와 함께 걱정들이 생기지 않아서 마음을 사로잡고 머물지 않습니다. 그는 마음이 사로잡히지 않아서 (변천을) 두려워하지 않고, 고뇌하지 않고, (변천에) 무관심하지 않으며, (변천하여) 집착할 것이 없는 것을 걱정하지 않습니다. 느낌, 생각, 행위들, 분별하는 마음도 마찬가지입니다. 거룩한 제자는 분별하는 마음을 자아로 여기지 않고, 자아가 분별하는 마음을 소유하고 있다고 여기지 않고, 자아 속에 분별하는 마음이 있다고 여기지 않고, 분별하는 마음속에 자아가 있다고 여기지 않습니다. 그의 분별하는 마음은 변천하여 달라집니다. 분별하는 마음이 변천하여 달라져도, 그의 분별하는 마음은 분별하는 마음의 변천에 얽매이지 않습니다. 그의 분별하는 마음이 분별하는 마음의 변천에 얽매이지 않으면, 분별하는 마음의 변천에 얽매이지 않음으로써 그와 함께 걱정들이 생기지 않아서 걱정이 마음을 사로잡고 머물지 않습니다. 그는 마음이 사로잡히지 않아서 두려워하지 않고, 고뇌하지 않고, 무관심하지 않으며, 집착할 것이 없는 것을 걱정하지 않습니다. 존자들이여, 이와 같이 집착할 것이 없기 때문에 걱정이 없습니다.

존자들이여, 세존께서 간략하게 말씀하신 가르침의 의미를 나는 이와 같이 자세하게 이해하고 있습니다. 존자 여러분들은 세존을 찾아가서 그 의미를 물어보시고, 세존께서 여러분들에게 설명해주시는 것을 받아 지니시기 바랍니다."

그 비구들은 마하깟짜나 존자의 말씀에 기뻐하고, 만족하고서, 자리에서 일어나 세존을 찾아갔습니다. 세존을 찾아가 예배한 다음 한쪽에 앉아서 세존께 마하깟짜나 존자와 나눈 이야기를 말씀드렸습니다.

　　세존께서는 다음과 같이 말씀하셨습니다.

　　"비구들이여, 마하깟짜나는 현명하오. 비구들이여, 마하깟짜나는 큰 지혜가 있소. 비구들이여, 만약 그대들이 나에게 그 의미를 물었다면, 나도 마하깟짜나가 설명한 그대로 설명했을 것이오. 그러니 그것을 받아 지니도록 하시오."

이것이 세존께서 하신 말씀입니다.

그 비구들은 세존의 말씀에 만족하고 기뻐했습니다.

64

무쟁(無諍)을 분별하신 경

139. Araṇavibhaṅga-sutta

【 해제 】

이 경은 한역 『중아함경(中阿含經)』 「169. 구루수무쟁경(拘樓瘦無諍經)」에
상응하는 경이다.

이 경의 주제는 '무쟁(無諍)'이며, 무쟁은 분쟁과 갈등이 없는 것
을 의미한다.

부처님께서는 「11. 꿀 덩어리 경」에서 "나는 누구와도 다투지 않
는 말을 한다"라고 말씀하시면서, "사람들 가운데서 허상[戱論]과 개념
[想]과 명칭(名稱)이 공격할 때, 만약 여기에서 기뻐하거나, 환영하거나,
탐닉하지 않으면. 이것이 다투고 논쟁하고 언쟁하고 험담하고 거짓말하
는 일의 끝이며, 여기에서 이들 사악(邪惡)하고 불선(不善)한 법들이 남김
없이 사라진다"라고 말씀하셨다. 모든 논쟁과 분쟁은 관념적인 인식, 즉

'sañjānāti'에서 비롯하기 때문에 'sañjānāti'에 의해 형성된 관념과 명칭과 이론에 집착하지 않아야 분쟁에서 벗어날 수 있다는 것이다.

이 경도 「11. 꿀 덩어리 경」과 마찬가지로 다툼이 없는 무쟁에 대한 말씀이지만, 내용은 약간 다르다. 이 경에서는 고행과 쾌락을 버린 중도(中道), 즉 8정도(八正道)를 무쟁의 길이라고 이야기한다. 「꿀 덩어리 경」과 이 경의 무쟁의 내용은 겉으로는 서로 달라 보이지만 다 같이 중도를 이야기하고 있기 때문에 실질적으로는 다름이 없다. 'sañjānāti'에 의해 형성된 모든 관념과 명칭은 논리학적으로 모순율에 의해서 성립한 것이기 때문에 서로 다른 주장이 대립할 수밖에 없다. 부처님께서는 체험적 인식, 즉 'abhijānāti'를 통해 이런 모순 대립하는 양극단을 버리도록 가르쳤으며, 이것이 중도이다. 고행주의와 쾌락주의는 사람을 공격하는 관념과 명칭으로 이루어진 허상일 뿐이다. 「꿀 덩어리 경」에서는 이러한 허상을 버리는 이론적 중도로써 다투지 않는 길을 보여주셨다면, 이 경에서는 구체적으로 고행과 쾌락을 버리고 'abhijānāti'를 실천하는 8정도, 즉 실천적 중도로써 무쟁의 길을 보여주신다.

이 경에서 주목할 것은 "선남자 쑤부띠(Subhūti)가 무쟁의 길을 가는 사람이다"라고 하신 말씀이다. '쑤부띠(Subhūti)'는 한역 『금강경(金剛經)』에 등장하는 수보리(須菩提)인데, 『금강경(金剛經)』에서 수보리는 다음과 같이 이야기한다.

"세존이시여, 부처님께서는 제가 무쟁삼매(無諍三昧)를 얻은 사람 가운데 제일이며, 제일가는 이욕아라한(離欲阿羅漢)이라고 말씀하시지만, 저는 '나는 이욕아라한이다'라고 생각하지 않습니다. 세존이시여, 만약에 제가 '나는 이욕아라한이다'라고 생각한다면, 세존께서는 '수보리는 아란나행(阿蘭那行)을 좋아하는 사람이다'라고 말씀하시지 않았을 것입니다."

世尊, 佛說我得無諍三昧, 人中最為第一, 是第一離欲阿羅漢. 我不作是念"我是離欲阿羅漢"世尊, 我若作是念"我得阿羅漢道"世尊則不說須菩提是樂阿蘭那行者.

여기에서 아란나(阿蘭那)는 'araṇa', 즉 무쟁을 의미한다. 『금강경』에서 수보리가 부처님으로부터 들었다는 말씀은 이 경에서 부처님께서 하신 "비구들이여, 선남자 쑤부띠는 무쟁의 길을 가는 사람이라오"라는 말씀이다. 이와 같이 이 경은 『금강경』의 모태라고 할 수 있다.

이와 같이 나는 들었습니다.

한때 세존께서는 싸왓티의 제따와나 아나타삔디까 승원에 머무셨습니다. 그때 세존께서 "비구들이여!"라고 비구들을 불렀습니다.

비구들은 "존경하는 스승님!" 하고 대답했습니다.

세존께서는 이렇게 말씀하셨습니다.

"비구들이여, 내가 그대들에게 무쟁(無諍)에 대하여 상세하게[01] 가르쳐주겠소. 듣고 잘 생각해보시오. 내가 이야기하겠소."

그 비구들은 "세존이시여, 그렇게 하겠습니다"라고 대답했습니다.

세존께서는 다음과 같이 말씀하셨습니다.

"성자의 행(行)이 아닌 범부의 천박하고 무익한 감각적 쾌락을 추구하지도 말고, 성자의 행이 아닌 고통스럽고 무익한 자신을 괴롭히는 고행을 추구하지도 마시오. 이들 막다른 두 길을 멀리하면 여래(如來)가 깨달은 중도(中道)가 있다오. 이 길은 안목(眼目)이 생기고 앎이 생기며, 평온과 체험적 지혜[勝智]와 깨달음과 열반으로 이끈다오. 칭찬을 알고 비난을 알아야 한다오. 칭찬을 알고 비난을 알고 나서, 칭찬도 하지 말고 비난도 하지 말고 진실로 법(法)을 알려주어야 한다오. 행복을 판별할 줄 알고, 행복을 판별한 다음에, 안으로 행복을 추구해야 한다

---

01 'araṇavibhaṅgaṃ'의 번역. 'araṇa'는 '다툼이 없는'의 의미이고, 'vibhaṅga'는 '상세한 分別'의 의미이다.

오. 숙덕공론을[02] 하지 않아야 하고, 면책(面責)을 하지 않아야 한다오. 서두르지 않고 침착하게 말해야 한다오. 방언(方言)을[03] 고집하지 않고, 통칭(通稱)을[04] 벗어나지 않아야 한다오. 이것이 무쟁에 대한 개요라오.

'성자의 행이 아닌 범부의 천박하고 무익한 감각적 쾌락을 추구하지도 말고, 성자의 행이 아닌 고통스럽고 무익한 자신을 괴롭히는 고행을 추구하지도 말라!'고 했는데, 이 말은 무엇을 이야기한 것인가? 성자의 행이 아닌 범부의 천박하고 무익한 감각적 쾌락이 주는 행복과 만족을 추구하는 것은 피해가 있고 근심이 있고 고뇌가 있고 불행이 있는 삿된 길[邪道]이라오. 성자의 행이 아닌 범부의 천박하고 무익한 감각적 쾌락이 주는 행복과 만족을 추구하지 않는 것이 피해가 없고 근심이 없고 고뇌가 없고 불행이 없는 바른길[正道]이라오. 성자의 행이 아닌 고통스럽고 무익한, 자신을 괴롭히는 고행을 추구하는 것은 피해가 있고 근심이 있고 고뇌가 있고 불행이 있는 삿된 길이라오. 성자의 행이 아닌 고통스럽고 무익한, 자신을 괴롭히는 고행을 추구하지 않는 것이 피해가 없고 근심이 없고 고뇌가 없고 불행이 없는 바른길이라오. '성자의 행이 아닌 범부의 천박하고 무익한 감각적 쾌락을 추구하지도 말고, 성자의 행이 아닌 고통스럽고 무익한 자신을 괴롭히는 고행을 추구하지도 말라!'고 한 것은 이것을 이야기한 것이라오.

'이들 막다른 두 길을 멀리하면 여래가 깨달은 중도가 있으며, 이 길은 안목이 생기고 앎이 생기며, 평온과 체험적 지혜와 깨달음과 열

---

02 'rahovādaṁ'의 번역.
03 'janapadaniruttiṁ'의 번역.
04 'samaññaṁ'의 번역. 'samaññaṁ'은 '통용되는 명칭'을 의미한다.

824 精選 맛지마 니까야

반으로 이끈다'라고 했는데, 이 말은 무엇을 이야기한 것인가? 정견(正見), 정사유(正思惟), 정어(正語), 정업(正業), 정명(正命), 정정진(正精進), 정념(正念), 정정(正定)이라는 성자의 8정도(八正道)가 있다오. '이들 막다른 두 길을 멀리하면 여래가 깨달은 중도가 있으며, 이 길은 안목이 생기고 앎이 생기며, 평온과 체험적 지혜[勝智]와 깨달음과 열반으로 이끈다'라고 한 것은 이것을 이야기한 것이라오.

'칭찬을 알고 비난을 알아야 한다. 칭찬을 알고 비난을 알고 나서, 칭찬도 하지 말고 비난도 하지 말고 진실로 법을 알려주어야 한다'고 했는데, 이것은 무엇을 이야기한 것인가?

비구들이여, 어떤 것이 칭찬하고 비난하면서 법을 알려주지 않는 것인가? '성자의 행이 아닌, 범부의 천박하고 무익한, 감각적 쾌락이 주는 행복과 만족을 추구하는 사람들은 모두 피해가 있고 근심이 있고 고뇌가 있고 불행이 있는 삿된 길을 가는 사람들이다'라는 말은 어떤 사람들을 비난하는 것이오. '성자의 행이 아닌, 범부의 천박하고 무익한, 감각적 쾌락이 주는 행복과 만족을 추구하는 사람들은 모두 피해가 없고 근심이 없고 고뇌가 없고 불행이 없는 바른길을 가는 사람들이다'라는 말은 어떤 사람들을 칭찬하는 것이오. '성자의 행이 아닌, 고통스럽고 무익한, 자신을 괴롭히는 고행을 추구하는 사람들은 모두 피해가 있고 근심이 있고 고뇌가 있고 불행이 있는 삿된 길을 가는 사람들이다'라는 말은 어떤 사람들을 비난하는 것이오. '성자의 행이 아닌, 고통스럽고 무익한, 자신을 괴롭히는 고행을 추구하는 사람들은 모두 피해가 없고 근심이 없고 고뇌가 없고 불행이 없는 바른길을 가는 사람들이다'라는 말은 어떤 사람들을 칭찬하는 것이오. '누구든지 존재의 결박을 끊어버리지 못한 사람들은 모두 피해가 있고 근심이 있고 고뇌가 있고 불행이 있는 삿된 길을 가는 사람들이다'라는 말은 어떤 사람들을 비난하는 것이오. '누구든지 존재의 결박을 끊어버린 사람들은 모두 피해가 없고 근심이 없고 고뇌가 없고 불행이 없는 바른길을 가는 사람들이다'라는 말은 어떤 사람들을 칭찬하는 것이오. 비구들이여, 이와 같이 칭찬하고 비난하는 것은 법을 알려주는 것이 아니라오.

　비구들이여, 어떤 것이 칭찬도 하지 않고 비난도 하지 않고 진실로 법을 알려주는 것인가? '성자의 행이 아닌, 범부의 천박하고 무익한, 감각적 쾌락이 주는 행복과 만족을 추구하는 사람들은 모두 피해가 있고 근심이 있고 고뇌가 있고 불행이 있는 삿된 길을 가는 사람들이다'라고 말하지 않고, '감각적 쾌락이 주는 행복과 만족을 추구하는 것이 피해가 있고 근심이 있고 고뇌가 있고 불행이 있는 삿된 길이다'라고 말하는 것이 진실로 법을 알려주는 것이라오.[05] '성자의 행이 아닌, 범부의 천박하고 무익한, 감각적 쾌락이 주는 행복과 만족을 추구하는 사람들은 모두 피해가 없고 근심이 없고 고뇌가 없고 불행이 없는 바른길을 가는 사람들이다'라고 말하지 않고, '감각적 쾌락이 주는 행복과 만족을 추구하지 않는 것이 피해가 없고 근심이 없고 고뇌가 없고 불행이 없는 바른길이다'라고 말하는 것이 진실로 법을 알려주는 것이라오. '성자의 행이 아닌, 고통스럽고 무익한, 자신을 괴롭히는 고행을 추구하는 사람들은 모두 피해가 있고 근심이 있고 고뇌가 있고 불행

05　삿된 길을 가는 사람이 있는 것이 아니라, 단지 삿된 길이 있을 뿐이라는 의미이다. 삿된 행동을 하는 사람을 비난하지 말고, 그것이 삿된 길이라는 사실을 알려주어 삿된 행동을 하지 않게 해야 한다는 의미이다.

이 있는 삿된 길을 가는 사람들이다'라고 말하지 않고, '고행을 추구하는 것이 피해가 있고 근심이 있고 고뇌가 있고 불행이 있는 삿된 길이다'라고 말하는 것이 진실로 법을 알려주는 것이라오. '성자의 행이 아닌, 고통스럽고 무익한, 자신을 괴롭히는 고행을 추구하는 사람들은 모두 피해가 없고 근심이 없고 고뇌가 없고 불행이 없는 바른길을 가는 사람들이다'라고 말하지 않고, '고행을 추구하지 않는 것이 피해가 없고 근심이 없고 고뇌가 없고 불행이 없는 바른길이다'라고 말하는 것이 진실로 법을 알려주는 것이라오. '누구든지 존재의 결박을 끊어버리지 못한 사람들은 모두 피해가 있고 근심이 있고 고뇌가 있고 불행이 있는 삿된 길을 가는 사람들이다'라고 말하지 않고, '존재의 결박을 끊어버리지 않으면 존재[有]가 제거되지 않는다'[06]라고 말하는 것이 진실로 법을 알려주는 것이라오. '누구든지 존재의 결박을 끊어버린 사람들은 모두 피해가 없고 근심이 없고 고뇌가 없고 불행이 없는 바른길을 가는 사람들이다'라고 말하지 않고, '존재의 결박을 끊어버리면 존재가 제거된다'라고 말하는 것이 진실로 법을 알려주는 것이라오. 비구들이여, 이렇게 하는 것이 칭찬도 하지 않고 비난도 하지 않고, 진실로 법을 알려주는 것이라오. '칭찬을 알고 비난을 알아야 한다. 칭찬을 알고 비난을 알고 나서, 칭찬도 하지 말고 비난도 하지 말고, 진실로 법을 알려주어야 한다'라고 한 것은 이것을 이야기한 것이라오.

'행복을 판별할 줄 알고, 행복을 판별한 다음에, 안으로 행복을 추구해야 한다'라고 했는데, 이 말은 무엇을 이야기한 것인가? 비구들이

---

06 'bhavasaṃyojane kho appahīne, bhavo appahīno hoti'의 번역.

여, 다섯 가지 감각적 욕망의 속성(屬性)[07]이 있다오. 그 다섯 가지는 어떤 것인가? 마음에 들고 사랑스럽고 매력적이고 귀엽고 쾌락을 주고 유혹적인, 눈에 보이는 형색[色], 귀에 들리는 소리[聲], 코에 맡아지는 향기[香], 혀에 느껴지는 맛[味], 몸에 느껴지는 촉감[觸], 이들이 다섯 가지 감각적 욕망의 속성이라오. 비구들이여, 이들 다섯 가지 감각적 욕망의 속성에 의지하여 생기는 즐거움과 만족을 감각적 쾌락, 더러운 쾌락, 범부의 쾌락, 천박한 쾌락이라고 부른다오. 나는 이런 쾌락을 추구하지 말고, 익히지 말고, 늘리지 말고, 두려워해야 한다고 말한다오. 비구들이여, 어떤 비구는 감각적 욕망을 멀리하고 불선법(不善法)을 멀리하며, 사유(思惟)가 있고 숙고(熟考)가 있으며, 멀리함에서 생긴 기쁨과 행복감이 있는 초선(初禪)을 성취하여 살아간다오. 더 나아가 제2선(第二禪), 제3선(第三禪), 제4선(第四禪)을 성취하여 살아간다오.[08] 이것을 무욕(無欲)의 즐거움, 탈속(脫俗)의 즐거움, 적정(寂靜)의 즐거움, 정각(正覺)의 즐거움이라고 부른다오. 나는 이런 즐거움을 추구하고, 익히고, 늘리고, 두려워하지 않아야 한다고 말한다오. '행복을 판별할 줄 알고, 행복을 판별한 다음에, 안으로 행복을 추구해야 한다'라고 한 것은, 이것을 이야기한 것이라오.

'숙덕공론을 하지 않아야 하고, 면책(面責)을 하지 않아야 한다'라고 했는데, 이 말은 무엇을 이야기한 것인가? 숙덕공론이 사실이 아니고 진실이 아니고 무익한 것임을 알았다면, 결코 그 숙덕공론을 이야기해서는 안 된다오. 숙덕공론이 사실이고 진실이지만, 무익한 것임을 알

---

07 'pañca kāmaguṇā'의 번역.
08 선정(禪定)의 내용은 생략함.

았다면, 그것을 이야기하지 않도록 공부해야 한다오. 숙덕공론이 사실이고 진실이고 유익한 것임을 알았다면, 그때는 적당한 때를 보아서 그 숙덕공론을 이야기해야 한다오. 비구들이여, 면책을 하려고 할 때, 그것이 사실이 아니고 진실이 아니고 무익한 것임을 알았다면, 결코 면책을 해서는 안 된다오. 면책을 하려는 것이 사실이고 진실이지만, 무익한 것임을 알았다면, 면책을 하지 않도록 공부해야 한다오. 면책을 하려는 것이 사실이고 진실이고 유익한 것임을 알았다면, 그때는 적당한 때를 보아서 면책을 해야 한다오. '숙덕공론을 하지 않아야 하고, 면책을 하지 않아야 한다'라고 한 것은, 이것을 이야기한 것이라오.

'서두르지 않고 침착하게 말해야 한다'라고 했는데, 이 말은 무엇을 이야기한 것인가? 비구들이여, 급하게 말을 하면, 몸은 피곤하고 마음은 흥분되며, 목소리가 상하고 목구멍이 아프며, 급하게 하는 말은 불분명하여 알아들을 수 없다오. 비구들이여, 침착하게 말을 하면, 몸은 피곤하지 않고 마음은 흥분되지 않으며, 목소리가 상하지 않고 목구멍이 아프지 않으며, 침착하게 하는 말은 분명하여 알아들을 수 있다오. '서두르지 않고 침착하게 말해야 한다'라고 한 것은, 이것을 이야기한 것이오.

'방언(方言)을 고집하지 않고, 통칭(通稱)을 벗어나지 않아야 한다'라고 했는데, 이 말은 무엇을 이야기한 것인가? 비구들이여, 어떤 것이 방언을 고집하면서, 통칭을 벗어나는 것인가? 비구들이여, 지방에 따라서 '그릇'을 '삐띠(Pīti)'라는 명칭으로 부르고,[09] '빳땅(Pattaṁ)'이라는 명칭으로 부르고, '싸라왕(Sarāvaṁ)'이라는 명칭으로 부르고, '다로빵

---

09 'Pītīti sañjānanti'의 번역.

(Dhāropaṁ)'이라는 명칭으로 부르고, '뽀낭(Ponaṁ)'이라는 명칭으로 부르고, '삐씰랑(Pisīlaṁ)'이라는 명칭으로 부른다오. 이와 같이 각각의 지방에서 부르는 명칭을 강하게 고집하고 집착하여 사용하면서, '이것만이 옳고, 다른 것은 틀렸다'라고 한다면, 비구들이여, 이것이 방언을 고집하면서 통칭을 벗어나는 것이라오. 비구들이여, 어떤 것이 방언을 고집하지 않고, 통칭을 벗어나지 않는 것인가? 비구들이여, 지방에 따라서 각기 다른 명칭으로 부를 때, '지금 이 존자들은 이것에 대하여 이것이라고 말하는구나'라고 생각하고 (자신의 방언을) 집착하지 않고 그 지방에서 부르는 명칭을 사용하여 말하면, 이것이 방언을 쓰지 않고 통칭을 벗어나지 않는 것이라오. '방언을 고집하지 않고, 통칭을 벗어나지 않아야 한다'라고 한 것은 이것을 이야기한 것이오.

비구들이여, 성자의 행이 아닌 범부의 천박하고 무익한, 감각적 쾌락이 주는 행복과 만족을 추구하는 것은 피해가 있고 근심이 있고 고뇌가 있고 불행이 있는 삿된 길이라오. 그러므로 이것은 분쟁[10]이라오. 비구들이여, 성자의 행이 아닌, 범부의 천박하고 무익한, 감각적 쾌락이 주는 행복과 만족을 추구하지 않는 것이 피해가 없고 근심이 없고 고뇌가 없고 불행이 없는 바른길이라오. 그러므로 이것은 무쟁이라오.

비구들이여, 성자의 행이 아닌, 고통스럽고 무익한, 자신을 괴롭히는 고행을 추구하는 것은 피해가 있고 근심이 있고 고뇌가 있고 불행이 있는 삿된 길이라오. 그러므로 이것은 분쟁이라오. 비구들이여, 성자의 행이 아닌 고통스럽고 무익한, 자신을 괴롭히는 고행을 추구하지

---

10 'raṇa'를 '분쟁(紛爭)'으로 번역했다.

않는 것이 피해가 없고 근심이 없고 고뇌가 없고 불행이 없는 바른길이라오. 그러므로 이것은 무쟁이라오.

비구들이여, 여래가 깨달은 중도는 안목이 생기고 앎이 생기며, 평온과 체험적 지혜와 깨달음과 열반으로 이끌며, 피해가 없고 근심이 없고 고뇌가 없고 불행이 없는 바른길이라오. 그러므로 이것은 무쟁이라오.

비구들이여, 칭찬하고 비난하면서 법을 알려주지 않는 것은 피해가 있고 근심이 있고 고뇌가 있고 불행이 있는 삿된 길이라오. 그러므로 이것은 분쟁이라오. 비구들이여, 칭찬하지 않고 비난하지 않고 법을 알려주는 것은 피해가 없고 근심이 없고 고뇌가 없고 불행이 없는 바른길이라오. 그러므로 이것은 무쟁이라오.

비구들이여, 감각적 쾌락, 더러운 쾌락, 범부의 쾌락, 천박한 쾌락은 피해가 있고 근심이 있고 고뇌가 있고 불행이 있는 삿된 길이라오. 그러므로 이것은 분쟁이라오. 비구들이여, 무욕(無欲)의 즐거움, 탈속(脫俗)의 즐거움, 적정(寂靜)의 즐거움, 정각(正覺)의 즐거움은 피해가 없고 근심이 없고 고뇌가 없고 불행이 없는 바른길이라오. 그러므로 이것은 무쟁이라오.

비구들이여, 사실이 아니고 진실이 아니고 무익한 숙덕공론은 피해가 있고 근심이 있고 고뇌가 있고 불행이 있는 삿된 길이라오. 그러므로 이것은 분쟁이라오. 비구들이여, 사실이고 진실이지만 무익한 숙덕공론도 피해가 있고 근심이 있고 고뇌가 있고 불행이 있는 삿된 길이라오. 그러므로 이것은 분쟁이라오. 비구들이여, 사실이고 진실이고 유익한 숙덕공론은 피해가 없고 근심이 없고 고뇌가 없고 불행이 없는 바른길이라오. 그러므로 이것은 무쟁이라오.

비구들이여, 사실이 아니고 진실이 아니고 무익한 면책(面責)은 피해가 있고 근심이 있고 고뇌가 있고 불행이 있는 삿된 길이라오. 그러므로 이것은 분쟁이라오. 비구들이여, 사실이고 진실이지만 무익한 면책도 피해가 있고 근심이 있고 고뇌가 있고 불행이 있는 삿된 길이라오. 그러므로 이것은 분쟁이라오. 비구들이여, 사실이고 진실이고 유익한 면책은 피해가 없고 근심이 없고 고뇌가 없고 불행이 없는 바른길이라오. 그러므로 이것은 무쟁이라오.

비구들이여, 성급한 말은 피해가 있고 근심이 있고 고뇌가 있고 불행이 있는 삿된 길이라오. 그러므로 이것은 분쟁이라오. 비구들이여, 침착한 말은 피해가 없고 근심이 없고 고뇌가 없고 불행이 없는 바른길이라오. 그러므로 이것은 무쟁이라오.

비구들이여, 방언을 고집하면서 통칭을 벗어나는 것은 피해가 있고 근심이 있고 고뇌가 있고 불행이 있는 삿된 길이라오. 그러므로 이것은 분쟁이라오. 비구들이여, 방언을 고집하지 않고 통칭을 벗어나지 않는 것이 피해가 없고 근심이 없고 고뇌가 없고 불행이 없는 바른길이라오. 그러므로 이것은 무쟁이라오.

비구들이여, 그러므로 그대들은 '우리는 이제 분쟁을 알고, 무쟁을 알아야겠다. 우리는 분쟁과 무쟁을 알고서 무쟁의 길을 가겠다'라고 공부해야 한다오. 비구들이여, 선남자 쑤부띠가 무쟁의 길을 가는 사람이라오."

이것이 세존께서 하신 말씀입니다.
그 비구들은 세존의 말씀에 만족하고 기뻐했습니다.

65

계(界)를 분별하신 경

140. Dhātuvibhaṅga-sutta

【 해제 】

이 경은 한역 『중아함경(中阿含經)』 「162. 분별육계경(分別六界經)」에 상응하는 경이다.

　　부처님께서는 홀로 중생교화를 위해 유행(遊行)하시다가 어느 도공(陶工)의 작업장에서 우연히 만난 낯선 비구와 밤을 보내게 된다. 그 비구가 부처님에게 출가했으나 부처님을 직접 본 적이 없다는 것을 아시고, 부처님께서 그 비구를 위하여 설하신 가르침이 이 경이다.

　　이 경에서 부처님은 인간을 6계(六界)로 분석하여 통찰하는 방법을 가르친다. 6계는 당시에 물질을 구성하는 요소로 알려진 4대(四大), 그리고 허공(虛空)과 의식(意識)을 의미한다. 부처님께서는 불교의 교리에 익숙하지 않은 초심자에게 자신을 통찰하는 방법으로 누구나 알고 있는 6계를 택한 것이다. 부처님께서는 먼저 자신을 6계로 분석하여 통찰함으로써 자신을 구성하고 있는 6계는 '나의 소유가 아니고, 내가 아니고, 나의 자아(自我)가 아니다'라는 것을 있는 그대로 알아야 한다고 가르친다. 그다음에 6촉입처(六觸入處)를 통찰함으로써 즐겁고 괴로운 감정이 촉(觸)에 의지하여 생기고 사라진다는 것을 깨닫고, 고락의 감정에서 벗어나 평정한 마음을 성취할 것을 가르친다. 마지막으로 이렇게 성취한 평정한 마음으로 무색계(無色界) 4처(四處)를 통찰함으로써 자아(自我)로 인해서 생기는 모든 망상(妄想)을 초월하여 평온한 삶을 성취하게 된다고 가르치고 있다. 이러한 수행의 과정에서 6계와 6촉입처를 통찰하여 평정한 마음에 도달하는 색계(色界) 4선(四禪)의 수행법이 설해진다. 이 경에서 설하고 있는 수행의 전 과정은 9차제정(九次第定)이다.

이와 같이 나는 들었습니다.

한때 세존께서는 마가다국을 유행(遊行)하시다가 라자가하에 도착하여 도공(陶工) 박가와(Bhaggava)를 찾아가서 말씀하셨습니다.

"박가와여, 괜찮다면 그대의 집에서 하룻밤 머물고 싶습니다."

"세존이시여, 저는 괜찮습니다. 그런데 여기에 어떤 출가수행자가 먼저 들어와 머물고 있습니다. 세존이시여, 만약에 그가 허락한다면, 편하게 머무십시오."

그때 세존에 대한 신심으로 집을 버리고 출가한 뿍꾸싸띠(Pukkusāti)라는 선남자가 그 도공의 집에 먼저 들어와 머물고 있었습니다. 그래서 세존께서는 뿍꾸싸띠 존자를 찾아가서 그에게 말했습니다.

"비구여, 괜찮다면 이 집에서 하룻밤 머물고 싶소."

"존자여, 도공의 집은 넓습니다. 존자께서는 편하게 머무십시오."

세존께서는 도공의 집에 들어가서 한쪽에 풀로 만든 자리를 펴신 후에, 가부좌(跏趺坐) 하고 몸을 똑바로 세우고 정신을 바짝 차려 주의 집중을 하며 앉아있었습니다. 세존께서는 밤새도록 앉아서 시간을 보냈습니다. 뿍꾸싸띠 존자도 밤새도록 앉아서 시간을 보냈습니다. 세존께서는 이렇게 생각하셨습니다.

'이 선남자는 기특하게 처신하는구나. 내가 질문을 좀 해볼까?'

그래서 세존께서 뿍꾸싸띠 존자에게 질문하셨습니다.

"비구여, 그대는 누구에게 출가했는가? 그대의 스승은 누구인가?

그대는 누구의 가르침에 동의했는가?"

"존자여, 싸꺄족의 후예로서 싸꺄족에서 출가한 고따마 사문이 계십니다. 그 고따마 존자는 '아라한[應供], 원만하고 바르게 깨달으신 분[正遍知], 앎과 실천을 구족하신 분[明行足], 피안으로 잘 가신 분[善逝], 세상을 잘 아시는 분[世間解], 위없는 분[無上士], 사람을 길들여 바른길로 이끄시는 분[調御丈夫], 천신과 인간의 스승[天人師], 진리를 깨달으신 분[佛], 세존(世尊)'이라는 훌륭한 명성을 얻은 세간의 존중을 받는 분입니다. 저는 그분 세존께 출가했습니다. 그분 세존께서 저의 스승이십니다. 저는 그분 세존의 가르침에 동의했습니다."

"비구여, 그렇다면, 아라한이며 등정각(等正覺)인 그 세존은 지금 어디에 머물고 있는가?"

"존자여, 북쪽 지방에 싸왓티라는 도시가 있습니다. 아라한이시며 등정각이신 그분 세존께서는 지금 그곳에 머물고 계십니다."

"비구여, 그대는 그 세존을 이전에 본 적이 있는가? 보면 알아볼 수 있는가?"

"아닙니다. 존자여, 저는 그분 세존을 이전에 뵌 적이 없습니다. 그래서 저는 보아도 알아보지 못할 것입니다."

세존께서는 '이 선남자는 나에게 출가했으니, 내가 가르침을 주어야 하지 않겠는가?'라고 생각하셨습니다. 그래서 세존께서 뿍꾸싸띠 존자에게 말씀하셨습니다.

"비구여, 내가 그대에게 법을 설할 테니, 듣고 잘 생각해 보시오. 내가 이야기하겠소."

뿍꾸싸띠 존자는 "그렇게 하겠습니다. 존자님!" 하고 세존께 대답했습니다.

세존께서는 다음과 같이 말씀하셨습니다.

"비구여, 사람은 6계로 되어 있으며,[01] 6촉입처(六觸入處)가 있고,[02] 18의행(十八意行)이 있고,[03] 4주처(四住處)가[04] 있다오. 그곳에 머물면 망상(妄想)들이 일어나지 않으며, 망상들이[05] 일어나지 않으면, 그를 평온한 성자라고 부른다오. 통찰(通察)을 게을리하지 않고,[06] 진실(眞實)을 수호(守護)하고,[07] 사단(捨斷)을 키우고,[08] 적정(寂靜)을 공부해야 한다오. 이것이 6계에 대한 분별(分別)[09]의 개요(槪要)라오.

'사람은 6계로 되어 있다'라고 했는데, 이 말은 무엇을 이야기한 것인가? 지계(地界), 수계(水界), 화계(火界), 풍계(風界), 공계(空界), 식계(識界)가 있다오. 비구여, '사람은 6계로 되어 있다'라고 한 것은 이것을 두고 이야기한 것이라오.

'사람은 6촉입처가 있다'라고 했는데, 이 말은 무엇을 이야기한 것인가? 안촉입처(眼觸入處), 이촉입처(耳觸入處), 비촉입처(鼻觸入處), 설촉입처(舌觸入處), 신촉입처(身觸入處), 의촉입처(意觸入處)가 있다오. 비구여, '사람은 6촉입처가 있다'라고 한 것은 이것을 두고 이야기한 것이

---

01 'chadhāturo'의 번역.
02 'chaphassāyatano'의 번역.
03 'aṭṭhādasamanopvicāro'의 번역.
04 'caturādhiṭṭhāno'의 번역.
05 'maññasavā'의 번역.
06 'paññaṁ nappamajjeyya'의 번역.
07 'saccam anurakkheyya'의 번역.
08 'cāgam anubrūheyya'의 번역.
09 'chadhātuvibhaṅga'의 번역.

라오.

'사람은 18의행(十八意行)이 있다'라고 했는데, 이 말은 무엇을 이야기한 것인가? 사람은 눈[眼]으로 형색[色]을 보고 나서, 만족스런 형색을 판별(判別)하고,[10] 불만스런 형색을[11] 판별하고, 관심이 가지 않는 형색을[12] 판별한다오. 귀[耳]로 소리[聲]를 듣고, 코[鼻]로 냄새[香]를 맡고, 혀[舌]로 맛[味]을 보고, 몸[身]으로 촉감[觸]을 느끼고, 마음[意]으로 지각대상[法]을 지각하고 나서, 만족스런 지각대상을 판별하고, 불만스런 지각대상을 판별하고, 관심이 가지 않는 지각대상을 판별한다오. 이와 같이 6가지 만족스런 판별, 6가지 불만스런 판별, 6가지 관심 없는 판별이 있다오. 비구여, '사람은 18의행이 있다'라고 한 것은 이것을 두고 이야기한 것이라오.

'사람은 4주처(四住處)가 있다'라고 했는데, 이 말은 무엇을 이야기한 것인가? 반야주처(般若住處), 진실주처(眞實住處), 사단주처(捨斷住處), 적정주처(寂靜住處)가 있다오. '사람은 4주처가 있다'라고 한 것은 이것을 두고 이야기한 것이라오.

'통찰(通察)을 게을리하지 않고, 진리(眞理)를 수호(守護)하고, 사단(捨斷)을 키우고, 적정(寂靜)을 공부해야 한다'라고 했는데, 이 말은 무엇을 이야기한 것인가? 비구는 어떤 것에 대한 통찰을 게을리하지 않는가? 그것은 6계, 즉 지계, 수계, 화계, 풍계, 공계, 식계라오.

비구여, 지계란 어떤 것인가? 지계는 안에도 있고 밖에도 있다오.

---

10 'somanassaṭṭhānīyaṁ rūpaṁ upavicarati'의 번역.
11 'domanassaṭṭhānīyaṁ rūpaṁ'의 번역.
12 'upekkhaṭṭhānīyaṁ rūpaṁ'의 번역.

비구여, 어떤 것이 안에 있는 지계인가? 그것은 안에 있는 낱낱의 단단한 고체의 성질을 갖는 것이라오. 예를 들면, 머리카락, 털, 손톱, 이빨, 피부, 살, 힘줄, 뼈, 골수, 콩팥, 염통, 간, 가슴막, 비장, 허파, 창자, 내장, 위, 똥이나 그 밖의 어떤 것이든 안에 있는 낱낱의 단단한 고체의 성질을 갖는 것이라오. 비구여, 이것이 안에 있는 지계라고 불리는 것이라오. 안에 있는 지계와 밖에 있는 지계, 이들 지계에 대하여 '이것은 나의 소유가 아니고, 이것은 내가 아니고, 이것은 나의 자아가 아니다'라고 바른 통찰지로 있는 그대로 보아야 한다오. 이와 같이 이것을 있는 그대로 바른 통찰지로 보고 나서, 지계를 염리(厭離)하고 지계에 마음을 두지 말아야 한다오.

비구여, 수계란 어떤 것인가? 수계는 안에도 있고 밖에도 있다오. 비구여, 어떤 것이 안에 있는 수계인가? 그것은 안에 있는 낱낱의 물과 물의 성질을 갖는 것이라오. 예를 들면, 담즙, 가래, 고름, 피, 땀, 기름, 눈물, 비계, 침, 콧물, 활액(滑液), 오줌이나, 그 밖의 어떤 것이든 몸 안에 있는 낱낱의 물과 물의 성질을 갖는 것이라오. 비구여, 이것이 안에 있는 수계라고 불리는 것이라오. 안에 있는 수계와 밖에 있는 수계, 이들 수계에 대하여 '이것은 나의 소유가 아니고, 이것은 내가 아니고, 이것은 나의 자아가 아니다'라고 바른 통찰지로 있는 그대로 보아야 한다오. 이와 같이 이것을 있는 그대로 바른 통찰지로 보고 나서, 수계를 염리하고 수계에 마음을 두지 말아야 한다오.

비구여, 화계란 어떤 것인가? 화계는 안에도 있고, 밖에도 있다오. 비구여, 어떤 것이 안에 있는 화계인가? 그것은 안에 있는, 낱낱의 불과 불의 성질을 갖는 것이라오. 예를 들면, 활력을 주는 것, 노쇠하게 하는 것, 화를 일으키는 것, 먹은 음식을 잘 소화시키는 것, 그 밖의 어떤 것이든 몸 안에 있는, 낱낱의 불과 불의 성질을 갖는 것이라오. 비구여, 이것이 안에 있는 화계라고 불리는 것이라오. 안에 있는 화계와 밖에 있는 화계, 이들 화계에 대하여 '이것은 나의 소유가 아니고, 이것은 내가 아니고, 이것은 나의 자아가 아니다'라고 바른 통찰지로 있는 그대로 보아야 한다오. 이와 같이 이것을 바른 통찰지로 있는 그대로 보고 나서, 화계를 염리하고 화계에 마음을 두지 말아야 한다오.

비구여, 풍계란 어떤 것인가? 풍계는 안에도 있고, 밖에도 있다오. 비구여, 어떤 것이 안에 있는 풍계인가? 그것은 안에 있는 낱낱의 바람과 바람의 성질을 갖는 것이라오. 예를 들면, 위로 올라가는 바람, 아래로 내려가는 바람, 자궁 안에 있는 바람, 배 안에 있는 바람, 사지(四肢)를 돌아다니는 바람, 들숨과 날숨, 그 밖의 어떤 것이든 안에 있는 낱낱의 바람과 바람의 성질을 갖는 것이라오. 비구여, 이것이 안에 있는 풍계라고 불리는 것이라오. 안에 있는 풍계와 밖에 있는 풍계, 이들 풍계에 대하여 '이것은 나의 소유가 아니고, 이것은 내가 아니고, 이것은 나의 자아가 아니다'라고 바른 통찰지로 있는 그대로 보아야 한다오. 이와 같이 이것을 바른 통찰지로 있는 그대로 보고 나서, 풍계를 염리하고 풍계에 마음을 두지 말아야 한다오.

비구여, 공계란 어떤 것인가? 공계는 안에도 있고 밖에도 있다오. 비구여, 어떤 것이 안에 있는 공계인가? 그것은 안에 있는 낱낱의 공간과 공간의 성질을 갖는 것이라오. 예를 들면, 귓구멍, 콧구멍, 구강(口腔), 그리고 먹고 마시고 씹고 맛본 것을 삼키는 공간, 먹고 마시고 씹고 맛본 것이 머무는 공간, 먹고 마시고 씹고 맛본 것이 아래 부분으로 나오는 공간, 그 밖의 어떤 것이든 몸 안에 있는, 낱낱의 공간과 공간의 성질을 갖는 것이라오. 비구여, 이것이 안에 있는 공계라고 불리는 것이라오. 안에 있는 공계와 밖에 있는 공계, 이들 공계에 대하여, '이것은 나의 소유가 아니고, 이것은 내가 아니고, 이것은 나의 자아가 아니다'라고 바른 통찰지로 있는 그대로 보아야 한다오. 이와 같이 이것을 바른 통찰지로 있는 그대로 보고 나서, 공계를 염리하고, 공계에 마음을 두지 말아야 한다오.

그다음에 청정하게 정화된 분별하는 마음[識]이 남는다오. 그는 무엇이든지 그 분별하는 마음으로 분별한다오. '즐겁다'라고 분별하고, '괴롭다'라고 분별하고, '괴롭지도 즐겁지도 않다'라고 분별한다오. 비구여, 즐거운 느낌을 주는 접촉[觸]에 의지하여 즐거운 느낌이 생긴다오.[13] 그는 즐거운 느낌을 느끼면서, '나는 즐거운 느낌을 느낀다'라고 통찰한다오.[14] 그 즐거운 느낌을 주는 접촉이 사라지면, 그는 '즐거운 느낌을 주는 접촉에 의지하여 생겼던, 그로 인하여 느껴졌던 즐거운 느낌, 그것이 사라지고, 그것이 가라앉는다'라고 통찰한다오. 비구여, 괴로운 느낌을 주는 접촉에 의지하여 괴로운 느낌이 생긴다오. 그는 괴로운 느낌을 느끼면서, '나는 괴로운 느낌을 느낀다'라고 통찰한다오. 그 괴로운 느낌을 주는 접촉이 사라지면, 그는 '괴로운 느낌을 주는 접촉에 의지하여 생겼던, 그로 인하여 느껴졌던 괴로운 느낌, 그것이 사라지고, 그것이 가라앉는다'라고 통찰한다오.

비구여, 비유하면, 두 나무토막을 맞대고 문지르면 열이 나고, 불

---

13 'sukkhavedanīyaṁ bikkhu phassaṁ paṭicca uppajjati sukkhā vedanā'의 번역.

14 'so sukkhaṁ vedanaṁ vediyamāno sukkhaṁ vedanaṁ veviyāmīti pajānāti'의 번역.

이 생기고, 그 두 나무토막을 따로 떼어놓으면 불과 열이 사라지고 가라앉는 것과 같다오. 비구여, 이와 같이 즐거운 느낌을 주는 접촉에 의지하여 즐거운 느낌이 생기고, 괴로운 느낌을 주는 접촉에 의지하여 괴로운 느낌이 생긴다오. 그때 그는 즐거운 느낌과 괴로운 느낌을 느끼면서, '즐거운 느낌과 괴로운 느낌을 느낀다'라고 통찰한다오. 그 즐거운 느낌과 괴로운 느낌이 사라지면, '접촉에 의지하여 생겼던, 즐거운 느낌과 괴로운 느낌이 사라지고, 가라앉는다'라고 통찰한다오.[15]

그다음에 청정하게 정화되고, 유연하여 적응력이 있고, 밝게 빛나는 평정한 마음[捨]이 남는다오. 비구여, 비유하면, 숙련된 금세공이나 금세공의 제자가 횃불을 들고 화로에 점화한 후에, 집게로 금덩어리를 집어 화로에 던져 넣고, 수시로 바람을 불어넣고, 수시로 물을 뿌리고, 수시로 들여다보면, 그 금덩어리는 순수하게 잘 제련되어 노란색을 나타내고, 유연하여 적응력이 있고, 밝게 빛나며, 그는 그것으로 목적에 맞게 팔찌나 귀고리나 목걸이나 황금화환과 같은 장신구를 원하는 대로 만드는 것과 같다오. 비구여, 이와 같이 그다음에 청정하게 정화되고, 유연하여 적응력이 있고, 밝게 빛나는 평정한 마음이 남는다오.

그는 이와 같이 통찰한다오.

'내가 만약에 이와 같이 청정하고, 이와 같이 정화된, 이 평정한 마음을 공무변처(空無邊處)에 집중하여 그에 적당한 마음을 수습(修習)하면, 나의 이 평정한 마음은 그것을 의지하여, 그것을 취하여 오랫동안 긴 시간을 머물 것이다. 내가 만약에 이와 같이 청정하고, 이와 같이 정

---

15 중복되는 내용을 생략하여 번역함.

화된 이 평정한 마음을 식무변처(識無邊處)에 집중하여 그에 적당한 마음을 수습하면, 나의 이 평정한 마음은 그것을 의지하여, 그것을 취하여 오랫동안 긴 시간을 머물 것이다. 내가 만약에 이와 같이 청정하고, 이와 같이 정화된 이 평정한 마음을 무소유처(無所有處)에 집중하여 그에 적당한 마음을 수습하면, 나의 이 평정한 마음은 그것을 의지하여, 그것을 취하여 오랫동안 긴 시간을 머물 것이다. 내가 만약에 이와 같이 청정하고, 이와 같이 정화된 이 평정한 마음을 비유상비무상처(非有想非無想處)에 집중하여 그에 적당한 마음을 수습하면, 나의 이 평정한 마음은 그것을 의지하여, 그것을 취하여 오랫동안 긴 시간을 머물 것이다.'

그는 이와 같이 통찰한다오.

'내가 만약에 이와 같이 청정하고, 이와 같이 정화된, 이 평정한 마음을 공무변처에 집중하여 그에 적당한 마음을 수습한다면, 이것은 유위(有爲)다.[16] 내가 만약에 이와 같이 청정하고, 이와 같이 정화된 이 평정한 마음을 식무변처에 집중하여 그에 적당한 마음을 수습한다면, 이것은 유위다. 내가 만약에 이와 같이 청정하고, 이와 같이 정화된 이 평정한 마음을 무소유처에 집중하여 그에 적당한 마음을 수습한다면, 이것은 유위다. 내가 만약에 이와 같이 청정하고, 이와 같이 정화된 이 평정한 마음을 비유상비무상처에 집중하여 그에 적당한 마음을 수습한다면, 이것은 유위다.' 그는 유(有)나 비유(非有)를 위해 조작(造作)하지 않고, 의도하지 않는다오.[17] 그는 유나 비유를 위해 조작하지 않고 의도

---

16 'saṅkhatam etaṁ'의 번역. 공무변처(空無邊處) 등은 '마음으로 조작한 것(有爲)'이라는 의미이다.

17 'so n' eva abhisaṁkaroti abhisañcetayati bhavāya vā vibhavāya vā'의 번역.

하지 않기 때문에 세간에서 어떤 것도 집착하지 않으며, 집착하지 않기 때문에 걱정하지 않으며, 걱정하지 않기 때문에 스스로 열반(涅槃)에 든 다오. 그는 '태어남은 끝났고, 청정한 수행[梵行]을 마쳤으며, 해야 할 일을 끝마쳤다. 다시는 이런 상태로 되지 않는다'라고 통찰한다오.

　그는 즐거운 느낌을 느끼거나, 괴로운 느낌을 느끼거나, 괴롭지도 즐겁지도 않은 느낌을 느낄 때면, '그것은 무상(無常)하다'라고 체험적으로 알고, '집착해서는 안 될 것'이라고 체험적으로 알고, '즐겨서는 안 될 것'이라고 통찰한다오. 그는 즐거운 느낌을 느끼거나, 괴로운 느낌을 느끼거나, 괴롭지도 즐겁지도 않은 느낌을 느낄 때면, 속박에서 벗어나 그것을 느낀다오. 그는 몸의 마지막 느낌을 느낄 때,[18] '나는 몸의 마지막 느낌을 느낀다'라고 통찰하고, 수명의 마지막 느낌을 느낄 때,[19] '나는 수명의 마지막 느낌을 느낀다'라고 통찰한다오. 그는 '몸이 무너지고 수명이 다하여 죽은 후에는, 이제 느끼고 즐겼던 모든 것이 싸늘하게 식어버릴 것이다'라고 통찰한다오. 비구여, 비유하면, 기름과 심지에 의지하여 타는 등불이 기름을 넣어주지 않으면 꺼지는 것과 같다오. 비구여, 이와 같이 그는 몸의 마지막 느낌을 느낄 때, '나는 몸의 마지막 느낌을 느낀다'라고 체험적으로 알고, 수명의 마지막 느낌을 느낄 때, '나는 수명의 마지막 느낌을 느낀다'라고 통찰한다오. 그는 '몸이 무너지고 수명이 다하여 죽은 후에는, 이제 느끼고 즐겼던 모든 것이 싸늘하게 식어버릴 것이다'라고 통찰한다오.

　그리하여 이와 같이 성취한 비구는 제일(第一)의 반야주처(般若住

18　'so kāyapariyantikaṁ vedanaṁ vediyamāno'의 번역.
19　'jīvitapariyantikaṁ vedanaṁ vediyamāno'의 번역.

處)를 성취한 것이라오.[20] 왜냐하면, 비구여, 이것은 제일의 거룩한 반야(般若), 즉 모든 괴로움의 멸진(滅盡)에 대한 지혜[21]이기 때문이라오. 이러한 그의 해탈은 진실에 머물러 동요하지 않는다오. 왜냐하면, 비구여, 허망한 법(法)은 거짓이고 허망하지 않은 열반은 진실이기 때문이라오.

그리하여 이와 같이 성취한 비구는 제일의 진실주처(眞實住處)를 성취한 것이라오.[22] 왜냐하면, 비구여, 이것은 제일의 거룩한 진실[第一義諦],[23] 즉 허망하지 않은 열반이기 때문이라오. 그에게 이전에, 어리석었을 때 있었던 집착의 대상들이 완전히 없어진다오. 그것들이 뿌리가 잘린 나무나 밑동이 잘린 종려나무처럼 미래에는 생기지 않게 제거된다오.

그리하여 이와 같이 성취한 비구는 제일의 사단주처(捨斷住處)를 성취한 것이라오. 왜냐하면, 비구여, 이것은 제일의 거룩한 사단(捨斷),[24] 즉 모든 집착의 대상을 버리는 것이기 때문이라오. 그에게 이전에, 어리석었을 때 있었던 탐욕스러운 탐심(貪心)이 뿌리가 잘린 나무나 밑동이 잘린 종려나무처럼 미래에는 생기지 않게 제거되고, 이전에 어리석었을 때 그에게 있던 악의(惡意)에 찬 진심(瞋心)이 뿌리가 잘린 나무나 밑동이 잘린 종려나무처럼 미래에는 생기지 않게 제거되고, 어리석었을 때 있었던 미망(迷妄)에 빠진 무명(無明)이 뿌리가 잘린 나무나 밑동이 잘린 종려나무처럼 미래에는 생기지 않게 제거된다오.

---

20 'tasmā evaṁ samannāgato bhikkhu iminā paramena paññādhiṭṭhānena samannāgato hoti'의 번역.
21 'sabbadukkhakkhaye ñāṇaṁ'의 번역.
22 'tasmā evaṁ samannāgato bhikkhu iminā paramena saccādhiṭṭhānena samannāgato hoti'의 번역.
23 'paramaṁ ariyasaccaṁ'의 번역.
24 'paramo ariyo cāgo'의 번역.

그리하여 이와 같이 성취한 비구는 제일의 적정주처(寂靜住處)를 성취한 것이라오.[25] 왜냐하면, 비구여, 이것은 제일의 거룩한 적정(寂靜),[26] 즉 탐진치(貪瞋癡)의 적정이기 때문이라오. '통찰을 게을리하지 않고, 진실을 수호하고, 사단(捨斷)을 키우고, 적정을 공부해야 한다'라고 한 것은 이것을 두고 이야기한 것이라오.

'그곳에 머물면 망상들이 일어나지 않으며, 망상들이 일어나지 않으면, 그를 평온한 성자라고 부른다'라고 했는데, 이 말은 무엇을 이야기한 것인가?

비구여, '내가 있다'라는 생각, 이것이 망상이라오. '이것이 나다'라는 생각, 이것이 망상이라오. '(미래에) 나는 존재할 것이다'라는 생각, 이것이 망상이라오. '(미래에) 나는 존재하지 않을 것이다'라는 생각, 이것이 망상이라오. '나는 형색을 가지고 존재할 것이다'라는 생각, 이것이 망상이라오. '나는 형색 없이[無色] 존재할 것이다'라는 생각, 이것이 망상이라오. '나는 생각[想]을 가지고 존재할 것이다'라는 생각, 이것이 망상이라오. '나는 생각 없이[無想] 존재할 것이다'라는 생각, 이것이 망상이라오. '나는 비유상비무상(非有想非無想)으로 존재할 것이다'라는 생각, 이것이 망상이라오.

비구여, 망상은 질병(疾病)이라오. 망상은 종양(腫瘍)이라오. 망상은 독화살이라오. 비구여, 일체의 망상을 초월하면[27] 평온한 성자라고

---

25 'tasmā evaṁ samannāgato bhikkhu iminā paramena upasamādhṭṭhānena samannāgato hoti'의 번역.

26 'paramo ariyo upasamo'의 번역.

27 'sabbamaññitānaṁ samatikkamā'의 번역.

불린다오. 비구여, 평온한 성자는 태어나지 않고, 늙지 않고, 동요하지 않고, 갈망하지 않는다오. 비구여, 태어날 것이 없다면, 태어나지 않는데 어떻게 늙을 수 있겠는가? 늙지 않는데 어떻게 죽을 수 있겠는가? 죽지 않는데 어떻게 동요할 수 있겠는가? 동요하지 않는데 어떻게 갈망할 수 있겠는가? '그곳에 머물면 망상들이 일어나지 않으며, 망상들이 일어나지 않으면 그를 평온한 성자라고 부른다'라고 한 것은 이것을 두고 이야기한 것이라오.

비구여, 그대는 나의 이 6계에 대한 분별(分別)을 마음 깊이 명심하도록 하시오."

뿍꾸싸띠 존자는 '지금 스승님께서 나에게 오셨구나! 지금 선서(善逝)께서 나에게 오셨구나! 지금 등정각(等正覺)께서 나에게 오셨구나!'라고 생각하고, 자리에서 일어나 옷을 한쪽 어깨에 걸치고, 세존의 발에 머리를 조아려 예배한 후에 세존께 말씀드렸습니다.

"세존이시여, 어리석게도 눈이 멀어서, 무례하게도, 제가 세존께 '존자'라는 호칭으로 대화해도 된다고 생각하는 잘못을 저질렀습니다. 세존이시여, 앞으로는 그런 일이 없도록 세존께서는 저를 용서해주십시오."

"비구여, 그대가 어리석게도 눈이 멀어서, 무례하게 나에게 '존자'라는 호칭으로 대화해도 된다고 생각한 잘못을 저지른 것은 사실이오. 비구여, 하지만 그대가 잘못을 잘못으로 보고 여법하게 참회하므로 우리는 그대를 용서하겠소.[28] 비구여, 잘못을 잘못으로 안 후에, 여법하게

---

28 "우리는 용서하겠다"라고 하신 것은 용서의 주체가 세존 '개인'이 아니라 '승가(僧伽)'임을 보이신 것이다.

참회하고 이후에 그런 잘못을 저지르지 않게 되는 것이 성인(聖人)의 율(律)에서는 성장(成長)이라오."

"세존이시여, 제가 세존으로부터 직접 구족계(具足戒)를 받을 수 있을까요?"

"비구여, 그대는 발우(鉢盂)와 법의(法衣)를 구비했는가?"

"세존이시여, 저는 발우와 법의를 구비하지 못했습니다."

"비구여, 모든 여래는 발우와 법의를 구비하지 못하면 구족계를 주지 않는다오."

뿍꾸싸띠 존자는 세존의 말씀에 만족하고, 기뻐하고서 자리에서 일어나 세존께 예배한 후에 오른쪽으로 세 번을 돈 다음 발우와 법의를 구비하기 위하여 떠나갔습니다. 그런데 발우와 법의를 구비하기 위해 길을 가던 뿍꾸싸띠 존자의 목숨을 흥분한 암소가 앗아갔습니다.

어느 날 많은 비구가 세존을 찾아와서 세존께 예배하고 한쪽에 앉았습니다. 그 비구들은 한쪽에 앉아서 세존께 말씀드렸습니다.

"세존이시여, 세존으로부터 간략하게 가르침을 받은 뿍꾸싸띠라는 선남자가 죽었습니다. 그는 죽어서 어디로 갔습니까?"

"비구들이여, 뿍꾸싸띠 선남자는 현명했다오. 그는 가르침을 잘 따랐기 때문에, 가르치는 일로 나를 힘들게 하지 않았다오. 비구들이여, 뿍꾸싸띠 선남자는 5하분결(五下分結)을 없애고 화생(化生)한 아나함(阿那含)으로서 그곳에서 돌아오지 않고 반열반(般涅槃)했다오."

이것이 세존께서 하신 말씀입니다.

그 비구들은 세존의 말씀에 만족하고 기뻐했습니다.

66

찬나에게 설하신 경

144. Channovāda-sutta

[해제]

이 경은 한역『중아함경(中阿含經)』에는 상응하는 경이 없고,『잡아함경(雜阿含經)』47.26.「천타(闡陀)」에 같은 내용이 있다.

이 경에서 찬나 비구는 불치병으로 극심한 고통을 받다가 자살을 결행한다. 고통밖에 없는 무의미한 삶을 스스로 끊은 것이다. 불살생(不殺生)을 제일의 계율로 삼는 불교 수행자가 자살한다는 것은 쉽게 납득이 되지 않는 일이다. 그러나 깊이 생각해보면 맹목적으로 생명을 부지하는 것이 생명 존중은 아니다. 불교에서 본다면 생명이란 실체가 아니라 태어나서 죽는 과정이다. 그 과정에 죽음도 포함되기 때문에, 생명 존중에는 존엄과 품위를 갖추고 죽는 것도 포함된다고 할 수 있다. 최근 안락사가 논의되는 것도 같은 맥락이다. 이런 의미에서 본다면, 이 경은 불교가 안락사와 같은 존엄한 죽음에 대하여 그 가치를 인정하고 있음을 보여준다고 할 수 있다.

이와 같이 나는 들었습니다.

한때 세존께서는 라자가하의 웰루와나 깔란다까니와빠에 머무셨습니다. 그때 싸리뿟따 존자와 마하쭌다 존자와 찬나(Channa) 존자는 깃자꾸따(Gijjhakūṭa)에 머물고 있었습니다. 그때 찬나 존자는 병이 들어 극심한 고통을 겪고 있었습니다. 싸리뿟따 존자는 저녁에 좌선(坐禪)에서 일어나 마하쭌다 존자를 찾아가서 말했습니다.

"쭌다 존자여, 찬나 존자에게 문병을 갑시다."

마하쭌다 존자는 싸리뿟따 존자에게 "존자여, 그렇게 합시다"라고 대답했습니다.

싸리뿟따 존자와 마하쭌다 존자는 찬나 존자를 찾아가서 찬나 존자와 함께 정중하게 인사를 하고, 공손한 인사말을 나눈 후에 한쪽에 앉았습니다. 한쪽에 앉은 싸리뿟따 존자가 찬나 존자에게 말했습니다.

"찬나 존자여, 견딜 만하십니까? 기력은 어떠십니까? 고통이 줄어들고 더 심해지지는 않는지요? 더 이상 심해지지 않고 완쾌되실 것 같습니까?"

"싸리뿟따 존자여, 저는 견딜 수가 없습니다. 기력이 없습니다. 고통은 줄어들지 않고 더 심해집니다. 점점 더 심해져서 완쾌될 것 같지 않습니다. 싸리뿟따 존자여, 나는 칼을 들고 싶습니다. 나는 살고 싶지가 않습니다."

"찬나 존자여, 칼을 들어서는 안 됩니다. 찬나 존자는 사셔야 합니다. 우리는 찬나 존자께서 살아계시기를 바랍니다. 만약에 찬나 존자에게 좋은 음식이 없다면, 제가 좋은 음식을 구해보겠습니다. 만약에 찬나 존자에게 좋은 약이 없다면, 제가 좋은 약을 구해보겠습니다. 만약에 찬나 존자에게 적당한 간병인이 없다면, 제가 간병하겠습니다. 찬나 존자여, 칼을 들어서는 안 됩니다. 찬나 존자는 사셔야 합니다. 우리는 찬나 존자께서 살아계시기를 바랍니다."

"싸리뿟따 존자여, 나에게 좋은 음식이 없는 것도 아니고, 나에게 좋은 약이 없는 것도 아니고, 나에게 적당한 간병인이 없는 것도 아닙니다. 싸리뿟따 존자여, 저는 오랫동안 즐겁게, 결코 불만 없이 스승님을 모셨습니다. 왜냐하면, 싸리뿟따 존자여, 스승을 즐겁게 불만 없이 모시는 것은 제자의 도리이기 때문입니다. 싸리뿟따 존자여, '허물없이 찬나 비구는 칼을 들려고 한다'[01]라고 기억해 주십시오."

"만약에 찬나 존자께서 물음에 대답하실 수 있다면, 우리는 찬나 존자에게 몇 가지 물어보고 싶습니다."

"싸리뿟따 존자여, 알아들을 수 있게 물어보십시오."

"찬나 존자여, 보는 주관[眼]과 시각분별[眼識]과 시각분별[眼識]로 분별되는 대상[法]들에 대하여, 그대는 '그것은 나의 소유다. 그것은 나다. 그것은 나의 자아다'라고 여기십니까? 듣는 주관[耳], 냄새 맡는 주관[鼻], 맛보는 주관[舌], 만지는 주관[身], 그리고 마음[意]과 마음분별[意識]과 마음분별[意識]로 분별되는 대상들에 대하여, 그대는 '그것은

---

01 'anupavajjaṁ Channo bhikkhu satthaṁ āharissatīti'의 번역. 자살은 비난받아 마땅한 허물이다. 그러나 무아(無我)를 체득한 사람은 생사(生死)에 자유롭기 때문에 그런 사람이 스스로 의미 없는 삶을 마치는 것은 허물이 아니라는 의미이다.

나의 소유다. 그것은 나다. 그것은 나의 자아다'라고 여기십니까?"

"싸리뿟따 존자여, 저는 그것들에 대하여 '그것은 나의 소유다. 그것은 나다. 그것은 나의 자아다'라고 여기지 않습니다."[02]

"찬나 존자여, 그대는 보는 주관과 시각분별과 시각분별[眼識]로 분별되는 대상[法]들에서 무엇을 보았기에, 무엇을 체험했기에,[03] '그것은 나의 소유다. 그것은 나다. 그것은 나의 자아다'라고 여기지 않습니까? 그대는 듣는 주관[耳], 냄새 맡는 주관[鼻], 맛보는 주관[舌], 만지는 주관[身], 그리고 마음[意]과 마음분별[意識]과 마음분별[意識]로 분별되는 대상들에서 무엇을 보았기에, 무엇을 체험했기에, '그것은 나의 소유다. 그것은 나다. 그것은 나의 자아다'라고 여기지 않습니까?"

"싸리뿟따 존자여, 저는 그것들에서 소멸(消滅)을[04] 보고, 소멸을 체험했기 때문에 '그것은 나의 소유다. 그것은 나다. 그것은 나의 자아다'라고 여기지 않습니다."

이와 같이 말했을 때, 마하쭌다 존자가 찬나 존자에게 말했습니다.

"찬나 존자여, 그러므로 항상 세존의 가르침을 생각해야 합니다. 의존하면 동요(動搖)가 있고,[05] 의존하지 않으면 동요가 없습니다. 동요가 없으면 평온이[06] 있습니다. 평온이 있으면 갈망(渴望)이[07] 없습니다. 갈망이 없으면 오고 감[去來]이[08] 없습니다. 오고 감이 없으면 죽고 태

---

02 질문과 동일하게 중복되는 내용을 생략함.
03 'kiṁ abhiññāya'의 번역.
04 'nirodhaṁ'의 번역.
05 'nissitassa calitaṁ'의 번역.
06 'passaddhi'의 번역.
07 'nati'의 번역.
08 'āgatigati'의 번역.

어남이[09] 없습니다. 죽고 태어남이 없으면, 이승도 없고, 저승도 없고, 이승과 저승의 중간도 없으며, 이것이 괴로움의 끝입니다."

싸리뿟따 존자와 마하쭌다 존자는 찬나 존자에게 이와 같은 충고를 한 후에 자리에서 일어나 떠나왔습니다. 찬나 존자는 싸리뿟따 존자와 마하쭌다 존자가 떠난 직후에 칼을 들었습니다. 싸리뿟따 존자와 마하쭌다 존자는 세존을 찾아가서 세존께 예배하고 한쪽에 앉아 세존께 말씀드렸습니다.

"세존이시여, 찬나 존자가 칼을 들었습니다. 그는 죽어서 어디로 갔습니까?"

"싸리뿟따여, 찬나 비구가 직접 허물이 없음을 밝히지 않던가?"

"세존이시여, 뿝바지라(Pubbajira)라는 왓지족의 마을이 있습니다. 그곳에는 찬나 존자의 허물이 있는 친구와 친지들이 있습니다."

"싸리뿟따여, 찬나 비구에게 허물이 있는 친구와 친지들이 있다고 해서, 싸리뿟따여, 나는 그것으로 그에게 허물이 있다고 말하지 않는다오. 싸리뿟따여, 이 몸을 내려놓고 다른 몸을 취하는 것, 이것을 나는 '허물이 있다'라고 말한다오. 찬나 비구에게는 그 허물이 없으며, 허물 없이 찬나 비구는 칼을 든 것이라오."

이것이 세존께서 하신 말씀입니다.
싸리뿟따 존자는 세존의 말씀에 만족하고 기뻐했습니다.

---

09 'cutūpapāto'의 번역.

67

뿐나에게 설하신 경

145. Puṇṇovāda-sutta

【 해제 】

이 경은 한역 『중아함경(中阿含經)』에는 상응하는 경이 없고, 『잡아함경(雜阿含經)』 13. 8 「부루나(富樓那)」와 『잡아함경』 8. 35 「부루나」에 같은 내용이 있다. 별행경(別行經)으로는 역자를 알 수 없는 『만원자경(滿願子經)』이 있다.

이 경에 등장하는 뿐나(Puṇṇa) 존자는 설법제일(說法第一)로 알려진 부루나 존자이다. 뿐나 존자는 불법(佛法)을 홍포하기 위하여 쑤나빠란따에 가서 포교하다가 순교했다. 이 경은 이러한 뿐나 존자 이야기를 담고 있다. 쑤나빠란따에 가면 위험에 처할 수도 있다는 부처님의 만류에도 불구하고, 목숨을 걸고 포교의 길을 떠나는 뿐나 존자 같은 분이 있었기에 부처님의 가르침이 널리 퍼지고 길이 전해질 수 있었을 것이다.

이와 같이 나는 들었습니다.

한때 세존께서는 싸왓티의 제따와나 아나타삔디까 승원에 머무셨습니다. 뿐나(Puṇṇa) 존자는 저녁에 좌선(坐禪)에서 일어나 세존을 찾아가 세존께 예배하고 한쪽에 앉았습니다. 한쪽에 앉은 뿐나 존자가 세존께 말씀드렸습니다.

"세존이시여, 제가 세존의 가르침을 듣고 홀로 외딴곳에서 열심히 노력하고 정진하며 지낼 수 있도록 세존께서 저에게 간략한 가르침을 주시면 고맙겠습니다."[01]

"뿐나여, 그렇다면 듣고 잘 생각해 보아라! 내가 이야기하겠다."

뿐나 존자는 "그렇게 하겠습니다. 세존이시여!" 하고 세존께 대답했습니다.

세존께서는 다음과 같이 말씀하셨습니다.

"뿐나여, 보는 주관에 의해서 분별되는, 마음에 들고, 호감이 가고, 매력 있고, 사랑스럽고, 열망하고, 유혹적인 형색들이 있다. 만약에 비구가 그것을 즐기거나, 환영하거나, 탐닉하면, 그것을 즐기고, 환영하고, 탐닉함으로써 그에게 기쁨이 생긴다. 뿐나여, 나는 '기쁨이 쌓이면

---

01 '홀로 외딴곳에서 지내겠다'라는 것은 불교가 전파되지 않은 지역에 홀로 가서 불교를 포교하겠다는 것을 의미한다. 뿐나 존자는 포교의 길을 나서면서 세존께 그곳에 가서 포교할 가르침의 요지를 묻고 있다.

괴로움이 쌓인다'[02]라고 이야기한다. 듣는 주관[耳]에 의해서 분별되는 소리[聲]들, 냄새 맡는 주관[鼻]에 의해서 분별되는 향기[香]들, 맛보는 주관[舌]에 의해서 분별되는 맛[味]들, 만지는 주관[身]에 의해서 분별되는 촉감[觸]들도 마찬가지다.[03]

뿐나여, 보는 주관[眼]에 의해서 분별되는, 마음에 들고, 호감이 가고, 매력 있고, 사랑스럽고, 열망하고, 유혹적인 형색[色]들이 있다. 만약에 비구가 그것을 즐기지 않고, 환영하지 않고, 탐닉하지 않으면, 그것을 즐기지 않고, 환영하지 않고, 탐닉하지 않음으로써 그에게 기쁨이 사라진다. 뿐나여, 나는 '기쁨이 소멸하면 괴로움이 소멸한다'[04]라고 이야기한다. 듣는 주관에 의해서 분별되는 소리들, 냄새 맡는 주관에 의해서 분별되는 향기들, 맛보는 주관에 의해서 분별되는 맛들, 만지는 주관에 의해서 분별되는 촉감들도 마찬가지다.

뿐나여, 이것으로 나는 그대에게 간략하게 가르침을 주었다. 그대는 어느 지방에서 머물려고 하는가?"

"세존이시여, 이것으로 저는 세존으로부터 간략하게 가르침을 받았습니다. 쑤나빠란따(Sunāparanta)라는 지방이 있습니다. 저는 그곳에서 머물려고 합니다."

"뿐나여, 쑤나빠란따 사람들은 사납다. 뿐나여, 쑤나빠란따 사람들은 거칠다. 뿐나여, 만약에 쑤나빠란따 사람들이 그대를 욕하고 비난한다면, 그때 그대는 어떻게 하겠는가?"

---

02 'nandīsamudayā dukkhasamudayo'의 번역.
03 동일한 내용을 생략함.
04 'nandīnirodhā dukkhanirodho'의 번역.

"세존이시여, 만약에 쑤나빠란따 사람들이 저를 욕하고 비난한다면, 그때 저는 '쑤나빠란따 사람들은 참으로 착하다. 쑤나빠란따 사람들은 참으로 훌륭하다. 쑤나빠란따 사람들은 나를 손바닥으로 때리지 않는다'라고 생각하겠습니다. 선서시여, 저는 이렇게 생각하겠습니다."

"뿐나여, 쑤나빠란따 사람들은 사납다. 뿐나여, 쑤나빠란따 사람들은 거칠다. 뿐나여, 만약에 쑤나빠란따 사람들이 그대를 손바닥으로 때린다면, 뿐나여, 그때 그대는 어떻게 하겠는가?"

"세존이시여, 만약에 쑤나빠란따 사람들이 저를 손바닥으로 때린다면, 그때 저는 '쑤나빠란따 사람들은 참으로 착하다. 쑤나빠란따 사람들은 참으로 훌륭하다. 쑤나빠란따 사람들은 나를 흙덩어리로 때리지 않는다'라고 생각하겠습니다. 선서시여, 저는 이렇게 생각하겠습니다."

"뿐나여, 쑤나빠란따 사람들은 사납다. 뿐나여, 쑤나빠란따 사람들은 거칠다. 뿐나여, 만약에 쑤나빠란따 사람들이 그대를 흙덩어리로 때린다면, 뿐나여, 그때 그대는 어떻게 하겠는가?"

"세존이시여, 만약에 쑤나빠란따 사람들이 저를 흙덩어리로 때린다면, 그때 저는 '쑤나빠란따 사람들은 참으로 착하다. 쑤나빠란따 사람들은 참으로 훌륭하다. 쑤나빠란따 사람들은 나를 몽둥이로 때리지 않는다'라고 생각하겠습니다. 선서시여, 저는 이렇게 생각하겠습니다."

"뿐나여, 쑤나빠란따 사람들은 사납다. 뿐나여, 쑤나빠란따 사람들은 거칠다. 뿐나여, 만약에 쑤나빠란따 사람들이 그대를 몽둥이로 때린다면, 그때 그대는 어떻게 하겠는가?"

"세존이시여, 만약에 쑤나빠란따 사람들이 저를 몽둥이로 때린다면, 그때 저는 '쑤나빠란따 사람들은 참으로 착하다. 쑤나빠란따 사람들은 참으로 훌륭하다. 쑤나빠란따 사람들은 나를 칼로 치지 않는다'라고 생각하겠습니다. 선서시여, 저는 이렇게 생각하겠습니다."

"뿐나여, 쑤나빠란따 사람들은 사납다. 뿐나여, 쑤나빠란따 사람들은 거칠다. 뿐나여, 만약에 쑤나빠란따 사람들이 그대를 칼로 친다면, 그때 그대는 어떻게 하겠는가?"

"세존이시여, 만약에 쑤나빠란따 사람들이 저를 칼로 친다면, 그때 저는 '쑤나빠란따 사람들은 참으로 착하다. 쑤나빠란따 사람들은 참으로 훌륭하다. 쑤나빠란따 사람들은 나의 목숨을 빼앗지 않는다'라고 생각하겠습니다. 선서시여, 저는 이렇게 생각하겠습니다."

"뿐나여, 쑤나빠란따 사람들은 사납다. 뿐나여, 쑤나빠란따 사람들은 거칠다. 뿐나여, 만약에 쑤나빠란따 사람들이 그대의 목숨을 빼앗는다면, 그때 그대는 어떻게 하겠는가?"

"세존이시여, 만약에 쑤나빠란따 사람들이 저의 목숨을 빼앗는다면, 그때 저는 '몸과 수명을 성가시게 여기고 싫어하는 세존의 제자들이 있다. 그들은 일부러 칼을 들기도 한다. 그런데 나는 일부러 하지 않아도 칼을 들게 되었다'라고 생각하겠습니다. 선서시여, 저는 이렇게 생각하겠습니다."

"훌륭하구나! 뿐나여, 훌륭하구나! 뿐나여, 그대는 이렇게 자신을 절제(節制)하고 평온하므로 능히 쑤나빠란따 지방에서 머물 수 있을 것이다. 뿐나여, 이제 떠나도록 하여라!"

뿐나 존자는 세존의 말씀에 기뻐하고 만족하고서, 자리에서 일어나 세존께 예배한 후에 오른쪽으로 (세 번을) 돌고 나서 잠자리를 정리한 다음, 발우와 법의(法衣)를 지니고 쑤나빠란따 지방으로 길을 떠났습니다. 그는 차례로 유행하다가 쑤나빠란따 지방에 도착했습니다. 뿐나 존자는 쑤나빠란따 지방에서 머물렀습니다. 뿐나 존자는 그 우기(雨期) 동안에 500명의 청신사(淸信士)들과 500명의 청신녀(淸信女)들을 교화했고, 세 사람은 명지(明智)를 체득했습니다. 그 후에 뿐나 존자는 반열반(般涅槃)했습니다.

어느 날 많은 비구가 세존을 찾아와서 세존께 예배하고 한쪽에 앉았습니다. 그 비구들은 한쪽에 앉아서 세존께 말씀드렸습니다.

"세존이시여, 세존으로부터 간략하게 가르침을 받은 선남자 뿐나가 죽었습니다. 그는 죽어서 어디로 갔습니까?"

"비구들이여, 뿐나 선남자는 현명했다오. 그는 가르침을 잘 따랐기 때문에 가르치는 일로 나를 힘들게 하지 않았다오. 비구들이여, 뿐나 선남자는 반열반(般涅槃)했다오."

이것이 세존께서 하신 말씀입니다.
그 비구들은 세존의 말씀에 만족하고 기뻐했습니다.

68

육육(六六) 경

148. Chachaka-sutta

【 해제 】

ㅣ

이 경은 한역 『중아함경(中阿含經)』 「86. 설처경(說處經)」에 상응하는 경
이며, 『잡아함경(雜阿含經)』 13.22-29에 같은 내용이 있다.

　　이 경의 제목인 육육(六六)은 6내입처(六內入處), 6외입처(六外入處),
6식신(六識身), 6촉신(六觸身), 6수신(六受身), 6애신(六愛身)을 의미한다. 이
들은 우리의 자아의식(自我意識)을 형성하는 것들이다. 6내입처는 안, 이,
비, 설, 신, 의(眼, 耳, 鼻, 舌, 身, 意) 입처(入處)를 의미하고, 6외입처는 색, 성,
향, 미, 촉, 법(色, 聲, 香, 味, 觸, 法) 입처를 의미한다. 6내입처와 6외입처를
합하여 12입처(十二入處)라고 부르는데, 아비달마불교에서는 12입처를 6
근(六根)과 6경(六境)으로 해석했다. 6내입처는 6근을 의미하고, 6외입처
는 6경을 의미한다고 본 것이다.

이 해석은 잘못된 것이다. 근(根)으로 한역된 'indriya'는 '지각기능'이나 '지각활동'을 의미하고, 입처(入處), 입(入), 처(處) 등으로 한역된 'āyatana'는 '들어가서 머무는 장소'를 의미한다. 찬도갸 우파니샤드에서는 'āyatana'를 브라만이 머무는 장소라는 의미로 사용하고 있다. 참된 자아인 브라만이 볼 때는 눈 속에 들어가서 머물고, 들을 때는 귓속에 들어가서 머물고, 생각할 때는 마음속에 들어가서 머물고, 호흡할 때는 숨 속에 들어가서 머물기 때문에 눈, 귀, 마음, 호흡은 브라만이 머무는 장소, 즉 'āyatana'라는 것이다.

이러한 생각은 우파니샤드만의 생각이 아니라, 일반인의 보편적인 생각이다. 우리는 사물을 볼 때, 보는 자아가 눈 속에서 눈을 통해 외부에 존재하는 사물을 본다고 생각하는데, 부처님은 이러한 중생의 생각을 입처라고 하신 것이다. 이와는 달리 근(根)은 지각활동을 의미하고, 경(境)을 지각활동에 의해 지각되는 내용을 의미하기 때문에 12입처와 6근, 6경은 동일한 것이 아니다.

부처님께서는 자아가 존재한다는 망상, 즉 12입처로 세상을 보고 살아가는 중생이 자아라는 망상을 버리도록 12입처를 방편으로 시설하셨다. 따라서 12입처는 무명이 소멸하면 소멸하는 법으로 시설된다. 이 경에서는 이것을 다음과 같이 설하고 있다.

"비구들이여, 자기 존재라는 망상(妄想)이 쌓이는 길은 실로 이와 같다오. (어리석은 범부들은) 보는 주관[眼]에 대하여, '이것은 나의 소유다. 이것이 나다. 이것이 나의 자아다'라고 여기고, 보이는 형색[色]들에 대하여, '이것은 나의 소유다. 이것이 나다. 이것이 나의 자아다'라고 여기고, 시각분별[眼識]에 대하여, '이것은 나의 소유다. 이것이 나다. 이것이 나의 자아다'라고 여기고, 시각접촉[眼觸]에 대하여, '이것은 나의 소유다. 이것이 나다. 이것이 나의 자아다'라고 여기고, 느낌[受]에 대하여, '이것은 나의 소유다. 이것이 나다. 이것이 나의 자아다'라고 여기고, 갈애[愛]에 대하여, '이것은 나의 소유다. 이것이 나다. 이것이 나의 자아다'라고 여긴다오.

비구들이여, 자기 존재라는 망상이 소멸하는 길은 실로 이와 같다오. (지혜로운 사람은) 보는 주관에 대하여, '이것은 나의 소유가 아니다. 이것은 내가 아니다. 이것은 나의 자아가 아니다'라고 여기고, 보이는 형색들에 대하여, '이것은 나의 소유가 아니다. 이것은 내가 아니다. 이것은 나의 자아가 아니다'라고 여기고, 시각분별에 대하여, '이것은 나의 소유가 아니다. 이것은 내가 아니다. 이것은 나의 자아가 아니다'라고 여기고, 시각접촉에 대하여, '이것은 나의 소유가 아니다. 이것은 내가 아니다. 이것은 나의 자아가 아니다'라고 여기고, 느낌에 대하여, '이것은 나의 소유가 아니다. 이것은 내가 아니다. 이것은 나의 자아가 아니다'라고 여기고, 갈애에 대하여, '이것은 나의 소유가 아니다. 이것은 내가 아니다. 이것은 나의 자아가 아니다'라고 여긴다오."

이와 같이 이 경은 인지의 주체로서 자아가 있다고 믿고 있는 중생에게 인지의 과정에 자아라고 할 만한 것이 없음을 통찰하도록 가르치고 있다.

◇

이와 같이 나는 들었습니다.

한때 세존께서는 싸왓티의 제따와나 아나타삔디까 승원(僧園)에 머무셨습니다. 그곳에서 세존께서 "비구들이여!"라고 비구들을 불렀습니다.

비구들은 "존경하는 스승님!" 하고 대답했습니다.

세존께서 말씀하셨습니다.

"비구들이여, 내가 그대들에게 처음도 좋고, 중간도 좋고, 마지막도 좋으며, 의미 있고, 명쾌하고, 완벽하며, 청정한 범행(梵行)을 드러내는 가르침을 설하겠소. 듣고, 잘 생각하도록 하시오. 내가 이야기하겠소."

"그렇게 하겠습니다. 세존이시여!"라고 그 비구들이 대답했습니다.

세존께서는 다음과 같이 말씀하셨습니다.

"여섯 가지 내입처[六內入處]에 대하여 알아야 하고, 여섯 가지 외입처[六外入處]01에 대하여 알아야 하고, 여섯 가지 분별의 구조[六識身]에 대하여 알아야 하고, 여섯 가지 접촉의 구조[六觸身]02에 대하여 알아야 하고, 여섯 가지 느낌의 구조[六受身]03에 대하여 알아야 하고, 여섯 가지 갈애의 구조[六愛身]04에 대하여 알아야 한다오.

여섯 가지 내입처에 대하여 알아야 한다고 했는데, 이것은 무엇을

---

01 'cha viññāṇakāyā'의 번역.
02 'cha phassakāyā'의 번역.
03 'cha vedanākāyā'의 번역.
04 'cha taṇhākāyā'의 번역.

두고 한 말인가? 볼 때 눈 속에 내가 들어있다는 생각[眼入處], 들을 때 귓속에 내가 들어있다는 생각[耳入處], 냄새 맡을 때 콧속에 내가 들어 있다는 생각[鼻入處], 맛볼 때 혀 속에 내가 들어있다는 생각[舌入處], 만질 때 몸속에 내가 들어있다는 생각[身入處], 생각할 때 마음속에 내가 들어있다는 생각[意入處]이 있다오. 여섯 가지 내입처[六內入處]에 대하여 알아야 한다고 한 것은 이것을 두고 한 말이오. 이것이 첫째 여섯[六]이라오.

여섯 가지 외입처[六外入處]에 대하여 알아야 한다고 했는데, 이것은 무엇을 두고 한 말인가? 보이는 형색 속에 보이는 것이 들어있다는 생각[色入處], 들리는 소리 속에 들리는 것이 들어있다는 생각[聲入處], 향기 속에 냄새나는 것이 들어있다는 생각[香入處], 맛 속에 맛 내는 것이 들어있다는 생각[味入處], 촉감 속에 촉감을 주는 것이 들어있다는 생각[觸入處], 지각되는 대상 속에 지각되는 것이 들어있다는 생각[法入處]이 있다오. 여섯 가지 외입처에 대하여 알아야 한다고 한 것은 이것을 두고 한 말이오. 이것이 둘째 여섯[六]이라오.

여섯 가지 분별의 구조[六識身]에 대하여 알아야 한다고 했는데, 이것은 무엇을 두고 한 말인가? 보는 주관[眼]과 보이는 형색[色]들을 의지하여 시각분별[眼識]이 생긴다오. 듣는 주관[耳]과 들리는 소리[聲]들을 의지하여 청각분별[耳識]이 생긴다오. 냄새 맡는 주관[鼻]과 향기[香]들을 의지하여 후각분별[鼻識]이 생긴다오. 맛보는 주관[舌]과 맛[味]들을 의지하여 미각분별[舌識]이 생긴다오. 만지는 주관[身]과 촉감[觸]들을 의지하여 촉각분별[身識]이 생긴다오. 마음[意]과 지각대상[法]들을 의지하여 마음분별[意識]이 생긴다오. 여섯 가지 분별의 구조에 대하여 알아야 한다고 한 것은 이것을 두고 한 말이오. 이것이 셋째 여섯[六]이라오.

여섯 가지 접촉[六觸身]에 대하여 알아야 한다고 했는데, 이것은 무엇을 두고 한 말인가? 보는 주관[眼]과 보이는 형색[色]들을 의지하여 시각분별[眼識]이 생기며, 이들 셋의 만남이 접촉[觸]이라오. 듣는 주관 [耳], 냄새 맡는 주관[鼻], 맛보는 주관[舌]. 만지는 주관[身], 마음[意]과 지각대상[法]들을 의지하여 마음분별[意識]이 생기며, 이들 셋의 만남이 접촉이라오. 여섯 가지 접촉의 구조에 대하여 알아야 한다고 한 것은 이것을 두고 한 말이오. 이것이 넷째 여섯[六]이라오.

여섯 가지 느낌의 구조[六受身]에 대하여 알아야 한다고 했는데, 이것은 무엇을 두고 한 말인가? 보는 주관[眼]과 보이는 형색[色]들을 의지하여 시각분별[眼識]이 생긴다오. 이들 셋의 만남이 접촉이며, 접촉을 의지하여 느낌이 있다오. 듣는 주관[耳], 냄새 맡는 주관[鼻], 맛보는 주관[舌]. 만지는 주관[身], 마음[意]과 지각대상[法]들을 의지하여 마음분별[意識]이 생긴다오. 이들 셋의 만남이 접촉이며, 접촉을 의지하여 느낌이 있다오. 여섯 가지 느낌의 구조에 대하여 알아야 한다고 한 것은 이것을 두고 한 말이오. 이것이 다섯째 여섯[六]이라오.

여섯 가지 갈애의 구조[六愛身]에 대하여 알아야 한다고 했는데, 이것은 무엇을 두고 한 말인가? 보는 주관[眼]과 보이는 형색[色]들을 의지하여 시각분별[眼識]이 생긴다오. 이들 셋의 만남이 접촉이며, 접촉을 의지하여 느낌이 있고, 느낌에 의지하여 갈애[愛]가 있다오. 듣는 주관[耳], 냄새 맡는 주관[鼻], 맛보는 주관[舌]. 만지는 주관[身], 마음[意]과 지각대상 [法]들을 의지하여 마음분별[意識]이 생긴다오. 이들 셋의 만남이 접촉이며, 접촉을 의지하여 느낌이 있고, 느낌에 의지하여 갈애가 있다오. 여섯 가지 갈애의 구조에 대하여 알아야 한다고 한 것은 이것을 두고 한 말이오. 이것이 여섯째 여섯[六]이라오.

누군가 '보는 주관[眼]이 자아다'[05]라고 주장한다면, 그것은 옳지 않다오. 보는 주관이 발생하고 소멸한다는 것은 잘 알려진 사실이오. 그것이 발생하고 소멸한다는 것이 잘 알려진 사실이라면, '나의 자아는 발생하고 소멸한다'라는 결론이 되오. 그러므로 누군가 '보는 주관[眼]이 자아다'라고 주장한다면, 그것은 옳지 않다오.

누군가 '이와 같이 보는 주관[眼]은 자아가 아니고, 보이는 형색[色]들이 자아다'[06]라고 주장한다면, 그것은 옳지 않다오. 보이는 형색들이 발생하고 소멸한다는 것은 잘 알려진 사실이오. 그것들이 발생하고 소멸한다는 것이 잘 알려진 사실이라면, '나의 자아는 발생하고 소멸한다'라는 결론이 되오. 그러므로 누군가 '보이는 형색들이 자아다'라고 주장한다면, 그것은 옳지 않다오.

누군가 '이와 같이 보는 주관도 자아가 아니고, 보이는 형색들도 자아가 아니다. 시각분별이 자아다'[07]라고 주장한다면, 그것은 옳지 않다오. 시각분별이 발생하고 소멸한다는 것은 잘 알려진 사실이오. 그것이 발생하고 소멸한다는 것이 잘 알려진 사실이라면, '나의 자아는 발생하고 소멸한다'라는 결론이 되오. 그러므로 누군가 '시각분별이 자아다'라고 주장한다면, 그것은 옳지 않다오.

누군가 '이와 같이 보는 주관도 자아가 아니고, 보이는 형색들도

---

05 'cakkhuṁ attā ti'의 번역.

06 'rūpā attā ti'의 번역.

07 'cakkhuviññāṇaṁ attā ti'의 번역.

자아가 아니고, 시각분별도 자아가 아니다. 시각접촉이 자아다'[08]라고 주장한다면, 그것은 옳지 않다오. 시각접촉이 발생하고 소멸한다는 것은 잘 알려진 사실이오. 그것이 발생하고 소멸한다는 것이 잘 알려진 사실이라면, '나의 자아는 발생하고 소멸한다'라는 결론이 되오. 그러므로 누군가 '시각접촉이 자아다'라고 주장한다면, 그것은 옳지 않다오.

　누군가 '이와 같이 보는 주관도 자아가 아니고, 보이는 형색들도 자아가 아니고, 시각분별도 자아가 아니고, 시각접촉도 자아가 아니다. 느낌이 자아다'[09]라고 주장한다면, 그것은 옳지 않다오. 느낌이 발생하고 소멸한다는 것은 잘 알려진 사실이오. 그것이 발생하고 소멸한다는 것이 잘 알려진 사실이라면, '나의 자아는 발생하고 소멸한다'라는 결론이 되오. 그러므로 누군가 '느낌이 자아다'라고 주장한다면, 그것은 옳지 않다오.

　누군가 '이와 같이 보는 주관도 자아가 아니고, 보이는 형색들도 자아가 아니고, 시각분별도 자아가 아니고, 시각접촉도 자아가 아니다. 느낌도 자아가 아니다. 갈애가 자아다'라고 주장한다면, 그것은 옳지 않다오. 갈애가 발생하고 소멸한다는 것은 잘 알려진 사실이오. 그것이 발생하고 소멸한다는 것이 잘 알려진 사실이라면, '나의 자아는 발생하고 소멸한다'라는 결론이 되오. 그러므로 누군가 '갈애가 자아다'라고 주장한다면, 그것은 옳지 않다오. 이와 같이 시각활동도 자아가 아니고, 보이는 형색들도 자아가 아니고, 시각분별도 자아가 아니고, 시각접촉도 자아가 아니고, 느낌도 자아가 아니고, 갈애도 자아가 아니라

08　'cakkhusamphasso attā ti'의 번역.
09　'vedanā attā ti'의 번역.

오. 듣는 주관, 냄새 맡는 주관, 맛보는 주관. 만지는 주관, 마음에 대해서도 마찬가지라오.[10]

비구들이여, 자기 존재라는 망상이 쌓이는 길[11]은 실로 이와 같다오. (어리석은 범부들은) 보는 주관, 보이는 형색들, 시각분별, 시각접촉, 느낌, 갈애에 대하여, '이것은 나의 소유다. 이것이 나다. 이것이 나의 자아다'라고 여긴다오. 듣는 주관, 냄새 맡는 주관, 맛보는 주관. 만지는 주관, 마음에 대해서도 마찬가지라오.

비구들이여, 자기 존재라는 망상이 소멸하는 길[12]은 실로 이와 같다오. (지혜로운 사람은) 보는 주관, 보이는 형색들, 시각분별, 시각접촉, 느낌, 갈애에 대하여, '이것은 나의 소유가 아니다. 이것은 내가 아니다. 이것은 나의 자아가 아니다'라고 여긴다오. 듣는 주관, 냄새 맡는 주관, 맛보는 주관. 만지는 주관, 마음에 대해서도 마찬가지라오.

비구들이여, 보는 주관과 보이는 형색들을 의지하여 시각분별이 생긴다오. 이들 셋의 만남이 접촉이며, 접촉을 의지하여 즐겁거나, 괴롭거나, 괴롭지도 즐겁지도 않은 느낌이 생긴다오. 즐거운 느낌을 느끼면서 기뻐하고, 환영하고, 탐닉하면서 살아가면,[13] 그에게 탐(貪)하는 성향[貪睡眠]이 잠재(潛在)한다오.[14] 괴로운 느낌을 경험하면서 슬퍼하고, 아쉬워하고, 가슴을 치며 통탄하고, 혼란에 빠지면,[15] 그에게 화내는 성

---

10 시각활동(眼)과 같은 내용이므로 생략함.
11 'sakkāyasamudayagāminī paṭipadā'의 번역.
12 'sakkāyasamudayagāminī paṭipadā'의 번역.
13 'so sukhānaṁ vedanāya phuṭṭho samāno abhinandati abhivadati ajjhosāya tiṭṭhati'의 번역.
14 'tassa rāgānusayo anuseti'의 번역.
15 'dukkhāya vedanāya phuṭṭho samāno socati kilamati parivedati urattāḷiṁ kandati sammohaṁ āpajjati'의 번역.

향[瞋睡眠]이 잠재한다오.[16] 괴롭지도 즐겁지도 않은 느낌을 경험하면서 그 느낌[受]의 쌓임[集]과 소멸[滅], 그리고 (그것이 주는) 맛[味]과 재난[患], (그것으로부터) 벗어남[出離]을 있는 그대로 통찰하지 못하면, 그에게 무명(無明)에 이끌리는 성향[無明睡眠]이 잠재한다오. 비구들이여, 즐거운 느낌에 대한 탐하는 성향을 버리지 않고, 괴로운 느낌에 대한 화내는 성향을 제거하지 않고, 괴롭지도 즐겁지도 않은 느낌에 대한 무명에 이끌리는 성향을 근절하지 않고, 무명을 버리지 않고, 명지(明智)를 일으키지 않고, 지금 여기에서 괴로움을 끝낼 수는 없다오. 듣는 주관, 냄새 맡는 주관, 맛보는 주관, 만지는 주관, 마음에 대해서도 마찬가지라오.

비구들이여, 보는 주관과 보이는 형색들을 의지하여 시각분별이 생긴다오. 이들 셋의 만남이 접촉이며, 접촉을 의지하여 즐겁거나, 괴롭거나, 괴롭지도 즐겁지도 않은 느낌이 생긴다오. 즐거운 느낌을 경험하면서 기뻐하지 않고, 환영하지 않고, 탐닉하지 않고 살아가면, 그에게 탐하는 성향이 잠재하지 않는다오. 괴로운 느낌을 경험하면서 슬퍼하지 않고, 아쉬워하지 않고, 가슴을 치며 통탄하지 않고, 혼란에 빠지지 않으면, 그에게 화내는 성향이 잠재하지 않는다오. 괴롭지도 즐겁지도 않은 느낌을 경험하면서 그 느낌의 쌓임과 소멸, 그리고 (그것이 주는) 맛과 재난, (그것으로부터) 벗어남[出離]을 있는 그대로 알면, 그에게 무명에 이끌리는 성향[無明睡眠]이 잠재하지 않는다오. 비구들이여, 즐거운 느낌에 대한 탐(貪)하는 성향을 버리고, 괴로운 느낌에 대한 화내는 성향을 제거하고, 괴롭지도 즐겁지도 않은 느낌에 대한 무명에 이끌리는 성향을 근절

---

16 'tassa paṭighānusayo anuseti'의 번역.

하여, 무명을 버리고, 명지를 일으키면, 지금 여기에서 괴로움을 끝낼 수 있다오. 듣는 주관, 냄새 맡는 주관, 맛보는 주관, 만지는 주관, 마음에 대해서도 마찬가지라오.

비구들이여, 이와 같이 보고 들은 거룩한 제자는 보는 주관을 염리(厭離)하고, 보이는 형색들을 염리하고, 시각분별을 염리하고, 시각접촉을 염리하고, 느낌을 염리하고, 갈애를 염리한다오. 듣는 주관, 냄새 맡는 주관, 맛보는 주관, 만지는 주관, 마음에 대해서도 마찬가지라오.

염리하면 탐욕에서 벗어나게 되고, 탐욕에서 벗어나면 해탈하게 되며, 해탈하면 '해탈했다'라고 알게 된다오. '태어남은 끝났고, 청정한 수행[梵行]을 마쳤으며, 해야 할 일을 끝마쳤다. 다시는 이런 상태로 되지 않는다'라고 체험적으로 알게 된다오."

이것이 세존께서 하신 말씀입니다.
그 비구들은 세존의 말씀에 만족하고 기뻐했습니다. 이 설명을 하실 때 100명의 비구들이 집착을 버리고 무루(無漏)의 심해탈(心解脫)을 얻었습니다.

69

6입처(六入處)에 속하는 큰 경

149. Mahāsaḷāyatanika-sutta

【 해제 】

이 경은 한역 『중아함경(中阿含經)』에는 상응하는 경이 없고, 『잡아함경(雜阿含經)』 13. 2 「6입처(六入處)」에 같은 내용이 있다.

이전의 '해제'에서 언급했듯이 6입처는 지각활동을 통해 우리가 갖게 되는 자아라는 망상을 버리도록 시설된 것이다. 이 경에 그것이 잘 드러나 있다. 6입처는 여섯 가지 지각활동, 즉 6근(六根)을 있는 그대로 알지 못하고 보지 못함으로써 갖게 되는 중생의 망상이다. 이렇게 지각활동을 있는 그대로 보지 못하기 때문에 지각활동을 통해 발생하는 분별하는 마음[識], 접촉[觸], 느낌[受] 등을 취함으로써 5취온(五取蘊)이라는 망상 덩어리가 커간다. 따라서 지각활동을 있는 그대로 보고 살아가면 중생이 자아로 집착하고 있는 5취온이 소멸한다는 것이 이 경의 가르침이다. 그리고 지각활동을 있는 그대로 보고 살아가는 삶이 불교 수행의 모든 것이라는 것을 이 경은 보여준다.

이와 같이 나는 들었습니다.

한때 세존께서는 싸왓티의 제따와나 아나타삔디까 승원에 머무셨습니다. 그곳에서 세존께서 "비구들이여!"라고 비구들을 불렀습니다.

비구들은 "존경하는 스승님!" 하고 대답했습니다.

세존께서 말씀하셨습니다.

"비구들이여, 내가 그대들에게 6입처(六入處)에 속하는 큰 법문을 설하겠소. 듣고, 잘 생각하도록 하시오. 내가 이야기하겠소."

"그렇게 하겠습니다. 세존이시여!"라고 그 비구들이 대답했습니다.

세존께서는 다음과 같이 말씀하셨습니다.

"비구들이여, 보는 주관[眼]을 있는 그대로 알지 못하고, 보지 못하고, 보이는 형색[色]들을 있는 그대로 알지 못하고, 보지 못하고, 시각분별[眼識]을 있는 그대로 알지 못하고, 보지 못하고, 시각접촉[眼觸]을 있는 그대로 알지 못하고, 보지 못하고, 시각접촉[觸]을 의지하여 생기는 즐겁거나, 괴롭거나, 괴롭지도 즐겁지도 않은 느낌[受]을 있는 그대로 알지 못하고 보지 못하면, 보는 주관에 대하여 탐착(貪着)하고,[01] 보이는 형색들에 대하여 탐착하고, 시각분별에 대하여 탐착하고, 시각접촉에 대하여 탐착하고, 시각접촉을 의지하여 생기는 즐겁거나, 괴롭거나, 괴롭지도 즐겁지도 않은 느낌[受]에 대하여 탐착한다오. 그것에 탐착하

---

01 'chakkhusmiṁ sārajjati'

고, 속박되고, 정신을 빼앗겨, 맛[味]이라고 여기고 살아가면, 미래에 5취온(五取蘊)이 쌓인다오.[02] 그리고 여기저기에서 애락(愛樂)하며, 다시 존재하기를 바라는,[03] 기쁨과 탐욕을 수반하는 갈애[愛]가 늘어난다오. 그러면 몸에 따르는 걱정이 늘어나고, 마음에 따르는 걱정이 늘어나고, 몸에 따르는 고통이 늘어나고, 마음에 따르는 고통이 늘어나고, 몸에 따르는 고뇌가 늘어나고, 마음에 따르는 고뇌가 늘어난다오. 그는 몸도 괴롭고 마음도 괴롭다오. 듣는 주관[耳], 냄새 맡는 주관[鼻], 맛보는 주관[舌], 만지는 주관[身], 마음[意]도 마찬가지라오.

비구들이여, 보는 주관을 있는 그대로 알고, 보고, 보이는 형색들을 있는 그대로 알고, 보고, 시각분별을 있는 그대로 알고, 보고, 시각접촉을 있는 그대로 알고, 보고, 시각접촉을 의지하여 생기는 즐겁거나, 괴롭거나, 괴롭지도 즐겁지도 않은 느낌[受]을 있는 그대로 알고, 보면, 보는 주관에 대하여 탐착하지 않고, 보이는 형색들에 대하여 탐착하지 않고, 시각분별에 대하여 탐착하지 않고, 시각접촉에 대하여 탐착하지 않고, 시각접촉을 의지하여 생기는 즐겁거나, 괴롭거나, 괴롭지도 즐겁지도 않은 느낌에 대하여 탐착하지 않는다오. 그것에 탐착하지 않고, 속박되지 않고, 정신을 빼앗기지 않고, 재앙[患]이라고 여기고 살아가면, 미래에 5취온이 소멸한다오. 그리고 다시 존재하기를 바라며, 기쁨

---

02 'tassa sārattassa saṁuttassa sammūḷhassa assādānupassino viharato āyatiṁ pañcupādānakkhandhā upacayaṁ gacchanti'의 번역.

03 'ponobhavikā'의 번역. 'ponobhavikā'는 '다시, 다음에'를 의미하는 'pono(puna)'와 '존재하려는'을 의미하는 'bhavikā'의 합성어이다. 우리는 즐거움을 주는 것에 대하여 그것이 다시 존재하게 되기를 바라고, 그것을 즐기는 자신도 그 상태로 다시 존재하기를 바란다. 이러한 욕구가 갈애[愛]다.

과 탐욕을 수반하여 여기저기에서 애락(愛樂)하는 갈애가 소멸한다오. 그러면 몸에 따르는 걱정이 소멸하고, 마음에 따르는 걱정이 소멸하고, 몸에 따르는 고통이 소멸하고, 마음에 따르는 고통이 소멸하고, 몸에 따르는 고뇌가 소멸하고, 마음에 따르는 고뇌가 소멸한다오. 그는 몸도 즐겁고, 마음도 즐겁다오.

있는 그대로에 대한 견해, 그것이 정견(正見)이라오.[04] 있는 그대로에 대한 의도(意圖), 그것이 정사유(正思惟)라오. 있는 그대로에 대한 정진, 그것이 정정진(正精進)이라오. 있는 그대로에 대한 주의집중, 그것이 정념(正念)이라오. 있는 그대로에 대한 삼매(三昧), 그것이 정정(正定)이라오. 이전에 이미 신업(身業)과 구업(口業)과 생업(生業)은 청정해진다오. 이와 같이 성자의 8정도(八正道) 수행이 완성된다오.

이와 같이 이 성자의 8정도를 수행하면, 4념처(四念處) 수행도 완성되고, 4정근(四正勤) 수행도 완성되고, 4여의족(四如意足) 수행도 완성되고, 5근(五根) 수행도 완성되고, 5력(五力) 수행도 완성되고, 7각지(七覺支) 수행도 완성된다오. 그에게 싸마타[止][05]와 위빠싸나[觀][06]라는 두 개의 멍에가 생긴다오.[07]

그는 체험적 지혜[勝智]로써 체험적으로 알아야 할 법(法)들은 체험적 지혜로써 체험적으로 알고,[08] 체험적 지혜로써 버려야 할 법들은 체험적 지혜로써 버리고, 체험적 지혜로써 수행해야 할 법들은 체험적

---

04 'yā yathābhūtassa diṭṭhi, sā 'ssa hoti sammādiṭṭhi'의 번역.
05 'samatha'의 번역.
06 'vipassanā'의 번역.
07 'dve dhammā yuganandhā vattanti'의 번역.
08 'so ye dhammā abhiññā pariññeyyā, te dhamme abhiññā parijānāti'의 번역.

지혜로써 수행하고, 체험적 지혜로써 체득해야 할 법들은 체험적 지혜로써 체득한다오.[09] 비구들이여, 어떤 것들이 체험적 지혜로써 체험적으로 알아야 할 법들인가? 그것은 '5취온'이라고 불리는 것, 즉 색취온(色取蘊), 수취온(受取蘊), 상취온(想取蘊), 행취온(行取蘊), 식취온(識取蘊)이오. 이 법들이 체험적 지혜로써 체험적으로 알아야 할 법들이라오. 비구들이여, 어떤 법들을 체험적 지혜로써 버려야 하는가? 무명(無明)과 유애(有愛),[10] 이 법들을 체험적 지혜로써 버려야 한다오. 비구들이여, 어떤 법들을 체험적 지혜로써 수행해야 하는가? 싸마타[止]와 위빠싸나[觀], 이 법들을 체험적 지혜[勝智]로써 수행(修行)해야 한다오. 비구들이여, 어떤 법(法)들을 체험적 지혜[勝智]로써 체득해야 하는가? 명지(明智)와 해탈(解脫), 이 법들을 체험적 지혜[勝智]로써 체득해야 한다오. 듣는 주관, 냄새 맡는 주관, 맛보는 주관. 만지는 주관, 마음도 마찬가지라오."

이것이 세존께서 하신 말씀입니다.
그 비구들은 세존의 말씀에 만족하고 기뻐했습니다.

---

09 'ye dhammā abhiññā sacchikātabbā, te dhamme abhiññā sacchikaroti'의 번역.

10 'bhavataṇha'의 번역.

70

지각수행(知覺修行) 경

152. Indriyabhāvā-sutta

【 해제 】

이 경은 한역『중아함경(中阿含經)』에는 상응하는 경이 없고,『잡아함경
(雜阿含經)』11. 10「제근수(諸根修)」에 같은 내용이 있다.

이 경은『맛지마 니까야』의 마지막 경이다. 바꾸어 말하면『맛지
마 니까야』의 결론이라고 할 수 있다. 그런데 수많은 수행법을 설하고
있는『맛지마 니까야』의 결론이 지각수행(知覺修行)이라는 것은 의외다.

대부분 불교 수행을 어렵거나 신비하게 생각한다. 불교 수행을
통해서 깨달음을 얻기 위해서는 깊은 삼매에 들어야 할 것 같은데, 아무
리 힘써 노력해도 삼매에 들 수가 없다. 주위에서 누군가가 삼매에 들었
다고 하면, 부럽기도 하고 좌절감도 생긴다. 왜 다른 사람들은 삼매에 들
어간다고 하는데, 나는 들어가지 못하는 것일까? 그래서 스스로 좌절하

고 포기한다.

　　이런 사람들에게 이 경은 희망과 용기를 준다. 왜냐하면, 이 경에서는 눈으로 볼 수 있고, 귀로 들을 수 있으면, 누구나 불교 수행을 할 수 있다고 가르치기 때문이다. 사실이 그렇다. 불교 수행은 깊은 삼매를 추구하지 않는다. 불교 수행의 모든 것을 이야기하는 『맛지마 니까야』의 어디에도 깊은 삼매 속에서 문득 깨달음을 얻는다는 이야기는 없다. 오히려 삼매에서 얻은 것을 모두 버리고, 지각활동을 있는 그대로 통찰함으로써 깨달음을 얻게 된다고 강조한다.

　　이 경에서 부처님은 다음과 같이 말씀하신다.

　　"아난다여, 성자의 율(律)에 있는 무상(無上)의 지각수행(知覺修行)은 어떤 것인가? 아난다여, 비구가 시각활동[眼]으로 형색[色]을 보면, 좋은 느낌이 나타나고, 싫은 느낌이 나타나고, 좋지도 싫지도 않은 느낌이 나타난다. 그는 '나에게 나타난 이 좋은 느낌, 싫은 느낌, 좋지도 싫지도 않은 느낌은 유위(有爲)이고 저열하고 연기한 것이며, 평온하고 훌륭한 것은 평정한 마음이다'라고 통찰한다. 그러면 그에게 나타난 그 좋은 느낌, 싫은 느낌, 좋지도 싫지도 않은 느낌은 소멸하고, 평정한 마음이 확립된다. 아난다여, 비유하면 눈 있는 사람이 눈을 깜빡이듯이, 아난다여, 이와 같이 순식간에, 이와 같이 빠르게, 이와 같이 쉽게, 그에게 나타난 좋은 느낌, 싫은 느낌, 좋지도 싫지도 않은 느낌은 소멸하고, 평정한 마음이 확립된다. 아난다여, 이것이 성자의 율(律)에 있는, 시각활동으로 지각되는 형색에 대한 무상(無上)의 지각수행이다."

여기에 어떤 어려움이 있는가? 이러한 수행에 깊은 삼매가 필요한가? 이와 같은 수행을 할 수 없는 사람이 있겠는가? 부처님께서 말씀하시는 선정(禪定)은 깊은 삼매가 아니라 지각활동을 할 때 나타나는 고락의 감정에서 벗어난 평정한 마음이다. 이 평정한 마음을 떠나 신비한 삼매와 체험을 바란다면, 그것은 바른 불교 수행이 아니다.

　　남악(南岳) 회양선사(懷讓禪師)가 좌선에 열중하는 마조(馬祖) 도일선사(道一禪師)에게 왜 그렇게 열심히 좌선하는가를 물었다. 마조는 부처가 되려 한다고 대답했다. 회양선사는 좌선하고 있는 마조 옆에 가서 바위에 벽돌을 갈았다. 좌선하면서 깊은 삼매에 들려고 힘쓰고 있는데, 벽돌 가는 소리가 귀에 거슬려서 방해되자 마조가 회양에게 물었다.

　　"왜 벽돌을 가십니까?"

　　회양이 마조에게 대답했다.

　　"이 벽돌을 갈아서 거울을 만들어보려 합니다."

　　마조가 말했다.

　　"기왓장을 간다고 해서 거울이 되겠습니까?"

　　회양이 기다렸다는 듯이 말했다.

　　"좌선한다고 해서 부처가 되겠습니까?"

　　좌선 중에 벽돌 가는 소리를 들으면서도 평정한 마음을 갖는 것이 진정한 선정이지, 모든 소리를 끊고 삼매에 들어있는 것이 선정이 아니라는 말씀이다.

　　이 경에서 바라문 청년 웃따라가 이야기하는 지각수행은, 좌선하여 부처가 되겠다는 마조처럼, 모든 지각활동을 멈추고 깊은 삼매에 드는 것이다. 부처님께서는 이러한 수행은 장님이나 귀머거리와 다를 바 없는 수행이라고 비판하신다. 진정한 수행은 일상적인 지각활동 속에서 행해진다는 말씀이다. 바꾸어 말하면 평상심(平常心)이 도(道)라는 말씀인데, 마조선사도 후일에 평상심이 도임을 강조했음은 주지의 사실이다.

이 경에서 주목되는 것은 "이 가르침들이 나무 아래이며 텅 빈 한가한 곳[空閑處]들이다"라는 부처님의 말씀이다. 부처님께서 텅 빈 한가한 곳에서 수행하라고 말씀하신 뜻은 아무도 없는 깊은 산 속에서 수행하라는 것이 아니라, 일상의 삶 속에서 평정심을 잃지 말라는 것이다. 아무리 깊은 산속 조용한 곳에 있어도 마음이 소란하다면, 그곳은 조용한 곳이 아닌 것이다.

◈

이와 같이 나는 들었습니다.

한때 세존께서는 까장갈라(Kajaṅgala)의 무켈루와나(Mukheluvana)에 머무셨습니다. 어느 날 빠라싸리야(Pārāsariya)의 제자인 바라문 청년 웃따라(Uttara)가 세존을 찾아왔습니다. 그는 세존과 함께 정중하게 인사를 하고, 공손한 인사말을 나눈 후에 한쪽에 앉았습니다. 한쪽에 앉은 빠라싸리야의 제자인 바라문 청년 웃따라에게 세존께서 말씀하셨습니다.

"웃따라여, 빠라싸리야 바라문은 제자들에게 지각수행(知覺修行)을[01] 가르치는가?"

"고따마 존자여, 빠라싸리야 바라문은 제자들에게 지각수행을 가르칩니다."

"웃따라여, 빠라싸리야 바라문은 어떻게 제자들에게 지각수행을 가르치는가?"

"고따마 존자여, 눈으로 형색[色] 보지 않아야 하고, 귀로 소리를 듣지 않아야 합니다. 고따마 존자여, 빠라싸리야 바라문은 제자들에게 이와 같이 지각수행을 가르칩니다."

"웃따라여, 그와 같다면, 장님이 지각수행을 할 수 있고, 귀머거리가 지각수행을 할 수 있을 것이오. 웃따라여, 빠라싸리야 바라문의 말과 같이, 장님은 눈으로 형색을 보지 않고, 귀머거리는 귀로 소리를 듣

---

01 'indriyabhāvanā'의 번역.

지 않는다오."

　이와 같이 말씀하시자, 빠라싸리야의 제자인 바라문 청년 웃따라
는 당황해하며 풀이 죽어 고개를 숙이고, 생각에 잠겨 아무런 대꾸도
하지 못하고, 말없이 앉아있었습니다. 세존께서는 빠라싸리야의 제자
인 바라문 청년 웃따라가 당황해하며 풀이 죽어 고개를 숙이고, 생각에
잠겨 아무런 대꾸도 하지 못하는 것을 보시고, 아난다 존자에게 말씀하
셨습니다.

　"아난다여, 성자의 율(律)에는 빠라싸리야 바라문이 제자들에게
가르치는 지각수행과는 다른, 무상(無上)의 지각수행이 있다."

　"세존이시여, 성자의 율에 있는 무상의 지각수행을 가르치시기에
지금이 좋은 때입니다. 선서(善逝)시여, 지금이 좋은 때입니다. 세존으
로부터 들으면 비구들은 명심할 것입니다."

　"아난다여, 그렇다면 듣고 잘 생각해보아라! 내가 이야기하겠다."

　아난다 존자는 "그렇게 하겠습니다. 세존이시여!"라고 대답했습
니다.

　세존께서는 다음과 같이 말씀하셨습니다.

　"아난다여, 성자의 율에 있는 무상의 지각수행은 어떤 것인가? 아
난다여, 비구가 시각활동[眼]으로 형색[色]을 보면, 좋은 느낌이 나타나
고, 싫은 느낌이 나타나고, 좋지도 싫지도 않은 느낌이 나타난다.[02] 그
는 '나에게 나타난 이 좋은 느낌, 싫은 느낌, 좋지도 싫지도 않은 느낌은
유위(有爲)이고 저열하고 연기한 것이며, 평온하고 훌륭한 것은 평정한

02　'manāpaṁ uppajjati amanāpaṁ uppajjati manāpāmanāpaṁ uppajjati'의 번역.

마음이다'03라고 통찰한다. 그러면 그에게 나타난 그 좋은 느낌, 싫은 느낌, 좋지도 싫지도 않은 느낌은 소멸하고, 평정한 마음이 확립된다. 아난다여, 비유하면 눈 있는 사람이 눈을 깜빡이듯이, 아난다여, 이와 같이 순식간에, 이와 같이 빠르게, 이와 같이 쉽게, 그에게 나타난 좋은 느낌, 싫은 느낌, 좋지도 싫지도 않은 느낌은 소멸하고, 평정한 마음이 확립된다. 아난다여, 이것이 성자의 율(律)에 있는, 시각활동[眼]으로 지각되는 형색에 대한 무상의 지각수행이다. 청각활동[耳]으로 소리[聲]를 듣고, 후각활동[鼻]으로 냄새[香]를 맡고, 미각활동[舌]으로 맛[味]을 보고, 촉각활동[身]으로 촉감[觸]을 느끼고, 마음[意]으로 대상[法]을 지각하는 것도 마찬가지다.

아난다여, 성자의 율에 있는 무상의 지각수행은 이와 같다.

아난다여, 유학(有學)의 실천도(實踐道)는 어떤 것인가? 아난다여, 비구가 시각활동으로 형색을 보면, 좋은 느낌이 나타나고, 싫은 느낌이 나타나고, 좋지도 싫지도 않은 느낌이 나타난다. 좋은 느낌이 나타나고, 싫은 느낌이 나타나고, 좋지도 싫지도 않은 느낌이 나타나면, 그는 곤혹스러워하고, 부끄러워하고, 싫어한다. 청각활동으로 소리를 듣고, 후각활동으로 냄새를 맡고, 미각활동으로 맛을 보고, 촉각활동으로 촉감을 느끼고, 마음으로 대상을 지각할 때도 마찬가지다. 아난다여, 유학의 실천도는 이와 같다.

아난다여, 성자의 수행이 잘된 지각활동은 어떤 것인가? 아난다여, 비구가 시각활동으로 형색을 보면, 좋은 느낌이 나타나고, 싫은 느

---

03 'uppannaṁ kho idaṁ manāpaṁ uppannaṁ amanāpaṁ uppannaṁ manāpāmanāpaṁ, tañ ca kho saṁkhataṁ oḷārikaṁ paṭicca samuppannaṁ etaṁ santaṁ etaṁ paṇītaṁ yadidaṁ upekhā ti'의 번역.

낌이 나타나고, 좋지도 싫지도 않은 느낌이 나타난다. 만약에 그가 싫은 느낌에 대하여 싫지 않다는 생각이 머물기를 원하면, 그곳에 싫지 않다는 생각이 머물고, 만약에 그가 싫지 않은 느낌에 대하여 싫다는 생각이 머물기를 원하면, 그곳에 싫다는 생각이 머물고, 만약에 그가 싫은 느낌과 싫지 않은 느낌에 대하여 싫지 않다는 생각이 머물기를 원하면, 그곳에 싫지 않다는 생각이 머물고, 만약에 그가 싫지 않은 느낌과 싫은 느낌에 대하여 싫다는 생각이 머물기를 원하면, 그곳에 싫다는 생각이 머물고, 만약에 그가 싫은 느낌과 싫지 않은 느낌, 그 둘에 대한 생각을 피하고, 평정한 마음이 주의집중과 알아차림을 하면서 머물기를 원하면, 그곳에 평정한 마음이 주의집중과 알아차림을 하면서 머문다. 청각활동으로 소리를 듣고, 후각활동으로 냄새를 맡고, 미각활동으로 맛을 보고, 촉각활동으로 촉감을 느끼고, 마음[意]으로 대상을 지각할 때도 마찬가지다. 아난다여, 성자의 수행이 잘된 지각활동은 이와 같다.

아난다여, 이와 같이 나는 성자의 율에 있는 무상의 지각수행을 설했고, 유학의 실천도를 설했고, 성자의 수행이 잘된 지각활동을 설했다. 아난다여, 스승이 제자들에게 호의를 가지고 연민을 가지고 해야 할 일을 나는 너에게 하였다. 아난다여, 이 가르침들이 나무 아랫니며, 텅 빈 한가한 곳[空閑處]들이다.04 아난다여, 나중에 후회하지 않도록 방

04 'etāni, Ānanda rukkhamūlāni, etāni suññāgārāni'의 번역. 나무 아래와 아무도 없는 한가한 곳은 비구들이 선정(禪定)을 수행하는 장소이다. 어느 곳에서 지각 수행을 하든, 지각수행을 하면 그곳이 바로 선정 수행을 하는 나무 아래, 아무도 없는 한가한 곳이라는 의미이다.

일(放逸)하지 말고 선정(禪定)을 닦아라! 이것이 그대들에게 주는 가르침이다."

이것이 세존께서 하신 말씀입니다.
아난다 존자는 세존의 말씀에 만족하고 기뻐했습니다.

이중표

전남대학교 철학과를 졸업한 뒤 동국대학교 대학원에서 불교학 석·박사 학위를 취득했다.
이후 전남대학교 철학과 교수로 재직했으며, 정년 후 동 대학교 철학과 명예교수로 위촉됐다.
호남불교문화연구소 소장, 범한철학회 회장, 불교학연구회 회장을 역임했으며,
현재 불교 신행 단체인 '붓다나라'를 설립하여 포교와 교육에 힘쓰고 있다.
저서로는 『정선 디가 니까야』, 『정선 쌍윳따 니까야』, 『니까야로 읽는 금강경』, 『니까야로 읽는 반야심경』,
『담마빠다』, 『붓다의 철학』, 『불교란 무엇인가』, 『붓다가 깨달은 연기법』, 『근본불교』 외 여러 책이 있으며,
역서로 『붓다의 연기법과 인공지능』, 『불교와 양자역학』 등이 있다.

精選 맛지마 니까야
ⓒ 이중표, 2020

2020년 4월 20일 초판 1쇄 발행
2023년 8월 11일 초판 2쇄 발행

지은이 이중표
발행인 박상근(至弘) • 편집인 류지호 • 편집이사 양동민
편집 김재호, 양민호, 김소영, 최호승, 하다해 • 디자인 쿠담디자인
제작 김명환 • 마케팅 김대현, 이선호 • 관리 윤정안
콘텐츠국 유권준, 정승채
펴낸 곳 불광출판사 (03169) 서울시 종로구 사직로10길 17 인왕빌딩 301호
　　　　대표전화 02) 420-3200 편집부 02) 420-3300 팩시밀리 02) 420-3400
　　　　출판등록 제300-2009-130호(1979. 10. 10.)

ISBN 978-89-7479-794-2 (04220)
　　　 978-89-7479-668-6 (04220) (세트)

값 39,000원